U0514039

梁启超

修身三书

本编不可以作教科书，其体裁异也。
惟有志之士，欲从事修养以成伟大人格者，
日置座右，可以当一良友。

梁启超／编著　　彭树欣／整理

上海古籍出版社

图书在版编目（CIP）数据

梁启超修身三书／梁启超编著；彭树欣整理. —
上海：上海古籍出版社，2016.5
ISBN 978-7-5325-7827-6

Ⅰ.①梁… Ⅱ.①梁… ②彭… Ⅲ.①梁启超
（1873～1929）—思想评论 Ⅳ.①B259.1

中国版本图书馆 CIP 数据核字（2015）第 238151 号

梁启超修身三书

梁启超　编著

彭树欣　整理

上海世纪出版股份有限公司
上 海 古 籍 出 版 社 出版

（上海瑞金二路 272 号　邮政编码 200020）

（1）网址：www.guji.com.cn

（2）E-mail：guji1@guji.com.cn

（3）易文网网址：www.ewen.co

上海世纪出版股份有限公司发行中心发行经销

苏州越洋印刷有限公司印刷

开本 635×965　1/16　印张 36.75　插页 5　字数 460,000
2016 年 5 月第 1 版　2016 年 5 月第 1 次印刷
印数：1—3,100
ISBN 978-7-5325-7827-6

B·917　定价：79.00 元
如有质量问题，请与承印公司联系

编　者　前　言

　　梁启超（任公）身跨政、学两界，名满天下，著述宏富，于当时后世影响巨大。然而，在今天很多人心目中，其形象却飘忽不定，以致有研究者称其人多变无恒守，其学多面无统绪。其实，任公一生跌宕起伏，其行动主张固然多所变更，其中却有一以贯之者；其学问涉猎极广，多所开创，其中确有统摄全局者：其一贯、其统绪正是中国传统的修身之学。而这一点被我们大大地忽略了。

　　梁任公的修身之学奠基于万木草堂时期，深化于戊戌变法之际，确立于游历美洲之后。政治行动的挫败，促使他从政、学两方面深入反思：为政者缺少修身工夫，则内心无主宰，行动无根柢；为学者如无修身工夫，则知识愈多，愈为作恶的工具。他总结清代以降的政治：曾国藩走的是"道德改造"路线，从改造自己做起，然后砥砺朋友，找到一个是一个，终于开创了一片新天地；继之而起的李鸿章转而走"功利改造"路线，以功利为本位，专奖励一班有才能而不讲道德的人，政局无可避免地衰敝下去；袁世凯则更以富贵为本位，变本加厉，明目张胆地专门提拔一种无人格的政客做爪牙，天下事遂不可收拾。这种风气蔓延到社会上，"现在一般人，根本就不相信道德的存在，而且想把他

1

留下的残馀,根本去划除"(《梁先生北海谈话记》);表现在教育上则是"智育日进,而德育日敝"(《节本明儒学案》眉批)。概括言之,政治、社会的败坏在于重功利而轻道德,轻道德的根源在于传统修身之学的衰落。

1903 年之后的梁启超,其自立立人的宗旨确立为以道学统驭科学,以德育统摄智育;德育的内容则为先私德后公德,即以传统的道德学问为本;德育的方法则是从个人修养做起,推己及人,即回到传统修身为本的正路上去。此是任公的"晚年定论",是他此后巡回各地演讲和参加清华国学研究院的初衷,也是他编撰和出版《德育鉴》《节本明儒学案》《曾文正公嘉言钞》三书的原由。

不幸的是,梁任公当年的大声疾呼并未改变历史的进程,其对前途的担忧早已成为现实:那之后的政治改良固路漫漫其修远兮,今日学界之腐化堕落亦有目共睹,学校则适成为"贩卖知识杂货店"(《为学与做人》)。然则任公之努力果无意义乎?修身三书的出版,当时就深刻影响了一批士子如蔡锷、徐志摩、梁漱溟的人生道路,谁说不是在另一种意义上改变了历史?

任公有诗云:"世界无穷愿无尽,海天寥廓立多时。"今天重印是书,名之曰《梁启超修身三书》,固在继承先生之遗志,亦以还任公真面目与世人。

三书之所由作,乃为修身实践作指导,一面总结了修身之学的道理和方法,一面结合任公自己的亲身体验,谆谆提醒工夫的要点。惟愿有缘读是书者,如任公所期望,真实做修养工夫,幸勿以思想资料视之!

刘海滨

2016 年 4 月 7 日

总目

导　　读

一、梁启超与修身之学

梁启超(1873—1929)，字卓如，号任公，又号饮冰室主人，广东新会人。他不仅是近现代政坛上的风云人物，而且是百科全书式的学术大师。其人早慧，12岁中秀才，17岁中举人。24岁主办《时务报》，名噪一时，以至上自通都大邑，下至穷乡僻壤，几乎"无不知有新会梁氏者"。1898年与康有为等人发动戊戌变法，史称"康梁"。变法失败后，他流亡日本，先后创办、主编《清议报》《新民丛报》《新小说》等报刊，虽身居海外，仍执国内言论界之牛耳。民国初期，梁氏先是活跃于政界，出任司法总长、财政总长，并与蔡锷一起策划起兵反对袁世凯。后息影政坛，耕耘于教育界、学术界，为清华四大导师之一，留下了大量的学术著作。他在中国近现代史上的活力和影响，持续了近半个世纪之久。

在梁启超这些成就的背后，有他的人格力量在作支撑，而其人格的形成主要得益于中国古代一门根本性的学问——修身之学。尽管这门生命的学问在近现代因不被重视而逐渐湮没，但梁氏却浸润其中，生命得以涵养，人格得以陶铸。不仅如此，他还着力挖掘、整理这

1

种学问,将其发扬光大,惠及后人。其中编纂成书的就是我们称之为
"梁启超修身三书"的《德育鉴》(1905年)、《节本明儒学案》(1905年)、
《曾文正公嘉言钞》(1916年)。这三种书是梁启超对古代儒家修身之
学的总结和融会:《德育鉴》按修身的步骤和方法分类摘录先秦、两
宋、明清儒家的修身言论,并加按语以阐发其精蕴,提示用功的要领,
这可视作一部儒家修身概要之作;《节本明儒学案》是将黄宗羲《明儒
学案》中的修身言论节选出来,单独成书,这是一部断代的修身言论
集;《曾文正公嘉言钞》是将《曾文正全集》中的修身言论选录出来,编
辑成书,这是一部儒家个人的修身言论集。这三种书,成了当时知识
分子的道德读本,曾风行一时。

其实,中国古代修身之学构成了传统文化的内核;传统中国人以
此安身立命,成就了士君子乃至圣贤之人格境界,构筑了中国传统社
会的根基。这正是中华文化之所以能够代代相传的根本原因之所在。
因此梁启超说:"天下最大之学问,殆无以过此!"(《曾文正公嘉言钞
序》)这也正是我们今天重新整理、出版这三种晚清民国时的修身书的
原因。

二、"修身三书"编纂的思想背景

《德育鉴》《节本明儒学案》《曾文正公嘉言钞》的编纂出版,既与梁
启超的教育、修身实践有着内在的联系,又与20世纪初其思想的转变
密切相关。

梁启超的故乡广东新会偏居一隅,历史上曾属文化落后地区,但
在明代出了一位心学大家陈白沙。白沙心学,开明代学术之端绪;其
学以修身为主,偏重内圣,注重人格涵养。一代大家在这一民风彪悍
之地向导士风,化民成俗,功显当时,且泽及后世。故直至清后期,新

会人仍延续着陈白沙的思想脉络,乾嘉考据时风熏染不到。梁启超的祖父、父母乃至自己无疑受到了这一传统潜移默化的影响。

梁启超的祖父梁维清是一名秀才,禀承白沙心学传统,在日用酬酢间践行儒学,砥砺人格。他以宋明义理、名节教导后辈,日与后辈言古豪杰哲人嘉言懿行,而尤喜举亡宋、亡明国难时先贤志士之事津津乐道。父亲梁宝瑛是一位乡绅,也持守着儒家内圣外王之道:"先君子常以为所贵乎学者,淑身与济物而已。淑身之道,在严其格以自绳;济物之道,在随所遇以为施。"[1]母亲赵夫人,知书达理,相夫教子,谨守家风,以贤淑名闻乡里。祖父、父母的善言懿行、精神人格如时雨之化,渐渐滋养着梁启超的德性生命,并培植了其修身之学的根基。

梁启超对儒家修身之学有一个认识、感悟、体证的过程。他在很小的时候,就接触到了《曾文正公家训》,稍大一点,读全祖望写的黄宗羲、顾炎武两篇墓志铭,内心受到激励。古代儒家哲人的修身智慧如电光石火,开始在幼年梁启超的心灵中闪耀。而梁启超真正关注修身之学是在万木草堂受教于康有为时期。康氏的修身之学主要禀自其师朱九江;朱氏之教,德性和学问并重,授学者以"四行五学"。其中,"四行"即是德性之学,包括敦行孝悌、崇尚名节、变化气质、检摄威仪。此外,康有为隐居南海县西樵山达四年之久,独力为学,以陆王心学和佛学自修自证。康氏的教学重德育,居其教学内容十之七,尤喜以孔学、佛学和陆王心学施教。受此影响,梁启超开始着力读修身之书,如《明儒学案》就是常读的。尽管梁启超也常研究西学、史学等知识性学问,但从未丢弃过这门生命的学问——修身之学,1897 年在湖南时务学堂任教习时,修身之学即成为其教学的重要内容之一。

1898 年,戊戌变法失败后的梁启超流亡日本,继续探索救国救民的道路。在此期间,梁启超通过对前期经历的自省和反思,行动和主

---

[1] 梁启超:《哀启》,见丁文江、赵丰田编:《梁启超年谱长编》,上海人民出版社,2009 年,第 7 页。以下述及梁启超生平多参考该书,不再出注。

张都发生了重要的变化。

首先是自我修养工夫更加落实和深入。1900 年因读《曾文正公家书》,"猛然自省"。这在梁启超的人生修养中,应是一个标志性的事件,他开始深刻反省自己,觉得"养心立身之道断断不可不讲"。此年,梁启超设日记自修,以曾文正之法,凡身过、口过、意过皆记之,而每日记意过者,乃至十分之上。此后通过自己的探索、实践,并借鉴古代儒者的修身经验,梁启超最终形成了自己常用的修身法门:一曰克己,二曰诚意,三曰主敬,四曰习劳,五曰有恒。

另一方面,通过对变法失败的反思,他认为,要有新国家,必须先"新民",于是在 1902 年创办了《新民丛报》,并开始连载系列文章《新民说》,阐述其新的理论探索。所谓"新民",意在培养新式现代国民,塑造平民人格。按照梁氏的设想,新民必须兼具中西道德文化素养。所谓"新"有二义:一是"淬厉其所本有而新之",一是"采补其所本无而新之"。前者是指发扬光大中国旧有的道德、文化,后者是指吸收、融入西方新的道德、文化。但在实际的思想建构中,《新民说》的前期文章主要是用西方的道德、法律观念来塑造国民,并希望全体国民以此自新。然而,到了《新民说》写作的后期,梁启超认识到了"新民"本身的艰难。这一认识的产生,当然有他平时对现实的观察和思考方面的因素,而其"新大陆之游",则是一个重要的触媒。

1903 年正月,梁启超应美洲保皇会的邀请,开始游历美洲。美洲新大陆之游为梁氏打开了一个新鲜而广阔的西方世界。他既目睹了它的文明和繁荣,也洞察到了它存在的种种问题和弊端。这使他对原先理想中的西方世界不得不重新审视。其中在旧金山华人区的考察,对他触动尤为强烈。如旧金山华人区报馆之多,令他吃惊;各会馆的运作也仿照西人党会之例,似乎非常文明和缜密。然而他发现,华人只学到了西方文明的形式,其本质依旧未改变,华人区仍是旧时的中国社会。旧金山之行,使梁氏亲身体会到了国民改造之不易,使他不得不重新思考"新民"问题。因此旅行结束后,他写了《论私德》一文。这是《新民说》后期的一篇重要文章,作者意欲修补其前期过于西化的主张。该文的出现标志着梁启超"新民"思想乃至整个德育思想的转变。

梁启超将道德分为私德和公德,认为中国的传统道德学问主要属于私德领域。在《新民说》前期,他将公德与私德并列,且着重于引入公德。而在《论私德》中他认识到二者应该是根本与枝叶的关系,"新民"应以私德为本,如果没有私德的培养,"欲以新道德易国民,是所谓磨砖为镜,炊沙求饭也"。公德乃私德在公领域的推广,"公德者,私德之推也,知私德而不知公德,所缺者只在一推","是故欲铸造国民,必以培养个人之私德为第一义"。因此,梁启超转而求助于中国传统的道德学问,即儒家修身之学。此时他实际上回到了儒家"修齐治平"的思路,即以修身为本,然后推己及人乃至家国天下。其国民改造或德育思路可以说是发生了根本性的转变:由重国民的改造转为重士人的培养。因他看到改造普通民众不是一朝一夕所能成功的,于是将目光转向了社会精英,认为应先塑造精英,再影响民众。写于1903年的《论私德》,是梁启超的德育思想由"新民说"回归儒家修身之学的前奏。之后,他于1905年又编纂了《德育鉴》和《节本明儒学案》。而1916年编纂的《曾文正公嘉言钞》则是这一思路的延续。

其实《新民说》中对西方道德、文化的提倡,是梁启超在20世纪初向西方寻找国民改造资源的一次尝试,只是他思想的一个侧面,梁启超德育思想的根基主要还在中国传统的修身之学中。然而吊诡的是,梁启超的引进西学的"新民说"在"五四"启蒙思潮和20世纪三四十年代的大众化运动中,得到了继承和发展,其影响一直延续到当代,而他德育思想的"晚年定论"虽然在当时也发生过很大影响(详见本文第四节),之后却被我们长期忽视了,他极力弘扬的士人修身传统——中国德育的优秀传统——在其身后的岁月里则逐渐丢失了。"君子之德风,小人之德草。"(《论语·颜渊》)一个国家道德的培养和改造,应主要是自上而下的。因此梁启超的这一思路,对当代中国的道德建设仍具有重要的参考价值。现将这三种修身书重新整理、结集出版,意在让梁氏的修身思想在当代焕发出新的生机。

三、"修身三书"的主要内容

(一)《德育鉴》的主要内容

《德育鉴》是梁启超对古代儒家修身之学的一次较为全面而系统的编纂、整理和总结。他先将古人修身之法依照践履的顺序分为辨术、立志、知本、存养、省克、应用六类,然后将先秦、两宋、明清儒家(尤其是陆王心学家)的修身言论摘录、归类其下,并加按语以引申、指点,以便实际指导人做工夫。下面对其主要内容作一简要介绍:

一曰辨术。所谓辨术,就是辨别个人行为的动机,这是儒家修身的第一步。儒家修身是为了转化、完善自我,这一过程乃是不断去掉"私心"、"私我",回归"本心"、"本我"的过程。在儒家看来,这个"本心"、"本我"就是道德主体,在本质上乃为他人服务、为社会尽义务而又同时成就自身。辨术包括人己、公私、义利、诚伪之辨,主要是辨别个人行为的动机是自私自利,还是利人利他,目的是去私而为公,消除"小我"而成就"大我",最后达到人我一体、天人合一的完满状态。此部分所录之言说以及按语,先论辨术之重要性,然后再讲下手功夫和对治方法。

二曰立志。梁启超认为,辨术之后,便须立志。他摘录《论语》《孟子》和宋明理学家有关立志方面的各种见解,内容非常丰富,涉及立志的意义、如何立志、立志的作用等。又在按语中,特别指出立志的三大作用:一曰必立志,然后能自拔于流俗;二曰必立志,然后他事不足以相夺;三曰必立志,然后进学无间断。

三曰知本。术已辨,志已立,接着便是从何处着手用功的问题。首先,梁启超节录古代儒家的相关言论,以说明为学要"一以贯之"、要"立乎其大"、要有一个"着力处"、要有"头脑"和"主宰"、要有"把柄入手"。这些言论,无非是说为学先要知"本"之所在,知本即知从何处着手用功。其次,是关于如何用功问题。梁氏认为宋明理学家主要有两种用功的路向,一是朱子之路,一是陆王之路;朱熹从外在的格物致知入手,而陆王则回归本心、返诸良知。他认为朱熹之法用于科学研究则可,用于道德修养则不可,陆王之法才是可行、易行的。梁氏所主张的知本,就是要回到王阳明发明的"良知";其具体工夫,即"致良知"、"知行合一"、"慎独"等。梁启超特别指明,"王学为今日学界独一无二之良药"。在他看来,王阳明良知之教,简易直接,一提便醒,乃是不二法门;不过必须勤加修证,即用存养和省克的工夫,故接着便论存养、省克。

四曰存养。梁启超先节录《大学》、孟子、荀子和宋明理学家关于存养的言论,并将其作用概括为五:一曰有存养之功则常莹明,无之则昏暗;二曰有存养之功则常强立,无之则软倒;三曰有存养之功则常宁静、安闲,无之则纷扰;四曰有存养之功则能虚受,无之则闭塞;五曰有存养之功则常坚定,无之则动摇。至于存养的方法,梁氏将其概括为主敬、主静、主观三大法门,并分别摘录古代儒家的相关言论,且加按语以说明。

五曰省克。省克包括省察和克治。梁启超认为,存养是积极的学问,克治是消极的学问;其工夫进路是先存养以立其大,然后随时加以省察、克治。梁氏认为,省察总体上可分为两种:一是普通的省察法,二是特别的省察法。普通的省察法又可分为两种:一是根本的省察法,二是枝叶的省察法。枝叶的省察法再分为两种:一是随时省察法,二是定期省察法。关于克治,梁氏摘录宋、明、清理学家的相关言论后,然后加以总结,认为其根本之法乃是"致良知",因为良知一提便醒,必能生出决心和勇气去对治己病。

六曰应用。按照儒家的观点,内在的修养和外在的事功是密不可分的,所谓修齐治平,实为一体。其实,前面的用功方法有的已涉及应用,如存养、省克部分所录内容就有讲如何在事上用功的,此即道学之应用。梁启超在此部分乃就前所未及者再节录一些材料,并略加申说,内容主要有二:一是谈任事成功的条件主要在于德行、操守、定力等,一是论士人如何带头转移习俗、陶铸人才。关于后者,梁氏尤其认同曾国藩的"精英主义"路线,认为道学的应用,全在于有志之士以身为教,以养成一世之风尚,造出时代之精神。

(二)《节本明儒学案》的主要内容

《节本明儒学案》是梁启超由黄宗羲的《明儒学案》节钞而成。在万木草堂受教康有为时期,梁氏开始接触《明儒学案》,此后十馀年间,常读此书,并随读随将修身之精要语圈出。后因其思想的转向而专力编此一书。

《明儒学案》原书 62 卷,共有 19 个学案;节本保留了这 19 个学案,但卷数大为压缩,内容约为原书的四分之一。其中,原书每个学案的案序和人物传记几乎全部照录;语录则有选择性地钞录,原书 211 人中共 79 人有语录节选,所钞语录 800 多条。此外,节本有眉批 100 馀条,约 3000 字,这也是节本的一个有机组成部分(由于版式的原因,此次整理将眉批改为小字夹注,并依梁氏习惯做法,前加"启超案",以示区别)。

节本与原书的最大区别在于:后者一般被视为一部学术史著作(修身之言散布其中),而前者则完全是一本修身指导书。如何将一部学术史著作改造成一本修身指导书,梁启超作了一番精心的取舍工作。这种取舍体现了其良苦用心,既处处彰显节本在修身指导上的价值取向,也因之反映出了梁氏的编纂意图及其修身思想。

一是舍科学之语而取道学之言。在梁启超看来,科学和道学有明确的分界:"道学者,受用之学也,自得而无待于外者也,通古今中外而无二者也;科学者,应用之学也,藉论辨积累而始成者也,随社会文明而进化者也。"(《节本明儒学案·例言》)所以,科学尚新;而道学有时即使是千百年前之成言,当世哲人也无以过之。科学尚博;而道学一言半句,可终身受用。梁氏认为科学有二,一是物的科学,一是心的科学;而心的科学又包括哲学、伦理学、心理学等,他特别指出,这些皆属科学而不属道学的范围。梁启超所作的这一区分关键在于,指出道学或修身之学主要在修在行,而不仅仅在于知识理论。他又认为近世智育日进,而德育日敝,其主要原因是人们崇拜科学而蔑视道学,甚至误认科学为道学。节本的编纂,正是为倡导德育,而不是为增进智育。因此,对于原书大部分内容如关于理气、性命、太极、心体等哲学内容,因属"心的科学"的范围,一概不钞,而专钞"治心治身之要"(《例言》)。

二是舍辨论之语而取工夫之言。《明儒学案》有许多辨论之语,首先是辨佛。梁启超认为,宋明诸儒以辨佛为一大事,成为一种习气,即黄宗羲也在所难免,故该书中有大量的辨佛之语。梁启超有较高的佛学修养,首先他认为佛不可谤,谤佛固无伤于日月;再者辨佛流于习气,与实际修养工夫反而无涉。因此,节本于辨佛之说一概不钞,而取明儒工夫之言。其次,明儒言修身工夫,多互相针砭救正,所以言说日多,特别是阳明后学各学派之间尤其如此。在梁氏看来,皆是因病施药,如王阳明针对当时病源,施以药方,而后世服药过度,渐生他病,于是弟子加减药方以医之,故阳明后学之方实乃"药药之药"(即针对药方之药方)。梁氏认为,当今世界"药药之药"并不适用,只要服阳明的"公共独步单方",就能受用不尽。因此对阳明后学的彼此辩论之言,一概不钞。惟因江右王学,多矫正当时放任之弊,而此弊至今学者多犯之,故稍加存录。

三是舍学术史精妙之论而取平易切实之言及诸儒传记。黄宗羲著《明儒学案》的目的,一为创制学术史,二为示学者以入道之门。作为学术史,"诸儒之真面目必须备见,乃为盛水不漏",必"其人一生之精神透露编中,乃能见其学术"(《例言》)。黄宗羲于此用功甚多,内容极为丰富,成就也较高,此书因之成为中国学术史的千古名作。但是,梁氏节钞此书乃为修身践履之用,即集中体现黄氏的第二个目的。因此,他往往将其所谓精妙之言删去,而留其切于实用、易得真正受用者。此外,明儒讲知行合一,尤重行,身教重于言教。而《明儒学案》中的诸儒传记,最能传达明儒人格、精神,故全部钞录,"以资高山景行之志"(《例言》)。

四是详王阳明及其后学重要传人而略其他人。梁启超学问的根底是陆王心学,尤其是王学。他最为服膺王阳明的"致良知"和"知行合一",认为这是现代学者修身入德的最良法门。故其平日发挥王学之处甚多,节本也主要在传播王学及其后学。因此,节本在材料的选择上详于王学及其后学,其他则略之。如"姚江学案"(即王阳明学案)全部钞录,其次"江右王门学案"和"蕺山学案"所录也较多;而"止修学案"、"甘泉学案"、"诸儒学案"由于非王门,所录特少。

节本的眉批是梁启超平时读《明儒学案》的心得,眉批的增加进一步强化了节本的修身指导作用,"或可以促读者注意而助其向上之心"(《例言》)。具体而言,其作用主要有三:

其一,指出学者弊病或反省自身弊病,以期正视之。梁启超观察到,当时社会道德沦丧,关键在于不讲修身之学:"近世智育日进,德育日敝,皆坐此也。"因此,他希望学者正本清源,"本源不清,则学识不为益而反为害,可不惧哉?"而所谓正本清源,是先要认识到自身的病根之所在,故其批语多言及此,如:"我辈宜常常自审病根。"有时指出具体的病根,如:"此(按:即好名)是小子一生大病根。""懒散精神,暮气也。暮气者,鬼气也。"有时针砭时人不肯去病,如:"当时学者以去病为第二义,其弊既若彼,今之学者以病为不必去,且明目张胆以保任拥护之,又将何如?"

其二，指明受用之方，望学者依此而用功。梁启超认为王阳明"致良知"和"知行合一"之教，简易直接，最能医时人之病。故其批语多及此，如："拔去病根，阳明之药最良也。""我以良知为君，彼自能保护我。"此外，他对王门重要传人的工夫之言，也非常重视。如对罗念庵言"收敛翕聚"涵养工夫一段，加批语云："此段最是用力不二法门，天下无代价之物，岂吾辈学圣可以顷刻之悟而遂得耶？心至易动，不可不警惕。"再如对刘蕺山"慎独"工夫，加批语云："此篇为蕺山勘道最微处，亦学者用力最吃紧处，我辈宜日三复也。"

其三，简要评价明儒工夫，提醒读者注意。这些评价言简意赅，点到为止，使读者或因此而警醒，或从此处而用功。如评王阳明关于"致良知"的自得之谈，曰："先生之事，其自得之艰也若此，岂得曰'顿'而已哉！"又如比较阳明与朱熹之论，曰："以此（按：即王阳明致良知）与朱子即物穷理相校，真令人有挈领振裘之乐。"再如评刘蕺山的修养工夫，曰："此讲已发未发，方是鞭辟近里。""欲觉晨钟，发人深省。""最能发明阳明法门。"

（三）《曾文正公嘉言钞》的主要内容

《曾文正公嘉言钞》的编纂，是梁启超对曾国藩修身之学进行的一次简要而精到的整理。该书从《曾文正全集》的书札、家书、家训、日记和文集中，将有关修身的精要之言摘钞出来、编纂成书。其摘钞比较简略，只在于"自便省览"，"但求实用"（《曾文正公嘉言钞·钞例》）。因此，该书可视为一部曾国藩修身格言集。

梁启超在个人的修养上，除受家庭和康有为的影响外，主要得力于两个历史人物，一是王阳明，一是曾国藩。如果说《德育鉴》和《节本明儒学案》主要是致力于阳明及其后学修身之学的推行的话，那么《曾文正公嘉言钞》则是着意于曾国藩修身之学的弘扬。

在梁启超看来，曾国藩是中国乃至世界的不世出之大人物，但他"非有超群绝伦之天才"，而于同代诸贤中"最称钝拙"，且"终身在拂逆之中"。曾氏之所以取得立德、立功、立言三不朽的成就,关键在于他不断地努力做修养工夫:"其一生得力在立志自拔于流俗。而困而知,而勉而行,历百千艰阻而不挫屈,不求近效,铢积寸累。受之以虚,将之以勤,植之以刚,贞之以恒,帅之以诚,勇猛精进,艰苦卓绝。如斯而已,如斯而已!"因此梁启超认为,曾国藩的修身之学是人人都可以学的,他正可以做我们的人生楷模;如此,《曾文正公嘉言钞》"真全国人之布帛菽粟,而斯须不可去身者也"。(《曾文正公嘉言钞序》)

总体而言,《曾文正公嘉言钞》的主要内容是关于立身、处事两个方面。其实这两者是密不可分的,下面只是为了论述的方便,对其略加分疏:

1. 关于立身之道,大致有如下方面的内容,并略加例举:

(1) 立志。曾国藩首重立志,如曰:"人第一要有志,第二要有识,第三要有恒。""学贵初有决定不移之志,中有勇猛精进之心,末有坚贞永固之力。"其作用在于,如:"人之气质由于天生,本难改变,欲求变之法,总须先立坚卓之志。……古称金丹换骨,余谓立志即丹也。"

(2) 知本,以方寸为师。曾国藩认为立身之本在我:"我辈办事,成败听之于天,毁誉听之于人,惟在己之规模气象,则我有可以自主者,亦曰不随众人之喜惧为喜惧耳。"而我之本在于方寸之良知,当以方寸为师:"吾辈位高望重,他人不敢指摘。惟当奉方寸如严师,畏天理如刑法,庶几刻刻敬惮。"其实,梁启超本人也极为推重知本工夫,在《德育鉴》中将其当作修身的重要方法。

(3) 主敬。曾国藩重主敬工夫,认为:"敬之一字,孔门持以教人,春秋士大夫亦常言之,至程朱则千言万语不离此旨。"其释"敬"字曰:"敬以持恭,恕以待人。敬则小心翼翼,事无巨细,皆不敢忽视。"曾氏认为主敬的作用在于:"主敬则身强……吾谓敬字切近之效,尤在能固人肌肤之会,筋骸之束。"梁启超受曾氏此点的影响,其修身法门亦有"主敬"一条。

(4) 慎独。慎独与"诚"密切相关,曾国藩曰:"君子懔其为独而生一念之诚,积诚为慎,而自慊之功密。……幽独之中,情伪斯出,所谓欺也。夫惟君子者,惧一善之不力,则冥冥者堕行,一不善之不去,则涓涓者无已时。"曾氏非常重视慎独之功,其日课首曰慎独。

(5) 自立自强。曾国藩认为:"从古帝王将相,无人不由自立做出;即为圣贤者,亦各有自立自强之道,故能独立不惧,确乎不拔。"他认为自己大致能做到自立自强:"大约以能立能达为体,以不怨不忧为用。立者,发奋自强站得住也;达者,办事圆融行得通也。"

(6) 谦虚戒骄。曾国藩重"谦"字工夫:"无形之功不必腾诸口说,此是谦字之真工夫。所谓君子之不可及,在人之所不见也。"因此,必须戒骄戒傲:"用兵最戒骄气惰气,作人之道,亦惟骄惰二字误事最盛。""骄、惰未有不败者。勤字所以医惰,慎字所以医骄。"

(7) 不忮不求。曾国藩自审其德性之病,曰:"仆自审生平愆咎,不出忮求。今已衰耄,且夕入地,犹自拔除不尽。"故曾氏尤其强调"不忮不求"之功,言之甚详。

(8) 借困境、逆境以磨炼人格。曾国藩正视困境、逆境,认为这正是磨炼人格的好机会,他说:"困心横虑,正是磨炼英雄,玉汝于成。""吾平生长进,全在受挫、受辱之时。"因此,曾氏认为要善于利用困境、逆境以磨炼人格,他说:"处多难之世,若能风霜磨炼,苦心劳神,自足坚筋骨而长见识。"梁启超受曾氏此论的影响,特别教育子女要在困境、逆境中磨炼自己的人格。

2. 关于处事之道,大致有如下方面的内容,并略加例举:

(1) 从小事做起,从小处入手。曾国藩是个虔诚的朱熹理学信徒,朱熹教人,重在近处、小处着手。曾氏亦是如此,如他说:"总须脚踏实地,克勤小物,乃可日起而有功。"

(2) 做大事全在明、强。曾国藩说:"担当大事,全在明、强二字。《中庸》学、问、思、辨、行五者,其要归于愚必明,柔必强。"又分别详细阐释"明"、"强"二字。

（3）习劳、习勤。曾国藩特重习劳、习勤，认为："习劳为办事之本。引用一班能耐劳苦之正人，日久自有大效。"如治军："治军以勤字为先，实阅历而知其不可易。"又如治家："吾屡教家人习劳，盖艰苦则筋骨渐强，娇养则精力愈弱也。"曾国藩一生习劳；梁启超亦如此，从小就养成了这一良好习惯。

（4）有恒有常，循序渐进。有恒有常，这是曾国藩极为重视的修身工夫，他说："人生惟有常是第一美德。""养生与力学，皆从有恒做出，故古人以有恒为做圣之基。"尽管曾氏算得上是一个有恒心的人，但仍警惕自己无恒之病："言物行恒，诚身之道也，万化基于此矣。余病根在无恒。"于是，他晚年仍在做"恒"字工夫。梁启超认同曾氏此点，其修身方法之一即有恒。

（5）做事贵专，精神贯注。曾国藩认为："凡事皆贵专。心有所专宗，而博观他途，以扩其识，亦无不可；无所专宗，而见异思迁，此眩彼夺，则大不可。"所谓专，就是曾氏所说："心欲其定，气欲其定，神欲其定，体欲其定。"专即能精，曾氏说："凡人为一事，以专而精，以纷而乱。"

（6）待人、办事以诚。曾国藩认为，诚为立身之本，故待人以诚："驭将之道，最贵推诚，不贵权术。"故办事以诚："凡办一事，必有许多艰难波折，吾辈总以诚心求之，虚心处之。心诚则志气专而气足，千磨百折，而不改其常度，终有顺理成章之一日。"这也是梁启超的立身处世之道，其待人处事极为真诚，为文亦极为真诚，故深受师友、学生的信任。

（7）莫问收获，但问耕耘。曾国藩日记中有云："不为圣贤，便为禽兽；莫问收获，但问耕耘。"后两句，百馀年来常被人引用，也是梁启超最为服膺的，并以此教育自己的子女，且题写于《德育鉴》初版扉页上。

梁启超从古代儒家浩瀚的修身言论中,精心摘钞出有益于现代人的修身之言,并加专门整理而成此"修身三书",尤其是《德育鉴》还理出了修身的大纲要,确立了其大节目;这既是对古代儒家修身之学的总结、归纳、提炼,又有自己的独到见解和体会。并且他力图结合社会现实,使儒家修身之学融入现代人的生活中,从而塑造社会精英,转移世风。可以说,梁启超对古代儒家修身之学的专门整理,在中国现代学术史上是一个创举,推动了修身之学在现代的发展。此外,值得一提的是,梁启超对儒家修身之言的随时指点、说明的按语或眉批,现实针对性非常强,发人深省,对于心灵迷惘的当代人仍不失为一付强心剂。

四、"修身三书"的版本、影响, 及本次整理情况

《德育鉴》编纂于1905年,同年发表于《新民丛报》的增刊上,随后由新民社以单行本发行。此后还有多种版本,如1915年广智书局版、1916年商务印书馆版、1936年中华书局《饮冰室合集》收录版、2011年北京大学出版社版。本次整理以1916年商务印书馆版为底本,并以其他版本参校。另梁启超在钞录原文时,于文词偶有省钞之处,这是古已有之的成例,在此不作补缀,一仍其旧,字词有明显讹误者则径加改正,不另出校记。

《节本明儒学案》编纂于1905年,并于此年由新民社印行。此后多次再版,如有广智书局1911年版、商务印书馆1916年版和1925年版。此书未收录进《饮冰室合集》。本次整理以商务印书馆1916年版为底本,并以其他版本参校。讹误及少量缺漏处据中华书局2008年版《明儒学案》直接改正,节本李经纶传(第420页)缺一页,也据此补上。

《曾文正公嘉言钞》编纂于1916年,并于此年由商务印书馆出版。此后该社连续十年每年再版一次。此书未收录进《饮冰室合集》。本次整理以商务印书馆1916年版为底本。此书原版有《胡文忠公嘉言钞》《左文襄公嘉言钞》《曾文正公国史本传》三个附录,现仍然保留。

"梁启超修身三书"嘉惠后学,当时在读书界、学术界产生了重要影响。《德育鉴》在清末民初,与《新民说》一样颇受欢迎,如梁漱溟、徐志摩等提到曾受惠于此书。梁漱溟说:"《德育鉴》一书,以立志、省察、克己、涵养等分门别类,辑录先儒格言(以宋明为多),而任公自加按语跋识。我对于中国古人学问之最初接触,实资于此。"[1]又说:"溟十四五以迄十八九间,留心时事,向志事功,读新会梁氏所为《新民说》《德育鉴》,辄日记以自勉励。"[2]梁启超的弟子徐志摩说:"读任公先生《新民说》及《德育鉴》,合十稽首,喜惧愧感,一时交集。《石头记》宝玉读宝钗之《螃蟹咏》而曰:'我的也该烧了。'今我读先生文亦曰:'弟子的也该烧了!'"[3]此书在沉寂七八十年之后,再次引起了有识之士的重视,2011年被选为新的清华国学院的德育教材;副院长刘东认为,面对当前的这种尴尬局面,除了加紧诵读像《德育鉴》这类进德之书外,也就更无别的办法可以帮助我们摆脱当下的困境。[4]《曾文正公嘉言钞》,从其初版后连续十年再版的情况看,确对当时读书人产生了不小的影响。本世纪初,重新进入出版者的视野,如岳麓书社、中国书店等先后出过新版。《节本明儒学案》曾多次再版,在20世纪初期的读书界、学术界也应有一定的影响。到了21世纪,该书进入研究者的视野,并受到重视,香港理工大学朱鸿林教授有一长文《梁启超与

[1] 梁漱溟:《我的自学小史》,《梁漱溟全集》(第二卷),山东人民出版社,2005年,第682页。
[2] 李渊庭、阎秉华:《梁漱溟》,群言出版社,2011年,第20页。
[3] 陈从周:《徐志摩年谱》,文海出版社有限公司,1983年,第11页。
[4] 刘东,《意识重叠处,即是智慧生长处——〈德育鉴〉新序》,《德育鉴》,北京大学出版社,2011年,第19页。

〈节本明儒学案〉》(《中国文化》2012 年第 1 期),拙著《古代人生哲学在晚清民国的生存状态——以梁启超为中心》(台湾花木兰文化出版社 2013 年版)有一节,专论该书,尤其揭示了其修身方面的价值。本次出版的《节本明儒学案》是该书首次标点整理(与另外二书一样,梁氏原书只有断句,并无标点)。

古代儒家修身之学在当代社会依然有着强大的生命力,我们相信,此三书的一起面世,必将重新引起读书界的重视,进而切实推动传统文化的重兴。

五、修身书的价值及其读法

修身之类的书在当代中国,似乎已成古董或明日黄花了。然而,丢失了中国传统的根本学问——修身之学,我们的社会并没有变得更加文明、和谐、诚信、友善,反观当下现实,我们发现世道浇漓,人心不古,连食品甚至空气也不安全了。这不能不引起我们深思。其实,在上个世纪 20 年代初,面对严峻的社会环境,梁启超就曾呼吁过青年注意人生问题,并点醒修身的重要性:

一、我们生在这种混浊社会中,外界的诱惑和压迫如此其厉害,怎么样才能保持我的人格,不与流俗同化?二、人生总不免有忧患痛苦的时候,这种境遇轮到头上,怎么样才能得精神上的安慰,不致颓丧?三、我们要做成一种事业或学问,中间一定经过许多曲折困难,怎么样才能令神志清明精力继续?这三项我认为修养最要关头,必须通过,做个人才竖得起。[1]

---

[1] 梁启超:《读书法讲义》,《〈饮冰室合集〉集外文》(下),北京大学出版社,2005 年,第 1357 页。

那么,如何进行修养呢?梁启超认为:除了靠实践上遇事磨炼外,平日需有一点预备工夫,否则事到临头,哪里能应用得起?平日工夫不外两种:一是良师益友的提撕督责,二是前言往行的鞭辟浸淫。良师益友,可遇不可求;而前言往行,存在书册,俯拾皆是,这主要是修身之类的书。梁启超当年呼吁青年注意的这些问题,现在依然没有过时,甚至更为严重;以自己的身心修养为本,依然不失为一种个人的自立之道,甚至为一个社会的根本生存之道。因此,我们有必要重新审视这门古老的学问,而读读"梁启超修身三书"之类的书,则可能是重返修身之道的开始。

那么,这类书应如何读呢?拙见以为,就读书的目的而言,书大抵有三种读法:一是功利性读书,二是知识性读书,三是生命性读书。所谓功利性读书,乃是为考试、升学或仅仅为写论文、报课题而读。此种读书的目的是为了得到实际的利益,乃古语所谓"书中自有黄金屋,书中自有颜如玉"也。所谓知识性读书,是为纯粹的求知而读。此种读书是出于人的好奇心,目的在获取知识或信息。如果这种好奇心能够持续,得以深入某个领域,则成为科学研究的一部分。这种读书是亚里士多德所说的"求知是人类的本性"[1]的体现。所谓生命性读书,乃是为滋润自己的生命、提升自身的人格境界而读。这种读书,是在与经典(即圣贤)的心灵交流中,去体味自己真实的存在,洗涤自己心灵上的污垢,开启自己本来灵慧的心智,从而使身心愉悦,精神境界得以提升。这种读书,因沉潜其中而得至乐,如孔夫子所言"发愤忘食,乐以忘忧,不知老之将至"(《论语·述而》),亦如陶渊明所言"好读书,不求甚解,每有会意,便欣然忘食"(《五柳先生传》)。读"梁启超修身三书"之类的书,既不能用功利性读书法,也不应用知识性读书法,而要用生命性读书法。通过阅读、体悟、践履,在日久月深中,生命得

---

[1] 亚里士多德:《形而上学》,商务印书馆,1996年,第1页。

到净化,得到升华。也就是说,读此类书乃在变化气质,修养身心,如未达此目的,则如程子所言:"如读《论语》,未读时是此等人,读了后又只是此等人,便是不曾读。"(朱熹《论语集注·序说》引)

就具体操作而言,应如何着手去读这类书呢?梁启超在《德育鉴·例言》中告诉我们:"本编不可以作教科书,其体裁异也。惟有志之士,欲从事修养以成伟大人格者,日置座右,可以当一良友。"就是说,读古人之书,如其人在旁,将他视为一良友,日日得其督促并付之践履。

此外,梁启超在《读书法讲义》中告诉我们,读修身书的着手工夫有守约和博涉两种,以守约为主,博涉为辅。所谓守约法,是所谓"任凭弱水三千,我只取一瓢饮",关键要饮得透,具体做法是:看见一段话,觉得犁然有当于心,或切中自己的毛病,便将其在心中、口中念到极熟,体验到极真切,务使其在"下意识"中浓熏深印,那么,临起事来,不假勉强,自然会应用。应用过几回,所印所熏,越加浓深牢固,便成为一种人格力。这也是朱熹主张的读书法:熟读深思,反复沉潜,虚心涵泳,久之自然有得。所谓博涉法,是认定几件大节目作修养中坚,凡与这些节目引申发明的话,多记一句,加深印象。最好是备一个随身小册子,将自己欣赏的话钞出,常常浏览,以便熟记。实际上,如《德育鉴》确立了修身的大节目,即辨术、立志、知本、存养、省克、应用等,我们可依此大节目,并多记一些修身之言,加以修行。当然,我们更要用守约法,如熟读、熟记、体悟"梁启超修身三书"中自己最感兴趣之言,并在日常生活中付之于行动。

《读书法讲义》还提到对史书中的传记,不必当作历史故事读,可专当作修身书读:看他们怎样做人,怎样做事,怎样做学问,设想自己身处其境遇该如何,碰到这类事情该怎么办。常用这种工夫,不独可以磨炼德性,也可以开发才智。其实,读《节本明儒学案》的诸儒传记,正可用此种方法,看传主如何立身处世,体会其人格、精神。

对于当代人而言,阅读这类修身书,尤其应当注意者有二:首先,我们必须放下视古人之言为陈旧的道德说教的成见,而要虚心聆听他们的声音,这样才能声入心通,与他们展开心灵的交流。其次,也不要将这些修身之言当作"哲学研究"的材料,依学问的态度去作客观的研究,而应以践履的方式去对待,即讽诵涵泳,默而识之,切己体察,着紧用力。不然,即使建立了一套思辨的哲学体系,也无关乎身心性命,只落得如理学家所讥笑的"说闲话"而已。读这类书,应若己病痛在身,急欲于此中寻找药方,得着药方则赶紧抓药、煎而服之,则病痛自然去身,身心自然日渐康健。

另需说明的是,"梁启超修身三书"多为语录之言,并不古奥难懂,只要是受过高等教育并对传统文化有兴趣者,其实无需以现代语言的翻译为媒介,而通过反复诵读、体味,就能理解古人原汁原味的语言,把握其义理脉络,乃至恍然得其精神面貌。实际上,这种和古人语言的直接照面,比借助现代语言的翻译更能接近古人的生命信息。此外,这些古人修身之言不少本身即是美文,通过反复的诵读,能得到一种美的享受(古文之美远胜白话文,尤其适合诵读),这本身也是一种性情的陶冶、人格的涵养。

2015 年 1 月彭树欣识于江西财经大学人文学院

德育鑑

啓超自署

不为圣贤，便为禽兽。
莫问收获，弟问耕耘。

生平最服膺曾文正此语，录以题《德育鉴》。
—— 启超

例　言

　　鄙人关于德育之意见，前所作《论公德》《论私德》两篇既已略具，本书即演前文宗旨，从事编述。

　　《记》有之，有"可得与民变革者"，有"不可得与民变革者"。窃以为道德者，不可得变革者也。近世进化论发明，学者推而致诸各种学术，因谓即道德亦不能独违此公例。日本加藤弘之有《道德法律进化之理》一书，即此种论据之崖略也。徐考所言，则仅属于伦理之范围，不能属于道德之范围（道德之范围，视伦理较广，道德可以包伦理，伦理不能尽道德），藉曰道德，则亦道德之条件，而非道德之根本也。若夫道德之根本，则无古无今、无中无外而无不同。吾尝闻之子王子之言矣，曰："良知之于节目事变，犹规矩尺度之于方圆长短也。节目事变之不可预定，犹方圆长短之不可胜穷也。故规矩诚立，则不可欺以方圆，而天下之方圆不可胜用矣。尺度诚陈，则不可欺以长短，而天下之长短不可胜用矣。良知诚致，则不可欺以节目事变，而天下之节目事变不可胜应矣！"夫所谓今之道德当与古异者，谓其节目事变云尔。若语于节目事变，则岂惟今与古异，抑且随时随地、随事随人，在在而皆可异。如人民服从政府，道德也；人民反抗政府，亦道德也：则因其政府之性质如何，而所以为道德者异。缄默谨言，道德也；游说雄辩，

3

亦道德也：则因其发言之目的如何，而所以为道德者异。宽忍包荒，道德也；竞争权利，亦道德也：则因其所对之事件如何，而所以为道德者异。节约俭苦，道德也；博施挥霍，亦道德也：则因其消费之途径如何，而所以为道德者异。诸如此者，其种类恒河沙数，累万纸而不能尽也。所谓道德进化论者，皆谓此尔。虽然，此方圆长短之云，而非规矩尺度之云也。若夫本原之地，则放诸四海而皆准，俟诸百世而不惑，孔子所谓一以贯之矣。故所钞录学说，惟在治心治身之要。若夫节目事变，则胪举难殚。恃原以往，应之自有馀裕耳。

公德、私德，为近世言德育者分类之名词。虽然，此分类亦自节目事变方面观察之，曰某种属于公之范围，某种属于私之范围耳。若语其本原，则私德亏缺者，安能袭取公德之美名？而仅修饰私德而弁髦公德者，则其所谓德已非德。何以故？以德之定义与公之定义常有密切不能相离之关系故。今所钞录，但求诸公私德所同出之本。若其节目，则刘蕺山《人谱》及东人所著《公德美谈》之类，亦数倍此编之卷帙，不能尽耳。

本编所钞录，全属中国先儒学说，不及泰西，非敢贱彼贵我也。浅学如鄙人，于泰西名著，万未窥一，凭借译本，断章零句，深惧灭裂以失其真，不如已已。抑象山有言，东海西海，有圣人出焉，此心同也，此理同也。治心治身，本原之学，我先民所以诏我者，实既足以供我受用而有馀。孔子曰"知及之，仁守之"，又曰"得一善，则拳拳服膺而不失"。窃谓守而不失，然后其物乃在我。否即博极寰海，亦口耳四寸之间耳。语曰："岂卖菜也，而求添乎？"守为道日损之义，虽见诮固陋，所不敢辞。

本编不可以作教科书，其体裁异也。惟有志之士，欲从事修养以成伟大之人格者，日置座右，可以当一良友。其甄录去取之间，与夫所言进学之途径次第，及致力受用之法门，自谓颇有一日长。不然，安取剿说以祸枣梨也？若夫学校用本，尚思别述。杀青之期，不敢言耳。

乙巳十一月，著者识

4

德育鉴目次

辨 术 第 一

术者何？心术之谓也。孟子称"仁术"，谓有是术然后体用乃有可言也；又曰"羿之教人射，必志于彀，学者亦必志于彀"。不有彀以为之闲，学皆伪学矣。述辨术第一。

古之学者为己，今之学者为人。《论语》

君子求诸己，小人求诸人。《论语》

古之学者为己，欲得之于己也；今之学者为人，欲见知于人也。程明道颢

古之学者为己，其终至于成物；今之学者为物，其终至于丧己。程伊川颐

启超案：《论语》此二章，学者视为老生常谈，习焉不察久矣。实则为学不于此源头勘得确实，直是无用力处。二程之解释最当。

君子喻于义，小人喻于利。《论语》

凡欲为学，当先识义利、公私之辨。今所学果为何事？人生天地

间,为人自当尽人道,学者所以为学,学为人而已,非有为也。<small>陆象山九渊</small>

学者须是打叠田地洁净,然后令他奋发植立。若田地不洁净,则奋发植立不得。古人为学,即读书然后为学可见。然田地不洁净,亦读书不得。若读书则是假寇兵,资盗粮。<small>陆象山</small>

入道之路,莫切于公私、义利之辨。念虑之兴,当静以察之。舍此不治,是犹纵盗于家,其馀无可为力矣。<small>方正学孝孺</small>

今人为学,多在声价上做。如此,则学时已与道离了,费尽一生工夫,终不可得道。<small>胡敬斋</small>

数年切磋,只得立志、辨义利。若于此未有得力处,却是平日所讲,尽成虚话,平日所见,皆非实得。<small>王阳明守仁</small>

学绝道丧,俗之陷溺,如人在大海波涛中,且须援之登岸,然后可授之衣而与之食。若以衣食投之波涛中,是适重其溺也。<small>王阳明</small>

学绝道丧之馀,苟有兴起向慕于学者,皆可以为同志,不必铢称寸度而求其尽合于此。以之待人可也,若在我之所以为造端立命者,则不容有毫发之或爽矣。(中略)今古学术之诚伪邪正,何啻碔砆美玉,有眩惑终身而不能辨者,正以此道之无二,而其变动不拘,充塞无间,纵横颠倒,皆可推之而通。世之儒者,各就其一偏之见,而又饰之以比拟仿像之功,文之以章句假借之训,其为习熟既足以自信,而条目又足以自安,此其所以诳己诳人,终身没溺而不悟焉耳。然其毫厘之差,而乃致千里之谬,非诚有求为圣人之志,而从事于惟精惟一之学者,莫能得其受病之源而发其神奸之所由伏也。若某之不肖,盖亦尝陷溺于其间者几年,伥伥然既自以为是矣。赖天之灵,偶有悟于良知之学,然后悔其向之所为者,固包藏祸机,作伪于外,而心劳日拙者也。十馀年来,虽痛自洗剔创艾,而病根深痼,萌蘖时生。所幸良知在我,操得其要,譬犹舟之得舵,虽惊风巨浪,颠沛不无,尚犹得免于倾覆者也。夫旧习之溺人,虽已觉悔悟,而其克治之功尚且其难若此,又况溺而不悟,日

益以深者，亦将何所抵极乎？王阳明

《论语》所谓异端者，谓其端异也。吾人须研究自己为学初念，其发端果是为何，乃为正学。今人读书，只为荣肥计，便是异端。夏廷美

圣门教人求仁，无甚高远，只是要人不坏心术。狂狷是不坏心术者，乡愿是全坏心术者。钱启新一本

启超谨案：居今日而与学者言义利之辨，无论发心、体认者渺不可得，但求其不掩耳却走者，盖千百中无一矣。何也？所谓权利思想，所谓功利主义，既已成一绝美之名词，一神圣之学派。今乃举其与彼平昔所服膺最反对之学说而语之，匪直以为迂，且以为妄耳。

吾今为一至浅之解释以勘之：先哲所谓义者，诚之代名词耳；所谓利者，伪之代名词耳。吾辈今日之最急者，宜莫如爱国。顾所贵乎有爱国之士者，惟其真爱国而已。苟伪爱国者盈国中，试问国家前途，果何幸也？骤执一人而语之曰"尔之爱国伪也"，未有不艴然怒者。而究其极，果为真为伪，苟非内自鞫之，而他人安能察也？试自鞫焉，吾知其中必有两种人：其一，则本无爱国之心，而以此口头禅可以自炫于天下，冒之以为名高也，此明察其伪而安之者也。其一，则受风潮之刺激，闻先觉之警导，其爱国心激发于一时，自问现在之一念，似未尝杂以伪者存，而此念之果能确实久持与否，在我抑未能自信也。由前之说，则自暴自弃，甘于为小人，不足责矣。由后之说，则吾将来或成就一真爱国者，或成就一伪爱国者，其几甚微，而用力不可以不豫也。吾侪无论何人，于并时朋辈中，或其所交者，或其所闻者，必尝有数人焉，在数年前自命为爱国志士，同人亦公认其为爱国志士，而今也或以五六七品之头衔、百数十金之薪俸，而委蛇以变其节也，或征歌选色于都会，武断盗名于家乡，而堕落不可复问也。则必指名戟手而唾

之曰："某也某也,其平昔所谈爱国皆伪也!"设其时有旁人语我曰"数年以后,恐足下其亦如彼",则我必艴然怒也。庸讵知彼辈自始固非尽出于伪,如吾所谓自暴自弃、甘心为小人也。其数年前受风潮之刺激,闻先觉之警导,而忽然激发其一念之热诚,犹吾今日也。顾何以今竟若此?则以承数百年学绝道丧之馀,社会之腐败已极,自其未出胎之始,已受种种污恶之遗传性,又自孩提稍有知识以迄于弱壮,其浸染于无形之恶教育者,至深且厚。及其受风潮之激刺,闻先觉之警导,而忽焉有此一念之热诚,正乃孟子之所谓外铄。而前此种种之恶根,与此一念正成反比例者,卒未之能拔。及其一旦离学界以入于他种之社会,则其社会又自有其种种之恶现象相与为缘,而与前此所留之恶根,如电斯感,如芥斯投,故不转瞬而所谓此一念之热诚者,乃如洪炉点雪,销归无有也。

吾侪自问视阳明先生何如?以阳明先生之大贤,犹曰"十馀年痛自洗剔创艾,而病根深痼,萌蘖时生",而吾侪谓一时受刺激、闻警导所发之热诚,遽足以自信,多见其不知量也。诚如是也,则我今日所指名唾骂之夫己氏,安保其不为数年后我躬之化身也?今欲免之,其道何由?亦曰于陆子所谓"打叠田地洁净",王子所谓"援之登岸"者,痛加工夫而已。以孔子之言言之,则为己也,喻义也。此关不勘得真,不操得熟,则终是包藏祸机,终是神奸攸伏,他日必有夺其官而坠诸渊者。安得不惧!安得不勉!

先师讲学山中,一人资性警敏,先生漫然视之,屡问而不答;一人不顾非毁,见恶于乡党,先师与之语,竟日忘倦。某疑而问焉,先师曰:"某也资虽警敏,世情机心,不肯放舍,使不闻学,犹有败露悔改之时,若又使之有闻,见解愈多,趋避愈巧,覆藏愈密,一切圆融智虑,为恶不可复悛矣。某也原是有力量之人,一时狂心销遇不下,今既知悔,移此力量为善,何事不办? 此待两人所以异也。"王龙溪畿○先师指阳明。

孟源有自是好名之病,先生喻之曰:"此是汝一生大病根。譬如方丈地内,种此一大树,雨露之滋,土脉之力,只滋养得这个大根。四旁纵要种些嘉谷,上被此树遮覆,下被此树盘结,如何生长得成? 须是伐去此树,纤根勿留,方可种植嘉种。不然,任汝耕耘培壅,只滋养得此根。"《传习录》○先生指阳明。

　　启超谨案:象山所谓田地不洁净,则读书为藉寇兵、资盗粮;阳明所谓投衣食于波涛,只重其溺。以此二条参证之,更为博深切明。盖学问为滋养品,而滋养得病根,则诚不如不滋养之为愈。趋避巧而覆藏密,皆非有学问者不能,然则学问果藉寇兵、资盗粮也。近世智育与德育不两立,皆此之由。

圣人之学,日远日晦,而功利之习,愈趋愈下。其间虽尝瞀惑于佛老,而佛老之说卒亦未能有以胜其功利之心。虽又尝折衷于群儒,而群儒之论终亦未能有以破其功利之见。盖至于今,功利之毒沦浃于人之心髓,而习以成性也几千年矣。相倾以知,相轧以势,相争以利,相高以技能,相取以声誉。(中略)记诵之广,适以长其敖也;知识之多,适以行其恶也;闻见之博,适以肆其辩也;辞章之富,适以饰其伪也。是以皋、夔、稷、契所不能兼之事,而今之初学小生皆欲通其说、究其术。其称名借号,未尝不曰"吾欲以共成天下之务",而其诚心实意之所在,以为不如是则无以济其私而满其欲也。呜呼! 以若是之积染,以若是之心志,而又讲之以若是之学术,宜其闻吾圣人之教,而视之以为赘疣枘凿,亦势有所必至矣! 王阳明

　　启超谨案:王子此言,何其淋漓沉痛,一至于是! 读之而不羞恶、怵惕、创艾、奋发者,必其已即于禽兽者也! 其所谓称名借

号曰"吾欲以成天下之务",而诚心实意乃以济其私而满其欲,吾辈不可不当下返观,严自鞫讯曰:若某者,其能免于王子之所诃乎?若有一毫未能自信也,则吾之堕落,可计日而待也。夫以王子之时,犹曰此毒沦浃心髓既已千年,试问今之社会,视前明之社会何如?前明讲学之风遍天下,缙绅之士日以此义相激厉,而犹且若是,况于有清数百年来,学者公然以理学为仇敌,以名节为赘疣?及至今日,而翻译不真、首尾不具之新学说挽入之,我辈生此间,其自立之难,视王子时又十倍焉。非大豪杰之士,其安能脱此罗网,以自淑而淑世耶?

妄意于此,二十馀年矣,亦尝自矢,以为吾之于世无所厚取,自欺二字,或者不至如人之甚。而两年以来,稍加惩艾,则见为吾之所安而不惧者,正世之所谓大欺,而所指以为可恶而可耻者,皆吾之处心积虑,阴托之命而恃以终身者也。其使吾之安而不惧者,乃先儒论说之馀,而冒以自足,以知解为智,以意气为能。而处心积虑于可耻可恶之物,则知解之所不及,意气之所不行。觉其缺漏,则蒙以一说;欲其宛转,则加以众证。先儒论说愈多,而吾之所安日密,譬之方技俱通而痿痹不恤,搔爬能周而痛痒未知,甘心于服鸩而自以为神剂,如此者不知日凡几矣。呜呼!以是为学,虽日有闻,时有习,明师临之,良友辅之,犹恐成其私也。况于日之所闻,时之所习,出入于世俗之内,而又无明师良友之益,其能免于前病乎?夫所安者在此,则惟恐人或我窥;所蒙者在彼,则惟恐人不我与。托命既坚,固难于拔除;用力已深,益巧于藏伏。于是,毁誉得失之际,始不能不用其情。此其触机而动,缘衅而起,乃馀症标见,所谓已病不治者也。且以随用随足之体,而寄寓于他人口吻之间;以不加不损之真,而贪窃于古人唾弃之秽。至乐不寻,而伺人之颜色以为欣戚;大宝不惜,而冀时之取予以为歉盈。如失路人之志归,如丧家子之丐食,流离奔逐,至死不休,孟子之所谓"哀哉!"ɜ

12

念庵洪先

启超谨案：念庵先生者，王门之子路也。王学之光辉笃实，惟先生是赖。此段自叙用力，几经愤悱，与前所钞阳明语"学绝道丧之馀"一段参观，可见昔贤自律之严、用功之苦，而所谓打叠田地工夫，真未易做到也。其所云"觉其缺漏，则蒙以一说；欲其宛转，则加以众证"，"托命既坚，固难于拔除；用力已深，益巧于藏伏"，此直是勘心入微处。自讼之功，行之者既寡；即行矣，而讼而能胜，抑且非易。盖吾方讼时，而彼旧习之蟠结于吾心者，又常能聘请许多辩护士，为巧说以相荧也。噫，危哉！

李卓吾倡为异说，破除名行，楚人从者甚众，风习为之一变。刘元卿问于先生曰："何近日从卓吾者之多也？"曰："人心谁不欲为圣贤？顾无奈圣贤碍手耳。今渠谓酒色财气，一切不碍，菩提路有此便宜事，谁不从之？"邹颖泉善○颖泉，东廓之子也。

启超谨案：今世自由、平等、破坏之说，所以浸灌全国，速于置邮者，其原因正坐是，皆以其无碍手也。然卓吾谓酒色财气不碍焉耳，未尝必以酒色财气为圣贤也，而自由、平等、破坏，则以为豪杰志士之鹄焉。此正阳明所谓其习熟既足以自信，而条目又足以自安也。故昔之陷溺利欲、弁髦私德者犹自惭焉，今则以为当然。岂徒以为当然，且凡非如是者，不足以为豪杰。呜呼，是非之心与羞恶之心俱绝，相率而禽兽矣！

学者以任情为率性，以媚世为与物同体，以破戒为不好名，以不事检束为孔颜乐地，以虚见为超悟，以无所用耻为不动心，以放其心而不求为未尝致纤毫之力者，多矣。可叹哉！王塘南时槐

启超谨案：此当时学风败坏之点也。今日之学风，其所以自文饰回护之词，虽与此异，然其病正相等。

管东溟曰："凡说之不正，而久流于世者，必其投小人之私心，而又可以附于君子之大道者也。"愚窃谓无善无恶四字当之。何者？见以为心之本体，原是无善无恶也，合下便成一个"空"；见以为无善无恶，只是心之不著于有也，究竟且成一个"混"。"空"则一切解脱，无复挂碍，高明者入而悦之，于是将有如所云：以仁义为桎梏，以礼法为土苴，以日用为缘尘，以操持为把捉，以随事省察为逐境，以讼悔迁改为轮回，以下学上达为落阶级，以砥节砺行、独立不惧为意气用事者矣。"混"则一切含糊，无复拣择，圆融者便而趋之，于是将有如所云：以任情为率性，以随俗袭非为中庸，以阉然媚世为万物一体，以枉寻直尺为舍其身济天下，以委曲迁就为无可无不可，以猖狂无忌为不好名，以临难苟安为圣人无死地，以顽钝无耻为不动心者矣。由前之说，何善非恶？由后之说，何恶非善？是故欲就而诘之，彼其所占之地步甚高，上之可以附君子之大道；欲置而不问，彼其所握之机缄甚活，下之可以投小人之私心。即孔孟复作，亦奈之何哉！顾泾阳宪成

启超谨案：此为矫正王龙溪之说而发也。龙溪为阳明高第弟子，而其学有所转手，其言曰："心亦无善而无恶，意亦无善而无恶，知亦无善而无恶，物亦无善而无恶。"王学末流之弊实自此，故晚明儒者多矫正之。今则此种口头禅固无有矣，而破坏之说正与此类。言破坏者，动曰一切破坏，而旧道德尤其所最恶也。一言蔽之，则凡其所揭橥者，皆投小人之私心，而又可以附于君子之大道而已。

圣人所以为圣，精神命脉全体内用，不求知于人，故常常自见己过，不自满假，日进十九疆。乡愿惟以媚世为心，全体精神尽从外面照

管，故自以为是，而不可与入尧舜之道。王龙溪

乡党自好，与贤者所为，分明是两路径。贤者自信本心，是是非非，一毫不从人转换。乡党自好，即乡愿也，不能自信，未免以毁誉为是非，始有违心之行，徇俗之情。虞廷观人，先论九德，后及于事，乃言曰"载采采"，所以符德也。善观人者，不在事功名义格套上，惟于心术微处，密窥而得之。王龙溪

门人叹先生自征宁藩以来，天下谤议益众。先生曰："我在南都以前，尚有些子乡愿意思在。今信得这良知真是真非，信手行去，更不着些覆藏，才做得个狂者胸次，故人都说我行不掩言也。"《传习录》○先生指阳明。

先师自云："吾龙场以前，称之者十之九。鸿胪以前，称之者十之五，议之者十之五。鸿胪以后，议之者十之九矣。学愈真切，则人愈见其有过。前之称者，乃其包藏掩饰，人故不得而见也。"王龙溪○先师指阳明。

启超谨案：孔子恶乡愿，孟子释之曰"恐其乱德"，诚以伪善之足以蠹社会也。龙溪解释乡愿与圣贤之别，最为博深切明，而阳明自述进学之次第，其早岁、中年且不免此。然则古今能免者几人耶？阳明自道之而不讳，此其所以异于乡愿也。

夏廷美听张甑山讲学，谓："为学，学为人而已。为人须求为真人，毋为假人。"廷美怃然曰："吾平日为人，得毋未真耶？"

启超谨案：吾侪平日为人，得毋未真耶？
启超又案：以上所钞，皆言辨术之功，不可以已也。

所谓诚其意者，毋自欺也。《大学》

学只要鞭辟近里着己而已。程明道

刊落声华,务于切己处着实用力。王阳明

"学要鞭辟近里着己","君子之道,暗然而日章","为名与为利,虽清浊不同,然其利心则一"。王阳明

仆近时与朋友论学,惟说立诚二字。杀人须就咽喉上着刀,吾人为学,当从心髓入微处用力,自然笃实光辉。虽私欲之萌,真是红炉点雪,天下之大本立矣。若就标末妆缀比拟,凡平日所谓学问思辨者,适足以为长傲遂非之资,自以为进于高明光大,而不知陷于狠戾险嫉,亦诚可哀也已!王阳明

使在我果无功利之心,虽钱谷兵甲,搬柴运水,何往而非实学?何事而非天理?况子史诗文之类乎?使在我尚有功利之心,则虽日谈道德仁义,亦只是功利之事,况子史诗文之类乎?一切屏绝之说,犹是泥于旧闻,平日用功,未有得力处。王阳明

学者大患,在于好名。今之称好名者,类举富贵夸耀以为言,抑末矣。凡其意有为而为,虽其迹在孝弟、忠信、礼义,犹其好名也,犹其私也。古之学者,其立心之始,即务去此。徐曰仁爱

无所为而为五字是圣贤根源,学者入门念头,就要在这上做。今人说话,第二三句便落在有所为上,只为毁誉利害心脱不去,开口便是如此。吕心吾坤

启超谨案:学者闻辨术之说,莫不以为迂,但今试问:苟有所为而言爱国,尚足为爱国矣乎?故曰:"立心之始,即务去此。"不去此,则率天下而伪也。

千古学术,只在一念之微上求。生死不违,不违此也;日月至,至此也。王龙溪

虽在千百人中,工夫只在一念微处;虽独居冥坐,工夫亦只在一念

微处。钱绪山德洪

　　心迹未尝判,迹有可疑,毕竟其心尚有不能尽信处。自信此生决无盗贼之心,虽有褊心之人,亦不以此疑我;若自信功名富贵之心与决无盗贼之心一般,则人之相信,自将不言而喻矣。王龙溪

　　处事原属此心,心有时而不存,即事亦有时而不谨,所谨者在人之可见闻耳。因见闻而后有着力,此之谓为人,非君子反求诸己之学也。罗念庵

　　学者不知一念之差,已为跖之徒也,故视得志之人负于国家,往往窃叹之。岂知己之汲汲营利是其植根,而得志之时,不过成就结果之耳。潘雪松

　　天命流行,物与无妄。妄者,真之似者也。古人恶似而非。似者,非之微者也。道心惟微,妄即依焉,依真而立,即托真而行。有妄心,斯有妄形,因有妄解释、妄名理、妄言说、妄事功,以此造成妄世界。妄者,亡也,故曰:"罔之生也,幸而免。"人心自妄根受病以来,自微而著,益增泄漏,遂受之以欺。欺与慊对,言亏欠也。《大学》首严自欺,自欺犹云亏心。心体本是圆满,忽有物以撄之,便觉有亏欠处。自欺之病,如寸隙当堤,江河可决。刘蕺山宗周

　　自欺受病,已是出入人兽关头,更不加慎独之功,转入人伪。自此即见君子,亦不复有厌然情状,一味挟智任术,色取仁而行违。心体至此百碎,进之则为乡愿,似忠信,似廉洁,欺天罔人,无所不至,犹宴然自以为是,全不识人间有廉耻事。充其类为王莽之谦恭,冯道之廉谨,弑父与君,皆由此出。故欺与伪虽相去不远,而罪状有浅深,不可一律论。近世士大夫受病,皆坐一伪字。求其止犯欺者,已是好根器,不可多得。刘蕺山

　　启超谨案:蕺山先生此论,言妄、欺、伪三者之辨,最可体认。妄者犹佛说所谓无明,与真如本体相缘,殆人生所不免。欺则心

之矣,然欺焉者,其羞恶之心犹有存焉。伪则安之矣,安之则性之矣。人而至于伪,更无可救。戒哉!

今为学者下一顶门针,即向外驰求四字,便做成一生病痛。吾侪试以之自反,无不悚然汗浃者。凡人自有生以来,耳濡目染,动与一切外物作缘,以是营营逐逐,将全副精神,都用在外,其来旧矣。学者既有志于道,且将从来一切向外精神,尽与之反复身来,此后方有下手工夫可说。须知道不是外物,反求即是,故曰:"我欲仁,斯仁至矣。"无奈积习既久,如浪子亡家,失其归路。即一面回头,一面仍住旧时缘,终不知在我为何物。自以为我矣,曰吾求之身矣,不知其为躯壳也;又自以为我矣,曰吾求之心矣,而不知其为口耳也;又自以为我矣,曰吾求之性与命矣,不知其为名物象数也。求之于躯壳,外矣;求之于口耳,愈外矣;求之于名物象数,外之外矣:所为一路向外驰求也。所向是外,无往非外:一起居焉外,一饮食焉外,一动静语默焉外,时而存养焉外,时而省察焉外,时而迁善改过焉外。此又与于不学之甚者也。是故读书则以事科举,仕宦则以肥身家,勋业则以望公卿,气节则以邀声誉,文章则以谀听闻:何莫而非向外之病乎?学者须发真实为我心,每日孜孜汲汲,只干办在我家当:身是我身,非关躯壳;心是我心,非关口耳;性命是我性命,非关名物象数。于此体认亲切,自起居食息以往,无非求在我者。及其求之而得,天地万物,无非我有矣。总之,道体本无内外,而学者自以所向分内外。所向在内,愈寻求,愈归宿,亦愈发皇,故曰:"君子之道,暗然而日章。"所向在外,愈寻求,愈决裂,亦愈消亡,故曰:"小人之道,的然而日亡。"学者幸早辨之。刘蕺山

启超谨案:以上所钞,皆示学者以辨术下手工夫。先哲所言关于此事者尚多,要之讲到真学术,千言万语,不过归着于此,此不过录其最痛切者耳。而学者或疑焉,曰:"专标'为己'为学的,

岂不近于独善其身？提挈过重，则学将为无益于世矣？"应之曰：
不然。孔子所谓为己，与杨朱所谓为我者全异。为己者，欲度人
而先自度也。苟无度人之心，则其所以自度者，正其私也。而先
哲所谓一念之微处，不可问也。故《传习录》又云："释氏只是一统
事，成就一个私己的心也。"阳明此语却非能见佛学真相者。今引之，但以
证先哲所谓为己之说，正与成物不能相离而已。然不能自度而言度人，正
恐人之未度，而己先陷溺。又复借度人之口头禅语，以自饰其污
秽充塞之心地。阳明所谓诳己诳人、终身而不悟者，举国中多是
此等人，宁为国之福乎？孔子曰："是固恶乎佞者。"其引此说以难
昔贤辨术之要旨者，皆佞而已矣。

为学莫先于辨诚伪，苟不于诚上立脚，千修万修，只做得禽兽路上
人。刘蕺山

世人无日不在禽兽中生活，但以市井人观市井人，彼此不觉耳。
刘蕺山

启超谨案：此两条最痛切，勿视为嫉俗之言。

有友问："三代之下惟恐不好名，名字恐未可抹坏。"王金如云："这
是先儒有激之言。若论一名字，贻祸不是小小。"友谓："即如今日之
会，来听者亦为有好名之心耳。即此一念，便亦足取。"先生曰："此语
尤有病。这会若为名而起，是率天下而为乱臣贼子，皆吾辈倡之也，诸
友裹足而不可入斯门矣。"友又谓："大抵圣贤学问，从自己起见；豪杰
建立事业，则从勋名起见。无名心恐事业亦不成。"先生曰："不要错看
了豪杰。古人一言一动，凡可信之当时，传之后世者，莫不有一段真至
精神在内。此一段精神，所谓诚也。惟诚故能建立，故足不朽。稍涉
名心，便是虚假，便是不诚。不诚则无物，何从生出事业来？"刘蕺山

启超谨案：此言真乃勘析入微，我辈所当常目在之也。名誉心本是导人奋发卓立之一法门，但所谓名誉心者，与好名自有大别。如战国时之武士，苟有损其勇名，则宁以身殉之。所谓宁牺牲生命，毋牺牲名誉，此即所谓名誉心也。今日本此风特盛，西人亦多有之，孔子所谓知耻近乎勇也。若乃好名者则异是，彼其最终之目的则利益，而名誉不过间接之目的而已。一旦名誉与利益不能两存，则彼所愿牺牲者，于彼乎？于此乎？利益且然，遑论生命？此安可目之曰名誉心也？蕺山所谓"从来豪杰能成一事业，莫不有一段真至精神在内"，可谓千古名言，西人所谓"烟士披里纯"（整理者按：即 inspiration，精神、灵感）也。其志愿注此一事，目非是无见，耳非是无闻，心非是无虑。举人间世最可歆羡之事，不足以易其志；举人间世最困危之事，不足以夺其志。夫是以诚而能动也。而不然者，而谓能生出事业来，未之前闻也。蕺山曰："这会若为名而起，则率天下为乱贼者，皆吾辈倡之。"今日之会亦多矣，倡焉者与从焉者，其亦于此一勘焉否也？更申言之，则专问其无所为而为，抑有所为而为已耳。

立 志 第 二

　　术既辨,吾之所以学者,为诚为伪,差足以自信矣。然而,学或进或不进,或成或不成,则视其志之所以帅之者何如。述立志第二。

志于道。《论语》

苟志于仁矣,无恶也。《论语》

不愤不启,不悱不发。《论语》

三军可夺帅也,匹夫不可夺志也。《论语》

仁远乎哉? 我欲仁,斯仁至矣。《论语》

士不可以不弘毅,任重而道远。仁以为己任,不亦重乎? 死而后已,不亦远乎?《论语》

士何事? 孟子曰:"尚志。"《孟子》

夫志,气之帅也;气,体之充也。夫志至焉,气次焉。故曰:持其志,无暴其气。《孟子》

自弃者,不足以有为也。吾身不能居仁由义,谓之自弃也。《孟子》

彼丈夫也,我丈夫也,吾何畏彼哉? 舜何人也,予何人也,有为者亦若是。《孟子》

待文王而后兴者,凡民也。若夫豪杰之士,虽无文王犹兴。《孟子》

卑湿重迟,则抗之以高志。《荀子》

"士不可以不弘毅,任重而道远。"重担子须是硬脊梁汉方担得。程明道

人之学不进,只是不勇。程明道

阳气所发,金石为开。精神一到,何事不成?程明道

才说明日,便是悠悠。程明道

学者为气所胜、习所夺,只可责志。程伊川

莫说道将第一等让与别人,却做第二等。才如此说,便是自弃。虽与不能居仁由义者差等不同,其自小一也。言学便以道为志,言人便以圣为志。程伊川

问:人或倦怠,岂志不立乎?曰:若是气体,劳后须倦。若是志,怎生倦得?人只为气胜志,故多为气所使。人少而勇,老而怯,少而廉,老而贪,此为气所使也。若是志胜气时,志既一定,更不可易。程伊川

今之学者如登山麓,方其迤逦,莫不阔步,及到峻处便逡巡。程伊川

有志于学者,都更不论气之美恶,只看志如何。匹夫不可夺志也,惟患学者不能坚勇。张横渠载

吾学不振,非强有力者不能自奋。张横渠

人须先立志,志立则有根本。譬如树木,须先有个根本,然后培养能成合抱之木。若无根本,又培养个甚?谢上蔡良佐

为学必以圣人为之则。志在天下,以宰相事业自期,降此宁足道乎?谢上蔡

志不能帅气,则工夫间断。杨龟山时

书不记,熟读可记;义不精,细思可精。惟有志不立,直是无着力处。只如而今贪利禄而不贪道义,要作贵人而不要作好人,皆是志不

立之病。直须反复思量，究见病痛起处，勇猛奋跃，不复作此等人。一跃跃出，见得圣贤所说千言万语，都无一事不是实语，方始立得此志。就此积累工夫迤逦向上去，大有事在。朱晦翁

为学虽有阶渐，然合下立志，亦须略见义理大概规模。于自己方寸间，若有个惕然愧惧、奋然勇决之志，然后可加之讨论玩索之功、存养省察之力，而期于有得。夫子所谓志学，所谓发愤，正谓此也。朱晦翁

直须抖擞精神，莫要昏钝，如救火、治病然，岂可悠悠岁月！朱晦翁

人所以易得流转，立不定者，只是脚跟不点地。朱晦翁

世衰道微，人欲横流，不是刚毅的人，断立脚不住。朱晦翁

夫子曰："吾十有五而志于学。"今千百年无一人有志，也是怪他不得。志个甚底？须是有智识，然后有志愿。陆象山

人要有大志，常人汩没于声色富贵间，良心善性都蒙蔽了。今人如何便解有志，须先有智识始得。陆象山

学者大约有四样：一、虽知学路而恣情纵欲不肯为，一、畏其事大且难而不为者，一、求而不得其路，一、未知路而自谓能知。陆象山

志于声色利达者固是小，剿摸人言语的，与他一般是小。陆象山

大凡为学，须有所立。《论语》云："己欲立而立人。"卓然不为流俗所移，乃为有立。须思量天之所以与我者是甚底？还是要做人否？理会得这个明白，然后方可谓之学问。陆象山

上是天，下是地，人居其间，须是做得人方不枉。陆象山

要当轩昂奋发，莫恁地沉埋在卑陋凡下处。陆象山

你自沉埋，自蒙蔽，阴阴地在个陷阱中，更不知所谓高远底。要决裂破陷阱，窥测破罗网。陆象山

龁鸡终日营营，无超然之意。须是一刀两断，何故萦萦如此？萦萦底讨个甚么！陆象山

学者志不立，一经患难，愈见消沮，所以先要立志。吕东莱

人之病痛，不知则已。知而克治不勇，使其势日甚，可乎哉？志之不立，古人所深戒也。吴康斋与弼

须发大勇猛心，方做得成就。若不曾发愤，只欲平做将去，可知是做不成也。魏庄渠校

不能克己者，志不胜气也。薛敬轩

学不进，率由于因循。薛敬轩

人要为圣贤，须是猛起，如服瞑眩之药，以黜深痼之疾，真是不可悠悠。曹月川端

人要学圣贤，毕竟要去学他。若道只个希慕之心，却恐末梢未至凑泊，卒至废弛。陈白沙献章

非诚有求为圣人之志，而从事于惟精惟一之学者，不能得其受病本原，而发其神奸之所攸伏也。王阳明

黄久庵初见阳明，阳明曰："作何工夫？"对曰："初有志，工夫全未。"阳明曰："人患无志，不患无工夫可用。"

学者既辨义利之分，能知所决择，则在立志坚定以趋之而已。徐横山

立志不真，故用力未免间断，须从本原上彻底理会，种种嗜好，种种贪著，种种奇特技能，种种凡心习态，全体斩断，令干干净净。此志既真，工夫方有商量处。王龙溪

以身在天地间负荷，则一切俗情自难染污。罗念庵

吾人当自立身放在天地间公共地步，一毫私己着不得，方是立志。只为平日有惯习处，软熟滑溜，易于因仍。今当一切斩然，只是不容放过，时时刻刻须此物出头作主，更无纤微旧习在身，方是功夫，方是立命。罗念庵

学者无必为圣人之志，故染逐随时变态，自为障碍。猛省洗涤，直从志上着人一己百、人十己千工夫，则染处渐消，逐时渐寡。刘两峰文敏

友朋中有志者不少，而不能大成者，只缘世情窠臼难超脱耳。须

是吾心自作主宰,一切利害荣辱,不能淆吾见而夺吾守,方是希圣之志,始有大成之望也。刘两峰

千事万事,只是一事,故古人精神不妄用,惟在志上磨砺。刘两峰

学者真有必求为圣人之心,则即此一念,是作圣之基也。猛自奋迅,一跃跃出,顿觉此身迥异尘寰,岂非千载一快哉!邹颖泉

凡工夫有间,只是志未立得起,然志不是凡志,须是必为圣人之志。若不是必为圣人之志,亦不是立志。若是必为圣人之志,则凡行得一件好事,做得一件上好工夫,也不把他算数。邹聚所德涵○东廓之孙也。

一恶念发,良知无不知者。其有不知,非是你良知不知,却是你志气昏惰了。古人有言曰:"清明在躬,志气如神。"岂有不自知的? 只缘清明不在躬耳。你只去责志,如一毫私欲之萌,只责此志不立,则私欲自退听。邹聚所

学者有志于道,须要铁石心肠。人生百年,转盼耳,贵乎自立。邹南皋元标

吾辈无论出处,各各有事,肯沉埋仕途便沉埋,不肯沉埋,即在十八重幽暗中,亦自骧首青霄。世岂有锢得人? 人自无志耳。邹南皋

静中欲根起灭不断者,是志之不立也。凡人志有所专,则杂念自息。如人好声色者,当其艳冶夺心之时,岂复有他念耶? 如人畏死亡者,当其刀锯遍体之时,岂复有他念耶? 王塘南

此学须是自己发大愿心,真真切切肯求,便日进而不自知矣。盖只此肯求,便是道了,求得自己渐渐有些滋味,自家放歇不下,便是得了。耿天台定向

吾人之志,抖擞于昨日,今日可受用否? 即抖擞于上时,今时可受用否? 徐鲁源用检

周莹尝学于应元忠,往见阳明子。阳明子曰:"子从应子之所来乎?"曰:"然。"曰:"应子云何?"曰:"应子曰:'希圣希贤,毋溺流俗。'且

曰：'吾闻诸阳明子'云。莹是以不远千里而来谒。"曰："子之来犹有未信乎？"曰："信。"曰："信而又来，何也？"曰："未得其方。"阳明子："子既得其方矣。"对曰："莹惟不得其方，是以来见，愿卒赐之教。"阳明子曰："子既得之。"周子悚然起，茫然有间。阳明子曰："子之自永康来也，几何程？"曰："数百里而遥。"曰："远矣。"曰："从舟乎？"曰："舟而又登陆也。"曰："劳矣。当兹六月，暑乎？"曰："途之暑特甚。"曰："难矣。具资粮，从童仆乎？"曰："携一仆，中途而病，舍贷而行。"曰："兹益难矣。"曰："子之来既远且劳，其难若此也，何不遂反乎？将毋有强子者乎？"曰："莹至夫子之门，劳苦艰难诚乐也，宁以是而遂返，又累俟人之强也？"曰："如是，则子固已得其方矣。子之志，欲至于吾门，则至于吾门，无假于人。子而志于圣贤之学，则亦即至于圣贤，而又假于人乎？子之舍舟从陆，捐仆贷粮，冒毒暑而来也，又安受其方也？"周子跃然而拜曰："兹乃命之方也矣。"

学者不论造诣，先定品格。须有凤凰翔于千仞气象，方可商求此一大事。不然，浑身落世情窠臼中，而因人起名，因名起义，辄号于人曰学，何异濯缨泥滓之涡，振衣风尘之路？冀还纯白，无有是处。*祝无功世禄*

患莫患于不自振。《洪范》六极，弱居一焉。一念精刚，如弛忽张，风飞雷动，奋迅激昂，群疑以亡，诸欲以降，百行以昌，更有何事？*祝无功*

世之溺人久矣。吾之志所以度吾之身，不与风波灭没者也。操舟者，柁不使去手，故士莫要于持志。*祝无功*

眼界不开，由骨力不坚；骨力不坚，所以眼界愈不开。*吕豫石维祺*

人只此人，不入圣，便作狂，中间难站脚；学须就学，昨既过，今又待，何日始回头？*吕豫石*

心须乐而行惟苦。学问中人，无不从苦处打出。*刘蕺山*

启超谨案：以上杂钞先哲言立志之说，略以年代为次，其言明尽，殆无俟解释矣。括其大要：

一曰：必立志，然后能自拔于流俗。盖常抗心思为伟大人物，不屑屑与庸流伍。其所以自待者既高，则其所以自责者愈不容缓，而无一线可以自恕，日自鞭策，则驽骀十驾，亦必有至焉者矣。王船山《俟解》有释《孟子》一段文曰："人之所以异于禽兽者，君子存之，则小人去之矣。不言'小人'而言'庶民'，害不在小人而在庶民也。小人之为禽兽，人人得而诛之。庶民之为禽兽，不但不可胜诛，且无能知其为恶者；不但不知其为恶，且乐得而称之，相与崇尚而不敢逾越。学者但取十姓百家之言行而勘之，其异于禽兽者，百不得一也。营营终日，生与死俱者何事？一人倡之，千百人和之，若将不及者何心？芳春昼永，燕飞莺语，见为佳丽。清秋之夕，猿啼蛩吟，见为孤清。乃其所以然者，求食、求匹偶、求安居，不则相斗已耳，不则畏死而震慑已耳。庶民之终日营营，有不如此者乎？二气五行，抟合灵妙，使我为人而异于彼，抑不绝吾有生之情而或同于彼，乃迷其所同而失其所以异，负天地之至仁以自负其生，此君子所以忧勤惕厉而不容已也。庶民者，流俗也；流俗者，禽兽也。壁立万仞，只争一线，可弗惧哉！"案：船山先生此言，真乃一棒一条痕，一掴一掌血。曾文正所谓"不为圣贤，便为禽兽"，盖本此意。然则志之不可以不立也如是夫！

二曰：必立志，然后他事不足以相夺。王塘南所谓："志有所专，则杂念自息。"孔子尝言："好仁者，无以尚之。"试以爱国言：真爱国者，必无以尚之，此志向一定，无论外境界若何变异，而不足相易矣。

三曰：必立志，然后进学无间断。人之大患，莫甚无恒。一念之明，浩然与圣贤同位，不移时而堕于流俗，堕于禽兽，惟恃志以帅之，然后能贞之以常。程子谓不责气习，只须责志，诚一针见血之言也。志之所以能立，莫先于勇，先哲所言大率断断于此。惟陆子复言"必先有智识，然后有志愿"，此别是见到语。如吾辈前此曾无爱国之志，而一闻先觉之言，或一经游历他国，而此志乃勃然兴者,则智识为之导也。近今各国教育,必令学僮先习普通学,得有常识,然后使于专门学中自择一焉,亦为此也。然智识与志愿,递相为果,递相为因,无智识则志愿固无从立,无志愿则智识亦无从增。吕豫石所谓"眼界不开,由骨力不坚;骨力不坚,所以眼界愈不开",此又与陆子所言相发明也。以上僭案数语,不过取先哲语一绅绎之,别无他发明,良以其言已尽,无所容赘也。

知 本 第 三

　　陆子曰:"学者大约有四样:一、虽知学路而恣情纵欲不肯为,一、畏其事大且难而不为者,一、求而不得其路,一、未知路而自谓能知。"既辨术而立志,则前二弊其庶免矣。然不得其路,或误认其路,终无以底于成,则志焉而不至者岂少也。述知本第三。

　　子曰:"参乎! 吾道一以贯之。"《论语》

　　子曰:"赐也! 女以予为多学而识之者与?"对曰:"然,非与?"曰:"非也,予一以贯之。"《论语》

　　先立乎其大者,则其小者不能夺也。此为大人而已矣。《孟子》

　　所守不约,泛滥无功。程明道

　　凡人才学便须知着力处,既学便须知得力处。程明道

　　学问不得其纲,则是二君一民。陆象山

　　大纲提掇来,细细理会去。陆象山

　　或有讥先生之教人,专欲管归一路者,先生曰:"吾亦只有此一路。"陆象山

　　若不立个主宰,则终日营营,凡事都无统摄,不知从何处用功。魏

29

庄渠

得此把柄入手,则天地我立,万化我出,而宇宙在我矣。陈白沙

凡人为学,终身只为这一事。自少至老,自朝至暮,不论有事无事,只是做得这一件。王阳明

为学须得个头脑,工夫方有着落。纵未能无间,如舟之有舵,一提便醒。不然,虽从事于学,只做个义袭而取,非大本达道也。王阳明

吾辈通患,正如池面浮萍,随开随蔽。未论江海,但在活水,浮萍即不能蔽。何者?活水有源,池水无源,有源者由己,无源者从物。王阳明

问:"伊川存中应外、制外养中之学,以为内外交养,何如?"曰:"古人之学,一头一路,只从一处养。譬之种树,只养其根,根得其养,枝叶自然畅茂。种种培壅灌溉,条枝剔叶,删去繁冗,皆只是养根之法。若既养其根,又将枝叶养将来,便是二本支离之学。"王龙溪

立志既真,贵在发脚不差,发脚一差,终走罔路,徒自疲苦,终不能至。问:"安得不差?"先生震声曰:"切莫走闭眼路。"徐鲁源

启超谨案: 以上所钞,皆发明知本之不容已。夫学者无志于求己之学,不必论矣。间或有之,而学焉不得其门,则苦其难而终无所入,卒以废弃耳。自宋儒提倡斯道,一时号称光大,其间最有力者尤莫如朱子。朱子之言曰:"大学始教,必使学者即凡天下之物,莫不因其已知之理而益穷之,以求至乎其极。至于用力之久,而一旦豁然贯通焉,则众物之表里精粗无不到,而吾心之全体大用无不明矣。"其所论与英儒倍根(整理者按:今译培根)之归纳论理学颇相似,以之为研究科学之一法门可也。虽然,科学之上,不可不更有身心之学以为之原。而朱子之所以教人者,则自以为身心之学而非科学也。更申言之,则属于德育之范围,而非属于智育之范围也。夫为学当日益,为道当日损,是则德育、智育两者

30

发脚点所攸判也。为学即属智育范围，日益者，以艺术增进为贵也；为道即属德育范围，日损者，以结习销除为贵也。今朱子以此教始学，其所谓一旦豁然者，虽未必无期，而所谓用力之久者，不知久至何时。人生百年，光阴能几？循此以行，则恐矻矻数十寒暑，发白齿堕，奄然澌灭，而一无所自得者，比比然矣。且科学者，无穷尽者也。故以奈端（整理者按：今译牛顿）之慧，其易箦时，乃言学问如洋海，吾所得者仅海岸之小砂小石，而其馀不得不以俟诸后贤。即后贤有十奈端焉，百奈端焉，千万奈端焉，亦不过由海岸进而至距海岸数十里、数百里止矣。欲以一人之精力，而总有洋海全部之智识，此固必不可得之数，庄子所谓"吾生也有涯，而知也无涯，以有涯随无涯，殆矣"。若是乎，由朱子之道，而欲求所谓"众物表里精粗无不到，吾心全体大用无不明"者，其亦终不能至而已。朱子之大失，则误以智育之方法为德育之方法，而不知两者之界说，适成反比例，而丝毫不容混也。故陆子规之曰："易简工夫终久大，支离事业竟浮沉。"朱陆异同，此为界线。虽然，朱子他日固自悔曰："多识前言往行，固君子所急。近因反求未得个安稳处，却始知前此未免支离。"《与何叔京书》又曰："某近日亦觉向来说话有太支离处，反身以求，正坐自己用功亦未切耳。"《与周叔谨书》又曰："年来觉得日前为学不得要领，自身做主不起，反为文字夺却精神，不为小病。每一念之，惕然自惧，且为朋友忧之。若只如此支离，漫无统纪，展转迷惑，无出头处。"《答吕子约书》由此观之，则朱子晚年确有见于前此受病处，而学道之不可以不知本，章章明甚矣。故今先汇述先哲之言，以见支离之必无功，而简易之万不容已。若夫孔子之所谓一贯者何物？孟子所谓先立其大者何物？程子所谓约者何物？所谓着力得力者当由何道？陆子所谓大纲、所谓一路者何物？庄渠所谓主宰者何物？白沙所谓把柄者何物？王子所谓这一件者何事？所谓头脑者何物？所谓木之根、水之源者何指？徐氏所谓发脚何以能不差？千言万语，只是一事。吾今请述吾所信仰者以饷同志。

启超又案：吾今语此，非欲为前此争朱学、王学者增一重公案也。吾虽服膺王学，而于朱子万不敢菲薄。盖朱子所言，有益于学者修养之用者，滋多矣，本编所引已不下数十条，未敢有门户之见存也。独至本章，以王子之言为主者，非徒素所师仰云尔，诚以吾侪生于今日，社会事物日以复杂，各种科学皆有为吾侪所万不可不从事者，然则此有限之日力，其能划取之以为学道之用者，校诸古人，抑已寡矣。今若不为简易直切之法门以导之，无论学者厌其难而不肯从事也，即勉而循焉，正恐其太废科学而阔于世用，反为不学者所藉口。故窃以为惟王学为今日学界独一无二之良药，本章之特提之，正以此也。

大抵学问工夫，只要主意头脑的当。若主意头脑专以致良知为事，则凡多闻多见，莫非致良知之功。盖日用之间，见闻酬酢，虽千头万绪，莫非良知之发用流行也。除却见闻酬酢，亦无良知可致矣。王阳明

启超谨案：子王子提出致良知为唯一之头脑，是千古学脉，超凡入圣不二法门。

一点良知，是尔自家的准则。尔意念着处，他是便知是，非便知非，更瞒他一些不得。尔只不要欺他，实实落落依着他做去，善便存，恶便去，何等稳当。此便是致知的实功。王阳明

启超谨案：此示致良知之工夫也。人谁不有良知？良知谁不自知？只要不欺良知一语，便终身受用不尽，何等简易直捷！

32

心之本体,无起无不起。虽妄念之发,而良知未尝不在,但人不知存,则有时而或放耳;虽昏塞之极,而良知未尝不明,但人不知察,则有时而或蔽耳。虽有时而或放,其体实未尝不在也,存之而已耳;虽有时而或蔽,其体实未尝不明也,察之而已耳。王阳明

启超谨案：此申言致良知工夫,绝无繁难。

我辈致知,只是各随分量所及,今日良知见在如此,则随今日所知扩充到底,明日良知又有开悟,便从明日所知扩充到底,如此方是精一工夫。王阳明

黄梨洲曰：此是先生渐教,顿不废渐。**启超谨案：**此是彻上彻下法门,虽大贤亦只是如此用功,虽不识一字亦只是如此用功,亦可谓顿之至矣。不然,我辈何有学圣之路?

凡人言语正到快意时,便截然能忍默得;意气正到发扬时,便翕然能收敛得;愤怒嗜欲正到腾沸时,便廓然能消化得：此非天下之大勇不能也。然见得良知亲切时,其工夫又自不难。王阳明

启超谨案：《朱子语类》云："今学者多来求病根,某向他说,头痛灸头,脚痛灸脚,病在这上,只治这上便了,更别讨甚病根?"潘时举记。此朱子之大误处,所谓支离者此也。头痛灸头,脚痛灸脚,终日忙个不了,疲精敝神,治于此仍发于彼,奈何? 万一头、脚、耳、目、手、心、腹、肾、肠同时皆痛,又将如何? 天下良医,断无如此治病法。专治病根,方一了百了。王子所谓"见得良知亲切,工夫不难"者,只要抱定不欺良知为宗旨,而私欲之萌,遂若洪炉点雪也,何难之与有?

良知只是个是非之心,是非只是个好恶,只好恶就尽了是非,只是非就尽了万事万变。又曰:是非两字是个大规矩,巧处则存乎其人。
王阳明

启超谨案: 此言良知之应用,其详别见《应用篇》。

区区所论致知二字,乃是孔门正法眼藏。于此见得真的,直是"建诸天地而不悖,质诸鬼神而无疑,百世以俟圣人而不惑"。知此者方谓之知道,得此者方谓之有德。异此而学,即谓之异端;离此而说,即谓之邪说;迷此而行,即谓之冥行。虽千魔万怪,眩瞀变幻于前,自当触之而碎,迎之而解,如太阳一出,而魑魅罔两自无所逃其形矣。王阳明

某近来却见得良知两字日益真切简易,朝夕与朋辈讲习,只是发挥此两字不出。缘此两字,人人所自有,故虽至愚下品,一提便省觉。若致其极,虽圣人天地不能无憾,故说此两字,穷劫不能尽。世儒尚有致疑于此,谓未足以尽道者,只是未尝实见得耳。王阳明

区区格致诚正之说,是就学者本心日用事为间体究践履,实地用功,是多少次第、多少积累在,正与虚空顿悟之说相反。闻者本无求为圣人之志,又未尝讲究其详,遂以见疑,亦无足怪。王阳明

启超谨案: 此三条皆赞致良知之宗旨圆满无遗憾,以坚学者之信。当时先生初倡此义,举天下群起而非难之,故不厌反覆辨明也。

近时同志亦无不知有致良知之说,然能于此实用功者绝少,皆缘见得良知未真,又将致字看太易了,是以多未有得力处。王阳明

启超谨案: 读此则后此末流猖狂之失,先生固已知之。其言

将致字看太易了，直是一针见血也。

　　启超又案：致知之说，本于《大学》："欲诚其意者，先致其知。"良知之说，本于《孟子》："人之所不学而知者，其良知也。"子王子沟合此二语，以立一学鹄，其"致知"而必加一"良"字者，所以指其本体。夫人心之灵，莫不有知，固也。但我辈受过去社会种种遗传性，及现在社会种种感化力，其知之昏谬，往往而有，然此不过其后起者耳。若返诸最初之一念，则真是真非未有不能知者。即如我辈生于学绝道丧之今日，为结习熏染，可谓至极，然苟肯返诸最初之一念，真是真非，卒亦未尝不有一隙之明，即此所谓良也。苟言致知而不指定此一隙，则或有就其后起昏谬者而扩充之，则谬以千里矣。此王子所以以《孟子》释《大学》也。言"良知"而必加一"致"字者，所以实其工夫。良知尽人所同有，固也，然天下无无代价之物，若曰吾有是而既足矣，则盈天下皆现成的圣人，何必更讲学？此王子所以又以《大学》释《孟子》也。

　　致良知三字，真是呕心呕血研究出来，增减不得。虽有博辩敏给、目空一切之夫，律以此义，当下失其依据；虽有至顽下愚、不识一字之人，授以此义，当下便有把柄。真所谓放之四海而皆准，俟诸百世而不惑者也。徐横山名爱，字曰仁，最初从学先生者也。跋《传习录》云："爱因旧说汩没，始闻先生之教，骇愕不定，无入头处。其后闻之既熟，反身实践，始信先生之学为孔门嫡传，舍是皆旁蹊小径、断港绝河。"诚哉然矣！先生自叙得力云："守仁早岁业举，溺志词章之习，既乃稍知从事正学，而苦于众说之纷挠疲苶，茫无可入，因求诸老释，欣然有会于心，以为圣人之学在此矣。而措之日用，往往缺漏无归，依违往返，且疑且信。其后谪居龙场，居夷处困，动心忍性之馀，恍若有悟。体念探求，再更寒暑，证诸五经四书，沛然若决江河而放诸海也。"所谓恍若有悟者，即悟出致良知三字，为学之头脑也。其得之之难也若此，故其门人黄洛村弘纲亦云:"先师之学,虽顿悟于居常之日,而历艰备险,动心忍性,积之岁月,验诸事履,乃始脱然有悟于良知。虽至易至简,而心则独苦矣。何学者闻之之易而信之之难耶?"盖言之有馀慨焉。我辈生后先生数百年,中间复经贱儒伪学,盗憎主人,摧锄道脉,不遗馀力,微言大义,流风馀韵,澌灭以尽,人欲横流,举国禽兽。而近者复有翻译泰西首尾不完、字句不明之学说输入,学者益得假以自文,欲举我神明千圣之学,一旦而摧弃之,而更何有于先生?虽然,先生之精神,亿劫不灭!先生之教指,百世如新!中国竟亡则已,苟其不亡,则入虞渊而捧日以升者,其必在受先生之感化之人,无可疑也。呜呼!以其时考之则可矣,其亦有闻而兴者乎?非我辈之责而谁责也?

启超又案:致良知之旨,先生发之殆无馀蕴,其门下之解释亦有大相发明者,今诠于下方,以坚同志信仰之诚。

良知在人,本无污坏,虽昏蔽之极,苟能一念自反,即得本心。譬之日月之明,偶为云雾所翳,谓之晦耳,云雾一开,明体即见,原未尝有所伤也。此原是人人见在具足、不犯做手本领工夫,人之可以为尧舜,小人之可使为君子,舍此更无从入之路、可变之几。王龙溪

当万欲腾沸之中,若肯返诸一念良知,其真是真非,炯然未尝不明,只此便是天命不容灭息所在,便是人心不容蔽昧所在。此是千古入贤入圣真正路头。王龙溪

夫良知不学而能,不虑而知。故虽小人闲居为不善无所不至,其见君子而厌然,亦不可不谓之良知;虽常人恕己则昏者,其责人则明,亦不可不谓之良知。苟能不自欺其知,去其不善者以归于善,勿以所恶于人者施之于人,则亦是致知诚意之功。即此一念,可以不异于圣人。欧阳南野德

良知乃本心之真诚恻怛,人为私意所杂,不能念念皆此真诚恻怛,

故须用致知之功。致知云者，去其私意之杂，使念念皆真诚恻怛，而无有亏欠耳。孟子言孩提知爱知敬，亦是指本心真诚恻怛、自然发见者，使人达此于天下，念念真诚恻怛，即是念念致其良知矣。故某尝言一切应物处事，只要是良知。欧阳南野

良知无方无体，变动不居，故有昨以为是而今觉其非，有已以为是而因人觉其为非，亦有自见未当必考证讲求而后停妥，皆良知自然如此。故致知亦当如此。然一念良知，彻头彻尾，本无今昨、人己、内外之分也。欧阳南野

知得良知是一个头脑，虽在千百人中，工夫只在一念微处。虽独居冥坐，工夫亦只在一念微处。钱绪山

启超谨案：以上数条，解释致良知之旨最为确实，其馀尚多，今不具引。

说个仁字，沿习既久，一时未易觉悟；说个良知，一念自反，当下便有归着。王龙溪

阳明本旨，大抵以诚意为主意，以致良知为工夫之则，盖曰"诚意无工夫，工夫只在致知"。然则致知工夫，不是另一项，仍只就诚意中看出，如离却意根一步，亦更无致知可言。刘蕺山

启超谨案：此两条，言王子所以专标致良知之故。凡讲学标宗旨者，皆务约之使其在我而已。其实学问只有一件事，或标彼两三字，或标此两三字，原只是这一件而已。王子又尝语学者云"说集义，则一时未见头脑；说致良知，当下便有用功实地"，即是此意。

启超又案：致良知之教，本已盛水不漏，而学者受之，亦往往学焉而得其性之所近。故王子既没，而门下支派生焉，纷纷论辨，

几成聚讼。语其大别，不出两派：一曰趋重本体者（即注重良字），王龙溪、王心斋一派是也；一曰趋重工夫者（即注重致字），聂双江、罗念庵一派是也。要之，皆王子之教也。吾辈后学，苟所志既真，则亦因其性之所近，无论从何门入，而皆可以至道。若启超则服膺双江、念庵派者，然不敢以强人。人各有机缘，或以龙溪、心斋派而得度，亦一而已矣。本书中间有左右袒之言，究非敢有所轩轾于昔贤也。故今择录两派之要语，使学者自择之。其辨难之说，徒乱人意，则不如其已也。

"涓流积至沧溟水，拳石崇成太华岑。"先师谓象山之学得力处全在积累。须知涓流即是沧海，拳石即是泰山。此是最上一机，不由积累而成者也。王龙溪

  启超谨案：此即顿教，佛门所谓"放下屠刀，立地成佛"者也。虽有至愚顽之人，一信良知之教，便得入圣之路。有寻常儒者，苦心苦行，十年无所入，而彼以言下得之者矣，故曰不由积累而成也。爱父母、妻子之良知，即爱国之良知，即爱众生之良知，故曰涓流即沧海，拳石即泰山也。

良知广大高明，原无妄念可去，才有妄念可去，已自失却广大高明之体矣。今只提醒本体，群妄自消。钱绪山

  启超谨案："提醒本体，群妄自消"，此所以异于头痛灸头、脚痛灸脚也，所谓愈简易愈真切也。

涵养工夫，如鸡抱卵。然必卵中原有一点真阳种子，方抱得成，若是无阳之卵，抱之虽勤，终成殰卵。学者须识得真阳种子，方不枉费工

夫。吾人心中一点灵明，便是真阳种子，原是生生不息之机。种子全在卯上，全体精神只是保护得，非能以其精神助益之也。王龙溪

启超谨案：一点灵明，即知之良者也。

圣贤之学，惟自信得及，是是非非不从外来。故自信而是，断然必行，虽遁世不见而无闷；自信而非，断然必不行，虽行一不义、杀一不辜而得天下不为。如此方是毋自欺。何等简易直截！王龙溪

启超谨案：此是学王学者最受用处，真有得于王学者，其自信力必甚大且坚。

人心本自乐，自将私欲缚。私欲一萌时，良知还自觉。一觉便消除，人心依旧乐。乐是乐此学，学是学此乐。不乐不是学，不学不是乐。王心斋艮

启超谨案：黄梨洲著《明儒学案》，以心斋一派别为《泰州学案》，若外之于姚江者然。心斋实王门龙象也。其学以乐为本体，《论语》所谓"好之不如乐之"，孟子所谓"自得之则左右逢源"，故气象之光明俊伟，王门罕其伦匹。

性之灵明曰良知，良知自能应感，自能约心思而酬酢万变。知之为知之，不知为不知，一毫不劳勉强扭捏，而用智者自多事也。王东崖襞
鸟啼花落，山峙川流，饥食渴饮，夏葛冬裘，至道无馀蕴矣。充拓得开，则天地变化，草木蕃；充拓不开，则天地蔽，贤人隐。王东崖

启超谨案：东崖，心斋之子也。其专掔本体，纯任自然，自是

心斋衣钵。

若果然有大襟期，有大气力，有大识见，就此安心乐意而居天下之广居，明目张胆而行天下之大道。工夫难到凑泊，即以不屑凑泊为工夫；胸次茫无畔岸，便以不依畔岸为胸次。解缆放船，顺风张棹，则巨浸汪洋，纵横任我，岂不一大快事也哉！**罗近溪汝芳**

或问："学者工夫，要如磨镜，尘垢决去，光明方显。"曰："吾心觉悟的光明，与镜面光明，却有不同。镜面光明与尘垢，原是两个，吾心先迷后觉，却是一个。当其觉时，即迷心为觉；则当其迷时，亦即觉心为迷也。夫除觉之外，更无所谓迷；而除迷之外，亦更无所谓觉也。故浮云天日、尘埃镜光，俱不足为喻。若必寻个譬喻，莫如冰之与水，犹为相近。吾人闲居放肆，一切利欲愁苦，即是心迷，譬则水之偶寒冻而凝结成冰，固滞蒙昧，势所必至。有时师友讲论，胸次洒然，是心开朗，譬则冰得暖气消融，解释成水，清莹活动，亦势所必至也。冰虽凝而水体无殊，觉虽迷而心体具在，方见良知宗旨，贯古今，彻圣愚，通天地万物，而无二无息者也。"**罗近溪**

启超谨案：近溪所谓迷心为觉、觉心为迷，即《楞伽经》迷智为识、转识成智之义，心理学上最精粹、最微妙之语也。

启超又案：以上九条，王门下提挈本体说之一斑也。昔禅宗五祖将传衣钵，令及门自言得力。首座神秀说偈曰："心似菩提树，意如明镜台。时时勤拂拭，勿使惹尘埃。"五祖未契，六祖乃说偈云："菩提本无树，明镜亦非台。本来无一物，何处惹尘埃？"遂受衣钵。今略比附之，则双江、念庵一派，"时时勤拂拭"之说也；龙溪、心斋一派，"本来无一物"之说也。如近溪所谓"以不屑凑泊为工夫"，"以不依畔岸为胸次"，是可谓禅宗之尽头语矣。卜等根器人，得此把柄入手，真能无挂碍、无恐怖，任天下之大，若行所无事。吾师南海康先生最崇拜心斋、近溪者以此。虽然，非诚自得于己，或窃其口头语作光景玩弄，亦最易导入人伪。故刘蕺山以王门有龙溪为斯文之厄，黄梨洲亦谓王学有龙溪、泰州而失其真也。然《龙溪集》又云："此件事不是说了便休，须时时有用力处，时时有过可改，消除习气，抵于光明，方是缉熙之学。"然则龙溪亦曷尝薄拂拭之功乎？

阳明先生拈出良知，上面添一致字，便是扩养之意。所以须养者，缘此心至易动故也。从前为"良知时时见在"一句误却，遂欠了培养一段功夫。罗念庵

知善知恶之知，随出随泯，特一时之发见，未可尽指为本体。故必有收摄保聚之功，以为充达长养之地，而后定、静、安、虑，由此以出。知苟致矣，虽一念之微，皆真实也；苟为弗致，随出随泯，终不免于虚荡而无归。是致与不致之间，虚与实之辨也。罗念庵

阳明先生良知之教，本之《孟子》"乍见入井"、"孩提爱敬"、"平旦好恶"三者，以其皆有未发者存，故谓之良，朱子以为"良者自然之谓"是也。然以其一端之发见，而未能即复其本体。故言怵惕矣，必以扩充继之；言好恶矣，必以长养继之；言爱敬矣，必以达之天下继之。孟子之意可见矣。先生得其意者也，故亦不以良知为足，而以致知为功。试以三言思之：其言充也，将即怵惕之已发者充之乎？将求之乍见之真乎？无亦不动于内交、要誉、恶声之私已乎？其言养也，将即好恶之已发者养之乎？将求之平旦之气乎？无亦不梏于旦昼所为矣乎？其言达也，将即爱敬之已发者达之乎？将不失孩提之心乎？无亦不涉于思虑矫强矣乎？终日之间，不动于私，不梏于为，不涉于思虑矫强，以是为致知之功，则其意乌有不诚，而亦乌用以立诚二字附益之也？今也不然，但取足于知，而不原其所以良，故失养其端，而惟任其所以发；遂以见存之知为事物之则，而不察理欲之淆混；以外交之物为知觉之

体,而不知物我之倒置。岂先生之本旨也? 罗念庵

今曰"若信得良知过时,意即是良知之流行,见即是良知之照察"云云。夫利欲之盘固,遏之犹恐弗止,而欲从其知之所发以为心体;以血气之浮扬,敛之犹恐弗定,而欲任其意之所行以为功夫。畏难苟安者,取便于易从;见小欲速者,坚主于自信。夫注念反观,孰无少觉? 因言发虑,理亦昭然。不息之真,既未尽亡,先入之言,又有可据,日滋日甚,日移日远,将无有以存心为拘迫,以改过为粘缀,以取善为比拟,以尽伦为矫饰者乎? 而其灭裂恣肆者,又从而诪张簧鼓之,使天下之人遂至于荡然而无归,则其陷溺之浅深,吾不知于俗学何如也? 罗念庵

启超谨案:右所录者,大率念庵与龙溪辨论语居多。念庵《寄龙溪书》有云:"终日谈本体,不说功夫,才拈功夫,便指为外道。恐阳明先生复生,亦当攒眉也。"然则龙溪一派,当时教学者,诚多语病,故念庵不得不纠正之。又念庵责门人云:"知纵肆,是良知;知不能,却自欺,是瞒良知。自知瞒良知,又是良知。形之纸笔,公然以为美谈,是不肯致良知也。此病岂他人能医耶?"然则所谓良知现在说之流弊,当时已甚猖獗,故念庵益不得不捍城之也。其注重全在一致字,不致不能实有诸己,自是姚江功臣。念庵、双江一派,其言收摄保任下手工夫,条段最详,于《存养篇》别记之。

启超谨案:学圣之道,致良知三字具足无遗矣。然子王子以其辞旨太简单,恐学者或生误会,故又提知行合一之旨以补之。惟知行合一,故仅致良知三字即当下具足也。今述知行合一之说。

凡谓之行者,只是着实去做这件事,若着实做学问思辨工夫,则学问思辨亦便是行矣。学是学做这件事,问是问做这件事,思辨是思辨

做这件事,则行亦便是学问思辨矣。若谓学问思辨之然后去行,却如何悬空先去学问思辨得? 行时又如何去得个学问思辨的事? 行之明觉精察处便是知,知之真切笃实处便是行。若行而不能明觉精察,便是冥行,便是学而不思则罔,所以必须说个知;知而不能真切笃实,便是妄想,便是思而不学则殆,所以必须说个行:原来只是一个工夫。凡古人说知行,皆是就一个工夫上补偏救弊说,不似今人截然分作两件事做。某今说知行合一,虽亦是就今时补偏救弊说,然知行体段亦本来如是。王阳明

明道云:"只穷理便尽性至命。"故必仁极仁,而后谓之能穷仁之理;义极义,而后谓之能穷义之理。仁极仁,则尽仁之性矣;义极义,则尽义之性矣。学至于穷理,至矣,而尚未措之于行,天下宁有是耶? 是故知不行之不可以为学,则知不行之不可以为穷理矣。知不行之不可以为穷理,则知知行之合一并进,而不可以分为两节事矣。夫万事万物之理,不外于吾心,而必曰穷天下之理,是殆以吾心之良知为未足,而必外求于天下之广,以裨补增益之,是犹析心与理而为二也。夫学问、思辨、笃行之功,虽其困勉至于人一己百,而扩充之极,至于尽性知天,亦不过致吾心之良知而已。良知之外,岂复有加于毫末乎? 今必曰穷天下之理,而不知反求诸其心,则凡所谓善恶之机、真妄之辨者,舍吾心之良知,亦将何以致其体察乎? 王阳明

夫良知之于节目事变,犹规矩尺度之于方圆长短也。节目事变之不可预定,犹方圆长短之不可胜穷也。故规矩诚立,则不可欺以方圆,而天下之方圆不可胜用矣;尺度诚陈,则不可欺以长短,而天下之长短不可胜用矣;良知诚致,则不可欺以节目事变,而天下之节目事变不可胜应矣。毫厘千里之谬,不于吾心良知一念之微而察之,亦将何所用其学乎? 是不以规矩而欲定天下之方圆,不以尺度而欲定天下之长短,吾见其乖张谬戾,日劳而无成也已。吾子谓语孝于温凊定省,孰不知之? 然而能致其知者鲜矣。若谓初知温凊定省之仪节,而遂谓之能

致其知，则凡知君之当仁者皆可谓之能致其仁之知，知臣之当忠者皆可谓之能致其忠之知，则天下孰非致知者耶？以是而言，可以知致知之必在于行，而不行之不可以为致知也明矣。知行合一之体，不益较然矣乎？夫舜之不告而娶，岂舜之前已有不告而娶者为之准则，故舜得以考之何典、问诸何人而为此耶？抑亦求诸其心一念之良知，权轻重之宜，不得已而为此耶？武之不葬而兴师，岂武之前已有不葬而兴师者为之准则，故武得以考之何典、问诸何人而为此耶？抑亦求诸其心一念之良知，权轻重之宜，不得已而为此耶？使舜之心而非诚于为无后，武之心而非诚于为救民，则其不告而娶与其不葬而兴师，乃不孝不忠之大者。而后之人不务致其良知，以精察义理于此心感应酬酢之间，顾欲悬空讨论此等变常之事，执之以为制事之本，以求临事之无失，其亦远矣。王阳明

启超谨案：以上三条皆阐明知行合一之真理，可谓博深切明，其第三条上半截言良知之应用处，尤当体认。前所谓"是非两字是个大规矩，巧处则存乎其人"，即此之谓也，与朱子即物而穷其理之说，自有守本、逐末之分。

爱问："今人尽有知父当孝、兄当弟者，却不能孝不能弟，知行分明是两件。"曰："此已被私欲间断，不是知行本体。未有知而不行者，知而不行，只是未知。圣贤教人知行，正是要复那本体。故《大学》指个真知行与人看，说'如好好色，如恶恶臭'。见好色属知，好好色属行，只见好色时，已自好了，不是见后又立个心去好；闻恶臭属知，恶恶臭属行，只闻恶臭时，已自恶了，不是闻后别立个心去恶。"爱曰："古人分知行为两，亦是要人见得分晓，一行工夫做知，一行工夫做行，则工夫始有下落。"曰："此却失了古人宗旨。某尝说知是行的主意，行是知的工夫；知是行之始，行是知之成。若会得时，只说一个知，已自有行在；

只说一个行,已自有知在。古人所以既说知又说行者,只为世间有一种人,懵懵懂懂,任意去做,全不解思维省察,只是个冥行妄作,所以必说个知,方才行得是;又有一种人,茫茫荡荡,悬空去思索,全不肯着实躬行,只是个揣摩影响,所以必说一个行,方才知得真。此是古人不得已补偏救弊的说话。今若知得宗旨,即说两个亦不妨,亦只是一个;若不会得宗旨,便说一个,亦济得甚事,只是闲说话。王阳明

启超谨案:"知而不行,只是未知"两语,是先生所以说知行合一之宗旨也。故凡言致良知,即所以策人于行也。然则专提挈本体者,未免先生所谓闲说话矣。

问知行合一。曰:"此须识我立言宗旨。今人学问,只因知行分作两件,故有一念发动,虽是不善,然却未曾行,便不去禁止。我今说个知行合一,正要人晓得一念发动处便即是行了,发动处有不善,就将这不善的念克倒了,须要彻根彻底,不使那一念不善潜伏在胸中,此是我立言宗旨。"王阳明

黄梨洲曰:"如此说知行合一,真是丝丝见血!先生之学,真切乃尔,后人何曾会得!"**启超谨案:**先生他日尝言曰:"然则凡知君之当仁者皆可谓能致其仁之知,知臣之当忠者皆可谓能致其忠之知,则天下孰非致知者耶?"彼文语意,谓善而不行,不足以为善也;此文语意,则恶而不行,已足以为恶,谓一念发动处,便即是行了。然则吾今者一念发动爱国,遂谓吾已行爱国,可乎?似与前说矛盾。不知良知者,非徒知善知恶云尔,知善之当为,知恶之当去也。知善当为而不为,即是欺良知;知恶当去而不去,即是欺良知。故仅善念发,未足称为善,何以故?以知行合一故。仅恶念发,已足称为恶,何以故?以知行合一故。

问知行合一。曰："天下只有个知，不行不足谓之知。知行有本体有工夫：如眼见得是知，然已是见了，即是行；耳闻得是知，然已是闻了，即是行。要之，只此一个知，已自尽了。孟子说'孩提之童无不知爱其亲，及其长，无不知敬其兄'，止曰'知'而已，'知'便'能'了，更不消说能爱能敬。本体原是合一，先师因后儒分为两事，不得已说个合一。知非见解之谓，行非履蹈之谓，只从一念上取证，知之真切笃实即是行，行之明觉精察即是知。知行两字，皆指功夫而言，亦原是合一的，非故为立说，以强人之信也。"王龙溪

启超谨案：龙溪此言引申阳明知行合一之旨，最是明晰。后儒解释甚多，都不外此，今不具引。

启超又案：泰西古代之梭格拉第（整理者按：今译苏格拉底），近世之康德、比圭黎，或译作黑智儿，[1]皆以知行合一为教，与阳明桴鼓相应，若合符契。陆子所谓"东海西海，有圣人出焉，此心同也，此理同也"，岂不然哉？此义真是单刀直入，一棒一条痕，一掴一掌血，使伪善者无一缝可以躲闪。夫曰"天下只有一个知，不行不足谓之知"，不行既不足谓之知，则虽谓天下只有一个行可也，此合一之旨也。试以当今通行语解之，今与人言爱国也，言合群也，彼则曰吾既已知之矣；非惟知之，而且彼亦与人言之，若不胜其激昂慷慨也。而激昂慷慨之外，则无馀事矣，一若以为吾有此一知而吾之责任皆已尽矣。是何异曰：识得孝字之点画，则已为孝子；识得忠字之点画，则已为忠臣也。就阳明先生观之，则亦其人未尝有知而已。然使其果纯为未尝有知也，则犹有冀焉，冀其一知而即行也。若知而不行，则无冀焉矣。抑天下只有知而不行之人，断无纯然未尝有知之人。何以故？知无不良故。

---

[1] 比圭黎，今译"贝克莱"；黑智儿，今译黑格尔。两者非一人，此为梁启超误记。

虽极不孝之子，其良知未尝不知孝之可贵；虽极不忠之臣，其良知未尝不知忠之可贵。而今世之坐视国难、败坏公德者，其良知未尝不知爱国、合群之可贵。知其可贵而犹尔尔者，则亦不肯从事于致之之功而已。有良知而不肯从事于致之之功，是欺其良知也。质而言之，则伪而已矣。人而至于伪，乃小人而无忌惮也。阳明先生必提挈知行合一，以为致良知之注脚，为此也夫！为此也夫！

　　启超又案：既明知行合一之义，即非徒识良知之原理，且能知良知之应用。而所谓致良知之学，非徒独善其身，迂阔而不足以救世变者，甚明矣。今更举子王子之语以证之。

爱曰："如事父一事，其间温清定省之类，有许多节目，亦须讲求否？"曰："如何不讲求？只是有个头脑，只就此心去人欲、存天理上讲求。如讲求冬温，也只是要尽此心之孝，恐怕有一毫人欲间杂；讲求夏清，也只要尽此心之孝，恐怕有一毫人欲间杂。此心若无人欲，纯是天理，是个诚于孝亲之心，冬时自然思量父母寒，自去求温的道理；夏时自然思量父母热，自去求清的道理。"王阳明

　　启超谨案：此言为道与为学两不相妨也。为道日损，故此心不许有一毫人欲间杂；为学日益，故讲求许多条理节目。然既有日损之道，则日益之学乃正所以为此道之应用也。且既有日损之道，自不得不生出日益之学以为之应用也。如诚有爱国之心，自能思量某种某种科学是国家不可缺的，自不得不去研究之；又能思量某种某种事项是国家必当行的，自不得不去调查之。研究也，调查也，皆从爱国心之一源所流出也，故曰"如何不讲求"也。但吾之所以研究此、调查此，必须全出于爱国之一目的，不可别有所为而为之。苟别有所为而为之，则是人欲间杂也，故曰须"有个

头脑"也。由是言之,讲王学与谈时务,果相妨乎?

只要良知真切,虽做举业,亦不为心累。(中略)任他读书,只是调摄此心而已,何累之有? 王阳明

启超谨案: 程子言"举业不患妨功,惟患夺志",王子此言,正本于彼。夫学至举业,可谓污贱矣,然苟良知真切,犹不为心累。然则日日入学校习科学,更何能累之有? 故世有以讲道学为妨科学,而因以废道学者,可以前条正之。又或以讲科学为妨道学,而因以废科学者,可以本条正之。但惟患夺志一语,最当注意。刻刻在学校习科学,刻刻提醒良知,一丝不放过,此学之要也。

良知明白,随你去静处体悟也好,随你去事上磨炼也好。王阳明
须在事上磨炼工夫得力。若只好静,遇事便乱,那静时工夫亦差,似收敛而实放溺也。王阳明

启超谨案: 事上磨炼工夫,亦是王子立教一要点,益可见致良知非以独善其身也。

"道固自在,学亦自在,天下信之不为多,一人信之不为少"者,斯固君子不见是而无闷之心也。乃仆之情,则有大不得已者存乎其间,而非以计人之信与不信也。夫人者,天地之心,天地万物本吾一体者也。生民之荼毒困苦,孰非疾痛之切于吾身者乎? 不知吾身之疾痛,无是非之心者也。是非之心,不虑而知,不学而能,所谓良知也。良知之在人心,无间于圣愚,天下古今之所同也。世之君子惟务致其良知,则自能公是非,同好恶,视人犹己,视国犹家,而以天地万物为一体,求天下无治,不可得矣。古之人所以能见善不啻若己出,见恶不啻若己

入，视民之饥溺犹己之饥溺，而一夫不获，若己推而纳诸沟中者，非故为是以蕲天下之信己也，务致其良知，求自慊而已。(中略)后世良知之学不明，天下之人用其私智以相比轧，是以人各有心，而偏琐僻陋之见、狡伪阴邪之术，至于不可胜说。外借仁义之名，而内以行其自私自利之实，诡辞以阿俗，矫行以干誉。掩人之善，而袭以为己长；讦人之私，而窃以为己直。忿以相胜，而犹谓之徇义；险以相倾，而犹谓之疾恶。妒贤忌能，而犹自以为公是非；恣情纵欲，而犹自以为同好恶。相凌相贼，自其一家骨肉之亲，已不能无尔我胜负之意、彼此藩篱之形，而况于天下之大、民物之众，又何能一体而视之？则无怪于纷纷籍籍，而祸乱相寻于无穷矣。仆诚赖天之灵，偶有见于良知之学，以为必由之而后天下可得治，是以每念斯民之陷溺，则为之戚然痛心，忘其身之不肖，而思以此救之，亦不自知其量者。天下之人见其若是，遂相与非笑而诋斥之，以为是病狂丧心之人耳。呜呼，是奚足恤哉！吾方疾痛之切体，而暇计人之非笑乎？人固有见其父子兄弟之坠溺于深渊者，呼号匍匐，裸跣颠顿扳悬崖壁而下拯之。士之见者，方相与揖让谈笑于其旁，以为是弃其礼貌衣冠而呼号颠顿[1]若此，是病狂丧心者也。故夫揖让谈笑于溺人之旁而不知救，此惟行路之人，无亲戚骨肉之情者能之，然已谓之无恻隐之心非人矣。若夫在父子兄弟之爱者，则固未有不痛心疾首，狂奔气尽，匍匐以拯之，彼将陷溺之祸有不顾，而况于病狂丧心之讥乎？而又况于蕲人之信与不信乎？呜呼！今之人虽谓仆为病狂丧心之人，亦无不可矣。天下之人心皆吾之心也，天下之人犹有病狂者矣，吾安得而非病狂乎？犹有丧心者矣，吾安得而非丧心乎？昔者，孔子之在当时，有议其为谄者，有议其为佞者，(中略)则当时之不信夫子者，岂特十之二三而已乎？然而夫子汲汲遑遑，若求亡子于道路，而不暇暖席者，宁以期人之知我、信我哉？盖其天地万物

---

[1]　"扳悬崖壁"至"呼号颠顿"，原缺，致使语意不完，疑抄写之漏。今据《传习录(中)》补之。

一体之仁,疾痛迫切,虽欲已之而自有所不容已。(中略)若其遁世无闷,乐天知命者,则固无入而不自得,道并行而不相悖也。仆之不肖,何敢以夫子之道为己任? 顾其心亦已稍知疾病之在身,是以彷徨四顾,将求其有助我者,相与讲去其病耳。今诚得豪杰同志之士,扶持匡翼,共明良知之学于天下,使天下之人皆知自致其良知,以相安相养,去其自私自利之蔽,一洗谗妒胜忿之习,以跻于大同,则仆之狂病固将脱然以愈,而终免于丧心之患矣。王阳明

启超谨案: 此阳明先生与聂双江书也。双江,王门龙象,与钱绪山、王龙溪、王心斋、邹东廓齐名。字字是血,语语是泪,读之而不愤不悱者,非人矣。观此则知王学绝非独善其身之学,而救时良药未有切于是者。阳明先生之心,犹孔子、释迦、基督之心也,其言犹孔子、释迦、基督之言也,以为非以此易天下之人心,则天下终不得而理也,其一片恳切诚意溢于言表,不啻提我辈之耳而命之也。我辈虽听之藐藐,或腹诽而面诋之,先生惟有哀矜而无愤怒也。虽然,我辈不幸而不闻先生之言,则亦已耳;既已闻之,而犹不肯志先生之所志,学先生之所学,是自暴自弃也。自暴者,不可与有言也;自弃者,不可与有为也。今试问举国之人,苟皆如先生所谓用其私智以相比轧,假名以行其自私自利之习,乃至于其所最亲近而相凌相贼者,苟长若是,而吾国之前途尚可问乎? 夫年来诸所谓爱国、合群之口头禅,人人能道,而于国事丝毫无补者,正坐是耳。《记》曰:"不诚无物。"又曰:"至诚而不动者,未之有也;不诚,未有能动者也。"然则今日有志之士,惟有奉阳明先生为严师,刻刻以不欺良知一语,自勘其心髓之微;不宁惟是,且日以之责善于友朋,相与讲明此学以易天下。持此为矩,然后一切节目事变出焉。此矩不逾,则其所以救国者,无论宗旨如何、手段如何,皆百虑而一致,殊途而同归也。而不然者,则既不诚无物,一切宗旨

手段皆安所丽？所谓闲说话而已。欧美诸国皆以景教为维系人心之的，日本则佛教最有力焉。而其维新以前所公认为造时势之豪杰，若中江藤树，若熊泽蕃山，若大盐后素，若吉田松阴，若西乡南洲，皆以王学式后辈，至今彼军人社会中，犹以王学为一种之信仰。夫日本军人之价值，既已为世界所共推矣，而岂知其一点之精神教育，实我子王子赐之也。我辈今日求精神教育，舍此更有何物？"抛却自家无尽藏，沿门托钵效贫儿"，哀哉！

　　启超又案：子王子欲以致良知之义易天下之人心，似此究属可能之事耶？抑不可能之事耶？此实一疑问也。难者曰："世界之所以进化，皆由人类之争自存。质而言之，则自私自利者，实人类所以自存之一要素也。今如子王子言，欲使天下之人皆自致其良知，去其自私自利，以跻于大同。其意固甚美，然我如是而人未必如是，我退而人进，恐其遂为人弱也。是所谓消极的道德，而非积极的道德也。"应之曰："不然。无论功利主义不足为道德之极则也，即以功利主义论，而其所谓利者，必利于大我而后为真利。苟知有小我而不知有大我，则所谓利者，非利而恒为害也。而此大我之范围有广狭焉：以一家对一身，则一家为大我；以一地方对一家，则一地方为大我；以一民族、一国家对一地方，则民族国家为大我。如是者，其级累说不能尽，而此牺牲小我以顾全大我之一念，即所以去其自私自利之蔽，而跻于大同之券也。质而言之，则曰公利而已，曰公德而已。子王子所欲以易天下者，即是物也，而天演界争自存之理，亦岂能外是也？"难者又曰："以子王子之魄力，终身提倡此义，而当时之人心，不闻其缘此而遽易。此可见其道至逆，而非可以达于天下也。"应之曰："此其事之难，不俟论也。然乌可以难焉而已也？自古一代之学风，恒不过有力者数人倡之焉尔，而影响所及，其泽不斩者或数十年百年。曾文正之论人才，言之既博深切明矣，见《曾文正文集》。亦安见其不能易也？

《诗》曰'鼓钟于宫,声闻于外',亦在有志者之自振而已。"

启超谨案: 阳明先生提致良知三字为学鹄,本是彻上彻下工夫,当下具足,毫无流弊。惟先生没后,门下提挈本体,未免偏重,末学承流,展转失真,甚或贪易畏难,高语证悟,而阙于修持,则有仅言"良知",而"致"之一字几成赘疣者。先生尝言依着良知做去,彼辈则依着良知而不做者也,是又先生所谓"不行不得谓之知"而已。故逮乎晚明,刘蕺山专标"慎独"以救王学末流,其功洵不在阳明下,然倡慎独非自蕺山始。今更述诸哲之学说以演此义,其亦本之本、原之原也钦!

谨独即是致良知。王阳明

言诚,惟惺惺字为切。凡人所为不善,本体之灵自然能觉,觉而少有容留,便属自欺,欺则不惺惺矣。季彭山本

圣人之学,只是谨独,独处人所不见闻,最为隐微,而己之见显,莫过于此。故独为独知,盖我所得于天之明命,我自知之,而非他人所能与者也。若闲思妄想,徇欲任情,此却是外物蔽吾心之明,不知所谨,不可以言见显矣。少有觉焉,而复容留将就,即为自欺。乃于人所见闻处,掩不善而著其善,虽点检于言行之间,一一合度,不遏有愆,亦属作伪,皆为自蔽其知也。季彭山

启超谨案: 此总是发明"不欺良知"一语,必不欺乃为致。抱此一语,终身受用不尽。

谨于独知,即致知也;谨独之功不已,即力行也。故独知之外无知矣,常知之外无行矣,功夫何等简易耶! 季彭山

日用之间,念虑初发,或善或恶,或公或私,岂不自知之? 知其不当为而犹为之者,私欲之心重,而恕己之心昏也。苟能于一起之时,察

其为恶也,则猛省而力去之,去一恶念,则生一善念矣。念念去恶为善,则意之所发、心之所存皆天理,是之谓知行合一。知之非难,而行之为难。今曰"圣人之学,致良知而已。人人皆圣人也,吾心中自有一圣人,自能孝,自能弟",而于念虑之微、取舍之际则未之讲,任其意向而为之,曰是吾之良知也。知行合一者,固如是乎? 顾箬溪应祥

　　启超谨案: *此语为矫正龙溪学说而发,其言"恕己之心昏",及"知之非难,行之为难"二语,最当切己体验。至其以致良知为未足者,岂知所谓致者,舍行外更无功耶? 未可以龙溪病阳明也。*

只于自心欺瞒不得处,当提醒作主。罗念庵

吾人须从起端发念处察识,于此有得,思过半矣。何善山廷仁

人之真心,到鬼神前,毋论好丑,尽皆宣泄,有是不能泯灭处。邓定宇以赞

　　启超谨案: *景教之祈祷、忏悔,受用在此。*

诚意功夫,只好恶不自欺其知耳。要不自欺其知,依旧在知上讨分晓,故曰"必慎其独"。独是知体灵然不昧处,虽绝无声臭,然是非一些瞒他不得,自寂然自照,不与物对,故谓之独。须此处奉为严君,一好一恶皆敬依着他,方是慎。万思默廷言

"小人"一节,或云自欺之蔽。不然,此正见他不受欺,人欺蔽他不得,所以可畏,不容不慎。盖此中全是天命至精,人为一毫污染不上,纵如何欺蔽,必要出头。缘他从天得来,纯清绝点,万古独真,谁欺得他? 如别教有云:"丈夫食少金刚,终竟不消,要穿出身外。何以故? 金刚不与身中杂秽同止故。"所以小人见君子,便厌然欲掩其不善,便肺肝如见。此厌此见,岂小人所欲? 正是他实有此件在中,务穿过诸

不善欺瞒处，由不得小人，必要形将出来，决不肯与不善共住，故谓之诚。诚则必形，所以至严可畏，意从此动，方谓之诚意，故君子必慎其独。若是由人欺蔽得，何严之有？万思默

启超谨案：此语勘得最透。小人厌然掩其不善者，正以自知之而自耻之也。盖有是非之心，所以有羞恶之心也，故曰知无不良也。致与不致，则只可责志耳。

除知无独，除自知无慎独。邹南皋

离独一步，便是人伪。刘蕺山

人心如谷种，满腔都是生意，嗜欲锢之而滞矣，然而生意未尝不在也，疏之而已耳。又如明镜，全体浑是光明，习染熏之而暗矣，然而明体未尝不存也，拂拭而已耳。惟有内起之贼，从意根受者，不易除，更加气与之拘，物与之蔽，则表里夹攻，更无生意可留、明体可觌矣。君子惓惓于谨独也以此。刘蕺山

问："有言圣贤道理圆通，门门可入，不必限定一路。"先生曰："毕竟只有慎独二字，足以蔽之，别无门路多端可放步也。"刘蕺山

学者不必求之行事之著，而止求之念虑之微。一言以蔽之，曰诚而已矣。刘蕺山

自欺受病，已是出入人兽关头，更不加慎独之功，转入人伪。自此即见君子，亦不复有厌然情状，一味挟智任术，色取行违，进之则为乡愿，似忠信，似廉洁，欺天罔人，无所不至，犹宴然自以为是，全不识人间有廉耻事。刘蕺山

启超谨案：四书六经，千言万语，其最鞭辟近里者，莫如《大学》"诚意"一章，发端即云"所谓诚其意者，毋自欺也"。"毋自欺"一语，已使学者更无一丝之路可以走趱。阳明所提致良知，实不

外此义。顾不言诚意而言致良知者,以良知当下反省,人人自得,更易着力,实则致知即诚意也。慎独为诚意关键,亦即为致知关键,故言致良知,自不必更言慎独,诚以致之之功,舍慎独更无他也。王子既没,门下提挈本体太重,而几忘有致字,故蕺山专提慎独以还其本意,非谓王子之教有未足,而更从而画其蛇足也。学者自求受用,则守致良知之口诀也可,守慎独之口诀也可,一而二,二而一耳,惟从此间放松一步,则不知其可也。

存 养 第 四

　　良知之教简易直捷，一提便醒，固是不二法门，然曰"吾有是良知而已具足矣，无待修证"，是又与于自欺之甚者也。阳明以良知喻舟之有柂，最为确切，顾柂虽具而不持，则舟亦漂泊不知所届耳。修证之功有三：曰存养，曰省察，曰克治，三者一贯，而存养为之原。述存养第四。

大学之道，在明明德。《记·大学》

　　《集注》曰："明德者，人之所得乎天，而虚灵不昧，以具众理而应万事者也。但为气禀所拘，人欲所蔽，则有时而昏，然其本体之明，则有未尝息者。故学者当因其所发而遂明之，以复其初也。"

公都子曰："钧是人也，或为大人，或为小人，何也?"孟子曰："从其大体为大人，从其小体为小人。"曰："钧是人也，或从其大者，或从其小者，何也?"曰："耳目之官不思而蔽于物，物交物，则引之而已矣。心之官则思，思则得之，不思则不得也，此天之所以与我者。先立乎其大者，则其小者不能夺也。此为大人而已矣。"《孟子》

56

虽存乎人者,岂无仁义之心哉? 其所以放其良心者,亦犹斧斤之于木也,旦旦而伐之,可以为美乎? 及其日夜之所息,平旦之气,其好恶与人相近者几希,则其旦昼之所为,又梏亡之矣。梏之反覆,则其夜气不足以存;夜气不足以存,则其违禽兽不远矣。人见其禽兽也,而以为未尝有才焉者,是岂人之情也哉? 故苟得其养,无物不长;苟失其养,无物不消。孔子曰:"操则存,舍则亡。"《孟子》

"我善养吾浩然之气。""敢问何谓浩然之气?"曰:"难言也。其为气也,至大至刚,以直养而无害,则塞乎天地之间。其为气也,配义与道;无是,馁也。"《孟子》

人有鸡犬放,则知求之,有放心而不知求。学问之道无他,求其放心而已矣。《孟子》

五谷者,种之美者也;苟为不熟,不如荑稗。夫仁,亦在乎熟之而已矣。《孟子》

君子深造之以道,欲其自得之也。自得之则居之安,居之安则资之深,资之深则取之左右逢其原。《孟子》

治之要,在于知道。人何以知道? 曰心。心何以知? 曰:虚壹而静。心未尝不臧案:古藏字。也,然而有所谓虚;心未尝不满也,然而有所谓一;心未尝不动也,然而有所谓静。人生而有知,知而有志,志也者臧也,然而有所谓虚,不以所已臧害所将受,谓之虚。心生而有知,知而有异,异也者,同时兼知之,同时兼知之,两也,然而有所谓一,不以夫案:又同彼。一害此一,谓之壹。心卧则梦,偷则自行,案:此言偷惰之时则心驰鹜也,即孟子所谓放心。使之则谋,案:此言用之则能思虑也。故心未尝不动也,然而有所谓静,不以梦剧乱知,案:此言梦寐时,及事物繁剧接拘时,不以乱其智慧也。谓之静。虚壹而静,谓之大清明。　凡观物有疑,中心不定,则外物不清。吾虑不清,则未可定然否也。冥冥而行者,见寝石以为伏虎也,见植林以为后人也,案:疑有人随其后也。冥冥蔽其明也。醉者越百步之沟,以为跬步之浍也,俯而出城门,以为小之闺也,酒乱其神也。厌目而视者,视一以为两;掩耳而听者,听漠漠以为洶洶:势乱其官也。从山上望牛者以为羊,而求羊者不下牵也,远蔽其大也;从山下望木者,十仞之木若箸,而求箸者不上折也,高蔽其长也。　　　人心譬如盘水,正错案:音措,义同置。而勿动,则湛浊在下,而清明在上,则足以见须眉而察理矣;微风过之,湛浊动乎下,清明乱于上,则不可以得大形之正也。心亦如是矣,故导之以理,养之以清,物莫之倾,则足以定是非、决嫌疑矣;小物引之,则其正外易,其心内倾,则不足以决庶理矣。《荀子·解蔽篇》

启超谨案: 以上钞孔孟荀之言关于存养者,其解释俟诸下方。

启超又案: 宋明儒不喜称道荀子,然荀子固孔学正传也。即如此文,言心理之现象及养心之不可以已,宋明儒千言万语未或能外之,故今具录以冠本章之端。

学在知其所有,又在养其所有。程明道

若不能存养,只是说话。程明道

涵养到着落处,心便清明高远。程明道

须是大其心使开阔,譬如为九层之台,须大做脚始得。程明道

吾曹常须爱养精力,精力稍不足则倦,所临事皆勉强而无诚意。接宾客语言尚可见,况临大事乎? 邢和叔恕○和叔,二程门人也。

吕与叔尝言患思虑多,不能驱除。曰:"此正如破屋中御寇,东面一人来未逐得,西面又一人至矣,左右前后,驱除不暇。盖其四面空疏,盗固易入,人无缘作得主定。又如虚器入水,水自然入,若以一器,实之以水,置之水中,水何能入来? 盖中有主则实,实则外患不能入,自然无事。"程伊川

思虑要简省,烦则所存都昏惑。张横渠

心清时常少,乱时常多。其清时即视明听聪,四体不待羁束而自然恭谨,其乱时反是。如此者何也? 盖用心未熟,客虑多而常心少也,习俗之心未去而实心未全也。有时如失者,只为心生,若熟后自不然。当存其大者,存之熟后,小者可略。张横渠

程子言:"整齐严肃,则心便一,一则自无匪僻之干。此意但涵养久之,则天理自然明。"今不曾做得此工夫,胸中胶扰驳杂,如何穷得理一? 朱晦翁

涵养是主人翁,省察是奴婢。陆象山

人须整理心下,使教莹净常惺惺地,方好。此敬以直内工夫也。嗟夫! 不敬则不直,不直便昏昏倒了,万事从此隳,可不惧哉! 吴康斋

身心须有安顿处,若无安顿处,则日惟扰扰于利害中而已。吴康斋

人收敛警醒,则气便清,心自明;才惰慢,便昏瞆也。胡敬斋

常沉静,则含蓄义理,而应事有力。薛敬轩

学者先须理会气象,气象好时,百事自当。陈白沙

学者须收敛精神,譬如一炉火,聚则光焰四出,才拨开便昏黑了。夏东岩

学者要使事物纷扰之时,常如夜气一般。王阳明

吾辈通患,正如池面浮萍,随开随蔽。未论江海,但在活水,浮萍即不能蔽。何者? 活水有源,池水无源,有源者由己,无源者从物,故凡不息者有源,作辍者皆无源故耳。王阳明

闲时能不闲,忙时能不忙,方是不为境所转。王龙溪

学有可以一言尽者,有不可以一言尽者。如收敛精神,并归一处,常令凝聚,能为万物万事主宰,此可一言而尽,亦可以一息测识而悟。惟夫出入于酬应,牵引于情思,转移于利害,缠固于计算,则微暧万变,孔窍百出,非坚心苦志,持之岁月,万死一生,莫能几及也。罗念庵

向人说得伸,写得出,解得去,谓之有才则可,于学问丝毫无与也。学问之道,须于众人场中,易鹘突者,条理分明,一丝不乱。此非平日

有涵养镇静之功,小大不疑,安能及此? **罗念庵**

果能收敛翕聚,如婴儿保护,自能孩笑,自能饮食,自能行走,岂容一毫人力安排? 试于临民时验之:稍停详妥贴,言动喜怒,自是不差;稍周章忽略,便有可悔。从前为"良知时时见在"一句误却,欠却培养一段功夫。培养原属收敛翕聚。甲辰夏,因静坐十日,恍恍见得,又被龙溪诸君一句转了,总为自家用功不深,内虚易摇也。孟子言"有怵惕恻隐之心",由于"乍见";言"平旦好恶与人相近",由于"夜气所息";未尝言"时时有是心"也。末后四端须扩而充之,自然火然泉达,可以保四海;夜气苟得其养,无物不长,所以须养者,缘此心至易动故也;未尝言"时时便可致用,皆可保四海"也。扩充不在四端后,却在尝无内交、要誉、恶声之心,所谓以直养也。养是常息此心,常如夜之所息,如是则时时可似"乍见"与"平旦"时,此圣贤苦心语也。阳明拈出良知,上面添一致字,便是扩养之意。良知"良"字,乃是发而中节之和,其所以良者,要非思为可及,所谓不虑而知,正提出本来头面也。今却尽以知觉发用处为良知,至又易"致"字为"依"字,则是只有发用无生聚矣。木常发荣必速槁,人常动用必速死,天地犹有闭藏,况于人乎? 是故必有未发之中,方有发而中节之和;必有廓然大公,方有物来顺应之感。平日作文字,只谩说过去,更不知未发与廓然处何在,如何用功,诚鹘突半生也。真扩养得,便是集义,自浩然不夺于外,此非一朝一夕可得。然一朝一夕,亦便小小有验,但不足放乎四海。譬之操舟,舵不应手,不免横撑直驾,终是费力。时时培此,却是最密地也。 **罗念庵**

吾人于一日十二时中,精神意志皆有安顿处,方有进步处。**耿天台**

涵养要九分,省察只消一分。若没涵养,就省察得,也没力量降伏那私欲。**吕心吾**

涵养不定的,自初生至盖棺时,凡几变,即知识已到,尚保不定毕竟作何种人。所以学者要德性坚定。到坚定时,随常变、穷达、生死只一般,即有难料理处,亦能把持。若平日不遇事时,尽算好人,一遇

个小小题目，便考出本态。假遇着难者、大者，知成个甚么人？所以古人不可轻易笑，恐我当此，未便在渠上也。吕心吾

人到生死不乱，方是得手。居常当归并精神一路，毋令漏泄。唐凝庵鹤徵

人要于身心不自在处，究竟一个着落，所谓困心衡虑也。若于此蹉过，便是困而不学。高景逸攀龙

谋国者固本自强，而外患自戢；治病者调养元气，而客邪自散。若独思御患，则御之之术即患所生；专攻客邪，则府脏先伤而邪传不已。礼已复而己未尽克，其以省察克治自易；克己而不复礼，其害终身不瘳。王船山夫之

启超谨案：以上所钞，凡以明存养之功之不可以已也。约而举之，凡有五要：

（一）有存养之功则常莹明，无之则昏暗。如明镜然，时时勤拂拭，勿使惹尘埃，则念虑之发，事物之来，吾皆灼然见其本相，而应之无所于瞀。夫良知，固尽人所生而有者也，然能受良知之用者，万不得一，何也？则本体不莹故也。譬彼病目，见空中华，空本无华，以目病故，故研朱可以成碧，指鹿可以为马。若循其瞳昧者而认为良知之作用，其误谬将不可纪极。夫心理学上有所谓幻觉者，其原因由来复之念端与当境之知觉和合有误而生，荀子所谓"见寝石以为伏虎，见植林以为后人"，此人类普通性质所同有。凡此之类，与梦之原理相通，列子所称"席带而寝则梦蛇，飞鸟衔发则梦飞"，是其理也。然此幻觉所由起，必以内心所种为远因，而以外境所触为近因。郑人相惊以伯有，其心中先有畏伯有者存也；齐襄见豕而以为公子彭生，其心中先有畏彭生者存也。皆有他物以障其明，然后幻生焉。不先除此障，而欲幻之不起，其道无由。列子又称至人无梦，何以能无梦？本心常莹而幻不侵也。夫

幻之误人，岂徒前此所举诸实例、诸小节而已？如人有生必有死，死固无可畏者，而何以皆畏之？幻觉故也。富贵利禄，不过供吾耳目口体短期之快乐。耳目口体，物而非我，下文言之。吾何为自苦而乐彼物？富贵利禄，无可恋者，而何以皆恋之？幻觉故也。夫畏其无可畏者，而恋其无可恋者，此与豕之本无可怖而齐襄怖之，则何以异也？故吾人终其身醉梦于此幻觉场中，而无一时清醒白地，可怜孰甚焉？而存养云者，则使吾心常惺惺不昧，而此幻觉无从入也，此自得之道也。若语其应用，则吾辈生文明大开之今日，社会之事物千复万杂，非智慧增进，不足以察其变而穷其理，研其几而神其用。无论读书治事，皆恃此一点灵明以钥之。以幻觉读书，何以能排旧见而悟真理？以幻觉治事，何以能应时势而蕲成功？是犹无土地、资本、劳力而欲殖富也。由此言之，存养者，非徒德育之范围，而又智育所必当有事也。

（二）有存养之功则常强立，无之则软倒。《记》称："庄敬日强，安肆日偷。"其言精绝，盖深明夫心理与生理之关系然也。生理学家言，吾人脑中有一种无价之宝，名曰爱耐卢尼（整理者按：Energy 的音译，即能量、精力之意），实一切活力之本营，吾人所以能研究新理想，担荷大事业者，皆于此物焉赖。此物者，不爱惜之不可，不爱惜则妄消耗之于无用之地，而其原力日以减杀；太爱惜之又不可，太爱惜则又厝置之于无用之地，而本能无从发达。生物学家言，凡生物之官体久废不用者，则渐失其本能。如人类本有腮，男子本有乳，皆以不用而渐无之。野蛮人口齿大，愈文明则愈小，诸如此类，其例不胜枚举。故吾辈当常使此爱耐卢尼，运用有节，而适得其宜。夫饱食终日，无所用心者，此厝置之于无用之地者也。故陆子曰"精神不运则愚，血脉不运则病"，曾文正曰"精神愈用则愈出，阳气愈提则愈盛"，此皆与"日强"、"日偷"之理相发明者也。虽然，彼饱食终日、无所用心者，其心卒不能无所寄顿，不寄顿于有用，则寄顿于无用耳。故无数闲思杂念,刻刻相与为缘,而其消耗此爱耐卢尼,反漫无节制,神经甚疲,而不能自振。观夫悲秋之士、怀春之女,终日多愁多病,睹一切景物,皆若甚无聊赖,度一刻光阴,皆若甚难消遣,卒至体质日以赢弱,志气日以销沉。凡此皆其滥费此爱耐卢尼之证也。由此言之,存养者,非徒德育之范围,而又体育所必当有事也。

（三）有存养之功则常整暇,无之则纷扰。治者吉事也,乱者凶事也。治乱之象,非徒于国有之,于家有之,即身心亦然。人而为乱人,则人格已丧失而无所馀矣。起居无节,言语无序,身之乱也;憧憧往来,朋从尔思,心之乱也。然必有心乱而后有身乱,故欲治其身,亦先治其心而已。英儒边沁以苦乐为善恶之标准,在近世哲学界称一新发明焉。然真苦真乐,必不存于躯壳,而存于心魂。躯苦而魂乐,真乐也;躯乐而魂苦,真苦也。吾侪试自验吾心魂最乐之时,当有数境:其一、步旷野,吸新空气,观杂花芳草,欣欣有生意,或乘海船,御天风,听海涛,翛翛有出尘之想,当此之时,心魂最乐。其一、与二三素心人,促膝论学或论事,论锋针接,当此之时,心魂最乐。其一、读书穷理,忽然有悟有得,当此之时,心魂最乐。其一、运动躯体,勤劳之后,恬然放下,当此之时,心魂最乐。凡诸此境界,尽人所间有而不能常有。当其有之,乐莫甚焉。其所以然者,则以此一刹那顷,忽举吾心魂超然于尘网之外,胸中无一杂念以渣滓于其间也。反是而其最苦者,则家人之聒噪,恶客之杂遝,利害之计较,得失之营注。虽形骸之欲,或甚纵然自满,而心中无限困衡烦恼。此极端苦乐之两境,无论何人,内自审之,莫不皆然也。然则乱其心而不知治者,终身为僇民而已。此以言其自得也。若语于应用,则吾辈既非厌世者流,不得不接事物,志愿愈大,其所接事物愈多。若非有道焉自约其心理,使有秩序,则如统百万之众而无主帅,号令棼如,安得不溃? 故凡遇事张皇而丧其所守者,皆乱之为害也。

(四)有存养之功则能虚受,无之则闭塞。心理如明镜然,惟无一象,故能受万象。吾辈之为学,欲进其学也,欲进其学则不得不求理想之日新;横梁所谓濯去旧见,以来新知。吾辈之治事,欲善其事也,欲善其事则不得不求条理之晰备。而此二者,非胸次洞然无芥蒂,则其效不可见。善夫!吾友蒋智由氏之言也,曰:"吾人意识之区域,若有一种之观念占领,则他观念无发生之机。譬有一忧虑之事不能解释,其时意识之区域皆为此忧虑所充满,而他观念皆在所摈拒之列。而意识区域之占领,又有二种:一、单一之占领,一、杂多之占领。单一占领者,如爱慕一物,念念不能舍是也;杂多占领者,驰骛纷扰、散乱集沓之心是也。故必先清净其心,无逐于外缘,无纷于内扰,使意识之区域,洞洞然不储一物,而后理境上之观念生焉,鸢飞鱼跃,自呈活泼之机。"此即荀子所谓"不以所已藏害所将受"也。由此言之,吾辈苟不欲活用此学以济天下,则亦已耳;苟其欲之,则洁除心地之一层工夫,安可以不致力也!

(五)有存养之功则常坚定,无之则动摇。孟子之得力,在不动心,而其工夫在养吾浩然之气。夫天下未有风吹草动,毫不自主,而能任大事者也。虽然,不动心之义,言之似易,能之实难。富贵、贫贱、威武、造次、颠沛、利害、毁誉、称讥、苦乐,种种外境,客贼相乘,不夺于此,则夺于彼。吾侪试默数数年来所见朋辈中,有昔者共指为志士,谓前途最有希望者,而今已一落千丈,比比皆是。岂必其人立身伊始,即自定此欺饰之局,谓不过欲为此以钓数寒暑间之名誉也?彼其受外界之刺激,不知不觉而为之奴隶,其堕落也,其纯不能自由者也。吾自审根器能厚于彼辈者几何?吾今者未入社会,未受刺激,尚茶然差能自保,一旦与彼辈处同一之境遇,则化之矣。就使吾根器稍优于彼辈,即与彼辈处同一之境遇，未必化之，虽然，又当知彼辈所处之境遇，非其刺激之最大者也。客贼之相胁迫也无穷，语曰"道高一尺，魔高一丈"，甲关既过，又有乙关，乙关既过，又有丙关，如是相引，以至无垠。使吾他日所遇可歆、可怖、可厌之境，有稍甚于彼辈者，吾能无变乎？浸假又有远甚于彼辈者，吾卒能无变乎？庄生曰："与接为构，日与心斗。"吾人终其身皆立于物我剧战之地位，以己身对于他人之身，则己身为我，而他人为物；以己之心灵对于己之躯壳，则心灵为我，而躯壳为物。故言"我"者，有广义之我，有狭义之我。此文之"我"，即指其狭义者。孟子曰："耳目之官不思，而蔽于物，物交物，则引之而已矣。"上"物"指社会种种外境界，下"物"指耳目之官，以心灵之我对之，则两者皆物也。此文之"物"，兼指两种物而言。而能得最后之战利者，千无一焉。吕心吾所谓"勿轻易笑人，恐我当此，亦未便在渠上"，诚警策之言也。然则胜利之道奈何？兵法曰："先为不可胜，以待敌之可胜。"又曰："毋恃敌不来，恃我有以待之。"今世之谋国者，持武装平和主义，务扩充军备，使其力有馀于自卫，然后一切外患，无取于慑。夫治心之道，亦若是则已耳。小程子之言曰"中有主则实，实则外患不能入"，是其义也。夫意识之区域，苟有一种之观念占领，则他观念无从发生。夫既言之矣，然为恶观念所占领，则善观念固无从发生；为善观念所占领，则恶观念亦无从发生：其比例正同。由前之说，所谓虚而后能受也，以廓清恶念，为容纳善念之地也；由后之说，所谓实而后能主也，以保持善念，为拒绝恶念之功也：两者交修而互相成也。夫所谓善念、恶念之界说何也？念端之属于能动者，则为善念；能动者，我自欲如此则如此，能力在我也。其属于受动者，则为恶念。受动者，此种念端，吾明知其不可发，而为外境所夺，不能自制也。时时立于能动之地位，是曰主人；时时立于受动之地位，是曰奴隶。时而能动，时而受动，间杂错出，则出入于主奴之间，而易堕于奴。曰兢兢焉，保持此能动之资格，拳拳服膺而勿失，然后不退转之旨乃可得而几也。

以上五义,略举之而未能尽也。要之,吾辈之生命,本躯壳与心魂二者和合而成,虽谓一人而有二种之生命可也。此二种之生命,苟缺其一,则人格倏已消灭。躯壳之生命,日必有以养之,一日不食而疲,三日不食而病,七日不食而死矣。心魂之生命何独不然?毋恃我有美质,而谓功力之可以已也。虽有壮躯,而饔飧必不可废;虽有良知,而存养必不可怠。古今中外哲人,莫不拳拳焉以此为第一大事。学者慎勿以迂腐二字抹倒之,坐戕其生命之一种而不自爱也。

启超谨案:既明存养工夫之紧要,今当次述其用功之法。先哲所标,大率以主敬、主静两义为宗派。以启超绎之,尚有主观之一法门。佛教天台宗标止观二义,所谓主静者,本属于止之范围,而先儒言静者实兼有观之作用,必辅以观,然后静之用乃神。故今类钞之,以为存养之三纲。

修己以敬。《论语》

颜渊问仁,子曰:"克己复礼为仁。"请问其目,子曰:"非礼勿视,非礼勿听,非礼勿言,非礼勿动。"《论语》

仲弓问仁,子曰:"出门如见大宾,使民如承大祭。"《论语》

子张问行,子曰:"言忠信,行笃敬。"《论语》

君子无众寡,无小大,无敢慢。《论语》

居处恭,执事敬,虽至夷狄,不可弃也。《论语》

毋不敬,俨若思。 若夫坐如尸,立如斋。《记·曲礼》

致礼以治躬则庄敬,庄敬则严威。外貌斯须不庄不敬,而易慢之心入之矣。《记·乐记》

启超谨案:此古代主敬派之存养说也。孔子言存养,率以敬为主。

一敬可以胜百邪。程明道

毋不敬，可以对越上帝。程明道

涵养须用敬，进学则在致知。程伊川

入道莫如敬，未有能致知而不在敬者。程伊川

只是严肃整齐，则心便一；一则自无非僻之干。此意但涵养久之，则天理自然明白。程伊川

《记》中说："君子庄敬日强，安肆日偷。"盖常人之情，才放肆则日就旷荡，才检束则日就规矩。程伊川

懈心一生，便是自暴自弃。程伊川

正心之始，当以己心为严师，凡所动作，则知所惧。如此一二年间，守得牢固，则自然心正矣。张横渠

以敬为主，则内外肃然，不忘不助而心自存。不知以敬为主而欲存心，则不免将一个心把捉一个心，外面未有一事时，里面已有三头两绪，不胜其扰也。就使实能把捉得住，只此已是大病，况未必真能把捉得住乎？朱晦翁

敬字似甚字？却甚似个畏字，不是块然兀坐，耳无闻，目无见，全不省事之谓。只收敛身心，整齐纯一，不恁地放纵，便是敬。朱晦翁

截断严整之时多，则胶胶扰扰之时少。朱晦翁

"小心翼翼，昭事上帝"，"上帝临汝，无贰尔心"，战战兢兢，那有闲管时候？陆象山

吾心才欲检束，四体便自悚然矣。外既不敢妄动，内亦不敢妄思，交养之道也。魏庄渠

无事时得一偷字，有事时得一乱字。刘蕺山

小人只是无忌惮，便结果一生。至《大学》止言"闲居为不善"耳，闲居时有何不善可为？只是一种懒散精神，漫无着落处，便是万恶渊薮，正是小人无忌惮处，可畏哉！刘蕺山

懒散二字，立身之贼也。千德万业，日怠废而无成；千罪万恶，日

横恣而无制：皆此二字为之。吕心吾

存心则缉熙光明，如日之升；修容则正位凝命，如鼎之镇。内外交养，敬义夹持，何患无上达？曾涤生

主敬者，外而整齐严肃，内而专静纯一，齐庄不懈，故身强。曾涤生

敬字切近之效，尤在能固人肌肤之会、筋骸之束。庄敬日强，安肆日偷，皆自然之征应。虽有衰年病躯，一遇坛庙献祭之时，战阵危急之际，亦不觉神为之悚、气为之振，斯足知敬能使人身强矣。若人无众寡，事无大小，一一恭敬，不敢懒慢，则身体之强健，又何疑乎？曾涤生

启超谨案：以上主敬说之大概也。大抵小程子及朱子言养心之法，率主居敬，所谓程朱派也，白沙诗云"吾道有宗主，千秋朱紫阳，说敬不离口，示我入德方"是也。然陆子常称道"小心翼翼""上帝临汝"数语，则亦何尝不言敬？罗念庵，江右王学之宗也，亦常书陆子此语以自厉，然则陆王学不废敬明矣。蕺山解"小人闲居为不善"，谓懒散精神、漫无着落，便是万恶渊薮，可谓警切。兵家所谓暮气，物理学所谓惰力，即此物也。此物一来袭于吾躬，则万事一齐放倒了，而敬即驱除此物第一之利器也。敬之妙用，全在以制外为养中之助。盖我辈德业之所以不进，其原因虽多端，然总不出为外境界之所牵。外境界之所能牵者，眼耳鼻舌身也，孟子所谓物交物也。而眼耳鼻舌身既被牵，则意根随而动摇，孟子所谓"则引之而已矣"，又曰"气壹则动志"也。展转缠缚，主客易位，而势遂不足以相敌。敬也者，即检制客贼而杀其力者也。客力杀，然后主力乃得而增长也，故曰内外交养也。古哲所以重提主敬之功者，其理由不外是。

启超又案：曾文正发明主敬则身强之理，视宋明儒主敬说更加切实，盖德育而兼体育矣。司马温公亦言"修心以正，保躬以静"，则言主静而身强也，与曾说可相发明。

启超又案：曾文正又尝有楹联云："禽里还人，静从敬出。"文正盖兼主敬、静者，而以敬为静之下手工夫，此其独见处，即其得力处也，《中庸》所谓"戒慎乎其所不睹，恐惧乎其所不闻"也。

学者须恭敬，但不可令拘迫，拘迫则难久也。程伊川

忘敬，然后毋不敬。程伊川

严威俨恪，非持敬之道，然敬须自此入。程伊川

人之于仪形，有是持养者，有是修饰者。程伊川

启超谨案：此言主敬不可过于矜持，过于矜持则又逐于外也。诸儒言此者甚多，今举伊川以该其馀。

无思也，无为也，寂然不动，感而遂通天下之故。非天下之至神，其孰能与于此？《易·系辞》

知止而后有定，定而后能静，静而后能安，安而后能虑，虑而后能得。《记·大学》

持其志，无暴其气者，何也？曰：志壹则动气，气壹则动志也。今夫蹶者、趋者，是气也，而反动其心。《孟子》

必有事焉而勿正，心勿忘，勿助长也。《孟子》

其日夜之所息，平旦之气，其好恶与人相近也者几希，则其旦昼之所为，有牿亡之矣。牿之反覆，则其夜气不足以存。《孟子》

戒慎乎其所不睹，恐惧乎其所不闻，莫见乎隐，莫显乎微，故君子必慎其独也。喜怒哀乐之未发，谓之中；发而皆中节，谓之和。《记·中庸》

人生而静，天之性也；感于物而动，性之欲也。物至知知，而后好恶形焉。好恶无节于内，知诱于外，不能返躬，天理灭矣。《记·乐记》

心虚一而静。虚一而静，谓之大清明。　不以梦剧乱知，谓之静。《荀子》

启超谨案：此古代主静派之存养说也。孟子、荀子言存养皆以静为主，孟、荀皆孔门嫡传，庄子又称颜子有心斋之功，然则主静派亦出于孔门也。

启超又案：诸暨蒋氏有《中国古代定学考略》，见《新民丛报》第七十号。言主静之学出于黄帝而弘于道家，且历引庄、列之言以示其法程，其论甚精，可参观。

主静立人极。周濂溪

问圣可学乎？曰："可。"有要乎？曰："有。"请问焉？曰："一为要。一者无欲也，无欲则静虚动直。静虚则明，明则通；动直则公，公则溥。明通公溥，庶矣乎！"周濂溪

启超谨案：濂学者，宋明数百年间儒者所奉为祖师也。其渊源实出自种放、李之才、陈抟，则道家之支与流裔也。而儒者多讳之。实则何足讳，道家固出于我神祖黄帝也，特有附益驳杂耳。若定学则至道之原也，周子持此为鹄，宜其足以振一世。故今次于先秦学说录之。

程子每见人静坐，便叹其善学。

学者莫如以半日静坐，半日读书。朱晦翁

为学须从静坐中养出个端倪来，方有商量处。陈白沙

所谓静坐事，非欲坐禅入定。盖因吾辈平日为事物纷拏，未知为己，欲以此补小学收放心一段功夫耳。王阳明

学无分于动静者也。特以初学之士，纷扰日久，本心真机尽汩没蒙蔽于尘埃中，是以先觉立教，欲人于初下手时，暂省外事，稍息尘缘，于静坐中默识自心真面目。久之，邪障彻而灵光露，静固如是，动亦如是。到此时，终日应事接物，周旋于人情事变中而不舍，与静坐一体无

二，此定、静之所以先于能虑也。岂谓终身灭伦绝物，块然枯坐，徒守顽空冷静以为究竟哉！ 王塘南

圣学全不靠静，但各人禀赋不同，若精神短弱，决要静中培壅丰硕。收拾来便是良知，散漫去都成妄想。高景逸

各人病痛不同，大圣贤必有大精神，其主静只在寻常日用中。学者神短气浮，便须数十年静力，方得厚聚深培。而最受病处，在向无小学之教，浸染世俗，故俗根难拔。必埋头读书，使义理浃洽，变易其俗肠俗骨；澄神默坐，使尘妄消散，坚凝其正心正气，乃可耳。高景逸

静坐之法，唤醒此心，卓然常明，志无所适而已。志无所适，精神自然凝复，不待安排，勿着方所，勿思效验。初入静者，不知摄持之法，惟体贴圣贤切要之言，自有入处，静至三日，必臻妙境。高景逸

主静工夫，最难下手，姑为学者设方便法，且教之静坐。日用间除应事接物外，苟有馀刻，且静坐。坐间本无一切事，即以无事付之，即无一切事，亦无一切心，无心之心，正是本心。瞥起则放下，沾滞则扫除，只与之常惺惺可也。此时伎俩，不合眼，不掩耳，不趺跏，不数息，不参话头，只在寻常日用中。有时倦则起，有时感则应，行住坐卧，都在静观，食息起居，都作静会。昔人所谓勿忘勿助间，未尝致纤毫之力，此其真消息也。故程子每见人静坐，便叹其善学。善学云者，只此是求放心亲切工夫。从此入门，即从此究竟，非徒小小方便而已。会得时立地圣域，不会得时终身只是狂驰了，更无别法可入。不会静坐，且学坐而已。学坐不成，更论恁学？坐如尸，坐时习，学者且从整齐严肃入，渐进于自然。《诗》云："相在尔室，尚不愧于屋漏。"又曰："神之格思，不可度思，矧可射思。"刘蕺山

启超谨案：右所钞者，静坐说也。静坐不足以尽主静之功，而主静之功必从静坐入手，故先儒皆以此为方便法门。吾辈日缠缚于外境，此心憧扰，无一刻暇逸，苟非有静坐以药之，则日为躯

壳之奴隶而已。吾每自验，苟一日缺静坐，则神气便昏浊许多。吾昔在美，人事繁杂，无士大夫之相与讲学，又无馀晷以亲典籍，则惟于每来复日（整理者按：即星期日）一诣景教之礼拜堂。吾志不在听其说法，而此一两点钟内，倏然若得安心立命之地，因益叹此境之万不可以无也。俗子每曰："今日事变亟矣，吾辈所宜为者多矣，乌能以此有用之日力，置诸无用之地？"是不然，天下固有无用之用。虚空至无用也，而一室之中，若无虚空，则不能转旋。睡眠至无用也，然一日之中，若无睡眠，则不能强健。然则无用与有用，其犹水火之相济也。况吾辈即不静坐，而此一日十二时中，岂竟无一刻消费于他种无用之业者？与其消费于他种，则曷若静坐？为彼说者，直自文耳。窃以为中年之人，已入世者，镇日憧扰于尘网中，则每日必割出一点钟或两点钟，为静坐之时刻，以养其元神。若夫青年正在学校者，每日讲堂上端坐之时刻既多，于卫生上不宜复久坐以滞血脉，则每日必当有一点钟或两点钟，不携伴侣，独自一人，散步公园，或其他空旷之地，而此散步时，必宁静其思虑，与静坐同一用功夫。如是，然后身心乃有所安顿也。大约每日中有一两点钟之收敛，则其清明之气，可以够一日受用矣。每日睡眠七八时以息其躬，每日静坐一二时以息其心，人道之要也。至于静坐之法，或数息，或视鼻端白，或参话头，凡此皆缘初学静时，腔子里意马心猿，骤难跧伏，故有所寄焉而助之以自制。蕺山谓不必尔尔，此为工夫稍熟者言也。若初学时，则此亦不可废耳。曾文正、李文忠每日在军中，必作端楷百字。格兰斯顿每日必伐木，或立通衢数马车来往之数。凡此皆有所寄而助以自制也，皆数息、参话头之类也。

问："每日暇时，略静坐以养心，但觉意自然纷起，要静越不静。"曰："程子谓'心自是活底事物，如何窒定教他不思？只是不可胡乱思。'才着个要静底意思，便添了多少思虑，且不要恁地拘迫他，须自有宁息时。"或问："延平先生静坐之说如何？"曰："这事难说。静坐便理会道理自不妨，只是专要静坐则不可。理会得道理明透，自然是静。今人都是讨静坐以省事则不可。盖心下热闹，如何看得道理出？须是静方看得出。所谓静坐，只是打叠心下无事耳。"朱晦翁

"思虑万起万灭，如之何？"曰："此是本体不纯，故发用多杂。功夫只在主一，但觉思虑不齐，便截之使齐。立得个主宰，却于杂思虑中，先除邪思虑，以次除闲思虑。推勘到底，直与斩绝，不得放过。"魏庄渠

问："先生教某静坐，坐时愈觉妄念纷扰，奈何？"曰："待他供状自招也好，不然，且无从见矣。此有根株在，如何一一去得？不静坐，他何尝无？只是不觉耳。"刘蕺山

问："人之思虑，有正有邪，若是大段邪僻之思，都容易制，惟是许多无头面、不紧要底思虑，不知何以制之？"曰："此亦无他，只是觉得不当思量底，则莫要思量，便从觉下做工夫，久久纯熟，自然无此等思虑矣。譬如人坐不定者，两脚常要行，但才要行时，便自省觉不要行，久久纯熟，亦自然不要行而坐得定矣。前辈有欲澄治思虑者，于坐处置两器，每起一善念，则投一粒白豆于器中，每起一恶念，则投一粒黑豆于器中。初时黑豆多白豆少，后来白豆多黑豆少，到后来遂不复有黑豆，最后则虽白豆亦无之矣。然此只是个死法。若加以读书穷理底工夫，则去那不正底思虑，何难之有？又如人喜做不紧要事，如写字作诗之属，初时念念要做，更遏禁不得。若能将圣贤言语来玩味，见得义理分晓，则渐渐觉得此重彼轻，久久不知不觉，自然剥落消陨去。何必横生一念，要得别寻一捷径，尽去了意见，然后能如此？此皆是不耐烦去修治他一个身心了，作此见解。"朱晦翁

凡习心混得去，皆缘日间太顺适，未有操持，如舵工相似，终日看舵，便不至瞌睡，到得习熟，即身即舵，无有两件。凡人学问真处，决定有操持收束，渐至其中，未有受用见成者。罗念庵

静中如何便计较功效，只管久久见得此心有逐物、有不逐物时，却认不逐物时心为本，日间动作皆依不逐物之心照应，一逐物便当收回，愈久渐渐成熟。如此功夫，不知用多少日子，方有定贴处，如何一两日坐后，就要他定贴，动作不差，岂有此理！阳明先生叫人依良知，不是依眼前知解的良知，是此心瞒不过处，即所谓不逐物之心也。静中识认他，渐渐有可寻求耳。罗念庵

游思妄想，不必苦事禁遏。大抵人心不能无所用，但用之于学者既专，则一起一倒，都在这里，何暇及一切游思妄想？即这里处不无间断，忽然走作，吾立刻与之追究去，亦不至大为扰扰矣。此主客之势也。刘蕺山

启超谨案：以上所钞，言静坐时整理闲思杂念之法也。陆子曰："人心只爱去泊着事，教他弃事时，如猢狲失了树，便无住处。"此语真能道着人类普通性质。吾辈试一下静坐之功，其劈头最觉得苦者，必此一事也。实则如蕺山所谓不静坐时何尝无，特不自觉耳。譬如黴菌之病，在新医学未发明以前何尝无，特不觉耳。不觉而不治之，危险更甚。觉得时，虽治之甚难，然可治之机在此矣，白沙所谓"才觉病便是药也"。初时亦只有用强制之法，随一念之起而抑压之，勿令其自由，如魏庄渠所谓"截之使齐"，朱子所引前辈"澄治思虑"之死法是也。然即欲强制，亦不可无制之之具与制之之术，则仍莫如致良知一义。朱子所谓"便从觉下做工夫"，龙溪亦言"提醒本体，群妄自消"，念庵所谓"终日看舵，便不瞌睡"，良知即舵也，而其得力专在终日看之。吴王夫差常使人于侧曰："夫差，而忘越人之杀而父乎？"则应曰："不敢忘。"此提醒之法也。一不提醒则忘，忘则杂念侵之矣。故致良知之教，合下具足也。

启超又案：亡友谭浏阳尝为人书箑云："静观断念，动成匠

74

心。静观断念者何也？业识流注，念念相续，惟馀般若，不能无缘，由此之彼，因牛及马，如树分枝，枝又成干，忽遇崎挠，中立亭亭，悬旌无薄，是名暂断。乘此微隙，视其如何复续？若竟不复续，意识断矣。动成匠心者何也？道绝言思，遇识成境，境无违顺，遇心成理。闻歌起舞，见泣生悲，非歌泣之足凭，有为悲乐之主者也。然则苟变其主，必得立地改观。所谓三界惟心，即匠心也。"浏阳昔与余同从事治心之学，浏阳以断念为下手方便，谓："必枯树上灿葩，乃为真花；必死灰里发热，乃为真火。"故其致力于此也甚苦，晚年犹自言微细杂念不能肃清，顾其所造深矣。其品格事业之与人以共见者，真可谓能开枯树之花，能燃死灰之火者也。启超则谓不必断念，惟有提醒；苟能提醒，则我自作得主起，虽多念不妨。浏阳谓基础不牢，未可恃也。而启超今者德业日荒，愧死友多矣。若此两法门者，则学者任取其一，苟实心行之，亦皆可以自得耳。

所谓定者，动亦定，静亦定，无将迎，无内外。（中略）夫天地之常，以其心普万物而无心；圣人之常，以其情顺万物而无情。故君子之学，莫若廓然而大公，物来而顺应。《易》曰："贞吉，悔亡。憧憧往来，朋从尔思。"苟规规于外诱之除，将见灭于东而生于西也，非惟日之不足，顾其端无穷，不可得而除也。人之情各有所蔽，故不能适道，大率患在于自私而用智，自私则不能以有为为应迹，用智则不能以明觉为自然。今以恶外物之心，而求照无物之地，是反鉴而索照也。（中略）与其是内而非外，不若内外之两忘也。两忘，则澄然无事矣。无事则定，定则明，明则尚何应物之为累哉！程明道《定性书》

识得此理，以诚敬存之而已，不须防检，不须穷索。若心懈，则有防；心苟不懈，何防之有？理有未得，故须穷索；存久自明，安待穷索？程明道《识仁篇》

启超谨案：大程子《定性》、《识仁》两篇，宋元明数百年学者奉之为金科玉律，其价值殆比四书六经，抑其精粹处，实亦不可诬也。寻常主敬、主静说，"时时勤拂拭，勿使惹尘埃"之义也；程子此篇，"本来无一物，何处惹尘埃"之义也。此为已学道之人说法，所谓百尺竿头，更进一步也。然初学未尝用功者，读之恐无所入，今更引后儒之语以解释之。

旁午之中，吾御之者，镠辖纷纭，而为事物所胜，此即憧憧之思也。从容闲雅，而在事物之上，此即寂然之渐也。由憧憧而应之，必或至于错谬；由寂然而应之，必自尽其条理，此即能寂与不能寂之验。由一日而百年可知也。一日之间，无动无静，皆由从容闲雅，进而至于澄然无事，未尝有厌事之念，即此乃身心安着处。安着于此，不患明之不足于照矣。渐入细微，久而成熟，即为自得。明道不言乎，"必有事焉而勿正，心勿忘，勿助长"，谓"未尝致纤毫之力，此其存之之道"。夫"必有事"者，言乎心之常止于是；"勿忘助"者，言乎常止之无所增损；"未尝致纤毫之力"者，言乎从容闲雅，又若未尝有所事事。如此而后可以积久成熟，而入细微，盖为学之毂率也。罗念庵

此学日入密处，纷纭镠辖中，自得泰然，不烦照应。"不烦照应"一语，双老（整理者按：指聂双江）所极恶闻，却是极用力，全体不相污染，乃有此景。如无为寇之念，纵百念纵横，断不须照应，始无此念。明道"不须防检，不待穷索"，"未尝致纤毫之力"，意正如此。罗念庵

千古病痛，在入处防闲，到既入后，濯洗纵放，终非根论。周子"无欲"，程子"定性"，皆率指此。置身千仞，则坎蛙、穴螺争竞，岂特不足以当吾一视；着脚泥淖，得片瓦拳石，皆性命视之：此根论大抵象也。到此识见既别，却犯手入场，皆吾游刃。老叟与群儿调戏，终不成忧其搅溷。吾心但防闲入处，非有高睨宇宙，狠断俗情，未可容易承当也。罗念庵

启超谨案：此念庵引申明道之说也，其谓"虽百念纵横，然为寇之念，不必防闲而始无"，又言"老叟与群儿调戏，必不忧其搅涸"，可谓善喻。质言之，则曰：见大者，心泰而已，孟子所谓"先立乎其大者，则其小者不能夺也"。曲巷妇妪，可以争一钱之故相勃谿，拥巨万者即不尔尔。何也？此戈戈者诚不足以芥其胸也。学道之士，其视人世间一切动心之具，亦拥巨万者之视一钱已耳。故诚有不须防检、不须照应者。念庵又言"以身在天地间负荷，即一切俗情，自难染污"，是其义也。然此造诣正不易到。既拥巨万，自不争一钱，然何以能拥巨万？则其致之也必有道，非饱食而嬉，天雨之金也。心既纯熟，外物自不能动。然心何以能熟？则其养之也必有事，非掇拾口头禅，遂能自得也。故程子之语，为已学道者描写其气象，非为始学道者示之法程也。

静坐之法，不用一毫安排，只平平常常，默然静去。此平常二字，不可容易看过，即性体也。以其清净不容一物，故谓之平常。画前之"易"如此，人生而静以上如此，喜怒哀乐未发如此，乃天理之自然，须在人各各自体贴出，方是自得。静中妄念，强除不得，真体既显，妄念自息。昏气亦强除不得，妄念既净，昏气自清。只体认本性原来本色，还他湛然而已。大抵着一毫意不得，着一毫见不得，才添一念，便失本色。由静而动，亦只平平常常，湛然动去。静时与动时一色，动时与静时一色，所以一色者，只是一个平常也，故曰无动无静。学者不过借静坐中，认此无动无静之体云尔。静中得力，方是动中真得力；动中得力，方是静中真得力。所谓敬者此也，所谓仁者此也，所谓诚者此也，是复性之道也。　　前静坐说，观之犹未备也。夫静坐之法，入门者藉以涵养，初学者藉以入门。彼夫初入之心，妄念胶结，何从而见平常之体乎？平常则散漫去矣，故必收敛身心以主于一。一即平常之体也。主则有意存焉，此意亦非着意，盖心中无事之谓一，着意则非一

也。不着意而谓之意者,但从衣冠瞻视间,整齐严肃,则心自一,渐久渐熟,平常矣。故主一之学,成始成终者也。高景逸

　　来谕谓:"此心之中,无欲即静,遇事时不觉交战,便是得力。"所言甚善,尚有不得不论者。盖"无欲即静",与周子《图说》内自注"无欲故静"之说,亦略相似。其谓"遇事时不觉交战,便是得力",亦谓心中有主,不为事物所胜云耳。然尝闻之程子曰"为学不可不知用力处,既学不可不知得力处",周子曰"养心莫善于寡欲,寡之又寡,以至于无",正不在得力而在于知所以用力,不在无欲而在寡欲耳。学必寡欲而后无欲,知用力而后知得力,此其工夫渐次,有不可躐而进者。苟执事所用,恐不免失之太早,如贫人说富,如学子论大贤功效体当,自家终无受用时也。仆之所谓主静者,正在寡欲,正在求所以用力处,亦不过求之于心,体之于心,验之于心。盖心为事胜,与物交战,皆欲为之累。仆之所谓主静者,正以寻欲所从生之根而拔去之,如逐贼者,必求贼所潜入之处而驱逐之也。是故善学者莫善于求静,能求静然后气得休息而良知发见。凡其思虑之烦杂,私欲之隐藏,自能觉察,自能拔去。是故无欲者本然之体也,寡欲者学问之要也,求静者寡欲之方也,戒惧者求静之功也。知用力而后得力处可得而言,无欲真体,常存常见矣。黄致斋宗明

　　启超谨案: 景逸静坐说前条亦引申明道之说,其后条则示下手之方,而归于整齐严肃,则又曾文正"静从敬出"之意也。黄致斋则以省察克治为存养之工夫矣。

　　今虽说主静,然亦非弃事物以求静。既为人,自然用事君亲,交朋友,抚妻子,御僮仆,不成捐弃了,只闭门静坐,事物之来,且曰:"候我存养!"又不可只茫茫随他事物中走,二者须有个思量倒断始得。动时也有静,顺理而应,则虽动亦静也,故曰"知止而后有定,定而后能静"。

事物之来,若不顺理而应,则虽块然不交于物以求静,心亦不能得静。惟动时能顺理,则无事时能静;静时能存,则动时得力。须是动时也做工夫,静时也做工夫,两莫相靠,使工夫无间断,始得。朱晦翁

　　启超谨案:此言主静之应用也,可以间执排斥道学者之口。

　　启超谨案:主观派之存养说,中国古代道家者流言之最多。老子所谓:"常无欲,以观其妙;常有欲,以观其徼。"又曰:"致虚极,守静笃。万物并作,吾以观复。"庄子、列子,其言恢诡连狂,不可方物。要之,观之一义尽之,此不待天台教宗倡而始有止观之说也。至儒者,则未闻有专提此义为学鹄者。然《大学》言"心广体胖",孟子言"万物皆备于我矣,反身而诚,乐莫大焉",此皆以观而受用者。宋明儒者言观亦甚多,特未提以为宗耳。如周子言观天地生物气象,二程门下多言观喜怒哀乐未发时气象,皆是也。第观之法门不一,此其范围尚狭耳。南海先生昔赠余诗云:"登台惟见日,握发似非人。高立金轮顶,飞行银汉滨。午时伏龙虎,永夜视星辰。碧海如闻浅,乘槎欲问津。"午时伏龙虎,止也;永夜视星辰,观也。南海先生之学,多得力于观,亦常以此教学者。吾同学狄平子有句云:"繁星如豆人如蚁,独倚危楼望月明。"梁伯隽有句云:"甚情绪,向百尺高楼觑看行人路。"吾昔亦有句云:"世界无穷愿无尽,海天寥廓立多时。"皆自写其心境也。观之为用,一曰扩其心境使广大,二曰濬其智慧使明细,故用之往往有奇效。第非静亦不能观,故静又观之前提也。今次录先儒言观之说。

乾称父,坤称母,予兹藐焉,乃混然中处。故天地之塞,吾其体;天地之帅,吾其性。民,吾同胞;物,吾与也。大君者,吾父母宗子;其大臣,宗子之家相也。尊高年,所以长其长;慈孤弱,所以幼其幼。圣其合德,贤其秀也。凡天下疲癃残疾,茕独鳏寡,皆吾兄弟之颠连无告者

也。于时保之，子之翼也；乐且不忧，纯乎孝者也。违曰悖德，害仁曰贼，济恶者不才；其践形，唯肖者也。知化则善述其事，穷神则善继其志。不愧屋漏为无忝，存心养性为匪懈。恶旨酒，崇伯子之顾养；育英才，颖封人之锡类。不弛劳而底豫，舜其功也；无所逃而待烹，申生其恭也。体其受而归全者，参乎！勇于从而顺令者，伯奇也。富贵福泽，将厚吾之生也；贫贱忧戚，庸玉女于成也。存，吾顺事；没，吾宁也。张横渠《西铭》

学者须先识仁。仁者浑然与物同体，义、礼、智、信皆仁也。识得此理，以诚敬存之而已，不须防检，不须穷索。若心懈，则有防；心苟不懈，何防之有？理有未得，故须穷索。存久自明，安待穷索？此道与物无对，大不足以明之。天地之用，皆我之用。孟子言"万物皆备于我"，须"反身而诚"，乃为大乐。若反身未诚，则犹是二物有对，以己合彼，终未有之，又安得乐？《订顽》意思，案：横渠《西铭》旧名《订顽》。乃备言此体。以此意存之，更有何事？"必有事焉而勿正，心勿忘，勿助长"，未尝致纤毫之力，此其存之之道。若存得，便合有得。盖良知良能，元不丧失，以昔日习心未除，却须存习此心，久则可夺旧习。此理至约，惟患不能守。既能体之而乐，则亦不患不能守也。程明道《识仁篇》

当极静时，恍然觉吾此心，中虚无物，旁通无穷，有如长空，云气流行，无有止极；有如大海，鱼龙变化，无有间隔。无内外可指，无动静可分，上下四方，往古来今，浑成一片，所谓无在而无不在。吾之一身，乃其发窍，固非形质所能限也。是故纵吾之目，而天地不满于吾视；倾吾之耳，而天地不出于吾听；冥吾之心，而天地不逃于吾思。古人往矣，其精神所极，即吾之精神，未尝往也；否则，闻其行事，而能憬然愤然矣乎？四海远矣，其疾痛相关，即吾之疾痛，未尝远也；否则，闻其患难，而能恻然蠡然矣乎？是故感于亲而为亲焉，吾无分于亲也，有分于吾与亲，斯不亲矣；感于民而为仁焉，吾无分于民也，有分于吾与民，斯不仁矣；感于物而为爱焉，吾无分于物也，有分于吾与物，斯不爱矣。是乃得之于天者固然，如是而后可以配天也。故曰："仁者浑然与物同体。"同体也者，谓在我者亦即在物，合吾与物而同为一体，则前所谓虚寂而能贯通，浑上下四方、往古来今、内外动静而一之者也。罗念庵

启超谨案：张子《西铭》，程子《识仁》，皆宋贤中最精粹、最博大之语，而其用力皆在于观。故程子以《识仁》名其篇，张子言仁体亦教人以慧观而识之也，念庵语即此两篇之解释。苟能常以此为观念，则以身在天地间负荷，真有不期然而然者。谭浏阳《仁学》，只是发挥得此义。

庄生云："参万岁而一成纯。"言万岁，亦荒远矣，虽圣人有所不知，而何以参之！乃数千年以内，见闻可及者，天运之变，物理之不齐，升降污隆治乱之数，质文风尚之殊，自当参其变而知其常，以立一成纯之局而酌所以自处者，历乎无穷之险阻而皆不丧其所依，则不为世所颠倒而可与立矣。使我而生乎三代，将何如？使我而生乎汉、唐、宋之盛，将何如？使我而生乎秦、隋，将何如？使我而生乎南北朝、五代，将何如？使我而生乎契丹、金、元之世，将何如？则我生乎今日而将何如？岂在彼在此，遂可沉与俱沉、浮与俱浮耶？参之而成纯之一审矣。极吾一生数十年之内，使我而为王侯卿相，将何如？使我而饥寒不能免，将何如？使我而蹈乎刀锯鼎镬之下，将何如？使我而名满天下，功盖当世，将何如？使我而槁项黄馘，没没以死于绳枢瓮牖之中，将何如？使我不荣不辱，终天年于闾巷田畴，将何如？岂如此如此，遂可骄、可移、可屈耶？参之而成纯之一又审矣。王船山

启超谨案：此亦观之一种也，其说似甚粗，然用之甚有效，南海先生昔教弟子常举此。

静中细思,古今亿万年无有穷期,人生其间,数十寒暑,仅须臾耳。大地数万里,不可纪极,人于其中,寝处游息,昼仅一室耳,夜仅一榻耳。古人书籍,近人著述,浩如烟海,人生目光之所能及者,不过九牛之一毛耳。事变万端,美名百途,人生才力之所能办者,不过太仓之一粒耳。知天之长而吾所历者短,则遇忧患横逆之来,当少忍以待其定。知地之大而吾所居者小,则遇荣利争夺之境,当退让以守其雌。知书籍之多而吾所见者寡,则不敢以一得自喜,而当思择善而约守之。知事变之多而吾所办者少,则不敢以功名自矜,而当思举贤而共图之。夫如是则自私自满之见,可渐渐蠲除矣。_{曾涤生}

启超谨案:此亦观之一种也,读此知曾文正之所得深矣。

启超又案:以吾所读吾先儒之书,其言观者甚不多,即有之,又大率属于旧派之哲学,_{如言阴阳理气等。}不适于今之用,此吾所遗憾也。南海先生常曰:"行不可不素其位,思则不妨出其位。出位云者,以吾之思想,超出于吾所立之地位之界线之外也。"_{此语似有意反对孔子之言,实各明一义。孔子言思不出其位者,谓心不能自主而放也。此言不妨出位者,吾以自力举而出之,非出焉而不自知也。诚能如是,何出而不可?}人之品格所以堕落,其大原因总不外物交物而为所引,其眼光局局于环绕吾身至短至狭至垢之现境界,是以憧扰缠缚,不能自进于高明。主观派者,常举吾心魂脱离现境界而游于他境界也。他境界,恒河沙数,不可殚举,吾随时任游其一,皆可以自适。此其节目不能悉述也。此法于习静时行之,较诸数息、运气、视鼻端白、参话头等,其功力尤妙。心有所泊,不至如猢狲失枝,其善一也;不至如死灰槁木,委心思于无用之地,其善二也;闲思游念,以有所距而不杂起,其善三也;理想日高远,智慧日进步,其善四也。故吾谓与其静而断念,毋宁静而善观,但所谓观者,必须收放由我,乃为真观耳。

　　人各有抵死不能变之偏质，惯发不自由之熟病，要在有痛恨之志，密时检之功，总来不如沉潜涵养，病根久自消磨。然涵养中须防一件，久久收敛衰歇之意多，发强之意少，视天下无一可为之事，无一可恶之恶，德量日以宽洪，志节日以摧折。没有这个，便是圣贤涵养；着了这个，便是释道涵养。吕心吾

　　启超谨案：此言存养之流弊，所谓假道学者流，如许衡、李光地、汤斌辈，往往如此。然此辈则其初于辨术之功，先自错了。本既拨，枝叶遂无所附，非涵养之过也。若云以涵养太甚，因收敛而致衰歇者，此在宋明时贤或有之。今者学绝道丧之馀，必无忧此种贤智之过也。

省 克 第 五

存养者,积极的学问也;克治者,消极的学问也。克治与省察相缘,非省察无所施其克治,不克治又何取于省察?既能存养以立其大,其枝节则随时点检而改善之,则缉熙光明矣。述省克第五。

损,君子以惩忿窒欲。《易》

益,君子以见善则迁,有过则改。《易》

强弗友刚克,燮友柔克。沉潜刚克,高明柔克。《书》

与人不求备,检身若不及。《书》

曾子曰:"吾日三省吾身:为人谋而不忠乎? 与朋友交而不信乎? 传不习乎?"以下《论语》

颜渊问仁,子曰:"克己复礼为仁,一日克己复礼,天下归仁焉。"

内省不疚,无恶于志。

见贤思齐焉,见不贤而内自省也。

过则勿惮改。

过而不改,是谓过矣。

小人之过也必文。

吾未见能见其过而内自讼者也。

克伐怨欲不行焉,可以为难矣。

求也退,故进之;由也兼人,故退之。

自反而不缩,虽褐宽博,吾不惴焉;自反而缩,虽千万人,吾往矣。

_{以下《孟子》}

爱人不亲,反其仁;治人不治,反其智;礼人不答,反其敬。行有不得者皆反求诸己。

有人于此,其待我以横逆也,君子必自反也:"我必不仁也,必无礼也,此物奚宜至哉?"其自反而仁矣,自反而有礼矣,其横逆由是也,君子必自反也:"我必不忠。"自反而忠矣,其横逆由是也,君子曰:"此亦妄人也已矣,如此则与禽兽奚择哉? 于禽兽又何难焉?"

古之君子,过则改之;今之君子,过则顺之。古之君子,其过也,如日月之食焉,人皆见之,及其更也,人皆仰之;今之君子,岂徒顺之,又从为之辞。

心有所忿懥则不得其正,有所恐惧则不得其正,有所忧患则不得其正,有所好乐则不得其正。《大学》

小人闲居为不善,无所不至,见君子而后厌然,掩其不善而著其善。人之视己,如见其肺肝然,则何益矣?《大学》

启超谨案: 以上录"六经"、"四书"语关于省克者,略举一二耳。

人之性恶,其善者伪也。_{杨倞注云:"伪,为也,矫也,矫其本性也。凡非天性而人作为之者,皆谓之伪。故伪字人傍为,亦会意字也。"}今之性,生而有好利焉,顺是,_{案:言顺此也。}故争夺生而辞让亡焉;生而有疾恶焉,顺是,故残贼生而忠信亡焉;生而有耳目之欲、有好声色焉,顺是,故淫乱生而礼义文理亡焉。然则纵人之性,顺人之情,必出于争夺,合于犯分乱理而归于暴。(中略)故枸木必将待檃栝烝矫然后直,钝金必将待砻厉然后利;今人之性恶,必将待师法然后正,得礼义然后治。《荀子》

启超谨案: 孟子言性善,故其功专在扩充:扩充者,涵养之厉也,积极的也。荀子言性恶,故其功专在矫正:矫正者,克治之厉也,消极的也。盖其学说有根本之异点,而枝叶自随之而异。启超谓皆是也。孔子言"性相近,习相远",以佛语解释之,则人性本有真如与无明之二原子,自无始以来,即便相缘,真如可以熏习无明,无明亦可以熏习真如。孟子专认其真如者为性,故曰善;荀子专认其无明者为性,故曰恶。荀子不知有真如,固云陋矣。而孟子于人之有不善者,则曰"非天之降才尔殊,其所以陷溺其心者然",以恶因专属后天所自造,而非先天所含有。夫恶因由自造,固也,然造之也,非自一人,非自一时。如佛说一切众生,自无始来,即以种种因缘,造成此器世间,即社会。此器世间实为彼"无明"所集合之结晶体。生于其间者,无论何种人,已不能纯然保持其"真如"之本性而无所搀杂矣。抑勿论器世间之辽广也,即如人之生也,必寄身于一国家。以近世西哲所倡民族心理学,则凡一民族必有其民族之特性,其积致之也,以数千百年,虽有贤智而往往不能自拔,此其恶因,非可以我一人自当之也。又不徒一民族为然也。以达尔文派生物学之所发明,则一切众生,于承受其全社会公共之遗传性外,又各各承受其父若祖之特别遗传性。凡此皆受之于住胎时,而非出胎后所能与也,是皆习也,而几于性矣。故器世间之习一也,民族全体之习二也,一民族中又有支族,一支族中又有小支族,莫不各有其特性。乃至一国之中,一地方有一地方之特性,又同一民族或移植他国因地理上之影响而发挥出一种新特性,与所居国之特性既异,与母国之特性又异,如是者说不能尽。血统遗传之习三也,皆习也。然习之于受生以前,几于性矣。若乃出胎之后,然后复有家庭之习、社会之习，则诸习中一小部分耳，孟子所谓陷溺其心者实指此。然既有前此种种深固之习，顽然成为第二之天性，而犹谓其降才无殊，不可得也。宋明儒者，孟氏之忠仆也，然已不得不迁延其说，谓有义理之性、有气质之性，义理之性即真如，气质之性即无明。所争者不过区区名号间耳。今吾之赘论及此也，非欲为我国哲学史上增一重公案也。盖孟、荀二子示学者以学道法门，各以其性论为根据地。由孟子之说，则惟事扩充；由荀子之说，则必须矫变。孟子之道顺，而荀子之道逆，顺故易，逆故难。虽然，进化公例必以人治与天行战，自古然矣。放而任之，而曰足以复吾真，乌见其可？天演派学者，所以重"人为淘汰"也。吾辈生此社会，稍有志者，未或不欲为社会有所尽力，而成就每不如其所期，皆由吾气质中莫不各有其缺点，而此缺点即为吾种种失败之原。古哲有言："善蕃息马者，去其害马者焉耳。"不能于此痛下工夫，而欲成伟大之人格，非所闻也。虽然，此事也，言之似易，行之甚难，良以其所谓陷溺者，其根株甚远且深。自器世间全体之习气，民族全体之习气，乃至血统上遗传之习气，蟠结充塞于眇躬者既久，而有生以后，复有现社会种种不良之感化力从而熏之，使日滋长，其熔铸而磨刮之，不得不专恃自力，斯乃所以难也。难矣，而非此不足以自成自淑，斯乃所以益不可以已也。孔子曰："或勉强而行之。"董子曰："勉强学问，则闻见博而知益明；勉强行道，则德日起而大有功。"刘蕺山亦云："心贵乐而行惟苦，千古大圣贤大豪杰无不从苦中打出来。"所谓勉强也，所谓苦也，惟此一事而已！惟此一事而已！

凡日用间，知此一病而欲去之，则即此欲去之心，便是能去之药，但当坚守，常自警觉。朱晦翁

大抵学问须是警省，今说求放心，吾辈却要心主宰得定，方赖此做事业。《中庸》说"致广大"、"极高明"，此心本如此广大，但为物欲隔塞，

故其广大有亏；本是高明，但为物欲系累，故于高明有蔽。若能常自省察警觉，则高明广大者常自若也。当更看有何病痛，知有此病，必去其病，此便是疗之之药。如觉言语多，便用简默；意思疏阔，更加细密；觉得轻浮浅易，便须深沉厚重，工夫只在唤醒上。_{朱晦翁}

凡人之心，不存则亡，而无不存不亡之时，故一息之顷，不加提省之功，则沦亡而不自觉。天下之事，不是则非，而无不是不非之处，故一事之微，不加精察之功，则陷于恶而不自知。朱晦翁

一日间，试看此心几个时在内，几个时在外。小说中载赵公以黑白豆记善恶念之起，此是古人做工夫处。如此点检，则自见矣。朱晦翁

涵养本原之功，诚易间断。然才觉得间断，便是相续处。只要常自提撕，分寸积累将去，久之自然接续，打成一片。朱晦翁

应物涉事，步步皆是体验处。若知其难而悉力反求，则日益精明；若畏其难而日益偷惰，则向来意思，悉冰消瓦解矣。习俗中易得汩没，须常以格语法言，时时洗涤。然此犹是暂时排遣，要须实下存养、克治、体察工夫。真知所止，乃有据依，自进进不能已也。吕东莱

日夜痛自点检且不暇，岂有工夫点检他人？责人密，自治疏矣。吴康斋

欲责人，须思吾能此事否？苟能之，又思曰："吾学圣贤方能此，安可遽责彼未尝用功与用功未深者乎？"吴康斋

才觉退，便是进；才觉病，便是药。陈白沙

习于见闻之久，则事之虽非者，亦莫觉其非矣。薛敬轩

省察是有事时存养，存养是无事时省察。王阳明

变化气质，居常无所见，惟当利害、经变故、遭屈辱，平时愤怒者到此能不愤怒，忧惶失措者到此能不忧惶失措，始是得力处，亦便是用力处。王阳明

病疟之人，疟虽未发而病根自在，则亦安可以其疟之未发，而遂忘其服药调理之功乎？若必待疟发而后服药调理，则既晚矣。王阳明

问:"戒惧是己所不知时工夫,慎独是己所独知时工夫?"曰:"只是一个工夫。无事时固是独知,有事时亦是独知。于此用功,便是端本澄源,便是立诚。若只在人所共知处用功,便是作伪。今若又分戒惧为己所不知工夫,便支离。既戒惧,即是知己。"曰:"独知之地,更无无念时耶?"曰:"戒惧之念,无时可息。若戒惧之心稍有不存,不是昏聩,便已流入恶念。"王阳明

某所尝着力者,以无欲为主。辨欲之有无,以当下此心微微觉处为主。此觉处甚微,非志切与气定,即不自见。罗念庵

默默自修,真见时刻有不觳觫手处,时刻有不如人处。罗念庵

吾辈无一刻无习气,但以觉性为主,时时照察之,则习气之面目亦无一刻不自见得。既能时时刻刻见得习气,则必不为习气所夺。王塘南时槐

夫仁者爱人,信者信人,此合内外之道也。于此观之,不爱人,己不仁可知矣;不信人,己不信可知矣。夫爱人者人恒爱之,信人者人恒信之,此感应之道也。于此观之,人不爱我,非特人之不仁,己之不仁可知矣;人不信我,非特人之不信,己之不信可知矣。王心斋艮

阳明在南都时,有私怨阳明者,诬奏极其丑诋。始见颇怒,旋自省曰:"此不得放过。"掩卷自反,俟其心平气和再展看。又怒,又掩卷自反。久之,真如飘风浮霭,略无芥蒂。是后虽有大毁谤、大利害,皆不为动。尝告学者:"君子之学,务求在己而已。毁誉荣辱之来,非惟不以动其心,且资之以为切磋砥砺之地。故君子无入而不自得,正以无入而非学也。"

须是纷纭酬酢之中,常常提醒收拾,久之自有不存之存。潘雪松士藻

人当逆境时,如犯弱症,才一举手,便风寒乘虚而入,保护之功最重大,却最轻微。刘冲倩塙

外省不疚,不过无恶于人;内省不疚,才能无恶于志。无恶于人,

到底只做成个乡愿；无恶于志，才是个真君子。_{冯少墟从吾}

十二时中，看自家一念从何处起，即检点不放过，便见功力。_{钱启新}

喜来时一点检，怒来时一点检，怠惰时一点检，放肆时一点检，此是省察大条款。人到此，多想不起、顾不得，一错了，便悔不及。若养得定了，便发而中节，无所用此矣。_{吕心吾}

每日点检，要见这愿头自德性上发出，自气质上发出，自习识上发出，自物欲上发出？如此省察，久久自识得本来面目。_{吕心吾}

境遇艰苦时，事物劳攘时，正宜提出主宰，令本体不为他物所胜，此处功夫，较之平常百倍矣。不然，平常工夫亦未到妥贴处。_{金伯玉铉}

平居无事，不见可喜，不见可嗔，不见可疑，不见可骇，行则行，住则住，坐则坐，卧则卧，即众人与圣人何异？至遇富贵，鲜不为之充诎矣；遇贫贱，鲜不为之陨获矣；遇造次，鲜不为之扰乱矣；遇颠沛，鲜不为之屈挠矣。然则富贵一关也，贫贱一关也，造次一关也，颠沛一关也，到此直令人肝肺具呈，手足尽露，有非声音笑貌所能勉强支吾者。故就源头上看，必其无终食之间违仁，然后能于富贵、贫贱、造次、颠沛，处之如一；就关头上看，必其能于富贵、贫贱、造次、颠沛，处之如一，然后算得无终食之间违仁耳。_{顾泾阳}

省察二字，正是存养中吃紧工夫。如一念于欲，便就此念体察，体得委是欲，立与消融而后已。_{刘蕺山}

一事也不放过，一时也不放松。无事时惺惺不昧，有事时一真自如，不动些子。_{刘蕺山}

日用之间，漫无事事，或出入闺房，或应接宾客，或散步回廊，或静窥书册，或谈说无根，或思想过去未来，或料理药饵，或拣择衣饮，或诘童仆，或量米盐，恁他摆排，莫可适莫，自谓颇无大过。杜门守拙，祸亦无生。及夫时移境改，一朝患作，追寻来历，多坐前日无事甲里。如前日妄起一念，此一念便下种子；前日误读一册，此一册便成附会。推此

以往，不可胜数。故君子不以闲居而肆恶，不以造次而违仁。刘蕺山

延平教人看喜怒哀乐未发时作何气象，此学问第一义工夫。未发时有何气象可观？只是查检自己病痛到极微密处，方知时虽未发，而倚着之私隐隐已伏，才有倚着，便易横决。若于此处查考分明，如贯虱车轮，更无躲闪，则中体恍然在此，而已发之后，不待言矣。此之谓善观气象者。刘蕺山

甚矣，事心之难也！间尝求之一觉之顷，而得湛然之道心焉。然未可为据也，俄而恍惚焉，俄而纷纭焉，俄而杂揉焉，向之湛然觉者，有时而迷矣。请以觉觉之，于是有唤醒法，朱子所谓"略绰提撕"是也，然已不胜其劳矣。必也，求之本觉乎？本觉之觉，无所缘而觉，无所起而自觉，要之不离独位者近是，故曰"暗然而日章"。暗则通微，通微则达性，达性则诚，诚则真，真则常，故君子慎独。　　由知觉，有心之名。心本不讳言觉，但一忌莽荡，一忌侊侗，侊侗则无体，莽荡则无用。斯二者皆求觉于觉，而未尝好学以诚之，容有或失之似者，仍归之不觉而已。学以明理而去其蔽，则体物不遗，物各付物，物物得所，有何二者之病？故曰："好智不好学，其蔽也贼。"刘蕺山

凡事之须逐日检点者，一日姑待，后来补救则难矣，况进德修业之事乎？曾涤生

每日临睡，须默数本日劳力者几件，劳心者几件。曾涤生

启超谨案： 以上所钞皆先儒言省察之说，略区分之，当为二种：一曰普通的省察法，二曰特别的省察法：

普通省察中，复分为二种：一曰根本的省察法，二曰枝叶的省察法。枝叶的省察法，复分二种：一曰随时省察法，二曰定期省察法。普通的省察法者，居常日用时，外境界未尝有何等之变象以撄吾心，而绵绵密密以用省察之功是也。于其时，根本的省察与枝叶的省察当并用。根本的省察者，罗念庵所谓"以此心微

微觉处为主",王塘南所谓"以觉性照察习气"是也,此正是致良知之作用。恃源以往,则邪感自无从撄。其以视头痛灸头、脚痛灸脚者,事半功倍矣。然工夫未纯,难保头脚之无痛时也,既痛则又不可不灸之,则枝叶的省察,其亦乌可已?枝叶的省察者,每一动念,一发言,一应事,皆必以良知一自镜之,其有为良知所不许者,即立予销除是也,而其功以省及动念为最真,是曰随时省察法。既随时致力矣,而每日复于入燕息之时,或其他时,指定数大节目而省察之,或统计本日之意念云为而省察之,是名定期省察法。曾子所谓"三省",朱子所谓"计此心几个时在内、几个时在外",曾文正所谓"数本日劳力者几件、劳心者几件",即此法也。景教教规,每临睡必祈祷,祷时以一日言语行事告诸上帝,亦是此意。吾尝谓景教之有裨于德育,无过祈祷,盖谓是也。

特别的省察法者,外境界忽有异动,骤加吾以伟硕之刺戟力,无论为可喜、可惧、可怒、可欲、可悲,凡此现象皆足以骤移吾之定力,平日存养之功,至此往往忽扫地以尽。能从此处揸得过去,则不徒可以适道,而更可以立矣。苟能省察,则多受一次刺戟,多增一分能力,谚所谓"吃一堑,长一智"也。若其不能,则能力之递减,亦适成反比例。此等境界,每日不能多逢。苟其遇之,则是天赞我,予我以一炼心最适之学校,我辈所宜深谢而祗受者也。即当趁势下火铁工夫,其机一逸,欲追难矣。如勇士赴敌,胜败间不容发也。故善学者于特别的省察法,最不肯放过。

启超又案:窃尝以治国譬治心,良知其犹宪法也,奉之为万事之标准,毋得有违,大本立矣。存养工夫,则犹官吏、人民各尽其义务以拥护宪法也。省察工夫,则犹警察也。居常无事,置警察以维持治安,稍遇有违宪举动者,则纠正之,此普通的省察也;或一时一地,遇有大故,则益增加警察,厚集其力以为坊,此特别的省察也。克治工夫，则刑事也。违宪举动为警察所发见者，则惩艾之，必不使其容留以为社会蠹；其有微过隐恶，搜之必尽，其犹繁难之案用侦探也。知此义也，可以清心矣。

学至气质变，方是有功。程明道

"仁者先难而后获"，先难，克己也。程明道

"舍己从人"，最为难事。己者我之所有，虽痛舍之，犹惧守己者固而从人者轻也。程明道

程伯子少好猎，既见周茂叔，自谓已无此好矣。茂叔曰："何言之易也？但此心潜隐未发耳。"后十二年，偶自外暮归，途中见猎者，不觉心喜，乃知前此果未也。

治怒为难，治惧亦难。克己可以治怒，明理可以治惧。程伊川

只为病根不去，随所居所接而长。人须一事事消了病，则常胜，故须要克己。张横渠

知得如此是病，即便不如此是药。朱晦翁

人固有终身为善而自欺者。不特外面，有心中欲为善而常有个不肯底意思，便是自欺也，须是打叠得尽。朱晦翁

人必曾从克己上做工夫，方知自朝至暮，自顶至踵，无非过失，而改过之为难，所以言"欲寡过而未能"。吕东莱

人所以陷于小人者，多因要实前言。实前言最是入小人之径路。吕东莱

凡为学，最当于矫揉气质上做工夫，如懦者当强，急者当缓，视其偏而用力。吕东莱

人之病痛，不知则已，知而克治不勇，使其势日甚，可乎哉？志之不立，古人之深戒也。吴康斋

二十年治一怒字，尚未消磨得尽，以是知克己最难。薛敬轩

人心皆有所安，有所不安，安者义理也，不安者人欲也。然私意

胜,不能自克,则以不安者为安矣。*薛敬轩*

须是尽去旧习,从新做起。张子曰:"濯去旧见,以来新意。"余在辰州府,五更,忽念己德所以不大进者,正为旧习缠绕,未能掉脱,故为善而善未纯,去恶而恶未尽。自今当一刮旧习,一言一行,求合于道,否则匪人矣。*薛敬轩*

问慎独工夫。曰:"此只在于心上做,如心有偏处,如好欲处,如好胜处,但凡念虑不在天理处,人不能知而己所独知,此处当要知谨,自省即便克去。若从此渐渐积累,至于极处,自能勃然上进。虽博厚高明,皆是此积。"*吕泾野柟*

问:"欲根在心,何法可以一时拔得去?"先生曰:"这也难说,一时要拔去得;须要积久工夫才得就。且圣如孔子,犹且十五志学,必至三十方能立,前此不免小出入时有之。学者今日且于一言一行差处,心中即便检制,不可复使这等。如或他日又有一言一行差处,心中即又便如是检制。此等处人皆不知,己独知之,检制不复萌,便是慎独工夫。积久熟后,动静自与理俱,而人欲不觉自消。欲以一时一念的工夫,望病根全去,却难也。"*吕泾野*

圣学工夫,只在无隐上就可做得。学者但于己身有是不是处,就说出来,无所隐匿,使吾心事常如青天白日才好。不然,久之积下种子,便陷于有心了。故司马温公谓"平生无不可对人说得的言语",就是到"建诸天地不悖,质之鬼神无疑",也都从这里起。*吕泾野*

黄惟因问:"白沙在山中十年作何事?"先生曰:"用功不必山林,市朝也做得。昔终南僧用功三十年,尽禅定也。有僧曰:'汝习静久矣,同去长安柳街一行。'及到,见了妖丽之物,粉白黛绿,心遂动了,一旦废了前三十年工夫。可见,亦要于繁华波荡中学。故于动处用功,佛家谓之消磨,吾儒谓之克治。"*吕泾野*

圣人之心,纤翳自无所容,自不消磨刮。若常人之心,如斑垢驳杂之镜,须痛加刮磨一番,尽去其驳蚀,然后纤尘即见,才拂便去,亦自不消费力，到此已是识得仁体矣。若驳杂未去，其间固自有一点明处，尘埃之落，固亦见得，亦才拂便去，至于堆积于驳蚀之上，终弗之能见也。此学、利、困、勉之所由异，幸弗以为烦难而疑之也。凡人情，好易而恶难，其间亦自有私意气习缠蔽在，识破后，自然不见其难矣。王阳明

必欲此心纯乎天理，而无一毫人欲之私，此作圣之功也。必欲此心纯乎天理而无一毫人欲之私，非防于未萌之先而克于方萌之际不能也。防于未萌之先而克于方萌之际，此正《中庸》"戒慎恐惧"、《大学》"致知格物"之功。舍此之外，无别功矣。王阳明

凡人言语正到快意时，便截然能忍默得；意气正到发扬时，便翕然能收敛得；愤怒嗜欲正到腾沸时，便廓然能消化得。此非天下之大勇不能也。然见得良知亲切时，其工夫又自不难。王阳明

澄于中字之义尚未明。曰："此须自心体认出来，非言语所能喻。中只是天理。"曰："天理何以谓之中？"曰："无所偏倚。"曰："无所偏倚，何等气象？"曰："如明镜全体莹澈，无纤尘点染。"曰："当其已发，或着在好色、好利、好名上，方见偏倚。若未发时，何以知其有所偏倚？"曰："平日美色名利之心原未尝无，病根不除，则暂时潜伏，偏倚仍在。须是平日私心荡除洁净，廓然纯乎天理，方可谓中。"王阳明

问知行合一。曰："此须识我立言宗旨。今人学问，只因知行分作两件，故有一念发动，虽是不善，然却未曾行，便不去禁止。我今说个知行合一，正要人晓得一念发动处，便即是行了，发动处有不善，就将这不善的念克倒了，须要彻根彻底，不使那一念不善潜伏在胸中。此是我立言宗旨。"王阳明

人有过，多于过上用功，就是补甑，其流必归于文过。王阳明

诸君工夫，最不可助长。上智绝少，学者无超入圣人之理，一起一伏，一进一退，自是功夫节次，不可以我前日曾用功夫，今却不济，便要矫强做出一个没破绽的模样，这便是助长，连前些子功夫都坏了。只要常常怀个"遁世无闷，不见是而无闷"之心，依此良知，忍耐做去，不

管毁誉荣辱，久久自然有得力处。_{王阳明}

问："知至，然后可以言意诚。今天理人欲，知之未尽，如何用得克己工夫？"曰："人若真实切己用功不已，则于此心天理之精微，日见一日，私欲之细微，亦日见一日。若不用克己工夫，天理私欲终不自见。如走路一般，走得一段，方认得一段，走到歧路处，有疑便问，问了又走，方才能到。今于已知之天理不肯存，已知之人欲不肯去，只管愁不能尽知，闲讲何益？且待克得自己无私可克，方愁不能尽知，亦未迟在。"_{王阳明}

予始学于先生，惟循迹而行。久而大疑且骇，然不敢遽非，必反而思之。思之稍通，复验之身心，既乃恍若有见，已而大悟，不知手之舞、足之蹈，曰："此道体也，此心也，此学也。"人性本善也，而邪恶者客感也，感之在于一念，去之在于一念，无难事，无多术。且自恃禀性柔，未能为大恶，则以为如是可以终身矣，而坦坦然而荡荡然乐也，孰知久则私与忧复作也。通世之痼疾有二，文字也，功名也。予始以为姑毋攻焉，不以累于心可矣，绝之无之，不已甚乎？孰知二者之贼，素夺其宫，姑之云者，是假之也。是故必绝之无之而后可以进于道，否则终不免于虚见，且自诬也。_{徐横山爱}

人要为恶，只可言自欺，良知本来无恶。_{钱绪山}

学者初入手时，良知不能无间，善恶念头，杂发难制，或防之于未发之前，或制之于临发之际，或悔改于既发之后，皆实功也。_{钱绪山}

学者工夫不得伶俐直截，只为一虞字作祟耳。良知是非从违，何尝不明？但不能一时决断。如自虞度曰："此或无害于理否？或可苟同于俗否？或可欺人于不知否？或可因循一时以图迁改否？"只此一虞，便是致吝之端。_{钱绪山}

吾人一生学问，只在改过，须常立于无过之地，不觉有过，方是改过真工夫。所谓复者，复于无过者也。_{王龙溪}

忿不止于愤怒，凡嫉妒褊浅，不能容物，念中悻悻一些子放不过，皆忿也。欲不止于淫邪,凡染溺蔽累,念中转转贪恋不肯舍却,皆欲也。惩窒之功有难易,有在事上用功者,有在念上用功者,有在心上用功者。事上是遏于已然,念上是制于将然,心上是防于未然。惩心忿,窒心欲,方是本原易简工夫;在意与事上遏制,虽极力扫除,终无清廓之期。王龙溪

凡人所为不善,本体之灵,自然能觉。觉而少有容留,便属自欺。乃于人所见闻处,掩不善而著其善,虽点检于言行之间,一一合度,不暇有忿,亦属作伪,皆为自蔽其知也。季彭山本

人之为小人,岂其性哉?其初亦起于乍弄机智,渐习渐熟,至流于恶而不自知。徐鲁源

大抵功夫未下手,即不知自己何病。又事未涉境,即病亦未甚害事。稍涉人事,乃知为病,又未知去病之方。盖方任己,便欲回互,有回互,则病乃是痛心处,岂肯割去?譬之浮躁起于快意,有快意为之根,则浮躁之标末自现,欲去标末,当去其根。其根为吾之所回护,安能克哉?此其所以难也。罗念庵

吾人当自立身放在天地间公共地步,一毫私己着不得,方是立志。只为平日有惯习处,软熟滑浏,易于因仍。今当一切斩然,只是不容放过。时时刻刻,须此物出头作主,更无纤微旧习在身,方是功夫,方是立命。罗念庵

学须静中入手,然亦未可偏向此中躲闪过,凡难处与不欲之念,皆须察问从何来。若此间有承当不起,便是畏火之金,必是铜铅锡铁掺和,不得回护姑容,任其暂时云尔也。除此无下手诛责处,平日却只是陪奉一种清闲自在,终非有根之树,冒雪披风,干柯折矣。罗念庵

处处从小利害克治,便是克己实事,便是处生死成败之根。罗念庵

迁善改过之功,无时可已。若谓"吾性一见,病症自知,如太阳一出,魍魉自消",此则玩光景,逐影响,欲速助长之为害也,须力究而精辨之始可。刘两峰文敏

功利之习,沦肌浃髓,苟非鞭辟近里之学,常见无动之过,则一时感发之明,不足以胜隐微深痼之蔽。故虽高明,率喜顿悟而厌积渐,任超脱而畏检束,谈玄妙而鄙浅近,肆然无忌而犹以为无可无不可,任情恣意,遂以去病为第二义,不知自家身心尚荡然无所归也。刘两峰

自责自修,学之至要。今人详于责人,只为见其有不是处。不知为子而见父母不是,子职必不共;为臣而见君上不是,臣职必不尽。他如处兄弟,交朋友,畜妻子,苟徒见其不是,则自治已疏,动气作疑,自生障碍,几何不同归于不是哉! 有志于为己者,一切不见人之不是,然后能成就一个自家是。王一庵栋

自生身以来,通髓彻骨,都是习心运用。俗人有俗人之习,学者有学者之习,古今有世习,四方有土习,真与习化,机成天作,每向自己方便中窝顿。凡日用睹记讨论,只培溉得此习。中间有新得奇悟,阔趋峻立,总不脱此习上发基,方且是认从学术起家,误矣! 唐一庵枢

日用之间,念虑初发,或善或恶,或公或私,岂不自知之? 知其不当为而犹为之者,私欲之心重而恕己之心昏也。苟能于一起之时,察其为恶也,则猛省而力去之,去一恶念,则生一善念矣。念念去恶为善,则意之所发、心之所存皆天理,是之谓知行合一。知之非难,而行之为难。今曰"圣人之学,致良知而已矣。人人皆圣人也,吾心中自有一圣人,自能孝,自能弟",而于念虑之微、取舍之际,则未之讲,任其意向而为之,曰"是吾之良知也"。知行合一者,固如是乎? 顾箬溪应祥

象山先生每令学者戒胜心,最切病痛。鹅湖之辨,胜心又不知不觉发见出来,后来每叹鹅湖之失。因思天下学者种种病痛,各各自明,只从知见得及、工夫未恳到处,罅缝中不知不觉而发。平居既自知,发后又能悔,何故正当其时,忽然发露? 若用功恳到,虽未浑化,念头动处,自如红炉点雪。象山胜心之戒,及发而复悔,学者俱宜细看,庶有得力工夫。盖象山当时,想亦如此用功也。蔡白石汝楠

习气用事,从有生来已惯,拂意则怒,顺意则喜,志得则扬,志阻则

馁，七情交逼，此心何时安宁？须猛力斡转习气，勿任自便，机括只在念头上挽回。假如怒时觉心为怒动，即返观自性，觅取未怒时景象，须臾性现，怒气自平；喜时觉心为喜动，即返观自性，觅取未喜时景象，须臾性现，喜气自平。七情之发，皆以此制之，虽不如慎之未萌省力，然既到急流中，只得如此挽回。郝楚望敬

士之处世，须振拔特立，把持得定，方能有为。见得义理，必直前为之，不为利害所怵，不为流俗所惑可也。如子思辞鼎肉，孟子却齐王之召，刚毅气象，今可想见，真可为独立不惧者。若曰"事姑委曲，我心自别"，即自欺也。始或以小善放过且不可为，小恶放过且可为之，日渐月磨，堕落俗坑，必至变刚为柔，刻方为圆，大善或亦不为，大恶或亦为之，因循苟且，可贱可耻，卒以恶终而不知矣。此由辩之不早、持之不固也。书以自戒。杨斛山

磨砻细一番，乃见得一番，前日不认得是过处，今日却认得是过。蒋道林信

天下难降伏、难管摄的，古今人都做得来，不为难事。惟有降伏、管摄自家难，圣贤做工夫，只在这里。吕心吾

凡人之为不善，其初皆不忍也，其后忍不忍半，其后忍之，其后安之，其后乐之。至于乐为不善，而后良心死矣。吕心吾

凡人一言过，则终日言皆婉转而文此一言之过；一行过，则终日行皆婉转而文此一行之过。盖人情文过之态如此，几何而不堕禽兽也！刘蕺山

先生儆诸生曰："吾辈习俗既深，平日所为，皆恶也，非过也。学者只有去恶可言，改过工夫且用不着。"又曰："为不善却自恕为无害，不知宇宙尽宽，万物可容，容我一人不得。"刘蕺山

吾辈偶呈一过，人以为无伤。不知从此过而勘之，先尚有几十层，从此过而究之，后尚有几十层。故过而不已必恶，谓其出有源，其流无穷也。苟志于仁矣，无恶也，然后有改过工夫可言。刘蕺山

学者立身，不可自放一毫出路。刘蕺山

问："改过先改心过否？"曰："心安得有过？心有过，便是恶也。"刘蕺山

吾人只率初念去便是，孟子所以言本心也。初念如此，当转念时，复转一念，仍与初念合，是非之心仍在也。若转转不已，必至遂其私而后已，便不可救药。刘蕺山

才认己无不是处，愈流愈下，终成凡夫；才认己有不是处，愈达愈上，便是圣人。刘蕺山

心是鉴察官，谓之良知，最有权，触着便碎。人但随俗习非，因而行有不慊，此时鉴察，仍是井井，却已做主不得。鉴察无主，则血气用事，何所不至！一事不做主，事事不做主，隐隐一窍，托在恍惚间，拥虚器而已。刘蕺山

天命流行，物与无妄，人得之以为心，是谓本心。人心无一妄而已，忽焉有妄，希乎微乎？其不得而端倪乎？是谓微过，独知主之；有微过是以有隐过，七情主之；有隐过是以有显过，九容主之；有显过是以有大过，五伦主之；有大过是以有丛过，百行主之：总之，妄也。譬之木自本而根而干而标，水自源而后及于流，盈科而至于放海，故曰："涓涓不息，将成江河；绵绵不绝，将寻斧柯。"是以君子贵防之早也。其惟慎独乎？慎独则时时知改。俄而授之隐过矣，当念过，便从当念改；又授之显过矣，当身过，便从当身改；又授之大过矣，当境过，当境改；又授之丛过矣，随事过，随事改。改之则复于无过，可喜也。不改成过，且得无改乎？总之，皆祛妄还真之学，而工夫次第如此。譬之擒贼者，擒之于室甚善，不于室而于堂，不于堂而于外门，于衢，于境上，必成擒而后已。"子绝四：毋意、毋必、毋固、毋我"，真能慎独者也。其次，则"克伐怨欲不行焉"尔。宋人之言曰："独行不愧影，独寝不愧衾。"独而显矣。司马温公则云："某平生无甚过人处，但无一事不可对人言者。"庶几免于大过乎？若邢恕之一日三检点，则丛过对治法也。

真能慎独者,无之非独,即邢恕学问,孔子亦用得着,故曰"不为酒困"。不然,自原宪而下,总是个闲居小人,为不善而已。善学者,须学孔子之学,只于意根上止截一下,便千了百当。若到"必"、"固"、"我",已渐成决裂。幸于"我"处止截得,犹不失为颜子克己。过此,无可商量矣。落一格,粗一格,工夫转愈难一格,故曰"可以为难矣"。学者须是学孔子之学。刘蕺山

人之言曰"有心为恶,无心为过",则过容有不及知者,因有不及改,是大不然。夫心不爱过者也,才有一点过,便属碍膺之物,必一决之而后快。故人未有有过而不自知者,只不肯自认为知尔。然则过又安从生? 曰只不肯自认为知处,其受蔽处良多,以此造过遂多,仍做过不知而已。孟子言"君子之过,如日月之食",可见人心只是一团灵明,而不能不受暗于过。明处是心,暗处是过,明中有暗,暗中有明。明中之暗即是过,暗中之明即是改,手势如此亲切。但常人之心,忽明忽暗,展转出没,终不能还得明明之体,不归薄蚀何疑? 君子则以暗中之明,用个致曲工夫,渐次与它恢扩去,在《论语》则曰"讼过",如两造当庭,抵死仇对,不至十分明白不已。才明白,便无事。如一事有过,直勘到事前之心,果是如何? 一念有过,直勘到念后之事,更当如何? 如此反覆推勘,更无躲闪。虽一尘亦驻足不得,此所谓致曲工夫也。《大易》则言"补过",谓此心一经缺陷,便立刻与之圆满那灵明尔。若只是小小补缀,头痛救头,脚痛救脚,败缺难掩,而弥缝日甚,谓之文过而已。虽然,人犹有有过而不自知者。"子路,人告之以有过则喜。"子曰:"丘也幸,苟有过,人必知之。"然则学者虚心逊志,时务察言观色以辅所不逮,有不容缓者。刘蕺山

忆自辛卯年改号涤生。涤者,取涤其旧染之污也;生者,取明袁了凡之言"从前种种,譬如昨日死,从后种种,譬如今日生"也。曾涤生

窒欲常念男儿泪,惩忿当思属纩时。曾涤生

孟子曰:"口之于味也,目之于色也,耳之于声电,鼻之于臭也,四

肢之于安佚也，性也，有命焉，君子不谓性也。"人性本善，自为气禀所拘，物欲所蔽，则本性日失，故须学焉而后复之；失又甚者，须勉强而复之。丧之哀也，不可以伪为者也，然衰麻苦块，睹物而痛创自至，躄踊号呼，变节而涕洟随之，是亦可勉强而致哀也。祭之敬也，不可以伪为者也，然自盥至荐，将之以盛心，自朝至昃，胜之以强力，是亦可以勉强而致敬也。与人之和也，不可以伪为者也，然揖让拜跪，人不得而已则下之，筐筐豆笾，意不足而文则先之，是亦可以勉强而致和也。凡有血气，必有争心，人之好胜，谁不如我？施诸己而不愿，亦勿施于人，此强恕之事也。一日强恕，日日强恕，一事强恕，事事强恕，久之则渐近自然，以之修身则顺而安，以之涉世则谐而祥。孔子之告子贡、仲弓，孟子之言求仁，皆无先于此者。若不能勉强而听其自至，以顽钝之质而希"生"、"安"之效，见人之气类与己不合，则隔膜弃置，甚或加之以不能堪，不复能勉强自抑，舍己从人，傲惰彰于身，乖戾著于外，鲜不及矣！曾涤生

强毅之气，决不可无。古语曰"自胜之谓强"，曰"强制"，曰"强恕"，曰"强为善"，皆自胜之义也。如不惯早起，而强之未明即起；不惯庄敬，日强之立尸坐斋；不惯劳苦，而强之与士卒同甘苦，强之勤劳不倦：是即强也。不惯有恒，而强之贞恒，是即毅也。曾涤生

魏安釐王问天下之高士于子顺，子顺以鲁仲连对。王曰："鲁仲连，强作之者，非体自然也。"子顺曰："人皆作之。作之不止，乃成君子；作之不变，习与体成，则自然也。"余观自古圣贤豪杰，多由强作而臻绝诣。《淮南子》曰："功可强成，名可强立。"《中庸》曰："或勉强而行之，及其成功一也。"近世论人者，或曰："某也向之所为不如是，今强作如是，是不可信。"沮自新之途，而长偷惰之风，莫大乎此。吾之观人亦尝有因此而失贤才者，追书以志吾过。曾涤生

启超谨案：以上所钞，皆先儒言克治之学说也。侯官严氏译

赫胥黎之《天演论》曰："人治有功,在反天行。"又曰："人力既施之后,是天行者时时在在欲毁其成功,务使复还旧观而后已。倘不能常目存之,则历久之馀,其成绩必归于乌有。"此言也,近世稍涉猎新学者所诵为口头禅也。吾以为治心、治身之道,尽于是矣。先儒示学者以用力,最重克己。己者,天行也;克之者,人治也。以社会论,苟任天行之肆虐,而不加人治,则必反于野蛮。以人身论,苟任天行之横流,而不加人治,则必近于禽兽。然人治者,又非一施而遂奏全胜也。彼天行者,有万钧之力,日夜压迫于吾旁,非刻刻如临大敌,则不足以御之。《左氏传》曰:"如二君,故曰克。"克也者,甚难之辞也。用功之法,自仍以致良知为一大头脑,白沙所谓"才觉病,便是药",朱子所谓"此欲去之心,便是能去之药"也。然一觉之后,究竟能已此病否,则全视其决心与其勇气。钱绪山"虞字作祟"一条,最可体验,其谓"自虞度曰:此或无害于理否? 或可苟同于俗否? 或可欺人于不知否? 或可因循一时以图迁改否?"此等虞度,往往与省察之功因缘而生。吾辈试自勘度,未有一人不犯此者,而因循一时之念,为毒最甚。孟子"月攘一鸡,以待来年"之譬是也,实由勇气不足以任之也。于此时也,学者则当自思维曰:此过之必须改与否且勿论,今日不改、明日能改与否又勿论,但向者我之良知,不尝命我以改乎? 我最初之发心,不尝谓一遵良知之命乎? 而今何为若此? 是明明我不自为主人而为奴隶也,他恶犹小,而为奴之恶莫大。以此自鞠,必有蹙然一刻不能自安者。又克治大过固不易,克治小过尤独难。大过者,以全力赴之,或恐莫能胜。小过者,则吾玩视焉而不以全力赴,谓此区区者不足为吾累也。此则蕺山之言最博深切明矣,曰:"从此过而勘之,先尚有几十层;从此过而究之,后尚有几十层。"此真深明因果律原理之言也。故以客观论,则有比较之可言,曰彼大过而此小过也;以主观论,则两极端绝对而无比较,非善即恶,非恶即善。吏而臧者,臧巨万臧也,臧一钱亦臧也,其臧之数不同,而其忍于臧之心则同也。故以法律范围论之,则过恶有大小之可言;以道德范围论之,则过恶无大小之可言也。狮子搏虎用全力,其搏兔亦用全力,学者自治之功,当若是也。

启超又案:曾文正常自言"以困勉之功,志大人之学",故一生最提倡勉强之义,其事业亦多从此二字得来,此一般学者最适之下手法门也。习染困人,中材什九,非经一番火铁锻炼,万难自拔。刘蕺山所谓"心贵乐而行惟苦,学问中人无不从苦中打出",盖谓此也。昔人常称吴康斋之学"多从五更枕上泪流汗下得来"。学者苟常取康斋及曾文正之日记读之,未有不怵然自振者,此亦一种之兴奋剂也。

应 用 第 六

今之君子，即未敢公然仇道德，然赘旒视之也久矣。叩其说，则曰："善矣，而无用也！"吾谓天下无善而无用之物，既无用矣，即不得谓之善。述应用第六。

启超谨案： 前五篇所述学说及所附案语，其发明道德之应用者既不少，无取重出于本篇。今刺取前篇所未及者，聊申一二云尔。

或曰"讲学人多迂阔无才"，不知真才从讲学中出，性根灵透，遇大事如湛卢刈薪。 <small>邹南皋</small>

有问钱绪山曰："阳明先生择才，始终得其用，何术而能然？"绪山曰："吾师用人，不专取其才，而先信其心。其心可托，其才自为我用。世人喜用人之才而不察其心，其才只足以自利其身已矣，故无成功。"愚谓此言是用才之诀也。然人之心地不明，如何察得人心术？人不患无才，识进则才进；不患无量，见大则量大：皆得之于学也。 <small>高景逸</small>

启超谨案： 此言用才之诀与鉴心之术，最为博深切明。

学者静中既得力，又有一段读书之功，自然遇事能应。若静中不得力，所读之书又只是章句而已，则且教之就事上磨炼去。自寻常衣食以外，感应酬酢，莫非事也。其间千万变化，不可端倪，而一一取裁于心，如权度之待物然。权度虽在我，而轻重长短之形仍听之于物，我无与焉，所以情顺万事而无情也。故事无大小，皆有理存，劈头判个是与非。见得是处，断然如此，虽鬼神不避；见得非处，断然不如此，虽千驷万钟不回。又于其中条分缕析，铢铢两两，辨个是中之非，非中之是，似是之非，似非之是，从此下手，沛然不疑，所行动有成绩。又凡事有先着，当图难于易，为大于细；有要着，一着胜人千万着，失此不着，满盘败局。又有先后着，如低棋以后着为先着，多是见小欲速之病；又有了着，恐事至八九分便放手，终成决裂也。盖见得是非后，又当计成败，如此方是有用学问。世有学人，居恒谈道理井井，才与言世务便疏。试之以事，或一筹莫展。这疏与拙，正是此心受病处，非关才具。谚云："经一跌，长一识。"且须熟察此心受病之原，果在何处，因痛与之克治去，从此再不犯跌，庶有长进。学者遇事不能应，只有练心法，更无练事法。练心之法，大要只是胸中无一事而已。无一事乃能事事，便是主静工夫得力处。刘蕺山

启超谨案：阳明先生教学者，每多言事上磨炼工夫，蕺山此文即其解释也。董子曰"正其谊不谋其利，明其道不计其功"，此语每为近世功利派所诟病，得此文救正之，庶可以无贻口实矣。凡任事之成功者，莫要于自信之力与鉴别之识。无自信之力，则主见游移，虽有十分才具，不能得五分之用。若能于良知之教受用得亲切，则如蕺山所云"见得是处，断然如此"，"见得非处，断然不如此"，外境界一切小小利害，风吹草动，曾不足以芥蒂于其胸，则自信力之强，莫与京矣。无鉴别之识，则其所以自信者，或非其所可信，然此识决非能于应事之际得之，而必须应事之前养之。

世之论者每谓阅历多则识见必增，此固然也，然知其一而未知其二也。如镜然，其所以照物而无遁形者，非恃其所照物之多而已，必其有本体之明以为之原。若昏霾之镜，虽日照百物，其形相之不确实如故也。蕺山所谓"遇事不能应，只有练心法，更无练事法"，可谓一针见血之言也。此义于前《存养篇》中既详言之，今不再赘。参观第六十一叶[1]。

或谓："圣贤学问，从自己起见；豪杰建立事业，则从勋名起见。无名心，恐事业亦不成。"先生曰："不要错看了豪杰。古人一言一动，凡可信之当时，传之后世者，莫不有一段真至精神在内。此一段精神，所谓诚也。惟诚故能建立，故足不朽。稍涉名心，便是虚假，便是不诚。不诚则无物，何从生出事业来？"刘蕺山

案语见前。参观第二十叶。

蕺山见思宗，上曰："国家败坏已极，如何整顿？"先生对："近来持论者，但论才望，不论操守，不知天下真才望，出于天下真操守。自古未有操守不谨而遇事敢前者，亦未有操守不谨而军士畏威者。"上曰："济变之日，先才而后守。"先生对："以济变言，愈宜先守。即如范志完操守不谨，用贿补官，所以三军解体，莫肯用命。由此观之，岂不信以操守为主乎？"上始色解。《明儒学案·蕺山传》

启超谨案：孔子思狂狷，狷者有所不为。白沙言"学者须有廉隅墙壁，方能任得天下事"。今日所谓才智之士，正患在破弃廉隅墙壁，无所不为。蕺山之药，用以济今日之变，其尤适也。

---

[1]　页码已按本书实际情况调整。下同。

动静二字,不能打合,如何言学? 阳明在军中,一面讲学,一面应酬军务,纤毫不乱,此时动静是一是二? 刘蕺山

人恶多事,或人悯之。世事虽多,尽是人事,人事不教人做,更责谁做? 程伊川

见一学者忙迫,先生问其故。曰:"欲了几处人事。"曰:"某非不欲周旋人事者,曷尝似贤忙迫?"程伊川

启超谨案:高景逸云:"静有定力,则我能制事,毋令事制我。"伊川所以能应事不忙迫,阳明所以能一面讲学一面治军者,皆能不见制于事而已。

处大事者,必至公血诚相期,乃能有济。若不能察人之情而轻受事任,或虽知其非诚,而将就借以集事,到得结局,其敝不可胜言。吕东莱

启超谨案:近今新党共事多不能久者,蔽率坐是。

后生可畏,就中收拾得一二人,殊非小补。要须帅之以正,开之以渐,先惇厚笃实,而后辩慧敏给,则岁晏刈获,必有倍收。吕东莱

风俗之厚薄奚自乎? 自乎一二人之心之所向而已。民之生,庸弱者戢戢皆是也。有一二贤且智者,则众人君之而受命焉;尤智者,所君尤众焉。此一二人者之心向义,则众人与之赴义;一二人者之心向利,则众人与之赴利。众人所趋,势之所归,虽有大力,莫之敢逆,故曰"挠万物者,莫疾乎风"。风俗之于人之心,始乎微而终乎不可御者也。先王之治天下,使贤者皆当路在势,其风民也皆以义,故道一而俗同。世教既衰,所谓一二人者不尽在位,彼其心之所向,势不能不腾为口说而播为声气,而众人者,热不能不听命而蒸为习尚。于是乎徒党蔚起,而

一时之人才出焉。有以仁义倡者，其徒党亦死仁义而不顾；有以功利倡者，其徒党亦死功利而不返。水流湿，火就燥，无感不雠，所从来久矣。今之君子之在势者，每曰天下无才。彼自尸于高明之地，不克以己之所向转移习俗而陶铸一世之人，而翻谢曰无才，谓之不诬，可乎？否也。十室之邑，有好义之士，其智足以移十人者，必能拔十人中之尤者而材之；其智足以移百人者，必能拔百人中之尤者而材之。然则转移习俗而陶铸一世之人，非特处高明之地者然也，凡一命以上，皆与有责焉者也。有国家者，得吾说而存之，则将慎择与共天位之人；士大夫得吾说而存之，则将惴惴乎谨其心之所向，恐一不当而坏风俗，而贼人才。循是为之，数十年之后，万有一收其效者乎？非所逆睹已。曾涤生《原才篇》

启超谨案：道学之应用，全在有志之士以身为教，因以养成一世之风尚，造出所谓时代的精神者。王阳明《与聂双江书》参观第四十八叶。及曾文正此文，言之无馀蕴矣。顾亭林之论世风也，曰"观哀、平之可以变而为东京，五代之可以变而为宋，则知天下无不可变之风俗"，而以归功于光武、明、章、艺祖、真、仁之提倡。其论当矣，然犹未尽也。风俗之变，其左右于时主者不过什之一二，其左右于士大夫者乃什之八九。夫以明太祖、成祖之狠鸷，其所以摧锄民气、束缚民德者可谓至矣，而晚明气节之盛，迈东京而轶两宋，岂非姚江遗泽使然哉？即曾文正生雍、乾后，举国风习之坏几达极点，而与罗罗山诸子独能讲举世不讲之学，以道自任，卒乃排万险、冒万难以成功名，而其泽且至今未斩。今日数蹀躞敦笃之士，必首屈指三湘，则曾、罗诸先辈之感化力，安可诬也？由是言之，则曾文正所谓转移习俗而陶铸一世之人者，必非不可至之业。虽当举世混浊之极点，而其效未始不可睹。抑正惟举世混浊之极，而志士之立于此旋涡中者，其卓立而瀡拔之，乃益不可以已也。

節本明儒學案

啓超自署

节 本 例 言

　　启超自学于万木草堂,即受《明儒学案》,十年来以为常课。每随读随将精要语圈出,备再度研览,代书绅云尔。乃今取旧读数本,重加厘订,节钞以成是编。非敢点窜《尧典》,涂改《清庙》,良以今日学绝道丧之馀,非有鞭辟近里之学以药之,万不能矫学风而起国衰。求诸古籍,惟此书最良。而原本浩瀚,读者或望洋而畏,不能卒业。又或泛泛一读,迷于蔓枝,仍无心得。抑今者当社会现象日趋复杂之时,学者应读之书无量,祖国古籍占位置十之一耳;祖国古籍应读者又无量,语道之书,又占位置十之一耳。以至有限之日力,而治多数不可缓之学问,其安能殚? 故公此本于世,亦为同志略节精力云尔。道学与科学,界线最当分明:道学者,受用之学也,自得而无待于外者也,通古今中外而无二者也;科学者,应用之学也,藉辨论积累而始成者也,随社会文明程度而进化者也。故科学尚新,道学则千百年以上之陈言,当世哲人无以过之。科学尚博,道学则一言半句,可以毕生受用不尽。老子曰:"为学日益,为道日损。"学谓科学也,道谓道学也。抑科学之大别复二:一曰物的科学,二曰心的科学。心的科学者,若哲学、伦理学、心理学等皆是也。今世东西诸国,其关于此类之书,亦汗牛充栋,要之皆属科学之范围,不属道学之范围。何以故? 以其属于日益的方面,不属于日损的方面故。此类书非可不读也，然读之只有裨于智育，无裨于德育，亦不过与理化、算术、法律、经济诸科占同等之位置而已。启超所以提倡此书之意，将于智育以外，为德育界馈之粮也。顾明儒言治心治身之道备矣，而其学说之一大部分，则又理也，气也，性也，命也，太极也，阴阳也，或探造物之原理，或语心体之现象。凡此皆所谓心的科学也，其于学道之功，本已无与。况吾辈苟欲治此种科学，则有今泰西最新之学说在，而诸儒所言，直刍狗之可耳。故以读科学书之心眼以读宋明语录，直谓之无一毫价值可也。今本书所钞，专在治心治身之要，其属于科学范围者，一切不钞。

宋明儒者，以辨佛为一大事，成为习气，则梨洲亦不免。夫佛固不可谤，谤之无伤于日月，不俟论矣。抑宋明哲学何以能放一异彩，其从佛学转手之迹，显然共见。叶水心云："既变而从之，而又以其道贬之，颠倒流转，不复自知。"可谓深中其病。顾又勿论此，藉使当时哲学果远出佛说之上，而学者能受用与不能受用，夫又岂在于口舌？盖此事本属智育范围，非德育范围矣。罗念庵曰："此亦是闲话，辨若明白，亦于吾身何干？吾辈一个性命，千疮百孔，医治不暇，何得有许多为人说长道短耶？"刘念台亦云："莫悬虚勘三教异同，且当下辨人禽两路。"诚知本之言也。故今于辨佛之说，一切不钞。

诸儒言下手工夫，多互相箴砭救正，此言说之所由益多也。如或因学者操持过甚，而以自然之说救正之；或因学者放任过甚，而以戒慎之说救正之。凡此皆针对当时学风以立言。佛说既破我执，又当破法执。所谓"法尚当舍，何况非法"是也。此如服药所以药病，然药力恒偏，缘药复生他病，故再以药药药。实则药期于无病，药本当舍；药既已病，则药药之药，更当舍。此事理之至易明者也。当时学者得良医指出病原，授以药而瞑眩焉，阳明是也。其后服药过度，渐生他病，则更有他良医加减其方，龙溪、念庵、蕺山之徒是也。方不一，总期于已病而已。今学者并未信己之有病，并未肯服药，则惟保存本来痼疾，若缘药而生之他病，未尝有也。如此则药药之药，实不适用，但肯服食此公共独步单方，已尽彀我辈受用不尽。以佛语解之，则我辈今日当先破我执，其破法执，则百尺竿头之一步，俟诸异日耳。故将此类辨论，一概不钞。惟江右一派，多矫当时放任之弊，此弊虽今之不悦学者，亦多犯之，故稍存录焉。

梨洲之著学案，本有两目的：其一则示学者以入道之门，其他则创制学史，成不朽之业也。既曰学史，则诸儒之真面目，必须备见，乃为盛水不漏，其《发凡》所称"必其人一生之精神透露编中，乃能见其学术"是也。今节钞之意，只取其第一个目的供我辈受用而已，所谓"凭他弱水三千，我只取一瓢饮"。以是之故，往往将其最精妙之谈删去，而留其平易切实者。此平易切实之言，或非本人所重视，几于买椟还珠矣。故欲由节本以窥当时学术流派，其灭裂莫甚焉，然则此本谓之梨洲之罪人可也。虽然，有原书在，志在掌故者，固可反而求之。启超虽妄，宁敢抹倒先辈名山大业邪？

日本井上哲次郎氏有言："治王学者，其所信之主义，曰知行合一。故其人身教之功，比诸言教之功为尤大。欲观其精神，无宁于其行事求之。"（井上氏著《日本阳明派之哲学》第六二十七叶）此知言也。梨洲本书于诸儒列传，类能传其精神，今全钞录，以资高山景行之志。且其学说之大概，及梨洲先生之意见，皆具于此焉，此又梨洲精神所寄也。

《明儒学案》实不啻王氏学案也。前夫子王子者，皆王学之先河；后夫子王子者，皆王学之与裔；其并时者，或相发明（如甘泉之类），或相非难（如整庵之类），而其中心点则王学也。原本之《姚江学案》，纯采蕺山所辑《阳明传信录》，已极精粹，无所容删节，故全录之。（原本录阳明语，鄙见尚嫌其太严，有许多切要语遗而未入者。初意欲补之，以乖体例中止。学者最宜读《阳明全集》及《传习录》，若日力不逮者，则拙著《德育鉴》及《王阳明传》可参观也。）

江右之学，最得王门真传；戢山则如孔之有孟、荀，佛之有马鸣、龙树也。故于《姚江案》以外，惟此两案所录独多。见罗为王学别子，甘泉为王学同调。见罗言说最多，甘泉徒侣最广。原本于此二案，致为浩瀚。启超则谓其粹精者，他案尽之矣，而大部分皆陈言也，故所录独少。《诸儒》上中下三案亦然。

原本都为六十二卷，今卷帙既杀于旧，乃以案分之，案为一卷，都凡十二卷。

眉端案语，皆畴昔自课时拉杂笔记者，毫无精论，本不敢以玷前哲名著，但念或可以促读者注意，而助其向上之心，亦未始无小补，姑存之。

薛敬轩曰："将圣贤言语当一场话说，学者之通患。"梨洲亦云："学贵自得，最忌说破后作光景玩弄。"吾党诚有志于自治之学，但受持此中片言半句，拳拳服膺而不失之，则既可以终身受用不尽。若以之饰口耳四寸之间，则贤于博弈耳。不龟手之药，一也，或以霸，或不免于洴澼絖。此则吾党自择，而梨洲先生宁能助予！

乙巳十月，后学梁启超钞竟记

原　本　发　凡

　　从来理学之书,前有周海门《圣学宗传》,近有孙钟元《理学宗传》,诸儒之说颇备。然陶石篑《与焦弱侯书》云:"海门意谓身居山泽,见闻狭陋,常愿博求文献,广所未备,非敢便称定本也。"且各家自有宗旨,而海门主张禅学,扰金银铜铁为一器。是海门一人之宗旨,非各家之宗旨也。钟元杂收,不复甄别,其批注所及,未必得其要领,而其闻见,亦犹之海门也。学者观羲是书,而后知两家之疏略。

　　大凡学有宗旨,是其人之得力处,亦是学者之入门处。天下之义理无穷,苟非定以一二字,如何约之使其在我。故讲学而无宗旨,即有嘉言,是无头绪之乱丝也。学者而不能得其人之宗旨,即读其书,亦犹张骞初至大夏,不能得月氏要领也。是编分别宗旨,如灯取影,杜牧之曰:"丸之走盘,横斜圆直,不可尽知。其必可知者,知是丸不能出于盘也。"夫宗旨亦若是而已矣。

　　尝谓有明文章事功,皆不及前代,独于理学,前代之所不及也。牛毛茧丝,无不辨晰,真能发先儒之所未发。程、朱之辟释氏,其说虽繁,总是只在迹上;其弥近理而乱真者,终是指他不出。明儒于毫厘之际,使无遁影。陶石篑亦曰:"若以见解论,当代诸公,尽有高过者。"与羲言不期而合。

117

每见钞先儒语录者，荟撮数条，不知去取之意谓何。其人一生之精神，未尝透露，如何见其学术？是编皆从全集纂要钩玄，未尝袭前人之旧本也。

儒者之学，不同释氏之五宗，必要贯串到青原、南岳。夫子既焉不学，濂溪无待而兴，象山不闻所受，然其间程、朱之至何、王、金、许，数百年之后，犹用高曾之规矩，非如释氏之附会源流而已。故此编以有所授受者分为各案；其特起者，后之学者不甚著者，总列诸儒之案。

学问之道，以各人自用得着者为真。凡倚门傍户，依样葫芦者，非流俗之士，则经生之业也。此编所列，有一偏之见，有相反之论，学者于其不同处，正宜着眼理会，所谓一本而万殊也。以水济水，岂是学问？

胡季随从学晦翁，晦翁使读《孟子》。他日问季随"至于心独无所同然乎"，季随以所见解，晦翁以为非，且谓其读书卤莽不思。季随思之既苦，因以致疾，晦翁始言之。古人之于学者，其不轻授如此，盖欲其自得之也。即释氏亦最忌道破，人便作光景玩弄耳。此书未免风光狼籍，学者徒增见解，不作切实工夫，则羲反以此书得罪于天下后世矣。

是书搜罗颇广，然一人之闻见有限，尚容陆续访求。即羲所见而复失去者，如朱布衣语录、韩苑洛、南瑞泉、穆玄庵、范栗斋诸公集，皆不曾采入。海内有斯文之责者，其不吝教我，此非末学一人之事也。

姚江黄宗羲识

节本明儒学案目次

师　说

启超案：此刘蕺山评骘一代学者，而梨洲述之者，而所论与梨洲不无异同。吾辈于读学案之前先读之，正自得益。

方正学孝孺

神圣既远，祸乱相寻，学士大夫有以生民为虑、王道为心者绝少。宋没，益不可问。先生禀绝世之资，慨焉以斯文自任。会文明启运，千载一时，深维上天所以生我之意，与古圣贤之所讲求，直欲排洪荒而开二帝，去杂霸而见三王，又推其馀以淑来禩，伊、周、孔、孟合为一人，将旦暮遇之。此非学而有以见性分之大全不能也。既而时命不偶，遂以九死成就一个是，完天下万世之责。其扶持世教，信乎不愧千秋正学者也。考先生在当时，已称程、朱复出。后之人反以一死抹过先生一生苦心，谓节义与理学是两事，出此者入彼，至不得与扬雄、吴草庐论次并称。于是，成仁取义之训为世大禁，而乱臣贼子将接踵于天下矣。悲夫！或言："先生之忠，至矣，而十族与殉，无乃伤于激乎？"余曰："先生只自办一死，其激而及十族，十族各办其一死耳。普天之下，莫非王土，十族众乎？而不当死乎？惟先生平日学问，断断乎臣尽忠、子尽孝，一本于良心之所固有者，率天下而趋之，至数十年之久，几于风移世变，一日乃得透此一段精光，不可掩遏。盖至诚形著动变之理宜然，而非人力之所几及也，虽谓先生为中庸之道，可也。"

127

曹 月 川 端

先生之学，不由师传，特从古册中翻出古人公案，深有悟于造化之理，而以"月川"体其传，反而求之吾心，即心是极，即心之动静是阴阳，即心之日用酬酢是五行变合，而一以事心为入道之路。故其见虽彻而不玄，学愈精而不杂，虽谓先生为今之濂溪可也。乃先生自谱，其于斯道，至四十而犹不胜其渺茫浩瀚之苦；又十年，恍然一悟，始知天下无性外之物，而性无不在焉，所谓太极之理，即此而是。盖见道之难如此，学者慎毋轻言悟也哉！

按：先生门人彭大司马泽，尝称"我朝一代文明之盛，经济之学，莫盛于刘诚意、宋学士，至道统之传，则断自渑池曹先生始"，上章请从祀孔子庙庭。事在正德中。愚谓方正学而后，斯道之绝而复续者，实赖有先生一人。薛文清亦闻先生之风而起者。

薛 敬 轩 瑄

愚按：前辈论一代理学之儒，惟先生无间言，非以实践之儒欤？然先生为御史，在宣、正两朝未尝铮铮一论事；景皇易储，先生时为大理，亦无言。或云，先生方转饷贵州。及于肃愍之狱，系当朝第一案，功罪是非，而先生仅请从末减，坐视忠良之死而不之救，则将焉用彼相矣？就事相提，前日之不谏是，则今日之谏非，两者必居一于此。而先生亦已愧不自得，乞身去矣。然先生于道，于古人全体大用，尽多缺陷，特其始终进退之节，有足称者，则亦成其为文清而已。阅先生《读书录》，多兢兢检点言行间，所谓学贵践履，意盖如此。或曰："七十六年无一事，此心惟觉性天通。"先生晚年闻道，未可量也。

吴 康 斋 与 弼

愚按：先生所不满于当时者，大抵在讼弟一事，及为石亨跋族谱称门士而已。张东白闻之,有"上告素王,正名讨罪,无得久窃虚名"之语。一时名流尽哗,恐未免为羽毛起见者。予则谓先生之过,不特在讼弟之时,而尤在不能喻弟于道之日。特其不能喻弟于道,而遂至于官,且不难以囚服见有司,绝无矫饰,此则先生之过,所谓揭日月而共见者也。若族谱之跋,自署门下士,亦或宜然。徐孺子于诸公推毂,虽不应命,及卒,必千里赴吊。先生之意,其犹行古之道乎!后人以成败论人,见亨他日以反诛,便谓先生不当与作缘,岂知先生之不与作缘,已在应聘辞官之日矣。不此之求,而屑屑于称谓语言文字之间。甚矣责人之无已也!

先生之学,刻苦奋励,多从五更枕上汗流泪下得来。及夫得之而有以自乐,则又不知足之蹈之手之舞之。盖七十年如一日,愤乐相生,可谓独得圣贤之心精者。至于学之之道,大要在涵养性情,而以克己安贫为实地。此正孔、颜寻向上工夫,故不事著述而契道真,言动之间,悉归平澹。晚年出处一节,卓然世道羽仪,而处之恬然,圭角不露,非有得于道,其能如是?《日记》云:"澹如秋水贫中味,和似春风静后功。"可为先生写照。充其所诣,庶几"依乎中庸,遁世不见知而不悔"气象。余尝僭评一时诸公:"薛文清多困于流俗,陈白沙犹激于声名,惟先生醇乎醇"云。

陈剩夫真晟

先生学方胡敬斋,而涵养不逮,气质用事。晚年静坐一机,疑是进步,惜未窥先生全书。

周小泉蕙

愚按:"非圣勿学,惟圣斯学"二语,可谓直指心源。段容思先生坚训小泉先生语。而两人亦独超语言问答之外,其学至乎圣人,一日千里无疑也。夫圣人之道,反身而具足焉,不假外求,学之即是。故先生亦止言圣学。段先生云:"何为有大如天地,须信无穷自古今。"意先生已信及此,非阿所好者。是时关中之学,皆自河东派来,而一变至道。

陈白沙献章

愚按:前辈之论先生备矣,今请再订之学术疑似之际。先生学宗自然,而要归于自得。自得故资深逢源,与鸢鱼同一活泼,而还以握造化之枢机。可谓独开门户,超然不凡。至问所谓得,则曰"静中养出端倪"。向求之典册,累年无所得,而一朝以静坐得之,似与古人之言自得异。孟子曰"君子深造之以道,欲其自得之也",不闻其以自然得也。静坐一机,无乃浅尝而捷取之乎!自然而得者,不思而得,不勉而中,从容中道,圣人也,不闻其以静坐得也。先生盖亦得其所得而已矣。道本自然,人不可以智力与,才欲自然,便不自然。故曰:"会得的,活泼泼地;不会得的,只是弄精魂。"静中养出端倪,不知果是何物? 端倪云者,心可得而拟,口不可得而言,毕竟不离精魂者近是。今考先生证学诸语,大都说一段自然工夫,高妙处不容凑泊,终是精魂作弄处。盖先生识趣近濂溪,而穷理不逮;学术类康节,而受用太早。质之圣门,难免欲速见小之病者也。似禅非禅,不必论矣。

陈克庵选

愚按:先生躬行粹洁,卓然圣人之徒无疑。其平生学力,尽见于张裘一疏,至诚而不动者,未之有也。《通纪》评理学未必尽当,而推许老先生也至矣。文肃好古信道,真不愧先生友者。文肃,先生乡友谢公铎鸣治。

罗一峰伦

愚按:一峰尝自言:"予性刚,见刚者好之,若饥渴之于饮食,不能自喻于口也。求之不可得,则友其人于古,相与论其世,如侍几杖而聆謦欬也,而欷嘘企羡,至为泣下。予之好刚,盖天性然也。孔子曰:'吾未见刚者。'孟子曰:'我善养吾浩然之气,至大至刚,以塞乎天地之间。富贵不能淫,贫贱不能移,威武不能屈。'此真至刚之大丈夫哉! 孔、孟之所谓刚,固予之所好者也。"此可为先生实录。先生之学,刚而正。或拟之孔融,非是。又传先生既谪官,过崇仁,求谒康斋,康斋不见,意待再三而后见之。先生怒,投一诗去,康斋之不见,所以进先生之意深矣。惜先生不悟也。又当时张廷祥独不喜康斋,故先生亦不喜之,然康斋终不可及也。

蔡 虚 斋 清

先生暗修笃行,不聚徒,不讲学,不由师承,崛起希旷之后,一以六经为入门,四子为标准,而反身用力,本之静虚之地,所谓真道德性命,端向此中有得焉。久之涵养深至,日改而月以化,庶几慥慥君子。前辈称月湖过先生,殊未然。月湖之视先生,犹子夏之于曾子。玉夫清修劲力,差可伯仲,惜未底于成。又先生尝友林见素。考见素立朝,卓然名德。又累疏荐罗整庵、王阳明、吕泾野、陈白沙,则其声气所感通可知,俟再考以入。月湖,扬廉号。玉夫,丁玑字。

王 阳 明 守 仁

先生承绝学于词章训诂之后,一反求诸心,而得其所性之觉,曰"良知"。因示人以求端用力之要,曰"致良知"。良知为知,见知不囿于闻见;致良知为行,见行不滞于方隅。即知即行,即心即物,即动即静,即体即用,即工夫即本体,即下即上,无之不一,以救学者支离眩鹜、务华而绝根之病,可谓震霆启寐,烈耀破迷,自孔、孟以来,未有若此之深切著明者也。特其与朱子之说,不无抵牾,而所极力表章者,乃在陆象山,遂疑其或出于禅。禅则先生固尝逃之,后乃觉其非而去之矣。夫一者,诚也,天之道也;诚之者,明也,人之道也,致良知是也。

131

因明至诚,以人合天之谓圣,禅有乎哉? 即象山本心之说,疑其为良知之所自来,而求本心于良知,指点更为亲切。合致知于格物,工夫确有循持。较之象山混人道一心,即本心而求悟者,不犹有毫厘之辨乎? 先生之言曰"良知即是独知时",本非玄妙,后人强作玄妙观,故近禅,殊非先生本旨。至其与朱子抵牾处,总在《大学》一书。朱子之解《大学》也,先格致而后授之以诚意;先生之解《大学》也,即格致为诚意。其于工夫,似有分合之不同,然详二先生所最吃紧处,皆不越慎独一关,则所谓因明至诚,以进于圣人之道,一也。故先生又有朱子晚年定论之说。夫《大学》之教,一先一后,阶级较然,而实无先后之可言,故八目总是一事。先生命世人豪,龙场一悟,得之天启,亦自谓从五经印证过来,其为廓然圣路无疑。特其急于明道,往往将向上一几,轻于指点,启后学躐等之弊有之。天假之年,尽融其高明卓绝之见,而底于实地,安知不更有晚年定论出于其间? 而先生且遂以优入圣域,则范围朱、陆而进退之,又不待言矣。先生属纩时,尝自言曰:"我平生学问才做得数分,惜不得与吾党共成之。"此数分者,当是善、信以上人。明道而后,未见其比。先生门人遍天下,自东廓先生而外,诸君子其最著与? 然而渊源分合之故,亦略可睹矣。

邹 东 廓 守 益

按:邓文洁公称:"阳明必为圣学无疑。及门之士,概多矛盾其说,而独有取于念庵。"然何独近遗东廓耶? 东廓以独知为良知,以戒惧谨独为致良知之功。此是师门本旨,而学焉者失之,浸流入猖狂一路,惟东廓斤斤以身体之,便将此意做实落工夫,卓然守圣矩,无少畔援。诸所论著,皆不落他人训诂良知窠套,先生之教,率赖以不敝,可谓有功师门矣。后来念庵收摄保任之说,实溯诸此。

王 龙 溪 畿

愚按:四句教法,考之阳明集中,并不经见。其说乃出于龙溪,则阳明未定之见,平日间尝有是言,而未敢笔之于书,以滋学者之惑。至龙溪先生始云:"'四有'之说,猥犯支离,势必进之'四无'而后快。既无善恶,又何有心、意、知、物? 终必进之无心、无意、无知、无物而后元。"如此,则致良知三字,著在何处? 先生独悟其所谓无者,以为教外之别传,而实亦并无是无。有无不立,善恶双泯,任一点虚灵知觉之气,纵横自在,头头明显,不离著于一处,几何而不蹈佛氏之坑堑也哉! 夫佛氏遗世累,专理会生死一事,无恶可去,并无善可为,止馀真空性地,以真显觉,从此悟入,是为宗门。若吾儒日在世法中求性命,吾欲薰染,头出头没,于是而言无善恶,适为济恶之津渠耳。先生孜孜学道八十年,犹未讨归宿,不免沿门持钵。习心习境,密制其命,此时是善是恶? 只口中劳劳行脚,仍不脱在家窠臼,孤负一生,无处根基。惜哉! 王门有心斋、龙溪,学皆尊悟,世称二王。心斋言悟虽超旷,不离师门宗旨,至龙溪,直把良知作佛性看,悬空期个悟,终成玩弄光景,虽谓之操戈入室可也。

罗整庵钦顺

愚按:先生之学,始由禅入,从"庭前柏树子"话头得悟。一夕披衣,通身汗下,自怪其所得之易,反而求之儒,不合也,始知佛氏以觉为性,以心为本,非吾儒穷理尽性至命之旨。乃本程、朱格致之说而求之,积二十年久,始有见于所谓性与天道之端,一口打并,则曰"性命之妙,理一分殊"而已矣。又申言之曰:"此理在心目间,由本而之末,万象纷纭而不乱,自末而归本,一真湛寂而无馀。"因以自附于卓如之见。如此,亦可谓苦且难矣。窃思先生所谓心目之间者,不知实在处,而其本之末、末归本者,又孰从而之之、归之乎? 理一分殊,即孔子一贯之旨,其要不离忠恕者,是则道之不远于人心,亦从可决矣。乃先生方断断以心性辨儒、释,直以求心一路,归之禅门,故宁舍置其心以言性,而判然二之。处理于不外不内之间,另呈一心目之象,终是泛观物理。

如此而所云之之、归之者,亦是听其自之之而自归之,于我无与焉,则亦不自觉其堕于恍惚之见矣。考先生所最得力处,乃在以道心为性,指未发而言;人心为情,指已发而言。自谓独异于宋儒之见,且云:"于此见得分明,则无往而不合。"试以先生之言思之,心与性情,原只是一人,不应危是心而微者非心。止缘先生认定佛氏以觉为性,谓觉属已发,是情不是性,即本之心,亦只是惟危之心,而无惟微之心,遂以其微者拒之于心外,而求之天地万物之表,谓"天下无性外之物,格物致知,本末一贯,而后授之诚正,以立天下之大本"。若此,则几以性为外矣。我故曰:"先生未尝见性,以其外之也。"大性果在外乎?心果在内乎?心性之名,其不可混者,犹之理与气,而其终不可得而分者,亦犹之乎理与气也。先生既不与宋儒天命、气质之说,而蔽以"理一分殊"之一言,谓"理即是气之理",是矣。独不曰"性即是心之性"乎?心即气之聚于人者,而性即理之聚于人者。理气是一,则心性不得是二;心性是一,性情又不得是二。使三者于一分一合之间,终有二焉,则理气是何物?心与性情又是何物?天地间既有个合气之理,又有个离气之理,既有个离心之性,又有个离性之情,又乌在其为一本也乎?吾儒本天,释氏本心,自是古人铁案。先生娓娓之言,可谓大有功于圣门。要之,善言天者,正不妨其合于人;善言心者,自不至流而为释。先生不免操因咽废食之见,截得界限分明,虽足以洞彼家之弊,而实不免抛自身之藏。考先生于格物一节,几用却二三十年工夫。迨其后,即说心、说性、说理气,一字不错,亦只是说得是,形容得著,于坐下毫无受用。若先生庄一静正,德行如浑金璞玉,不愧圣人之徒,自是生质之美,非关学力。先生尝与阳明先生书云:"如必以学不资于外求,但当反观内省以为务,则诚意正心四字,亦何不尽之有?何必于入门之际,便困以格物一段工夫?"呜呼!如先生者,真所谓困以格物一段工夫,不特在入门,且在终身者也。不然,以先生之质,早寻向上而进之,宜其优入圣域,而惜也仅止于是。虽其始之易悟者,不免有毫厘之差,而终之苦难，一生扰扰到底者，几乎千里之谬。盖至是而程、朱之学亦弊矣。由其说，将使学者终其身无入道之日，困之以二三十年工夫而后得，而得已无几，视圣学几为绝德。此阳明氏所以作也。

吕泾野柟

愚按：关学世有渊源，皆以躬行礼教为本，而泾野先生实集其大成。观其出处言动，无一不规于道，极之心术隐微，无毫发可疑，卓然闵、冉之徒无疑也。异时阳明先生讲良知之学，本以重躬行，而学者误之，反遗行而言知。得先生尚行之旨以救之，可谓一发千钧。时先生讲席，几与阳明氏中分其盛，一时笃行自好之士，多出先生之门。马、何诸君子，学行同类，故附焉。何瑭、马理、崔铣、吕潜、张节、郭郛。

孟云浦化鲤　孟我疆秋　张阳和元忭

愚按：二孟先生，如冰壶秋水，两相辉映，以扶家传于不坠，可称北地联璧。吾乡文恭张先生，则所谓附骥尾而名益彰者乎？读《二孟行》，张文恭作。可信也。文恭又尝有《壮哉行》赠邹进士遣戍贵阳，其私吾党臭味如此。君子哉若人，于今吾不得而见之矣。文恭与同郡罗文懿为笔砚交，其后文懿为会试举主，文恭自追友谊如昔，亦不署门生。文懿每憾之，文恭不顾。廷对系高中元读卷，后相见亦不署门生。其矫矫自立如此。文恭又与邓文洁交莫逆，及其没也，文洁祭以文，称其"好善若渴，以天下为己任"云。

罗念庵洪先　赵大洲贞吉
王塘南时槐　邓定宇以赞

按：王门惟心斋氏盛传其说，从不学不虑之旨，转而标之曰自然，曰学乐，末流衍蔓，浸为小人之无忌惮。罗先生后起，有忧之，特拈收摄保聚四字，为致良知符诀。故其学专求之未发一机，以主静无欲为宗旨,可为卫道苦心矣。或曰:"先生之主静,不疑禅欤?"曰:"古人主教皆权法,王先生之后,不可无先生。吾取其足以扶持斯道于不坠而已。况先生已洞其似是而出入之,逃杨归儒,视无忌惮者,不犹近乎?"赵、王、邓三先生,其犹先生之意欤?邓先生精密尤甚,其人品可伯仲先生。

罗近溪汝芳

邓先生当土苴六经之后,独发好古精心,考先圣人之遗经,稍稍补缀之,端委绵然,挽学者师心诬古之弊,其功可谓大矣。乃其学实本之东廓,独闻戒惧谨独之旨,则虽谓先生为王门嫡传可也。余尝闻江西诸名宿言,先生学本修,罗先生本悟,两人断断争可否。及晚年,先生竟大服罗先生,不觉席之前也者。考其《祭罗先生文》,略见一斑。则罗先生之所养,盖亦有大过人者。余故择其吃紧真切者载于篇,令后之学莽荡者,无得藉口罗先生也。

李见罗材

文成而后,李先生又自出手眼,谆谆以止修二字压倒良知,亦自谓考孔、曾,俟后圣。抗颜师席,率天下而从之,与文成同。昔人谓良知醒而荡,似不若止修二字有根据,实也。然亦只是寻将好题目做文章,与坐下无与。吾人若理会坐下,更何良知、止修分别之有?先生气魄大,以经世为学,酷意学文成,故所至以功名自喜。微叩其归宿,往往落求可、求成一路,何敢望文成后尘!《大学》一书,程、朱说"诚正",阳明说"致知",心斋说"格物",盱江说"明明德",剑江说"修身",至此其无馀蕴乎!

许敬庵孚远

余尝亲受业许师,见师端凝敦大,言前兢兢,俨然儒矩。其密缮身心，纤悉不肯放过，于天理、人欲之辨，三致意焉。尝深夜与门人弟辈窅然静坐，辄追数平生酒色财气、分数消长以自证，其所学笃实如此。

崇 仁 学 案

康斋倡道小陂,一禀宋人成说。言心,则以知觉而与理为二;言工夫,则静时存养,动时省察。故必敬义夹持,明诚两进,而后为学问之全功。其相传一派,虽一斋、庄渠稍为转手,终不敢离此矩矱也。白沙出其门,然自叙所得,不关聘君,当为别派。於戏! 椎轮为大辂之始,增冰为积水所成,微康斋,焉得有后时之盛哉!

聘君吴康斋先生与弼

吴与弼,字子傅,号康斋,抚州之崇仁人也。父国子司业溥。先生生时,祖梦有藤绕其先墓,一老人指为扳辕藤,故初名梦祥。八九岁,已负气岸。十九岁,永乐己丑。觐亲于京师,金陵。从洗马杨文定溥。学,读《伊洛渊源录》,慨然有志于道,谓:"程伯淳见猎心喜,乃知圣贤犹夫人也,孰云不可学而至哉?"遂弃去举子业,谢人事,独处小楼,玩四书、五经、诸儒语录,体贴于身心,不下楼者二年。气质偏于刚忿,至是觉之,随下克之之功。辛卯,父命还乡授室,长江遇风,舟将覆,先生止襟危坐。事定,问之,曰:"守正以俟耳。"既婚,不入室,复命于京师

138

而后归。先生往来，粗衣敝履，人不知其为司成之子也。

居乡，躬耕食力，弟子从游者甚众。先生谓娄谅确实，杨杰淳雅，周文勇迈。雨中被蓑笠，负耒耜，与诸生并耕，谈乾、坤及坎、离、艮、震、兑、巽，于所耕之耒耜可见。归则解犁，饭粝、蔬豆共食。陈白沙自广来学，晨光才辨，先生手自簸谷。白沙未起，先生大声曰："秀才若为懒惰，即他日何从到伊川门下？又何从到孟子门下？"一日刘禾，镰伤厥指，先生负痛，曰："何可为物所胜？"竟刈如初。尝叹笺注之繁，无益有害，故不轻著述。省郡交荐之，不赴。太息曰："宦官、释氏不除，而欲天下之治，难矣。吾庸出为？"

天顺初，忠国公石亨汰甚，知为上所疑，门客谢昭效张鼐之告蔡京，征先生以收人望。亨谋之李文达，文达为草疏上之。上问文达曰："与弼何如人？"对曰："与弼儒者高蹈。古昔明王，莫不好贤下士，皇上聘与弼，即圣朝盛事。"遂遣行人曹隆至崇仁聘之。先生应召将至，上喜甚，问文达曰："当以何官官与弼？"文达曰："今东宫讲学，需老成儒者司其辅导，宜莫如与弼。"上可谕德，召对文华殿，上曰："闻高义久矣，特聘卿来，烦辅东宫。"对曰："臣少贱多病，杜迹山林，本无高行，徒以声闻过情，误尘荐牍，圣明过听，束帛丘园，臣实内愧，力疾谢命，不能供职。"上曰："宫僚优闲，不必固辞。"赐文币酒牢，命侍人牛玉送之馆次。上顾文达曰："人言此老迂，不迂也。"时文达首以宾师礼遇之。公卿大夫士，承其声名，坐门求见，而流俗多怪，谤议蜂起。中官见先生操古礼屹屹，则群聚而笑之，或以为言者，文达为之解曰："凡为此者，所以励风俗，使奔竞干求乞哀之徒，观之而有愧也。"先生三辞不得命，称病笃不起。上谕文达曰："与弼不受官者何故？必欲归，需秋凉而遣之，禄之终身，顾不可乎？"文达传谕，先生辞益坚。上曰："果尔，亦难留。"乃允之。先生因上十事，上复召对。赐玺书银币，遣行人王惟善送归，命有司月廪之。盖先生知石亨必败，故洁然高蹈。其南还也，人问其故，第曰："欲保性命而已。"己卯九月，遣门生进谢表。辛巳冬,适楚,拜杨文定之墓。壬午春,适闽,问考亭以申愿学之志。己丑十月十七日卒,年七十有九。

先生上无所传,而闻道最早,身体力验,只在走趋语默之间,出作入息,刻刻不忘,久之自成片段,所谓"敬义夹持,诚明两进"者也。一切玄远之言,绝口不道,学者依之,真有途辙可循。临川章衮谓其《日录》为一人之史,皆自言己事,非若他人以己意附成说,以成说附己意,泛言广论者比。顾泾阳言:"先生一团元气,可追太古之朴。"而世之议先生者多端,以为先生之不受职,因敕书以伊、傅之礼聘之,至而授以谕德,失其所望,故不受。夫舜且历试诸艰,而后纳于百揆,则伊、傅亦岂初命为相? 即世俗妄人,无如此校量官爵之法,而况于先生乎? 陈建之《通记》,拾世俗无根之谤而为此,固不足惜。薛方山亦儒者,《宪章录》乃复仍其谬。又谓与弟讼田,褫冠蓬首,短衣束裙,跪讼府庭。张廷祥有"上告素王,正名讨罪,岂容久窃虚名"之书。刘先生言:"予于本朝,极服康斋先生。其弟不简,私鬻祭田,先生讼之,遂囚服以质,绝无矫饰之意,非名誉心净尽,曷克至此?"然考之杨端洁《传易考》:先生自辞宫谕归,绝不言官,以民服力田。抚守张瓒番禺人因先生拒而不见,瓒知京贵有忌先生者,尹直之流。欲坏其节行,令人讼之。久之,无应者。瓒以严法令他人代弟讼之,牒人,即遣隶执牒拘之。门人胡居仁等劝以官服往,先生服民服从拘者至庭,瓒加慢侮,方以礼遣。先生无愠色,亦心谅非弟意,相好如初。瓒以此得内贵心。张廷祥元禛始亦信之,后乃释然。此为实录也。又谓"跋石亨族谱,自称门下士",顾泾凡允成论之曰:"此好事者为之也。先生乐道安贫,旷然自足,真如凤凰翔于千仞之上,下视尘世,曾不足过而览焉。区区总戎一荐,何关重轻? 乃遂不胜私门桃李之感,而事之以世俗所事座主举主之礼乎? 此以知其不然者一也。且总戎之汰甚矣,行路之人,皆知其必败,而况于先生? 先生所为坚辞谕德之命,意盖若将浼焉,惟恐其去之不速也,况肯褰裳而赴,自附于匪人之党乎? 此以知其不然者二也。"以义论之,当时石亨势如燎原，其荐先生以炫耀天下者，区区自居一举主之名耳。向若先生不称门下，则大拂其初愿，先生必不能善归。先生所谓欲保性命者，其亦有甚不得已者乎？

吴康斋先生语

与邻人处一事，涵容不熟，既以容讫，彼犹未悟，不免说破。此闲气为患，寻自悔之。因思为君子，当常受亏于人，方做得。盖受亏，即有容也。启超案：此语言权利思想者，必唾弃之，然自治之道，实应尔，不然精神无时得清。

食后坐东窗，四体舒泰，神气清朗，读书愈有进益。数日趣同，此必又透一关矣。

日夜痛自点检且不暇，岂有工夫点检他人？责人密，自治疏矣。可不戒哉！明德、新民，虽无二致，然己德未明，遽欲新民，不惟失本末先后之序，岂能有新民之效乎？徒尔劳攘，成私意也。

贫困中，事务纷至，兼以病疮，不免时有愤躁。徐整衣冠读书，便觉意思通畅。古人云："不遇盘根错节，无以别利器。"又云："若要熟，也须从这里过。"然诚难能，只得小心宁耐做将去。朱子云："终不成处不去便放下。"旨哉是言也！

文公谓"延平先生终日无疾言遽色"，与弼常叹何修而至此！又自分虽终身不能学也，文公又云："李先生初间也是豪迈底人，后来也是琢磨之功。"观此，则李先生岂是生来便如此？盖学力所致也。然下愚末学，苦不能克去血气之刚，平居则慕心平气和，与物皆春；少不如意，躁急之态形焉。因思延平先生所与处者，岂皆圣贤？而能无疾言遽色者，岂非成汤"与人不求备，检身若不及"之功效欤？而今而后，吾知圣贤之必可学，而学之必可至。人性之本善，而气质之可化也的然矣。下学之功，此去何如哉！

南轩读《孟子》甚乐，湛然虚明，平旦之气，略无所挠，绿阴清昼，薰风徐来,而山林阒寂,天地自阔,日月自长。邵子所谓"心静方能知白日,眼明始会识青天",于斯可验。

与弼气质偏于刚忿。永乐庚寅,年二十,从洗马杨先生学,方始觉之。春季,归自先生官舍,纡道访故人李原道于秦淮客馆,相与携手淮畔,共谈日新,与弼深以刚忿为言,始欲下克之之功。原道寻以告吾父母,二亲为之大喜。原道,吉安庐陵人,吾母姨夫中允公从子也。厥后克之之功,虽时有之,其如卤莽灭裂何!十五六年之间,猖狂自恣,良心一发,愤恨无所容身。去冬今春,用功甚力,而日用之间,觉得愈加辛苦,疑下愚终不可以希圣贤之万一,而小人之归,无由可免矣。五六月来,觉气象渐好,于是益加苦功,逐日有进,心气稍稍和平。虽时当逆境,不免少动于中,寻即排遣,而终无大害也。二十日,又一逆事,排遣不下,心愈不悦,盖平日但制而不行,未有拔去病根之意。启超案:拔去病根,阳明之药最良矣。反复观之,而后知吾近日之病,在于欲得心气和平,而恶夫外物之逆以害吾中,此非也。心本太虚,七情不可有所。于物之相接,甘辛咸苦,万有不齐,而吾恶其逆我者可乎?但当于万有不齐之中,详审其理以应之,则善矣。于是中心洒然。此殆克己复礼之一端乎!盖制而不行者硬苦,以理处之,则顺畅。因思心气和平,非绝于往日,但未如此八九日之无间断。又往日间和平,多无事之时,今乃能于逆境摆脱。惧学之不继也,故特书于册。冀日新又新,读书穷理,从事于敬恕之间,渐进于克己复礼之地,此吾志也。效之迟速,非所敢知。

澹如秋水贫中味,和似春风静后功。

病体衰惫,家务相缠,不得专心致志于圣经贤传中,心益以鄙诈,而无以致其知,外貌益以暴慢,而何以力于行?岁月如流,岂胜痛悼,如何,如何!

观《近思录》,觉得精神收敛,身心检束,有歉然不敢少恣之意,有悚然奋拔向前之意。大抵学者践履工夫,从全难、至危处试验过,方始无往不利。若舍至难、至危，其他践履，不足道也。

因暴怒，徐思之，以责人无恕故也。欲责人，须思吾能此事否？苟能之，又思曰：吾学圣贤方能此，安可遽责彼未尝用功与用功未深者乎？况责人此理，吾未必皆能乎此也。以此度之，平生责人谬妄多矣。戒之，戒之！信哉，"躬自厚而薄责于人，则远怨"。以责人之心责己，则尽道也。

倦卧梦寐中，时时警恐，为过时不能学也。

人须整理心下，使教莹净，常惺惺地，方好。此敬以直内工夫也。嗟夫！不敬则不直，不直便昏昏倒了，万事从此隳，可不惧哉！

今日觉得贫困上稍有益，看来人不于贫困上著力，终不济事，终是脆软。

应事后即须看书，不使此心顷刻走作。

早枕，痛悔刚恶，偶得二句："岂伊人之难化，信吾德之不竞。"遇逆境暴怒，再三以理遭。盖平日自己无德，难于专一责人，况化人亦当以渐，又一时偶差，人所不免。呜呼！难矣哉，中庸之道也。

人之遇患难，须平心易气以处之，厌心一生，必至于怨天尤人。此乃见学力，不可不勉。

凡百皆当责己。

先哲云："身心须有安顿处。"盖身心无安顿处，则日惟扰扰于利害之中而已。此亦非言可尽，默而识之可也。

人之病痛，不知则已，知而克治不勇，使其势日甚，可乎哉！志之不立，古人之深戒也。启超案：小子一生受病正在此，危哉！危哉！

男儿须挺然生世间。

处大事者，须深沉详察。

看《言行录》，龟山论东坡云："君子之所养，要令暴慢邪僻之气，不设于身体。"大有所省。然志不能帅气，工夫间断。甚矣！圣贤之难能也。

看朱子"六十后长进不多"之语,恍然自失。呜呼! 日月逝矣,不可得而追矣。

世间可喜可怒之事,自家著一分陪奉他,可谓劳矣。诚哉是言也!

累日思:平生架空过了时日。**启超案:吾辈犯此否?**

事往往急便坏了。

请看风急天寒夜,谁是当门定脚人。

人生须自重。

学至于不尤人,学之至也。吾闻其语矣,未见其人也。

无时无处不是工夫。

年老厌烦,非理也。朱子云:"一日不死,一日要是当。"故于事厌倦,皆无诚。

文敬胡敬斋先生居仁

胡居仁,字叔心,饶之馀干人也。学者称为敬斋先生。弱冠时,奋志圣贤之学,往游康斋吴先生之门,遂绝意科举,筑室于梅溪山中,事亲讲学之外,不干人事。久之,欲广闻见,适闽历浙,入金陵,从彭蠡而返。所至,访求问学之士,归而与乡人娄一斋、罗一峰、张东白为会于弋阳之龟峰、馀干之应天寺。提学李龄、钟城相继请主白鹿书院。诸生又请讲学贵溪桐源书院。淮王闻之,请讲《易》于其府。王欲梓其诗文,先生辞曰:"尚需稍进。"

先生严毅清苦,左绳右矩,每日必立课程,详书得失以自考,虽器物之微,区别精审,没齿不乱。父病,尝粪以验其深浅。兄出,则迎候于门;有疾,则躬调药饮。执亲之丧,水浆不入口,柴毁骨立,非杖不能起,三年不入寝室,动依古礼,不从流俗卜兆。为里人所阨,不得已讼之,墨衰而入公门,人咸笑之。家世为农,至先生而窭甚,鹑衣脱粟,萧然有自得之色,曰:"以仁义润身,以牙签润屋,足矣。"成化甲辰三月十二日卒,年五十一。万历乙酉,从祀孔庙。

先生一生得力于敬,故其持守可观。周翠渠曰:"君学之所至兮,虽浅深予有未知。观君学之所向兮,得正路抑又何疑?倘岁月之少延兮,必曰跻乎远大。痛寿命之弗永兮,若深造而未艾。"此定案也。其以有主言静中之涵养,尤为学者津梁。然斯言也,即白沙所谓"静中养出端倪,日用应酬,随吾所欲,如马之御衔勒也",宜其同门冥契。而先生必欲议白沙为禅,一编之中,三致意焉。盖先生近于狷,而白沙近于狂,不必以此而疑彼也。先生之辨释氏尤力,谓其"想像道理,所见非真",又谓"是空其心、死其心、制其心",此皆不足以服释氏之心。释氏固未尝无真见,其心死之而后活,制之而后灵,所谓"真空即妙有也",弥近理而大乱真者,皆不在此。盖大化流行,不舍昼夜,无有止息,此自其变者而观之,气也;消息盈虚,春之后必夏,秋之后必冬,人不转而为物,物不转而为人,草不移而为木,木不移而为草,万古如斯,此自其不变者而观之,理也。在人亦然,其变者,喜怒哀乐,已发未发,一动一静,循环无端者,心也;其不变者,恻隐善恶辞让是非,怵之反覆,萌蘖发见者,性也。儒者之道,从至变之中,以得其不变者,而后心与理一。释氏但见流行之体,变化不测,故以知觉运动为心,作用见性,其所谓不生不灭者,即其至变者也。层层扫除,不留一法,天地万物之变化,即吾之变化,而至变中之不变者,无所事之矣。是故理无不善,气则交感错纵,参差不齐,而清浊偏正生焉。性无不善,心则动静感应,不一其端,而真妄杂焉。释氏既以至变为体,自不得不随流鼓荡,其猖狂妄行,亦自然之理也。当其静坐枯槁,一切降伏,原非为存心养性也,不过欲求见此流行之体耳。见既真见,儒者谓其所见非真,只得形似,所以遏之而愈张其焰也。

先生言治法,寓兵未复,且行先屯田,宾兴不行,且先荐举。井田之法,当以田为母,区画有定数,以人为子,增减以授之。设官之法,正官命于朝廷，僚属大者荐闻，小者自辟。皆非迂儒所言。后有王者，所当取法者也。

居 业 录

觉得心放，亦是好事，便提撕收敛，再不令走，便是主敬存心工夫。若心不知下落，茫茫荡荡，是何工夫？

穷理非一端，所得非一处，或在读书上得之，或在讲论上得之，或在思虑上得之，或在行事上得之。读书得之虽多，讲论得之尤速，思虑得之最深，行事得之最实。

人虽持敬，亦要义理来浸灌，方得此心悦怿。不然，只是硬持守也。

今人说静时不可操，才操便是动。学之不讲，乃至于此，甚可惧也！静时不操，待何时去操？其意以为，不要惹动此心，待他自存，若操便要著意，著意便不得静。是欲以空寂杳冥为静，不知所谓静者，只是以思虑未萌、事物未至而言，其中操持之意常在也。若不操持，待其自存，决无此理。程子曰："人心自由，便放去。"又以思虑纷扰为不静，遂遏绝思虑以为静。殊不知君子九思，亦是存养法，但要专一。若专一时，自无杂虑。有事时专一，无事时亦专一，此敬之所以贯乎动静，为操存之要法也。

敬为存养之道，贯彻始终，所谓"涵养须用敬，进学则在致知"，是未知之前，先须存养此心，方能致知。又谓"识得此理，以诚敬存之而已"，则致知之后，又要存养，方能不失。盖致知之功有时，存养之功不息。

今人为学，多在声价上做。如此，则学时已与道离了，费尽一生工夫，终不可得道。

天下纵有难处之事，若顺理处之，不计较利害，则本心亦自泰然。若不以义理为主，则遇难处之事，越难处矣。

今人不去学自守，先要学随时，所以苟且不立。

人收敛警醒，则气便清，心自明。才惰慢，便昏聩也。启超案：即庄敬日强，安惰日偷之义。

端庄整肃,严威俨恪,是敬之入头处;提撕唤醒,是敬之接续处;主一无适,湛然纯一,是敬之无间断处;惺惺不昧,精明不乱,是敬之效验处。

敬该动静,静坐端严,敬也;随事检点致谨,亦敬也。敬兼内外:容貌庄正,敬也;心地湛然纯一,亦敬也。

古人老而德愈进者,是持守得定,不与血气同衰也。今日才气之人,到老年便衰,是无持养之功也。启超案:今多少青年志士,不到老已衰,正坐不学道。

广文娄一斋先生谅

娄谅,字克贞,别号一斋,广信上饶人。少有志于圣学,尝求师于四方,夷然不屑,曰:"率举子学,非身心学也。"闻康斋在临川,乃往从之。康斋一见喜之,云:"老夫聪明性紧,贤也聪明性紧。"一日,康斋治地,召先生往视,云:"学者须亲细务。"先生素豪迈,由此折节,虽扫除之事,必躬自为之,不责僮仆,遂为康斋入室。凡康斋不以语门人者,于先生无所不尽。康斋学规,来学者始见,其馀则否。罗一峰未第时,往访,康斋不出,先生谓康斋曰:"此一有志知名之士也,如何不见?"康斋曰:"我那得工夫见此小后生耶?"一峰不悦,移书四方,谓是名教中作怪,张东白从而和之,康斋若不闻。先生语两人曰:"君子小人,不容并立。使后世以康斋为小人,二兄为君子无疑;倘后世以君子处康斋,不知二兄安顿何地?"两人之议遂息。景泰癸酉,举于乡。退而读书十馀年,始上春官,至杭复返。明年天顺甲申,再上,登乙榜,分教成都。寻告归,以著书造就后学为事。所著《日录》四十卷,词朴理纯,不苟悦人。《三礼订讹》四十卷,以《周礼》皆天子之礼,为国礼;《仪礼》皆公卿、大夫、士、庶人之礼,为家礼;以《礼记》为二经之传,分附各篇,如《冠礼》附《冠义》之类,不可附各篇,各附一经之后,不可附一经,总附二经之后，取《系辞传》附《易》后之意。《诸儒附会》十三篇，以程、朱论黜之。《春秋本意》十二篇，惟用经文训释，而意自见，不用"三传"事实，曰：《春秋》必待"三传"而后明，是《春秋》为无用书矣。

先生以收放心为居敬之门，以何思何虑、勿助勿忘为居敬要指。康斋之门最著者，陈石斋、胡敬斋与先生三人而已。敬斋之所訾者，亦唯石斋与先生为最，谓两人皆是儒者陷入异教去，谓先生："陆子不穷理，他却肯穷理；石斋不读书，他却勤读书。但其穷理读书，只是将圣贤言语来护己见耳。"先生之书，散逸不可见，观此数言，则非仅蹈袭师门者也。又言："克贞见搬木之人得法，便说他是道。此与运水搬柴相似，指知觉运动为性，故如此说。道固无所不在，必其合乎义理而无私，乃可为道，岂搬木者所能？"盖搬木之人，故不可谓之知道；搬木得法，便是合乎义理，不可谓之非道，但行不著、习不察耳。先生之言，未尝非也。

先生静久而明，杭州之返，人问云何，先生曰："此行非惟不第，且有危祸。"春闱果灾，举子多焚死者。灵山崩，曰："其应在我矣。"急召子弟永诀，命门人蔡登查周、程子卒之月日，曰："元公、纯公皆暑月卒，予何憾！"时弘治辛亥五月二十七日也，年七十。门人私谥文肃先生。子兵部郎中性，其女嫁为宁庶人妃，庶人反，先生子姓皆逮系，遗文散失，而宗先生者，绌于石斋、敬斋矣。文成年十七，亲迎过信，从先生问学，相深契也。则姚江之学，先生为发端也。子忱，字诚善，号冰溪，不下楼者十年，从游甚众，僧舍不能容，其弟子有架木为巢而读书者。

谢西山先生复

谢复，字一阳，别号西山，祁门人也。谒康斋于小陂，师事之。阅三岁而后返，从事于践履。叶畏斋问知，曰："行。"陈寒谷问行，曰："知。"未达，曰："知至至之，知终终之，非行乎？未之能行，惟恐有闻，非知乎？知行合一，学之要也。"邑令问政，曰："辨义利，则知所以爱民励己。"弘治乙丑卒。

郑孔明先生伉

郑伉，字孔明，常山之象湖人。不屑志于科举，往见康斋，康斋曰："此间工夫，非朝夕可得，恐误子远来。"对曰："此心放逸已久，求先生复之耳，敢欲速乎？"因受小学，日验于身心。久之，若有见焉，始归而读书。一切折衷于朱子，痛恶佛、老，曰："其在外者已非，又何待读其书而后辨其谬哉？"枫山、东白皆与之上下其议论，亦一时之人杰也。

胡九韶先生

胡九韶，金溪人。自少从学康斋。家甚贫，课儿力耕，仅给衣食。每日晡，焚香谢天一日清福，其妻笑之曰："虀粥三厨，何名清福？"先生曰："幸生太平之世，无兵祸；又幸一家乐业，无饥寒；又幸榻无病人，狱无囚人：非清福而何？"康斋奔丧金陵，先生同往，凡康斋学有进益，无不相告，故康斋赠之诗云："顽钝淬磨还有益，新功频欲故人闻。"康斋语学者曰："吾平生每得力于患难。"先生曰："惟先生遇患难能进学，在他人则隳志矣。"成化初卒。

恭简魏庄渠先生校

魏校，字子才，别号庄渠，昆山人。弘治乙丑进士，授南京刑部主事,历员外郎郎中。不为守备奄人刘瑾所屈。召为兵部郎,移疾归。嘉靖初,起广东提学副使。丁忧,补江西兵备,改河南提学。七年,升太常寺少卿,转大理。明年,以太常寺卿掌祭酒事,寻致仕。

先生私淑于胡敬斋,其宗旨为天根之学,从人生而静培养根基,若是孩提知识后起,则未免夹杂矣。所谓天根,即是主宰,贯动静而一之者也。敬斋言:"心无主宰,静也不是工夫,动也不是工夫。"此师门敬字口诀也。第敬斋工夫分乎动静,先生贯串总是一个,不离本末作两段事,则加密矣。聂双江归寂之旨,当是发端于先生者也。先生言:"理自然无为,岂有灵也? 气形而下,莫能自主宰,心则虚灵而能主宰。"理也,气也,心也,歧而为三。不知天地间只有一气,其升降往来,即理也;人得之以为心,亦气也。气若不能自主宰,何以春而必夏、必秋、必冬哉? 草木之荣枯,寒暑之运行,地理之刚柔,象纬之顺逆,人物之生化,夫孰使之哉? 皆气之自为主宰也。以其能主宰,故名之曰理,其间气之有过不及,亦是理之当然,无过不及,便不成气矣。气既能主宰而灵,则理亦有灵矣。若先生之言,气之善恶,无与于理,理从而善之恶之,理不特死物,且闲物矣。其在于人,此虚灵者气也,虚灵中之主宰,即理也。善固理矣,即过不及而为恶,亦是欲动情胜,此理未尝不在其间。故曰"不为尧存,不为桀亡",以明气之不能离于理也。先生疑象山为禅,其后始知为坦然大道,则于师门之教,又一转矣。

先生提学广东时,过曹溪,焚大鉴之衣,椎碎其钵,曰:"无使惑后人也。"谥恭简。

体 仁 说

"整齐严肃,莫是先制于外否?"曰:"此正是由中而出。吾心才欲检束,四体便自竦然矣。外既不敢妄动,内亦不敢妄思,交养之道也。"

木必有根，然后千枝万叶可从而立；水必有源，然后千流万派其出无穷。人须存得此心，有个主宰，则万事可以次第治矣。

"思虑万起万灭，如之何？"曰："此是本体不纯，故发用多杂，功夫只在主一。但觉思虑不齐，便截之使齐，立得个主宰，却于杂思虑中先除邪思虑，以次除闲思虑，推勘到底，直与斩绝，不得放过。久之，本体纯然是善，便自一念不生，生处皆善念矣。"

论　学　书

存养省察工夫，固学问根本，亦须发大勇猛心，方做得成就。若不曾发愤，只欲平做将去，可知是做不成也。

孔门唯颜子可当中行，自曾子以至子思、孟子，气质皆偏于刚，然其所以传圣人之道，则皆得刚毅之力也。文公谓世衰道微，人欲横流，不是刚毅的人，亦立脚不住。

岁莫一友过我，见某凝尘满室，泊然处之，叹曰："吾所居必洒扫涓洁，虚室以居，尘嚣不杂，则与乾坤清气相通。斋前杂树花木，时观万物生意。深夜独坐，或启扉以漏月光，至昧爽，恒觉天地万物清气自远而届，此心与相流通，更无窒碍。今室中芜秽不治，弗以累心，贤于玩物远矣，但恐于神爽未必有助也。"

人之一心，贯串千事百事，若不立个主宰，则终日营营，凡事都无统摄，不知从何处用功。

大丈夫冻死则冻死，饿死则饿死，方能堂堂立天地间。若开口告人贫，要人怜我，以小惠呴沫我，得无为贱丈夫乎！

道体浩浩无穷，吾辈既为气质拘住，若欲止据己见持守，固亦自好，终恐规模窄狭，枯燥孤单，岂能展拓得去？古人所以亲师取友，汲汲于讲学者，非故泛滥于外也，止欲广求天下义理，而反之于身，合天下之长以为一己之长，集天下之善以为一己之善，庶几规模阔大，气质不得而限之。

侍郎余讱斋先生祐

余祐,字子积,别号讱斋,鄱阳人。年十九,往师胡敬斋,敬斋以女妻之。登弘治己未进士第,授南京刑部主事。忤逆瑾,落职。瑾诛,起知福州,晋山东副使。兵备徐州,以没入中官货,逮诏狱。谪南宁府同知,稍迁韶州知府,投劾去。嘉靖改元,起河南按察使,调广西,两迁至云南左布政。以太仆卿召,转吏部右侍郎,未离滇而卒,戊子岁也,年六十四。

先生之学,墨守敬斋。在狱中著《性书》三卷,其言程、朱教人,拳拳以诚敬为入门,学者岂必多言,惟去其念虑之不诚不敬者,使心地光明笃实,邪僻诡谲之意勿留其间,不患不至于古人矣。时文成《朱子晚年定论》初出,以朱子到底归于存养,先生谓:"文公论心学,凡三变。如《存斋记》所言,心之为物,不可以形体求,不可以闻见得,惟存之之久,则日用之间,若有见焉。此则少年学禅,见得昭昭灵灵意思。及见延平,尽悟其失。复会南轩,始闻五峰之学,以察识端倪为最初下手处,未免阙却平时涵养一节工夫。《别南轩诗》:'惟应酬酢处,特达见本根。'《答叔京书》尾,谓'南轩入处精切',皆谓此也。后来自悟其失,改定已发未发之论,然后体用不偏,动静交致其力,功夫方得浑全。此其终身定见也,安得以其入门功夫谓之晚年哉?"

愚按:此辨正先生之得统于师门处。《居业录》云:"古人只言涵养,言操存,曷尝言求见本体?"是即文公少年之见也。又云:"操存涵养,是静中工夫;思索省察,是动上工夫。动静二端,时节界限甚明,工夫所施,各有所当,不可混杂。"是即文公动静交致其力,方得浑全,而以单提涵养者为不全也。虽然,动静者时也,吾心之体不著于时者也,分工夫为两节,则静不能该动,动不能摄静,岂得为无弊哉! 其《性书》

之作,兼理气论性,深辟"性即理也"之言。盖分理是理、气是气,截然为二,并朱子之意而失之。有云:"气尝能辅理之美矣,理岂不救气之衰乎?"整庵非之曰:"不谓理气交相为赐如此。"

太仆夏东岩先生尚朴

　　夏尚朴,字敦夫,别号东岩,永丰人。从学于娄一斋谅。登正德辛未进士第。历部属、守惠州、山东提学道,至南京太仆少卿。逆瑾擅政,遂归。王文成赠诗,有"舍瑟春风"之句,先生答曰:"孔门沂水春风景,不出虞廷敬畏情。"先生传主敬之学,谓"才提起便是天理,才放下便是人欲。"魏庄渠叹为至言。然而訾"象山之学,以收敛精神为主。吾儒收敛精神,要照管许多道理,不是徒收敛也",信如兹言,则总然提起,亦未必便是天理,无乃自背其说乎! 盖先生认心与理为二,谓心所以穷理,不足以尽理,阳明点出"心即理也"一言,何怪不视为河汉乎!

夏东岩文集

　　才提起便是天理,才放下便是人欲。

　　学者须收敛精神,譬如一炉火,聚则光焰四出,才拨开便昏黑了。

　　人之思虑,多是触类而生,无有宁息时节,所谓朋从尔思也。朋,类也。试就思处思量,如何思到此,逆推上去,便自见得。禅家谓之葛藤,所以要长存长觉,才觉得便断了。心要有所用。日用间都安在义理上,即是心存,岂俟终日跌坐,漠然无所用心,然后为存耶?

广文潘玉斋先生润

　　潘润,字德夫,号玉斋,信之永丰人。师事娄一斋。一斋严毅英迈,慨然以师道自任,尝谓先生曰:"致礼以治躬,外貌斯须不庄不敬,而慢易之心入之矣;致乐以治心,中心斯须不和不乐,而鄙诈之心入之矣。此礼乐之本,身心之学也。"先生谨佩其教,终日终身出入准绳规矩。李空同督学江右,以人才为问,诸生佥举先生。空同致礼欲见之,时先生居忧,以衰服拜于门外,终不肯见,空同叹其知礼。焚香静坐,时以所得者发为吟咏。终成都教谕。

白 沙 学 案

有明之学,至白沙始入精微。其吃紧工夫,全在涵养。喜怒未发而非空,万感交集而不动,至阳明而后大。两先生之学,最为相近,不知阳明后来从不说起,其故何也。薛中离,阳明之高第弟子也,于正德十四年上疏,请白沙从祀孔庙,是必有以知师门之学同矣。罗一峰曰:"白沙观天人之微,究圣贤之蕴,充道以富,崇德以贵,天下之物可爱可求,漠然无动于其中。"信斯言也。故出其门者,多清苦自立,不以富贵为意。其高风之所激,远矣。

文恭陈白沙先生献章

陈献章,字公甫,新会之白沙里人。身长八尺,目光如星,右脸有七黑子,如北斗状。自幼警悟绝人,读书一览辄记。尝读《孟子》所谓"天民"者,慨然曰:"为人必当如此!"梦抚石琴,其音泠泠然,一人谓之曰:"八音中惟石难谐,子能谐此,异日其得道乎!"因别号石斋。正统十二年,举广东乡试。明年会试,中乙榜,入国子监读书。已至崇仁,受学于康斋先生。归即绝意科举,筑春阳台,静坐其中,不出阃外者数年。寻遭家难。成化二年,复游太学,祭酒邢让试《和杨龟山此日不再得》诗,见先生之作,惊曰:"即龟山不如也。"扬言于朝,以为真儒复出,由是名动京师。罗一峰、章枫山、庄定山、贺医闾皆恨相见之晚,医闾且禀学焉。归而门人益进。十八年,布政使彭韶、都御史朱英交荐,言:"国以仁贤为宝。臣自度才德不及献章万万,臣冒高位,而今献章老丘壑,恐坐失社稷之宝。"召至京,政府或尼之,令就试吏部。辞疾不赴,疏乞终养。授翰林院检讨而归。有言其出处与康斋异者,先生曰:"先师为石亨所荐,所以不受职;某以听选监生,始终愿仕,故不敢伪辞以钓虚誉。或受,或不受,各有攸宜。"自后屡荐不起。弘治十三年二月十日卒,年七十有三。先生疾革,知县左某以医来,门人进曰:"疾不可为也。"先生曰:"须尽朋友之情。"饮一匙而遣之。

　　先生之学,以虚为基本,以静为门户,以四方上下、往古来今穿纽凑合为匡郭,以日用常行分殊为功用,以勿忘勿助之间为体认之则,以未尝致力而应用不遗为实得。远之则为曾点,近之则为尧夫,此可无疑者也。故有明儒者,不失其矩矱者,亦多有之,而作圣之功,至先生而始明,至文成而始大。向使先生与文成不作,则濂、洛之精蕴,同之者固推见其至隐,异之者亦疏通其流别,未能如今日也。或者谓其近禅,盖亦有二,圣学久湮,共趋事为之末,有动察而无静存,一及人生而静以上,便邻于外氏。此庸人之论,不足辨也。罗文庄言:"近世道学之昌,白沙不为无力,而学术之误,亦恐自白沙始。至无而动,至近而神,此白沙自得之妙也。彼徒见夫至神者,遂以为道在是矣,而深之不能极,几之不能研,其病在此。"缘文庄终身认心性为二,遂谓先生明心而不见性,此文庄之失,不关先生也。先生自序为学云:"仆年二十七,始发愤从吴聘君学,其于古圣贤垂训之书,盖无所不讲,然未知入处。比归白沙,杜门不出,专求所以用力之方,既无师友指引,日靠书册寻之,忘寐忘食,如是者累年,而卒未有得。所谓未得,谓吾此心与此理未有凑泊吻合处也。于是舍彼之繁,求吾之约,惟在静坐。久之,然后见吾此心之体,隐然呈露,常若有物,日用间种种应酬,随吾所欲,如马之御衔勒也;体认物理,稽诸圣训,各有头绪来历,如水之有源委也。于是涣然自信曰:'作圣之功,其在兹乎!'"张东所叙先生为学云:"自见聘君归后,静坐一室,虽家人罕见其面,数年未之有得。于是迅扫夙习,或浩歌长林,或孤啸绝岛,或弄艇投竿于溪涯海曲,捐耳目,去心智,久之然后有得焉。盖主静而见大矣。由斯致力,迟迟至二十馀年之久,乃大悟广大高明,不离乎日用,一真万事,本自圆成,不假人力,无动静,无内外,大小精粗,一以贯之。"先生之学,自博而约,由粗入细,其于禅学不同如此。

万历十三年,诏从祀孔庙,称先儒陈子,谥文恭。

论 学 书

伊川先生每见人静坐,便叹其善学。此一静字,自濂溪先生主静发源,后来程门诸公,递相传授。至于豫章延平,尤专提此教人,学者亦以此得力。晦翁恐人差入禅去,故少说静,只说敬,如伊川晚年之训,此是防微虑远之道。然在学者,须自度量如何,若不至为禅所诱,仍多著静,方有入处。若平生忙者,此尤为对症之药。

学者先须理会气象,气象好时,百事自当。此言最可玩味。言语动静,便是理会气象地头。变急为缓,变激烈为和平,则有大功,亦远祸之道也,非但气象好而已。

《与林缉熙》:终日乾乾,只是收拾此理而已。此理干涉至大,无内外,无终始,无一处不到,无一息不运。会此则天地我立,万化我出,而宇宙在我矣。得此把柄入手,更有何事? 往古来今,四方上下,都一齐穿纽,一齐收拾,随时随处,无不是这个充塞。色色信他本来,何用尔脚劳手攘? 舞雩三三两两,正在忽忘勿助之间,曾点些儿活计,被孟子打并出来,便都是鸢飞鱼跃。若无孟子工夫,骤而语之以曾点见趣,一似说梦。会得,虽尧、舜事业,只如一点浮云过目,安事推乎？此理包罗上下，贯彻终始，滚作一片，都无分别，无尽藏故也。自兹已往，更有分殊处，合要理会，毫分缕析，义理尽无穷，工夫尽无穷。书中所云，乃其统体该括耳。夫以无所着之心行于天下，亦焉往而不得哉！

《与贺克恭》：人要学圣贤，毕竟要去学他。若道只是个希慕之心，却恐末梢未易凑泊，卒至废弛。若道不希慕圣贤，我还肯如此学否？思量到此，见得个不容已处，虽使古无圣贤为之依归，我亦住不得。如此，方是自得之学。

心地要宽平，识见要超卓，规模要阔远，践履要笃实。能此四者，可以言学矣。

为学须从静坐中养出个端倪来，方有商量处。

《与何时矩》：宇宙内更有何事？天自信天，地自信地，吾自信吾，自动自静，自合自辟，自舒自卷，甲不问乙供，乙不待甲赐，牛自为牛，马自为马，感于此，应于彼，发乎迩，见乎远。故得之者，天地与顺，日月与明，鬼神与福，万民与诚，百世与名，而无一物奸于其间。呜呼！大哉。前辈云："铢视轩冕，尘视金玉。"此盖略言之以讽始学者耳。人争一个觉，才觉便我大而物小，物尽而我无尽。夫无尽者，微尘六合，瞬息千古，生不知爱，死不知恶，尚奚暇铢轩冕而尘金玉耶！

前辈谓学贵知疑，小疑则小进，大疑则大进。疑者，觉悟之机也。一番觉悟，一番长进，更无别法也。即此便是科级，学者须循次而进，渐到至处耳。

《与崔揖》：弃礼从俗，坏名教事，贤者不为。愿更推广此心于一切事，不令放倒。名节，道之藩篱。藩篱不守，其中未有能独存者也。

学无难易，在人自觉耳。才觉退，便是进也；才觉病，便是药也。

语　录

为学莫先于为己、为人之辨，此是举足第一步。

疑而后问，问而后知，知之真则信矣。故疑者，进道之萌芽也，信则有诸己矣。《论语》曰："古之学者为己。"

善学者，主于静，以观动之所本；察于用，以观体之所存。

题　跋

《赠彭惠安别言》：忘我而我大，不求胜物而物莫能挠。孟子云："我善养吾浩然之气。"山林、朝市一也，死生、常变一也，富贵、贫贱、威武一也，而无以动其心，是名曰自得。自得者，不累于外物，不累于耳目，不累于造次颠沛，鸢飞鱼跃，其机在我。知此者，谓之善学；不知此者，虽学无益也。

著　撰

《禽兽说》：人具七尺之躯，除了此心此理，便无可贵。浑是一包脓血，裹一大块骨头，饥能食，渴能饮，能着衣服，能行淫欲，贫贱而思富贵，富贵而贪权势，忿而争，忧而悲，穷则滥，乐则淫，凡百所为，一信血气，老死而后已，则命之曰禽兽可也。

孝廉李大厓先生承箕

李承箕，字世卿，号大厓，楚之嘉鱼人。成化丙午举人。其文出入经史，跌岩纵横。闻白沙之学而慕之，弘治戊申，入南海而师焉。白沙与之登临吊古，赋诗染翰，投壶饮酒，凡天地间耳目所闻见，古今上下载籍所存，无所不语。所未语者，此心通塞往来之机，生生化化之妙，欲先生深思而自得之，不可以见闻承当也。久之而先生有所悟入，归筑钓台于黄公山，读书静坐其中，不复仕进。自嘉鱼至新会，涉江浮海，水陆万里，先生往见者四。而白沙相忆之诗："去岁逢君笑一回，经年笑口不曾开。山中莫谓无人笑,不是真情懒放怀。"又:"衡岳千寻云万寻,丹青难写梦中心。人间铁笛无吹处,又向秋风寄此音。"真有相视而莫逆者。盖先生胸怀洒落,白沙之门,更无过之。

乙丑二月卒,年五十四。唐伯元谓其晚节大败,不知何指,当俟细考。

通政张东所先生诩

张诩,字廷实,号东所,南海人,白沙弟子。登成化甲辰进士第。养病归,六年不出,部檄起之,授户部主事。寻丁忧,累荐不起。正德甲戌,拜南京通政司左参议,又辞,一谒孝陵而归。卒年六十。

白沙以"廷实之学,以自然为宗,以忘己为大,以无欲为至,即心观妙,以揆圣人之用。其观于天地,日月晦明,山川流峙,四时所以运行,万物所以化生,无非在我之极,而思握其枢机,端其衔绥,行乎日用事物之中,以与之无穷"。观此,则先生之所得深矣。白沙论道,至精微处极似禅。其所以异者,在"握其枢机,端其衔绥"而已。禅则并此而无之也。奈何论者不察,同类并观之乎!

给事贺医闾先生钦

贺钦,字克恭,别号医闾,世为定海人,以戎籍隶辽之义州卫。少习举子业,辄鄙之,曰:"为学止于是耶?"登成化丙戌进士第,授户科给事中,因亢旱上章极谏,谓"此时游乐,是为乐忧"。复以言官旷职召灾自劾。寻即告病归。白沙在太学,先生闻其为己端默之旨,笃信不疑,从而禀学,遂淡然于富贵。故天下议白沙率人于伪,牵连而不仕,则以先生为证。构小斋读书其中,随事体验,未得其要。潜心玩味,杜门不出者十馀年,乃见"实理充塞无间,化机显行,莫非道体,事事物物,各具本然实理。吾人之学,不必求之高远,在主敬以收放心,勿忘勿助,循其所谓本然者而已"。故推之家庭里闬间,冠婚丧祭,服食起居,必求本然之理而力行之。久久纯熟,心迹相应,不期信于人而人自信。有边将诈诱杀、为阵获者,见先生即吐实,曰:"不忍欺也。"城中乱卒焚劫,不入其坊,先生往谕之,众即罗拜而泣,曰:"吾父也。"遂解散。其至诚感人如此! 正德庚午十二月卒,年七十四。先生之事白沙,悬其像于书室,出告反面。而白沙谓先生笃信谨守人也,别三十年,其守如昨,似犹未以冻解冰释许之。盖先生之于白沙,其如鲁男子之学柳下惠与?

言　行　录

门人于衢路失仪,先生曰:"为学须躬行,躬行须谨隐微。小小礼仪,尚守不得,更说甚躬行? 于显处尚如此,则隐微可知矣。"

善恶虽小,须辨别如睹黑白。

问:"静极而动者,圣人之复,岂常人之心无有动静乎?"曰:"常人虽当静时,亦不能静。"

为学先要正趋向,趋向正,然后可以言学。若趋向专在得失,即是小人而已矣。

骄惰之心一生,即自坏矣。

今人见人有勉强把捉者,便笑曰:"某人造作不诚实。"我尝曰:"且得肯如此,亦好了。"如本好色,把持不好色,如本好酒,把持不饮酒,此正矫揉之功,如何不好? 若任情胡行,只管好色、饮酒,乃曰吾性如此。此等之人,以为诚实不造作,可乎?

有以私嘱者,先生正理喻之。因谓门人曰:"渠以私意干我,我却以正道劝之;渠是拖人下水,我却是救人上岸。"

世风不善,豪杰之士挺然特立,与俗违拗,方能去恶为善。

人于富贵之关过不得者,说甚道理。

吏目邹立斋先生智

邹智,字汝愚,号立斋,四川合州人。弱冠领解首,成化丁未举进士,简庶吉士。孝宗登极,王恕为吏部尚书,先生与麻城李文祥、寿州汤鼐,以风期相许。是冬值星变,先生上言:"是皆大臣不职、奄宦弄权所致。请上修德用贤,以消天变。"不报。又明年,鼐劾阁臣万安、刘吉、尹直。中官语以疏且留中,鼐大言:"疏不出,将并劾中官。"中官避匿。寻有旨,安、直皆免。先生与文祥、鼐日夜歌呼,以为君子进小人退,刘吉虽在,不足忌也。吉阴使门客徐兔、魏璋伺之。会寿州知州刘概寓书于鼐,言:"梦一叟牵牛入水,公引之而上。牛近国姓,此国势濒危,赖公复安之兆也。"鼐大喜,出书示客。璋遂劾鼐、概及先生,俱下诏狱。先生供词:"某等往来相会,或论经筵不宜以寒暑辍讲,或论午朝不宜以一事两事塞责,或论纪纲废弛,或论风俗浮薄,或论民生憔悴无赈济之策,或论边境空虚无储蓄之具。"议者欲处以死,刑部侍郎彭韶不判案,获免。谪广东石城吏目。至官,即从白沙问学。顺德令吴廷举于古楼村建亭居之,扁曰"谪仙"。其父来视,责以不能禄养,棰之,泣受。辛亥十月卒,年二十六。廷举治其丧,方伯刘大夏至邑不迎,大夏贤之。

初王三原至京,先生迎,谓曰:"三代而下,人臣不获见君,所以事事苟且。公宜请对,面陈时政之失,上许更张,然后受职。"又谓汤鼐曰:"祖宗盛时,御史纠仪得面陈得失,言下取旨。近年遇事,惟退而具本,此君臣情分所由间隔也。请修复故事,今日第一著也。"二公善其言而不能用,识者憾之。

御史陈时周先生茂烈

陈茂烈,字时周,福之莆田人。年十八,即有志圣贤之学,谓颜之克己,曾之日省,学之法也,作《省克录》以自考。登弘治丙辰进士第。奉使广东,受业白沙之门。白沙语以为学主静,退而与张东所论难,作《静思录》。授吉安推官,考绩过淮,寒无絮幕,受冻几殆。入为监察御史,袍服朴陋,鳖蹩一牝马,而自系风纪之重,所过无不目而畏之。以母老终养,供母之外,匡床敝席,不办一帷。身自操作,治畦汲水。太守闵其劳,遣二力助之。阅三日,往白守曰:"是使野人添事而溢口食也。"送之还。日坐斗室,体验身心,随得随录,曰:"儒者有向上工夫,诗文其土苴耳。"吏部以其清苦,禄以晋江教谕,不受。又奏给月米,上言:"臣家素贫寒,食本俭薄,故臣母自安于臣之贫,而臣亦得以自遭其贫,非诚有及人之廉,尽己之孝也。古人行佣负米,皆以为亲,臣之贫尚未至是。而臣母鞠臣,艰苦独至,臣虽勉心力,未酬涓滴,且八十有六,来日无多,臣欲自尽,尚恐不及。上烦官帑,心窃未安。"奏上,不允。母卒亦卒,年五十八。

白沙谓时周平生履历之难,与己同而又过之。求之古人,如徐节孝者,真百炼金孝子也。先生为诸生时,韩洪洞问莆人物于林俊,俊曰:"从吾。"从吾者,彭韶字也。又问,曰:"时周。"洪洞曰:"以莆再指一书生耶?"俊曰:"与时周语,沉疴顿去。"其为时所信如此。

长史林缉熙先生光

林光,字缉熙,东莞人。成化乙酉举人。己丑会试,入京,见白沙于神乐观,语大契,从归江门,筑室深山,往来问学者二十年。白沙称其"所见甚是超脱,甚是完全"。盖自李大厓而外,无有过之者。尝言:"所谓闻道者,在自得耳。读尽天下书,说尽天下理,无自得入头处,终是闲也。"甲辰,复出会试,中乙榜,授平湖教谕。历兖州、严州府学教授，国子博士，襄府左长史。致仕。年八十一卒。

初先生依白沙，不欲仕，晚以贫就平湖谕。十年官满来归，母氏无恙。再如京师，将求近地养亲，未及陈情，遂转兖州。于是奏请改地，冢宰不许。未及一年，而母氏卒。白沙责其"因升斗之禄以求便养，无难处者，特于语默进退斟酌早晚之宜，不能自决，遂贻此悔，胸中不皎洁磊落也。"又言："定山为窘所逼，无如之何，走去平湖，商量几日求活，一齐误了也。"然则平湖之出，亦白沙之所不许，况兖州乎？其许之也太过，故其责之也甚切耳。

州同陈秉常先生庸

陈庸，字秉常，南海人。举成化甲午科。游白沙之门，白沙示以自得之学，谓："我否子亦否，我然子亦然，然否苟由我，于子何有焉。"先生深契之。张东所因先生以见白沙，有问东所何如，白沙曰："余知庸，庸知诩。"年五十，以荆门州同入仕，莅任五日，不能屈曲，即解官，杜门不入城郭。督学王弘欲见之，不可得。同门谢祐卒而贫，先生葬之。病革，设白沙像，焚香再拜而逝，年八十六。

布衣李抱真先生孔修

李孔修，字子长，号抱真子。居广州之高第街，混迹阛阓，张东所识之，引入白沙门下。先生尝输粮于县，县令异其容止，问姓名不答，第拱手，令叱之曰："何物小民，乃与上官为礼。"复拱手如前，令怒，笞五下，竟无言而出。白沙诗"驴背推敲去，君知我是谁？如何又两手，刚被长官笞"，所由作也。父没，庶母出嫁，诬先生夺其产。县令鞫之，先生操笔置对曰："母言是也。"令疑焉，徐得其情，乃大礼敬。诗字不蹈前人，自为户牖。白沙与之论诗，谓其具眼。尝有诗曰："月明海上开樽酒，花影船头落钓簑。"白沙曰："后廿年，恐子长无此句。"性爱山水，即见之图画，人争酬之。平居，管宁帽，朱子深衣，入夜不违。二十年不入城。儿童妇女皆称曰"子长先生"。间出门，则远近圜视，以为奇物。卒，无子，葬于西樵山。西樵人祭社，以先生配。先生性不凿，相传不慧之事，世多附益之。或问："子长废人，有诸？"陈庸曰："子长诚废，则颜子诚愚。"霍韬曰："白沙抗节振世之志，惟子长、张诩、谢祐不失。"

谢天锡先生祐

谢祐，字天锡，南海人，白沙弟子。筑室葵山之下，并日而食，袜不掩胫，名利之事，纤毫不能入也。尝寄甘泉诗云："生从何处来，化从何处去。化化与生生，便是真元处。"卒后附祀于白沙。按先生之诗，未免竟是禅学，与白沙有毫厘之差。

何时振先生廷矩

何廷矩，字时振，番禺人。为郡诸生，及师白沙，即弃举子业。学使胡荣挽之秋试，必不可。白沙诗云："良友惠我书，书中竟何如？上言我所忧，卜述君所趋。开缄读三四，亦足破烦污。丈夫立万仞，肯受寻尺拘？不见柴桑人，丐食能欢娱。孟轲走四方，从者数十车。出处固有间，谁能别贤愚？鄙夫患得失，较计于其初。高天与深渊，悬绝徒嗟吁！"

运使史惺堂先生桂芳

史桂芳，字景实，号惺堂，豫之番阳人。嘉靖癸丑进士。起家歙县令，征为南京刑部主事，晋郎中。出知延平府，以忧归。再补汝宁，迁两浙盐运使以归。

先是，岭表邓德昌，白沙弟子也，以其学授傅明应。先生读书鹿洞，傅一见奇之，曰：“子无第豪举为，圣门有正学，可勉也。”手书古格言以勖，先生懔然，向学之意自此始。其后交于近溪、天台。在歙，又与钱同文为寮，讲于学者日力。留都六载，时谭者以解悟相高，先生取行其所知而止，不轻信也。其学以知耻为端，以改过迁善为实，以亲师取友为伙助。若夫抉隐造微，则俟人之自得，不数数然也。天台曰：“史惺堂，苦行修持人也。”天台以御史督学南畿，先生过之，卒然面质曰：“子将何先？”天台曰：“方今为此官者，优等多与贤书，便称良矣。”先生厉声曰：“不图子亦为此陋语也！子不思如何正人心、挽士习，以称此官耶？”拂衣而起。天台有年家子，宜黜而留之，先生曰：“此便是脚根站不定！朝廷名器，是尔作面皮物耶？”天台行部，值母讳日，供张过华，先生过见之，勃然辞去，谓天台曰：“富贵果能移人，兄家风素朴，舍中所见，居然改观矣。”其直谅如此。天台又曰：“平生得三益友，皆良药也。胡庐山为正气散，罗近溪为越鞠丸，史惺堂为排毒散。”

先生在汝宁，与诸生论学，诸生或谒归请益，即辍案牍对之，刺刺不休，谈毕珍重曰：“慎无弁髦吾言也。”激发属吏，言辞慷慨。延平令故有贪名，闻之流涕，翻然改行。郡有孝女，不嫁养父，先生躬拜其庐，民俗为之一变。其守延平，七日忧去，而尽革从前无名之费。若先生者，不徒讲之口耳矣。

河 东 学 案

河东之学，悃愊无华，恪守宋人矩矱，故数传之后，其议论设施，不问而可知其出于河东也。若阳明门下，亲炙弟子，已往往背其师说，亦以其言之过高也。然河东有未见性之讥，所谓"此心始觉性天通"者，定非欺人语，可见无事乎张皇耳。

文清薛敬轩先生瑄

薛瑄，字德温，号敬轩，山西河津人。母梦紫衣人入谒而生，肤理如水晶，五脏皆见，家人怪之。祖闻其啼声，曰："非常儿也。"自幼书史过目成诵。父贞为荥阳教谕，闻魏、范二先生深于理学，魏纯，字希文，山东高密人。范，俟考。俾先生与之游处。讲习濂、洛诸书，叹曰："此问学正路也。"因尽弃其旧学。父移教鄢陵，先生补鄢陵诸生，中河南永乐庚子乡试第一。明年，登进士第。宣德初，授监察御史。三杨欲识其面，令人要之，先生辞曰："职司弹事，岂敢私谒公卿？"三杨嗟叹焉。差监湖广银场，手录《性理大全》，通宵不寐，遇有所得，即便札记。正统改元，出为山东提学佥事，先力行而后文艺，人称为"薛夫子"。时中官

167

王振用事,问三杨:"吾乡谁可大用者?"皆以先生对。召为大理寺少卿,三杨欲先生诣振谢,不可。又令李文达传语,先生曰:"德远亦为是言乎? 拜爵公朝,谢恩私室,某所不能为也。"已,遇振于东阁,百官皆跪,先生长揖不拜,振大恨之。会有狱夫病死,妾欲出嫁,妻弗听,妾遂谓夫之死,妻有力焉。先生发其诬,都御史王文承振意,劾为故出。先生廷折文,文言囚不服讯,系狱论死,先生读《易》不辍。覆奏将决,振有老仆者,山西人也,泣于灶下,振怪问之,曰:"闻薛夫子将刑,故泣耳。"振问:"若何以知有薛夫子?"曰:"乡人也。"具言其平生状。振惘然,立传旨戍边,寻放还家。景泰初,起南京大理寺卿。苏、松饥,民贷粟不得,火有粟者之庐。王文坐以谋叛,先生抗疏辩之。文谓人曰:"此老崛强犹昔。"中官金英奉使,道出南京,公卿饯于江上,先生独不往。英至京,言于众曰:"南京好官,惟薛卿耳。"壬申秋,以原官召入。英庙复辟,迁礼部右侍郎兼翰林学士,入内阁。于忠肃、王宫保就刑,先生谓同列曰:"此事人所共知,各有子孙。"石亨奋然曰:"事已定,不必多言。"上召阁臣入议,先生言:"陛下复登宝位,天也。今三阳发生,不可用重刑。"同列皆无言,诏减一等。先生退而叹曰:"杀人以为功,仁者不为也。"一日,召对便殿,上衣冠未肃,先生凝立不入,上知之,即改衣冠,先生乃入。上恶石亨专,徐天全、李文达、许道中退朝,谓耿都御史,令御史劾之。先生谓诸公曰:"《易》戒不密,《春秋》讥漏言,祸从此始矣。"未几,诸公皆下诏狱。上以先生学行老成,甚重之。一日奏对,误称学生,眷注遂衰。先生亦知曹石用事,非行道之时,遂乞致仕。临行,岳季方请教,先生曰:"英气太露最害事。"后季方败,忆先生之言,曰:"正乃先生之罪人也。"居家八年,从学者甚众。天顺八年甲申六月十五日卒,年七十有六。留诗有"七十六年无一事,此心始觉性天通"。

先生以复性为宗,濂、洛为鹄,所著《读书录》,大概为《太极图说》、《西铭》、《正蒙》之义疏,然多重复杂出,未经删削。盖惟体验身心,非欲成书也。其谓"理气无先后,无无气之理,亦无无理之气",不可易矣。又言"气有聚散,理无聚散"。以日光飞鸟喻之,"理如日光,气如飞鸟,理乘气机而动,如日光载鸟背而飞,鸟飞而日光虽不离其背,实未尝与之俱往而有间断之处,亦犹气动,而理虽未尝与之暂离,实未尝与之俱尽,而有灭息之时"。羲窃谓,理为气之理,无气则无理,若无飞鸟而有日光,亦可无日光而有飞鸟,不可为喻。盖以大德敦化者言之,气无穷尽,理无穷尽,不特理无聚散,气亦无聚散也。以小德川流者言之,日新不已,不以已往之气为方来之气,亦不以已往之理为方来之理,不特气有聚散,理亦有聚散也。先生谓:"水清则见毫毛,心清则见天理。喻理如物,心如镜,镜明则物无遁形,心明则理无蔽迹。"羲窃谓,仁人心也,心之所以不得为理者,由于昏也。若反其清明之体,即是理矣。心清而见,则犹二之也。此是先生所言本领,安得起而质之乎?

崔后渠言:"先生之佐大理,王振引之也。当时若辞而不往,岂不愈于抗而得祸与?于忠肃有社稷之功,其受害也,先生固争之矣,争不得,即以此事而去,尤为光明俊伟。"正统四年,南安知府林竿言:"比者提学薛瑄以生员有疾罢斥者,追所给廪米。臣以为不幸有疾,罢之可也。至于廪给,糜费于累岁,而追索于一朝,固已难矣。父兄不能保子弟之无疾,今惩偿纳之苦,孰肯令其就学?"上是之。先生出处大节,岂后学所敢轻议,而尽美不能尽善,所云连得间矣。成化初,谥文清。隆庆五年,诏从祀孔庙,称先儒薛子。

读 书 录

人心一息之顷,不在天理,便在人欲,未有不在天理、人欲而中立者也。

少欲觉身轻。

心中无一物,其大浩然无涯。

为政以法律为师,亦名言也,既知律己,又可治人。

二十年治一怒字,尚未消磨得尽,以是知克己最难。

无欲非道，入道自无欲始。

诚不能动人，当责诸己。己不能感人，皆诚之未至。

常沉静则含蓄义理，而应事有力。

厚重、静定、宽缓，进德之基。

处人之难处者，正不必厉声色，与之辩是非，较短长。

才舒放即当收敛，才言语便思简默。

事已往，不追最妙。

人能于言动事为之间，不敢轻忽，而事事处置合宜，则浩然之气自生矣。

矫轻警惰，只当于心志言动上用力。

须是尽去旧习，从新做起。张子曰："濯去旧见，以来新意。"余在辰州府，五更，忽念己德所以不大进者，正为旧习缠绕，未能掉脱，故为善而善未纯，去恶而恶未尽。自今当一刮旧习，一言一行，求合于道，否则匪人矣。

一念之差，心即放，才觉其差，而心即正。

将圣贤言语作一场话说，学者之通患。

言不谨者，心不存也，心存则言谨矣。

余于坐立方向、器用安顿之类，稍有不正，即不乐，必正而后已。非作意为之，亦其性然。

才敬便渣滓融化，而不胜其大；不敬则鄙吝即萌，不胜其小矣。

大事谨而小事不谨，则天理即有欠缺间断。

心一操而群邪退听，一放而群邪并兴。

不能克己者，志不胜气也。

读书以防检此心，犹服药以消磨此病。病虽未除，常使药力胜，则病自衰；心虽未定，常得书味深，则心自熟。久则衰者尽而熟者化矣。

当事务丛杂之中，吾心当自有所主，不可因彼之扰扰而迁易也。

学不进，率由于因循。

事事不放过，而皆欲合理，则积久而业广矣。

为学时时处处是做工夫处，虽至陋至鄙处，皆当存谨畏之心而不可忽，且如就枕时，手足不敢妄动，心不敢乱想，这便是睡时做工夫，以至无时无事不然，工夫紧贴在身心做，不可斯须外离。

心一放即悠悠荡荡，无所归著。

读前句如无后句，读此书如无他书，心乃有入。

人心皆有所安，有所不安，安者义理也，不安者人欲也。然私意胜，不能自克，则以不安者为安矣。

略有与人计较短长意，即是渣滓销融未尽。

只主于敬，才有卓立；不然，东倒西歪，卒无可立之地。

方为一事，即欲人知，浅之尤者。

理明则心定。

凡所为，当下即求合理，勿曰今日姑如此，明日改之。一事苟，其馀无不苟矣。

习于见闻之久，则事之虽非者，亦莫觉其非矣。

教人，言理太高，使人无可依据。

常存心于义理，久久渐明；存心于闲事，即于义理日昧矣。

名节至大，不可妄交非类以坏名节。

杂虑少，则渐近道。

心每有妄发，以经书圣贤之言制之。

一息之运，与古今之运同；一尘之土，与天地之土同；一夫之心，与亿兆之心同。

御史阎子与先生禹锡

阎禹锡，字子与，洛阳人。年十九，举正统甲子乡试。明年，授昌黎训导。母丧庐墓，诏旌其门。闻薛文清讲学，往从之游。补开州训导，遂以所受于文清者授其弟子，人多化之。李文达荐为国子学正，转监丞。干谒不行，谪徽州府经历。寻复南京国子助教、监丞，超升御史，提督畿内学政。励士以原本之学，讲明《太极图说》《通书》，使文清之学不失其传者，先生之力也。成化丙申卒。所著有《自信集》。或问先生与白良辅于文清，文清曰："洛阳似此两人也难得，但恐后来立脚不定，往别处走。"观先生所立，虽未知所得深浅，亦不负文清之所戒矣。

侍郎张自在先生鼎

张鼎，字大器，陕之咸宁人。成化丙戌进士，授刑部主事，迁员外郎。出知太原府，晋山西参政，仍署府事。转河南按察使。弘治改元，擢右佥都御史，巡抚保定等府，入为户部右侍郎。乙卯，卒于家，年六十五。先生少从父之任蒲州，得及薛文清之门，终身恪守师说，不敢少有逾越。文清殁后，其《文集》散漫不传，先生搜辑较正，凡数年，始得成书。

郡守段容思先生坚

段坚，字可久，号容思，兰州人也。年十四，为诸生，见陈缑山《明伦堂上铭》"群居慎口，独坐防心"，慨然有学圣人之志，于是动作不苟。正统甲子，领乡荐。己巳，英宗北狩，应诏诣阙上书，不报。自齐鲁以至吴越，寻访学问之人，得阎禹锡、白良辅，以溯文清之旨。逾年而归，学益有得。登景泰甲戌进士第，归而读书。越五年，出知福山县，以弦诵变其风俗，谓"天下无不可化之人，无不可变之俗"，六载而治行，郁然可观。李文达荐之，擢知莱州府，以忧去。补南阳府，建志学书院，与人士讲习濂、洛之书。其童蒙则授以《小学》、《家礼》。祀烈女，逐巫尼，凡风教之事，无不尽心。八年而后归。成化甲辰卒，年六十六。

尝言："学者主敬以致知、格物，知吾之心即天地之心，吾之理即天地之理，吾身可以参赞者在此。"其形于自得者，诗云："风清云净雨初晴，南亩东阡策杖行。幽鸟似知行乐意，绿杨烟外两三声。"先生虽未尝及文清之门，而郡人陈祥赞之曰："文清之统，惟公是廓。"则固私淑而有得者也。

广文张默斋先生杰

张杰，字立夫，号默斋，陕之凤翔人。正统辛酉乡荐，授赵城训导，以讲学为事。文清过赵城，先生以所得质之，文清为之证明，由是其学益深。丁外艰，服阕，遂以养母不出。母丧毕，为责躬诗曰："年纪四十四，此理未真知。昼夜不勤勉，迁延到几时？"无复有仕进意。其工夫"以涵养须用敬，进学在致知"二语为的。用五经教授，名重一时。当道聘摄城固学事，先生以乡党从游颇众，不能远及他方，辞之。段容思赠诗："圣贤心学真堪学，何用奔驰此外寻？"先生答诗亦有"今宵忘寝论收心"之句，学者争传诵焉。有劝先生著书者，曰："吾年未艾，犹可进也，俟有所得，为之未晚。"成化壬辰十月卒，年五十二。

文庄王凝斋先生鸿儒

王鸿儒，字懋学，号凝斋，河南南阳人。成化丁未进士，授南户部主事，出为山西提学佥事，进副使。孝宗与刘大夏论人才，曰："藩臬中如王鸿儒,他日可大用。"大夏对曰:"此人才学不易得,诚如圣谕。"正德初,致仕,己巳,起国子祭酒,不数月,忧去。服除,改南户部侍郎,召入吏部。时冢宰为陆完,喜权术,先生讽之曰:"惟诚与直能济国事,趋名者亦趋利,于社稷生民无益也。"未几,完果败。辛酉,升南户部尚书。宸濠反,武宗南巡,勤劳王事,疽发背卒。先生书法端劲,少未为人知,里人有为府史者,尝以其书置府中,知府段坚偶见而奇之,史对曰:"里中王生书也。"坚即召见,曰:"子风神清彻,岂尘埃人物?"遂收之门下,故先生之学,本之段氏。

布衣周小泉先生蕙

周蕙,字廷芳,号小泉,山丹卫人,徙居秦州。年二十,听讲《大学》首章,奋然感动,始知读书问字。为兰州戍卒,闻段容思讲学,时往听之。久之,诸儒令坐听,既而与之坐讲。容思曰:"非圣弗学。"先生曰:"惟圣斯学。"于是笃信力行,以程、朱自任。又受学于安邑李昶。李昶者,景泰丙子举人,授清水教谕,文清之门人也。恭顺侯吴瑾总兵于陕,聘为子师,先生固辞。或问故,先生曰:"总兵役某,则某军士也,召之不敢不往;若使教子,则某师也,召之岂敢往哉?"瑾遂亲送二子于其家,先生始纳贽焉。肃藩乐人郑安、郑宁皆乞除乐藉,从周先生读书,其感人如此。成化戊子,容思至小泉,访之不遇,留诗而去:"小泉泉水隔烟萝,一濯冠缨一浩歌。细细静涵洙泗脉,源源动鼓洛川波。风埃些子无由入,寒玉一泓清更多。老我未除尘俗病,欲烦洗雪起沉疴。白云封镵万山林,卜筑幽居深更深。养道不干轩冕贵,读书探取圣贤心。何为有大如天地,须信无穷自古今。欲鼓遗音弦绝后,关闽濂洛待君寻。"先生以父游江南,久之不返,追寻江湖间,至扬子而溺,天下莫不悲之。门人最著者,渭南薛敬之、秦州王爵。敬之自有传。爵字锡之，以操存为学，仕至保安州判。

同知薛思庵先生敬之

薛敬之，字显思，号思庵，陕之渭南人。生而姿容秀美，左膊有文字，黑入肤内。五岁即喜读书，居止不同流俗，乡人以道学呼之。成化丙戌，贡入太学，时白沙亦在太学，一时相与并称。丙午，谒选山西应州知州，不三四岁，积粟四万馀石。年饥，民免流亡，逋而归者三百馀家。南山有虎患，仿昌黎之《鳄鱼》，为文祭之，旬日间虎死。萧家寨平地暴水涌出，几至沉陷，亦为文祭告，水即下泄，声如雷鸣。奏课为天下第一，升金华府同知。居二年，致仕。正德戊辰卒，年七十四。先生从周小泉学，常鸡鸣而起，候门开洒扫设坐，至则跪以请教。故谓其弟子曰："周先生躬行孝弟，其学近于伊、洛，吾以为师；陕州陈云逵，忠信狷介，凡事皆持敬，吾以为友。吾所以有今日者，多此二人力也。"先生之论，特详于理气。其言"未有无气质之性"是矣；而云"一身皆是气，惟心无气"，"气中灵底便是心"，则又岐理气而二之也。气未有不灵者，气之行处皆是心，不仅腔子内始是心也，即腔子内亦未始不是气耳。

郡丞李介庵先生锦

李锦，字在中，号介庵，陕之咸宁人。受学于周小泉。天顺壬午举于乡，入太学，司成邢让深器之。让坐事下狱，先生率六馆之士伏阙颂冤，由是名动京师。以主敬穷理为学，故然诺辞受之间，皆不敢苟。居忧时，巡抚余肃敏请教其子，先生以齐衰不入公门固辞。肃敏闻其丧不能举，赗以二椁，先生却其一，曰："不可因丧为利也。"郡大夫赙米，以状无俸字辞之。成化甲辰,谒选松江府同知。后二年卒,年五十一。

文简吕泾野先生柟

吕柟,字仲木,号泾野,陕之高陵人。正德戊辰,举进士第一,授翰林修撰。逆瑾以乡人致贺,却之,瑾不悦。已,请上还宫中,御经筵,亲政事,益不为瑾所容,遂引去。瑾败,起原官,上疏劝学,危言以动之。乾清宫灾,应诏言六事:一、逐日临朝,二、还处宫寝,三、躬亲大祀,四、日朝两宫,五、遣去义子、番僧、边军,六、撤回镇守中官。皆武宗之荒政。不听,复引去。世庙即位,起原官。甲申,以修省自劾,语涉大礼,下诏狱。降解州判官,不以迁客自解,摄守事,兴利除害若嗜欲。在解三年,未尝言及朝廷事。移宗人府经历,升南考功郎中、尚宝司卿、南太常寺少卿,入为国子祭酒,转南礼部右侍郎。公卿谒孝陵衣绯,先生曰:"望墓生哀,不宜吉服。"遂易素。上将视显陵,累疏谏止。霍文敏与夏贵溪有隙,文敏为南宗伯,数短贵溪于先生,先生曰:"大臣和衷,宜规不宜谤也。"文敏疑其党贵溪。已而先生入贺,贵溪亦暴文敏之短,先生曰:"霍君性少偏,故天下才,公为相,当为天下惜才。"贵溪亦疑其党文敏。会奉先殿灾,九卿自陈,贵溪遂准先生致仕。壬寅七月朔卒,年六十四,赐谥文简。

先生师事薛思庵,所至讲学。未第时,即与崔仲凫讲于宝印寺。正德末,家居,筑东郭别墅,以会四方学者。别墅不能容,又筑东林书屋。镇守廖奄张甚,其使者过高陵,必诫之曰:"吕公在,汝不得作过也。"在解州建解梁书院,选民间俊秀歌诗习礼。九载南都,与湛甘泉、邹东廓共主讲席,东南学者尽出其门。尝道上党,隐士仇栏遮道问学。有梓人张提,闻先生讲,自悟其非,曾妄取人物,追还主者。先生因为诗云:"岂有征夫能过化,雄山村里似尧时。"朝鲜国闻先生名,奏请其文为式国中。先生之学,以格物为穷理,及先知而后行,皆是儒生所习闻。而先生所谓穷理,不是泛常不切于身,只在语默作止处验之;所谓知者,即从闻见之知,以通德性之知,但事事不放过耳。大概工夫,下手明白,无从躲闪也。先生议良知,以为:"圣人教人,每因人变化,未尝规规于一方也。今不论其资禀造诣,刻数字以必人之从,不亦偏乎?"夫因人变化者,言从入之工夫也。良知是言本体,本体无人不同,岂得而变化耶? 非惟不知阳明,并不知圣人矣。

吕泾野先生语录

光祖曰:"物之遇雨,或生或长,其效甚速,人遇教而不兴者,何也?"先生曰:"只是中心未实,如五谷之种,或蠹或浥,难乎其为苗矣。"

问:"今之讲学,多有不同者,如何?"曰:"不同乃所以讲学,既同矣,又安用讲耶? 故用人以治天下,不可皆求同,求同则谀谄面谀之人至矣。"道通曰:"果然,治天下只看所重轻。"

问:"身甚弱,若有作盗贼的力量,改而为圣人方易。"先生曰:"作圣人不是用这等力量,见得善处肯行,便是力量;溺于流俗物欲者,乃弱也。"

黄惟因问:"白沙在山中十年作何事?"先生曰:"用功不论山林,市朝也做得。昔终南僧用功三十年,尽禅定也,有僧曰:'汝习静久矣,同去长安柳街一行。'及到,见了妖丽之态,粉白黛绿,心遂动了,一旦废了前三十年工夫。可见亦要于繁华波荡中学。故于动处用功,佛家谓之消磨,吾儒谓之克治。"启超案:我辈刻刻案,须长安柳街。

许象先问:"乐在其中,与不改其乐,乐字有浅深否?"先生曰:"汝不要管他浅深,今日只求自家一个乐耳。"大器曰:"然。求之有道乎?"先生曰:"各人拣自已所累处,一切尽除去,则自然心广体胖。然所谓累处者,不必皆是声色货利粗恶的,只于写字做诗,凡嗜好一边皆是。程子曰:'书札于儒者事最近,然一向好著,亦自丧志。'可见。"

诏问："讲良知者何如？"先生曰："圣人教人，每因人变化。如颜渊问仁，夫子告以克己复礼；仲弓则告以敬恕；樊迟则告以居处恭，执事敬，与人忠。盖随人之资质学力所到而进之，未尝规规于一方也。世之儒者诲人，往往不论其资禀造诣，刻数字以必人之从，不亦偏乎！"

先生谓诸生曰："学者只隐显穷达，始终不变方好。今之人，对显明广众之前一人焉，闲居独处之时又一人焉；对富贵又一人焉，贫贱又一人焉。眼底交游所不变者，惟何粹夫乎！"

问慎独工夫。曰："此只在于心上做，如心有偏处，如好欲处，如好胜处，但凡念虑不在天理处，人不能知而己所独知，此处当要知谨，自省即便克去。若从此渐渐积累，至于极处，自能勃然上进。虽博厚高明，皆是此积。"

先生曰："汝辈做工夫，须要有把柄，然后才把捉得住。不然，鲜不倒了的。故叉手不定，便撒摆；立脚不定，便那移。"

先生曰："学者必是有定守，然后不好的事，不能来就我。《易》曰：'鼎有实，我仇有疾，不我能即，吉。'若我无实，则这不好的事，皆可以来即我也。"

吕潜问："欲根在心，何法可以一时拔得去？"先生曰："这也难说。一时要拔去得，须要积久工夫才得就。且圣如孔子，犹且十五志学，必至三十方能立，前此不免小出入时有之。学者今日且于一言一行差处，心中即便检制，不可复使这等。如或他日又有一言一行差处，心中即又便如是检制。此等处人皆不知，己独知之，检制不复萌，便是慎独工夫。积久熟后，动静自与理俱，而人欲不觉自消。欲以一时一念的工夫，望病根尽去，却难也。"

李乐初见先生，问："圣学工夫如何下手？"先生曰："亦只在下学做去。"先生因问："汝平日做甚工夫来？"和仲默然，良久不应。先生曰："看来圣学工夫，只在无隐上就可做得。学者但于己身有是不是处，就说出来，无所隐匿，使吾心事常如青天白日才好。不然，久之积下种子,便陷于有心了。故司马温公谓'平生无不可对人说得的言语',就是到建诸天地不悖,质之鬼神无疑,也都从这里起。"

诏云:"近日多人事,恐或废学。"先生曰:"这便可就在人事上学。今人把事做事、学做学,分做两样看了。须是即事即学,即学即事,方见心事合一,体用一原的道理。"因问:"汝于人事上亦能发得出来否?"诏曰:"来见的亦未免有些俗人。"先生曰:"遇着俗人,便即事即物,把俗言语譬晓得他来,亦未尝不可。如舜在深山河滨,皆俗人也。"诏顾语象先曰:"吾辈今日安得有这样度量!"

先生语学者曰:"近日做甚工夫来?"曰:"只是做得个矜持的工夫,于道却未有得处。"先生曰:"矜持亦未尝不好,这便是'君子终日乾乾,夕惕若',戒慎不睹、恐惧不闻的工夫。但恐这个心未免或有时间歇耳。"曰:"然。非有间歇的心,只是忘了。"先生曰:"还是不知,如知得身上寒,必定要讨一件衣穿,知得腹中饥,必定要讨一盂饭吃,使知得这道如饥寒之于衣食一般,不道就罢了? 恁地看来,学问思辨的工夫,须是要在戒慎恐惧之前,方能别白得。是天理,便做将去;是人欲,即便斩断。然后能不间歇了。故某常说圣门知字工夫是第一件要紧的,虽欲不先,不可得矣。"

先生曰:"人能反己,则四通八达,皆坦途也。若常以责人为心,则举足皆荆棘也。"

问:"无事时心清,有事时心却不清。"曰:"此是心作主不定,故厌事也。如事不得已,亦要理会。"

教汝辈学礼,犹堤防之于水,若无礼以堤防其身,则满腔一团私意,纵横四出矣。

司务吕愧轩先生潜

吕潜,字时见,号愧轩,陕之泾阳人。师事吕泾野,一言一动,咸以为法。举嘉靖丙午乡书,卒业成均。时朝绅有讲会,先生于其间称眉目焉。母病革,欲识其妇面,命之娶。先生娶而不婚,三年丧毕,然后就室。父应祥,礼科都给事中,既卒而封事不存。先生走阙下,录其原稿,请铭于马文庄。与郭蒙泉讲学谷口洞中,从学者甚众。泾野之传,海内推之,荐授国子监学正,举行泾野祭酒时学约。调工部司务。万历戊寅卒,年六十二。

张石谷先生节

张节,字介夫,号石谷,泾阳人。初从湛甘泉游,继受学于泾野。泾野赠诗,称其守道不回。尝语学者:"先儒云:'默坐澄心,体认天理。'又云:'静中养出端倪。'吾辈须理会得此,方知一贯真境。不尔,纵事事求合于道,终难凑泊,不成片段矣。"万历壬午,年八十卒。

李正立先生挺

李挺,字正立,咸宁人。正、嘉间诸生,从泾野学,孤直不随时俯仰。尝自诵云:"生须肩大事,还用读《春秋》。"往马溪田所讲学,死于盗,人皆惜之。

郡守郭蒙泉先生郛

郭郛,字惟藩,号蒙泉,泾阳人。嘉靖戊午举于乡,选获嘉教谕,转国子助教,升户部主事。出守马湖,年八十八。先生与吕愧轩同学,愧轩之父，其师也。辛酉计偕，因吕师会葬，遂不行，有古师弟之风。其学以持敬为主，自少至老，一步不敢屑越。尝有诗云："道学全凭敬作箴，须臾离敬道难寻。常从独木桥边过，惟愿无忘此际心。"又云："近名终丧己，无欲自通神。识拄乾坤阔，心空意见新。闭门只静坐，自是出风尘。"

三 原 学 案

关学大概宗薛氏,三原又其别派也。其门下多以气节著,风土之厚,而又加之学问者也。

端毅王石渠先生恕

王恕,字宗贯,号介庵,晚又号石渠,陕之三原人。正统戊辰进士,选庶吉士,而先生志在经济。出为左评事,迁左寺副,擢知扬州府。岁饥请赈,不待报而发粟,民免沟壑。超拜江西右布政使,转河南为左。时以襄南地多山险,秦、楚之流民萃焉,日出剽略,于是特设治院,以先生为右副都御史领之。累平寇乱,又平湖广刘千觔、石和尚,榜谕流民,各使复业。母忧归。起复巡抚河南,转南京刑部左侍郎。父忧归。服除,起刑部左侍郎,治漕河。改南京户部,复改左副都御史,巡抚云南。而中人钱能横甚,使其麾下指挥郭景,私通安南为奸利。先生遣人道执景,景迫投井死。尽发能贪暴诸状,上遂撤能还,安置南京。进右都御史,召掌留台。迁南京兵部尚书,参赞守备。寻以部衔兼左副都御史,巡抚南畿,兴利除害。三吴自设巡抚以来,独周忱与先生耳。

182

中人王敬挟其千户王臣,以妖术取中旨,收市图籍珍玩,张皇声势。先生列其罪状,敬下锦衣狱,臣论死。二年而复还参赞,钱能贪缘为守备,与先生共事,先生坦然不念前事。能语人曰:"王公,大人也,吾惟敬事而已。"加太子少保。林见素以劾妖僧继晓下狱,先生救之得出。先生益发舒言天下事,天子不能无望意,因批落太子少保,以尚书致仕。

孝宗即位,召用为吏部尚书,加太子太保。上释奠文庙,先生请用太牢加币,从之。先生崇礼风义之士,故一时后进在朝者,如庶吉士邹智、御史汤鼐、主事李文祥十馀人,皆慷慨喜事,以先生为宗主。先生侍经筵,见上困于酷暑,请暂辍讲,鼐即言:"天子方向学,奈何阻其进?恕请非是。"先生惶恐待罪,谓:"诸臣责臣是也。然诸臣求治太急,见朝廷待臣太重,故责臣太深,欲臣尽取朝事更张之,如宋司马光。毋论臣不敢望光,今亦岂熙丰时也?"上优诏答之。已而鼐劾阁臣万安、刘吉、尹直,中官示以疏已留中,鼐大言"疏不出,且并劾中官",中官避匿。亡何,安、直皆免,鼐与文祥等日夜酬呼,以为君子进,小人退,虽刘吉尚在,不足忌也。于是吉使门客徐鹏、魏璋伺鼐。鼐家寿州,知州刘概与书:"尝梦一叟牵牛入水,公引之而上。牛近国姓,此国势濒危,赖公复安之兆也。"鼐大喜,出书示客。璋以此劾之,鼐、概皆下诏狱。都御史马文升故为鼐所劾,欲以妖言坐之,先生力救,事始得解。凡中官幸人,恩泽过当者,先生辄为裁止,虽上已许,必固执也。丘濬以礼部尚书故班先生下,及直文渊阁,先生自以前辈,仍序尚书之次,濬意弗善也。每有论奏,阴抑之,且使其私人太医院判刘文泰讦先生所刻传文,详列不报之章,为彰先帝之拒谏。先生言:"臣传所载,皆足以昭先帝纳谏之盛,何名彰恶?文泰无赖小人,其逞此机巧深刻之辞,非老于文法、阴谋诡计者不能,盍无追其主使之人?"乃下文泰锦衣狱,则果丘濬所使也。上以先生卖直沽名,俾删其传草。文泰出而先生绌矣。遂乞骸骨归。又二岁,濬卒,文泰往吊,其夫人叱之出,曰:"汝构王公于我相公，恔人也，何吊为？"闻者快之。

先生家居，编集《历代名臣谏议录》一百二十四卷。又取经书传注，有所疑滞，再三体认，行不去者，以己意推之，名曰《石渠意见》。意见者，乃意度之见耳，未敢自以为是也。盖年八十四而著《意见》，八十六为《拾遗》，八十八为《补缺》，其耄而好学如此！先生之学，大抵推之事为之际，以得其心安者，故随地可以自见。至于大本之所在，或未之及也。九十岁，天子遣行人存问。又三年卒，赠特进左柱国太师，谥端毅。

康僖王平川先生承裕

王承裕，字天宇，号平川，冢宰之季子也。弘治癸丑进士，授兵科给事中，迁吏掌科。逆瑾恨其远己，又疏"进君子，退小人"，益恨之。罚粟输边，以外艰去。瑾诛，起原官，历太仆少卿、正卿、南太常卿。宸濠反，发留都之为内应者。嘉靖初，迁户部右侍郎，晋南户部尚书，致仕，林居十年，戊戌五月卒，年七十四，谥康僖。

十四五时，从莆田萧某学，萧令侍立三日，一无所授。先生归告端毅曰："萧先生待某如此，岂以某为不足教耶？"端毅曰："是即教也，真汝师矣。"登第后，侍端毅归，讲学于弘道书院，弟子至不能容。冠婚丧祭，必率礼而行，三原士风民俗为之一变。冯少墟以为，先生之学，皆本之家庭者也。

光禄马溪田先生理

马理，字伯循，号溪田，陕之三原人。为孝廉时，游太学，与吕泾野、崔后渠交相切劚，名震都下。高丽使人亦知慕之，录其文以归。父母连丧，不与会试者两科。安南贡使问礼部主事黄清曰："关中马理先生何尚未登仕籍？"其名重外夷如此。登正德甲戌进士第。时以《大学衍义》为问，先生对曰："《大学》之书，乃尧、舜、禹、汤、文、武之道也。《传》有'克明峻德'，'汤之盘铭'，'尧、舜帅天下以仁'之语，真氏所衍唐、汉、宋之事，非《大学》本旨也。真氏所衍，止于齐家，不知治国平天下皆本于慎独工夫。宋儒所造，大率未精。"以此失问者之意，故欲填首甲而降之。授稽勋主事，改文选，与郎中不合，引疾告归者三年。戊寅，值武庙将南巡，与黄伯固等伏阙极谏，杖于廷。未几，送嫡母还乡，乃设教于武安王祠。藩臬为建嵯峨精舍以居生徒。嫡母丧毕，起员外郎，议大礼，复杖于廷。寻转考功郎中。丙戌，例当考察外官，内阁冢宰各挟私怨，欲去广东、河南、陕西三省提学。先生昌言曰："魏校、萧鸣凤、唐龙，今有数人物，若欲去此三人，请先去理。"由是获免。丁亥，升南通政。过河池驿，见其丞貌类黄伯固，问之，乃其弟叔开也。时伯固已死，先生泫然泣下，作诗赠之云："六年复见先生面，为过河池见叔开。"戊子，引疾归。辛卯，起光禄卿，莅事未几，又归林下者十年。癸卯，复起南光禄，至即引年致仕，隐于商山书院。又十年而卒，嘉靖乙卯十二月也，年八十二。

先生师事王康僖，又得泾野、后渠以为之友，墨守主敬穷理之传。尝谓："见行可之仕，唯孔子可以当之，学圣人者，当自量力。"故每出不一二年即归，归必十数年而后起，绰绰然于进退之间。后渠称"其爱道甚于爱官"，真不虚也。

恭简韩苑洛先生邦奇

韩邦奇，字汝节，号苑洛，陕之朝邑人。正德戊辰进士，授吏部考功主事,转员外郎。辛未考察,都御史袖私帙视之,先生夺去,曰:"考核公事,有公籍在。"都御史为之逊谢。调文选。京师地震,上疏论时政缺失,谪平阳通判。甲戌,迁浙江按察佥事。宸濠将谋反,遣内监饭僧于天竺寺,聚者数千人,先生防其不测,立散遣之。又以仪宾进贡假道衢州,先生不可,曰:"贡使自当沿江而下,奚俟假道?"于是袭浙之计穷。寻为镇守中官诬奏,逮系夺官。世宗即位,起山东参议,乞休。甲申,大同兵变,起山西左参政,分守大同。先生单车入城,人心始安。巡抚蔡天祐至代州,先生戎服谒之,天祐惊曰:"公何为如此?"曰:"大同变后,巡抚之威削甚。今大同但知有某,某降礼从事者,使人知巡抚之不可轻也。"朝廷复遣胡瓒以总督出师,时首恶业已正法,而瓒再索不已,先生止之,不听,城中复变,久之乃定。先生亦致仕去。戊子,起四川提学副使,改右春坊右庶子兼翰林修撰。其秋主试顺天,以录序引用经语差误,左迁南太仆寺丞,再疏归。寻起山东副使、大理左少卿,以左佥都御史巡抚宣府,入佐院事。又出巡抚山西,再致仕。甲辰,荐起总理河道,升刑部右侍郎,改吏部。丁未,掌留堂,进南京兵部尚书,参赞机务归。七年,乙卯地震而卒,年七十七,赠少保,谥恭简。

门人白璧曰:"先生天禀高明,学问精到,明于数学,胸次洒落,大类尧夫,而论道体乃独取横渠。少负气节,既乃不欲为奇节一行,涵养宏深,持守坚定,则又一薛敬轩也。"某按:先生著述,其大者为《志乐》一书,方其始刻之日,九鹤飞舞于庭。传其术者为杨椒山,手制十二律,管吹之而其声合,今不可得其详。

忠介杨斛山先生爵

杨爵,字伯修,号斛山,陕之富平人。幼贫苦,挟册躬耕,为兄所累,系狱。上书邑令,辞意激烈,令异之,曰:"此奇士也。"出而加礼。

登嘉靖己丑进士第,官行人,考选御史。母忧,庐墓毕,补原官。辛丑,上封事,谓今日致危乱者五:一则辅臣夏言习为欺罔,翊国公郭勋为国巨蠹,所当急去;二则冻馁之民不忧恤,而为方士修雷坛;三则大小臣工弗睹朝仪,宜慰其望;四则名器滥及缁黄,出入大内,非制;五则言事诸臣,若杨最、罗洪先等,非死即斥,所损国体不小。疏入,上大怒,逮系镇抚司,拷掠备至,捱锁昼夜,血肉淋漓,死者数矣。而先生气定,故得再苏。主事周天佐、御史浦铉,俱以救先生箠死狱中。于是防守益严,上日使人侦先生,一言一动皆籍记。侦者苦于不得言,以情告先生,使多为善言,先生曰:"有意而言,便是欺也。"部郎钱绪山、刘晴川,给事周讷溪,先后以事下狱,相与讲学不辍。绪山先释,先生愿有以为别,绪山曰:"静中收摄精神,勿使游放,则心体湛一,高明广大,可驯致矣。作圣之功,其在此乎!"先生敬识之。与晴川、讷溪读书赋诗,如是者五年。所著《周易辨录》、《中庸解》若干卷。乙巳八月,上用箕神之言,释先生三人。而三人者犹取道潞水,舟中讲学,逾临川而别。会上造箕台,太宰熊浃骤谏,上怒罢浃,复逮三人。时先生抵家甫十日,闻命就道,在狱又三年。丁未十一月,高玄殿灾,上恍惚闻火中有呼三人姓名者,次日释归。归二年而卒,己酉十月九日也,年五十七。隆庆初,赠光禄寺少卿,谥忠介。

初,韩恭简讲学,先生辈来往拜其门。恭简异其气岸,欲勿受。已叩其学,诧曰:"宿学老儒,莫能过也,吾几失人矣。"刚大之气,百折不回,人与椒山并称,谓之韩门二杨。

漫　　录

作一好事,必要向人称述,使人知之,此心不定也。不知所作好事,乃吾分所当为,虽事皆中理,才能免于过恶耳,岂可自以为美? 才以为美,便是矜心。禹之不矜不伐,颜渊无伐善、无施劳,此圣贤切己之学也。

好议论人长短，亦学者之大病也。若真有为己之心，便惟日不足，戒慎乎其所不睹，恐惧乎其所不闻，时时刻刻，防检不暇，岂暇论人？学所以成性而已。人有寸长，取为己有；于其所短，且置勿论。轻肆辩折，而无疑难涵蓄之心，谓之丧德可也。此予之深患，不能自克，可愧可愧！

今日早起，朗诵"君子之所以异于人者"一章，即觉襟怀开洒，心广体胖，有《西铭》与物同体之气象。此心易至昏惰，须常以圣贤格言辅养之，便日有进益。

智者自以为不足，愚者自以为有馀。自以为不足，则以虚受人，进善其无穷矣。自以为有馀，必无孜孜求进之心，以一善自满，而他善无可入之隙，终亦必亡而已矣。书之以自励焉。

古人律己甚严，其责人甚恕；今人律己甚恕，其责人甚严。孜孜为己，不求人知，方始是学。

徵君王秦关先生之士

王之士，字欲立，号秦关，陕之蓝田人。嘉靖戊午举于乡，既而屏弃帖括，潜心理学，作《养心图》、《定气说》，书之座右，闭关不出者九年，蒿床粝食，尚友千古。以为蓝田风俗之美，由于吕氏，今其乡约具在，乃为十二会，赴会者百馀人。洒扫应对，冠婚丧祭，一一润泽其条件，行之惟谨，美俗复兴。又谓天下之学术不一，非亲证之不能得其大同，于是赴都门讲会，与诸老先生相问难。上阙里谒先师庙墓，低回久之。南行入江右，见章本清、邓潜谷、杨止庵。浮浙水而下，至吴兴，问许敬庵，学者闻先生至，亦多从之。万历庚寅卒于家，年六十三。祭酒赵用贤疏荐，诏授国子博士，除目下而先生不及见矣。

姚 江 学 案

　　有明学术,从前习熟先儒之成说,未尝反身理会,推见至隐,所谓此亦一述朱,彼亦一述朱耳。高忠宪云"薛敬轩、吕泾野语录中,皆无甚透悟",亦为是也。自姚江指点出良知,人人现在,一反观而自得,便人人有个作圣之路。故无姚江,则古来之学脉绝矣。然"致良知"一语,发自晚年,未及与学者深究其旨,后来门下各以意见搀和,说玄说妙,几同射覆,非复立言之本意。先生之格物,谓"致吾心良知之天理于事事物物,则事事物物皆得其理"。以圣人教人,只是一个行,如博学、审问、慎思、明辨,皆是行也。笃行之者,行此数者不已是也。先生致之于事物,致字即是行字,以救空空穷理,只在知上讨个分晓之非。乃后之学者测度想像,求见本体,只在知识上立家偦,以为良知。则先生何不仍穷理格物之训,先知后行,而必欲自为一说耶?《天泉问答》:"无善无恶者心之体,有善有恶者意之动,知善知恶是良知,为善去恶是格物。"今之解者曰:"心体无善无恶是性,由是而发之为有善有恶之意,由是而有分别其善恶之知,由是而有为善去恶之格物。"层层自内而之外,一切皆是粗机,则良知已落后著,非不虑之本然。故邓定宇以为权论也。其实无善无恶者,无善念恶念耳,非谓性无善无恶也。下句意之有善有恶,亦是有善念有恶念耳,两句只完得动静二字。他日

189

语薛侃曰:"无善无恶者理之静,有善有恶者气之动。"即此两句也。所谓知善知恶者,非意动于善恶,从而分别之为知,知亦只是诚意中之好恶,好必于善,恶必于恶,孰是孰非而不容已者,虚灵不昧之性体也。为善去恶,只是率性而行,自然无善恶之夹杂,先生所谓"致吾心之良知于事事物物"也。四句本是无病,学者错会文致。彼以无善无恶言性者,谓无善无恶斯为至善。善一也,而有有善之善,有无善之善,无乃断灭性种乎? 彼在发用处求良知者,认已发作未发,教人在致知上著力,是指月者不指天上之月,而指地上之光,愈求愈远矣。得羲说而存之,而后知先生之无弊也。

文成王阳明先生守仁

王守仁,字伯安,学者称为阳明先生,馀姚人也。父华,成化辛丑进士第一人,仕至南京吏部尚书。先生娠十四月而生,祖母岑夫人梦神人送儿自云中至,因命名为云。五岁不能言,有异僧过之,曰:"可惜道破。"始改今名。豪迈不羁,十五岁纵观塞外,经月始返。十八岁过广信,谒娄一斋,慨然以圣人可学而至。登弘治己未进士第,授刑部主事,改兵部。逆瑾矫旨逮南京科道官,先生抗疏救之,下诏狱,廷杖四十,谪贵州龙场驿丞。瑾遣人迹而加害,先生托投水脱去,得至龙场。瑾诛,知庐陵县,历吏部主事、员外郎、郎中,升南京太仆寺少卿、鸿胪寺卿。时虔、闽不靖,兵部尚书王琼特举先生以左佥都御史巡抚南、赣。未几,遂平漳南、横水、桶冈、大帽、浰头诸寇。己卯六月,奉敕勘处福建叛军,至丰城而闻宸濠反,遂返吉安,起兵讨之。宸濠方围安庆,先生破南昌,濠返兵自救,遇之于樵舍,三战,俘濠。武宗率师亲征,群小张忠、许泰欲纵濠鄱湖,待武宗接战而后奏凯,先生不听,乘夜过玉山,集浙江三司,以濠付太监张永。张永者,为武宗亲信,群小之所惮也。命兼江西巡抚。又明年,升南京兵部尚书,封新建伯。嘉靖壬午,丁冢宰忧。丁亥,原官兼左都御史,起征思、田。思、田平,以归师袭八寨、断藤峡,破之。先生幼梦谒马伏波庙,题诗于壁。至是道出祠下,恍如梦中。时先生已病,疏请告。至南安,门人周积侍疾,问遗言,先生曰:"此心光明,亦复何言。"顷之而逝,七年戊子十一月二十九日也,年五十七。

先生之学,始泛滥于词章,继而遍读考亭之书,循序格物,顾物理、吾心终判为二,无所得入。于是出入于佛、老者久之。及至居夷处困,动心忍性,因念圣人处此,更有何道?忽悟格物致知之旨,圣人之道,吾性自足,不假外求。其学凡三变,而始得其门。自此以后,尽去枝叶,一意本原,以默坐澄心为学的。有未发之中,始能有发而中节之和,视听言动,大率以收敛为主,发散是不得已。江右以后,专提"致良知"三字,默不假坐,心不待澄,不习不虑,出之自有天则。盖良知即是未发之中,此知之前,更无未发;良知即是中节之和,此知之后,更无已发。此知自能收敛,不须更主于收敛;此知自能发散,不须更期于发散。收敛者,感之体,静而动也;发散者,寂之用,动而静也。知之真切笃实处即是行,行之明觉精察处即是知,无有二也。启超案:先生之事,其自得之艰也若此,岂得曰"顿"而已哉! 居越以后,所操益熟,所得益化,时时知是知非,时时无是无非,开口即得本心,更无假借凑泊,如赤日当空,而万象毕照。是学成之后,又有此三变也。先生悯宋儒之后,学者以知识为知,谓人心之所有者,不过明觉,而理为天地万物之所公共,故必穷尽天地万物之理,然后吾心之明觉,与之浑合而无间。说是无内外,其实全靠外来闻见,以填补其灵明者也。先生以圣人之学,心学也。心即理也,故于致知格物之训,不得不言"致吾心良知之天理于事事物物,则事事物物皆得其理"。夫以知识为知,则轻浮而不实,故必以力行为功夫。良知感应神速,无有等待,本心之明即知,不欺本心之明即行也,不得不言"知行合一"。启超案:千言万语,只是发挥此两句。以此两句为工夫,便有安心立命处,终身受用不尽。此其立言之大旨,不出于是,而或者以释氏本心之说,颇近于心学,不知儒释界限只一理字。释氏于天地万物之理,一切置之度外,更不复讲,而止守此明觉;世儒则不恃此明觉,而求理于天地万物之间:所为绝异。然其归理于天地万物,归明觉于吾心,则一也。向外寻理,终是无源之水,无根之木,总使合得,本体上已费转手。故沿门乞火,与合眼见暗,相去不远。先生点出心之所以为心,不在明觉而在天理,金镜已坠而复收,遂使儒释疆界,渺若山河,此有目者所共睹也。试以孔、孟之言证之。致吾良知于事物,事物皆得其理,非所谓人能弘道乎?若在事物,则是道能弘人矣。告子之外义,岂灭义而不顾乎?亦于事物之间,求其义而合之,正如世儒之所谓穷理也,孟子胡以不许之,而四端必归之心哉!嗟乎!糠秕眯目,四方易位,而后先生可疑也。隆庆初,赠新建侯,谥文成。万历中,诏从祀孔庙,称"先儒王子"。

阳明传信录

启超案:此篇全为蕺山所录。蕺山于王学,又一转手。其去取别有尺度,未可谓尽得其真也。然所录固一无流弊矣。今全钞,不删一字。

暇日读《阳明先生集》,摘其要语,得三卷。首《语录》,录先生与门弟子论学诸书,存学则也;次《文录》,录先生赠遗杂著,存教法也;又次《传习录》,录诸门弟子所口授于先生之为言学、言教者,存宗旨也。先生之学,始出词章,继逃佛老,终乃求之六经,而一变至道,世未有善学如先生者也,是谓学则。先生教人,吃紧在去人欲而存天理,进之以知行合一之说,其要归于致良知,虽累千百言,不出此三言为转注。凡以使学者截去之绕,寻向上去而已,世未有善教如先生者也,是谓教法。而先生之言良知也,近本之孔、孟之说,远溯之精一之传,盖自程、朱一线中绝,而后补偏救弊，契圣归宗，未有若先生之深切著明者也，是谓宗旨。则后之学先生者，从可知己。不学其所悟而学其所悔，舍天理而求良知，阴以叛孔、孟之道而不顾，又其弊也。说知说行，先后两截，言悟言参，转增学虑，吾不知于先生之道为何如？间尝求其故而不得，意者先生因病立方，时时权实互用，后人不得其解，未免转增离歧乎？宗周因于手抄之馀，有可以发明先生之蕴者，僭存一二管窥，以质所疑，冀得藉手以就正于有道，庶几有善学先生者出，而先生之道，传之久而无弊也。因题之曰"传信"云。崇祯己卯七月既望，后学刘宗周书。

语录

刊落声华，务于切己处著实用力。所谓静坐事，非欲坐禅入定，盖因吾辈平日为事物纷拏，未知为己，欲以此补小学收放心一段功夫耳。明道云："才学便须知有着力处，既学便须知有得力处。"诸友宜于此处着力，方有进步，异时始有得力处也。**启超案：收放心工夫，不独小学为然，我辈并此无之，更不得不补也。主静，非王学究竟，实其下手也。**学要鞭辟近里着己，君子之道，暗然而日章。为名与为利，虽清浊不同，然其利心则一。谦受益，不求异于人，而求同于理。此数语宜书之壁间，常目在之。举业不患妨功，惟患夺志，只如前日所约，循循为之，亦自两无相碍。所谓知得，则洒扫应对，便是精义入神也。《与辰中诸生》

刊落声华，是学人第一义。[1]

志道恳切，固是诚意，然急迫求之，则反为私己，不可不察也。日用间何莫非天理流行，但此心常存而不放，则义理自熟。孟子所谓勿

---

[1]　此句乃刘蕺山（宗周）的评语，改换字体以示区别。后徐爱附记同此。

忘勿助,深造自得者矣。《答徐成之》

圣人之心,纤翳自无所容,自不消磨刮。若常人之心,如斑垢驳杂之镜,须痛加刮磨一番,尽去其驳蚀,然后纤尘即见,才拂便去,亦自不消费力,到此已是识得仁体矣。若驳杂未去,其间固亦有一点明处,尘埃之落,固亦见得,亦才拂便去,至于堆积于驳蚀之上,终弗之能见也。此学利、困勉之所由异,幸弗以为烦难而疑之也。凡人情好易而恶难,其间亦自有私意气习缠蔽,在识破后,自然不见其难矣。古之人至有出万死而乐为之者,亦见得耳。向时未见得向里面意思,此工夫自无可讲处,今已见此一层,却恐好易恶难,便流入禅释去也。昨论儒释之异,明道所谓"敬以直内则有之,义以方外则未,毕竟连敬以直内亦不是"者,已说到八九分矣。《答黄宗贤、应原忠》

仆近时与朋友论学,惟说立诚二字。杀人须就咽喉上著刀,吾人为学,当从心髓入微处用力,自然笃实光辉,虽私欲之萌,真是红炉点雪,天下之大本立矣。启超案:孟子所谓"先立乎其大者,则其小者不能夺"。若就标末妆缀比拟,凡平日所谓学问思辨者,适足以为长傲遂非之资,自以为进于高明光大,而不知陷于狠戾险嫉,亦诚可哀也已。

吾辈通患,正如池面浮萍,随开随蔽。未论江海,但在活水,浮萍即不能蔽。何者? 活水有源,池水无源,有源者由己,无源者从物。故凡不息者有源,作辍者皆无源故耳。以上《与黄宗贤》

变化气质,居常无所见,惟当利害、经变故、遭屈辱,平时愤怒者,到此能不愤怒,忧惶失措者,到此能不忧惶失措,始是得力处,亦便是用力处。天下事虽万变,吾所以应之,不出乎喜怒哀乐四者,此为学之要,而为政亦在其中矣。

在物为理,处物为义,在性为善,因所指而异其名,实皆吾之心也。心外无物,心外无言,心外无理,心外无义,心外无善。吾心之处事物,纯乎理而无人伪之杂谓之善,非在事物有定所可求也。处物为义,是吾心之得其宜也,义非在外可袭而取也。格者,格此也;致者,致此也。

必曰事事物物上求个至善，是离而二之也。伊川所云"才明彼，即晓此"，是犹谓之二。性无彼此，理无彼此，心无彼此，善无彼此也。以上《与王纯甫》

《大学》之所谓诚意，即《中庸》之所谓诚身也；《大学》之所谓格物致知，即《中庸》之所谓明善也。博学、审问、慎思、明辨、笃行，皆所以明善而为诚身之功也，非明善之外别有所谓诚身之功也。格物致知之外，又岂别有所谓诚意之功乎？《书》之所谓精一，《语》之所谓博文约礼，《中庸》之所谓尊德性而道问学，皆若此而已。《答王天宇》

学绝道丧，俗之陷溺，如人在大海波涛中，且须援之登岸，然后可授之衣而与之食。若以衣食投之波涛中，是适重其溺，彼将不以为德而反以为尤矣。启超案：近世智育日进，而德育日敝，皆坐此也。故凡居今之时，且须随机导引，因事启沃，宽心平气以熏陶之，俟其感发兴起，而后开之以其说，是故为力易而收效溥。《寄李道夫》

使在我果无功利之心，虽钱谷兵甲，搬柴运水，何往而非实学，何事而非天理，况子史诗文之类乎？使在我尚有功利之心，则虽日谈道德仁义，亦只是功利之事，况子史诗文之类乎？启超案：然则以功利之心谈爱国者何如？一切屏绝之说，犹是泥于旧闻，平日用功未有得力处。《与陆元静》

数年切磋，只得立志辨义利。若于此未有得力处，却是平日所讲，尽成虚话，平日所见，皆非实得。

经一蹶者长一智，今日之失，未必不为后日之得，但已落第二义。须从第一义上着力，一真一切真。以上皆《与薛尚谦》

理无内外，性无内外，故学无内外。讲习讨论，未尝非内也；反观内省，未尝遗外也。夫谓学必资于外求，是以己性为有外也，是义外也，用智者也。谓反观内省为求之于内，是以己性为有内也，是有我也，自私者也。是皆不知性之无内外也。故曰："精义入神，以致用也；利用安身，以崇德也。"性之德也，合内外之道也。此可以知格物之学矣。格物者,《大学》之实下手处,彻首彻尾,自始学至圣人,只此工夫而已,非但入门之际有此一段也。夫正心、诚意、致知、格物,皆所以修身。而格物者,其所以用力日可见之地。故格物者,格其心之物也,格其意之物也,格其知之物也。正心者,正其物之心也。诚意者,诚其物之意也。致知者,致其物之知也。此岂有内外彼此之分哉?《答罗整庵少宰》

昔夫子谓子贡曰:"赐也,汝以予为多学而识之者与?"对曰:"然,非与?"子曰:"非也,予一以贯之。"然则圣人之学,岂不有要乎? 彼释氏之外人伦、遗物理而堕于空寂者,固不得谓之明其心矣。若世儒之外务讲求考索而不知本诸身者,其亦可谓穷理乎?《与夏敦夫》

心无动静者也,其静也者,以言其体也;其动也者,以言其用也。故君子之学,无间于动静。其静也,常觉而未尝无也,故常应;其动也,常定而未尝有也,故常寂。常应常寂,动静皆有事焉,是之谓集义。集义故能无祗悔,所谓动亦定,静亦定者也。心一而已。静其体也,而复求静根焉,是挠其体也;动其用也,而惧其易动焉,是废其用也。故求静之心即动也,恶动之心非静也,是之谓动亦动,静亦动,将迎起伏,相寻于无穷矣。故循理之谓静,从欲之谓动。欲也者,非必声色货利外诱也,有心之私皆欲也。故循理焉,虽酬酢万变,皆静也。蕺山曰:与《定性书》相表里。濂溪所谓主静,无欲之谓也,是谓集义者也。从欲焉,虽心斋坐忘,亦动也。告子之强制,正助之谓也,是外义者也。《答伦彦式》

且以所见者实体诸心,必将有疑;果无疑,必将有得;果无得,又必有见。《答方叔贤》。启超案:读书枕中秘。

孟子云:"是非之心,智也。"是非之心,人皆有之,即所谓良知也。孰无是良知乎? 但不能致之耳。曷谓知至至之? 知至者,知也;至之者,致知也。此知行之所以一也。

妄心则动也,照心非动也。恒照则恒动恒静,天地之所以恒久而不已也。照心固照也,妄心亦照也,其为物不贰,则其生物不息,有刻暂停，则息矣，非至诚无息之学矣。心之本体，无起无不起，虽妄念之发，而良知未尝不在，但人不知存，则有时而或放耳。虽昏塞之极，而良知未尝不明，但人不知察，则有时而或蔽耳。**启超案：真是简易直捷。**虽有时而或放，其体实未尝不在也，存之而已耳。虽有时而或蔽，其体实未尝不明也，察之而已耳。

性无不善，故知无不良。良知即是未发之中，即是廓然大公、寂然不动之本体，人人之所同具者也。但不能不昏蔽于物欲，故须学以去其昏蔽，然于良知之本体，初不能有加损于毫末也。

理无动者也，常知常存。常主于理，即不睹不闻、无思无为之谓也。不睹不闻、无思无为，非槁木死灰之谓也。睹闻思为一于理，而未尝有所睹闻思为，即是动而未尝动也。所谓动亦定，静亦定，体用一原者也。

未发之中，即良知也，无前后内外而浑然一体者也。有事无事可以言动静，而良知无分于有事无事也；寂然感通可以言动静，而良知无分于寂然感通也。动静者所遇之时，心之本体固无分于动静也。理无动者也，动即为欲。循理，则虽酬酢万变而未尝动也；从欲，则虽槁心一念而未尝静也。

照心非动者，以其发于本体明觉之自然，而未尝有所动也。有所动，即妄矣。妄心亦照者，以其本体明觉之自然者，未尝不存于其中，但有所动耳。无所动，即照矣。无妄无照，非以妄为照、以照为妄也。照心为照，妄心为妄，是犹有妄有照也。有妄有照，则有二也，二则息矣。无妄无照，则不贰，不贰则不息矣。

必欲此心纯乎天理，而无一毫人欲之私，此作圣之功也。必欲此心纯乎天理，而无一毫人欲之私，非防于未萌之先，而克于方萌之际不能也。防于未萌之先，而克于方萌之际，此正《中庸》戒慎恐惧、《大学》致知格物之功，舍此之外，无别功矣。

不思善、不思恶时，是本来面目，此佛氏为未识本来面目者设此方便。本来面目,即吾圣门所谓良知。今既认得良知明白,即已不消如此说矣。随物而格,是致知之功,即佛氏之常惺惺,亦是常存他本来面目耳。体段功夫,大略相似,但佛氏有个自私自利之心,所以便有不同。

病疟之人,疟虽未发,而病根自在,则亦安可以其疟之未发,而遂忘其服药调理之功乎?启超案:我辈宜常常自审疟根。若必待疟发而后服药调理,则既晚矣。以上皆《答陆元静》

君子之所谓敬畏者,非有所恐惧忧患之谓也,乃戒慎不睹、恐惧不闻之谓耳。君子之所谓洒落者,非旷荡放逸、纵情肆意之谓也,乃其心体不累于欲,无入而不自得之谓耳。夫心之本体,即天理也。天理之昭明灵觉,所谓良知也。君子之戒慎恐惧,惟恐其昭明灵觉者或有所昏昧放逸,流于非僻邪妄,而失其本体之正耳。戒慎恐惧之功,无时或间,则天理常存,而其昭明灵觉之本体,无所亏蔽,无所牵扰,无所恐惧忧患,无所好乐、忿懥,无所意必固我,无所歉馁愧怍,和融莹彻,充塞流行,动容周旋而中礼,从心所欲而不逾,斯乃所谓真洒落矣。是洒落生于天理之常存,天理常存,生于戒慎恐惧之无间,孰谓敬畏之增,反为乐之累耶?《与舒国用》

《系》言"何思何虑",是言所思所虑,只是一个天理,更无别思别虑耳,非谓无思无虑也。故曰:"同归而殊途,一致而百虑。"天下何思何虑,云殊途,云百虑,则岂谓无思无虑耶?心之本体,即是天理,只是一个,更何思虑得?天理原自寂然不动,原自感而遂通,学者用功,虽千思万虑,只是要复他本来体用而已,不是以私意去安排思索出来。故明道云:"君子之学,莫若廓然而大公,物来而顺应。"若以私意安排思索,便是用智自私矣。何思何虑,正是工夫,在圣人分上,便是自然的,在学者分上,便是勉然的。

性善之端,须在气上始见得,若无气亦无可见矣。恻隐、羞恶、辞让、是非即是气。程子谓"论性不论气不备,论气不论性不明",亦是为

学者各执一边，只得如此说。若见得自性明白时，气即是性，性即是气，原无性气之可分也。以上《答周道通》

谨独即是致良知。《与黄勉之》。启超案：蕺山只发明得此一句。

凡谓之行者，只是着实去做这件事。若着实做学问思辨工夫，则学问思辨亦便是行矣。学是学做这件事，问是问做这件事，思辨是思辨做这件事，则行亦便是学问思辨矣。若谓学问思辨之然后去行，却如何悬空先去学问思辨得？行时又如何去得个学问思辨的事？行之明觉精察处便是知，知之真切笃实处便是行。若行而不能明觉精察，便是冥行，便是学而不思则罔，所以必须说个知；知而不能真切笃实，便是妄想，便是思而不学则殆，所以必须说个行。原来只是一个工夫。凡古人说知行，皆是就一个工夫上补偏救弊说，不似今人截然分作两件事做。某今说知行合一，虽亦是就今时补偏救弊说，然知行体段，亦本来如是。启超案：此节言知行合一，最是透切，与康德学说不期而同揆。

知行原是两个字说一个工夫，这一个工夫，须著此两个字，方说得完全无弊病。若头脑处见得分明，见得原是一个头脑，则虽把知行分作两个说，毕竟将来做那一个工夫，则始或未便融会，终所谓百虑而一致矣。若头脑见得不分明，原看做两个了，则虽把知行合作一个说，亦恐终未有凑泊处。况又分作两截去做，则是从头至尾，更没讨下落处也。已上《答友人问》

夫物理不外于吾心，外吾心而求物理，无物理矣。遗物理而求吾心，吾心又何物耶？心之体，性也，性即理也。故有孝亲之心，即有孝之理；无孝亲之心，即无孝之理矣。有忠君之心，即有忠之理；无忠君之心，即无忠之理矣。理岂外于吾心耶？晦庵谓人之所以为学者，心与理而已。心虽主乎一身，而实管乎天下之理；理虽散于万事，而实不外乎一人之心。是其一分一合之间，而未免已启学者心理为二之弊。

明道云："只穷理便尽性至命，故必仁极仁而后谓之能穷仁之理，义极义而后谓之能穷义之理。"仁极仁，则尽仁之性矣。学至于穷理，至矣,而尚未措之于行,天下宁有是耶?是故知不行之不可以为学,则知不行之不可以为穷理矣。知不行之不可以为穷理,则知知行之合一并进,而不可以分为两节事矣。夫万事万物之理,不外于吾心,而必曰穷天下之理,是殆以吾心之良知为未足,而必外求于天下之广,以裨补增益之,是犹析心与理而为二也。夫学问思辨笃行之功,虽其困勉至于人一己百,而扩充之极至于尽性知天,亦不过致吾心之良知而已,良知之外岂复有加于毫末乎?今必曰穷天下之理,而不知反求诸其心,则凡所谓善恶之极、真妄之辨者,舍吾心之良知,亦将何以致其体察乎?

　　夫良知之于节目事变,犹规矩尺度之于方圆长短也。节目事变之不可预定,犹方圆长短之不可胜穷也。故规矩诚立,则不可欺以方圆,而天下之方圆不可胜用矣。尺度诚陈,则不可欺以长短,而天下之长短不可胜用矣。良知诚致,则不可欺以节目事变,而天下之节目事变不可胜应矣。毫厘千里之谬,不于吾心良知一念之微而察之,亦将何所用其学乎?是不以规矩而欲定天下之方圆,不以尺度而欲尽天下之长短,吾见其乖张谬戾,日劳而无成也已。启超案:以此与朱子即物穷理之说相较,真令人有挈领振裘之乐。吾子谓语孝于温清定省,孰不知之?然而能致其知者鲜矣。若谓粗知温清定省之仪节,而遂谓之能致其知,则凡知君之当仁者,皆可谓之能致其仁之知,知臣之当忠者,皆可谓之能致其忠之知,则天下孰非致知者耶?以是而言,可以知致知之必在于行,而不行之不可以为致知也明矣。知行合一之体,不益较然矣乎?蕺山曰:良知之说,只说得个即心即理,即知即行,更无别法。夫舜之不告而娶,岂舜之前已有不告而娶者为之准则,故舜得以考之何典、问诸何人而为此耶?抑亦求诸其心一念之良知,权轻重之宜,不得已而为此耶?武之不葬而兴师,岂武之前已有不葬而兴师者为之准则,故武得以考之何典、问诸何人而为此耶?抑亦求诸其心一念之良知,权轻重之宜,不得已而为此耶?使舜之心而非诚于为无后,武之心而非诚于为救民,则其不告而娶与不葬而兴师,乃不孝不忠之大者。而后之人不务致其良知,以精察义理于此心感应酬酢之间,顾欲悬空讨论此等变常之事,执之以为制事之本,以求临事之无失,其亦远矣。以上《答顾东桥》

天下古今之人,其情一而已矣。先王制礼,皆因人情而为之节文,是以行之万世而皆准。其或反之吾心而有所未安者,非其传记之讹缺,则必古今风气习俗之异宜者矣。此虽先王未之有,亦可以义起,三王之所以不相袭礼也。若徒拘泥于古,不得于心而冥行焉,是乃非礼之礼,行不著而习不察者矣。

学绝道丧之馀,苟有兴起向慕于学者,皆可以为同志,不必铢称寸度而求其尽合于此:以之待人可也。若在我之所以为造端立命者,则不容有毫发之或爽矣。道一而已,仁者见仁,知者见知。释氏之所以为释,老氏之所以为老,百姓日用而不知,皆是道也,宁有二乎?今古学术之诚伪邪正,何啻碔砆美玉,有眩惑终身而不能辨者,正以此道之无二,而其变动不拘,充塞无间,纵横颠倒,皆可推之而通。世之儒者各就其一偏之见,而又饰之以比拟仿像之功,文之以章句假借之训,其为习熟既足以自信,而条目又足以自安,此其所以诳己诳人,终身没溺而不悟焉耳。然其毫厘之差,而乃致千里之谬,非诚有求为圣人之志,而从事于惟精惟一之学者,莫能得其受病之源,而发其神奸之所由伏也。若某之不肖,盖亦尝陷溺于其间者几年,怅怅然既自以为是矣。赖天之灵,偶有悟于良知之学,然后悔其向之所为者,固包藏祸机,作伪于外,而心劳日拙者也。十馀年来,虽痛自洗剔创艾,而病根深痼,萌蘖时生。所幸良知在我,操得其要,譬犹舟之得舵,虽惊风巨浪,颠沛不无,尚犹得免于倾覆者也。夫旧习之溺人,虽已觉悔悟,而其克治之功,尚且其难若此,又况溺而不悟,日益以深者,亦将何所抵极乎?

已上《寄邹谦之》。启超案:今世傲很险戾之徒,傲然以平等自由口头禅相号者,正以有成说使之自信自安也。此段真语语警切,所谓杀人从咽喉上著刀也。以先生之贤,而犹云有神奸攸伏,犹云包藏祸心,作伪于外。吾侪自审,根器视先生何如?学力视先生何如？其可以一刻自恕耶？

人者，天地万物之心也；心者，天地万物之主也。心即天，言心则天地万物皆举之矣。《答李明德》

大抵学问工夫，只要主意头脑的当，若主意头脑专以致良知为事，则凡多闻多见，莫非致良知之功。盖日用之间，见闻酬酢，虽千头万绪，莫非良知之发用流行。除却见闻酬酢，亦无良知可致矣。《答欧阳崇一》

学者往往说勿忘勿助工夫甚难，才著意便是助，才不著意便是忘。问之云："忘是忘个甚么？助是助个甚么？"其人默然无对，因与说："我此间讲学，却只说个必有事焉，不说勿忘勿助。必有事焉者，只是时时去集义。若时时去用必有事的工夫，而或有时间断，此便是忘了，即须勿忘；时时去用必有事的工夫，而或有时欲速求效，此便是助了，即须勿助。工夫全在必有事上，勿忘勿助，只就其间提撕警觉而已。若工夫原不间断，不须更说勿忘；原不欲速求效，不须更说勿助。今却不去必有事上用工，而乃悬空守着一个勿忘勿助，此如烧锅煮饭，锅内不曾渍水下米，而乃专去添柴放火，吾恐火候未及调停，而锅先破裂矣。所谓时时去集义者，只是致良知。说集义，则一时未见头脑；说致良知，当下便有用工实地。《答聂文蔚》

良知只是一个，随他发见流行处，当下具足，更无去来，不须假借。然其发见流行处，却自有轻重厚薄，毫发不容增减者，所谓天然自有之中也。虽则轻重厚薄，毫发不容增减，而原来只是一个。同上

明道云："吾学虽有所受，然天理二字，却是自家体认出来。"良知即是天理，体认者，实有诸己之谓耳。《与马子莘》

凡人言语正到快意时，便截然能忍默得；意气正到发扬时，便翕然能收敛得；愤怒嗜欲正到腾沸时，便廓然能消化得。此非天下之大勇不能也，然见得良知亲切时，其工夫又自不难。《与宗贤》。启超案：我以良知为严君，彼自能保护我。

《象山文集》所载，未尝不教其徒读书穷理，而自谓理会文字颇与

人异者,则其意实欲体之于身。其亟所称述以诲人者,曰"居处恭,执事敬,与人忠";曰"克己复礼";曰"万物皆备于我,反身而诚,乐莫大焉";曰"学问之道无他,求其放心而已";曰"先立乎其大者,而小者不能夺"。是数言者,孔、孟之言也,恶在其为空虚者乎?独其易简觉悟之说,颇为当时所疑。然易简之说出于《系辞》,觉悟之说虽有同于释氏,然释氏之说,亦自有同于吾儒,而不害其为异者,惟在于几微毫忽之间而已。晦庵之言,曰"居敬穷理";曰"非存心无以致知";曰"君子之心常存敬畏,虽不见闻,亦不敢忽,所以存天理之本然,而不使离于须臾之顷也"。是其为言,虽未尽莹,亦何尝不以尊德性为事,而又恶在其为支离者乎?独其平日汲汲于训解,虽韩文、《楚辞》、《阴符》、《参同》之属,亦必与之注释考辨,而论者遂疑其玩物。又其心虑学者之躐等,而或失之于妄作,使必先之以格致而无不明,然后有以实之于诚正而无所谬。世之学者挂一漏万,求之愈繁,而失之愈远,至有疲力终身,苦其难而卒无所入,则遂议其支离。不知此乃后世学者之弊,当时晦庵之自为,亦岂至是乎?仆尝以为晦庵之与象山,虽其所为学者若有不同,而要皆不失为圣人之徒。今晦庵之学,天下之人童而习之,既已入人之深,有不容于论辨者。独象山之学,则以其常与晦庵之有言,而遂藩篱之。使若由、赐之殊科焉,则可矣;乃摈放废斥,若砥砆之与美玉,则岂不过甚矣乎?夫晦庵折衷群儒之说,以发明六经、《语》、《孟》之旨于天下,其嘉惠后学之心,真有不可得而议者。而象山辨义利之分,立大本,求放心,以示后学笃实为己之道,其功亦宁可得而尽诬之!而世之儒者附和雷同,不究其实,而概目之以禅学,则诚可冤也已。《答徐成之》

凡工夫只是要简易真切。愈真切,愈简易,愈简易,愈真切。《寄安福诸同志》

传习录

爱问:"知止而后有定,朱子以为事事物物皆有定理,似与先生之说相戾。"曰:"于事事物物上求至善,却是义外也。至善是心之本体,只是明明德到至精至一处便是,然亦未尝离却事物。本注所谓尽夫天理之极,而无一毫人欲之私者,得之。"徐爱记

爱问:"至善只求诸心,恐于天下事理有不能尽。"曰:"心即理也,此心无私欲之蔽,即是天理,不须外面添一分。以此纯乎天理之心,发之事父便是孝,发之事君便是忠,发之交友治民便是信与仁,只在此心去人欲存天理上用功便是。"爱曰:"如事父一事,其间温凊定省之类,有许多节目,亦须讲求否?"曰:"如何不讲求,只是有个头脑,只就此心去人欲存天理上讲求。如讲求冬温,也只是要尽此心之孝,恐怕有一毫人欲间杂;讲求夏凊,也只是要尽此心之孝,恐怕有一毫人欲间杂。此心若无人欲,纯是天理,是个诚于孝亲之心,冬时自然思量父母寒,自去求温的道理,夏时自然思量父母热,自去求凊的道理。譬之树木,这诚孝的心便是根,许多条件便是枝叶。须先有根然后有枝叶,不是先寻了枝叶,然后去种根。启超案:科学,枝叶也;道学,根也。《礼记》'孝子之有深爱者必有和气,有和气者必有愉色,有愉色者必有婉容',便是如此。"

爱问:"今人尽有知父当孝、兄当弟者,却不能孝、不能弟,知行分明是两件。"曰:"此已被私欲间断,不是知行本体。未有知而不行者,知而不行,只是未知。启超案:此语直令人无所逃遁,凡吾辈日言爱国而无实行者,皆未知国之可爱也。推之一切皆如此。圣贤教人知行,正是要复那本体。故《大学》指个真知行与人看,说如好好色,如恶恶臭。见好色属知,好好色属行,只见好色时,已自好了,不是见后又立个心去好。闻恶臭属知,恶恶臭属行,只闻恶臭时,已自恶了,不是闻后别立个心去恶。"爱曰:"古人分知行为两,亦是要人见得分晓。一行工夫做知,一行工夫做行,则工夫始有下落。"曰:"此却失了古人宗旨。某尝说知是行的主意,行是知的工夫,知是行之始,行是知之成。若会得时,只说一个知,已自有行在;只说一个行,已自有知在。古人所以既说知又说行者,只

为世间有一种人懵懵懂懂，任意去做，全不解思维省察，只是个冥行妄作，所以必说个知，方才行得是。又有一种人茫茫荡荡，悬空去思索，全不肯着实躬行，只是个揣摩影响，所以必说一个行，方才知得真。此是古人不得已补偏救弊的说话。今若知得宗旨，即说两个亦不妨，亦只是一个。若不会宗旨，便说一个亦济得甚事？只是闲说话。"启超案：后此天泉四句之争辨，先生所谓只是闲说话也。

　　爱问："格物，物字即是事字，皆从心上说。"曰："然。身之主宰便是心，心之所发便是意，意之本体便是知，意之所在便是物。如意在于事亲，即事亲便是一物；意在于事君，即事君便是一物；意在于仁民爱物，即仁民爱物便是一物；意在于视听言动，即视听言动便是一物。所以某说无心外之理，无心外之物。《中庸》言'不诚无物'，《大学》明明德之功，只是个诚意，诚意之功，只是个格物。"

　　知是心之本体，心自然会知。见父自然知孝，见兄自然知弟，见孺子入井自然知恻隐，此便是良知，不假外求。若良知之发，更无私意障碍，即所谓充其恻隐之心而仁不可胜用矣。常人不能无私意，所以须用致知格物之功，胜私复礼，良知更无障碍，得以充塞流行，便是致其知，知致则意诚。

　　问"博约"。曰："礼字即是理字。理之发见可见者谓之文，文之隐微不可见者谓之理，只是一物。约礼只是要此心纯是一个天理，要此心纯是天理，须就理之发见处用功。如发见于事亲时，就在事亲上学存此天理；发见于事君时，就在事君上学存此天理；至于作止语默，无处不然。这便是博学于文，便是约礼的工夫。博文即是惟精，约礼即是惟一。"

　　爱问："道心常为一身之主，而人心每听命。以先生精一之训推之，此语似有弊。"曰："然。心一也，未杂于人谓之道心，杂以人伪谓之人心。人心之得其正者即道心，道心之失其正者即人心，初非有二心也。程子谓'人心即人欲，道心即天理'，语若分析，而意实得之。今日

'道心为主，而人心听命'，是二心也。天理、人欲不并立，安有天命为主，人欲又从而听命者？"^{以上徐爱记}

爱因旧说汨没，始闻先生之教，骇愕不定，无入头处。其后闻之既熟，反身实践，始信先生之学为孔门嫡传，舍是皆旁蹊小径，断港绝河矣。如说格物是诚意工夫，明善是诚身工夫，穷理是尽性工夫，道问学是尊德性工夫，博文是约礼工夫，惟精是惟一工夫，此类始皆落落难合，久之不觉手舞足蹈。

澄问："主一之功，如读书则一心在读书上，接客则一心在接客上，可以为主一乎？"曰："好色则一心在好色上，好货则一心在好货上，可以为主一乎？主一是专主一个天理。"^{陆澄记}

孟源有自是好名之病，先生喻之曰："此是汝一生大病根，譬如方丈地内，种此一大树，雨露之滋，土脉之力，只滋养得这个大根。四旁纵要种些嘉谷，上被此树遮覆，下被此树盘结，如何生长得成？须是伐去此树，纤根勿留，方可种植嘉种。不然，任汝耕耘培壅，只滋养得此根。"^{启超案：此是小子一生大病根。}

问："静时亦觉意思好，才遇事便不同，如何？"曰："是徒知养静，而不用克己工夫也。人须在事上磨炼，方立得住，方能静亦定，动亦定。"

问"上达工夫"。曰："后儒教人，才涉精微，便谓上达未当学，且说下学，是分下学上达为二也。夫目可得见，耳可得闻，口可得言，心可得思者，皆下学也；目不可得见，耳不可得闻，口不可得言，心不可得思者，上达也。如木之栽培灌溉，是下学也；至于日夜之所息，条达畅茂，乃是上达，人安能与其力哉！凡圣人所说，虽极精微，俱是下学，学者只从下学里用功，自然上达去，不必别寻上达工夫。"

问："宁静存心时，可为未发之中否？"曰："今人存心，只定得气，当其宁静时，亦只是气宁静，不可以为未发之中。"曰："未便是中，莫亦是求中工夫?"曰:"只要去人欲,存天理,方是工夫。静时念念去欲存理,动时念念去欲存理,不管宁静不宁静。若靠着宁静,不惟有喜静厌动之弊,中间许多病痛,只是潜伏在,终不能绝去,遇事依旧滋长。以循理为主,何尝不宁静;以宁静为主,未必能循理。"

省察是有事时存养,存养是无事时省察。

定者,心之本体,天理也。动静,所遇之时也。

唐诩问:"立志是常存个善念,要为善去恶否?"曰:"善念存时,即是天理。此念即善,更思何善? 此念非恶,更去何恶? 此念如树之根芽,立志者,长立此善念而已。从心所欲不逾矩,只是志到熟处。"

许鲁斋谓儒者以治生为先之说,亦误人。

喜怒哀乐,本体自是中和的,才自家着些意思,便过不及,便是私。

问:"知至然后可以言意诚,今天理人欲知之未尽,如何用得克己工夫?"曰:"人若真实切己用功不已,则于此心天理之精微,日见一日,私欲之细微,亦日见一日。若不用克己工夫,天理私欲,终不自见。如走路一般,走得一段,方认得一段,走到歧路处,有疑便问,问了又走,方才能到。今于已知之天理不肯存,已知之人欲不肯去,只管愁不能尽知,闲讲何益? 且待克得自己无私可克,方愁不能尽知,亦未迟在。"

启超案:此正是发挥知行合一,语语直抉学者病源。

问:"伊川谓不当于喜怒哀乐未发之前求中,延平却教学者看未发以前气象,何如?"曰:"皆是也。伊川恐人于未发前讨个中,把中作一物看,如吾向所谓认气定时做中,故令只于涵养省察上用功。延平恐人未便有下手处,故令人时时刻刻求未发前气象,使人正目而视惟此,倾耳而听惟此,即是戒慎不睹、恐惧不闻的工夫。皆古人不得已诱人之言也。"

澄于中字之义,尚未明,曰:"此须自心体认出来,非言语所能喻。中只是天理。"曰:"天理何以谓之中?"曰:"无所偏倚。"曰:"无所偏倚何等气象?"曰:"如明镜全体莹彻,无纤尘点染。"曰:"当其已发,或着在好色、好利、好名上,方见偏倚。若未发时,何以知其有所偏倚?"曰:"平日美色名利之心原未尝无,病根不除,则暂时潜伏,偏倚仍在。须是平日私心荡除洁净,廓然纯乎天理,方可谓中。"

言语无序,亦足以见心之不存。

问:"格物于动处用功否?"曰:"格物无间动静,静亦物也。孟子'谓必有事焉',是动静皆有事。"

问:"程子云:'仁者以天地万物为一体。'何墨氏兼爱反不得谓之仁?"曰:"仁是造化生生不息之理,虽弥漫周遍,然其流行发生,亦自有渐。惟其有渐,所以必有发端处;惟有发端处,所以生生不息。譬之于木,其始抽芽,便是生意发端处,然后有干、有枝叶。父子兄弟之爱,是人心生意发端处,如木之抽芽,自此而仁民而爱物,如木之有干、有枝叶也。墨氏将父子兄弟与途人一例,便没了发端处,安能生生? 安得谓之仁?"

问:"延平云:'当理而无私心。'当理与无私心,如何分别?"曰:"心即理也,无私心,即是常理,未当理,即是私心。若析心与理言之,恐亦未善。"又问:"释氏于世间情欲之私不染,似无私心;外弃人伦,却似未当理。"曰:"亦只是一统事,成就它一个私己的心。"已上俱陆澄记

圣人之所以为圣,只是此心纯乎天理而无人欲之杂,犹精金之所以为精,但以其成色足而无铜铅之杂也。人到纯乎天理方是圣,金到足色方是精。然圣人之才力,亦有大小不同,犹金之分两有轻重,所以为精金者,在足色而不在分两,所以为圣者,在纯乎天理而不在才力也。学者学圣人,不过是去人欲而存天理,犹炼金而求其足色耳。后世不知作圣之本,却专去知识才能上求圣人。敝精竭力,从册子上钻研,名物上考索,形迹上比拟。知识愈广,而人欲愈滋;才力愈多,而天理愈蔽。正如见人有万镒精金,不务锻炼成色,而乃妄希分两,锡铅铜铁,杂然投之,分两愈增而成色愈下,及其稍末,无复有金矣。薛侃记。

启超案:崇拜科学而蔑道学者,与夫误认科学以为道学者,读此当憬然。

侃去花间草，曰："天地间何善难培，恶难去？"先生曰："此等看善恶，皆从躯壳起念。天地生意，花草一般，何曾有善恶之分？子欲观花，则以花为善，以草为恶；如欲用草时，复以草为善矣。"曰："然则无善无恶乎？"曰："无善无恶者理之静，有善有恶者气之动，不动于气，即无善无恶，是谓至善。"曰："佛氏亦无善无恶，何以异？"曰："佛氏着在无上，便一切不管。圣人无善无恶，只是无有作好、无有作恶，此之谓不动于气。"曰："草既非恶，是草不宜去矣。"曰："如此却是佛、老意见。草若有碍，理亦宜去。"曰："如此又是作好作恶。"曰："不作好恶，非是全无好恶，只是好恶一循于理，不去着一分意思，即是不曾好恶一般。"曰："然则善恶全不在物？"曰："只在汝心，循理便是善，动气便是恶。"曰："毕竟物无善恶。"曰："在心如此，在物亦然。世儒惟不知此，舍心逐物，将格物之学错看了。"

为学须得个头脑，工夫方有着落，纵未能无间，如舟之有舵，一提便醒。不然，虽从事于学，只做个义袭而取，非大本达道也。启超案：舟舵之喻最妙，但工夫在常常提醒。

侃问："先儒以心之静为体，心之动为用，如何？"曰："不可以动静为体用。动静，时也。即体而言用在体，即用而言体在用，是谓体用一源。若说静可以见其体，动可以见其用，却不妨。"

梁日孚问"主一"。曰："一者，天理。主一，是一心在天理上。若只知主一，不知一即是理，有事时便逐物，无事时便是着空。惟其有事无事，一心皆在天理上用功，所以居敬亦即是穷理。就穷理专一处说，便谓之居敬；就居敬精密处说，便谓之穷理。不是居敬了别有个心穷理，穷理时别有个心居敬。名虽不同，工夫只是一事。"

正之问："戒惧是己所不知时工夫，慎独是己所独知时工夫。"曰："只是一个工夫。无事时固是独知，有事时亦是独知。于此用功，便是端本澄源，便是立诚。若只在人所共知处用功，便是作伪。今若又分戒惧为己所不知工夫，便支离。既戒惧，即是知己。"曰："独知之地，更无无念时耶?"曰:"戒惧之念,无时可息。若戒惧之心稍有不存,不是昏聩,便已流入恶念。"

蔡希渊问:"《大学》新本先格致而后诚意,工夫似与首章次第相合。若先生从旧本,诚意反在格致之前矣。"曰:"《大学》工夫,即是明明德,明明德只是个诚意,诚意工夫只是格致。若以诚意为主,去用格致工夫,工夫始有下落,即为善去恶,无非是诚意的事。如新本先去穷格事物之理,即茫茫荡荡,都无着落处,须添个敬字,方才牵扯得身心上来,终没根源。且既须敬字,缘何孔门倒将最要紧的落了,直待千馀年后人添补? 正谓以诚意为主,即不须添敬字。此学问大头脑,于此不察,真是千里之谬。大抵《中庸》工夫只是诚身,诚身之极便是至诚。《大学》工夫只是诚意,诚意之极便是至善。总是一般。"已上俱薛侃记

九川问:"静坐用功,颇觉此心收敛,遇事又断了,旋起个念头去事上省察,事过又寻旧功,觉内外打不成一片。"曰:"心何尝有内外? 即如惟浚今在此讲论,又岂有一心在内照管? 这讲说时专一,即是那静坐时心,工夫一贯,何须更起念头? 须在事磨炼工夫得力。若只好静,遇事便乱,那静时工夫亦差,似收敛而实放溺也。"

问:"近来工夫稍知头脑,然难寻个稳当处。"曰:"只是致知。"曰:"如何致?"曰:"一点良知,是尔自家的准则,尔意念着处,他是便知是,非便知非,更瞒他一些不得。尔只不要欺他,实实落落,依着他做去,善便存,恶便去,何等稳当! 此便是致知的实功。"启超案:不欺良知一语,王学之精蕴尽于是矣。

崇一曰:"先生致知之旨,发尽精蕴,看来这里再去不得。"曰:"何言之易也。再用功半年看如何? 又用功一年看如何? 工夫愈久,愈觉不同。知来本无知,觉来本无觉,然不知则遂埋没。"已上俱陈九川记。启超案:可见王学不专有顿教。

黄以方问:"先生格致之说,随时格物以致其知,则知是一节之知,非全体之知也,何以到得溥博如天、渊泉如渊地位?"曰:"心之本体无

所不该,原是一个天,只为私欲障碍,则天之本体失了。心之理无穷尽,原是一个渊,只为私欲窒塞,则渊之本体失了。如念念致良知,将此障碍窒塞一齐去尽,则本体已复,便是天渊了。"因指天以示之,曰:"如面前所见,是昭昭之天,四外所见,亦只是昭昭之天,只为许多墙壁遮蔽,不见天之全体。若撤去墙壁,总是一个天矣。于此便见一节之知即全体之知,全体之知即一节之知,总是一个本体。"_{黄直记}

圣贤非无功业气节,但其循着天理,则便是道,不可以事功气节名矣。

我辈致知,只是各随分量所及。今日良知见在如此,则随今日所知扩充到底。明日良知又有开悟,便随明日所知扩充到底。如此,方是精一工夫。_{启超案:此亦渐教。}

问"知行合一"。曰:"此须识我立言宗旨。今人学问,只因知行分作两件,故有一念发动,虽是不善,然却未曾行,便不去禁止。我今说个知行合一,正要人晓得一念发动处,便即是行了,发动处有不善,就将这不善的念克倒了,须要彻根彻底,不使那一念不善潜伏在胸中。此是我立言宗旨。"_{蕺山曰:如此说知行合一,真是丝丝见血。启超案:《大学》所谓"其严乎",盖谓此也。}

圣人无所不知,只是知个天理;无所不能,只是能个天理。圣人本体明白,故事事知个天理所在,便去尽个天理,不是本体明后,却于天下事物都便知得,便做得来也。天下事物,如名物度数、草木鸟兽之类,不胜其烦,虽是本体明了,亦何缘能尽知得?但不必知的,圣人自不消求知,其所当知者,圣人自能问人,如"子入太庙,每事问"。先儒谓"虽知亦问,敬谨之至"。此说不可通。圣人于礼乐名物不必尽知,然他知得一个天理,便自有许多节文度数出来。不知能问,亦即是天理节文所在。

问:"儒者夜气,胸中思虑,空空静静,若释氏之静却一般,此时何所分别?"曰:"动静只是一个,那夜气空空静静,天理在中,即是应事接物的心。应事接物的心，亦是循天理，便是夜气空空静静的心。故动静分别不得，知得动静合一，释氏毫厘差处亦自莫掩矣。"

文公格物之说，只是少头脑。如所谓"察之于念虑之微"，此一句不该与"求之文字之中，验之事为之著，索之讲论之际"混作一例看，是无轻重也。"已上俱黄直记

佛氏不着相，其实着相；吾儒着相，其实不着相。佛怕父子累，却逃了父子；怕君臣累，却逃了君臣；怕夫妇累，却逃了夫妇：都是着相，便须逃避。吾儒有个父子，还他以仁；有个君臣，还他以义；有个夫妇，还他以别：何曾着父子、君臣、夫妇的相？

问："读书所以调摄此心，但一种科目意思，牵引而来，何以免此？"曰："只要良知真切，虽做举业，不为心累。且如读书时，知得强记之心不是，即克去之；有欲速之心不是，即克去之；有夸多斗靡之心不是，即克去之。如此，亦只是终日与圣贤印对，是个纯乎天理之心，任它读书，亦只是调摄此心而已，何累之有？"

诸君工夫，最不可助长。上智绝少，学者无超入圣人之理，一起一伏，一进一退，自是工夫节次。启超案：此等语，学者读之可以自壮。不可以我前日曾用工夫，今却不济，便要矫强做出一个没破绽的模样。这便是助长，连前些子工夫都坏了。只要常常怀个遁世无闷、不见是而无闷之心，依此良知，忍耐做去，不管毁誉荣辱，久久自然有得力处。已上俱黄修易记

言立志，曰："真有圣人之志，良知上更无不尽。良知上留得些子别念挂带，便非必为圣人之志矣。"

吾昔居滁时，见诸生多务知解，无益于得，姑教之静坐，一时窥见光景，颇收近效。久之，渐有喜静厌动，流入枯槁之病。故迩来只说致良知。良知明白，随你去静处体悟也好，随你去事上磨炼也好，良知本体，原是无动无静的，此便是学问头脑。

问："不睹不闻是说本体，戒慎恐惧是说工夫否？"曰："须信得本体

原是不睹不闻的，亦原是戒慎恐惧的，戒慎恐惧不曾在不睹不闻上加得些子。见得真时，便谓戒惧恐惧是本体，不睹不闻是工夫，亦得。"

良知在夜气发的，方是本体，以其无物欲之杂也。学者要使事物纷扰之时，常如夜气一般，就是通乎昼夜之道而知。启超案：所谓清明在躬，志气如神也。

仙家说到虚，圣人岂能虚上加得一毫实？佛氏说到无，圣人岂能无上加得一毫有？但仙家说虚，从养生上来；佛氏说无，从出离生死上来。却于本体上加却这些子意思在，便不是虚无的本色，便于本体有障碍。圣人只是还他良知的本色，便不着些子意在。良知之虚，便是天之太虚；良知之无，便是太虚之无形。日月风雷，山川民物，凡有象貌形色，皆在太虚无形中发用流行，未尝作得天的障碍。圣人只是顺其良知之发用，天地万物俱在我良知发用流行中，何尝又有一物超于良知之外，能作得障碍？

问："释氏亦务养心，然不可以治天下，何也？"曰："吾儒养心，未尝离却事物，只顺其天则，自然就是工夫。释氏却要尽绝事物，把心看做幻相，与世间无些子交涉，所以不可治天下。"

问异端。曰："与愚夫愚妇同的，是谓同德；与愚夫愚妇异的，是谓异端。"

孟子不动心与告子不动心，所异只在毫厘间。告子只在不动心上着功，孟子便直从此心原不动处分晓。心之本体原是不动的，只为所行有不合义，便动了。孟子不论心之动与不动，只是集义，所行无不是义，此心自然无可动处。告子只要此心不动，便是把捉此心，将他生生不息之根反阻挠了。

问："人有虚灵，方有良知，若草木瓦石之类，亦有良知否？"曰："人的良知，就是草木瓦石的良知。若草木瓦石无人的良知，不可以为草木瓦石矣。岂惟草木瓦石为然，天地无人的良知，亦不可为天地矣。盖天地万物与人原是一体，其发窍之最精处，是人心一点灵明。故五谷禽兽之类皆可以养人，药石之类皆可以疗疾，只为同此一气，故能相通耳。"

问："人与物同体，如何《大学》又说个厚薄？"曰："道理自有厚薄，比如身是一体，把手足捍头目，岂是薄手足？ 其道理合如此。禽兽与草木同是爱的，把草木去养禽兽，又忍得。人与禽兽同是爱的，宰禽兽以养亲、供祭祀、燕宾客，心又忍得。至亲与路人同是爱的，颠沛患难之际，不能两全，宁救至亲，不救路人，心又忍得。这是道理合该如此。及至吾身与至亲，更不得分彼此厚薄，盖以仁民爱物，皆从此出，此处可忍，更无所不忍矣。《大学》所谓厚薄，是良知上自然的条理，便谓之义；顺这个条理，便谓之礼；知此条理，便谓之智；终始这条理，便谓之信。"

目无体，以万物之色为体；耳无体，以万物之声为体；鼻无体，以万物之臭为体；口无体，以万物之味为体；心无体，以天地万物感应之是非为体。

无知无不知，本体原是如此。譬如日未尝有心照物，而自无物不照。无照无不照，原是日之本体。良知本无知，今却要有知，本无不知，今却疑有不知，只是信不及耳。

问："孔子所谓远虑，周公夜以继日，与将迎不同，何如？"曰："远虑不是茫茫荡荡去思虑，只是要存这天理。天理在人心，亘古亘今，无有终始。天理即是良知，千思万虑，只是要致良知。良知愈思愈精明，若不精思，漫然随事应去，良知便粗了。若只著在事上，茫茫荡荡去思，教做远虑，便不免有毁誉得丧人欲搀入其中，就是将迎了。周公终夜以思，只是戒慎不睹、恐惧不闻的功夫。"

先天而天弗违，天即良知也；后天而奉天时，良知即天也。

"良知只是个是非之心，是非只是个好恶，只好恶就尽了是非，只是非就尽了万事万变。"又曰："是非两字是个大规矩，巧处则存乎其人。"

问:"知譬日,欲譬云,云虽能蔽日,亦是天之一气合有的,欲亦莫非人心合有否?"曰:"喜怒哀惧爱恶欲,谓之七情。七者俱是人心合有的,但要认得良知明白。比如日光,虽云雾四塞,太虚中色象可辨,亦是日光不灭处,不可以云能蔽日,教天不要生云。七情顺其自然之流行,皆是良知之用,但不可有所著。七情有著,俱谓之欲。然才有著时,良知亦自会觉,觉即蔽去,复其体矣。此处能看得破,方是简易透彻工夫。"

人有过,多于过上用功,就是补甑,其流必归于文过。

琴瑟简编,学者不可无,盖有业以居之,心就不放。

问:"良知原是中和的,如何却有过不及?"曰:"知得过不及处,就是中和。"

慈湖不为无见,又着在无声无臭见上了。

门人叹先生自征宁藩以来,天下谤议益众。先生曰:"我在南都以前,尚有些子乡愿意思在。今信得这良知真是真非,信手行去,更不着些覆藏,才做得个狂者胸次,故人都说我行不掩言也。"已上俱钱德洪记。

启超案:此见先生学日进,而真面目日日与人以共见,吾辈当学者在此。

所谓人所不知而己独知者,此正是吾心良知处。

有言童子不能格物,只教以洒扫应对。曰:"洒扫应对就是物,童子良知只到此,只教去洒扫应对,便是致他这一点良知。又如童子之畏先生长者,此亦是他良知处,故虽遨嬉,见了先生长者,便去作揖恭敬,是他能格物以致敬师长之良知。我这里格物,自童子以对圣人,皆是此等工夫。但圣人格物,便更熟得些子,不消费力。"

问:"程子云'在物为理',如何云'心即理?'"曰:"在物为理,在字上当添一心字,此心在物,则为理。如此心在事父则为孝,在事君则为忠之类是也。诸君要识得我立言宗旨。我如今说个心即理,只为世人分心与理为二,便有许多病痛。如五霸攘夷狄,尊周室,都是一个私心,便不当理。人却说他做得当理,只心有未纯,往往慕悦其所为,要来外面做得好看，却与心全不相干。分心与理为二，其流至于霸道之伪而不自知。故我说个心即理，要使知心理是一个，便来心上做工夫，不去袭取于义，便是王道之真。"

夫子说"性相近"，即孟子说"性善"，不可专在气质上说。若说气质，如刚与柔对，如何相近得？惟性善则同耳。人生初时，善原是同的，但刚者习于善则为刚善，习于恶则为刚恶，柔者习于善则为柔善，习于恶则为柔恶，便日相远了。已上俱黄以方记

丁亥年九月，先生起征思、田。德洪与汝中论学，德洪举先生教言曰："无善无恶心之体，有善有恶意之动，知善知恶是良知，为善去恶是格物。"汝中曰："此恐未是究竟话头。若说心体是无善无恶，意亦是无善无恶，知亦是无善无恶，物亦是无善无恶矣。若说意有善恶，毕竟心体还有善恶在。"德洪曰："心体是天命之性，原无善恶，但人有习心，意念上见有善恶在。格致诚正修，此是复性体工夫。若原无善恶，工夫亦不消说矣。"是夕，坐天泉桥，各举请正。先生曰："二君之见，正好相资，不可各执一边。我这里接人，原有二种：利根之人，直从本源上悟入。人心本体原是明莹无滞，原是个未发之中，利根之人，一悟本体，即是工夫，人己内外，一齐俱透。其次不免有习心在，本体受蔽，故且教在意念上实落为善去恶，工夫熟后，渣滓去尽，本体亦明净了。汝中之见，是我接利根人的；德洪之见，是我为其次立法的：相取为用，则中人上下，皆可引入于道。"既而曰："已后讲学，不可失了我的宗旨。无善无恶心之体，有善有恶意之动，知善知恶是良知，为善去恶是格物。这话头随人指点，自没病痛，原是彻上彻下工夫。利根之人，世亦难遇，人有习心，不教他在良知上实用为善去恶工夫，只去悬空想个本体，一切事为，俱不着实，不过养成一个虚寂，病痛不是小小，不可不早说破。"王畿《天泉证道记》。启超案：此是王门一大公案，所谓四有句、四无句之教也。后此王学流派纷争，皆导源于此。读龙溪、念庵、泰州、蕺山诸案，当知其概。

浙中王门学案

　　姚江之教，自近而远，其最初学者，不过郡邑之士耳。龙场而后，四方弟子始益进焉。郡邑之以学鸣者，亦仅仅绪山、龙溪，此外则椎轮积水耳。然一时之盛，吾越尚讲诵、习礼乐，弦歌之音不绝，其儒者不能一二数。若山阴范瓘，字廷润，号栗斋，初师王司舆、许半圭，其后卒业于阳明。博考群经，恍然有悟，以为"孔、孟的传，惟周、程得之，朱、陆而下，皆弗及也"。家贫不以关怀，曰："天下有至宝，得而玩之，可以忘贫。"作古诗二十章，历叙道统及太极之说，其奥义未易测也。馀姚管州，字子行，号石屏，官兵部司务。每当入直，讽咏抑扬，司马怪之。边警至，司马章皇，石屏曰："古人度德量力，公自料才力有限，何不引退以空贤路？"司马谩为好语谢之，以京察归。大洲有宿四祖山诗："四子堂堂特地来"，谓蔡白石、沈古林、龙溪、石屏也。范引年，号半野，讲学于青田，从游者颇众。夏淳，字惟初，号复吾，以乡举卒官思明府同知。魏庄渠主天根天机之说，复吾曰："指其静为天根，动为天机，则可；若以静养天根，动察天机，是歧动静而二之，非所以语性也。"柴凤，字后愚，主教天真书院，衢、严之士多从之。孙应奎，字文卿，号蒙泉，历官右副都御史，以《传习录》为规范，董天真之役。闻人铨，字邦正，号北江，与绪山定《文录》，刻之行世。即以寒宗而论，黄骥，字德良，尤

217

西川纪其言阳明事。黄文焕，号吴南，开州学正，阳明使其子受业，有《东阁私抄》记其所闻。黄嘉爱，字懋仁，号鹤溪，正德戊辰进士，官至钦州守。黄元釜，号丁山，黄夔，字子韶，号后川，皆笃实光明，墨守师说。以此推之，当时好修一世湮没者，可胜道哉！

郎中徐横山先生爱

徐爱，字曰仁，号横山，馀姚之马堰人。正德三年进士。出知祁州，升南京兵部员外郎，转南京工部郎中。十一年，归而省亲。明年五月十七日卒，年三十一。《绪山传》云"兵部"及"告病归"，皆非。

先生为海日公之婿，于阳明内兄弟也。阳明出狱而归，先生即北面称弟子，及门莫有先之者。邓元锡《皇明书》云"自龙场归受学"，非。其后与阳明同官南中，朝夕不离。学者在疑信之间，先生为之骑邮以通彼我，于是门人益亲。阳明曰："曰仁，吾之颜渊也。"先生尝游衡山，梦老僧抚其背而叹曰："子与颜子同德，亦与颜子同寿。"觉而异之。阳明在赣州闻讣，哭之恸。先生虽死，阳明每在讲席，未尝不念之。酬答之顷，机缘未契，则曰："是意也，吾尝与曰仁言之，年来未易及也。"一日讲毕，环柱而走，叹曰："安得起曰仁于泉下，而闻斯言乎！"乃率诸弟子之其墓所，酹酒而告之。先生始闻阳明之教，与先儒相出入，骇愕不定，无入头处。闻之既熟，反身实践，始信为孔门嫡传，舍是皆旁蹊小径、断港绝河矣。

阳明自龙场以后，其教再变。南中之时，大率以收敛为主，发散是不得已，故以默坐澄心为学的。江右以后，则专提致良知三字。先生记《传习》初卷，皆是南中所闻，其于"致良知"之说，固未之知也。然《录》中有云："知是心之本体，心自然为知。见父自然知孝，见兄自然知弟，见孺子入井自然知恻隐。此便是良知，使此心之良知充塞流行，

218

便是致其知。"则三字之提,不始于江右明矣。但江右以后,以此为宗旨耳。是故阳明之学,先生为得其真。聂双江云:"今之为良知之学者,于《传习录》前编所记真切处,俱略之,乃驾空立笼罩语,似切近而实渺茫,终日逐外而自以为得手也。"盖未尝不太息于先生云。

文　集

吾师之教,谓人之心有体有用,犹之水木有根源有枝叶流派,学则如培浚溉疏。故木水在培溉其根,浚疏其源,根盛源深,则枝流自然茂且长。故学莫要于收放心,涵养、省察、克治是也,即培浚其根源也。读书玩理,皆所以溉疏之也。故心德者,人之根源也,而不可少缓;文章名业者,人之枝叶也,而非所汲汲。学者先须辨此,即是辨义利之分。既能知所决择,则在立志坚定以趋之而已。《答邵思抑》

学者大患在于好名,今之称好名者,类举富贵夸耀以为言,抑末矣。凡其意有为而为,虽其迹在孝弟忠信礼义,犹其好名也,犹其私也。古之学者,其立心之始,即务去此,而以全吾性命之理为心。当其无事,以勿忘勿助而养吾公平正大之体,勿先事落此蹊径,故谓之存养;及其感应,而察识其有无,故谓之省察;察知其有此而务决去之,勿苦其难,故谓之克治;专事乎此而不以怠心间之,故谓之不息;去之尽而纯,故谓之天德;推之纯而达,故谓之王道。《送甘钦采》

夫人之所以不宜于物者,私害之也。是故吾之私得以加诸彼,则忮心生焉。忮心,好胜之类也,凡天下计较、忌妒、骄淫、狠傲、攘夺、暴乱之恶,皆从之矣。吾之私得以藉诸彼,则求心生焉。求心,好屈之类也,凡天下阿比、谄佞、柔懦、燕溺、污辱、咒诅之恶,皆从之矣。二私交于中,则我所以为感应之地者,非公平正大之体矣。以此之机,而应物之感,其有能宜乎否也?《宜斋序》

古人谓:"未知学,须求有个用力处;既用力,须求有个得力处。"今以康斋之勇,殷勤辛苦不替七十年,然未见其大成,则疑其于得力处有未至。白沙之风,使人有"吾与点也"之意,然末流涉旷达,则疑其于用力处有缺。夫有体斯有用,有终必有始,将以康斋之践履为体为始耶?将以白沙之造诣为用为终耶?是体用终始歧为二也。世固有谓某有体无用、有用无体者,仆窃不然。必求二公之所以蔽者而会归之,此正关要所系,必透此,方有下手处也。《答王承吉》

予始学于先生,惟循迹而行。久而大疑且骇,然不敢遽非,必反而思之。思之稍通,复验之身心,既乃恍若有见,已而大悟,不知手之舞、足之蹈,曰:"此道体也,此心也,此学也。人性本善也,而邪恶者客感也,感之在于一念,去之在于一念,无难事,无多术。"且自恃禀性柔,未能为大恶,则以为如是可以终身矣,而坦坦然、而荡荡然乐也。孰知久则私与忧复作也!通世之痼疾有二,文字也,功名也。予始以为姑毋攻焉,不以累于心可矣,绝之无之,不已甚乎!熟知二者之贼,素夺其宫,姑之云者,是假之也。是故必绝之、无之而后可以进于道,否则终不免于虚见,且自诬也。《赠薛尚谦》

督学蔡我斋先生宗兖　御史朱白浦先生节

正德丁卯,徐横山、蔡我斋、朱白浦三先生举于乡,别文成而北。文成言:"徐曰仁之温恭,蔡希渊之深潜,朱守中之明敏,皆予所不逮。"盖三先生皆以丁卯来学,文成之弟子,未之或先者也。癸酉,三先生从文成游四明山,我斋自永乐寺返,白浦自姐溪返,横山则同入雪窦,春风沂水之乐,真一时之盛事也。横山为弟子之首,遂以两先生次之。

蔡宗兖,字希渊,号我斋,山阴之白洋人。乡书十年而取进士,留为庶吉士,不可,以教授奉母。孤介不为当道所喜,辄弃去。文成以为:"归计良是,而伤于急迫。再过二三月,托病行,则形迹泯然。独为君子,而人为小人,亦非仁人忠恕之心也。"已,教授莆田,复不为当道所喜。文成戒之曰:"区区往谪龙场,横逆之加日至,迄今思之,正动心忍性、砥砺切磋之地,其时乃止搪塞排遣,竟成空过,惜也。希渊省克精切,其肯遂自以为忠乎?"移教南康,入为太学助教、南考功,升四川督学佥事。林见素谓:"先生中有馀养,只见外者之轻,故能壁立千仞。"

朱节,字守中,号白浦,亦白洋人。举进士,官御史,以天下为己任。文成谓之曰:"德业外无事功,不由天德而求骋事功,则希高务外,非业也。"巡按山东,流贼之乱,勤事而卒,赠光禄少卿。先生尝言:"平生于'爱众、亲仁'二语得力,然亲仁必从爱众得来。"

员外钱绪山先生德洪

钱德洪,字洪甫,号绪山,浙之馀姚人,王文成平濠归越,先生与同邑范引年、管州、郑寅、柴凤、徐珊、吴仁数十人会于中天阁,同禀学焉。明年,举于乡。时四方之士来学于越者甚众,先生与龙溪疏通其大旨,而后卒业于文成,一时称为教授师。嘉靖五年,举于南宫,不廷试而归。文成征思、田,先生与龙溪居守越中书院。七年,奔文成之丧,至于贵溪,问丧服,邵竹峰曰:"昔者孔子没,子贡若丧父而无服,礼也。"先生曰:"吾夫子没于道路,无主丧者,弟子不可以无服。然某也有父母在,麻衣布绖,弗敢有加焉。"筑室于场,以终心制。十一年,始赴廷试,出为苏学教授。丁内艰,服阕,补国子监丞,寻升刑部主事,稍迁员外郎,署陕西司事。上夜游西山,召武定侯郭勋不至,给事中高时劾之,下勋锦衣狱,转送刑部。勋骄恣不法,举朝恨之,皆欲坐以不轨。先生据法以违敕十罪论死,再上不报。举朝以上之不报,因按轻也,劾先生不明律法。上以先生为故入,故不报,遂因劾下先生于狱。盖上之宠勋未衰，特因事稍折之，与廷臣之意故相左也。先生身婴三木，与侍御杨斛山、都督赵白楼讲《易》不辍。勋死，始得出狱。九庙成，诏复冠带。穆宗朝，进阶朝列大夫，致仕。万历初，复进阶一级。在野三十年，无日不讲学。江、浙、宣、歙、楚、广，名区奥地，皆有讲舍。先生与龙溪迭捧珠盘。年七十，作《颐闲疏》告四方，始不出游。二年十月二十六日卒，年七十九。

阳明致良知之学，发于晚年。其初以静坐澄心训学者，学者多有喜静恶动之弊，知本流行，故提掇未免过重。然曰"良知是未发之中"，又曰"谨独即是致良知"，则亦未尝不以收敛为主也。故邹东廓之戒惧，罗念庵之主静，此真阳明之的传也。先生与龙溪亲炙阳明最久，习闻其过重之言。龙溪谓："寂者心之本体，寂以照为用，守其空知而遗照，是乖其用也。"先生谓："未发竟从何处觅，离已发而求未发，必不可得。"是两先生之"良知"，俱以见在知觉而言，于圣贤凝聚处，尽与扫除，在师门之旨，不能无毫厘之差。龙溪从见在悟其变动不居之体，先生只于事物上实心磨炼，故先生之彻悟不如龙溪，龙溪之修持不如先生。乃龙溪竟入于禅，而先生不失儒者之矩矱，何也？龙溪悬崖撒手，非师门宗旨所可系缚；先生则把缆放船，虽无大得，亦无大失耳。念庵曰："绪山之学数变，其始也，有见于为善去恶者，以为致良知也。已而曰：'良知者，无善无恶者也，吾安得执以为有而为之而又去之？'已又曰：'吾恶夫言之者之淆也，无善无恶者见也，非良知也。吾惟即吾所知以为善者而行之，以为恶者而去之，此吾可能为者也。其不出于此者，非吾所得为也。'又曰：'向吾之言犹二也，非一也。夫子尝有言矣，曰至善者心之本体，动而后有不善也。吾不能必其无不善，吾无动焉而已。彼所谓意者动也，非是之谓动也；吾所谓动，动于动焉者也。吾惟无动，则在吾者常一矣。'"按先生之无动，即慈湖之不起意也。不起意，非未发乎？然则谓"离已发而求未发，必不可得"者，非先生之末后语矣。

会　语

戒惧即是良知，觉得多此戒惧，只是工夫生；久则本体功夫自能相忘，不思而得，不勉而中，亦只一熟耳。

圣人于纷纭交错之中，而指其不动之真体，良知是也。是知也，虽万感纷纭而是非不昧，虽众欲交错而清明在躬，至变而无方，至神而无迹者，良知之体也。太虚之中，无物不有，而无一物之住，其有住，则即为太虚之碍矣。人心感应，无时不有，而无一时之住，其有住，则即为太虚之障矣。故忿懥、好乐、恐惧、忧患一著于有心，即不得其正矣。故正心之功，不在他求，只在诚意之中，体当本体明彻，止于至善而已矣。

问："感人不动，如何？"曰："才说感人，便不是了。圣贤只是正己而物自正。譬如太阳无蔽，容光自能照物，非是屑屑寻物来照。"

问："戒惧之功，不能无有事无事之分。"曰："知得良知是一个头脑，虽在千百人中，工夫只在一念微处；虽独居冥坐，工夫亦只在一念微处。"

致知之功，在究透全体，不专在一念一事之间。但除却一念一事，又更无全体可透耳。

良知广大高明，原无妄念可去，才有妄念可去，已自失却广大高明之体矣。今只提醒本体，群妄自消。

人要为恶，只可言自欺，良知本来无恶。

学者功夫，不得伶利直截，只为一虞字作祟耳。良知是非从违，何尝不明，但不能一时决断，如自虞度曰："此或无害于理否？或可苟同于俗否？或可欺人于不知否？或可因循一时以图迁改否？"只此一虞，便是致吝之端。

昔者吾师之立教也，揭诚意为《大学》之要，指致知格物为诚意之功，门弟子闻言之下，皆得入门用力之地。用功勤者，究极此知之体，使天则流行，纤翳无作，千感万应，而真体常寂，此诚意之极也。故诚意之功，自初学用之即得入手，自圣人用之精诣无尽。吾师既殁，吾党病学者善恶之机，生灭不已，乃于本体提揭过重。闻者遂谓诚意不足以尽道，必先有悟而意自不生；格物非所以言功，必先归寂而物自化。遂相与虚忆以求悟，而不切乎民彝物则之常；执体以求寂，而无有乎圆神活泼之机。希高凌节，影响谬戾，而吾师平易切实之旨，壅而弗宣。师云："诚意之极，止至善而已矣。"是止至善也者，未尝离诚意而得也。言止则不必言寂，而寂在其中；言至善则不必言悟，而悟在其中。然皆必本于诚意焉。何也？盖心无体，心之上不可以言功也。应感起物，而好恶形焉，于是乎有精察克治之功。诚意之功极，则体自寂而应自顺。初学以至成德，彻始彻终，无二功也。是故不事诚意而求寂与悟，是不入门而思见宗庙百官也；知寂与悟而不示人以诚意之功，是欲人见宗庙百官而闭之门也：皆非融释于道者也。

论　学　书

久庵谓吾党于学，未免落空。初若未以为然，细自磨勘，始知自惧。日来论本体处，说得十分清脱，及征之行事，疏略处甚多。此便是学问落空处。譬之草木，生意在中，发在枝干上，自是可见。《复王龙溪》

亲蹈生死真境，身世尽空，独留一念荧魂。耿耿中夜，豁然若省，乃知上天为我设此法象，示我以本来真性，不容丝发挂带。平时一种姑容因循之念，常自以为不足害道，由今观之，一尘可以蒙目，一指可以障天，诚可惧也。噫！古人处动忍而获增益，吾不知增益者何物，减削则已尽矣。《狱中寄龙溪》。启超案：患难困穷是磨炼人格之最高学校，此学校非尽人能入，可遇而不可求。幸遇之者，天之厚我甚矣。不于此间求得一切实受用处，真辜负天启也。

龙溪学日平实，每于毁誉纷冗中，益见奋惕。弟向与意见不同，虽承先师遗命，相取为益，终与入处异路，未见能浑接一体。归来屡经多故,不肖始能纯信本心,龙溪亦于事上肯自磨涤,自此正相当。能不出露头面,以道自任,而毁誉之言,亦从此入。旧习未化,时出时入,容或有之,然其大头放倒如群情所疑,非真信此心千古不二,其谁与辨之?《与张浮峰》

格物之学,实良知见在功夫,先儒所谓"过去未来,徒放心耳"。见在功夫,时行时止,时嘿时语,念念精明,毫厘不放,此即行著习察、实地格物之功也。于此体当切实,著衣吃饭,即是尽心至命之功。《与陈两湖》

学者初入手时,良知不能无间,善恶念头杂发难制,或防之于未发之前,或制之于临发之际,或悔改于既发之后,皆实功也。由是而入微,虽圣人之知几,亦只此工夫耳。《复何吉阳》

凡为愚夫愚妇立法者,皆圣人之言也。为圣人说道妙、发性真者,非圣人之言也。《答念庵》

郎中王龙溪先生畿

王畿,字汝中,别号龙溪,浙之山阴人。弱冠举于乡,嘉靖癸未下第,归而受业于文成。丙戌试期,遂不欲往。文成曰:"吾非以一第为子荣也,顾吾之学,疑信者半,子之京师,可以发明耳。"先生乃行,中是年会试。时当国者不说学,先生谓钱绪山曰:"此岂吾与子仕之时也?"皆不廷试而归。文成门人益进,不能遍授,多使之见先生与绪山。先生和易宛转,门人日亲。文成征思、田,先生送至严滩而别。明年,文成卒于南安,先生方赴廷试,闻之,奔丧至广信,斩衰以毕葬事,而后心丧。壬辰,始廷对,授南京职方主事,寻以病归。起原官,稍迁至武选郎中。时相夏贵溪恶之。三殿灾,吏科都给事中戚贤上疏,言先生学有渊源,可备顾问。贵溪草制:"伪学小人,党同妄荐。"谪贤外任。先生因再疏乞休而归。逾年，当考察，南考功薛方山与先生学术不同，欲借先生以正学术，遂填察典。先生林下四十馀年，无日不讲学，自两都及吴、楚、闽、越、江、浙，皆有讲舍，莫不以先生为宗盟。年八十，犹周流不倦。万历癸未六月七日卒，年八十六。

《天泉证道记》谓师门教法，每提四句："无善无恶心之体，有善有恶意之动，知善知恶是良知，为善去恶是格物。"绪山以为定本，不可移易。先生谓之权法，体用显微只是一机，心意知物只是一事，若悟得心是无善无恶之心，则意知物俱是无善无恶。相与质之阳明，阳明曰："吾教法原有此两种，四无之说为上根人立教；四有之说为中根以下人立教。上根者，即本体便是功夫，顿悟之学也；中根以下者，须用为善去恶功夫，以渐复其本体也。"自此印正，而先生之论大抵归于四无。以正心为先天之学，诚意为后天之学，从心上立根，无善无恶之心，即是无善无恶之意，是先天统后天。从意上立根，不免有善恶两端之决择，而心亦不能无杂，是后天复先天。此先生论学大节目，传之海内，而学者不能无疑。以四有论之，惟善是心所固有，故意知物之善，从中而发，恶从外而来。若心体既无善恶，则意知物之恶固妄也，善亦妄也。功夫既妄，安得谓之复还本体？斯言也，于阳明平日之言，无所考见，独先生言之耳。然先生他日答吴悟斋云："至善无恶者心之体也，有善有恶者意之动也，知善知恶者良知也，为善去恶者格物也。"此其说已不能归一矣。以四无论之，《大学》正心之功从诚意入手，今曰从心上立根，是可以无事乎意矣。而意上立根者，为中下人而设，将《大学》有此两样功夫欤？抑止为中下人立教乎？先生谓"良知原是无中生有，即是未发之中。此知之前，更无未发，即是中节之和。此知之后，更无已发，自能收敛，不须更主于收敛，自能发散，不须更期于发散，当下现成，不假功夫修整而后得。致良知原为未悟者设，信得良知过时，独往独来，如珠之走盘，不待拘管而自不过其则也"。以笃信谨守，一切矜名饰行之事，皆是犯手做作。唐荆川谓先生"笃于自信，不为形迹之防，包荒为大，无净秽之择，故世之议先生者不一而足"。夫良知既为知觉之流行，不落方所，不可典要，一著功夫，则未免有碍虚无之体，是不得不近于禅。流行即是主宰，悬崖撒手，茫无把柄，以心息相依为权法，是不得不近于老。虽云真性流行，自见天则，而于儒者之矩矱，未免有出入矣。然先生亲承阳明末命，其微言往往而在。象山之后不能无慈湖，文成之后不能无龙溪，以为学术之盛衰因之。慈湖决象山之澜，而先生疏河导源，于文成之学，固多所发明也。

语　　录

先师尝谓人曰："戒慎恐惧是本体，不睹不闻是功夫。"戒慎恐惧若非本体，于本体上殊生障碍；不睹不闻若非功夫，于一切处尽成支离。

圣人所以为圣，精神命脉全体内用，不求知于人，故常常自见已过，不自满假，日进于无疆。乡愿惟以媚世为心，全体精神尽从外面照管，故自以为是而不可与入尧、舜之道。《梅纯甫问答》

致良知只是虚心应物，使人人各得尽其情，能刚能柔，触机而应，迎刃而解，如明镜当空，妍媸自辨，方是经纶手段。才有些子才智伎俩与之相形，自己光明反为所蔽。《维扬晤语》

良知宗说，同门虽不敢有违，然未免各以其性之所近拟议搀和。有谓良知非觉照，须本于归寂而始得，如镜之照物，明体寂然而妍媸自辨，滞于照，则明反眩矣。启超案：此聂双江派之说。有谓良知无见成，由于修证而始全，如金之在矿，非火齐锻炼，则金不可得而成也。启超案：此罗念庵派之说。有谓良知是从已发立教，非未发无知之本旨。启超案：此李见罗派之说。有谓良知本来无欲，直心以动，无不是道，不待复加销欲之功。启超案：此王心斋派之说。有谓学有主宰，有流行，主宰所以立性，流行所以立命，而以良知分体用。有谓学贵循序，求之有本末，得之无内外，而以致知别始终。此皆论学同异之见，不容以不辨者也。寂者心之本体，寂以照为用，守其空知而遗照，是乖其用也。见入井孺子而恻隐,见呼蹴之食而羞恶,仁义之心本来完具,感触神应,不学而能也。若谓良知由修而后全,挠其体也。良知原是未发之中,无知而无不知,若良知之前复求未发,即为沉空之见矣。古人立教,原为有欲设,销欲,正所以复还无欲之体,非有所加也。主宰即流行之体,流行即主宰之用,体用一原,不可得而分,分则离矣。所求即得之之因,所得即求之之证,始终一贯,不可得而别,别则支矣。吾人服膺良知之训,幸相默证,务求不失其宗,庶为善学也已。

"涓流积至沧溟水,拳石崇成太华岑。"先师谓象山之学,得力处全在积累,须知涓流即是沧海,拳石即是泰山。此是最上一机,不由积累而成者也。《拟岘台会语》

立志不真,故用力未免间断,须从本原上彻底理会。种种嗜好,种种贪著,种种奇特技能,种种凡心习态,全体斩断,令干干净净从混沌中立根基,始为本来生生真命脉。此志既真,功夫方有商量处。《斗山会语》

先师讲学山中,一人资性警敏,先生漫然视之,屡问而不答。一人不顾非毁,见恶于乡党,先师与之语,竟日忘倦。某疑而问焉,先师曰:"某也资虽警敏,世情机心不肯放舍,使不闻学,犹有败露悔改之时,若又使之有闻,见解愈多,趋避愈巧,覆藏愈密,一切圆融智虑,为恶不可复悛矣。启超案:本原不清,则学识不为益而反为害,可不惧哉! 某也原是有力量之人,一时狂心销遏不下,今既知悔,移此力量为善,何事不办? 此待两人所以异也。"《休宁会语》

夫一体之谓仁,万物皆备于我,非意之也。吾之目,遇色自能辨青黄,是万物之色备于目也。吾之耳,遇声自能辨清浊,是万物之声备于耳也。吾心之良知,遇父自能知孝,遇兄自能知弟,遇君上自能知敬,遇孺子入井自能知怵惕,遇堂下之牛自能知觳觫。推之为五常,扩之为百行,万物之变不可胜穷,无不有以应之,是万物之变备于吾之良知也。夫目之能备五色,耳之能备五声,良知之能备万物之变,以其虚也。致虚,则自无物欲之间,吾之良知自与万物相为流通而无所凝滞。后之儒者不明一体之义,不能自信其心,反疑良知涉虚,不足以备万物。先取古人孝弟爱敬五常百行之迹,指为典要,揣摩依彷,执之以为应物之则,而不复知有变动周流之义,是疑目之不能辨五色,而先涂之以丹腺,耳之不复辨五声,而先聒之以宫羽。岂惟失却视听之用,而且汩其聪明之体,其不至聋且聩者几希!《宛陵会语》

千古学术,只在一念之微上求。生死不违,不违此也;日月至,至此也。

一念之微,只在慎独。

人心只有是非,是非不出好恶两端。忿与欲,只好恶上略过些子,其几甚微。惩忿窒欲,复其是非之本心,是合本体的功夫。

论功夫,圣人亦须困勉,方是小心缉熙。论本体,众人亦是生知安行,方是真机直达。先师自云:"吾龙场以前,称之者十九。鸿胪以前,称之者十之五,议之者十之五。鸿胪以后,议之者十之九矣。学愈真切,则人愈见其有过,前之称者,乃其包藏掩饰,人故不得而见也。"启超案:非阳明不能道此语。他人必曰:"学愈进愈违于流俗耳。"是又与于自文之甚者也。

一友用功,恐助长落第二义。答云:"真实用功,落第二义亦不妨。"

圣贤之学,惟自信得及,是是非非不从外来。故自信而是,断然必行,虽遁世不见是而无闷;自信而非,断然必不行,虽行一不义、杀一不辜而得天下不为。如此方是毋自欺,方谓之王道,何等简易直截! 后世学者不能自信,未免倚靠于外。动于荣辱,则以毁誉为是非;惕于利害,则以得失为是非。揉和假借,转折安排,益见繁难,到底只成就得霸者伎俩,而圣贤易简之学,不复可见。《答林退斋》

说个仁字,沿习既久,一时未易觉悟。说个良知,一念自反,当下便有归著。

忿不止于愤怒,凡嫉妒褊浅,不能容物,念中悻悻一些子放不过,皆忿也。欲不止于淫邪,凡染溺蔽累,念中转转贪恋,不肯舍却,皆欲也。惩窒之功有难易,有在事上用功者,有在念上用功者,有在心上用功者。事上是遏于已然,念上是制于将然,心上是防于未然。惩心忿,窒心欲,方是本原易简功夫。在意与事上遏制,虽极力扫除,终无廓清之期。

问:"伊川存中应外、制外养中之学,以为内外交养,何如?"曰:"古人之学,一头一路,只从一处养。譬之种树,只养其根,根得其养,枝叶自然畅茂。种种培壅、灌溉、条枝、剔叶,删去繁冗,皆只是养根之法。若既养其根,又从枝叶养将来,便是二本支离之学。晦庵以尊德性为存心,以道问学为致知,取证于'涵养须用敬,进学在致知'之说,以此为内外交养。知是心之虚灵,以主宰谓之心,以虚灵谓之知,原非二物。舍心更有知,舍存心更有致知之功,皆伊川之说误之也。涵养工夫,贵在精专接续,如鸡抱卵,先正尝有是言。然必卵中原有一点真阳种子,方抱得成。若是无阳之卵,抱之虽勤,终成殰卵。学者须识得真种子,方不枉费功夫。明道云:'学者须先识仁。'吾人心中一点灵明,便是真种子,原是生生不息之机。种子全在卵上,全体精神,只是保护得,非能以其精神助益之也。"以上《留都会记》

良知二字,是彻上彻下语。良知知是知非,良知无是无非。知是知非即所谓规矩,忘是非而得其巧,即所谓悟也。

乡党自好与贤者所为,分明是两条路径。贤者自信本心,是是非非,一毫不从人转换。乡党自好,即乡愿也,不能自信,未免以毁誉为是非,始有违心之行,徇俗之情。虞廷观人,先论九德,后及于事,乃言曰"载采采",所以符德也。善观人者,不在事功名义格套上,惟于心术微处,密窥而得之。《云门问答》

良知不学不虑。终日学,只是复他不学之体;终日虑,只是复他不虑之体。无功夫中真功夫,非有所加也。功夫只求日减,不求日增,减得尽便是圣人。后世学术,正是添的勾当,所以终日勤劳,更益其病。

果能一念惺惺，冷然自会，穷其用处，了不可得，此便是究竟话。《答徐存斋》

　　问"知行合一"。曰："天下只有个知，不行不足谓之知。知行有本体，有功夫，如眼见得是知，然已是见了，即是行；耳闻得是知，然已是闻了，即是行。要之，只此一个知，已自尽了。孟子说孩提之童，无不知爱其亲，及其长，无不知敬其兄，止曰'知'而已。知便能了，更不消说能爱、能敬。本体原是合一，先师因后儒分为两事，不得已说个合一。知非见解之谓，行非履蹈之谓，只从一念上取证，知之真切笃实即是行，行之明觉精察即是知。知行两字，皆指功夫而言，亦原是合一的，非故为立说以强人之信也。"

　　邓定宇曰："良知浑然虚明，无知而无不知。知是知非者，良知自然之用，亦是权法；执以是非为知，失其本矣。"又曰："学贵自信自立，不是倚傍世界做得的。天也不做他，地也不做他，圣人也不做他，求自得而已。"先生曰："面承教议，知静中所得甚深，所见甚大，然未免从见上转换。此件事不是说了便休，须时时有用力处，时时有过可改，消除习气，抵于光明，方是缉熙之学。"

　　良知本顺，致之则逆。目之视，耳之听，生机自然，是之谓顺。视而思明，听而思聪，天则森然，是之谓逆。《跋图书》

　　心迹未尝判，迹有可疑，毕竟其心尚有不能尽信处。自信此生决无盗贼之心，虽有褊心之人，亦不以此疑我。若自信功名富贵之心，与决无盗贼之心一般，则人之相信，自将不言而喻矣。《自讼》。启超案：以此自绳，尤人之念疑无从生。

　　诸儒所得，不无浅深，初学不可轻议，且从他得力处效法修习，以求其所未至。如《大学》"格物无内外"、《中庸》"慎独无动静"诸说，关系大节目，不得不与指破，不得已也。若大言无忌，恣口指摘，若执权衡以较轻重，不惟长傲，亦且捐德。

　　见在一念，无将迎，无住著，天机常活，便是了当。千百年事业，更无剩欠。

千古圣学，只从一念灵明识取。当下保此一念灵明，便是学；以此触发感通便是教。随事不昧此一念灵明，谓之格物；不欺此一念灵明，谓之诚意；一念廓然，无有一毫固必之私，谓之正心。此是易简直截根源。《水西别言》

问"白沙与师门同异"。曰："白沙是百原山中传流，亦是孔门别派，得其环中以应无穷，乃景象也。缘世人精神撒泼，向外驰求，欲返其性情而无从入，只得假静中一段行持，窥见本来面目，以为安身立命根基，所谓权法也。若致知宗旨，不论语默动静，从人情事变彻底炼习，以归于元。譬之真金为铜铅所杂，不遇烈火烹熬，则不可得而精。师门尝有入悟三种教法：从知解而得者，谓之解悟，未离言诠；从静中而得者，谓之证悟，犹有待于境；从人事炼习而得者，忘言忘境，触处逢源，愈摇荡，愈凝寂，始为彻悟。《兖川别语》

乍见孺子入井怵惕，未尝有三念之杂，乃不动于欲之真心。所谓良知也，与尧、舜未尝有异者也，于此不能自信，几于自诬矣。苟不用致知之功，不能时时保任，此心时时无杂，徒认见成虚见，附和欲根，而谓即与尧、舜相对，几于自欺矣。《寿念庵》

论 学 书

吾人一生学问，只在改过。须常立于无过之地，不觉有过，方是改过真功夫。所谓复者，复于无过者也。《答聂双江》

当万欲腾沸之中，若肯返诸一念良知，其真是真非，炯然未尝不明。只此便是天命不容灭息所在，便是人心不容蔽昧所在。此是千古入贤入圣真正路头。《答茅治卿》

见在良知，必待修证而后可与尧、舜相对，尚望兄一默体之。盖不信得当下具足，到底不免有未莹处。欲惩学者不用功夫之病，并其本体而疑之，亦矫枉之过也。

文公谓天下之物,方圆、轻重、长短,皆有定理,必外之物至,而后内之知至。先师则谓事物之理,皆不外于一念之良知,规矩在我,则天下方圆不可胜用,无权度,则无轻重、长短之理矣。《答吴悟斋》

所谓必有事者,独处一室而此念常炯然,日应万变而此念常寂然。闲时能不闲,忙时能不忙,方是不为境所转。《与赵麟阳》

吾人立于天地之间,须令我去处人,不可望人处我。《与周顺之》

良知在人,本无污坏。虽昏蔽之极,苟能一念自反,即得本心。譬之日月之明,偶为云雾所翳,谓之晦耳。云雾一开,明体即见,原未尝有所伤也。此原是人人见在具足,不犯做手本领功夫。人之可以为尧、舜,小人之可使为君子。舍此,更无从入之路、可变之几。《答聂双江》

知府季彭山先生本

季本,字明德,号彭山,越之会稽人。正德十二年进士,授建宁府推官。宸濠反,先生守分水关,遏其入闽之路。御史以科场事檄之入闱,先生曰:"是之谓不知务。"不应聘。召拜御史。御史马明衡、朱渊争昭圣皇太后孝宗后寿节,不宜杀于兴国太后,下狱。先生救之,谪揭阳主簿。稍迁知弋阳。桂萼入相,道弋阳,先生言文成之功不可泯,遂寝夺爵。转苏州同知,升南京礼部郎中。时邹东廓官主客,相聚讲学,东廓被黜,连及先生,谪判辰州。寻同知吉安。升长沙知府,锄击豪强过当,乃罢归。嘉靖四十二年卒,年七十九。

少师王司舆,名文辕其后师事阳明。先生之学,贵主宰而恶自然,以为:"理者阳之主宰,乾道也;气者阴之流行,坤道也。流行则往而不返,非有主于内,则动静皆失其则矣。"其议论大抵以此为指归。夫大化只此一气,气之升为阳,气之降为阴,以至于屈伸往来、生死鬼神,皆无二气。故阴阳皆气也,其升而必降,降而必升,虽有参差过不及之殊,而终必归一,是即理也。今以理属之阳,气属之阴,将可言一理一气之为道乎? 先生于理气非明睿所照,从考索而得者,言之终是鹘突。第其时同门诸君子,单以流行为本体,玩弄光影,而其升其降之归于画一者无所事,此则先生主宰一言,其关系学术非轻也。故先生最著者,为《龙惕》一书,谓:"今之论心者,当以龙而不以镜,龙之为物,以警惕而主变化者也。理自内出,镜之照自外来,无所裁制,一归自然。自然是主宰之无滞,曷常以此为先哉?"龙溪云:"学当以自然为宗,警惕者,自然之用,戒慎恐惧未尝致纤毫之力,有所恐惧便不得其正矣。"东廓云:"警惕变化,自然变化,其旨初无不同者。不警惕不足以言自然,不自然不足以言警惕,警惕而不自然,其失也滞,自然而不警惕,其失也荡。"先生终自信其说,不为所动。先生闵学者之空疏,只以讲说为事,故苦力穷经。罢官以后,载书寓居禅寺,迄昼夜寒暑无问者二十馀年。而又穷九边,考黄河故道,索海运之旧迹,别三代、春秋列国之疆土川原,涉淮、泗,历齐、鲁,登泰山,逾江入闽而后归,凡欲以为致君有用之学。所著有《易学四同》、《诗说解颐》、《春秋私考》、《四书私存》、《说理会编》、《读礼疑图》、《孔孟图谱》、《庙制考义》、《乐律纂要》、《律吕别书》、《蓍法别传》,总百二十卷。

说 理 会 编

世儒多以实训诚,亦有倚著之病。夫仁义礼智合德而为诚,诚固未有不实,但就以实为诚,则不可。仁义礼智,虚明在中,如谷种之生机未尝息,何尝有所倚著? 是德虽实,不见其有实之迹者也,故言诚,惟惺惺字为切。凡人所为不善,本体之灵自然能觉,觉而少有容留,便属自欺,欺则不惺惺矣。故戒慎恐惧于独知之地,不使一毫不善杂于其中,即是惺惺而为敬也。

圣人之学,只是谨独,独处人所不见闻,最为隐微,而己之见显,莫过于此。故独为独知,盖我所得于天之明命,我自知之,而非他人所能与者也。若闲思妄想，徇欲任情，此却是外物蔽吾心之明，不知所谨，不可以言见显矣。少有觉焉，而复容留将就，即为自欺。乃于人所见闻处，掩不善者而著其善，虽点检于言行之间，一一合度，不遏有慝，亦属作伪，皆为自蔽其知也。故欺人不见之知，乃十目所视，十手所指之处也，不可以为独知。然则独知者，其源头不杂之知乎？源头不杂之知，心之官虚灵而常觉者也。杂则著物，虽知亦倚于一偏，是为耳目之官不思而蔽于物矣。

谨于独知，即致知也。谨独之功不已，即力行也。故独知之外无知矣，常知之外无行矣，功夫何等简易耶！

尚书黄久庵先生绾

黄绾，字叔贤，号久庵，台之黄岩人。以祖荫入官，授后军部事。告病归，家居十年。以荐起南京都察院经历。同张璁、桂萼上疏主大礼，升南京工部员外郎，累疏乞休。尚书席书纂修《明伦大典》，荐先生与之同事。起光禄寺少卿，转大理寺，改少詹事兼侍讲学士，充讲官。《大典》成，升詹事兼侍读学士。出为南京礼部右侍郎，转礼部左侍郎。云中之变，往抚平之。知乙未贡举，丁忧服阕，起礼部尚书兼翰林院学士，充安南正使，以迟缓不行。闲住，迁家翠屏山中，寒暑未尝释卷。享年七十有五。

先生初师谢文肃，及官都事，闻阳明讲学，请见。阳明曰："作何功夫？"对曰："初有志，功夫全未。"阳明曰："人患无志，不患无功夫可用。"复见甘泉，相与矢志于学。阳明归越，先生过之，闻致良知之教，曰："简易直截，圣学无疑。先生真吾师也，尚可自处于友乎？"乃称门弟子。阳明既没，桂萼齮龁之，先生上疏言："昔议大礼，臣与萼合，臣遂直友以忠君。今萼毁臣师，臣不敢阿友以背师。"又以女妻阳明之子正亿,携之金陵,销其外侮。先生立艮止为学的,谓:"中涉世故,见不诚、非礼之异,欲用其诚,行其理,而反羞之。既不羞而任诸己,则愤世嫉邪,有轻世肆志之意,于是当毁誉机阱之交作,郁郁困心,无所自容,乃始穷理尽性以求乐天知命,庶几可安矣。久之自相凑泊,则见理性天命皆在于我,无所容其穷尽乐知也。此之谓艮止。"其于五经皆有《原古》。

布衣董萝石先生澐 附子毂

董澐,字复宗,号萝石,晚号从吾道人,海盐人。以能诗闻江湖间。嘉靖甲申,年六十八,游会稽,闻阳明讲学山中,往听之。阳明与之语连日夜,先生喟然叹曰:"吾见世之儒者支离琐屑,修饰边幅,为偶人之状。其下者贪饕争夺于富贵利欲之场,以为此岂真有所为圣贤之学乎? 今闻夫子良知之说,若大梦之得醒,吾非至于夫子之门,则虚此生也。"因何秦以求北面,阳明不可,谓"岂有弟子之年过于师者乎?"先生再三而委质焉。其平日诗社之友招之曰:"翁老矣,何自苦?"先生笑曰:"吾今而后,始得离于苦海耳,吾从吾之好。"自号从吾。丙戌岁尽雨雪,先生襥被而出,家人止之,不可,与阳明守岁于书舍。至七十七而卒。先生晚而始学,卒能闻道,其悟道器无两,费隐一致,从佛氏空有而入,然佛氏终沉于空,此毫厘之异,未知先生辨之否耶?

董毂,字石甫。嘉靖辛丑进士,历知安义、汉阳二县,与大吏不合而归。少游阳明之门,阳明谓之曰:"汝习于旧说,故于吾言不无抵牾,不妨多问,为汝解惑。"先生因笔其所闻者,为《碧里疑存》,然而多失阳明之意。其言"性无善恶",阳明"无善无恶心之体",以之言心,不以之言性也。又言:"性之体虚而已,万有出焉,故气质之不美,性实为之。全体皆是性,无性则并无气质矣。"夫性既无善无恶,赋于人则有善有恶,将善恶皆无根柢欤?抑人生而静以上是一性,静以后又是一性乎?又言:"复性之功,只要体会其影响俱无之意思而已。"信如斯言,则莫不堕于恍惚想像,所谓求见本体之失也。学者读先生之书,以为尽出于阳明,亦何怪疑阳明为禅学乎!

日　省　录

从先师往天柱峰,一家楼阁高明,花竹清丽,先生悦之。往日曾以其地求售,悔不成约。既而幡然曰:"我爱则彼亦爱之,有贪心而无恕心矣。"再四自克,行过朱华岭四五里,始得净尽。先生言"去欲之难如此"。

求　心　录

知过即是良知,改过即是致知。

横逆之来,自谤讪怒骂,以至于不道之甚,无非是我实受用得力处。初不见其可憎,所谓山河大地,尽是黄金,满世间皆药物也。

主事陆原静先生澄

陆澄,字原静,又字清伯,湖之归安人。正德丁丑进士,授刑部主事,议大礼不合,罢归。后悔前议之非,上言:"臣以经术浅短,雷同妄和,质之臣师王守仁,始有定论。臣不敢自昧本心,谨发露前愆以听天诛。"诏复原官。《明伦大典》成,上见先生前疏,恶其反复,遂斥不用。先生以多病,从事于养生,文成语之以养德、养身只是一事,果能戒慎恐惧,则神住、气住、精住,而长生久视之说亦在其中矣。有议文成之学者,先生条为六辨,欲上奏,文成闻而止之。《传习录》自曰仁发端,其次即为先生所记。朋友见之,因此多有省悟,盖数条皆切问,非先生莫肯如此吐露,就吐露亦莫能如此曲折详尽也。故阳明谓:"曰仁没,吾道益孤,致望原静者不浅。"执父丧,哀毁失明。徐学谟以先生复官一疏,不胜希用之念,曲逢时好,此以小人之心,度君子之腹者也,大抵世儒之论,过以天下为重,而不返其本心之所安。永嘉《或问》:"天下外物也,父子天伦也,瞽瞍杀人,舜窃负而逃,知有父而不知有天下也。"圣人复起,不易斯言。阳明所谓心即理也,正在此等处见之。世儒以理在天地万物,故牵挽前代以求准则,所以悬绝耳。先生初锢于世论,已而理明障落,其视前议犹粪土也。阳明知永嘉之为小人,不当言责,故不涉论为高。先生已经论列,知非改过,使人皆仰,岂不知嫌疑之当避哉? 亦自信其心而已。学谟准之以鄙情,不知天下有不顾毁誉者,咥然笑其旁也。

尚书顾箬溪先生应祥

顾应祥,字惟贤,号箬溪,湖之长兴人。弘治乙丑进士,授饶州府推官。桃源洞寇乱,掠乐平令以去,先生单身叩贼垒,出令,贼亦解去。入为锦衣卫经历,出金广东岭东道事,讨平汀漳寇、海寇、郴桂寇,半岁间三捷。宸濠乱定,移江西副使,分巡南昌,抚循疮痍,招集流亡,皆善后事宜。历苑马寺卿。奔母丧,不候代,家居者十五年。再起原任,时方议征元江,先生以那鉴孤豚困兽,不可急。会迁南兵部侍郎以去。后至者出师,布政徐波石死焉。嘉靖庚戌,升刑部尚书。先生以例繁,引之者得意为出入,命郎官吴维岳、陆稳定为永例,在曹中奖拔于鳞、元美,由是知名天下。分宜在政府,同年生不敢雁行。先生以耆旧自处,分宜不悦,以原官出南京。癸丑致仕,又十二年卒,年八十三。

先生好读书,九流百家皆识其首尾,而尤精于算学。今所传《测圆海镜》、《弧矢算术》、《授时历撮要》，皆其所著也。少受业于阳明。阳明殁，先生见《传习续录》门人问答，多有未当于心者，作《传习录疑》。龙溪《致知议略》亦摘其可疑者辨之。大抵谓"良知者，性之所发也。日用之间，念虑初发，或善或恶，或公或私，岂不自知之？知其不当为而犹为之者，私欲之心重而恕己之心昏也。苟能于一起之时，察其为恶也，则猛省而力去之。去一恶念，则生一善念矣。念念去恶为善，则意之所发，心之所存，皆天理。是之谓知行合一。知之非难，而行之为难。今曰圣人之学，致良知而已矣。人人皆圣人也，吾心中自有一圣人，自能孝，自能弟，而于念虑之微、取舍之际，则未之讲，任其意向而为之，曰'是吾之良知也'。知行合一者，固如是乎？"先生之言，以阳明"知善知恶是良知，为善去恶为格物"为准的。然阳明点出知善知恶原不从发处言，第明知善知恶为自然之本体，故又曰"良知为未发之中"。若向发时认取，则善恶杂揉，终是不能清楚，即件件瞒不过照心，亦是克伐怨欲不行也。知之而后行之，方为合一，其视知行终判两样，皆非师门之旨也。

侍郎黄致斋先生宗明

黄宗明，字诚甫，号致斋，宁波鄞县人。登正德甲戌进士第，授南京兵部主事，升员外郎。谏上南巡，请告归。除工部郎中，不起。嘉靖癸未，补南刑部。张孚敬议大礼，在廷斥为奸邪，先生独曰："继统者，三代通制，继嗣者，王莽敝议。今制，公侯伯军职承袭，弟之继兄，侄之继叔，皆曰弟曰侄，不曰子。公侯伯如是，天子何独不然？"如其议上之，出守吉安。有能名，转福建盐运使。召修《明伦大典》，丁母忧不行。己丑，升光禄寺卿，辑《光禄须知》以进。壬辰，转兵部右侍郎，编修杨名言"斋醮无验，徒开小人倖进之门"，上大怒，戍名。先生言名无罪,出为福建参政。明年冬,召补礼部侍郎。丙申十一月卒官。先生受学于阳明,阳明谓"诚甫自当一日千里,任重道远,吾非诚甫谁望耶?"则其属意亦至矣。

论 学 书

学问思辨,即是尊德性下手功夫,非与笃行为两段事。如今人真有志于学,便须实履其事。中间行而未安、思而未通者,不得不用学问思辨之功。学问恳切处,是之谓笃行耳。故必知行合一,然后为真学。学而真者,知行必合一。并进之说,决无益于行,亦非所以为知也。故吾辈但于立志真伪处省察,学问懈弛时鞭策,即无不合,不必区区于讲说为也。

一有求学之意,即善善恶恶,自能知之,不待外求。为善去恶,亦在不自欺耳。此所谓"我欲仁斯仁至"者,何等简易!何等直截!今顾欲外此而求之烦难,独何欤?《与万鹿园》

来谕谓:"此心之中,无欲即静,遇事时不觉交战,便是得力。"所言甚善,尚有不得不论者。盖无欲即静,与周子《图说》内自注"无欲故静"之说亦略相似。其谓遇事时不觉交战,便是得力,亦谓心中有主,不为事物所胜云耳。然尝闻之程子曰:"为学不可不知用力处,既学不可不知得力处。"周子曰:"养心莫善于寡欲,寡之又寡,以至于无。"正不在得力,而在于知所以用力;不在无欲,而在寡欲耳。学必寡欲而后无欲,知用力而后知得力,此其功夫渐次,有不可躐而进者。若执事所言,恐不免失之太早。如贫人说富,如学子论大贤,功效体当,自家终无受用时也。仆之所谓主静者,正在寡欲,正在求所以用力处,亦不过求之于心,体之于心,验之于心。盖心为事胜,与物交战,皆欲为之累。仆之所谓主静者,正以寻欲所从生之根而拔去之,如逐贼者,必求贼所潜入之处而驱逐之也。是故善学者莫善于求静,能求静然后气得休息,而良知发见。凡其思虑之烦杂,私欲之隐藏,自能觉察,自能拔去。

是故无欲者，本然之体也；寡欲者，学问之要也；求静者，寡欲之方也；戒惧者，求静之功也。知用力，而后得力处可得而言。无欲真体，常存常见矣。《答林子仁》。名春，心斋弟子也。

中丞张浮峰先生元冲

张元冲，字叔谦，号浮峰，越之山阴人。嘉靖戊戌进士，授中书舍人，改吏科给事中。分宜入相，先生言其心术不光，不宜在天子左右。又请罢遣中官织造。选工科都给事中，谏世庙玄修不视朝，一时称为敢谏。出为江西参政、广东按察使、江西左右布政使，升右副都御史，巡抚江西，奉旨回籍。又二年而卒，年六十二。

先生登文成之门，以戒惧为入门，而一意求诸践履。文成尝曰："吾门不乏慧辨之士，至于真切纯笃，无如叔谦。"先生尝谓学者曰："孔子之道，一以贯之；孟子之道，万物我备。良知之说，如是而已。"又曰："学先立志，不学为圣人，非志也。圣人之学，在戒惧谨独，不如是学，非学也。"揭坐右曰："惟有主，则天地万物自我而立；必无私，斯上下四旁咸得其平。"前后官江西，辟正学书院，与东廓、念庵、洛村、枫潭联讲会，以订文成之学。又建怀玉书院于广信，迎龙溪、绪山主讲席，遂留绪山为《文成年谱》，惟恐同门之士学之有出入也。其有功师门如此。

侍郎程松溪先生文德

程文德，字舜敷，号松溪，婺之永康人。嘉靖己丑进士第二。授翰林院编修。同年杨名下诏狱，方究主使，而先生与之通书。守者以闻，上大怒，误逮御史陈九德，先生自出承认，入狱。黜为信宜典史，总督陶谐延主苍梧书院。移安福知县，升南京兵部主事，转礼部郎中。丁艰，起补兵部，出为广东副使，未行，转南京国子祭酒，擢都御史。丁内艰，起为礼部右侍郎，移吏部左侍郎兼翰林院学士，掌詹事府事。上在斋宫，侍臣所进青词，争为媚悦，独先生寓意讽谏，上不悦也。会推南冢宰，以先生辞疏为谤讪，落职归。三十八年十一月卒，年六十三。万历间，赠礼部尚书，谥文恭。先生初学于枫山，其后卒业于阳明。以真心为学之要，虽所得浅深不可知，然用功有实地也。

论 学 书

此心不真，辨说虽明，毕竟何益？自鸡鸣而起，以至向晦宴息，无非真心，则无非实功，一话一言，一步一趋，皆受用处。不然，日谈孔、孟，辨精毫厘，终不免为务外、为人之归尔。

窃谓险夷顺逆之来，若寒暑昼夜之必然，无足怪者。己不当，人必当之，孰非己也？是故君子之于忧患，不问其致之，而惟问其处之。故曰："无入而不自得。"苟微有介焉，非自得也。

太常徐鲁源先生用检

徐用检，字克贤，号鲁源，金华兰溪人。嘉靖壬戌进士，除刑部主事，调兵部、礼部，至郎中。出为山东副使，左迁江西参议，升陕西提学副使、苏松参政，坐失囚降副使。丁忧，起补福建，城福宁。转漕储参政、广东按察使、河南左布政。迁南太仆寺卿，复寺马三分之一，召入为太常寺卿，两载而回籍。万历辛亥十一月卒，年八十四。

先生师事钱绪山，然其为学不以良知，而以志学，谓："君子以复性为学，则必求其所以为性，而性囿于质，难使纯明，故无事不学；学焉又恐就其性之所近,故无学不证诸孔氏。"又谓:"求之于心者,所以求心之圣;求之于圣者,所以求圣之心。"盖其时学者执"心之精神谓之圣"一语,纵横于气质以为学。先生以孔氏为的,亦不得已之苦心也。耿楚倥与先生谈数日,曰:"先生今之孟子也。"久之,寓书曰:"愿君执御,无专执射。"天台译其意曰:"夫射必有的,御所以载人也。子舆氏愿学孔子,其立之的乎?孔子善调御狂狷,行无辙迹,故云执御。吾仲氏欲门下损孟之高,为孔之大,如斯而已。"楚倥,心信之士,其学与先生不合,谓先生为孟子,讥之也。先生尝问罗近溪曰:"学当从何入?"近溪谐之曰:"兄欲入道,朝拜夕拜,空中有人传汝。"先生不悦。后数年,在江省粮储,方治文移,恍忽闻有唱者,"舜何人也,予何人也,有为者亦若是!"先生大悟。自是心地自莹,平生见解脱落。在都门,从赵大洲讲学,礼部司务李贽不肯赴会,先生以手书《金刚经》示之,曰:"此不死学问也,若亦不讲乎?"贽始折节向学,尝晨起候门,先生出,辄摄衣上马去,不接一语。如是者再,贽信向益坚,语人曰:"徐公钳锤如是。"此皆先生初学时事,其后渐归平实,此等机锋,不复弄矣。

友 声 编

吾人之志,抖擞于昨日,今日可受用否?即抖擞于上时,今时可受用否?若时时抖擞,可无属人为造作否?此要在穷此心之量,靡有间息,其无间息,固天然也。

人之为小人,岂其性哉?其初亦起于乍弄机智,渐习渐熟,至流于恶而不自知。

兰 游 录 语

立志既真,贵在发脚不差,发脚一差,终走罔路,徒自罢苦,终不能至。问:"安得不差?"先生震声曰:"切莫走闭眼路。"

都督万鹿园先生表

万表,字民望,号鹿园,宁波卫世袭指挥佥事。年十七袭职,读书学古,不失儒生本分。寇守天叙勉以宁静澹泊,先生揭诸座右。登正德庚辰武会试,历浙江把总,署都指挥佥事、督运,浙江掌印都指挥,南京大教场坐营,漕运参将,南京锦衣卫佥书,广西副总兵,左军都督漕运总兵,佥书南京中军都督府。嘉靖丙辰正月卒,年五十九。

先生功在漕运,其大议有三:一、三路转运,以备不虞。置仓卫辉府,每年以十分之二拨中都运船,兑凤阳各府粮米,由汴梁达武阳,陆路七十里,输于卫辉,由卫河以达于京。松江、通泰俱有沙船,淮安有海船,时常由海至山东转贸,宜以南京各总缺船卫分坐,兑松江、太仓粮米,岁运四五万石达于天津,以留海运旧路。于是并漕河而为三。一、本折通融。丰年米贱,全运本色,如遇灾伤,则量减折色。凡本色至京,率四石而致一石,及其支给,一石不过易银三钱;在外折色,每石七钱。若京师米贵,则散本色,米贱,则散折色,一石而当二石。是寓常平之法于漕运之中。一、原立法初意。天下运船万艘,每艘军旗十馀人,共计十万馀人,每年辏集京师,苟其不废操练,不缺甲仗,是京营之外,岁有勤王师十万,弹压边陲。其他利弊纤悉万全,举行而效之一时者,人共奇之。其大者卒莫之能行也。倭寇之乱,先生身亲陷阵,肩中流矢。其所筹画,亦多掣肘,故忠愤至死不忘。

先生之学,多得之龙溪、念庵、绪山、荆川,而究竟于禅学。其时东南讲会甚盛,先生不喜干与,以为此辈未曾发心为道,不过依傍门户,虽终日与之言,徒费精神,彼此何益?譬砺石之齿顽铁,纵使稍有渐磨,自家所损亦多矣。先生尝言:"圣贤切要功夫,莫先于格物。盖吾心本来具足,格物者,格吾心之物也。为情欲、意见所蔽,本体始晦,必扫荡一切，独观吾心，格之又格，愈研愈精，本体之物，始得呈露，是为格物。格物则知自致也。"龙溪谓："古人格物之说，是千圣经纶之实学。良知之感应谓之物，是从良知凝聚出来。格物是致知实下手处，不离伦物感应而证真修。离格物，则知无从而致矣。吾儒与二氏毫厘不同，正在于此。"其实先生之论格物，最为谛当。格之又格，而后本体之物呈露，即白沙之养出端倪也。宋儒所谓未发气象，亦即是此。龙溪之伦物感应，又岂能舍此而别有功夫？第两家之言物不同，龙溪指物为实，先生指物为虚。凡天下之物，摄于本体之物，本体之物又何尝离伦物哉？然两家皆精禅学，先生所谓本体呈露者，真空也；龙溪离物无知者，妙有也。与宋儒、白沙之论，虽似而有差别。学者又当有辨矣。先生如京师，大洲访之郊外，与之谈禅。议论蜂涌，先生唯唯不答。大洲大喜，归语人曰："今日降却万鹿园矣。"陆平泉闻而笑曰："此是鹿园降却大洲，何言大洲降却鹿园也。"戚南玄与先生遇，戏曰："鹿园名为旅禅，实未得理，是假和尚。"先生曰："南玄名为宗儒，实未见性，是痴秀才。"相与大笑。先生一默一语，无非禅机如此。

侍郎王敬所先生宗沐

　　王宗沐，字新甫，号敬所，台之临海人。嘉靖甲辰进士。在比部时，与王元美为诗社，七子中之一也。久历藩臬。值河运艰滞，以先生为右副都御史，查复祖宗旧法，一时漕政修举。犹虑运道一线，有不足恃之时，讲求海运，先以遮洋三百艘试之而效，其后为官所阻而罢。万历三年，转工部侍郎，寻改刑部。先生师事欧阳南野，少从二氏而入，已知所谓"良知者，在天为不已之命，在人为不息之体，即孔氏之仁也。学以求其不息而已"。其辨儒释之分，谓"佛氏专于内，俗学驰于外，圣人则合内外而一之"。此亦非究竟之论。盖儒释同此不息之体，释氏但见其流行，儒者独见其真常尔。先生之所谓不息者，将无犹是释氏之见乎？

侍读张阳和先生元忭

张元忭，字子荩，别号阳和，越之山阴人。父天复，行太仆卿。幼读朱子《格致补传》，曰："无乃倒言之乎？当云心之全体大用无不明，而后物之表里精粗无不到也。"嘉靖戊午，举于乡。隆庆戊辰，太仆就逮于滇，先生侍之以往。太仆释归，先生入京讼冤。事解，又归慰太仆于家。一岁之中，往来凡三万馀里，年逾三十而发白种种，其至性如此。辛未，登进士第一人，授翰林修撰。寻丁外艰。万历己卯，教习内书堂。先生谓"寺人在天子左右，其贤不肖为国治乱所系"，因取《中鉴录》谆谆诲之。江陵病，举朝奔走醮事，先生以门生未尝往也。壬午，皇嗣诞生，赍诏至楚，丁内艰。丁亥，升右春坊、左谕德，兼翰林侍读。明年三月卒官，年五十一。

先生之学，从龙溪得其绪论，故笃信阳明四有教法。龙溪谈本体而讳言功夫，识得本体，便是功夫。先生不信，而谓"本体本无可说，凡可说者皆功夫也"。尝辟龙溪欲浑儒释而一之，以良知二字为范围三教之宗旨，何其悖也。故曰："吾以不可学龙溪之可。"先生可谓善学者也。第主意只在善有善几，恶有恶几，于此而慎察之，以为知善必真好，知恶必真恶，格不正以归于正为格物，则其认良知都向发上。阳明独不曰良知是未发之中乎？察识善几、恶几是照也，非良知之本体也。朱子《答吕子约》曰："向来讲论思索，直以心为已发，而所论致知格物，以察识端倪为初下手处，以故缺却平日涵养一段功夫。"此即先生之言良知也。朱子易箦，改《诚意章句》曰："实其心之所发。"此即先生之言格物也。先生谈文成之学，而究竟不出于朱子，恐于本体终有所未明也。

江右王门学案

姚江之学，惟江右为得其传，东廓、念庵、两峰、双江其选也。再传而为塘南、思默，皆能推原阳明未尽之旨。是时越中流弊错出，挟师说以杜学者之口，而江右独能破之，阳明之道赖以不坠。盖阳明一生精神，俱在江右，亦其感应之理宜然也。

文庄邹东廓先生守益 附子善，孙德涵、德溥、德泳

邹守益，字谦之，号东廓，江西安福人。九岁，从父宦于南都，罗文庄钦顺见而奇之。正德六年，会试第一，廷试第三，授翰林编修。逾年丁忧。宸濠反，从文成建义。嘉靖改元，起用。大礼议起，上疏忤旨，下诏狱，谪判广德州。毁淫祠，建复初书院讲学。擢南京主客郎中，任满告归。起南考功，寻还翰林，司经局洗马，上《圣功图》。世宗犹以议礼前疏弗悦也，下礼部参勘而止。迁太常少卿兼侍读学士，掌南院。升南京国子祭酒。九庙灾，有旨大臣自陈。大臣皆惶恐引罪，先生上疏独言君臣交儆之义，遂落职闲住。四十一年卒，年七十二。隆庆元年，赠礼部右侍郎，谥文庄。

初见文成于虔台,求表父墓,殊无意于学也。文成顾日夕谈学,先生忽有省,曰:"往吾疑程、朱补《大学》,先格物穷理,而《中庸》首慎独,两不相蒙,今释然格致之即慎独也。"遂称弟子。又见文成于越,留月馀,既别而文成念之曰:"以能问于不能,谦之近之矣。"又自广德至越,文成叹其不以迁谪为意,先生曰:"一官应迹,优人随遇为故事耳。"文成默然,良久曰:"《书》称'允恭克让',谦之信恭让矣,自省允克何如?"先生欧然,始悟平日之恭让,不免为玩世也。

先生之学,得力于敬。敬也者,良知之精明而不杂以尘俗者也。吾性体行于日用伦物之中,不分动静,不舍昼夜,无有停机。流行之合宜处谓之善,其障蔽而壅塞处谓之不善。盖一忘戒惧则障蔽而壅塞矣,但今无往非戒惧之流行,即是性体之流行矣。离却戒慎恐惧,无从觅性;离却性,亦无从觅日用伦物也。故其言"道器无二,性在气质",皆是此意。其时双江从寂处、体处用功夫,以感应、运用处为效验。先生言其"倚于内,是裂心体而二之也"。彭山恶自然而标警惕,先生言其"滞而不化,非行所无事也"。夫子之后,源远而流分,阳明之没,不失其传者,不得不以先生为宗子也。夫流行之为性体,释氏亦能见之,第其捍御外物,是非善恶一归之空,以无碍我之流行。盖有得于浑然一片者,而日用伦物之间,条理脉络,不能分明矣。粗而不精,此学者所当论也。先生《青原赠处》记阳明赴两广,钱、王二子各言所学,绪山曰:"至善无恶者心,有善有恶者意,知善知恶是良知,为善去恶是格物。"龙溪曰:"心无善而无恶,意无善而无恶,知无善而无恶,物无善而无恶。"阳明笑曰:"洪甫须识汝中本体,汝中须识洪甫功夫。"此与龙溪《天泉证道记》同一事,而言之不同如此。蕺山先师尝疑阳明天泉之言与平时不同。平时每言"至善是心之本体"。又曰"至善只是尽乎天理之极,而无一毫人欲之私"。又曰"良知即天理"。《录》中言天理二字,不一而足,有时说"无善无恶者理之静",亦未尝径说"无善无恶是心体"。今观先生所记,而四有之论,仍是以至善无恶为心,即四有四句,亦是绪山之言,非阳明立以为教法也。今据《天泉》所记,以无善无恶议阳明者,盍亦有考于先生之记乎?

子善,孙德涵、德溥、德泳。

善,字某,号颍泉。嘉靖丙辰进士。由比部郎、藩臬使,历官至太常寺卿。

德涵,字汝海,号聚所。隆庆辛未进士。从祀议起,上疏极言文成应祀。授刑部主事。江陵当国,方严学禁,而先生求友愈急。傅慎所、刘畏所先后诋江陵,皆先生之邑人,遂疑先生为一党,以河南佥事出之。御史承江陵意,疏论镌秩而归。未几卒,年五十六。先生受学于耿天台,乡举后,卒业太学。天台谓:"公子、寒士,一望而知,居之移气若此。独汝海不可辨其为何如人。"问学于耿楚倥,楚倥不答。先生愤然曰:"吾独不能自参,而向人求乎?"反闭一室,攻苦至忘寝食,形躯减削。出而与杨道南、焦弱侯讨论。久之,一旦雪然,忽若天牖,洞彻本真,象山所谓"此理已显也"。然颍泉论学,于文庄之教无所走作,入妙通玄,都成幻障,而先生以悟为入门,于家学又一转手矣。

德溥,字汝光,号四山。举进士,官至太子洗马。所解《春秋》,逢掖之士多宗之。更掩关宴居,覃思名理,著为《易会》。自叙非四圣之《易》,而霄壤自然之《易》,又非霄壤之《易》,而心之《易》。其于《易》道,多所发明。先生浸浸向用,忽而中废。其京师邸寓,为霍文炳之故居。文炳,奄人张诚之奴也,以罪籍没,有埋金在屋。先生之家人发之,不以闻官。事觉,罪坐先生,革职追赃,门生为之酿金以偿。颍泉素严,闻之怒甚,先生不敢归者久之。

德泳,号泸水。万历丙戌进士,授行人,转云南御史。壬辰正月,礼科都给事中李献可公疏请皇长子豫教。上怒,革献可为民。先生救献可,亦遂革职。累疏荐不起。先生既承家学,守"致良知"之宗,而于格物,则别有深悟。论者谓"淮南之格物,出阳明之上",以先生之言较之,则淮南未为定论也。

东廓论学书

良知之教,乃从天命之性,指其精神灵觉而言。恻隐、羞恶、辞让、是非,无往而非良知之运用。故戒惧以致中和,则可以位育;扩充四端,则可以保四海。初无不足之患,所患者未能明耳。好问好察以用中也,诵诗读书以尚友也,前言往行以畜德也,皆求明之功也。及其明也,只是原初明也,非合天下古今之明而增益之也。世之没溺于闻见,勤苦于记诵,正坐以良知为不足,而求诸外以增益之。故比拟愈密,揣摩愈巧,而本体障蔽愈甚。博文格物,即戒惧扩充,一个功夫,非有二也。果以为有二者,则子思开卷之首,得无舍其门而骤语其堂乎?《复夏敦夫》

越中之论,诚有过高者,忘言绝意之辨,向亦骇之。及卧病江上,获从绪山、龙溪切磋,渐以平实。其明透警发处,受教甚多。夫乾乾不息于诚,所以致良知也;惩忿窒欲、迁善改过,皆致良知之条目也。若以惩忿之功为第二义,则所谓“如好好色,如恶恶臭”,“己百己千”者,皆为剩语矣。源泉混混以放乎四海,性之本体也,有所壅蔽,则决而排之,未尝以人力加损,故曰“行所无事”。若忿欲之壅,不加惩窒,而曰“本体原自流行”,是不决不排,而望放乎海也。苟认定惩窒为治性之功,而不察流行之体,原不可以人力加损,则亦非行所无事之旨矣。《答聂双江》

古人理会利害,便是义理;今人理会义理,犹是利害。《答甘泉》

良知精明处,自有天然一定之则,可行则行,可止则止,真是鸢飞鱼跃,天机活泼,初无妨碍,初无拣择。所患者好名好利之私,一障其精明,糠秕眯目,天地为之易位矣。《答周顺之》

迁善改过,即致良知之条目也。果能戒慎恐惧,常精常明,不为欲物所障蔽,则即此是善,更何所迁? 即此非过,更何所改? 一有障蔽,便与扫除,雷厉风行,复见本体。其谓“落在下乘”者,只是就事上点

检,则有起有灭,非本体之流行耳。《答徐子弼》

有疑圣人之功,异于始学者。曰:"王逸少所写'上大人',与初填朱模者,一点一直,不能一毫加损。"《与吕泾野》

近有友人相语曰:"君子处世,只顾得是非,不须更顾利害。"仆答之曰:"天下真利害,便是天下真是非。即如舍生取义,杀身成仁,安得为害? 而墦肉乞饱,垄上罔断,安得为利? 若论世情利害,亦有世情是非矣。"《与师泉》

吾辈病痛,尚是对景时放过,故辨究虽精,终受用不得。须如象山所云,"关津路口,一人不许放过",方是须臾不离之学。《与周顺之》

近来讲学,多是意兴,于戒惧实功,全不著力,便以为妨碍自然本体。故精神浮泛,全无归根立命处。间有肯用戒惧之功者,止是点检于事为,照管于念虑,不曾从不睹不闻上入微。《与余柳溪》

过去未来之思,皆是失却见在功夫,不免借此以系其心。缘平日戒惧功疏,此心无安顿处,佛家谓之猢狲失树,更无伎俩。若是视于无形,听于无声,洞洞属属,精神见在兢业不暇,那有闲工夫思量过去,理会未来? 故"憧憧往来,朋从尔思",此是将迎病症。"思曰睿,睿作圣",此是见在本体功程,毫厘千里。《答濮致昭》

阳明夫子之平两广也,钱、王二子送于富阳。夫子曰:"予别矣! 盍各言所学。"德洪对曰:"至善无恶者心,有善有恶者意,知善知恶是良知,为善去恶是格物。"畿对曰:"心无善而无恶,意无善而无恶,知无善而无恶,物无善而无恶。"夫子笑曰:"洪甫须识汝中本体,汝中须识洪甫功夫,二子打并为一,不失吾传矣。"《青原赠处》

东 廓 语 录

问:"性固善也,恶亦不可不谓之性。"曰:"以目言之,明固目也,昏亦不可不谓之目。当其昏也,非目之本体矣。"

古人以心体得失为吉凶,今人以外物得失为吉凶。作德日休,作伪日拙，方见影响不爽。奉身之物，事事整饬，而自家身心，先就破荡，不祥莫大焉。问："天下事变，必须讲求。"曰："圣门讲求，只在规矩，规矩诚立，千方万圆，自运用无穷。平天下之道，不外絜矩，直至琼台，方补出许多节目，岂是曾子比丘氏疏略欠缺？"

有苦闲思杂念者，诘之曰："汝自思闲，却恶闲思；汝自念杂，却恶杂念。辟诸汝自醉酒，却恶酒醉。果能戒惧一念，须臾不离，如何有功夫去浮思？"

往年与周顺之切磋。梦与同志讲学，一厨子在旁切肉，用刀甚快。一猫升其几，以刀逐之，旋复切肉如故。因指语同座曰："使厨子只用心逐猫，猫则去矣，如何得肉待客？"醒以语顺之，忻然有省。

天性与气质更无二件。人此身都是气质用事，目之能视，耳之能听，口之能言，手足之能持行，皆是气质，天性从此处流行。先师有曰："恻隐之心，气质之性也。"正与孟子形色天性同旨。其谓"浩然之气，塞天地，配道义"，气质与天性一滚出来，如何说得"论性不论气"。后儒说两件，反更不明。除却气质，何处求天地之性，良知虚灵，昼夜不息，与天同运，与川同流，故必有事焉，无分于动静。若分动静而学，则交换时须有接续，虽妙手不能措巧。元公谓"静而无静，动而无动"，其善发良知之神乎！

颍 泉 先 生

学者真有必求为圣人之心，则即此必求一念，是作圣之基也。猛自奋迅，一跃跃出，顿觉此身迥异尘寰，岂非千载一快哉！

孔子谓："苟志于仁，无恶也。"若非有此真志，则终日萦萦，皆是私意，安可以言过？

李卓吾倡为异说，破除名行，楚人从者甚众，风习为之一变。刘元卿问于先生曰："何近日从卓吾者之多也？"曰："人心谁不欲为圣贤，顾无奈圣贤碍手耳。今渠谓酒色财气，一切不碍菩提路，有此便宜事，谁不从之？"

夫子谓能见其过而内自讼者为鲜，盖真能见过，则即能见吾原无过处，真能自讼，则常如对谳狱吏，句句必求以自胜矣。但人情物理，不远于吾身，苟能反身求之，又何龃龉困衡之多？盖己所不欲，勿施于人，则人我无间，其顺物之来，而毋以逆应之，则物理有不随我而当者乎？

所谓将来学问，只须慎独，不须防检，而既往愆尤习心未退，当何以处之？夫吾之独处，纯然至一，无可对待。识得此独而时时慎之，又何愆尤能入、习心可发耶？但吾辈习心有二：有未能截断其根，而目前暂却者，此病尚在独处受病，又何慎之可言？有既与之截断，而旧日熟境不觉窃发者，于此处觉悟，即为之扫荡，为之廓清，亦莫非慎之之功。譬之医家，急治其标，亦所以调摄元气。譬之治水，虽如疏凿决排，亦莫非顺水之性。见猎有喜心，正见程子用功密处，非习心之不去也。人一能之，己百之，人十能之，己千之，此正是困勉之功，安可以为著意？但在本体上用功，虽困且苦，亦不可以言防检。今世之防检者，亦有熟时，不可以其熟时为得操存之要，何如？何如？

聚所先生语录

今人只说我未尝有大恶的事，未尝有大恶的念头，如此为人，也过得。不知日间昏昏懵懵，如醉如梦，便是大恶了。天地生我为人，岂徒昏懵天地间，与虫蚁并活已耶？

问"自立自达"。曰："自立是卓然自立于天地间，再无些倚靠，人推倒他不得。如太山之立于天地间，任他风雷，俱不能动，这方是自立。既自立了，便能自达，再不假些帮助，停滞他不得。如黄河之决，一泻千里，任是甚么，不能沮他，这方是自达。若如今人靠着闻见的，闻见不及处，便被他推倒了，沮滞了。小儿行路，须是倚墙靠壁，若是大人，须是自行。"

凡功夫有间，只是志未立得起，然志不是凡志，须是必为圣人之志。若不是必为圣人之志，亦不是立志。若是必为圣人之志，则凡得行一件好事，做得一上好功夫，也不把他算数。

一友言己教子侄，在声色上放轻些。先生曰："我则异于是。我只劝他立志向学。若劝得他向学之志重了，他于声色上便自轻，不待我劝。昔孟子于齐王好乐，而曰'好乐甚，则齐其庶几乎'！曰好勇，则曰'请好大勇'。曰好货，就曰'好货也好，只要如公刘之好货'。曰好色，就曰'好色也好，只要如太王之好色'。今人若听见说好货、好色，便就说得好货、好色甚不好了，更转他不得。今人只说孟子是不得已迁就的话，其实不知孟子。"

康问："孟子云'必有事焉'，须时时去为善方是。即平常无善念时、无恶念时，恐也算得不有事否？"先生曰："既无恶念，便是善念，更又何善念？却又多了这分意思。"康曰："亦有恶念发而不自知者。"先生曰："这点良知，彻头彻尾，无始无终，更无有恶念发而不自知者。今人错解良知作善念，不知知此念善是良知，知此念恶亦是良知，知此无善念、无恶念也是良知。常知，便是必有事焉。其不知者，非是你良知不知，却是你志气昏惰了。古人有言曰：'清明在躬，志气如神。'岂有不自知的？只缘清明不在躬耳。你只去责志，如一毫私欲之萌，只责此志不立，则私欲便退听。所以阳明先生责志之说最妙。"

文庄欧阳南野先生德

欧阳德，字崇一，号南野，江西泰和人。甫冠，举乡试，从学王文成于虔台，不赴春官者二科，文成呼为小秀才。登嘉靖二年进士第，知六安州，迁刑部员外郎，改翰林院编修。逾年，迁南京国子司业、南京尚宝司卿，转太仆寺少卿，寻出为南京鸿胪寺卿。丁父忧。除服起原官，疏乞终养不许。迁南京太常寺卿。寻召为太常卿，掌祭酒事。升礼部左侍郎，改吏部兼翰林院学士，掌詹事府事。母卒，庐墓，服未阕，召拜礼部尚书兼翰林院学士，直无逸殿。三十三年三月二十一日卒于官，年五十九，赠太子少保，谥文庄。

先生立朝大节，在国本尤伟。是时上讳忌储贰之事，盖中妖人陶仲文"二龙不相见"之说，故自庄敬太子既薨，不欲举行册立，二子并封为王。先生起宗伯，即以为言，不报。会诏二王婚于外府，先生言："昔太祖以父婚子，诸王皆处禁中。孝宗以兄婚弟，诸王始皆出府。今事与太祖同，宜如初制行之。"上不可，令二王出居外府。先生又言："《会典》醮词，主器则曰承宗，分藩则曰承家。今其何所适从？"上不悦，曰："既云王礼，自有典制可遵，如若所言，则何不竟行册立也？"先生即具册立东宫仪注以上，上大怒。二王行礼讫，无轩轾。穆宗之母康妃死，先生上丧礼仪注，一依成化中纪淑妃故事。纪淑妃者，孝宗之母也。上亦不以为然，以诸妃礼葬之。先生据礼守仪，不夺于上之喜怒如此。宗藩典礼，一裁以义，又其小小者耳。

先生以讲学为事。当是时，士咸知诵"致良知"之说，而称南野门人者半天下。癸丑、甲寅间，京师灵济宫之会，先生与徐少湖、聂双江、程松溪为主盟，学徒云集至千人，其盛为数百年所未有。罗整庵不契良知之旨，谓"佛氏有见于心，无见于性，故以知觉为性，今言吾心之良知即是天理，亦是以知觉为性矣。"先生申之曰："知觉与良知，名同而实异。凡知视、知听、知言、知动，皆知觉也，而未必其皆善。良知者，知恻隐、知羞恶、知恭敬、知是非，所谓本然之善也。本然之善，以知为体，不能离知而别有体。盖天性之真，明觉自然，随感而通，自有条理，是以谓之良知，亦谓之天理。天理者，良知之条理；良知者，天理之灵明，知觉不足以言之也。"整庵难曰："人之知识不容有二，孟子但以不虑而知者名之曰良，非谓别有一知也。今以知恻隐、羞恶、恭敬、是非为良知，知视听言动为知觉，殆如《楞伽》所谓真识及分别事识者。"先生申之曰："非谓知识有二也，恻隐、羞恶、恭敬、是非之知不离乎视听言动，而视听言动未必皆得其恻隐、羞恶之本然者。故就视听言动而言，统谓之知觉；就其恻隐、羞恶而言，乃见其所谓良者。知觉未可谓之性，未可谓之理，知之良者，乃所谓天之理也，犹之道心人心非有二心，天命气质非有二性也。"整庵难曰："误认良知为天理，则于天地万物之理，一切置之度外，更不复讲，无以达夫一贯之妙。"先生申之曰："良知必发于视听思虑，视听思虑必交于天地人物。天地人物无穷，视听思虑亦无穷，故良知亦无穷。离却天地人物，亦无所谓良知矣。"然先生之所谓良知，以知是知非之独知为据，其体无时不发，非未感以前别有未发之时。所谓未发者，盖即喜怒哀乐之发，而指其有未发者，是已发未发与费隐微显通为一义。当时同门之言良知者，虽有浅深详略之不同，而绪山、龙溪、东廓、洛村、明水皆守"已发未发非有二候，致和即所以致中"。独聂双江以归寂为宗，功夫在于致中，而和即应之。故同门环起难端，双江往复良苦。微念庵，则双江自伤其孤另矣。

盖致良知宗旨，阳明发于晚年，未及与学者深究。然观《传习录》云："吾昔居滁，见诸生多务知解，无益于得，姑教之静坐，一时窥见光景，颇收近效。久之渐有喜静厌动，流入枯槁之病，故迩来只说致良知。良知明白，随你去静处体悟也好，随你去事上磨炼也好。良知本体原是无动无静的，此便是学问头脑。"其大意亦可见矣。后来学者只知在事上磨炼，势不得不以知识为良知，阴流密陷于义袭、助长之病，其害更甚于喜静厌动。盖不从良知用功，只在动静上用功，而又只在动上用功，于阳明所言，分明倒却一边矣。双江于先生议论虽未归一，双江之归寂，何尝枯槁，先生之格物，不堕支离，发明阳明宗旨，始无遗憾，两不相妨也。

南野论学书

夫良知不学而能，不虑而知，故虽小人闲居为不善无所不至者，其见君子而厌然，亦不可不谓之良知。虽常人恕己则昏者，其责人则明，亦不可不谓之良知。苟能不欺其知，去其不善者以归于善，勿以所恶于人者施之于人，则亦是致知诚意之功。即此一念，可以不异于圣人。《答刘道夫》

良知乃本心之真诚恻怛，人为私意所杂，不能念念皆此真诚恻怛，故须用致知之功。致知云者，去其私意之杂，使念念皆真诚恻怛而无有亏欠耳。孟子言孩提知爱知敬，亦是指本心真诚恻怛自然发见者。使人达此于天下，念念真诚恻怛，即是念念致其良知矣。故某尝言一切应物处事，只要是良知。盖一念不是良知，即不是致知矣。《答胡仰斋》

学者诚不失其良心，则虽种种异说，纷纷绪言，譬之吴、楚、闽、粤，方言各出，而所同者义。苟失其良心，则虽字字句句，无二无别于古圣，犹之孩童玩戏，妆饰老态，语笑步趋，色色近似，去之益远。《答马问庵》

觉则无病可去，患在于不觉耳。常觉则常无病，常存无病之心，是真能常以去病之心为心者矣。《答高公敬》

大抵学不必过求精微，但粗重私意，断除不净，真心未得透露。种种妙谈，皆违心之言；事事周密，皆拂性之行。向后无真实脚根可扎定得，安望其有成也？《寄横溪弟》

自谓宽裕温柔，焉知非优游怠忽；自谓发强刚毅，焉知非躁妄激作。忿戾近斋庄，琐细近密察，矫似正，流似和，毫厘不辨，离真逾远。然非实致其精一之功，消其功利之萌，亦岂容以知见情识而能明辨之。《寄教纯之》

先师谓"致知存乎心悟"，若认知识为良知，正是粗看了，未见所谓"不学不虑，不系于人"者。然非情无以见性，非知识意念则亦无以见良知。周子谓："诚无为，神发知。"知神之为知，方知得致知；知诚之无为，方知得诚意。来书启教甚明，知此即知未发之中矣。《答陈明水》

良知无方无体,变动不居。故有昨以为是,而今觉其非;有己以为是,而因人觉其为非;亦有自见未当,必考证讲求而后停妥。皆良知自然如此,故致知亦当如此。然一念良知,彻头彻尾,本无今昨、人己、内外之分也。

凡两念相牵,即是自欺根本。如此不了,卒归于随逐而已。《答郑元健》

贞襄聂双江先生豹

聂豹,字文蔚,号双江,永丰人也。正德十二年进士。知华亭县。清乾没一万八千金,以补逋赋,修水利,兴学校。识徐存斋丁诸生中,召为御史,劾奏大奄及柄臣,有能谏名。出为苏州知府。丁内外艰,家居十年。以荐起,知平阳府,修关练卒,先事以待,寇至不敢入。世宗闻之,顾谓侍臣曰:"豹何状乃能尔?"升陕西按察司副使,为辅臣夏贵溪所恶,罢归。寻复逮之,先生方与学人讲《中庸》,校突至,械系之。先生系毕,复与学人终前说而去。既入诏狱,而贵溪亦至,先生无怨色。贵溪大惭。逾年得出。嘉靖二十九年,京师戒严,存斋为宗伯,因荐先生,召为巡抚苏州右佥都御史。转兵部侍郎,协理京营戎政。仇鸾请调宣、大兵入卫,先生不可而止。寻升尚书,累以边功加至太子少傅。东南倭乱,赵文华请视师,朱龙禧请差田赋开市舶,辅臣严嵩主之,先生皆以为不可,降俸二级。遂以老疾致仕。四十二年十一月四日卒,年七十七。隆庆元年,赠少保,谥贞襄。

阳明在越,先生以御史按闽,过武林,欲渡江见之。人言力阻,先生不听,及见而大悦,曰:"君子所为,众人固不识也。"犹疑接人太滥,上书言之。阳明答曰:"吾之讲学,非以靳人之信己也,行吾不得已之心耳。若畏人之不信,必择人而与之,是自丧其心也。"先生为之惕然。

阳明征思、田，先生问"勿忘勿助之功"，阳明答书"此间只说必有事焉，不说勿忘勿助。专言勿忘勿助，是空锅而爨也"。阳明既殁，先生时官苏州，曰："昔之未称门生者，冀再见耳，今不可得矣。"于是设位北面再拜，始称门生，以钱绪山为证，刻两书于石，以识之。

　　先生之学，狱中闲久静极，忽见此心真体，光明莹彻，万物皆备。乃喜曰："此未发之中也，守是不失，天下之理皆从此出矣。"及出，与来学立静坐法，使之归寂以通感，执体以应用。是时同门为良知之学者，以为"未发即在已发之中"。盖发而未尝发，故未发之功却在发上用，先天之功却在后天上用。其疑先生之说者有三：其一谓"道不可须臾离也"，今曰"动处无功"是离之也。其一谓"道无分于动静也"，今曰"功夫只是主静"，是二之也。其一谓"心事合一，心体事而无不在"，今曰"感应流行，著不得力"，是脱略事为，类于禅悟也。王龙溪、黄洛村、陈明水、邹东廓、刘两峰各致难端，先生一一申之。惟罗念庵深相契合，谓："双江所言，真是霹雳手段，许多英雄瞒昧，被他一口道著，如康庄大道，更无可疑。"两峰晚乃信之，曰："双江之言是也。"夫心体流行不息，静而动，动而静。未发，静也。已发，动也。发上用功，固为徇动；未发用功，亦为徇静：皆陷于一偏。而《中庸》以大本归之未发者，盖心体即天体也。周天三百六十五度四分度之一，而其中为天枢，天无一息不运，至其枢纽处，实万古常止，要不可不归之静。故心之主宰，虽不可以动静言，而惟静乃能存之。此濂溪以"主静立人极"，龟山门下以"体夫喜怒哀乐未发前气象"为相传口诀也。先生所以自别于非禅者，谓归寂以通天下之感，不似释氏以感应为尘烦，一切断除而寂灭之。则是看释氏尚未透。夫释氏以作用为性，其所恶言者体也。其曰父母未生前，曰先天，曰主中主，皆指此流行者而言，但此流行不著于事为知觉者也。其曰后天，曰大用现前，曰宾，则指流行中之事为知觉也。其实体当处，皆在动一边者，故曰"无所住而生其心"，正与存心养性相反。盖心体原是流行，而流行不失其则者，则终古如斯，乃所谓静也、寂也。儒者存养之力,归于此处,始不同夫释氏耳。若区区以感应有无别之,彼释氏又何尝废感应耶?阳明自江右以后,始拈良知。其在南中,以默坐澄心为学的,收敛为主,发散是不得已。有未发之中,始能有中节之和。其后学者有喜静恶动之弊,故以致良知救之。而曰良知是未发之中,则犹之乎前说也。先生亦何背乎师门?乃当时群起而难之哉!

徐学谟《识馀录》言:"杨忠愍劾严嵩假冒边功,下部查覆。世蕃自草覆稿送部,先生即依稿具题。"按《识小编》:"先生劝嵩自辞军赏,而覆疏竟不上,但以之归功张时彻。"然则依稿具题之诬,不辩而自明矣。

双 江 论 学 书

原泉者,江淮河汉之所从出也,然非江淮河汉,则亦无以见所谓原泉者。故浚原者,浚其江淮河汉所从出之原,非以江淮河汉为原而浚之也。根本者,枝叶花实之所从出也。培根者,培其枝叶花实所从出之根,非以枝叶花实为根而培之也。今不致感应变化所从出之知,而即感应变化之知而致之,是求日月于容光必照之处,而遗其悬象著明之大也。

圣人过多,贤人过少,愚人无过。盖过必学而后见也,不学者妄行妄作以为常,不复知过。《答许玉林》

达夫早年之学,病在于求脱化融释之太速也。夫脱化融释,原非功夫字眼,乃功夫熟后景界也。而速于求之,故遂为慈湖之说所入。以见在为具足,以知觉为良知,以不起意为功夫,乐超顿而鄙艰苦,崇虚见而略实功,自谓撒手悬崖,遍地黄金,而于六经、四书未尝有一字当意,玩弄精魂,谓为自得。如是者十年矣。至于盘错颠沛,则茫然无据,不能不动朱公之哭也。已而恍然自悟,考之诗书,乃知学有本原。心主乎内,寂以通感也,止以发虑也,无所不在,而所以存之养之者,止其所而不动也。动其影也,照也,发也。发有动静,而寂无动静也。于是一以洗心退藏为主,虚寂未发为要,刊落究竟,日见天精,不属睹闻。此其近时归根复命,煞吃辛苦处,亦庶几乎知微知彰之学。乃其自性自度,非不肖有所裨益也。《寄王龙溪》

今之为良知之学者,于《传习录》前篇所记真切处,俱略之,乃驾空立笼罩语,似切近而实渺茫,终日逐外,而自以为得手也。《寄刘两峰》

气有盛衰,而灵无老少,随盛衰为昏明者,不学而局于气也。《答戴伯常》

困　辨　录

才觉无过,便是包藏祸心。故时时见过,时时改过,便是江汉以濯、秋阳以暴。夫子只要改过,乡愿只要无过。《辨过》

机械变诈之巧,盖其机心滑熟,久而安之。其始也,生于一念之无耻;其安也,习而熟之,充然无复廉耻之色,放僻邪侈,无所不为,无所用其耻也。《辨过》

问:"迁善改过,将随事随处而迁之、改之乎? 抑只于一处而迁之、改之也?"曰:"天下只有一善,更无别善,只有一过,更无别过。故一善迁而万善融,一过改而万过化,所谓一真一切真矣。"

问:"闲思杂虑,袪除不得,如何?"曰:"习心滑熟故也。习心滑熟,客虑只从滑熟路上往还,非一朝一夕之故也。若欲逐之而使去,禁之而使不生,隳突冲决,反为本体之累。故欲去客虑者,先须求复本体。本体复得一分,客虑减去一分。然本体非敬不复,敬以持之,以作吾心体之健,心体健而后能廓清扫荡,以收定静之功。盖盗贼无主,势必解散,然非责效于日夕、用意于皮肤者可几及也。"

问:"良知之学何如?"曰:"此是王门相传指诀。先师以世之学者,率以无所不知、无所不能为圣人,以有所不知不能为儒者所深耻,一切入手,便从多学而识,考索记诵上钻研,劳苦缠绊,担阁了天下无限好资质的人,乃谓良知自致知而养之,不待学虑,千变万化,皆由此出。

261

孟子所谓不学不虑，爱亲敬长，盖指良知之发用流行，切近精实处，而不悟者，遂以爱敬为良知，著在支节上求。虽极高手，不免赚入邪魔蹊径，到底只从霸学里改换头目出来。盖孩提之爱敬，即道心也，一本其纯一未发，自然流行，而纤毫思虑营欲不与。故致良知者，只养这个纯一未发的本体。本体复则万物备，所谓立天下之大本。先师云：'良知是未发之中，廓然大公的本体，便自能感而随通，便自能物来顺应。'此是《传习录》中正法眼藏。而误以知觉为良知，无故为霸学张一赤帜，与边见外修何异？而自畔其师说远矣。"

文恭罗念庵先生洪先

罗洪先，字达夫，别号念庵，吉水人。父循，山东按察副使。先生自幼端重，年五岁，梦通衢市人扰扰，大呼曰："汝往来者，皆在吾梦中耳。"觉而以告其母李宜人，识者知非埃壒人也。十一岁，读古文，慨然慕罗一峰之为人，即有志于圣学。嘉靖八年，举进士第一。外舅太仆曾直闻报，喜曰："幸吾婿建此大事。"先生曰："丈夫事业更有许大在，此等三年递一人，奚足为大事也？"授翰林修撰。明年，告归。已丁父艰，苦块蔬食，不入室者三年。继丁内艰，居后丧复如前丧。十八年，召拜左春坊左赞善，逾年至京。上常不御朝，十二月，先生与司谏唐顺之、较书赵时春请以来岁元日，皇太子御文华殿，受百官朝贺。上曰："朕方疾，遂欲储贰临朝，是必君父不能起也。"皆黜为民。三十七年，严相嵩起唐顺之为兵部主事，次及先生。先生以毕志林壑报之，顺之强之同出，先生曰："天下事为之非甲则乙，某所欲为而未能者，有公为之，何必有我？"四十三年卒，年六十一。隆庆改元，赠光禄少卿，谥文恭。

先生之学，始致力于践履，中归摄于寂静，晚彻悟于仁体。幼闻阳明讲学虔台，心即向慕，比《传习录》出，读之至忘寝食。同里谷平李中传玉斋杨珠之学，先生师之，得其根柢。而聂双江以归寂之说号于同志，惟先生独心契之。是时阳明门下之谈学者，皆曰"知善知恶即是良知，依此行之即是致知"。先生谓："良知者，至善之谓也。吾心之善，吾知之，吾心之恶，吾知之，不可谓非知也。善恶交杂，岂有为主于中者乎？中无所主，而谓知本常明，不可也。知有未明，依此行之，而谓无乖戾于既发之后，能顺应于事物之来，不可也。故非经枯槁寂寞之后，一切退听，天理炯然，未易及此。双江所言，真是霹雳手段，许多英雄瞒昧，被他一口道著，如康庄大道，更无可疑。"辟石莲洞居之，默坐半榻间，不出户者三年。事能前知，人或讶之，答曰："是偶然，不足道。"王龙溪恐其专守枯静，不达当机顺应之妙，访之于松原，问曰："近日行持，比前何似？"先生曰："往年尚多断续，近来无有杂念。杂念渐少，即感应处便自顺适。即如均赋一事，从六月至今半年，终日纷纷，未尝敢厌倦，未尝敢执著，未尝敢放纵，未尝敢张皇，惟恐一人不得其所。一切杂念不入，亦不见动静二境，自谓此即是静定功夫。非纽定默坐时是静，至动应时便无著静处也。"龙溪嗟叹而退。先生于阳明之学，始而慕之，已见其门下承领本体太易，亦遂疑之。及至功夫纯熟，而阳明进学次第洞然无间。天下学者亦遂因先生之言，而后得阳明之真。其哓哓以师说鼓动天下者，反不与焉。

先生既定《阳明年谱》，钱绪山曰："子于师门，不称门生而称后学者，以师存日未得及门委贽也。子谓古今门人之称，其义止于及门委贽乎？子年十四时，欲见师于赣，父母不听，则及门者其素志也。今学其学者，三纪于兹矣，非徒得其门，所谓升堂入室者，子且无歉焉？于门人乎何有？"谱中改称门人，绪山、龙溪证之也。先生以濂溪"无欲故静"之旨为圣学的传。有言辞受取与为小事者，先生谓"此言最害事"。请告归，过仪真，一病几殆。同年项瓯东念其贫困，有富人坐死，行贿万金，待先生一言，先生辞之而去。已念富人罪不当死，嘱恤刑生之，不令其知也。先世田宅，尽推以与庶弟，别架数楹，仅蔽风雨。寻为水漂没，假寓田家。抚院马森以其故所却馈，先后数千金，复致之立室，先生不受。其门下构正学堂以居之。将卒，问疾者入视，室如悬磬，曰："何至一贫如此？"先生曰："贫固自好。"故于龙溪诸子，会讲近城市，劳官府，则痛切相规，谓"借开来之说，以责后车传食之报，为贿赂公行、廉耻道丧者，助之澜也。"先生静坐之外，经年出游，求师问友，不择方内方外，一节之长，必虚心咨请，如病者之待医。士大夫体貌规格，黜弃殆尽，独往独来，累饥寒，经跋踄，重湖惊涛之险，逆旅谇誶之加，漠然无所芥蒂。或疑其不绝二氏。先生尝阅《楞严》得返闻之旨，觉此身在太虚，视听若寄世外。见者惊其神来，先生自省曰："误入禅定矣。"其功遂辍。登衡岳绝顶，遇僧楚石，以外丹授之。先生曰："吾无所事此也。"黄陂山人方与时，自负得息心诀，谓"圣学者亦须静中恍见端倪始得"。先生与龙溪偕至黄陂习静，龙溪先返，先生独留，夜坐功夫愈密。自谓："已入深山更深处，家书休遣雁来过。"盖先生无处非学地，无人非学侣，同床各梦，岂二氏所能连染哉？耿天台谓先生为与时所欺，愤悔疽发，还家而夫人又殂，由是益恨与时。今观其夜坐诸诗，皆得之黄陂者，一时之所证入，固非与时所可窥见，又何至以妻子一诀，自动其心乎？可谓不知先生者矣。邓定宇曰："阳明必为圣学无疑，然及门之士，概多矛盾。其私淑而有得者，莫如念庵。"此定论也。

论 学 书

以为良知之外，尚有所谓义理者在，是犹未免于帮补凑合之病，其于自信，不亦远乎！见闻不与，独任真诚，矢死以终，更无外想，自非豪杰，其孰能任此？《与林澂山》

来谕"辞受取予，虽关行检，看来亦小"。此言最害事，辞受取与，元关心术，本无大小，以此当天来事看，即尧、舜事业，亦是浮云过目。若率吾真心而行，即一介不取与，亦是大道，非小事业而大一介也，此心无物可尚故也。《答戚南玄》。启超案：故善无所谓大小，恶无所谓大小，就一念之微处勘之，大小平等也。

学须静中入手，然亦未可偏向此中躲闪过，凡难处与不欲之念，皆须察问从何来。若此间有承当不起，便是畏火之金，必是铜铅锡铁搀和，不得回互姑容，任其暂时云尔也。除此无下手诛责处。平日却只是陪奉一种清闲自在，终非有根之树，冒雪披风，干柯折矣。《与王有训》。启超案：所谓自讼之功，最好入手。

大抵功夫未下手，即不知自己何病。又事未涉境，即病亦未甚害事。稍涉人事，乃知为病，又未知去病之方。盖方任己便欲回互，有回互则病乃是痛心处，岂肯割去？譬之浮躁起于快意，有快意为之根，则浮躁之标末自现，欲去标末，当去其根。其根为吾之所回互，安能克哉？此其所以难也。《答王西石》。启超案：试以此语自勘，人人皆犯此病。

千古病痛，在入处防闲，到既入后濯洗纵放，终非根论。周子"无欲"，程子"定性"，皆率指此。置身千仞，则坎蛙穴螺争竞，岂特不足以当吾一视；著脚泥淖，得片瓦拳石，皆性命视之：此根论大抵象也。到此识见既别，却犯手入场，皆吾游刃，老叟与群儿调戏，终不成忧其搅溷。吾心但防闲入处，非有高睨宇宙，狠断俗情，未可容易承当也。《答尹洞山》

欲之有无，独知之地，随发随觉，顾未有主静之功以察之耳。诚察之，固有不待乎外者，而凡考古知今，亲师取友，皆所以为寡欲之事。不然，今之博文者有矣，其不救于私妄之恣肆者何欤？故尝以为欲希圣，必自无欲始，求无欲，必自静始。《答高白坪》

某所尝著力者，以无欲为主。辨欲之有无，以当下此心微微觉处为主，此觉处甚微，非志切与气定，即不自见。《答李二守》

立行是孔门第一义，今之言不睹不闻者，亦是欲立行至精密处，非有二义也。凡事状之萌，有作有止，而吾心之知，无断无续。即事状而应之，不涉放肆，可谓有依据矣，安知不入安排理道与打贴世情、弥逢人意乎？即使无是数者,事已作何归宿,此不谓虚过日月者哉？又况处事原属此心,心有时而不存,即事亦有时而不谨,所谨者在人之可见闻耳。因见闻而后有著力,此之谓为人,非君子反求诸己之学也。故戒慎于不睹不闻者,乃全吾忠实之本,然而不睹不闻即吾心之常知处。自其常知,不可以形求者,谓之不睹;自其常知,不可以言显者,谓之不闻:固非窈冥之状也。吾心之知,无时或息,即所谓事状之萌应,亦无时不有。若诸念皆泯,炯然中存,亦即吾之一事。此处不令他意挽和,即是必有事焉,又何茫荡之足虑哉?《答刘月川》

欲根不断,常在世情上立脚,未是脱离得尽。如此根器,纵十分敛实,亦只是有此意思,非归根也。《与谢子贞》

夫功夫与至极处,未可并论,何也？操存舍亡,夫子固已言之,非吾辈可以顷刻尝试,遂自谓已得也。今之解良知者曰:"知无不良者也,欲致良知,即不可少有加于良知之外。"此其为说,亦何尝不为精义,但不知几微倏忽之际,便落见解。知果无不良矣,有不良者果孰为之？人品不齐,功力不等,未可尽以解缚语增它人之纵肆也。乃知致良知之致字,是先圣吃紧为人语。致上见得分明,即格物之义自具,固不必纷纭于章句字面之吻合对证,传授言说之祖述发挥,而动多口也。《答王龙溪》

果能收敛翕聚,如婴儿保护,自能孩笑,自能饮食,自能行走,岂容一毫人力安排。试于临民时验之,稍停详妥贴,言动喜怒,自是不差;稍周章忽略,便有可悔。从前为"良知时时见在"一句误却,欠却培养一段功夫。培养原属收敛翕聚。甲辰夏,因静坐十日,恍恍见得,又被龙溪诸君一句转了。总为自家用功不深,内虚易摇也。孟子言"皆有怵惕恻隐之心",由于"乍见",言"平旦好恶与人相近",由于"夜气所息",未尝言"时时有是心"也。末后四端须扩而充之,自然火然泉达,可以保四海。夜气苟得其养,无物不长。所以须养者,缘此心至易动故也。未尝言"时时便可致用,皆可保四海也"。扩充不在四端后,却在常无内交、要誉、恶声之心，所谓以直养也。养是常息，此心常如夜之所息，如是则时时可似"乍见"与"平旦"时，此圣贤苦心语也。阳明拈出良知，上面添一致字，便是扩养之意。良知良字，乃是发而中节之和。其所以良者，要非思为可及，所谓不虑而知，正提出本来头面也。启超案：此段最是用力不二法门，天下无代价之物，岂吾辈学圣可以顷刻之悟而遂得耶？心至易动，不可不警惕。今却尽以知觉发用处为良知，至又易致字为依字，则是只有发用无生聚矣。木常发荣必速槁，人常动用必速死，天地犹有闭藏，况于人乎？是故必有未发之中，方有发而中节之和；必有廓然大公，方有物来顺应之感。平日作文字，只谩说过去，更不知未发与廓然处何在，如何用功？诚鹘突半生也。真扩养得，更是集义，自浩然不夺于外。此非一朝一夕可得。然一朝一夕，亦便小小有验，但不足放乎四海。譬之操舟舵不应手，不免横撑直驾，终是费力。时时培此，却是最密地也。《与尹道舆》

阳明先生良知之教，本之《孟子》乍见入井、孩提爱敬、平旦好恶三者，以其皆有未发者存，故谓之良。朱子以为，良者自然之谓，是也。然以其一端之发见，而未能即复其本体，故言怵惕矣，必以扩充继之；言好恶矣，必以长养继之；言爱敬矣，必以达之天下继之。孟子之意可见矣。先生得其意者也，故亦不以良知为足，而以致知为功。试以三言思之，其言充也，将即怵惕之已发者充之乎？将求之乍见之真乎？无亦不动于内交要誉恶声之私已乎？其言养也，将即好恶之已发者养之乎？将求之平旦之气乎？无亦不梏于旦昼所为矣乎？其言达也，将即爱敬之已发者达之乎？将不失孩提之心乎？无亦不涉于思虑矫强矣乎？终日之间，不动于私，不梏于为，不涉于思虑矫强，以是为致知之功，则其意乌有不诚？而亦乌用以立诚二字附益之也？今也不然，但取足于知，而不原其所以良，故失养其端，而惟任其所以发，遂以见存之知，为事物之则，而不察理欲之混淆；以外交之物，为知觉之体，而不知物我之倒置。岂先生之本旨也？《答项瓯东》

当极静时,恍然觉吾此心,中虚无物,旁通无穷。有如长空,云气流行,无有止极;有如大海,鱼龙变化,无有间隔。无内外可指,无动静可分,上下四方,往古来今,浑成一片,所谓无在而无不在。吾之一身,乃其发窍,固非形质所能限也。是故纵吾之目,而天地不满于吾视;倾吾之耳,而天地不出于吾听;冥吾之心,而天地不逃于吾思。古人往矣,其精神所极,即吾之精神,未尝往也,否则,闻其行事,而能憬然愤然矣乎?四海远矣,其疾痛相关,即吾之疾痛,未尝远也,否则,闻其患难,而能恻然蠢然矣乎?启超案:此先生悟道语,有契于佛门性海圆融之旨。浏阳谭氏《仁学》只发明得此理。是故感于亲而为亲焉,吾无分于亲也,有分于吾与亲,斯不亲矣。感于民而为仁焉,吾无分于民也,有分于吾与民,斯不仁矣。感于物而为爱焉,吾无分于物也,有分于吾与物,斯不爱矣。是乃得之于天者固然,如是而后可以配天也。故曰"仁者浑然与物同体"。启超案:读此觉张横渠《西铭》尤为亲切有味。同体也者,谓在我者亦即在物,合吾与物而同为一体,则前所谓虚寂而能贯通,浑上下四方、往古来今、内外动静而一之者也。若二氏者,有见于己,无见于物,养一指而失其肩背,比于自贼其身者耳。诸儒辟二氏矣,猥琐于扫除防检之勤,而迷谬于统体该括之大,安于近小,而弗睹其全,矜其智能,而不适于用。譬之一家,不知承藉祖父之遗,光复门祚,而顾栖栖于一室,身口是计,其堂奥未窥,积聚未复,终无逃于樊迟细民之讥,则亦何以服二氏之心哉!

此学日入密处,纷纭镠辖中,自得泰然,不烦照应。"不烦照应"一语,双老所极恶闻,却是极用力全体不相污染,乃有此景。如无为寇之念,纵百念纵横,断不须照应始无此念。明道"不须防检,不待穷索,未尝致纤毫之力",意正如此。以上《与蒋道林》。启超案:此与龙溪所谓人虽好谤我,终不谓我盗,皆取譬最亲切者。

以身在天地间负荷,即一切俗情,自难染污。《寄尹道典》

来书责弟不合良知外提出知止二字,而以为"良知无内外,无动静，无先后，一以贯之。除此更无事，除此别无格物"。言语虽似条畅，只不知缘何便无分毫出入？操则存，舍则亡，非即良知而何？终日谈本体，不说功夫，才拈功夫，便指为外道，恐阳明先生复生，亦当攒眉也。《寄王龙溪》。启超案：念庵所以为王门子路。

默默自修，真见时刻有不彀手处，时刻有不如人处，时刻只在自心内寻究虚静根底安顿，不至出入，即有好商量矣。《答王著久》

三四年间，曾以"主静"一言为谈良知者告，以为良知固出于禀受之自然，而未尝泯灭，然欲得流行发见，常如孩提之时，必有致之之功，非经枯槁寂寞之后，一切退听，而天理炯然，未易及此，阳明之龙场是也。学者舍龙场之惩创，而谈晚年之熟化，譬之趋万里者，不能蹈险出幽，而欲从容于九达之逵，岂止躐等而已哉！然闻之者惟恐失其师传之语，而不究竟其师之入手何在，往往辨诘易生，徒多慨惜。《寄谢高泉》

良知两字，乃阳明先生一生经验而后得之，使发于心者，一与所知不应，即非其本旨矣。当时迁就初学，令易入，不免指见在发用以为左券。至于自得，固未可以草草谬承。而因仍其说者，类借口实，使人猖狂自恣，则失之又远。《寄张须野》

旁午之中，吾御之者，缪辕纷纭，而为事物所胜，此即憧憧之思也。从容闲雅，而在事物之上，此即寂然之渐也。由憧憧而应之，必或至于错谬；由寂然而应之，必自尽其条理。此即能寂与不能寂之验。由一日而百年可知也。一日之间，无动无静，皆由从容闲雅，通而至于澄然无事，未尝有厌事之念，即此乃身心安著处。安著于此，不患明之不足于照矣。渐入细微，久而成熟，即为自得。明道不言乎，"必有事焉而勿正，心勿忘，勿助长"，谓未尝致纤毫之力，此其存之之道。夫必有事者，言乎心之常止于是；勿忘助者，言乎常止之无所增损；未尝致纤毫之力者，言乎从容闲雅，又若未尝有所事事。如此而后，可以积久成熟而入细微，盖为学之彀率也。《与徐大巡》

学有可以一言尽者，有不可以一言尽者。如收敛精神，并归一处，常令凝聚,能为万物万事主宰,此可一言而尽,亦可以一息测识而悟。惟夫出入于酬应,牵引于情思,转移于利害,缠固于计算,则微暧万变,孔窍百出,非坚心苦志,持之岁月,万死一生,莫能几及也。《与萧云皋》。启超案:此亦如康斋所谓"从五更枕上汗流泪下得来"矣。天下固无代价之物也。

知纵肆是良知;知不能却常自欺,是瞒良知。自知瞒良知,又是良知。形之纸笔,公然以为美谈,是不肯致良知也。此病岂他人能医耶?《答门人》。启超案:此病今方传染。

此学静中觉窥体用事极难,大约只于自心欺瞒不得处,当提醒作主,久久精明,便有别白处。启超案:不二法门。若只将日用间应酬知解处,便谓是心体,此却作主不定,有差自救不来。何也?只寻得差不得处,始有见耳。《与周学谕》

除此真心作用,更无才力智巧。《答胡正甫》

执著乃用功生疏所致,到纯熟自当轻省,不可便生厌心。此处一有憎厌疑贰,便是邪魔作祟,绝不可放过也。《答刘可贤》

此心皎然无掩蔽时,便与圣人不甚异,于此不涉丝毫摇兀,亦无改变,亦无执著,亦无忽略,此便是学。只时时有保护处,不伤皎然处,将容体自正,言语自谨,嗜欲自节,善自行,恶自止,好名、好货、好色自觉澹,以此看书,以此处友,精神自聚,不散涣矣。《答刘可贤》

处处从小利害克治,便是克己实事,便是处生死成败之根,亦不论有事无事。此处放过,更无是处。于克治知费力与浊乱,此是生熟安勉分限。不安分限,将下手实际,便欲并成德时论,此涉于比拟太过。不知功夫纯熟,只在常明少昏,渐渐求进,到得成片段,却真咽喉下能著刀。能下此刀,与一念一事,是非不同,却是得先几也。《答曾于野》

静中如何便计较功效,只管久久见得此心有逐物、有不逐物时,却认不逐物时心为本,日间动作皆依不逐物之心照应,一逐物便当取回,愈久渐渐成熟。如此功夫,不知用多少日子,方有定贴处。如何一两日坐后,就要他定贴,动作不差,岂有此理!阳明先生叫人依良知,不

是依眼前知解的良知,是此心瞒不过处,即所谓不逐物之心也。静中识认他,渐渐有可寻求耳。《答罗生》

终日眼前俱是假人,无一分真实意,自我待之,终日俱是真人,无一分作伪意,如此便是有进步。《答刘少衡》

凡习心混得去,皆缘日间太顺适,未有操持。如舵工相似,终日看舵,便不至瞌睡,到得习熟,即身即舵,无有两件。凡人学问真处,决定有操持收束,渐至其中,未有受用见成者。《答欧阳文朝》

自觉得力,只管做去,微觉有病,又须转手。此件功夫,如引小儿,随时迁就,执著不得。《与杜道升》

杂　著

予问龙溪曰:"凡去私欲,须于发根处破除始得。私欲之起,必有由来,皆缘自己原有贪好,原有计算,此处漫过,一时洁净,不但潜伏,且恐阴为之培植矣。"钱绪山曰:"此件功夫零碎,但依良知运用,安事破除?"龙溪曰:"不然,此捣巢搜贼之法,勿谓尽无益也。"

龙溪之言曰:"先师提掇良知,乃道心之微,一念灵明,无内外,无寂感。吾人不昧此一念灵明,便是致知;随事随物,不昧此一念灵明,便是格物。良知是虚,格物是实,虚实相生,天则乃见。盖良知原是无知而无不知,原无一物,方能类万物之情。或以良知未尽妙义,于良知上搀入无知意见,便是异学。或以良知未足以尽天下之变,必加见闻知识补益而助发之,便是俗学。吾人致知功夫不得力,第一意见为害。意见是良知之贼,卜度成悟,明体宛然,便认以为良知。若信得良知过时,意即是良知之流行,见即是良知之照察,彻内彻外,原无壅滞,原无帮补,所谓丹府一粒,点铁成金。若认意见以为实际,本家灵觉生机,封闭愈固,不得出来。学术毫厘之辨,不可不察也。"然质之阳明先生所言,或未尽合。先生尝曰:"良知者,天命之性,心之本体,自然昭明灵觉者也。"是谓良知即天性矣。《中庸》言性,所指在于不睹不闻。盖以君子之学，惟于其所不睹不闻者，而戒慎恐惧耳，舍不睹不闻之外，无所用其戒慎恐惧也。夫不睹不闻，可谓隐而未形，微而未著矣。然吾之发见于外者，即此未形者之所为，而未始有加；吾之彰显于外者，即此未著者之所为，而未始有加。由是言之，谓良知之体至虚可也，谓其本虚而形实亦可也。今曰"良知是虚，格物是实"，岂所谓不睹不闻有所待而后实乎？先生又曰："至善者，心之本体。动而后有不善，而本体之知，未尝不知也。"是以良知为至善矣。《大学》之言至善，其功在于能止。盖以吾心之体，固有至善，而有知之后，得止为难。知而常止，非夫良之止其所，孰能与于此？故定静安虑者，至善也，能定、能静、能安、能虑者，止至善也。能止而后至善，尽为己有，有诸己而后谓之有得。先之以定静安者，物之所由以格，止之始也；后之以虑者，知之所以为至，止之终也。故谓致知以求其止可也，谓物则生于定静亦可也。今曰"虚实相生，天则乃见"，岂定静反由虑而相生乎？先生又曰："良知是未发之中。"又曰："当知未发之中，常人亦未能皆有。"岂非以良知之发，为未泯之善端，未发之中，当因发而后致？盖必常静常定，然后可谓之中。则凡致知者，亦必即其所未泯，而益充其所未至，然后可以为诚意。固未尝以一端之善，为圣人之极则也，今曰"若信得良知过时，意即是良知之流行，见即是良知之照察"云云。夫利欲之盘固，遏之犹恐弗止，而欲从其知之所发，以为心体；以血气之浮扬，敛之犹恐弗定，而欲任其意之所行，以为功夫。畏难苟安者，取便于易从；见小欲速者，坚主于自信。夫注念反观，孰无少觉？因言发虑，理亦昭然。不息之真，既未尽亡，先人之言，又有可据，日滋日甚，日移日远，将无有以存心为拘迫，以改过为粘缀，以取善为比拟，以尽伦为矫饰者乎？而其灭裂恣肆者，又从而诪张簧鼓之，使天下之人遂至于荡然而无归，则其陷溺之浅深，吾不知于俗学何如也！启超案：阳明之教，药也，而末流因药生病。念庵又药之药也。凡学王学者，日三复此段，庶无大过乎！先生又曰："知者意之体，物者意之用。"未尝以物为知之体也。而绪山乃曰：

"知无体,以人情事物之感应为体。无人情事物之感应,则无知矣。"夫人情事物感应之于知,犹色之于视,声之于听也。谓视不离色;固有视于无形者,而曰色即为视之体,无色则无视也,可乎? 谓听不离声,固有听于无声者,而曰声即为听之体,无声则无听也,可乎?《戊申夏游记》

龙溪因前记有所异同,请面命。予曰:"阳明先生苦心犯难,提出良知为传授口诀,盖合内外前后一齐包括,稍有帮补,稍有遗漏,即失当时本旨矣。往年见谈学者,皆曰'知善知恶即是良知,依此行之即是致知'。予尝从此用力,竟无所入,久而后悔之。夫良知者,言乎不学不虑,自然之明觉,盖即至善之谓也。吾心之善,吾知之,吾心之恶,吾知之,不可谓非知也。善恶交杂,岂有为主于中者乎? 中无所主,而谓知本常明,恐未可也。知有未明,依此行之,而谓无乖戾于既发之后,能顺应于事物之来,恐未可也。故知善知恶之知,随出随泯,特一时之发见焉耳。一时之发见,未可尽指为本体,则自然之明觉,固当反求其根源。盖人生而静,未有不善;不善,动之妄也。主静以复之,道斯凝而不流矣。神发为知,良知者静而明也,妄动以杂之,几始失而难复矣。故必有收摄保聚之功,以为充达长养之地,而后定静安虑,由此以出,必于家国天下感无不正,而未尝为物所动,乃可谓之格物。盖处无弗当,而后知无弗明,此致知所以必在于格物,物格而后为知至也。故致知者,致其静无而动有者也。知苟致矣,虽一念之微,皆真实也。苟为弗致,随出随泯,终不免于虚荡而无归。是致与不致之间,虚与实之辨也。谓之'曰良知是虚,格物是实,虚实相生,天则乃见',将无言之太深乎? 即格物以致其知矣,收摄之功终始无间,则吾心之流行照察,自与初学意见万万不侔。谓之曰'意见是良知之贼',诚是也。既而曰'若信得良知过时,意即是良知之流行,见即是良知之照察,所谓丹府一粒,点铁成金',不已言之太易乎?"龙溪曰:"近日觉何如?"曰:"一二年来与前又别,当时之为收摄保聚,偏矣。盖识吾心之本然者,犹未尽也,以为寂在感先,感由寂发。夫谓感由寂发可也,然不免于执寂有处；谓寂在感先可也，然不免于指感有时，彼此既分，动静为二，此乃二氏之所深非，以为边见者。我坚信而固执之，其流之弊，必至重于为我，疏于应物，盖久而后疑之。夫心一而已，自其不出位而言，谓之寂，位有常尊，非守内之谓也；自其常通微而言，谓之感，发微而通，非逐外之谓也。寂非守内，故未可言处，以其能感故也，绝感之寂，寂非真寂矣。感非逐外，故未可言时，以其本寂故也，离寂之感，感非正感矣。此乃同出而异名，吾心之本然也。寂者一，感者不一，是故有动有静，有作有止。人知动作之为感矣，不知静与动、止与作之异者境也，而在吾心，未尝随境异也。随境有异，是离寂之感矣。感而至于酬酢万变，不可胜穷，而皆不外乎通微，是乃所谓几也。故酬酢万变，而于寂者未尝有碍，非不碍也，吾有所主故也。苟无所主，则亦驰逐而不返矣。声臭俱泯，而于感者未尝有息，非不息也，吾无所倚故也。苟有所倚，则亦胶固而不通矣。此所谓收摄保聚之功，君子知几之学也。学者自信于此，灼然不移，即谓之守寂可也，谓之妙感亦可也；即谓之主静可也，谓之慎动亦可也。此岂言说之可定哉？是何也？心也者，至神者也，以无物视之，固泯然矣；以有物视之，固炯然矣。欲尽敛之，则亦块然不知，凝然不动，无一物之可入也；欲两用之，则亦忽然在此，倏然在彼，能兼体而不遗也。使于真寂端倪，果能察识，随动随静，无有出入，不与世界物事相对待，不倚自己知见作主宰，不著道理名目生证解，不藉言语发挥添精神，则收摄保聚之功，自有准则。明道云：'识得仁体，以诚敬存之，不须防检穷索，必有事而勿正，心勿忘，勿助长，未尝致纤毫之力。'此其存之之道，固其准则也。"龙溪笑曰："《夏游记》岂尽非是，只三转语处，手势太重，便觉抑扬太过。兄已见破到此，弟复何言？"《甲寅夏游记》

善学者竭力为上，解悟次之，听言为下。盖有密证殊资，默持妙契，而不知反躬，自求实际，以至不副宿期者矣，固未有历涉诸难，深入真诠，而发之弗莹，必俟明师面临私授，而后信久远也。《阳明先生年谱考

订序》

白沙先生之学,以自然为宗,至其得要,则随动随静,终日照应而不离彼。《跋白沙诗》

向人说得伸,写得出,解得去,谓之有才则可,于学问丝毫无与也。学问之道,须于众人场中易鹘突者,条理分明,一丝不乱。此非平日有涵养镇静之功,小大不疑,安能及此?《别沈万川语》

言其收敛,谓之存养;言其辨别,谓之省察;言其决择,谓之克治。省察者言其明,克治者言其决,决则愈明,而后存养之功纯。内不失己,外不失人,动亦定,静亦定,小大无敢慢,始终条理,可以希圣矣。《书王有训扇》

知无不足之理,则凡不尽分者,皆吾安于肆欲而不竭才者也。吾人日用之间,戒惧稍纵,即言动作止之微,皆违天常而贼人道,可不省欤!《示王有训》

吾人当自立身放在天地间公共地步,一毫私己著不得,方是立志。只为平日有惯习处,软熟滑浏,易于因仍。今当一切斩然,只是不容放过,时时刻刻,须此物出头作主,更无纤微旧习在身,方是功夫,方是立命。《日札》

天地之间,万生万死,天地不为欣戚,以其在天地未尝有增,未尝有损也。生死不增于我,我何欣戚,故圣人冥之。《寐语》

妄意于此,二十馀年矣,亦尝自矢,以为吾之于世,无所厚取,自欺二字,或者不至如人之甚。而两年以来,稍加惩艾,则见为吾之所安而不惧者,正世之所谓大欺,而所指以为可恶而可耻者,皆吾之处心积虑,阴托之命而恃以终身者也。其使吾之安而不惧者,乃先儒论说之馀,而冒以自足,以知解为智,以意气为能,而处心积虑于可耻可恶之物,则知解之所不及,意气之所不行,觉其缺漏,则蒙以一说,欲其宛转,则加以众证。先儒论说愈多,而吾之所安日密,譬之方技俱通,而痿痹不恤,搔爬能识,而痛痒未知,甘心于服鸩,而自以为神剂。如此

275

者，不知日凡几矣。启超案：此与阳明自述一节当参观。阳明自言前者所为，乃包藏祸心，作伪于外，而心劳日拙者也。今念庵自述如此，学者敢轻于自信耶？至闻长生久视之妙，津津然同声应之，不谓其相远也。呜呼！以是为学，虽日有闻，时有习，明师临之，良友辅之，犹恐成其私也。况于日之所闻，时之所习，出入于世俗之内，而又无明师良友之益，其能免于前病乎？夫所安者在此，则惟恐人或我窥；所蒙者在彼，则惟恐人不我与。托命既坚，固难于拔除，用力已深，益巧于藏伏，于是毁誉得失之际，始不能不用其情。此其触机而动，缘衅而起，乃馀症标见，所谓已病不治者也。且以随用随足之体，而寄寓于他人口吻之间，以不加不损之真，而贪窃于古人唾弃之秽，至乐不寻，而伺人之颜色以为欣戚，大宝不惜，而冀时之取予以为歉盈，如失路人之志归，如丧家子之丐食，流离奔逐，至死不休，孟子之所谓哀哉。《别蔡督学》

　　只在话头上拈弄，至丁自性自命，伤损不知。当下动气处，自以为发强刚毅；缠粘处，自以为文理密察；加意陪奉，却谓恭敬；明白依阿，却谓宽仁。如此之类，千言万语，莫能状其情变。总之以一言，只是鹘突倒了，虽自称为学，而于自身邈不相干。却又说精说一，说感说应，亦何益哉？于佛与吾儒之辨，须是自身已有下落，方可开口，然此亦是闲话。辨若明白，亦于吾身何干？老兄将此等作大事件，以为讲论不明，将至误世。弟则以为，伊川讲明后，又出几个圣人？濂溪未曾讲明，又何曾误了春陵夫子？无生之说，门面终是不同，何须深论。今纵谈禅，决未见有人削发弃妻，薄视生死，抛却名位。此数事乃吾儒诋毁佛氏大节目处，既不相犯，自可无忧。老兄"吾为此惧"一言，似可稍解矣。吾辈一个性命，千疮百孔，医治不暇，何得有许多为人说长道短耶？弟愿老兄将精一还尧、舜，感应还孔子，良知还阳明，无生还佛。直将当下胸中粘带，设计断除；眼前纷纭，设计平妥；原来性命，设计恢复。益于我者取之，而非徇其言也；害于我者违之，而非徒以言也。如是，尚何说之不同，而惧之不早已乎？《答何善山》。启超案：此真是绝痛快语，直将宋元来汗牛充栋之辨佛语一切扫去。昌黎《原道》、庐陵《本论》真粪土也。刘蕺山亦云："莫悬虚勘三教异同,且当下辨人禽两路。"

处士刘两峰先生文敏

刘文敏,字宜充,号两峰,吉之安福人。自幼朴实,不知世有机械事。年二十三,与师泉共学,思所以自立于天地间者。每至夜分,不能就寝,谓师泉曰："学苟小成,犹不学也。"已读《传习录》而好之,反躬实践,唯觉动静未融,曰："此非师承不可。"乃入越而禀学焉。自此一以致良知为鹄,操存克治,瞬息不少懈。毋谈高远而行遗卑近,及门之士,不戒而孚,道存目击。外艰既除,不应科目。华亭为学使,以贡士征之,不起。双江主于归寂,同门辨说,动盈卷轴,而先生言："发与未发,本无二致;戒惧慎独,本无二事。若云未发不足以兼已发,致中之外,别有一段致和之功,是不知顺其自然之体而加损焉,以学而能,以虑而知者也。"又言："事上用功,虽愈于事上讲求道理,均之无益于得也。涵养本原,愈精愈一,愈一愈精,始是心事合一。"又言："嘿坐澄心,反观内照,庶几外好日少,知慧日著,生理亦生生不已,所谓集义也。"又言："吾心之体,本止本寂,参之以意念,饰之以道理,侑之以闻见,遂以感通为心之体,而不知吾心虽千酬万应,纷纭变化之无已,而其体本自常止常寂。彼以静病云者,似涉静景,非为物不贰、生物不测之体之静也。"凡此所言,与双江相视莫逆,故人谓双江得先生而不伤孤另者,非虚言也。然先生谓："吾性本自常生,本自常止。往来起伏,非常生也;专寂凝固,非常止也。生而不逐,是谓常止;止而不住,是谓常生。主宰即流行之主宰,流行即主宰之流行。"其于师门之旨,未必尽同于双江。盖双江以未发属性,已发属情;先生则以喜怒哀乐情也,情之得其正者性也。

年八十,犹陟三峰之巅,静坐百馀日。谓其门人王时槐、陈嘉谟、贺泾曰:"知体本虚,虚乃生生,虚者天地万物之原也。吾道以虚为宗,汝曹念哉,与后学言,即涂辙不一,慎勿违吾宗可耳。"隆庆六年五月卒,年八十有三。张子曰:"若谓虚能生气,则虚无穷,气有限,体用殊绝,入老氏'有生于无'自然之论。"先生所谓知体本虚,虚乃生生,将无同乎? 盖老氏之虚,堕于断灭,其生气也,如空谷之声,橐籥之风,虚与气为二也。先生之虚,乃常止之真明,即所谓良知也。其常止之体,即是主宰;其常止之照,即是流行,为物不二者也。故言虚同而为虚实异,依然张子之学也。

论 学 要 语

学力归一,则卓尔之地,方有可几。

先师谓:"学者看致字太轻,故多不得力。"圣贤千言万语,皆从致字上发挥工夫条理,非能于良知之体增益毫末也。生学困勉,皆致字工夫等级,非良知少有异焉者也。

自信本心,而一切经纶宰制由之,此圣学也。干好事,众皆悦之,求之此心,茫然不知所在,此乡愿之徒,孔子之所恶也。

不识万化之根源,则自沦于机巧习染之中,一切天下事,作千样万样看,故精神眩惑,终身劳苦。

学者无必为圣人之志,故染逐随时,变态自为障碍。猛省洗涤,直从志上著人一己百、人十己千工夫,则染处渐消,逐时渐寡,渣滓浑化,则主宰即流行之主宰,流行即主宰之流行,安有许多分别疑虑?

迁善改过之功,无时可已。若谓"吾性一见,病症自去,如太阳一出,魑魅自消",此则为玩光景,逐影响,欲速助长之为害也,须力究而精辨之始可。

透利害生死关,方是学之得力处。若风吹草动,便生疑惑,学在何处用?

友朋中有志者不少，而不能大成者，只缘世情窠臼难超脱者。须是吾心自作主宰，一切利害荣辱，不能淆吾见而夺吾守，方是希圣之志，始有大成之望也。

千事万事，只是一事。故古人精神不妄用，惟在志上磨砺。

随分自竭其力，当下具足，当下受用，过去未来，何益于思，徒得罪于天尔。

意根风波，一尘蔽天，豪杰之士，往往为其所误。故学在于致虚，以证其源。

当急遽时，能不急遽；当怠缓时，能不怠缓；当震惊失措时，能不震惊失措：方是回天易命之学。

功利之习，沦肌浃髓，苟非鞭辟近里之学，常见无动之过，则一时感发之明，不足以胜隐微深痼之蔽。故虽高明，率喜顿悟而厌积渐，任超脱而畏检束，谈玄妙而鄙浅近，肆然无忌，而犹以为无可无不可，任情恣意，遂以去病为第二义，不知自家身心尚荡然无所归也。启超案：当时学者以去病为第二义，其弊既若彼；今之学者以病为不必去，且明目张胆以保任拥护之，又将何如？

同知刘师泉先生邦采

刘邦采，字君亮，号师泉，吉之安福人。初为邑诸生，即以希圣为志，曰："学在求诸心，科举非吾事也。"偕两峰入越谒阳明，称弟子，阳明契之曰："君亮会得容易。"先生资既颖敏，而行复峻拔。丁外艰，蔬水庐墓，服阕不复应试，士论益归。嘉靖七年秋，当乡试，督学赵渊下教属邑，迫之上道。先生入见，渊未离席，即却立不前，渊亟起迎之。先生以棘闱故事，诸生必免冠袒裼而入，失待士礼，不愿入。御史储良材令十三郡诸生并得以常服入闱，免其简察。揭榜，先生得中式。已授寿宁教谕,升嘉兴府同知,寻弃官归。年八十六卒。

阳明亡后,学者承袭口吻,浸失其真,以揣摩为妙悟,纵恣为乐地,情爱为仁体,因循为自然,混同为归一。先生怃然忧之,谓:"夫人之生,有性有命,性妙于无为,命杂于有质,故必兼修而后可以为学。盖吾心主宰谓之性,性无为者也,故须首出庶物以立其体。吾心流行谓之命,命有质者也,故须随时运化以致其用。常知不落念,是吾立体之功,常过不成念,是吾致用之功,二者不可相杂。常知常止,而愈常微也。是说也,吾为见在良知所误,极探而得之。"龙溪问:"见在良知与圣人同异?"先生曰:"不同。赤子之心,孩提之知,愚夫妇之知能,如顽矿未经煅炼,不可名金。其视无声无臭,自然之明觉,何啻千里! 是何也? 为其纯阴无真阳也。复真阳者,更须开天辟地,鼎立乾坤,乃能得之。以见在良知为主,决无入道之期矣。"龙溪曰:"以一隙之光,谓非照临四表之光,不可。今日之日,非本不光,云气掩之耳。以愚夫愚妇为纯阴者,何以异此?"念庵曰:"圣贤只要人从见在寻源头,不是别将一心换却此心,师泉欲创业,不享见在,岂是悬空做得? 亦只是时时收摄此见在者,使之凝一耳。"先生著为《易蕴》,无非此意。所谓性命兼修,立体之功,即宋儒之涵养;致用之功,即宋儒之省察。涵养即是致中,省察即是致和。立本致用,特异其名耳。然工夫终是两用,两用则支离,未免有顾彼失此之病,非纯一之学也。总缘认理气为二。造化只有一气流行,流行之不失其则者,即为主宰,非有一物以主宰夫流行,然流行无可用功,体当其不失则者而已矣。乃先生之言心意知物,较四有、四无之说,最为谛当,谓:"有感无动,无感无静,心也;常感而通,常应而顺,意也;常往而来,常化而生,物也;常定而明,常运而照,知也。见闻之知,其糟粕也;象著之物,其凝沤也;念虑之意,其流澌也;动静之心,其游尘也。心不失无体之心,则心正矣;意不失无欲之意,则意诚矣;物不失无住之物,则物格矣;知不失无动之知,则知致矣。"夫心无体,意无欲,知无动,物无住,则皆是有善无恶矣。刘念台夫子欲于龙溪之四无易一字:"心是有善无恶之心,意亦是有善无恶之意,知亦是有善无恶之知,物亦是有善无恶之物。"何其相符合也。念庵言:"师泉素持元虚,即今肯向里著己,收拾性命,正是好消息。"双江言:"师泉力大而说辨,排闼之严,四座咸屈,人皆避席而让舍,莫敢撄其锋。"疾亟,门人朱调问:"先生此视平时何如?"答曰:"夫形岂累性哉? 今吾不动者,自若也,第形如槁木耳。"遂卒。先生之得力如此。

御史刘三五先生阳 附刘印山、王柳川

刘阳,字一舒,号三五,安福县人。少受业于彭石屋、刘梅源。见阳明《语录》而好之,遂如虔问学。泊舟野水,风雪清苦,不以为恶。阳明见之,顾谓诸生曰:"此生清福人也。"于是语先生:"苟不能甘至贫至贱,不可以为圣人。"嘉靖四年,举乡试。任砀山知县,邑多盗,治以沉命之法,盗为衰止。旋示以礼教,变其风俗。入拜福建道御史。世宗改建万寿宫为永禧仙宫,百官表贺,御史以先生为首,先生曰:"此当谏,不当贺。"在廷以危言动之,卒不可。中官持章奏至,故事南面立,各衙门北面受之,受毕,复如前对揖。先生以为,北面者重章奏,非重中官也,章奏脱手,安得复如前哉? 改揖为东向,无以难也。相嵩欲亲之,先生竟引疾归。徐文贞当国,陪推光禄寺少卿,不起。筑云霞洞于三峰,与士子谈学。两峰过之,萧然如在世外,先生曰:"境寂我寂,已落一层。"两峰曰:"此彻骨语也。"自东廓没,江右学者皆以先生为归。东至岱宗,南至祝融,夜半登山顶而观日焉,残冰剩雪,拄杖铿尔,阳明所谓清福者,悬记之矣。先生于师门之旨,身体精研,曰:"中,知之不倚于睹闻也;敬,知之无怠者也;诚,知之无妄者也;静,知之无欲者也;寂,知之无思为者也;仁,知之生生与物同体者也。各指所之,而皆指夫知之良也,致知焉尽矣。"由先生言之,则阳明之学,仍是不异于宋儒

也。故先生之传两峰也，谓"宋学门户，谨守绳墨，两峰有之"。其一时讲席之盛，皆非先生所深契。尝谓师泉曰："海内讲学而实践者有人，足为人师者有人，而求得先师之学未一人见。"盖意在斯乎！意在斯乎！

刘秉监，字遵教，号印山，三五同邑人也。父宣，工部尚书。先生登正德戊辰进士第。历刑部主事，署员外郎，出为河南佥事，迁大名兵备副使。以忤巨奄逮系诏狱，得不死，谪判韶州，量移贰潮州。知临安府，未至而卒。河南之俗，惑鬼多淫祠，先生为文谕之，曰："灾祥在德，淫鬼焉能祸福？"于是毁境内淫祠以千数。已而就逮，寓书其僚长曰："淫祠伤害民俗，风教者之责。监以祸行，奸人惑众，必为报应之说，非明府力持，鲜不动摇。"其守正不挠如此。事兄甚谨，俸入不私于室。先生初学于甘泉，而尤笃志于阳明。讲学之会，匹马奚童，往来山谷之间，俭约如寒士。母夫人劳之曰："儿孝且弟，何必讲学。"先生对曰："人见其外，未见其内，将求吾真，不敢不学。"殁时年未五十。刘三五评之曰："先辈有言，名节一变而至道，印山早励名节，烈烈不挫，至临死生靡惑，宜其变而至道无难也。"

王钊，字子懋，号柳川，安成人。始受学梅源、东廓，既学于文成。尝为诸生，弃之，栖栖于山颠水涯寂寞之乡，以求所谓身心性命。盖三十年未尝不一日勤恳于心，善不善之在友朋，无异于己，逆耳之言，时施于广座。人但见其恻怛，不以为怨，皆曰："今之讲学不空谈者，柳川也。"时有康南村者，性耿介，善善恶恶，与人不讳。尝酌古礼为图，撮善行为规，岁时拄杖造诸大家之门，家家倒屣以迎。先生视南村如一人，南村贫，先生亦贫，敝衣粝食终其身，非矫也。

三五先生洞语

君子不察，率因其质以滋长，而自易其恶之功盖寡。善学者，不易其恶不已也。

君子以岁月为贵，譬如为山，德日崇也，苟为罔修，奚贵焉？况积过者耶？

惟待其身者小，故可苟；惟自任者不重，故逸。

不善之闻，惩创之益少，而潜损者多。故言人不善，自损也，又听者损。

动有掩护，非德之宜，好名者也，故好名者心劳。

晚　程　记

境寂我寂，已落一层。

阅时事而伤神，徐自察之，嫉之也，非矜之也。矜之，仁；嫉之，偏。

县令刘梅源先生晓

刘晓，字伯光，号梅源，安福人。乡举为新宁令。见阳明于南京，遂禀受焉。阳明赠诗："谩道六经皆注脚，还谁一语悟真机。"归集同志为惜阴会。吉安之多学者，先生为之五丁也。先生下语无有枝叶，尝诵少陵"语不惊人死不休"之句，叹曰："可惜枉费心力，不当云'学不圣人死不休'耶？"学者举"质鬼神无疑"，先生曰："人可欺，鬼神不可欺；今世可欺，后圣有作，真伪不可欺。"

员外刘晴川先生魁

刘魁，字焕吾，号晴川，泰和人。由乡举，嘉靖间判宝庆五年，守钧州七年，贰潮州六年。升工部员外郎，上安攘十事，皆为要务。诏徙雷坛禁中，先生上疏，请缓雷殿工作，以成庙建，足边备。上怒，杖四十，入狱，创甚。百户戴经药之，得不死。与杨斛山、周讷溪讲学不辍，自壬寅至乙巳，凡四年。秋八月，上斋醮，神降于箕，为先生三人颂冤，释之。未抵家而复逮，十月还狱，又二年。丁未十一月五日夜，高元殿火，上恍忽闻火中呼先生三人名氏，赦还家。

先生受学于阳明，卒业东廓。以直节著名，而陶融于学问。李脉泉言在钧州与先生同僚一年，未尝见其疾言遽色。乡人饮酒，令之唱曲，先生歌诗，抑扬可听。门人尤熙问为学之要，曰："在立诚。"每举阳明遗事，以淑门人，言："阳明转人轻快。一友与人讼，来问是非，阳明曰：'待汝数日后，心平气和，当为汝说。'后数日，其人曰：'弟子此时心平气和，愿赐教。'阳明曰：'既是心平气和了，又教甚么？'朋友在书院投壶，阳明过之，呼曰：'休离了根。'"问阳明言动气象，先生曰："只是常人。"黄德良说阳明学问，初亦未成片段，因从游者众，夹持起，歇不得，所以成就如此。有举似先生者，曰："也是如此，朋友之益甚大。"

主事黄洛村先生弘纲

黄弘纲，字正之，号洛村，江西雩县人。举正德十一年乡试。从阳明于虔台。阳明教法，士子初至者，先令高第弟子教之，而后与之语。先生列于高第。阳明归越，先生不离者四五年。阳明卒，居守其家，又三年。嘉靖二十三年，始任为汀州府推官，升刑部主事。时塞上多故，将校下狱者，吏率刻深以逢上意。先生按法不轻上下，以故不为人所喜，遂请致仕。归与东廓、双江、念庵讲学，流连旬月。士子有所请质，先生不遽发言，瞠视注听，待其意尽词毕，徐以一二言中其窍会，莫不融然。四十年五月二十八日卒，年七十。

先生之学再变，始者持守甚坚，其后以不致纤毫之力，一顺自然为主。其生平厚于自信而薄迎合，长于持重而短机械，盖望而知其为有道者也。阳明之良知,原即周子诚一无伪之本体,然其与学者言,多在发用上,要人从知是知非处转个路头。此方便法门也。而及门之承其说者,遂以意念之善者为良知。先生曰:"以意念之善为良知,终非天然自有之良。知为有意之知,觉为有意之觉,胎骨未净,卒成凡体。"于是而知阳明有善有恶之意,知善知恶之知,皆非定本。意既有善有恶,则知不得不逐于善恶,只在念起念灭上工夫,一世合不上本体矣。四句教法,先生所不用也。双江"归寂",先生曰:"寂与感不可一例观也,有得其本体者,有失其本体者。自得其本体之寂者言之,虽存之弥久,涵之极深,而渊微之精未尝无也。自得其本体之感者言之,虽纷然而至,沓然而来,而应用之妙未尝有也。未尝有,则感也寂在其中矣;未尝无,则寂也感在其中矣。不睹不闻其体也,戒慎恐惧其功也,皆合寂感而言之者也。"按双江之寂,即先生之所谓"本体"也。知主静非动静之静,则归寂非寂感之寂矣。然其间正自有说。自来儒者以未发为性,已发为情,其实性情二字,无处可容分析。性之于情,犹理之于气,非情亦何从见性。故喜怒哀乐,情也;中和,性也。于未发言喜怒哀乐,是明明言未发有情矣,奈何分析性情?则求性者必求之未发,此归寂之宗所由立也。一时同门与双江辨者,皆从已发见未发,亦仍是析情于发,析性于未发,其情性不能归一同也。

洛 村 语 录

往岁读先师书,有惑而未通处,即反求自心,密察精进,便见自己惑所从来,或是碍著旧闻,或是自己工夫犹未免在事迹上揣量,文义上比拟,与后儒作用处相似,是以有惑。细玩先师之言,真是直从本心上发出,非徒闻见知识轮转,所谓百世以俟圣人而不惑者,乃知笃信圣人者,必反求诸己。反求诸己,然后能笃信圣人。故道必深造自得,乃能决古训之是非,以解蔽辨惑。不然,则相与滋惑也已。

先师之学,虽顿悟于居常之日,而历艰备险,动心忍性,积之岁月,验诸事履,乃始脱然有悟于良知。启超案：吾辈读此,向往之心乌可以已！虽至易至简,而心则独苦矣,何学者闻之之易,而信之之难耶！

主事何善山先生廷仁

何廷仁,字性之,号善山,初名秦,江西雩县人。举嘉靖元年乡试,至二十年,始谒选。知新会县,喜曰："吾虽不及白沙之门,幸在其乡,敢以俗吏临其子弟耶?"释菜于祠而后视事。迁南京工部主事,满考致仕。三十年卒,年六十六。

初闻阳明讲学,慨然曰："吾恨不得为白沙弟子,今又可失之耶！"相见阳明于南康。当是时,学人聚会南、赣,而阳明师旅旁午,希临讲席。先生即与中离、药湖诸子接引来学。先生心诚气和,不厌缕缕,由是学者益亲。已从阳明至越,先生接引越中,一如南、赣。阳明殁后,与同志会于南都,诸生往来者恒数百人。故一时为之语曰："浙有钱、王,江有何、黄。"指绪山、龙溪、洛村与先生也。先生论学,务为平实,使学者有所持循。尝曰："吾人须从起端发念处察识,于此有得,思过半矣。"又曰："知过即是良知,改过即是本体。"又曰："圣人所谓无意无情者,非真无也,不起私意,自无留意留情耳。若果无意,孰从而诚?若果无情,孰从而精?"或谓："求之于心,全无所得,日用云为,茫无定守。"先生曰："夫良知在人为易晓,诚不在于过求也。如知无所得,无所定守,即良知也。就于知无所得者,安心以为无得,知无定守者,安心以守之,斯岂非入门下手之实功乎?况心性既无形声,何从而得?既无定体,何从而守?但知无所得,即有所悟矣,知无定守,即有定主矣。"其言不为过高如此。故闻谈学消涉玄远,辄摇手戒曰："先生之言,无是无是。"南都一时之论,谓"工夫只在心上用,才涉意,便已落第二义。故为善去恶工夫,非师门最上乘之教也。"先生曰："师称无善无恶者,指心之应感无迹,过而不留,天然至善之体也。心之应感谓之意,有善有恶,物而不化,著于有矣,故曰'意之动'。若以心为无,以意为有,是分心意为二见,离用以求体,非合内外之道矣。"乃作《格物说》以示来学,使之为善去恶,实地用功。斯之谓致良知也。

细详先生之言,盖难四无而伸四有也。谓无善无恶是应感无迹,则心体非无善无恶明矣。谓著于有为意之动,则有善有恶是意之病也。若心既无善无恶,此意知物之善恶从何而来?不相贯通。意既杂于善恶,虽极力为善去恶,源头终不清楚,故龙溪得以四无之说胜之。心意知物俱无善恶,第心上用功,一切俱了,为善去恶,无所事事矣,佛家之立跻圣位是也。由先生言之,心既至善,意本澄然无动,意之灵即是知,意之照即是物,为善去恶,固是意上工夫也。然则阳明之四有,岂为下根人说教哉!

郎中陈明水先生九川

陈九川,字惟濬,号明水,临川人也。母梦吞星而娠。年十九,为李空同所知。正德甲戌进士。请告三年,授太常博士。武宗欲南巡,先生与舒芬、夏良胜、万潮连疏谏止,午门荷校五日,杖五十,除名。世宗即位,起原官。进礼部员外郎、郎中,以主客裁革妄费,群小恨之。张桂与铅山有隙,诬先生以贡玉馈宏,使通事胡士绅讼之,下诏狱榜掠,谪镇海卫。已遇恩诏,复官。致仕。周流讲学,名山如台宕、罗浮、九华、匡庐,无不至也。晚而失听,书札论学不休。一时讲学诸公,谓明水辩驳甚严,令人无躲避处。嘉靖四十一年八月卒,年六十九。

先生自请告入虔师阳明,即自焚其著书。后凡再见,竟所未闻。阳明殁,往拜其墓,复经理其家。先生自叙,谓:"自服先师致知之训,中间凡三起意见,三易工夫,而莫得其宗。始从念虑上长善消恶,以视求之于事物者要矣。久之,自谓瀹注支流,轮回善恶。复从无善无恶处认取本性,以为不落念虑,直悟本体矣。既已复觉其空倚见悟,未化渣滓。复就中恒致廓清之功,使善恶俱化,无一毫将迎意必之翳,若见全体炯然,炳于几先,千思百虑,皆从此出。即意无不诚,发无不中,才是无善无恶实功。从大本上致知,乃是知几之学。自谓此是圣门绝四正派,应悟入先师致知宗旨矣。及后入越,就正龙溪,始觉见悟成象,恍然自失。归而求之,毕见差谬,却将诚意看作效验,与格物分作两截,反若欲诚其意者,在先正其心,与师训圣经矛盾倒乱,应酬知解,两不凑泊,始自愧心汗背,尽扫平日一种精思妙解之见,从独知几微处严谨缉熙,工夫才得实落于应感处。若得个真几,即迁善改过,俱入精微,方见得良知体物而不可遗,格物是致知之实,日用之间都是此体,充塞贯通,无有间碍。致字工夫,尽无穷尽,即无善无恶非虚也,迁善改过非粗也,始信致知二字,即此立本,即此达用,即此川流,即此敦化,即此成务,即此入神,更无本末精粗内外先后之间。证之古本序中,句句吻合,而今而后,庶几可以弗畔矣。”

按阳明以致良知为宗旨,门人渐失其传,总以未发之中,认作已发之和,故工夫只在致知上,甚之而轻浮浅露,待其善恶之形而为克治之事,已不胜其艰难杂糅矣。故双江、念庵以归寂救之,自是延平一路上人。先生则合寂感为一:寂在感中,即感之本体;感在寂中,即寂之妙用。阳明所谓“未发时惊天动地,已发时寂天寞地”,其义一也。故其谓双江曰:“吾丈胸次广大,荡荡渊渊,十年之前,却为蛰龙屈蠖二虫在中作祟,久欲窃效砭箴,愧非国手,今赖吾丈精采仙方,密炼丹饵,将使凡胎尽化,二虫不知所之矣。”是先生与偏力于致知者,大相径庭,顾念庵铭其墓犹云:“良知即未发之中,无分于动静者也。指感应于酬酢之迹,而不于未发之中,恐于致良知,微有未尽。”是未契先生之宗旨也。

明 水 论 学 书

夫逐事省克，而不灼见本体流行之自然，则虽饬身励行，不足以言天德，固矣。然遂以窒欲惩忿为下乘，迁善改过为妄萌，使初学之士，骤窥影响者，皆欲言下了当，自立无过之境，乃徒安其偏质，便其故习，而自以为率性从心，却使良知之精微紧切，知是知非所藉以明而诚之者，反蔑视不足轻重，而遂非长过，荡然忘返，其流弊岂但如旧时支离之习哉！《与王龙溪》

太常魏水洲先生良弼　解元魏师伊先生良政
处士魏药湖先生良器

魏良弼，字师说，号水洲，南昌新建人。嘉靖癸未进士。知松阳县，入为给事中，累迁礼科都给事中。十年，召王琼为冢宰，南京御史马扬等劾之，下诏狱。先生疏救，亦下狱拷讯。寻复职。明年，彗见东方，先生以为应在张孚敬，孚敬疏辩，先生受杖于殿廷，死而复苏，孚敬亦自陈致仕，彗果灭。越月，改汪铉为吏部尚书，先生又劾之。又明年，副都御史王应鹏上疏失书职名下狱，先生以为细故当原，又下狱拷讯。先生累遭廷杖，肤尽而骨不续，言之愈激。上讶其不死，收之辄赦，或且迁官，不欲其去。永嘉复立，始以京察罢。先生居乡，情味真至。乡人见先生有所告诫，退辄称其说以教家人，其偶然者流为方语，而深切者垂为法言，曰"魏水洲云云，不可易也"。疾痛则问药，旱潦则问救，先生因而付之，各毕所愿，闾里顿化，争讼亦息。人有夜梦先生者，明旦得嘉客。生儿者梦先生过其家，则里中相贺以为瑞。稻初登，果未落，家有老人不敢尝，必以奉先生。其为乡里所亲敬如此。先生兄弟皆于阳明抚豫时受学，故以致良知自明而诚，知微以显，天地万物之情与我之情自相应照,能使天回象,君父易虑,士大夫永思,至愚夫孺子,亦征于寤寐。何者? 不虑之知,达之天下,智愚疏戚,万有不同,孰无良焉? 此所以不戒而孚也。殁之日,诏其子孙曰:"予平生仗忠信,皇天鉴不得已之言,后土怜欲速朽之骨,陵谷有变,人心无改,不必铭志。"隆庆改元,晋太常少卿,致仕。万历乙亥卒,年八十有四。弟良政、良器。

良政,字师伊。燕居无堕容,尝曰:"学问头脑既明,惟专一得之。气专则静,精专则明,神专则灵。"又曰:"不尤人,何人不可处? 不累事,何事不可为。"举乡试第一,寻卒。水洲言"吾梦中见师伊,辄流汗浃背",其方严如此。

良器,字师颜,号药湖。洪都从学之后,随阳明至越。时龙溪为诸生,落魄不羁,每见方巾中衣往来讲学者,窃骂之。居与阳明邻,不见也。先生多方诱之,一日先生与同门友投壶雅歌,龙溪过而见之,曰:"腐儒亦为是耶?"先生答曰:"吾等为学,未尝担板,汝自不知耳。"龙溪于是稍相嬗就,已而有味乎其言,遂北面阳明。绪山临事多滞,则戒之曰:"心何不洒脱?"龙溪工夫懒散,则戒之曰:"心何不严栗?"其不为姑息如此。尝与龙溪同行遇雨,先生手盖,龙溪不得已亦手盖而有作容,顾先生自如,乃始惕然。阳明有内丧,先生、龙溪司库,不厌烦缛。阳明曰:"二子可谓执事敬矣。"归主白鹿洞,生徒数百人,皆知宗王门之学。疽发背,医欲割去腐肉,不可,卒,年四十二。先生云:"理无定在,心之所安即是理;孝无定法,亲之所安即是孝。"龙溪与先生最称莫逆,然龙溪之玄远,不如先生之浅近也。

太常王塘南先生时槐

王时槐,字子植,号塘南,吉之安福人。嘉靖丁未进士。除南京兵部主事。历员外郎、礼部郎中。出佥漳南兵巡道事，改川南道。升尚宝司少卿，历太仆、光禄。隆庆辛未，出为陕西参政，乞致仕。万历辛卯，诏起贵州参政，寻升南京鸿胪卿、太常卿，皆不赴，新衔致仕。乙巳十月八日卒，年八十四。

　　先生弱冠，师事同邑刘两峰，刻意为学，仕而求质于四方之言学者，未之或怠，终不敢自以为得。五十罢官，屏绝外务，反躬密体，如是三年，有见于空寂之体。又十年，渐悟生生真机，无有停息，不从念虑起灭，学从收敛而入，方能入微，故以透性为宗，研几为要。阳明没后，致良知一语，学者不深究其旨，多以情识承当，见诸行事，殊不得力。双江、念庵举未发以究其弊，中流一壶，王学赖以不坠，然终不免头上安头。先生谓："知者，先天之发窍也。谓之发窍，则已属后天矣。虽属后天，而形气不足以干之。故知之一字，内不倚于空寂，外不堕于形气，此孔门之所谓中也。"言良知者，未有如此谛当。先生尝究心禅学，故于弥近理而乱真之处，剖判得出。夏朴斋问："无善无恶心之体，于义云何？"先生曰："是也。"曰："与性善之旨同乎？"曰："无善乃至善，亦无弗同也。"朴斋不以为然，先生亦不然朴斋。后先生看《大乘止观》，谓"性空如镜，妍来妍见，媸来媸见"，因省曰："然则性亦空寂，随物善恶乎？此说大害道。乃知孟子性善之说，终是稳当。向使性中本无仁义，则恻隐、羞恶从何处出来？吾人应事处人，如此则安，不如此则不安，此非善而何？由此推之，不但无善无恶之说，即所谓'性中只有个善而已，何尝有仁义来'，此说亦不稳。"又言："佛家欲直悟未有天地之先，言语道断，心行处灭，此正邪说淫辞。彼盖不知盈宇宙间一气也，即使天地混沌，人物销尽，只一空虚，亦属气耳。此至真之气，本无终始，不可以先后天言，故曰'一阴一阳之谓道'。若谓'别有先天在形气之外'，不知此理安顿何处？"盖佛氏以气为幻，不得不以理为妄，世儒分理气为二，而求理于气之先，遂堕佛氏障中。非先生岂能辨其毫厘耶？高忠宪曰："塘南之学，八十年磨勘至此。"可谓洞彻心境者矣。

论 学 书

　　静中欲根起灭不断者,是志之不立也。凡人志有所专,则杂念自息。如人好声色者,当其艳冶夺心之时,岂复有他念乎? 如人畏死亡者,当其刀锯逼体之时,岂复有他念乎? 学无分于动静者也,特以初学之士,纷扰日久,本心真机尽汩没蒙蔽于尘埃中,是以先觉立教,欲人于初下手时,暂省外事,稍息尘缘,于静坐中默识自心真面目。久之邪障彻而灵光露,静固如是,动亦如是,到此时,终日应事接物,周旋于人情事变中而不舍,与静坐一体无二。此定静之所以先于能虑也,岂谓终身灭伦绝物,块然枯坐,徒守顽空冷静,以为究竟哉?《答周守甫》

　　吾辈学不加进,正为不识真宰,是以虽曰为学,然未免依傍道理,只在世俗眼目上做得个无大破绽之人而止耳。《答邹颖泉》

　　所举佛家以默照为非,而谓"广额屠儿,立地成佛"等语,此皆近世交朋,自不肯痛下苦功,真修实证,乞人残羹剩汁以自活者也。彼禅家语,盖亦有为而发,彼见有等专内趋寂,死其心而不知活者,不得已发此言以救弊耳。今以纷纷扰扰嗜欲之心,全不用功,却不许其静坐,即欲以现在嗜欲之心立地成佛,且称尘劳为如来种以文饰之,此等毒药,陷人于死。

　　学无多说,若真有志者,但自觉此中劳攘,不得不静坐以体察之,便须静坐;或自觉人伦事物上欠实修,不得不于动中著力,便须事上练习,此处原无定方。《答贺弘任》

　　所谕"欲根盘结",理原于性,是有根者也。欲生于染,是无根者也。惟理有根,故虽戕贼之久,而竟不可泯;惟欲无根,故虽习染之深,而究不能灭性也。使欲果有根,则是欲亦原于天性,人力岂能克去之哉? 以下《答钱启新》

　　吾辈无一刻无习气,但以觉性为主,时时照察之,则习气之面目,亦无一刻不自见得。既能时时刻刻见得习气,则必不为习气所夺。盖凡可睹闻者,皆习气也,情欲意见,又习气之粗者也。

白手起家,勿在他人脚跟下凑泊。《与以济》

语　　录

见其大则心泰,必真悟此心之弥六合而无边际,贯万古而无始终,然后谓之见大也。既见大,且无生死之可言,又何顺逆穷通之足介意乎?

问"知行之辨"。曰:"本心之真明,即知也;本心之真明贯彻于念虑事为,无少昏蔽,即行也。知者体,行者用,非可离为二也。"

学者以任情为率性,以媚世为与物同体,以破戒为不好名,以不事检束为孔颜乐地,以虚见为超悟,以无所用耻为不动心,以放其心而不求为未尝致纤毫之力者,多矣,可叹哉!

文洁邓定宇先生以赞

邓以赞,字汝德,号定宇,南昌新建人。隆庆辛未会试第一。选庶吉士,历官编修,右中允,管国子监司业,事南京祭酒,至吏部侍郎。入仕二十馀年,受俸仅六年。以国本两上公疏。先生澄神内照,洞彻性灵。与龙溪言:"学问须求自得,天也不做他,地也不做他,圣人也不做他。"阳和谓:"所言骇世人之听。"先生曰:"毕竟天地也多动了一下,此是不向如来行处行手段。"而先生记中删此数语,亦虑其太露宗风乎?谓阳明"知是知非为良知",特是权论。夫知是知非,不落于是非者也。发而有是有非,吾从而知之,谓之曰照;无是无非,澄然在中,而不可不谓之知是知非,则是知之体也。犹之好好色,恶恶臭,好恶之体何尝落于色臭哉?在阳明实非权论,后来学者多在用处求,辨之于有是有非之中,多不得力。先生堕其义,不可谓非药石也。先生私淑阳明之门

293

人,龙溪、阳和其最也。

定 宇 语 录

人之真心,到鬼神前,毋论好丑,尽皆宣泄,有是不能泯灭处。

学问从身心上寻求,纵千差万错,走来走去,及至水穷山尽,终要到这路上来。

学问只在向内,不论朝市山林,皆须正己物正。不然,而徒陪奉世情,愈周密,愈散漫,到头终不得力。

论 学 书

古之哲人,置心一处,然率以数十年而解,其难也如是。藉以生灭之心,猥希妙悟,谁诳乎?《与吴安节》

参政陈蒙山先生嘉谟

陈嘉谟,字世显,号蒙山,庐陵人。嘉靖丁未进士,授庐州推官。召为户科给事中,历吏、兵二科,不为分宜所喜。出任四川副使,分巡上川,南擒高酋,平白莲教,平凤土官,皆有功绩。丁忧归。万历甲戌,起湖广参政,不赴。以学未大明,非息机忘世,无以深造,遂乞休。癸卯,年八十三卒。

少读书西塔,值刘两峰在焉,即师事之。间以其说语塘南,塘南心动,亦往师之。一时同志邹光祖、敖宗濂、王时松、刘尔松辈,十有七人,共学两峰之门。螺川人士始知有学,先生倡之也。归田后为会青原,与塘南相印正。慨然士习之卑陋,时举江门名节藩篱之语,以振作之,凡来及门者,先生曰:"学非一家之私也,有塘南在,贤辈盍往师之。"其忘人我如此。

蒙山论学书

苦修后悟，方是真悟；了悟后修，方是真修。

此学寻求到四面迫塞，无路可行，方渐渐有真实路头出。此路须是自己寻出，不是自己寻出的，辟如画图上看山川，照他路径行不得。

徵君刘泸潇先生元卿

刘元卿，字调父，号泸潇，吉之安福人。乡举不仕。徵为礼部主事。有明江右之徵聘者，吴康斋、邓潜谷、章本清及先生，为四君子。初先生游青原，闻之舆人曰：“青原诗书之地也，笙歌彻夜，自两邹公子来，此风遂绝。”两公子者，汝海、汝光也。先生契其言。两邹与之谈学，遂有愤悱之志。归而考索于先儒语录，未之有得也，乃禀学刘三五。以科举妨学，万历甲戌不第，遂谢公车，游学于兰溪徐鲁源、黄安耿天台。闻天台“生生不容已”之旨，欣然自信曰：“孟子不云乎，四端充之，足保四海。吾方幸泉不流也而故遏之，火不然也而故灭之，彼灭与遏者，二氏之流，吾所不忍。”先生恶释氏，即平生所最信服者天台、塘南，亦不轻相附和。故言：“天地之间，无往非神。神凝则生，虽形质藐然，而其所以生者已具；神尽则死，虽形体如故，而其所以生者已亡。然而统体之神，则万古长存，原不断灭；各具之残魂旧魄，竟归乌有。”此即张横渠“水沤聚散”之说。核而论之，统体之神，与各具之神，一而已矣。舍各具之外，毋所谓统体也。其生生不息，自一本而万殊者，宁有聚散之可言？夫苟了当其生生不息之原，自然与乾元合体。醉生梦死，即其生时，神已不存，况死而能不散乎？故佛氏之必有轮回，与儒者之贤愚同尽，皆不可言于天人之际者也。

督学万思默先生廷言

万廷言,字以忠,号思默,南昌之东溪人。父虞恺,刑部侍郎,受业于阳明先生。登进士第,历礼部郎官,出为提学佥事。罢官归,杜门三十馀年,匿迹韬光,研几极深。念庵之学,得先生而传。先生自序为学云:"弱冠即知收拾此心,甚苦思,强难息,一意静坐,稍觉此中恰好有个自歇处,如猿猫得宿,渐可柔驯,颇为自喜。一日读《易》石莲洞,至'艮,思不出位',恍有契证,请于念庵师,师甚肯之。入仕后,交游颇广,闻见议论遂杂,心浅力浮,渐为摇眩,商度于动静寂感之间,参订于空觉有无之辨,上下沉掉,拟议安排,几二十年。时有解悟,见谓弘深,反之自心,终苦起火,未有宁帖处。心源未净,一切皆浮,幸得还山,益复杜门,静摄默识自心。久之,一种浮妄闹热习心忽尔销落,觉此中有个正思,惟隐隐寓吾形气,若思若无思,洞彻渊澄,廓然边际,复与常念不同,日用动静,初不相离。自是精神归并在此,渐觉气静神恬,耳目各归其所,颇有天清地宁,冲然太和气象,化化生生,机皆在我。真如游子还故乡,草树风烟,皆为佳境矣。"先生深于《易》,三百八十四爻,无非心体之流行,不著爻象,而又不离爻象。自来说《易》者,程《传》而外,未之或见也。盖深见乾元至善之体,融结为孩提之爱敬,若先生始可谓之知性矣。

万思默约语

诚意功夫,只好恶不自欺其知耳。要不自欺其知,依旧在知上讨分晓,故曰"必慎其独"。独是知体灵然不昧处,虽绝无声臭,然是非一些瞒他不得,自寂然自照,不与物对,故谓之独。须此处奉为严君,一好一恶,皆敬依著他,方是慎。

"小人"一节，或云自欺之蔽。不然，此正见他不受欺，人欺蔽他不得，所以可畏，不容不慎。盖此中全是天命至精，人为一毫污染不上，纵如何欺蔽，必要出头。缘他从天得来，纯清绝点，万古独真，谁欺得他？如别教有云，丈夫食少金刚，终竟不消，要穿出身外。何以故？金刚不与身中杂秽同止故，所以小人见君子，便厌然欲掩其不善，便肺肝如见。此厌此见，岂小人所欲？正是他实有此件在中，务穿过诸不善欺瞒处，由不得小人，必要形将出来，决不肯与不善共住，故谓之诚。诚则必形，所以至严可畏，意从此动，方谓之诚意，故君子必慎其独。若是由人欺蔽得，何严之有？

宪使胡庐山先生直

胡直，字正甫，号庐山，吉之泰和人。嘉靖丙辰进士。初授比部主事，出为湖广佥事，领湖北道。晋四川参议，寻以副使督其学政，请告归。诏起湖广督学，移广西参政、广东按察使。疏乞终养。起福建按察使。万历乙酉五月卒官，年六十九。

先生少骀荡，好攻古文词。年二十六始，从欧阳文庄问学，即语以道艺之辨。先生疾恶甚严，文庄曰："人孰不好恶人？何心能好能恶，归之仁者？盖不得其本心，则好恶反为所累，一切忿忿不平，是先已失仁体而堕于恶矣。"先生闻之，怃然汗背。年三十，复从学罗文恭，文恭教以静坐。及其入蜀，文恭谓之曰："正甫所言者，见也，非实也。自朝至暮，不漫不执，无一刻之暇，而时时觌体，是之谓实。知有馀而行不足，常若有歉于中，而丝毫不尽，是之谓见。"归蜀以后，先生之浅深，文恭不及见矣。先生著书，专明学的大意，以理在心，不在天地万物，疏通文成之旨。夫所谓理者，气之流行而不失其则者也。太虚中无处非气，则亦无处非理。孟子言万物皆备于我，言我与天地万物一气流通，无有碍隔,故人心之理,即天地万物之理,非二也。若有我之私未去,脱落形骸,则不能备万物矣。不能备万物,而徒向万物求理,与我了无干涉,故曰理在心,不在天地万物,非谓天地万物竟无理也。先生谓:"吾心者,所以造天地万物者也,匪是则黦没荒忽,而天地万物熄矣。故鸢之飞,鱼之跃,虽曰无心,然不过为形气驱之使然,非鸢鱼能一一循乎道也。"此与文成一气相通之旨,不能相似矣。先生之旨,既与释氏所称"三界惟心,山河大地,为妙明心中物"不远。其言与释氏异者,释氏虽知天地万物不外乎心,而主在出世,故其学止于明心。明心则虽照乎天地万物,而终归于无有。吾儒主在经世,故其学尽心。尽心则能察乎天地万物,而常处于有。只在尽心与不尽心之分。羲则以为不然。释氏正认理在天地万物,非吾之所得有,故以理为障而去之。其谓山河大地为心者,不见有山河大地,山河大地无碍于其所为空,则山河大地为妙明心中物矣。故世儒之求理,与释氏之不求理,学术虽殊,其视理在天地万物则一也。

忠介邹南皋先生元标

邹元标,字尔瞻,别号南皋,豫之吉水人。万历丁丑进士。其年十月,江陵夺情,先生言:"伏读圣谕'朕学尚未成,志尚未定,先生而去,堕其前功。'夫帝王以仁义为学,继述为志。居正道之功利,则学非其学;忘亲不孝,则志非其志。皇上而学之志之,其流害有不可胜言者,亦幸而皇上之学未成,志未定,犹可得儒者而救其未然也。"怀疏入长安门,值吴、赵、艾、沈以论夺情受杖。先生视其杖毕,出疏以授寺人。寺人不肯接,曰:"汝岂不怕死,得无妄有所论乎?"先生曰:"此告假本也。"始收之。有旨杖八十,戍贵州都匀卫。

江陵败,擢吏科给事中。上陈五事:培君德,亲臣工,肃宪纪,崇儒术，饬抚臣。又劾礼部尚书徐学谟、南京户部尚书张士佩，罢之。学谟者，首辅申时行之儿女姻也。既非时行所堪，而是时党论方兴，谓"赵定宇、吴复庵号召一等浮薄轻进好言喜事之人，与公卿大臣为难"。大臣与言官相论讦不已，先生尤其所忌，故因灾异封事，降南京刑部照磨。乙酉三月，录建言诸臣，以为南京兵部主事转吏部，历吏刑二部员外、刑部郎中。罢官家居，建仁文书院，聚徒讲学。光宗起为大理卿。天启初，升刑部右侍郎，转左都御史。建首善书院，与副都御史冯恭定讲学。群小惮先生严毅，恐明年大计，不利党人。兵科朱童蒙言："宪臣议开讲学之坛，国家恐启门户之渐，宜安心本分，以东林为戒。"工科郭兴治言："当此干戈倥偬之际，即礼乐润色，性命精微，无裨短长。"先生言："先正云：'本分之外，不加毫末。'人生闻道，始知本分内事，不闻道，则所谓本分者，未知果是本分当否也。天下治乱，系于人心，人心邪正，系于学术，法度风俗，刑清罚省，进贤退不肖，舍明学则其道无由。湛湛晴空，鸢自飞，鱼自跃，天自高，地自下，无一物不备，亦无一事可少。琳宫会馆，开目如林，呗语新声，拂耳如雷，岂独碍此嘤嘤则古昔谈先王之坛坫耶？臣弱冠从诸长者游，一登讲堂，此心戚戚。既谢计偕，独处深山者三年。嗣入夜郎，兀坐深箐者六年。浮沉南北，栖迟田亩，又三十馀年。赖有此学，死生患难，未尝陨志。若只以臣等讲学，惟宜放弃斥逐之，日以此浇其磊块，消其抑郁无聊之气，则如切如磋道学之语，端为济穷救苦良方，非尽性至命妙理，亦视斯道太轻，视诸林下臣太浅矣。人生堕地，高者自训诂帖括外，别无功课，自青紫荣名外，别无意趣，恶闻讲学也，实繁有徒。盖不知不闻道，即位极人臣，勋勒旗常，了不得本分事，生是虚生，死是虚死，朽骨青山，黄鸟数声，不知天与昭昭者飘泊何所！此臣所以束发至老，不敢退堕自甘者也。前二十年，东林诸臣，有文有行，九原已往，惟是在昔朝贵，自歧意见，一唱众和，几付清流。惩前覆辙，不在臣等。"有旨慰留。

给事中郭允厚言："侍郎陈大道请恤张居正，元标不悦，修旧怨也。"先生言:"当居正败时,露章者何止数百人,其间不无望风匿影之徒。臣有疏云:'昔称伊、吕,今异类唾之矣;昔称恩师,今仇敌视之矣。'当时臣无只字发其隐,岂至今四十馀年,与朽骨为仇乎?虚名浮誉,空中鸟影,世不以大人长者休休有容之度教臣,望臣如村樵里媪,睚眦必报之流,则未与臣习也。"郭兴治又言:"元标无是非之心。"先生言:"兴治盖为冯三元传言发也。三元初起官见臣,臣语之曰:'往事再勿提起。'渠曰:'是非却要说明。'臣曰:'今之边事,家具一锥凿,越讲是非,越不明白,不如忘言为愈。'盖熊廷弼所少者惟一死,廷弼死,法不能独无。但皇上初登宝位,才二年所,如尚书,如侍郎中丞、如藩臬抚镇诸臣,累累藁街,血腥燕市,成何景象?老成守法,议狱缓死之意,非过也。是非从恻隐中流出,是为真心之是非,即方从哲满朝以鸩毒为言,臣谓姑待千秋者,亦是非不必太分明之一证也。"再疏乞归,始允。未几卒,逆奄追削为民,夺诰命。庄烈御极,赠太子太保,谥忠介。

先生自序为学曰:"年少气盛时,妄从光影中窥睎,自以为觉矣。不知意气用事,去道何啻霄壤。又七年,再调刑部,虽略有所入,而流于狂路。赖文洁邓公来南提醒,不敢放浪。阅三年,入计归山,十馀年,失之缪悠。又十馀年,过于调停,不无以神识为家舍,视先觉尚远。净几明窗,水落根见,始知觉者,学之有见也。如人在梦,既醒,觉亦不必言矣。学而实有之己,亦不必言觉矣。"先生之学,以识心体为入手,以行恕于人伦事物之间、与愚夫愚妇同体为功夫,以不起意、空空为极致。离达道无所谓大本,离和无所谓中。故先生于禅学,亦所不讳。求见本体,即是佛氏之本来面目也。其所谓恕,亦非孔门之恕,乃佛氏之事事无碍也。佛氏之作用是性,则离达道无大本之谓矣。然先生即摧刚为柔,融严毅方正之气,而与世推移,其一规一矩,必合当然之天则,而介然有所不可者,仍是儒家本色,不从佛氏来也。

会　语

学者有志于道,须要铁石心肠。人生百年,转盼耳,贵乎自立。

后生不信学,有三病:一曰耽阁举业,不知学问事,如以万金商,做卖菜佣;二曰讲学人多迂阔无才,不知真才从讲学中出,性根灵透,遇大事如湛卢刈薪。三曰讲学人多假,不知真从假中出,彼既假矣,我弃其真,是因噎废食也。

马上最好用功,不可放过。若待到家休息,便是驰逐。

老成持重,与持位保禄相似;收敛定静,与躲闲避事相似;谦和逊顺,与柔媚谐俗相似。中间间不容发,非研几者,鲜不自害害人。

人只说要收敛,须自有个头脑,终日说话,终日干事,是真收敛。不然,终日兀坐,绝人逃世,究竟忙迫。

横逆之来,愚者以为遭辱,智者以为拜赐;毁言之集,不肖以为罪府,贤者以为福地。小人相处,矜己者以为荆棘,取人者以为砥砺。

私虑不了,私欲不断,毕竟是未曾静,未有入处。心迷,则天理为人欲;心悟,则人欲为天理。

有因持志入者,如识仁则气自定;有由养气入者,如气定则神自凝;又有由交养入者,如白沙诗云"时时心气要调停,心气功夫一体成。莫道求心不求气,须教心气两和平"。此是先辈用过苦功语。《青原会语》

除知无独,除自知无慎独。

文　集

吾辈动辄以天下国家自任,贫子说金,其谁信之。古人云:"了得吾身,方能了得天地万物。"吾身未了,纵了得天地万物,亦只是五霸路上人物。自今以往,直当彻髓做去,有一毫病痛,必自照自磨,如拔眼前之钉,时时刻刻始无愧心。

吾辈无论出处,各各有事,肯沉埋仕途便沉埋,不肯沉埋,即在十八重幽暗中,亦自骧首青霄。世岂有锢得人,人自无志耳。

给事罗匡湖先生大纮

罗大纮,字公廓,号匡湖,吉之安福人。万历丙戌进士。辛卯九月,吴门为首辅,方注籍。新安、山阴以停止册立,具揭力争,列吴门于首。上怒甚,吴门言不与闻,特循阁中故事列名耳。时先生以礼科给事中守科,愤甚,上疏纠之,遂谪归。先生学于徐鲁源,林下与南皋讲学。南皋谓先生敏而善入,众人所却步踌躇四顾者,先生提刀直入;众人经数年始入者,先生先闯其奥。然观其所得,破除默照,以为一念既滞,五官俱堕。于江右先正之脉,又一转矣。野史言:"吴门殁,其子求南皋立传。南皋为之作传,先生大怒,欲具揭告海内,南皋嘱申氏弗刻乃止。"按《吴门墓表》见刻南皋《存真集》,野史之非,可勿辨矣。

兰舟杂述 刘调父记

习俗移人,非求友不能变。一家有一家气习,非友一乡之善士,必不能超一家之习。推之一国、天下皆然,至于友天下尽矣。然一朝又有一朝之气习,非尚友千古,不可以脱一世之习。此孟子所以超脱于战国风习之外也。

仁本与万物同体,只为人自生分别,所以小了。古人天下一家,中国一人,非意之也,其心量原自如此。今处中国,只争个江西,江西又争个吉安,吉安又争个安福,安福又争个某房,某房又争个某祖父位下,某祖父位下又只争我一人,终生营营,不出一身一家之内。此岂不是自小乎? 故善学者,愈充之则愈大;不善学者,愈分之而愈小。

中丞宋望之先生仪望

宋仪望,字望之,吉之永丰人。由进士知吴县,入为御史。劾仇鸾拥兵居肘掖,无人臣礼。复劾分宜之党胡宗宪、阮鹗。迁大理丞。分宜中之,出备兵霸州,移福建。大计归,以荐补四川佥事。迁副使,视福建学政。升参政。入为太仆、大理卿。巡抚南直隶佥都御史。建表忠祠,祀逊国忠臣。表宋忠臣杨邦乂墓。卒年六十五。先生从学于聂贞襄,闻良知之旨。时方议从祀阳明,而论不归一,因著《成问》,以解时人之惑。其论河东、白沙,亦未有如先生之亲切者也。

徵君邓潜谷先生元锡

邓元锡,字汝极,号潜谷,江西南城人。年十三,从黄在川学,喜观经史,人以为不利举业,在川曰:"譬之蓄龙,随其所嗜,岂必膏粱耶?"年十七,即能行社仓法,以惠其乡人。闻罗近溪讲学,从之游。继往吉州,谒诸老先生,求明此学,遂欲弃举子业。大母不许。举嘉靖乙卯乡试。志在养母,不赴计偕。就学于邹东廓、刘三五,得其旨要。居家著述,成《五经绎》《函史》。数为当路荐举。万历壬辰,授翰林待诏,府县敦趣就道。明年,辞墓将行,以七月十四日卒于墓所,年六十六。

时心宗盛行,谓:"学惟无觉,一觉无馀蕴,九思、九容、四教、六艺,桎梏也。"先生谓:"九容不修,是无身也;九思不慎,是无心也。"每日晨起,令学者静坐,收摄放心,至食时,次第问当下心体。语毕,各因所至为觉悟之。先生之辨儒释,自以为发先儒之所未发,然不过谓本同而末异。先儒谓:"释氏之学,于敬以直内则有之矣,义以

303

方外未之有也。"又曰："禅学只到止处,无用处。"又曰："释氏谈道,非不上下一贯,观其用处,便作两截。"先生之意,不能出此,但先儒言简,先生言洁耳。

徵君章本清先生潢

章潢,字本清,南昌人。幼而颖悟,张本山出"趋庭孔鲤曾从诗礼之传"句,即对"《大学》曾参独得明新之旨"。十三岁,见乡人负债缧绁者,恻然,为之代偿。与万思默同业举,已而同问学。有问先生,近日谈经不似前日之烦者,先生曰:"昔读书如以物磨镜,磨久而镜得明;今读书如以镜照物,镜明而物自见。"构洗堂于东湖,聚徒讲学。聘主白鹿洞书院。甲午,庐陵会讲,有问:"学以何为宗?"曰:"学要明善诚身,只与人为善,便是宗。"又问:"善各不齐,安能归并一路?"曰:"继善成性,此是极归一处,明善明此也。如主敬穷理,致良知,言各不同,皆求明性善之功,岂必专执一说,然后为所宗耶?"又问:"会友如何得力?"曰:"将我这个身子,公共放在大炉冶中,锻炼其习气,销镕其胜心,何等得力?"入青原山,王塘南曰:"禅宗欲超生死何如?"曰:"孔子朝闻夕死,周子原始反终,大意终始皆无,便是儒者超生死处。"邹南皋曰:"今之学者,不能超脱生死,皆缘念上起念,各有牵绊,岂能如孔子之毋意、必、固、我。"曰:"意、必、固我,众人之通患;毋意、必、固、我,贤者之实功。孔子则并此禁止而绝之矣。"御史吴安节疏荐,少宰杨止庵奏授顺天儒学训导。万历戊申,年八十二卒。所著《图书编》百二十七卷。先生论止修则近于李见罗,论归寂则近于聂双江,而其最谛当者,无如辨气质之非性,离气质又不可觅性,则与蕺山先师之言,若合符节矣。

金宪冯慕冈先生应京

冯应京,字大可,号慕冈,盱眙人也。万历壬辰进士。授户部主事,改兵部。税监陈奉播恶楚中,朝议恐地方激变,移先生佥事镇武、汉、黄三郡。先生下车,约束邑令于学宫,曰:"邑故无矿,而每邑岁输金四千馀缗,岂天降地出乎?吾以三尺从事矣。"于是邑令以无矿移税监,税监虽怒而无以难也,即走郧、襄以避先生。辛丑孟春,三司宴税监,陈奉兵举炮,思泄怒于先生。百姓聚而噪之,奉党钩其聚者,杀伤百馀人。先生因疏奉不法九大罪,奉亦疏阻挠国课,恶语相加,诏遂逮先生下镇抚司狱。三楚之民,叩阙鸣冤,哭声震地,上不为省。先生在狱四年,与同事司李何栋如、华珏讲学不辍。甲辰始出,卒于家。先生师事邹南皋,其《拘幽书草》皆从忧患之际,言其得力。栋如,字子极,号天玉,官至太仆寺卿,亦讲学于广陵,则先生之传也。

南中王门学案

南中之名王氏学者,阳明在时,王心斋、黄五岳、朱得之、戚南玄、周道通、冯南江,其著也。阳明殁后,绪山、龙溪所在讲学,于是泾县有水西会,宁国有同善会,江阴有君山会,贵池有光岳会,太平有九龙会,广德有复初会,江北有南谯精舍,新安有程氏世庙会,泰州复有心斋讲堂,几乎比户可封矣。而又东廓、南野、善山先后官留都,兴起者甚众。略载其论学语于后,其无语录可考见者附此。

戚贤,字秀夫,号南玄,江北之全椒人。嘉靖丙戌进士。仕至刑科都给事中,以荐龙溪,失贵溪指,谪官,致仕。阳明在滁州,南玄以诸生旅见,未知信向。其后为归安令,读论学诸书,始契于心,遂通书受学。为会于安定书院,语学者:"千圣之学,不外于心,惟梏于意见,蔽于嗜欲,始有所失。一念自反,即得本心。"在京师会中,有谈二氏者,即正色阻之。龙溪偶举黄叶止儿啼公案,南玄勃然曰:"君是吾党宗盟,一言假借,便为害不浅。"龙溪为之愧谢。南玄谈学,不离良知,而意气激昂,足以发之。

冯恩,字子仁,号南江,华亭人。嘉靖丙戌进士。阳明征思田,南江以行人使其军,因束脩为弟子。擢为南道御史,劾都御史江铉、人学士张孚敬,下诏狱。会审,铉执笔,南江立而庭辩,论死。其后减戍赦归。

贡安国，字元略，号受轩，宣州人。师南野、龙溪。主水西同善之会。绪山与之书曰："昔人言鸳鸯绣出从君看，莫把金针度与人。吾党金针是前人所传，实未绣得鸳鸯，即晓晓然空持金针，欲以度人，人不见鸳鸯，而见金针，非徒使之不信，并愿绣鸳鸯之心，亦阻之矣。"后官山东莒州守，讲学于志学书院。

查铎，字子警，号毅斋，泾县人。嘉靖乙丑进士。为刑科给事中。不悦于新郑，外转至广西副使。习于龙溪、绪山，谓："良知简易直截，其他宗旨，无出于是。不执于见即曰虚，不染于欲即曰寂，不累于物即曰乐。无有无，无始终，无阶级，俛焉日有孳孳，终其身而已。"

沈宠，字思畏，号古林，宣城人。登嘉靖丁酉乡书。官至广西参议。师事受轩。受轩学于南野、龙溪而返，谓古林曰："王门之学在南畿，盍往从之？"于是古林又师南野、龙溪。在闽建养正书院，在蕲黄建崇正书院。近溪立开元之会于宣州，古林与梅宛溪主其席。疾革，有问其胸次如何，曰："已无物矣。"

宛溪，名守德，字纯甫。官至云南左参政，其守绍兴时，重修阳明讲堂，延龙溪主之。式秘图杨珂之间，非俗吏也。

萧彦，号念渠，户部侍郎，谥定肃，泾县人。师事绪山。

萧良榦，字以宁，号拙斋。仕至陕西布政使，师绪山、龙溪。水西讲学之盛，萧氏之力也。

戚衮，字补之，号竹坡，宣城人。项城知县。初及东廓、南野之门，已受业龙溪。龙溪语之曰："所谓志者，以其不可夺也。至于意气，则有时而衰。良知者，不学不虑，自然之明觉，无欲之体也。吾人不能纯于无欲，故有致知之功。学也者，复其不学之体也；虑也者，复其不虑之体也。故学虽博而守则约，虑虽百而致则一，非有假于外也。若见闻测识之知，从门而入，非良知之本然矣。吾人谨于步趋，循守方圆，谓之典要,致知之学,变动周流,惟变所适。盖规矩在我,而方圆自不可胜用,此实毫厘之辩也。"竹坡往来出入,就正于师友者,凡七八年,于是始知意气不可以为志,闻识不可以为知,格式不可以为守。志益定,业益精,其及人益广也。

张榮,字士仪,号本静,泾县人。五岁口授诸书,即能了了。夜闻鸡声,呼其母曰:"《小学》云:'事父母,鸡初鸣,咸盥漱。'今鸡鸣矣,何不起?"母笑曰:"汝才读书,便晓其义耶?"曰:"便当为之,岂徒晓焉而已。"南野为司成,因往从之,累年不归。继从东廓、绪山、龙溪,归而聚徒讲学。以收敛精神为切要,以对景磨莹为实功,以万物一体为志愿,意气眉睫之间,能转移人心。

章时鸾,号孟泉,青阳人。河南副使。学于东廓。

程大宾,字汝见,号心泉,歙人。贵州参政,受学绪山。绪山谓之曰:"古人学问,不离七情中用功,而病痛亦多由七情中作。"

程默,字子木,休宁人。广州府同知。负笈千里,从学阳明。疾革,指六经谓其子曰:"当从此中寻我,莫视为陈言也。"

郑烛,字景明,歙人。河间府通判。及东廓之门。人见其衣冠质朴,以为率真者,曰:"率真未易言,先须识真耳。"

姚汝循,字叙卿,号凤麓,南京人。嘉靖丙辰进士。官终嘉定知州。近溪尝论明德之学,凤麓举日说云:"德犹鉴也,匪翳弗昏,匪磨弗明。"近溪笑曰:"明德无体,非喻所及。且公一人耳,为鉴为翳,复为磨者,可乎?"闻之遂省,浸浸窥入。有妄子以阳明为诟病,凤麓曰:"何病?"曰:"恶其良知之说也。"曰:"世以圣人为天授,不可学久矣。自良知之说出,乃知人人固有之,即庸夫小童,皆可反求以入道,此万世功也,子曷病?"

殷迈,字时训,号秋溟,留守卫人。历官礼部侍郎。与何善山游,与闻绪言,所著有《惩忿窒欲编》。

姜宝,字廷善,丹阳人。历官南礼部尚书。受业荆川之门。

孝廉黄五岳先生省曾

黄省曾,字勉之,号五岳,苏州人也。少好古文辞,通《尔雅》,为王济之、杨君谦所知。乔白岩参赞南都,聘纂《游山记》。李空同就医京口,先生问疾,空同以全集授之。嘉靖辛卯,以《春秋》魁乡榜。母老,遂罢南宫。阳明讲道于越,先生执贽为弟子。时四方从学者众,每晨班坐,次第请疑,问至即答,无不圆中。先生一日彻领,汗治重襟,谓门人咸隆颂陟圣,而不知公方廑理过,恒视坎途;门人拟滞度迹,而不知公随新酬应,了无定景。作《会稽问道录》十卷。东廓、南野、心斋、龙溪,皆相视而莫逆也。阳明以先生笔雄见朗,欲以《王氏论语》属之,出山不果。未几母死,先生亦卒。

钱牧斋抵轹空同,谓先生倾心北学,识者哂之。先生虽与空同上下其论,然文体竟自成一家,固未尝承流接响也,岂可谓之倾心哉?《传习后录》有先生所记数十条,当是采之《问道录》中,往往失阳明之意。然无如仪、秦一条云:"苏秦、张仪之智也,是圣人之资。后世事业文章,许多豪杰名家,只是学得仪、秦故智。仪、秦学术,善揣摸人情,无一些不中人肯綮,故其说不能穷。仪、秦亦是窥见得良知妙用处,但用之于不善耳。"夫良知为未发之中,本体澄然,而无人伪之杂,其妙用亦是感应之自然,皆天机也。仪、秦打入情识窠臼,一往不返,纯以人伪为事,无论用之于不善,即用之于善,亦是袭取于外,生机槁灭,非良知也。安得谓其末异而本同哉? 以情识为良知,其失阳明之旨甚矣。

长史周静庵先生冲

周冲,字道通,号静庵,常之宜兴人。正德庚午乡举。授万安训导,知应城县,以耳疾改邵武教授,升唐府纪善,进长史而卒,年四十七。阳明讲道于虔,先生往受业。继又从于甘泉,谓湛师之体认天理,即王师之致良知也。与蒋道林集师说,为《新泉问辨录》。暇则行乡射投壶礼,士皆敛衽推让,吕泾野、邹东廓咸称其有淳雅气象。当时王、湛二家门人弟子,未免互相短长,先生独疏通其旨。故先生死而甘泉叹曰:"道通真心听受以求实益,其异于死守门户以相訾而不悟者远矣。"

周静庵论学语

日用功夫,只是立志。然须朋友讲习,则此意才精健阔大,才有生意。若三五日不得朋友相讲,便觉微弱,遇事便会困,亦时会忘。今于无朋友相讲之时,还只静坐,或看书,或行动,凡寓目措身,悉取以培养此志,颇觉意思和适。然终不如讲学时生意更多也。

明经朱近斋先生得之

朱得之,字本思,号近斋,直隶靖江人。贡为江西新城丞,邑人称之。从学于阳明,所著有《参玄三语》。其学颇近于老氏,盖学焉而得其性之所近者也。其语尤西川云:"格物之见,虽多自得,未免尚为见闻所梏。虽脱闻见于童习,尚滞闻见于闻学之后,此笃信先师之故也。不若尽涤旧闻,空洞其中,听其有触而觉,如此得者尤为真实。子夏笃信圣人,曾子反求诸己,途径堂室,万世昭然。"即此可以观其自得矣。

语　　录

人生不可不讲者学也,不可暂留者光阴也。光阴不能暂留,甚为可惜;学不讲,自失为人之机,诚为可耻。自甘无耻,自不知惜,老至而悔,不可哀乎!孔子曰:"学如不及,犹恐失之。""朝闻道,夕死可矣。"
旨哉!

尤西川纪闻

近斋言:"阳明云:'诸友皆数千里外来,人皆谓我有益于朋友,我
自觉我取朋友之益为多。'又云:'我全得朋友讲聚,所以此中日觉精
明。若一二日无朋友,志气便觉自满,便觉怠惰之习复生。'"又说:"阳
明逢人便与讲学,门人疑之,叹曰:'我如今譬如一个食馆相似,有客过
此,吃与不吃,都让他一让。当有吃者。'"

近斋说:"阳明在南都时,有私怨阳明者,诬奏极其丑诋。始见颇
怒,旋自省曰:'此不得放过。'掩卷自反,俟其心平气和,再展看。又
怒,又掩卷自反。久之,真如飘风浮霭,略无芥蒂。是后虽有大毁谤,
大利害,皆不为动。尝告学者曰:'君子之学,务求在己而已,毁誉荣辱
之来,非惟不以动其心,且资之以为切磋砥砺之地。故君子无入而不
自得,正以无入而非学也。'"

近斋说:"阳明不自用,善用人。人有一分才,也用了,再不错,故
所向成功。"

恭节周讷溪先生怡

周怡,字顺之,号讷溪,宣州太平人。嘉靖戊戌进士。授顺德推
官,入为吏科给事中。上疏劾相嵩,且言:"陛下日事祷祀,而四方水旱
愈甚。"杖阙下,系锦衣卫狱,历三年。上用箕神之言,释先生与杨斛
山、刘晴川三人。未弥月,上为箕神造台,太宰熊浃极言不可。上怒,
罢浃,而复逮三人狱中。又历两年。内殿灾,上于火光中恍惚闻神语
令释三人者,于是得释。家居十九年。穆宗登极,起太常少卿。所上

封事,刺及内侍,出为山东佥事,转南京司业,复入为太常。隆庆三年十月,卒于家,年六十四。早岁师事东廓、龙溪,于《传习录》身体而力行之。海内凡名王氏学者,不远千里,求其印证。不喜为无实之谈,所谓节义而至于道者也。

尤西川纪闻

讷溪说:"东廓讲学京师,一士人诮之曰:'今之讲学者,皆服尧之服,诵尧之言,行桀之行者也。'东廓曰:'如子所言,固亦有之。然未闻服桀之服,诵桀之言,而行尧之行者也。如欲得行尧之行者,须于服尧之服,诵尧之言者求之。且不服尧之服,不诵尧之言,又恶在其行尧之行也?'士人愧服。"

囚 对

周子被罪下狱,手有梏,足有镣,坐卧有桎,日有数人监之,喟然曰:"余今而始知检也。手有梏则恭,足有镣则重,卧坐有桎则不敢以妄动,监之众则不敢以妄言,行有镣则疾徐有节,余今而始知检也。"

提学薛方山先生应旂

薛应旂,号方山,武进人。嘉靖乙未进士。知慈溪县,转南考功,升浙江提学副使。其鉴识甚精,试慈溪得向程卷,曰:"今科元也。"及试馀姚,得诸大圭卷,谓向程曰:"子非元矣,有大圭在。"已果如其言。先生为考功时,置龙溪于察典,论者以为逢迎贵溪。其实龙溪言行不掩,先生盖借龙溪以正学术也。先生尝及南野之门,而一时诸儒,不许其名王氏学者,以此节也。然东林之学,顾导源于此,岂可没哉!

襄文唐荆川先生顺之

唐顺之,字应德,号荆川,武进人也。嘉靖己丑会试第一,授武选主事。丁内艰。起补稽勋,调考功,以校对《实录》,改翰林编修。不欲与罗峰为缘,告归。罗峰恨之,用吏部原职致仕。皇太子立,迁宫僚,起为春坊司谏。上常不御朝,先生与念庵、浚谷请于元日皇太子出文华殿,百官朝见。上大怒,夺职为民。东南倭乱,先生痛愤时艰,指画方略于当事,当事以知兵荐之,起南部车驾主事。未上,改北部职方员外。先生至京,即升本司郎中,查勘边务,继而视师浙、直,以为御岛寇当在海外,鲸背机宜,岂可悬断华屋之下,身泛大洋,以习海路,败贼于崇明沙。升太仆少卿、右通政。未上,擢佥都御史,巡抚淮、扬。先生方剿三沙贼,江北告急,乃以三沙付总兵卢镗,而击贼于江北,败贼姚家荡,又败贼庙湾,几不能军。先生复向三沙,贼遁至江北。先生急督兵过江蹙之,贼渐平。会淮、扬大祲,赈饥民数十万。行部至泰州,卒于舟中,庚申四月一日也,年五十四。

先生晚年之出,由于分宜,故人多议之。先生固尝谋之念庵,念庵谓:“向尝隶名仕籍,此身已非己有,当军旅不得辞难之日,与徵士处士论进止,是私此身也。兄之学力安在?”于是遂决。龟山应蔡京之召,龟山徵士处士也,论者尚且原之,况于先生乎?

初喜空同诗文,篇篇成诵,下笔即刻画之。王道思见而叹曰:“文章自有正法眼藏,奈何袭其皮毛哉?”自此幡然,取道欧、曾,得史迁之神理,久之从广大胸中随地涌出,无意为文而文自至。较之道思,尚是有意欲为好文者也。其著述之大者为五编:《儒编》、《左编》、《右编》、《文编》、《稗编》是也。先生之学,得之龙溪者为多,故言于龙溪只少一拜。以天机为宗,无欲为工夫。谓:“此心天机活泼,自寂自感,不容人力,吾惟顺此天机而已。障天机者莫如欲,欲根洗净,机不握而自运矣。成汤、周公坐以待旦,高宗恭默三年,孔子不食不寝,不知肉味。凡求之枯寂之中,如是艰苦者,虽圣人亦自觉此心未能纯是天机流行,不得不如此著力也。"先生之辨儒释,言:"儒者于喜怒哀乐之发,未尝不欲其顺而达之,其顺而达之也,至于天地万物,皆吾喜怒哀乐之所融贯。佛者于喜怒哀乐之发,未尝不欲其逆而销之,其逆而销之也,至于天地万物澹然无一喜怒哀乐之交。故儒佛分途,只在天机之顺逆耳。"夫所谓天机者,即心体之流行不息者是也。佛氏无所住而生其心,何尝不顺? 逆与流行,正是相反,既已流行,则不逆可知。佛氏以喜怒哀乐,天地万物,皆是空中起灭,不碍吾流行,何所用销? 但佛氏之流行,一往不返,有一本而无万殊,怀山襄陵之水也。儒者之流行,盈科而行,脉络分明,一本而万殊,先河后海之水也。其顺固未尝不同也。或言三千威仪,八万细行,靡不具足,佛氏未尝不万殊。然佛氏心体事为,每分两截,禅律殊门,不相和会,威仪细行与本体了不相干,亦不可以此比而同之也。崇祯初,谥襄文。

荆川论学语

近来谈学,谓认得本体,一超直入,不假阶级。窃恐虽中人以上,有所不能,竟成一番议论一番意见而已。天理愈见,则愈见其精微之难致;人欲愈克,则愈见其植根之甚深。彼其易之者,或皆未尝实下手用力,与用力未尝恳切者也。《与张士宜》

小心两字,诚是学者对病灵药,细细照察,细细洗涤,使一些私见习气,不留下种子在心里,便是小心矣。小心非矜持把捉之谓也,若以为矜持把捉,则便与鸢飞鱼跃意思相妨矣。江左诸人,任情恣肆,不顾名检,谓之洒脱,圣贤胸中,一物不碍,亦是洒脱,在辨之而已。兄以为洒脱与小心相妨耶? 惟小心,而后能洞见天理流行之实,惟洞见天理流行之实,而后能洒脱,非二致也。《与蔡子木》

近来学者病痛,本不刻苦搜剔,洗空欲障,以玄妙之语,文夹带之心,直如空花,竟成自误。要之,与禅家斗机锋相似,使豪杰之士,又成一番涂塞。此风在处有之,而号为学者多处,则此风尤甚。惟默然无说,坐断言语意见路头,使学者有穷而反本处,庶几挽归真实。力行一路,乃是一帖救急良方。《答张士宜》

太常唐凝庵先生鹤徵

唐鹤徵,字元卿,号凝庵,荆川之子也。隆庆辛未进士。选礼部主事,与江陵不合,中以浮躁。江陵败,起历工部郎,迁尚宝司丞,升光禄寺少卿,又升太常寺少卿。归。起南京太常,与司马孙月峰定妖人刘天绪之变。谢病归。万历己未,年八十二卒。

先生始尚意气,继之以园林丝竹,而后泊然归之道术。其道自九流、百氏、天文、地理、稗官野史,无不究极,而继乃归之庄生逍遥、齐物,又继乃归之湖南之求仁、濂溪之寻乐,而后恍然悟乾元所为生天地、生人物、生一生万、生生不已之理,真太和奥突也。物欲不排而自调,世情不除而自尽,聪明才伎之昭灼,旁蹊曲径之奔驰,不收摄而莹然无有矣。语其甥孙文介曰:"人到生死不乱,方是得手。居常当归并精神一路,毋令漏泄。"先生言:"心性之辨,今古纷然,不明其所自来,故有谓义理之性、气质之性,有谓义理之心、血气之心,皆非也。性不过是此气之极有条理处,舍气之外,安得有性? 心不过五脏之心,舍五脏之外,安得有心? 心之妙处在方寸之虚,则性之所宅也。"此数言者,从来言心性者所不及也。乃先生又曰:"知天地之间只有一气,则知乾元之生生,皆是此气。乾元之条理,虽无不清,人之受气于乾元,犹其取水于海也,海水有咸有淡,或取其一勺,未必咸淡之兼取,未必咸淡之适中也。间有取其咸淡之交而适中,则尽得乾元之条理,而为圣为贤无疑也,固谓之性。或取其咸,或取其淡,则刚柔强弱昏明万有不同矣,皆不可不谓之性也。"则此言尚有未莹。盖此气虽有条理,而其往来屈伸,不能无过不及,圣贤得其中气,常人所受,或得其过,或得其不及,以至万有不齐。先生既言性是气之极有条理处,过不及便非条理矣,故人受此过不及之气,但可谓之气质,不可谓之性。则只言气是性足矣,不必言气之极有条理处是性也,无乃自堕其说乎?然则常人有气质而无性乎?盖气之往来屈伸,虽有过不及,而终归于条理者,则是气中之主宰。故雨旸寒燠,恒者暂而时者常也,惟此气中一点主宰,不可埋没,所以常人皆有不忍人之心,而其权归之学矣。

文贞徐存斋先生阶

徐阶,字子升,号存斋,松江华亭人。生甫周岁,女奴堕之智井,小吏之妇号而出之,则绝矣。后三日苏。五岁,从父之任,道堕括苍岭,衣绖于树,得不死。登嘉靖癸未进士第三人,授翰林编修。张罗峰欲去孔子王号,变像设为木主。争之不得,黜为延平推官。移浙江提学佥事,晋副使,视学江西。诸生文有"颜苦孔之卓"语,先生加以横笔,生白此出《扬子法言》,非杜撰也。先生即离席向生揖曰:"仆少年科第,未尝学问,谨谢教矣。"闻者服其虚怀。召拜司经局洗马兼侍讲。居忧。除服,起国子祭酒,擢礼部侍郎,改吏部。久之,以学士掌翰林院事,进礼部尚书。召入直无逸殿庐,撰青词。京师戒严,召对,颇枝柱分宜口。上多用其言,分宜恨之,中于上。先生赞玄恭谨,上怒亦渐解。加少保,兼文渊阁大学士,参预机务。满考,进武英殿大学士,兼吏部尚书,加少傅。上所居永寿宫灾,徙居玉熙殿,隘甚。分宜请幸南城。南城者,英宗失国时所居,上不悦。先生主建万寿宫,令其子璠阅视,当于上意,进少师。分宜之势颇绌,亡何而败。进阶建极殿。自分宜败后，先生秉国成，内以揣摩人主之隐，外以收拾士大夫之心，益有所发舒，天下亦颇安之。而与同官新郑不相能。世宗崩，先生悉反其疵政，而以末命行之，四方感动，为之泣下。新郑以为帝骨肉未寒，臣子何忍倍之，众中面折之。在朝皆不直新郑，新郑遂罢。穆宗初政，举动稍不厌人心者，先生皆为之杜渐。宫奴不得伸其志，皆不悦。而江陵亦意忌先生，以宫奴为内主而去先生。先生去而新郑复相，修报复，欲曲杀之，使其门人蔡春台国熙为苏松副使，批其室家，三子皆在缧绁。先生乃上书新郑，辞甚苦，新郑亦心动。未几，新郑罢，三子皆复官。天子使行人存问先生，年八十矣。明年卒，赠太师，谥文贞。

聂双江初令华亭，先生受业其门，故得名王氏学。及在政府，为讲会于灵济宫，使南野、双江、松溪、程文德分主之，学徒云集至千人。其时癸丑、甲寅，为自来未有之盛。丙辰以后，诸公或殁，或去，讲坛为之一空。戊午，何吉阳自南京来，复推先生为主盟，仍为灵济之会，然不能及前矣。先生之去分宜，诚有功于天下，然纯以机巧用事。敬斋曰："处事不用智计，只循天理，便是儒者气象。"故无论先生田连阡陌，乡论雌黄，即其立朝大节观之，绝无儒者气象，陷于霸术而不自知者也。诸儒徒以其主张讲学，许之知道，此是回护门面之见也。

中丞杨幼殷先生豫孙

杨豫孙，字幼殷，华亭人。嘉靖丁未进士。授南考功主事，转礼部员外郎中。出为福建监军副使，移督湖广学政，升河南参政，入为太仆寺少卿，改太常。华亭当国，引先生自辅。凡海内人物，国家典故，悉谘而后行。由是士大夫欲求知华亭者，无不辐辏其门。先生谢之不得，力求出。以右佥都御史巡抚湖广，卒官。

先生以知识即性，习为善者，固此知识，习为不善者，亦此知识。

故曰:"恶亦不可不谓之性。"又曰:"刚柔气也,即性也。刚有善者焉,有不善者焉;柔有善者焉,有不善者焉。善不善,习也。其刚柔,则性也。"窃以为,气即性也,偏于刚,偏于柔,则是气之过不及也。其无过不及之处,方是性,所谓中也。周子曰:"性者,刚柔善恶中而已矣。"气之流行,不能无过不及,而往而不返,其中体未尝不在。如天之亢阳,过矣,然而必返于阴。天之恒雨,不及矣,然而必返于晴。向若一往不返,成何造化乎? 人性虽偏于刚柔,其偏刚之处,未尝忘柔,其偏柔之处,未尝忘刚,即是中体。若以过不及之气,便谓之性,则圣贤单言气足矣,何必又添一性字,留之为疑惑之府乎? 古今言性不明,总坐程子"恶亦不可不谓之性"一语,由是将孟子性善置之在疑信之间,而荀、杨之说,纷纷起废矣。

楚中王门学案

楚学之盛，惟耿天台一派，自泰州流入。当阳明在时，其信从者尚少，道林、闇斋、刘观时出自武陵，故武陵之及门，独冠全楚。观徐曰仁同游德山诗，王文鸣应奎、胡珊鸣玉、刘璹德重、杨衸介诚、何凤韶汝谐、唐演汝渊、龙起霄止之，尚可考也。然道林实得阳明之传，天台之派虽盛，反多破坏良知学脉，恶可较哉！

金宪蒋道林先生信

蒋信，字卿实，号道林，楚之常德人。少而端严，盛暑未尝袒裼。不信形家术，母殁，自择高爽之地以葬。登嘉靖十一年进士第。授户部主事，转兵部员外郎。出为四川佥事，兴利除害若嗜欲。有道士以妖术禁人，先生召之，术不复验，置之于法。升贵州提学副使，建书院二所，曰正学，曰文明，择士之秀出者，养之于中，而示以趋向，使不汩没于流俗。龙场有阳明祠，置祭田以永其香火。湖广清浪五卫诸生乡试，去省险远，多不能达，乃增贵州解额，使之附试。寻告病归。御史以擅离职守劾之，削籍。后奉恩例，冠带闲住。先生筑精舍于桃花冈，

319

学徒云集,远方来者,即以精舍学田廪之。先生危坐其中,弦歌不辍,惟家祭,始一入城。间或出游,则所至迎请开讲。三十八年十二月庚子卒,年七十七。属纩时,作诗曰:"吾儒传性即传神,岂向风埃滞此身?分付万桃冈上月,要须今夜一齐明。"

先生初无所师授,与冀闇斋考索于书本之间,先生谓:"《大学》知止,当是识仁体。"闇斋跃然曰:"如此则定静安虑,即是以诚敬存之。"阳明在龙场,见先生之诗而称之,先生遂与闇斋师事焉。已应贡入京师,师事甘泉。及甘泉在南雍,及其门者甚众,则令先生分教之。先生弃官归,甘泉游南岳,先生从之弥月。后四年,入广东,省甘泉。又八年,甘泉再游南岳,先生又从之。是故先生之学,得于甘泉者为多也。先生初看《论语》与《定性》、《西铭》,领得"万物一体,是圣学立根处。"三十二三时,病肺,至道林寺静坐,久之,并怕死与念母之心俱断。一日,忽觉洞然宇宙,浑属一身,乃信明道"廓然大公,无内外"是如此,"自身与万物平等看"是如此,殆知向来领会,元是思索,去默识尚远;向来静坐,虽有湛然时节,亦只是光景。先生自此一悟,于理气心性人我,贯通无二,以为"六经具在,何尝言有个气,又有个理?凡言命、言道、言诚、言太极、言仁,皆是指气而言。宇宙浑是一块气,气自於穆,自无妄,自中正纯粹精,自生生不息,只就自心体认。心是气,生生之心,便是所言天命之性,岂有个心,又有个性?此气充塞,无丝毫空缺,一寒一暑,风雨露雷,凡人物耳目口鼻四肢百骸,与一片精灵知觉,总是此生生变化,如何分得人我?"又曰:"宇宙只是一气,浑是一团太和,中间清浊刚柔,多少参差不齐,故自形生神发,五性感动后观之,智愚贤不肖、刚柔善恶中,自有许多不同。既同出一个太和,则智者是性,愚者岂不是性?善者是性,恶者岂不是性?孟子却又何故独言性善?此处非功夫与天命合一,不能知也。动而无动,静而无静,一动一静之间,是天命本体,造化所以神者在此。故功夫到得勿忘勿助,即便是本体,那纯粹至善的头面便现出来,便知性知天、知柔知刚,恻隐、羞恶、辞让、是非便随感而应。孟子言性善,正是于此处见得。"又曰:"二五之精,即是理;无极之真,原是气。无极之流行变易,便为二五之精。二五之精,妙合而凝,便乾道成男,坤道成女,化生万物。知二气五行与男女万物,本自无而有,则知中正仁义之极,由静而立。"先生既从一动一静之间,握此头脑,谓动而未形,有无之间,所谓几者,圣贤戒慎恐惧,正是于此精一。用处,即是体;和处,即是未发之中。夫周子之所谓动者,从无为中指其不泯灭者而言,此生生不已,天地之心也。诚、神、几,名异而实同,以其无谓之诚,以其无而实有谓之几,以其不落于有无谓之神。先生以念起处为几,念起则形而为有矣。有起则有灭,总极力体当,只在分殊边事,非先生约归理一之旨也。先生之论理气心性,可谓独得其要,而工夫下手反远之,何也?

桃 冈 日 录

磨砻细一番,乃见得一番,前日不认得是过处,今日却认得是过。

戒慎恐惧,乃是定时一点真念,所谓主宰者便是。

孝廉冀闇斋先生元亨

冀元亨,字惟乾,号闇斋,楚之武陵人。阳明谪龙场,先生与蒋道林往师焉,从之之庐陵,逾年而归。正德十一年,湖广乡试,有司以"格物致知"发策,先生不从朱注,以所闻于阳明者为对,主司奇而录之。阳明在赣,先生又从之,主教濂溪书院。宸濠致书问学,阳明使先生往答之。濠谈王霸之略,先生昧昧,第与之言学而已。濠拊掌谓人曰:"人痴一至是耶!"一日讲《西铭》,先生反复陈君臣之义,本于一体,以动濠。濠大诧之,先生从容复理前语。濠曰:"此生大有胆气。"遂遣归。濠败,忌阳明者,欲借先生以陷之。逮至京师,榜掠不服,科道交章讼冤,出狱五日而卒。在狱与诸囚讲说,使囚能忘其苦。先生常谓道林曰:"赣中诸子,颇能静坐,苟无见于仁体,槁坐何益?"观其不挫志于艰危,信所言之非虚也。癸未,南宫发策,以心学为讥,馀姚有徐珊者,亦阳明之门人,不对而出。先生之对,与徐删之不对,一时两高之。而珊为辰州同知,侵饷缢死,时人为之语曰:"君子学道则害人,小人学道则缢死。"人羞称之。所谓盖棺论定者非耶?

北方王门学案

北方之为王氏学者独少，穆玄庵既无问答，而王道字纯甫者，受业阳明之门，阳明言其"自以为是，无求益之心"，其后趋向果异，不可列之王门。非二孟嗣响，即有贤者，亦不过迹象闻见之学，而自得者鲜矣。

文简穆玄庵先生孔晖

穆孔晖，字伯潜，号玄庵，山东堂邑人。弘治乙丑进士，由庶吉士除简讨，为刘瑾所恶，调南京礼部主事。瑾败，复官，历司业、侍讲、春坊庶子、学士、太常寺卿。嘉靖己亥八月卒，年六十一。赠礼部右侍郎，谥文简。

阳明主试山东，取先生为第一。初习古文词，已而潜心理学。其论学云："古人穷理尽性以至于命，今于性命之原，习其读而未始自得之也。顾谓有见，安知非汩虑于俗思耶？"又云："鉴照妍媸，而妍媸不著于鉴，心应事物，而事物不著于心，自来自去，随应随寂，如鸟过空，空体弗碍。"又云："性中无分别想，何佛何老。"临卒时，有"到此方为了事人"之偈。盖先生学阳明而流于禅,未尝经师门之煅炼,故《阳明集》中未有问答。乃黄泰泉遂谓:"虽阳明所取士,未尝宗其说而菲薄宋儒。"既冤先生,而阳明岂菲薄宋儒者?且冤阳明矣。一言以为不知,此之谓也。

教谕张弘山先生后觉

张后觉,字志仁,号弘山,山东茌平人。仕终华阴教谕。早岁受业于颜中溪、徐波石,深思力践,洞朗无碍。犹以取友未广,南结会于香山,西结会于丁块,北结会于大云,东结会于王遇,齐鲁间遂多学者。近溪、颍泉官东郡,为先生两建书院,曰愿学,曰见大。先生闻水西讲席之盛,就而证其所学。万历戊寅七月卒,年七十六。其论学曰:"耳本天聪,目本天明,顺帝之则,何虑何营。"曰:"良即是知,知即是良,良外无知,知外无良。"曰:"人心不死,无不动时,动而无动,是名主静。"曰:"真知是忿忿自惩,真知是欲欲自窒,惩忿如沸釜抽薪,窒欲如红炉点雪,推山填壑,愈难愈远。"

尚宝孟我疆先生秋

孟秋,字子成,号我疆,山东茌平人。隆庆辛未进士。知昌黎县。历大理评事、职方郎中,致仕。起刑部主事、尚宝寺丞、少卿而卒,年六十五。先生少授《毛诗》,至桑间濮上,不肯竟读。闻邑人张宏山讲学,即往从之。因《尚书》明目达聪语,洒然有悟。邹聚所、周讷溪官其地,相与印证,所至惟发明良知。改定《明儒经翼》,去其驳杂者。时唐仁卿不喜心学,先生谓顾泾阳曰:"仁卿何如人也?"泾阳曰:"君子也。"先生曰："彼非阳明,恶得为君子?"泾阳曰:"朱子以象山为告子,文成以朱子为杨、墨,皆甚辞也,何但仁卿。"先生终不以为然。许敬庵尝访先生,盈丈之地,瓦屋数椽,其旁茅舍倍之。敬庵谓:"此风味,大江以南所未有也。"先生大指,以心体本自澄澈,有意克己,便生翳障。盖真如的的,一齐现前,如如而妙自在,必克己而后言仁,则宣父何不以克伐仁原宪耶? 弘山谓:"良即是知,知即是良,良外无知,知外无良。"师门之宗传,固如是也。此即现成良知之说,不烦造作,动念即乖,夫良知固未有不现成者,而现成之体,极是难认,此明道所以先识仁也。先生之论,加于识仁之后则可,若未识仁,则克己之功诚不可已,但克己即是识仁。颜子有不善未尝不知,知之未尝复行也,仁体丝毫不清楚,便是不善;原宪之克伐怨欲,有名件可指,已是出柙之虎兕: 安可相提而论哉!

我疆论学语

自圣学不传,而性善之旨日晦。入圣无门,人是其见,虽尽力洗涤,渣滓尚在,以故终身盘桓,只在改过间。就其所造,仅以小儒而止。皆由"克去人欲,复还天理"之说误之也。人欲无穷,去一日,生一日,去一年,生一年,终身去欲,终身多欲,劳苦烦难,何日是清净宁一时耶! 来书云"有病不得不服药"是也,有人于此,养其元气,保其四肢,血气和平,虽有风寒暑湿,不得乘间而入。使不保元气,药剂日来,则精神日耗,邪气日侵,因药而发病者日相寻焉,终身病夫而已,岂善养身者乎? 又云:"必有主人,方可逐贼。"此就多积者言耳。若家无长物,空空如也,吾且高枕而卧,盗贼自不吾扰,又何用未来则防,既来则逐乎? 此两喻者,乃志仁之说,无欲之证也。

主事尤西川先生时熙

尤时照,字季美,号西川,河南洛阳人。举嘉靖壬午乡试。历元氏、章丘学谕,国子学正,户部主事,终养归。归三十馀年,万历庚辰九月卒,年七十八。先生因读《传习录》,始信圣人可学而至,然学无师,终不能有成,于是师事刘晴川。晴川言事下狱,先生时书所疑,从狱中质之。又从朱近斋、周讷溪、黄德良名骥考究阳明之言行,虽寻常謦欬,亦必籍记。先生以道理于发见处始可见,学者只于发动处用功,故工夫即是本体,不当求其起处。濂溪之无极而太极,亦是求其起处,为谈学之弊。尧、舜之执中,只是存心。明道之识仁,犹云择术。以白沙"静中端倪"为异学,此与胡敬斋所言"古人只言涵养,言操存,曷尝言求见本体",及晦翁"惟应酬酢处,特达见本根工夫"一也。静中养出端倪,亦是方便法门,所谓观喜怒哀乐未发以前气象,总是存养名目。先生既扫养出端倪,则不得不就察识端倪一路,此是晦翁晚年自悔"缺却平时涵养一节工夫"者也,安可据此以为学的? 先生言近谈学者多说良知上还有一层为非,此说固非,然亦由当时学者以情识为良知,失却阳明之旨,盖言情识上还有一层耳。若知良知为未发之中,决不如此下语矣。

拟 学 小 记

义理无穷,行一程,见一程,非可以预期前定也,故但言致良知。

道理于发见处始可见,学者于发动处用功。未发动,自无可见,自无著力处。

学术差处,只为认方便为究竟。

众人之蔽在利欲,贤者之蔽在意见,意见是利欲之细尘。

性分上欠真切,只因心有所逐。

意有所便即是利,昏惰亦是利,意所便也。

不求自慊,只在他人口头上讨个好字,终不长进。

人虽至愚,亦能自觉不是,只不能改,遂日流于污下。圣愚之机在此,不在赋禀。

此志兴起时，自觉不愧古人，更无节次，及怠惰，即是世俗。

阳明虽夙成，其言以江西以后为定。

文选孟云浦先生化鲤

孟化鲤，字叔龙，号云浦，河南新安人。由进士授南户部主事，历稽勋、文选郎中。万历二十年，给事中张栋以国本外谪，会兵科缺都给事中，先生推栋补之。上怒，谪先生杂职。西川既传晴川之学，先生因往师之。凡所言"发动处用功"及"集义即乎心之所安"，皆师说也。在都下与孟我疆相砥砺，联舍而寓，自公之暇，辄徒步过从，饮食起居，无弗同者。时人称为二孟。张阳和作《二孟歌》记之。罢官家居，中丞张仁轩馈之亦不受。书问都绝，宦其地者，欲踪迹之而不得也。

侍郎杨晋庵先生东明

杨东明，号晋庵，河南虞城人。万历庚辰进士。授中书舍人，历礼科给事中，掌吏垣，降陕西照磨，起太常少卿、光禄寺卿、通政使、刑部侍郎，乞休回籍。天启甲子卒，年七十七。先生所与问辨者，邹南皋、冯少墟、吕新吾、孟我疆、耿天台、张阳和、杨复所诸人，故能得阳明之肯綮。家居，凡有民间利病，无不身任，尝曰："身有显晦，道无穷达，还觉穷，则独善其身之言有所未尽。"其学之要领，在论气质之外无性，谓："盈宇宙间，只是浑沦元气，生天、生地、生人物，万殊都是此气为之。而此气灵妙，自有条理，便谓之理。夫惟理气一也，则得气清者，理自昭著，得气浊者，理自昏暗。盖气分阴阳，中含五行，不得不杂揉，不得不偏胜，此人性所以不皆善也。然太极本体，立二五根宗，虽杂揉而本质自在,纵偏胜而善根自存,此人性所以无不善也。"先生此言,可谓一洗理气为二之谬矣。而其间有未莹者,则以不皆善者之认为性也。夫不皆善者,是气之杂揉,而非气之本然。其本然者,可指之为性;其杂揉者,不可以言性也。天地之气,寒往暑来,寒必于冬,暑必于夏,其本然也。有时冬而暑,夏而寒,是为愆阳伏阴,失其本然之理矣。失其本然,便不可名之为理也。然天地不能无愆阳伏阴之寒暑,而万古此冬寒夏暑之常道,则一定之理也。人生之杂揉偏胜,即愆阳伏阴也。而人皆有不忍人之心,所谓厥有恒性,岂可以杂揉偏胜者当之?杂揉偏胜,不恒者也。是故气质之外无性,气质即性也。第气质之本然是性,失其本然者非性,此毫厘之辨。而孟子之言性善,即不可易也。阳明言"无善无恶者心之体",东林多以此为议论,先生云:"阳明之言心,不以之言性也,犹孔子之言无知,无知岂有病乎?"此真得阳明之肯綮也。

郡守南瑞泉先生大吉

南大吉,字元善,号瑞泉,陕之渭南人。正德辛未进士。授户部主事,历员外郎、郎中,出守绍兴府,致仕。嘉靖辛丑卒,年五十五。先生幼颖敏绝伦,稍长读书为文,即知求圣贤之学,然犹豪旷不拘小节。及知绍兴府,文成方倡道东南,四方负笈来学者,至于寺观不容。先生故文成分房所取士也,观摩之久,因悟人心自有圣贤,奚必他求?一日,质于文成曰:"大吉临政多过,先生何无一言?"文成曰:"何过?"先生历数其事,文成曰:"吾言之矣。"先生曰:"无之。"文成曰:"然则何以知之。"曰:"良知自知之。"文成曰:"良知独非我言乎?"先生笑谢而去。居数日,数过加密,谓文成曰:"与其有过而悔,不若先言之,使其不至于过也。"文成曰:"人言不如自悔之真。"又笑谢而去。居数日,谓文成曰:"身过可免,心过奈何?"文成曰:"昔镜未开,可以藏垢。今镜明矣,一尘之落,自难住脚。此正入圣之机也。勉之!"先生谢别而去。辟稽山书院,身亲讲习,而文成之门人益进。入觐以考察罢官。先生治郡,以循良重一时,而执政者方恶文成之学,因文成以及先生也。先生致书文成,惟以不得闻道为恨,无一语及于得丧荣辱之间。文成叹曰:"此非真有朝闻夕死之志者不能也。"家居,构酒西书院,以教四方来学之士。其示门人诗云:"昔我在英龄,驾车词赋场。朝夕工步骤,追踪班与扬。中岁遇达人,授我大道方。归来三秦地,坠绪何茫茫。前访周公迹,后窃横渠芳。愿言偕数子,教学此相将。"

粤闽王门学案

岭海之士,学于文成者,自方西樵始。及文成开府赣州,从学者甚众。文成言:"潮在南海之涯一郡耳,一郡之中,有薛氏之兄弟子侄,既足盛矣,而又有杨氏之昆季。其馀聪明特达,毅然任道之器以数十。"乃今之著者,惟薛氏学耳。

西樵,名献夫,字叔贤。弱冠举进士。为吏部主事,迁员外郎。阳明起自谪所,为主事,官阶亚于西樵。一日与语,西樵有当于心,即进拜称弟子。未几引疾归。将十馀年,而大礼议起,西樵自家上疏,请追崇兴献帝后。召入,擢侍讲学士,至礼部尚书,加太子太保。复引疾归。起兼武英殿大学士,未几请归。归十馀年卒,赠太保,谥文襄。

薛尚贤,以学行著于乡,中离自虔归,述其所闻于阳明者,尚贤说之,遂禀学焉。后官国子助教。

杨骥,字仕德,初从甘泉游,卒业于阳明。阳明方征横水,谓之曰:"破山中贼易,破心中贼难。"未几卒。甘泉谓其是内非外,失本体之自然,为文哀之。《皇明书》言志墓,非也。

杨仕鸣与兄同学,初录所闻,备载阳明之语,阳明以为不得其意。其后直书己意所得,反印可之。仕鸣言:"日用讲求功夫,只是各依自家良知所及,自去其障,扩充以尽其本体,不可迁就气习以趋时好。"又谓东廓曰："公往治举子业,竭其才否?"东廓曰:"然。"曰:"今致良知,亦竭其才否?"东廓曰:"未能也。"曰:"微竭才,曷克见卓尔? 竭才二字,希颜之的也。"东廓每举斯语以告学者。亦未几卒。

梁焯,字日孚,南海人。登进士第,官至职方主事,以谏南巡被杖。武宗畜外国人为驾下人,日孚以法绳之,不少贷。日孚尝过赣,从阳明学,辨问居敬穷理,悚然有悟。同门冀闇斋死诏狱,日孚棺敛之。

郑一初,字朝朔,揭阳人。弘治乙丑进士,居紫陌山,闭门习静,召为御史。阳明在吏部,因陈世杰请受学。闻其说,以为昔多歧而今大道也。时朝朔已病,人劝其缓学,曰:"夕死可矣。"卒于浙。

闽中自子莘以外,无著者焉。马明衡,字子莘,莆人也。父思聪,死宁濠之乱,子莘立志勇猛,与郑善夫为古文。阳明曰:"草木之花,千叶者无实,其花繁者其实鲜。"嘉靖三年,以御史谏上隆兴国而薄昭圣为非礼,下狱削籍归。

行人薛中离先生侃

薛侃,字尚谦,号中离,广东揭阳人。举正德十二年进士。疏乞归养。从学王文成于赣,四年而后归。十六年,授行人。丁母忧。服阕入京,闻文成讣,会同门南野诸子,为位而哭。使山东,谒孔、孟庙,刻《杏坛讲授仪》。寻升司正。张孚敬方用程篁墩旧议,改孔庙从祀。先生请增祀象山、白沙,允祀象山。庄敬太子薨,嗣位久虚,先生私草一疏,引祖制,请于亲藩中择其亲而贤者,迎取一人入京为守城王,以俟东宫生长,出封大国。初以示光禄卿黄宗明,宗明劝弗上。已示其同年太常卿彭泽。泽倾险人也。时张孚敬、夏言交恶,泽方附孚敬,欲借此以中言,即袖其疏,私于孚敬曰:"储事上所讳言,而侃与言同年,若指侃疏为言所为,则罪不可解矣。"孚敬以为然,先录其稿进之于上,曰:"言与侃之谋如此,姑勿发以待其疏入。"泽于是语先生曰:"张少傅见公疏甚喜,可亟上。"先生遂上。上大怒,逮至午门,会官鞫其主使,先生不服。泽微词讽之,使连染于言。先生瞋目视泽曰:"汝谓张少傅有意余言,趣我上之,于言何与?"都御史汪铉党孚敬,攘臂谓言实使之。言拍案大骂,几欲殴铉,遂罢讯。上复命武定侯郭勋、大学士翟銮、司礼监官及九卿科道锦衣卫官用刑重鞫,先生曰:"以皇上之明,犹为彭泽所欺,况愚昧如侃者乎?"上乃出孚敬二密疏以示群臣,斥其冒嫉,着致仕去。泽遣戍。先生纳赎为民,行至潞河,遇圣寿节,参议项乔行礼舟中,有报乔者曰:"小舟有服民服,而具香案叩首者,不知何等人也。"乔曰:"此必薛中离。"访之果然。

先生归田,从游者百馀人。十五年,远游江浙,会念庵于青原书院。已入罗浮,讲学于永福寺。二十四年,始还家。门人记所闻曰《研几录》。周海门《圣学宗传》云:"先生释归,南过会稽,见阳明。阳明曰:'当是时吾子如何?'先生曰:'侃惟一良知而已,炯然无物也。'阳明首肯。"按先生释归在十年,阳明之卒在七年,安得归而后见之也?世疑阳明先生之学类禅者三:曰废书,曰背考亭,曰涉虚。先生一一辨之。然皆不足辨也,此浅于疑阳明者也。深于疑阳明者,以为理在天地万物,吾亦万物中之一物,不得私理为已有。阳明以理在乎心,是遗弃天地万物,与释氏识心无寸土之言相似。不知阳明之理在乎心者,以天地万物之理具于一心,循此一心,即是循乎天地万物。若以理在天地万物而循之,是道能弘人,非人能弘道也。释氏之所谓心,以无心为心,天地万物之变化,皆吾心之变化也。譬之于水,释氏为横流之水,吾儒为原泉混混不舍昼夜之水也。又其所疑者,在无善无恶之一言。考之《传习录》,因先生去花间草,阳明言:"无善无恶者理之静,有善有恶者气之动。"盖言静为无善无恶,不言理为无善无恶,理即是善也。犹程子言"人生而静以上不容说",周子太极而加之无极耳。独《天泉证道记》有"无善无恶者心之体,有善有恶者意之动"之语。夫心之体即理也,心体无间于动静,若心体无善无恶,则理是无善无恶,阳明不当但指其静时言之矣。释氏言无善无恶,正言无理也。善恶之名,从理而立耳,既已有理,恶得言无善无恶乎? 就先生去草之言证之,则知天泉之言,未必出自阳明也。二疑既释,而犹曰阳明类于禅学,此无与于学问之事,宁容与之辨乎?

县令周谦斋先生坦

周坦,号谦斋,罗浮人也。仕为县令。自幼有志圣贤之学,从学于中离,出游湖、湘、维扬、新泉、天真、天关,以亲讲席。衰老,犹与徐鲁源相往复。其论学语云:"日之明也,必照于物,有不照者,阴霾之蔽也。心之知也,必格乎物,有不格者,物欲之蔽也。"又云:"一阳生于下为《复》,内阳外阴为《泰》,于《复》则曰'见天地之心',于《泰》则曰'内健而外顺',是可见学不遗乎外,而内者其本也。故曰:'《复》,德之本也。'惟复则无妄,而刚来主于内矣,此内健之为《泰》也。"又云:"不可于无喜怒哀乐觅无声无臭,只喜怒哀乐中节处,便是无声无臭所在。"又云:"瞑目静坐,此可暂为之。心体原是活泼流行,若长习瞑坐,局守空寂,则心体日就枯槁,非圣人之心学也。"又云:"白沙之学,以自然为宗,至谓'静中须养出端倪',吾人要识得静中心体,只是个澄然无事,炯然不昧而已,原无一物可著,若谓'静中养出端倪',则静中又添出一端倪矣。且道体本是自然,但自然非意想可得,心下要自然,便不是自然也。"

止 修 学 案

中丞李见罗先生材

李材,字孟诚,别号见罗,丰城人。南京兵部尚书谥襄敏遂之子。登嘉靖壬戌进士第。授刑部主事,历官至云南按察使。金腾故患缅,而孟养、蛮莫两土司介其间,叛服不常。先生用以蛮攻蛮之法,遣使入蛮莫,诱令合孟养,袭迤西,杀缅之心膂大朗长。缅酋遂攻迤西,孟养告急,先生命将士犄角之。土司大破缅于遮浪之上,叩阙谢恩,贡象二。以功升抚治郧阳右佥都御史。先生与诸生讲学,诸生因形家言,请改参将公署为书院,迁公署于旧学,许之。事已定,参将米万春始至。万春,政府门生也,嗾士卒为乱。先生方视事,拥入逼之。守备王鸣鹤持刀向万春,厉声曰:"汝杀李都爷,我杀汝。"乃得免。事闻,先生闲住,而万春视事如故。明年,万历戊子,云南巡按苏瓒逢政府之意,劾先生破缅之役,攘冒蛮功,首级多伪。有旨逮问,上必欲杀之。刑部初拟徒,再拟戍,皆不听。言者强诤,上持愈坚,法史皆震怖。刑部郎中高从礼曰:"明主可以理夺。"乃操笔为奏曰:"材用蛮败缅,不无辟地之功,据揭申文,自抵冈上之罪。臣子报功失实,死有馀辜,君父宥罪

334

矜疑，人将效命。"天子视奏，颇为色动。长系十馀年，发戍闽中，遂终于林下。

先生初学于邹文庄，学致良知之学。已稍变其说，谓："致知者，致其知体；良知者，发而不加其本体之知，非知体也。"已变为性觉之说，久之喟然曰："总是鼠迁穴中，未离窠臼也。"于是拈"止修"两字，以为得孔、曾之真传。止修者，谓性自人生而静以上，此至善也，发之而为恻隐四端，有善便有不善。知便是流动之物，都向已发边去，以此为致，则日远于人生而静以上之体。摄知归止，止于人生而静以上之体也。然天命之真，即在人视听言动之间，即所谓身也。若刻刻能止，则视听言动，各当其则，不言修而修在其中矣。使稍有出入，不过一点简提撕修之工夫，使之常归于止而已。故谓格致诚正，四者平铺。四者无病？何所容修？苟病其一，随病随修。著书数十万言，大指不越于此。夫《大学》修身为本，而修身之法，到归于格致，则下手之在格致明矣。故以天下国家而言，则身为本；以修身而言，则格致又其本矣。先生欲到归于修身，以知本之本，与修身为本之本合而为一，终觉龃龉而不安也。性情二字，原是分析不开，故《易》言利贞者，性情也。无情何以觅性？孟子言恻隐羞恶辞让是非，即是仁义礼智，非恻隐羞恶辞让是非之上，又有一层仁义礼智也。虞廷之言道心即中也，道心岂中之所发乎？此在前贤不能无差，先生析之，又加甚耳。即如先生之所谓修，亦岂能舍此恻隐羞恶辞让是非之可以为主宰者，而求之杳冥不可知者乎？上天之载，无声无臭，至矣。此四端者，亦曾有声臭乎？无声无臭犹不足以当性体乎？犹非人生而静以上乎？然则必如释氏之所谓语言道断，父母未生前，而后可以言性也。止修两挈，东瞻西顾，毕竟多了头面，若单以知止为宗，则摄知归止，与聂双江之归寂一也。先生恐其邻于禅寂，故实之以修身。若单以修身为宗，则形色天性。先生恐其出于义袭，故主之以知止。其实先生之学，以止为存养，修为省察，不过换一名目，与宋儒大段无异，反多一张皇耳。许敬庵曰："见罗谓道心人心,总皆属用,心意与知,总非指体。此等立言,不免主张太过,中固是性之至德,舍道心之微,更从何处觅中? 善固是道之止宿,离心意与知,却从何处明善? 性无内外,心亦无内外,体用何从而分乎?"高忠宪曰:"《大学》格致即《中庸》明善,所以使学者辨志定业,绝利一源,分剖为己为人之界,精研义利是非之极,要使此心光明洞达,无毫发含糊疑似于隐微之地,以为自欺之主。不然,非不欲止欲修,而气禀物欲拘蔽万端,皆缘知之不至也。工夫吃紧沉着,岂可平铺放在,说得都无气力。"两公所论,皆深中其病。启超案:见罗之标题"止修",大率因当时龙溪、泰州派下言现成良知,流入玩弄光景一边,令无忌惮者可以自托,故以此矫之。其咎,许敬庵有云:"昔之支离者,不过支离于训解;今之支离者,乃至支离于心体,此真可为痛伤者也。"此其改宗之原因也。彼极排良知之说,谓此不过阳明补偏救弊之言;又自言"稍有知识,皆阳明先生之赐,惟标宗旨,则不敢苟同"。其苦心可以推见。但见罗说,又不过就阳明说而补偏救弊耳,所谓药之药也。今日我辈读之,觉见罗之药,实不能如阳明之药之受用。盖今日我辈所犯者,阳明以前社会之普通病,非阳明门下之特别病也。故见罗之学,当时虽极有力,由今观之,亦赘疣耳。高忠宪所谓"平铺放在,说得无甚气力,不如阳明之紧切远矣"。

论 学 书

百步激于寸括,燕、粤判于庭除,未有种桃李而得松柏之实者。毫厘千里,此学之宗趣所以必谨其初也。《大学》之所以先知止,程门之所以先识仁者,其意亦由此也乎! 故尝以为合下的工夫,即是到底的学问,到底的学问,只了结得合下的工夫。自昔圣贤,恳恳谆谆,分漏分更,辨析研穷者,岂有他事,只是辨此毫厘耳。《上徐存斋》

捉定修身为本,将一副当精神,尽力倒归自己,凝然如有持,屹然如有立,恍然常若有见,翼翼小心,昭事上帝。上帝临女,毋贰尔心,视听言动之间,时切检点提撕,管归于则,自然嗜欲不得干,狂浪不得夺,常止常修,渐近道理。切不可将本之一字,又作悬空之想,启卜度支离之证,于坦平地无端横起风波,耽延岁月。所云"月在澄潭,花存明镜,

急切捞摸不着"者，正坐此病也。《答弟孟乾》

　　学问只有工夫，虽主意亦工夫也，但有自归宿言者，有自条理言者。自归宿上说，工夫恰好是个主意；自条理上做，主意恰好说是工夫。此止为主意，修为工夫，原非二事也。譬之作文，未有无主意而可落笔，亦未有非落笔修词顺理成章而可以了却主意者也。意到然后词到，词顺然后理明，不可将主意视作深，修词视作浅，又不可谓修词有可下手，而主意则无可用工夫也。至于无工夫处是工夫，又自是止之深处、修之妙手，所谓不识不知，顺帝之则者也。《答李汝潜》

泰 州 学 案

　　阳明先生之学,有泰州、龙溪而风行天下,亦因泰州、龙溪而渐失其传。泰州、龙溪时时不满其师说,益启瞿昙之秘而归之师,盖跻阳明而为禅矣。然龙溪之后,力量无过于龙溪者,又得江右为之救正,故不至十分决裂。泰州之后,其人多能以赤手搏龙蛇,传至颜山农、何心隐一派,遂复非名教之所能羁络矣。顾端文曰:"心隐辈坐在利欲胶漆盆中,所以能鼓动得人,只缘他一种聪明,亦自有不可到处。"羲以为非其聪明,正其学术也。所谓祖师禅者,以作用见性,诸公掀翻天地,前不见有古人,后不见有来者。释氏一棒一喝,当机横行,放下拄杖,便如愚人一般。诸公赤身担当,无有放下时节,故其害如是。今之言诸公者,大概本弇州之《国朝丛记》,弇州盖因当时爱书节略之,岂可为信?羲考其派下之著者,列于下方。

　　颜钧,字山农,吉安人也。尝师事刘师泉,无所得,乃从徐波石学,得泰州之传。其学以人心妙万物而不测者也,性如明珠,原无尘染,有何睹闻? 著何戒惧? 平时只是率性,所行纯任自然,便谓之道。及时有放逸,然后戒慎恐惧以修之。凡儒先见闻,道理格式,皆足以障道。此大旨也。尝曰:"吾门人中与罗汝芳言从性,与陈一泉言从心,徐子所言,只从情耳。"山农游侠,好急人之难,赵大洲赴贬所,山农偕之行,大洲感之次骨。波石战没沅江府，山农寻其骸骨归葬。颇欲有为于世，以寄民胞物与之志。尝寄周恭节诗云："蒙蒙烟雨锁江垓，江上渔人争钓台。夜静得鱼呼酒肆，湍流和月掇将来。""若得春风遍九垓，世间那有三归台。君仁臣义民安堵，雉兔刍荛去复来。"然世人见其张皇，无贤不肖皆恶之，以他事下南京狱，必欲杀之。近溪为之营救，不赴廷对者六年。谓："其心髓精微，决难诈饰。不肖敢谓其学直接孔、孟，俟诸后圣，断断不惑。不肖菲劣，已蒙门下知遇，又敢窃谓门下，虽知百近溪，不如今日一察山农子也。"山农以戍出，年八十馀。

梁汝元，字夫山，其后改姓名为何心隐，吉州永丰人。少补诸生，从学于山农，与闻心斋立本之旨。时吉州三四大老，方以学显，心隐恃其知见，辄狎侮之。谓《大学》先齐家，乃构萃和堂以合族，身理一族之政，冠婚丧祭赋役，一切通其有无，行之有成。会邑令有赋外之征，心隐贻书以诮之，令怒，诬之当道，下狱中。孝感程后台在胡总制幕府，檄江抚出之。总制得心隐，语人曰："斯人无所用，在左右能令人神王耳。"已同后台入京师，与罗近溪、耿天台游。一日遇江陵于僧舍，江陵时为司业，心隐率尔曰："公居太学，知太学道乎？"江陵为勿闻也者，目摄之曰："尔意时时欲飞，却飞不起也。"江陵去，心隐舍然若丧，曰："夫夫也，异日必当国，当国必杀我。"心隐在京师，辟各门会馆，招来四方之士，方技杂流，无不从之。是时政由严氏，忠臣坐死者相望，卒莫能动。有蓝道行者，以乩术幸上，心隐授以密计，侦知嵩有揭帖，乩神降语，今日当有一奸臣言事，上方迟之，而嵩揭至。上由此疑嵩。御史邹应龙因论嵩败之。然上犹不忘嵩，寻死道行于狱。心隐踉跄，南过金陵，谒何司寇。司寇者，故为江抚，脱心隐于狱者也。然而严党遂为严氏仇心隐，心隐逸去，从此踪迹不常，所游半天下。江陵当国，御史傅应祯、刘台连疏攻之，皆吉安人也，江陵因仇吉安人。而心隐故尝以术去宰相，江陵不能无心动。心隐方在孝感聚徒讲学，遂令楚抚陈瑞捕之，未获而瑞去。王之垣代之，卒致之。心隐曰："公安敢杀我？亦安能杀我？杀我者张居正也。"遂死狱中。心隐之学，不堕影响，有是理则实有是事，无声无臭，事藏于理，有象有形，理显于事，故曰："无极者，流之无君父者也，必皇建其有极，乃有君而有父也。必会极，必归极，乃有敬敬以君君也，乃有亲亲以父父也。又必《易》有太极，乃不堕于弑君弑父，乃不流于无君无父，乃乾坤其君臣也，乃乾坤其父子也。"又曰："孔、孟之言无欲，非濂溪之言无欲也。欲惟寡，则心存，而心不能以无欲也。欲鱼、欲熊掌，欲也，舍鱼而取熊掌，欲之寡也。欲生、欲义，欲也，舍生而取义，欲之寡也。欲仁非欲乎？得仁而不贪，非寡欲乎？从心所欲，非欲乎？欲不逾矩，非寡欲乎？"此即释氏所谓妙有乎？盖一变而为仪、秦之学矣。

邓豁渠，初名鹤，号太湖，蜀之江内人。为诸生时，不说学。赵大洲为诸生谈圣学于东壁，渠为诸生讲举业于西序，朝夕声相闻，未尝过而问焉。已渐有入，卒抠衣为弟子。一旦弃家出游，遍访知学者，以为性命甚重，非拖泥带水可以成就，遂落发为僧。访李中溪元阳于大理，访邹东廓、刘狮泉于江右，访王东涯于泰州，访蒋道林于武陵，访耿楚倥于黄安。与大洲不相闻者数十年。大洲起官过卫辉，渠适在焉，出迎郊外。大洲望见惊异，下车执手，徒行十数里，彼此潸然流涕。大洲曰："误子者，余也。往余言学过高，致子于此，吾罪业重矣。向以子为死，罪恶莫赎，今尚在，亟归庐而父墓侧终身可也。吾割田租百石赡子。"因书券给之。时有来大洲问学者，大洲令渠答之。大洲听其议论，大恚曰："吾藉是以试子近诣，乃荒谬至此。"大洲入京，渠复游齐、鲁间，初无归志。大洲入相，乃来京候谒，大洲拒不见。属宦蜀者携之归，至涿州，死野寺中。渠自序为学云："己亥礼师，闻良知之学，不解。入青城山参禅十年。至戊申，入鸡足山，悟人情事变外，有个拟议不得妙理。当时不遇明师指点，不能豁然通晓。癸丑，抵天池，礼月泉，陈鸡足所悟，泉曰：'第二机即第一机。'渠遂认现前昭昭灵灵的，百姓日用不知，渠知之也。甲寅，庐山礼性空，闻无师智闻说'没有甚么，甚么便是’，始达良知之学，同是一机轴，均是认天机为向上事，认神明为本来人。延之戊午，居澧州八年，每觉无日新之益，及闻三公俱不免轮回生死，益加疑惑。因入黄安，居楚倥茅屋，始达父母未生前的、先天天地先的、水穷山尽的、百尺竿头外的，所谓不属有无，不属真妄，不属生灭，不属言语，常住真心，与后天事不相联属。向日鸡足所参人情事变的，豁然通晓，被月泉所误二十馀年。丙寅以后，渠之学日渐幽深玄远。如今，也没有我，也没有道，终日在人情事变中，若不自与，泛泛然如虚舟飘瓦而无着落，脱胎换骨，实在于此。”渠学之误，只主见性，不拘戒律，先天是先天，后天是后天，第一义是第一义，第二义是第二义，身之与性，截然分为二事，言在世界外，行在世界内，人但议其纵情，不知其所谓先天第一义者，亦只得完一个无字而已。嗟乎！是岂渠一人之误哉！

方与时，字湛一，黄陂人也。弱冠为诸生，一旦弃而之太和山，习摄心术，静久生明。又得黄白术于方外，乃去而从荆山游，因得遇龙溪、念庵，皆目之为奇士。车辙所至，缙绅倒屣，老师上卿，皆拜下风。然尚玄虚，侈谈论。耿楚倥初出其门，久而知其伪，去之。一日谓念庵曰：“吾侪方外学，亦有秘诀，待人而传，谈圣学何容易耶？”念庵然之，湛一即迎至其里道明山中，短榻夜坐，久之无所得而返。后台、心隐大会矿山，车骑雍容，湛一以两僮舁一篮舆往，甫揖，心隐把臂谓曰：“假我百金。”湛一唯唯，即千金惟命。已入京师，欲挟术以干九重，江陵闻之曰：“方生此鼓，从此挝破矣。”无何，严世蕃闻其炉火而艳之。湛一避归。胡庐山督楚学，以其昔尝诳念庵也，檄有司捕治，湛一乃逃而入新郑之幕。新郑败，走匿太和山，病瘵死。

程学颜，字二蒲，号后台，孝感人也。官至太仆寺丞，自以此学不进，背地号泣，其笃志如此。心隐死，其弟学博曰：“梁先生以友为命，友中透于学者，钱同文外，独吾兄耳。先生魄魂应不去吾兄左右。”乃开后台墓合葬焉。

钱同文,字怀苏,福之兴化人。知祁门县,入为刑部主事,累转至郡守。与心隐友善。怀苏尝言:"学道人堆堆,只在兄弟款中,未见有挣上父母款者。"

管志道,字登之,号东溟,苏之太仓人。隆庆辛未进士。除南京兵部主事,改刑部。江陵秉政,东溟上疏条九事,以讥切时政,无非欲夺其威福,归之人主。其中有宪纲一条,则言两司与巡方抗礼,国初制也,今之所行非是。江陵即出之为广东佥事以难之,使之为法自敝也。果未几,御史龚懋贤劾之,谪盐课司提举。明年,外计,以老疾致仕。万历戊申卒,年七十三。东溟受业于耿天台,著书数十万言,大抵鸠合儒释,浩汗而不可方物。谓:"乾元无首之旨,与《华严》性海浑无差别,《易》道与天地准,故不期与佛老之祖合而自合,孔教与二教峙,故不期佛老之徒争而自争。教理不得不圆,教体不得不方,以仲尼之圆,圆宋儒之方,而使儒不碍释,释不碍儒。以仲尼之方,方近儒之圆,而使儒不滥释,释不滥儒。唐、宋以来,儒者不主孔奴释,则崇释卑孔,皆于乾元性海中自起藩篱,故以乾元统天一案两破之也。"其为孔子阐幽十事,言:"孔子任文统,不任道统,一也。居臣道,不居师道,二也。删述六经,从游七十二子,非孔子定局,三也。与夷、惠易地,则为夷、惠,四也。孔子知天命,不专以理,兼通气运,五也。一贯尚属悟门,实之必以行门,六也。敦化通于性海,川流通于行海,七也。孔子曾师老聃,八也。孔子从先进,是黄帝以上,九也。孔子得位,必用桓、文做法,十也。"按东溟所言,亦只是三教肤廓之论。平生尤喜谈鬼神梦寐,其学不见道可知。泰州张皇见龙,东溟辟之,然决儒释之波澜,终是其派下人也。启超案:泰州之学为世诟病,当世无贤不肖畏之如蝎。梨洲固心许之,然不能太撄时论,故稍予微辞,抑亦补偏救弊之意。其所赞评,谓"多能以赤手搏龙蛇",谓"掀翻天地,前不见古人,后不见来者",谓"赤身担当,无有放下时节",真能写出诸贤气象。盖诸贤实学道有得之真豪杰也。阳明之教,即知即行,不行不得谓之知。泰州诸贤,以非常之自信力,而当下即行其所信。阳明活用孔孟之学,而泰州又活用阳明之学者也。

必如泰州，然后阳明学乃真有关系于社会于国家也。本节所纪诸贤，梨洲不以入于学案正文，盖微外之。然观山农、心隐诸举动，其可以为今日我辈之模范者何多也。日本自幕府之末叶，王学始大盛，其著者曰大平中斋，曰吉田松阴，曰西乡南洲，曰江藤新平，皆为维新史上震天撼地人物。其心得及其行事与泰州学派盖甚相近矣。井上哲次郎著一书曰《日本阳明派之哲学》，其结论云："王学入日本，则成为一日本之王学，成活泼之事迹，留赫奕之痕迹，优于支那派远甚。"（原著六二七页）嘻！此殆未见吾泰州之学风焉尔。抑泰州之学，其初起气魄虽大，然终不能敌一般之舆论，以致其传不能永，则所谓活泼赫奕者其让日本专美亦宜。接其传而起其衰，则后学之责也。梨洲少时携锥入都，谋复仇，其气象与山农、心隐一何相类，其后乃稍别之耳。井上氏又云："阳明派之人著书率少，其行状即代著书。且所以感化人者，比著书之效果更大。盖彼等以知行合一为主义，常实行其所知，故所行即所知之发现也。观其学术，当于此焉求之。"吾谓山农、心隐之行事，皆足以廉顽立懦，宜以至精之学说视之。

梨洲所以不列诸贤于学案正文者，谓其纯于禅，非复儒也。习气晓晓儒佛之辨，则此自是当时习气耳。明道谓邵康节豪杰之士，若泰州诸贤，皆所谓豪杰之士也。观心斋父子之所证，何其与康节相肖。

处士王心斋先生艮

王艮，字汝止，号心斋，泰州之安丰场人。七岁受书乡塾，贫不能竟学。从父商于山东，常衔《孝经》、《论语》、《大学》袖中，逢人质难，久而信口谈解，如或启之。其父受役，天寒起盥冷水，先生见之，痛哭曰："为人子而令亲如此，尚得为人乎？"于是有事则身代之。先生虽不得专功于学，然默默参究，以经证悟，以悟释经，历有年所，人莫能窥其际也。一夕，梦天堕压身，万人奔号求救，先生举臂起之，视其日月星辰失次，复手整之。觉而汗溢如雨，心体洞彻，记曰："正德六年间，居仁三月半。"自此行住语默，皆在觉中。乃按《礼经》制五常冠、深衣、大带、笏板服之，曰："言尧之言，行尧之行，而不服尧之服可乎？"时阳明巡抚江西，讲良知之学，大江之南，学者翕然信从。顾先生僻处，未之闻也。有黄文刚者,吉安人而寓泰州,闻先生论,诧曰:"此绝类王巡抚之谈学也。"先生喜曰:"有是哉!虽然,王公论良知,艮谈格物,如其同也,是天以王公与天下后世也;如其异也,是天以艮与王公也。"即日启行,以古服进见,至中门,举笏而立,阳明出迎于门外。始入,先生据上坐。辩难久之,稍心折,移其坐于侧。论毕,乃叹曰:"简易直截,艮不及也。"下拜自称弟子。退而绎所闻,间有不合,悔曰:"吾轻易矣。"明日入见,且告之悔,阳明曰:"善哉!子之不轻信从也。"先生复上坐,辩难久之,始大服,遂为弟子如初。阳明谓门人曰:"向者吾擒宸濠,一无所动,今却为斯人动矣。"阳明归越,先生从之。来学者多从先生指授。已而叹曰:"千载绝学,天启吾师,可使天下有不及闻者乎?"因问阳明以孔子辙环车制,阳明笑而不答。归家遂自创蒲轮,招摇道路,将至都下。有老叟梦黄龙无首行雨,至崇文门,变为人立。晨起往候,而先生适至。当是时,阳明之学谤议蜂起,而先生冠服言动,不与人同,都人以怪魁目之。同门之在京者劝之归,阳明亦移书责之,先生始还会稽。阳明以先生意气太高,行事太奇,痛加裁抑,及门三日不得见。阳明送客出门,先生长跪道旁,曰:"艮知过矣。"阳明不顾而入,先生随至庭下,厉声曰:"仲尼不为已甚。"阳明方揖之起。阳明卒于师,先生迎哭至桐庐,经纪其家而后返。开门授徒,远近皆至。同门会讲者,必请先生主席。阳明而下,以辩才推龙溪,然有信、有不信,惟先生于眉睫之间,省觉人最多。谓百姓日用即道,虽僮仆往来动作处,指其不假安排者以示之,闻者爽然。御史吴疏山悌上疏荐举,不报。嘉靖十九年十二月八日卒,年五十八。

先生以"格物,即物有本末之物。身与天下国家一物也,格知身之为本,而家国天下之为末,行有不得者,皆反求诸己。反己,是格物底工夫,故欲齐治平,在于安身。《易》曰:'身安而天下国家可保也。'身未安,本不立。知身安者,则必爱身、敬身。爱身、敬身者,必不敢不爱人、不敬人。能爱人、敬人,则人必爱我、敬我,而我身安矣。一家爱我、敬我,则家齐;一国爱我、敬我,则国治;天下爱我、敬我,则天下平。故人不爱我,非特人之不仁,己之不仁可知矣。人不敬我,非特人之不敬,己之不敬可知矣。"此所谓淮南格物也。子刘子曰:"后儒格物之说,当以淮南为正。第少一注脚,格知诚意之为本,而正修治平之为末,则备矣。"然所谓安身者,亦是安其心耳,非区区保此形骸之为安也。彼居危邦,入乱邦,见几不作者,身不安而心固不安也。不得已而杀身以成仁,文王之羑里,夷、齐之饿,心安则身亦未尝不安也。乃先生又曰:"安其身而安其心者上也,不安其身而安其心者次之,不安其身又不安其心,斯为下矣。"而以缅蛮为安身之法,无乃开一临难苟免之隙乎? 先生以九二见龙为正位,孔子修身讲学以见于世,未尝一日隐也。故有以伊、傅称先生者,先生曰:"伊、傅之事我不能,伊、傅之学我不由,伊、傅得君,可谓奇遇,如其不遇,终身独善而已。孔子则不然也。"此终蒲轮辙环意见,阳明之所欲裁抑者,熟处难忘也。于遁世不见知而不悔之学,终隔一尘。先生曰:"圣人以道济天下,是至重者道也;人能弘道,是至重者身也。道重则身重,身重则道重,故学也者,所以学为师也,学为长也,学为君也。以天地万物依于身,不以身依于天地万物,舍此皆妾妇之道。"圣人复起,不易斯言。

心 斋 语 录

知得身是天下国家之本,则以天地万物依于己,不以己依于天地万物。

颜子有不善未尝不知,常知故也;知之未尝复行,常行故也。

孔子谓"二三子以我为隐乎",此隐字对见字说。孔子在当时虽不仕,而无行不与二三子,是修身讲学以见于世,未尝一日隐也。

体用不一,只是功夫生。

人之天分有不同,论学则不必论天分。

爱人直到人亦爱,敬人直到人亦敬,信人直到人亦信,方是学无止法。

有以伊、傅称先生者,先生曰:"伊、傅之事我不能,伊、傅之学我不由。"曰:"何谓也?"曰:"伊、傅得君,设其不遇,则终身独善而已。孔子则不然也。"

学者问"放心难求",先生呼之即应,先生曰:"尔心见在,更何求乎?"学者初见,先生常指之曰:"即尔此时就是。"未达。曰:"尔此时何等戒惧,私欲从何处入?常常如此,便是允执厥中。"

有疑"出必为帝者师,处必为天下万世师"者,曰:"礼不云乎,学也者,学为人师也。学不足以为人师,皆苟道也。故必以修身为本,然后师道立。身在一家,必修身立本,以为一家之法,是为一家之师矣;身在一国,必修身立本,以为一国之法,是为一国之师矣;身在天下,必修身立本,以为天下之法,是为天下之师矣。是故出不为帝者师,是漫然苟出,反累其身,则失其本矣;处不为天下万世师,是独善其身,而不讲明此学于天下,则遗其本矣。皆非也,皆小成也。"

夫仁者爱人,信者信人,此合外内之道也。于此观之,不爱人,己不仁可知矣;不信人,己不信可知矣。夫爱人者人恒爱之,信人者人恒信之,此感应之道也。于此观之,人不爱我,非特人之不仁,己之不仁可知矣;人不信我,非特人之不信,己之不信可知矣。《勉仁方》

人心本自乐,自将私欲缚。私欲一萌时,良知还自觉。一觉便消除,人心依旧乐。乐是乐此学,学是学此乐。不乐不是学,不学不是乐。乐便然后学,学便然后乐。乐是学,学是乐。呜呼!天下之乐,何如此学?天下之学,何如此乐?《乐学歌》

人心本无事,有事心不乐。有事行无事,多事亦不错。《示学者》

处士王东崖先生襞 附樵夫朱恕、陶匠韩乐吾、田夫夏叟

王襞,字顺宗,号东崖,心斋仲子也。九岁,随父至会稽,每遇讲

346

会，先生以童子歌诗，声中金石。阳明问之，知为心斋子，曰："吾固疑其非越中儿也。"令其师事龙溪、绪山。先后留越中几二十年。心斋开讲淮南，先生又相之。心斋没，遂继父讲席，往来各郡，主其教事。归则扁舟于村落之间，歌声振乎林木，恍然有舞雩气象。万历十五年十月十一日卒，年七十七。

先生之学，以不犯手为妙。鸟啼花落，山峙川流，饥食渴饮，夏葛冬裘，至道无馀蕴矣。充拓得开，则天地变化，草木蕃；充拓不去，则天地闭，贤人隐。今人才提学字，便起几层意思，将议论讲说之间，规矩戒严之际，工焉而心日劳，勤焉而动日拙，忍欲希名而夸好善，持念藏机而谓改过，心神震动，血气靡宁，不知原无一物，原自见成。但不碍其流行之体，真乐自见，学者所以全其乐也，不乐则非学矣。此虽本于心斋乐学之歌，而龙溪之授受，亦不可诬也。白沙云："色色信他本来，何用尔脚劳手攘？舞雩三三两两，正在勿妄勿助之间。曾点些儿活计，被孟子打并出来，便都是鸢飞鱼跃。若无孟子工夫，骤而语之以曾点见趋，一似说梦。"盖自夫子川上一叹，已将天理流行之体，一日迸出。曾点见之而为暮春，康节见之而为元会运世，故言学不至于乐，不可谓之学。至明而为白沙之藤蓑，心斋父子之提唱，是皆有味乎其言之。然而此处最难理会，稍差便入狂荡一路。所以朱子言曾点不可学，明道说康节豪杰之士，根本不贴地，白沙亦有说梦之戒。细详先生之学，未免犹在光景作活计也。

朱恕，字光信，泰州草偃场人。樵薪养母。一日，过心斋讲堂，歌曰："离山十里，薪在家里。离山一里，薪在山里。"心斋闻之，谓门弟子曰："小子听之，道病不求耳，求则不难，不求无易。"樵听心斋语，浸浸有味。于是每樵必造阶下听之。饥则向都养乞浆，解裹饭以食。听毕则浩歌负薪而去。门弟子觑其然，转相惊异。有宗姓者，招而谓之曰："吾以数十金贷汝，别寻活计，庶免作苦，且可日夕与吾辈游也。"樵得金，俯而思，继而大恚曰："子非爱我。我自憧憧然经营念起，断送一生矣。"遂掷还之。胡庐山为学使,召之不往。以事役之,短衣徒跣入见,庐山与之成礼而退。

　　韩贞,字以中,号乐吾,兴化人。以陶瓦为业,慕朱樵而从之学,后乃卒业于东崖。粗识文字,有茅屋三间,以之偿债,遂处窑中,自咏曰:"三间茅屋归新主,一片烟霞是故人。"年逾三纪,未娶,东崖弟子醵金为之完姻。久之,觉有所得,遂以化俗为任,随机指点,农工商贾从之游者千馀。秋成农隙,则聚徒谈学。一村既毕,又之一村,前歌后答,弦诵之声,洋洋然也。县令闻而嘉之,遗米二石,金一镪。乐吾受米返金。令问政,对曰:"侬篓人,无能补于左右。第凡与侬居者,幸无讼牒烦公府,此侬之所以报明府也。"**启超案:泰州学所以禅社会在此,此俄国虚无党员之案也。**耿天台行部泰州,大会心斋祠,偶及故相,喜怒失常。乐吾拊床叫曰:"安能如侬识此些子意耶?"天台笑曰:"穷居而意气有加,亦损也。"东崖曰:"韩生识之,大行穷居,一视焉可也。"乐吾每遇会讲,有谈世事者,辄大噪曰:"光阴有几,乃作此闲谈耶?"或寻章摘句,则大恚曰:"舍却当下不理会,搬弄陈言,此岂学究讲肆耶?"在坐为之警省。

　　夏廷美,繁昌田夫也。一日听张甑山讲学,谓:"为学,学为人也。为人须求为真人,毋为假人。"叟怃然曰:"吾平日为人,得毋未真耶?"**启超案:吾平日为人,得毋未真耶?**乃之楚,访天台。天台谓:"汝乡焦弱侯可师也。"归从弱侯游,得自然旨趣。弱侯曰:"要自然便不自然,可将汝自然抛去。"叟闻而有省。叟故未尝读书,弱侯命之读《四书》,乐诵久之,喟然曰:"吾阅《集注》不能了了,以本文反身体贴,如思知人,不可以不知天。窃谓仁者人也,人原是天,人不知天,便不是人,如何能事亲称孝子?《论语》所谓异端者,谓其端异也。吾人须研究自己为学初念,其发端果是为何,乃为正学。今人读孔、孟书,只为荣肥计,便是异端,如何又辟异端?"又曰:"吾人须是自心作得主宰,凡事只依本心而行,便是大丈夫。若为世味牵引,依违从物,皆妾妇道也。"又曰:"天埋人欲,谁氏作此分别?侬反身细求,只在迷悟间。悟则人欲即天理,迷则天理亦人欲也。"李士龙为讲经社,供奉一僧,叟至会,拂衣而出,谓士龙子曰:"汝父以学术杀人,奈何不诤?"又谓人曰:"都会讲学,乃拥一死和尚讲佛经乎? 作此勾当,成何世界?"会中有言"良知非究竟宗旨,更有向上一著,无声无臭是也",叟矍然起立,抗声曰:"良知曾有声有臭耶!"

东 崖 语 录

性之灵明曰良知,良知自能应感,自能约心思而酬酢万变。知之为知之,不知为不知,一毫不劳勉强扭捏,而用智者自多事也。

鸟啼花落,山峙川流,饥食渴饮,夏葛冬裘,至道无馀蕴矣。充拓得开,则天地变化,草木蕃;充拓不去,则天地闭,贤人隐。

将议论讲说之间,规矩戒严之际,工焉而心日劳,勤焉而动日拙,忍欲希名而夸好善,持念藏秽而谓改过,据此为学,百虑交锢,血气靡宁。

孟子曰:"我固有之也,非由外铄我也。"今皆以铄我者目学,固有者为不足,何其背哉!

天地以大其量,山岳以耸其志,冰霜以严其操,春阳以和其气。

问:"学何以乎?"曰:"乐。"再问之,则曰:"乐者,心之本体也。有不乐焉,非心之初也。吾求以复其初而已矣。""然则必如何而后乐乎?"曰:"本体未尝不乐。今曰必如何而后能,是欲有加于本体之外也。""然则遂无事于学乎?"曰:"何为其然也? 莫非学也。而皆所以求此乐也。乐者,乐此学;学者,学此乐。吾先子盖常言之也。""如是则乐亦有辨乎?"曰:"有。有所倚而后乐者,乐以人者也。一失其所倚,则慊然若不足也。无所倚而自乐者,乐以天者也。舒惨欣戚,荣悴得丧,无适而不可也。""既无所倚,则乐者果何物乎? 道乎? 心乎?"曰:"无物故乐,有物则否矣。且乐即道,乐即心也。而曰所乐者道,所乐者心,是床上之床也。""学止于是而已乎?"曰:"昔孔子之称颜回,但曰

'不改其乐',而其自名也,亦曰'乐在其中'。其所以喟然而与点者,亦以此也。二程夫子之闻学于茂叔也,于此盖终身焉,而岂复有所加焉。"曰:"孔、颜之乐,未易识也,吾欲始之以忧,而终之以乐,可乎?"曰:"孔、颜之乐,愚夫愚妇之所同然也,何以曰未易识也?且乐者,心之体也,忧者,心之障也,欲识其乐,而先之以忧,是欲全其体而故障之也。""然则何以曰忧道?何以曰君子有终身之忧乎?"曰:"所谓忧者,非如是之胶胶役役然,以外物为戚戚者也。所忧者道也,其忧道者,忧其不得乎学也。舜自耕稼陶渔,以至为帝,无往不乐,而吾独否也。是故君子终身忧之也。是其忧也,乃所以为乐;其乐也,则自无庸于忧耳。"

布政徐波石先生樾

徐樾,字子直,号波石,贵溪人。嘉靖十一年进士。历官部郎,出任枭藩。三十一年,升云南左布政使。元江府土舍那鉴,弑其知府那宪,攻劫州县,朝议讨之。总兵沐朝弼、巡抚石简会师,分五哨进剿。那鉴遣经历张惟至监军佥事王养浩所伪降,养浩疑不敢往。先生以督饷至军,慨然请行。至元江府南门外,鉴不出迎,先生呵问,伏兵起而害之。姚安土官高鹄力救,亦战殁。我兵连岁攻之不克。会鉴死,诸酋愿纳象赎罪,世宗厌兵,遂允之。时人为之语曰:"可怜二品承宣使,只值元江象八条。"伤罪人之不得也。

先生少与夏相才名相亚,得事阳明,继而卒业心斋之门。先生操存过苦,常与心斋步月下,刻刻简默,心斋厉声曰:"天地不交否?"又一夕,至小渠,心斋跃过,顾谓先生曰:"何多拟议也?"先生过渠,顿然若失,既而叹曰:"从前孤负此翁,为某费却许多气力。"先生谓:"六合也者,心之郭廓;四海也者,心之边际;万物也者,心之形色。往古来今,惟有此心,浩浩渊渊,不可得而测而穷也。此心自朝至暮,能闻能见,能孝能弟,无间昼夜,不须计度,自然明觉,与天同流。一入声臭,即是意念,是己私也。人之日用起居食息,谁非天者? 即此是真知真识。又从而知识之,是二知识也。人身之痛养视听,无不觉者,此觉之外,更有觉乎? 愚不肖者,未尝离此为体,奚谓不知? 不自知其用处是性,故曰蠢动。是以动处是觉,觉处亦昏昧也。"此即现成良知之言,以不犯做手为妙诀者也。心斋常谓先生曰:"何谓至善?""即性善。"曰:"性即道乎?"曰:"然。"曰:"道与身孰尊? 身与道何异?"曰:"一也。"曰:"今子之身能尊乎否欤?"先生避席请问曰:"何哉,夫子之所谓尊身也?"心斋曰:"身与道原是一件,至尊者此道,至尊者此身。尊身不尊道,不谓之尊身,尊道不尊身,不谓之尊道。道尊身尊,才是至善。故曰:'天下有道,以道徇身;天下无道,以身徇道。'若以道徇人,妾妇之道也。己不能尊信,又岂能使彼尊信哉?"先生拜而谢曰:"某甚惭于夫子之教。"即以受降一事论之,先生职主督饷,受降非其分内,冒昧一往,即不敢以喜功议先生,其于尊身之道,则有间矣。

教谕王一庵先生栋

王栋,字隆吉,号一庵,泰州人。从事心斋。嘉靖戊午,由岁贡授南城训导,转泰安,升南丰教谕。所至以讲学为事。先生之学,其大端有二:一则禀师门格物之旨而洗发之,言:"格物乃所以致知,平居未与物接,只自安正其身,便是格其物之本。格其物之本,便即是未应时之良知。至于事至物来,推吾身之矩而顺事恕施,便是格其物之末。格其物之末,便即是既应时之良知。"故致知格物,不可分析。一则不以意为心之所发,谓:"自身之主宰而言,谓之心;自心之主宰而言,谓之意。心则虚灵而善应,意有定向而中涵。自心虚灵之中,确然有主者,名之曰意耳。"昔者先师蕺山曰:"人心径寸耳,而空中四达,有太虚之象。虚故生灵,灵生觉,觉有主,是曰意。"故以意为心之所发为非是,而门下亦且断断而不信。于是有答董标《心意十问》,答史孝复《商疑》。逮梦奠之后,恽日初为《刘子节要》,尚将先师言意所在节去之,真索解人而不得。岂知一庵先生所论,若合符节。先生曰:"不以意为心之所发,虽自家体验见得如此,然颇自信心同理同,可以质诸千古而不惑。"顾当时亦无不疑之,虽其久于门下者,不能以释然。下士闻道而笑,岂不然乎? 周海门作《圣学宗传》,多将先儒宗旨凑合己意,埋没一庵,又不必论也。

语　　录

阳明先生提掇良知二字,为学者用功口诀,真圣学要旨也。今人只以知是知非为良知,此犹未悟。良知自是人心寂然不动、不应而知之灵体,其知是知非,则其生化于感通者耳。

良知无时而昧,不必加知,即明德无时而昏,不必加明也。《大学》所谓"在明明德",只是要人明识此体,非括去其昏,如后人磨镜之喻。夫镜,物也;心,神也。物滞于有迹,神妙于无方,何可伦比? 故学者之于良知,亦只要识认此体,端的便了,不消更着致字。先师云:"明翁初讲致良知,后来只说良知,传之者自不察耳。"启超案:阳明明言学者之弊,由将致字看得太轻。泰州一派竟将致字划去,此流弊所以多也。

象山谓"在人情事变上用功",正孟子必有事焉之意。必有事焉,非谓必以集义为事,言吾人无一时一处而非事,则亦无一时一处而非心,无一时一处而非心,则亦无一时一处而非学。故凡日用动静云为,一切人情事变,孰非吾心性中所有之事? 孰非职分内当为之事? 故谓之"必有事焉。"犹言须臾离事不得,件件随知顺应,而不失其宜,是则所谓集义者也。故孟子以后,能切实用功而不涉于虚想虚见,虚坐虚谈者,无如象山。

明翁初讲致良知,曰:"致者,至也,如云丧致乎哀之致。"其解物格知至,曰:"物格,则良知之所知者,无有亏缺障蔽,而得以极其至矣。"观此,则所谓致良知者,谓致极吾心之知,俾不欠其本初纯粹之体,非于良知上复加致也。后因学者中往往不识致字之义,谓是依著良知,推致于事,误分良知为知,致知为行,而失知行合一之旨,故后只说良知,更不复言致字。今明翁去久,一时亲承面命诸大名贤,皆相继逝,海内论学者,靡所稽凭,故有虚空冒认良知,以为易简超脱,直指知觉凡情为性,混入告子、释氏而不自知,则不言致字误之也。二者之间,善学者须识取。

先儒发变化气质之论,于学者极有益,但若直从气质偏处矫之,则用功无本,终难责效。故只反身格物,以自认良如,寻乐养心,而充满和气,则自然刚暴者温,柔懦者立,骄矜者巽,简傲者谦,鄙吝者宽,惰慢者敬,诸所偏重,咸近于中矣。以是知学必涵养性源为主本,而以气质变化为征验。

自责自修,学之至要。今人详于责人,只为见其有不是处。不知为子而见父母不是,子职必不共;为臣而见君上不是,臣职必不尽。他如处兄弟,交朋友,畜妻子,苟徒见其不是,则自治已疏,动气作疑,自生障碍,几何不同归于不是哉!有志于为己者,一切不见人之不是,然后能成就一个自家是。

一友闻格物之说,喜曰:"看来格物二字,只是个致知底致字。"曰:"然。"曰:"学既明白如此,须作第一事干,庶不虚负所闻。"曰:"作第一事,还有第二第三,须是看得事即学,学即事,日用间一切动静云为,总只是这一个学,方是无间断,无歇手处。"友乃跃然。

庸德庸言,是小小寻常言行,无甚关系时节。今人之所忽处,正古人之所谨处。故学必于微小去处不少放过,方始入精。

古人好善恶恶,皆在己身上做工夫;今人好善恶恶,皆在人身上作障碍。

一友觉有过，言愧悔不乐，曰："莫烦恼前头失处，且喜乐今日觉处，此方是见在真工夫。烦恼前头失处，尚在毁誉上支持，未复本体；喜乐见在觉处，则所过者化，而真体已呈露矣。二者相去，不亦远乎！"

文选林东城先生春

林春，字子仁，号东城，扬之泰州人。家贫，佣王氏为僮子，王氏见其慧，因使与子共学。先生亦刻苦自厉。嘉靖壬辰，举会试第一，登进士第。除户部主事，改礼部，又改吏部。久之，转员外郎。请告归，起补郎中。辛丑卒官，年四十四。先生师心斋而友龙溪，始闻致良知之说，遂欲以躬践之。日以朱墨笔点记其意向臧否醇杂，以自考镜。久之，乃悟，曰："此治病于标者也，盍反其本乎？"自束发至盖棺，未尝一日不讲学。虽在吏部，不以官避嫌疑，与知学者挟衾被栉具，往宿寺观中，终夜刺刺不休。荆川曰："君问学几二十年，其胶解冻释，未知其何如也。然自同志中，语质行者必归之。"由此言之，先生未必为泰州之入室，盖亦无泰州之流弊矣。

文肃赵大洲先生贞吉

赵贞吉，字孟静，号大洲，蜀之内江人。生而神颖，六岁诵书，日尽数卷。登嘉靖十一年进士第。选庶吉士，授编修。因上惑方术，疏请敷求真儒，不报。迁右春坊右中允，管司业事。二十九年，京师戒严，嫚书要贡，集百官议阙下，日中莫发一论者。先生出班大言曰："城下之盟，《春秋》耻之。"华亭问何奇画，先生曰："为今之计，皋上出御正殿，下诏引咎，录周尚文之功以励边帅，释沈束之狱以开言路，轻损军之令,重赏功之格,饬文武百司为城守,遣官宣谕诸将,监督力战,其他无可为画者。"上即升先生左春坊左谕德,兼河南道监察御史,给赏功银五万两,令其随宜区处,宣谕将士。方廷议罢,先生盛气谒相嵩于西苑直中,嵩辞不见。先生怒叱门者。会通政赵文华趋入,顾谓先生曰:"公休矣,天下事当徐议之。"先生愈怒,骂曰:"汝权门犬,何知天下事!"嵩闻大恨,欲败其事,故不与督战事权,亦不与一护卒。先生单骑出城,僦民车,致银总兵仇鸾所,历诸营传谕而返。明日复命,上怒,谓功赏未见措置,第为周尚文、沈束怀怨,诏锦衣卫逮杖。谪广西荔波县典史。量移徽州通判。稍迁南京文选司主事,进郎中,升光禄寺少卿、通政司参议、右通政、光禄寺卿、户部右侍郎,皆在南京。四十年始入为户部右侍郎,又以忤嵩罢。隆庆改元,起吏部侍郎,兼翰林院学士,掌詹事府事。上幸学,暂掌祭酒事。出为南京礼部尚书。召入兼翰林院学士,协管詹事府事。寻拜文渊阁大学士。先生在阁,与高文襄共事,而议多不合。其大者谓:"御兵分隶五府,数变之后,至嘉靖庚戌,别立戎政厅,以十馀万众,统于一人,尽变祖制。夫兵权贵于分,练兵亦贵于分,此古法也。"疏下廷臣议行,而本兵霍冀不悦。及给事中杨镕论冀,冀遂诬先生主使。上终直先生而罢冀。文襄以徐文贞草世庙遗诏,改政改臣为仇君,将欲加罪。先生拂衣起曰:"若是则先帝大礼大狱诸案,即宋之奸党碑也。"文襄色变而止。文襄以阁臣兼掌吏部事,使先生兼掌都察院事。文襄欲修怨廷中之异己者,非时考察科道,先生执笔,文襄终不得志,其争给事中吴时来,至于日中。于是文襄使其客韩楫劾先生为庸横。先生言:"人臣庸则不能横,横非庸臣之所能也。臣兢兢惟拱言是听,仅以考察一事与之相左,臣真庸臣也。若拱者然后可谓之横也已。"诏驰驿归。杜门著述,拟作《二通》,以括今古之书。内篇曰《经世通》,外篇曰《出世通》。内篇又分二门:曰史,曰业。史之为部四:曰统,曰传,曰制,曰志。业之为部四:曰典,曰行,曰艺,曰术。外篇亦分二门:曰说,曰宗。说之为部三:曰经,曰律,曰论。宗之为部一：曰单传直指。书虽未成，而其绪可寻也。万历四年三月十五日卒，年六十九。赠少保，谥文肃。

先生之学，李贽谓其得之徐波石。按先生之论中也，曰："世儒解中者，不偏不倚，无过不及之名，而不知言中为何物。今夫置器于地，平正端审，然后曰'此器不偏不倚'；度物之数，长短适中，然后曰'此物无过不及'。今舍其器物，未问其作何名状，而但称曰'不偏不倚，无过不及'，则茫茫虚号，何所指归？若以为物物有天然之则，事事有当可之处，夫天然之则，在此物者，不能以该于彼物；当可之处，在此事者，不能以通于他事。若以为道心为主，而人心听命，则动静云为之际，自无过不及之差，此又以中为学问之效。宁有三圣心传，不指其体而仅言其效乎？"波石之论中也，亦曰："伊川有堂之中为中，国之中为中，若中可拟而明也，《易》不当曰'神无方而易无体'矣。"故知先生有所授受也。先生初不自讳其非禅学，常与徐鲁源相遇，鲁源言："学问当有所取，有所舍。"先生厉声曰："吾这里无取无舍！"宛然宗门作用也。其答友人云："仆之为禅，自弱冠以来，敢欺人哉！试观仆之行事立身，于名教有悖谬者乎？则禅之不足以害人明矣。仆盖以身证之，非世儒徒以口说诤论比也。"先生谓"禅不足以害人者"，亦自有说。朱子云："佛学至禅学大坏"。盖至于今，禅学至棒喝，而又大坏，棒喝因付嘱源流，而又大坏。就禅教中分之为两：曰如来禅，曰祖师禅。如来禅者，先儒所谓语上而遗下，弥近理而大乱真者是也。祖师禅者，纵横捭阖，纯以机法小慧牢笼出没其间，不啻远理而失真矣。今之为释氏者，中分天下之人，非祖师禅勿贵，递相嘱付，聚群不逞之徒，教之以机械变诈，皇皇求利，其害宁止于洪水猛兽哉！故吾见今之学禅而有得者，求一朴实自好之士而无有。假使达摩复来，必当折棒噤口，涂抹源流，而后佛道可兴。先生之所谓"不足以害人"者，亦从弥近理而大乱真者学之。古来如大年、东坡、无垢、了翁一辈，皆出于此。若其远理而失真者，则断断无一好人也。先生常游嵩高、抱犊、伏牛诸山。德清蔡子木问道，述七图示之：其一混元图〇，其二出庚图◑，其三浴魄图◓，其四伊字三点之图⦂，其五卍字轮相之图卍，其六周子太极图，其七河图。谓一以摄六，六以显一，一者真空也，六者妙有也，世间法与出世法皆备矣。先生盖见沩仰以图相创立宗旨，与太极图相似，故扭合为一，而不顾其理之然否也。夫太极只一圈耳，一圈之外，不可更加一圈也。仰山之图相九十七，一圆分主一事，不得谓之混元矣。是故形同而实异矣。出庚、浴魄，魏伯阳以月象附会纳甲，赵汝楳、朱枫林皆常驳之，与太极益不合矣。英雄欺人，徒自欺耳！

杂　著

夫至尊者道也，至乐者学也，学以闻道，志以成学也。然而学不信心久矣，惟其不信自心，是以志无由立。盖此心不失，即名为志；此志不失，即臻道域也。今先不信心，而志从何生？志隳而学，宜其展转外求，而自蔽益深矣。某以为必先讨去其蔽，而后可与共学。是以古之朋友，且夕聚处，先王教化，亦必群处校列而后成，有由然也。夫学者之蔽，有窥测前圣，模度后贤，摘服佳言，饬行善事，身心互持，徒相窒碍，而此念既熟，自诿曰志者，其蔽在不信自心，而依仿妄念，逡巡袭取也。亦有取自胸臆，悬立标准，即以标准为师，而别起意念，常受羁焉，隐微牵绊，未有止息。抱此情识，自诿曰志者，其蔽在不信自心，而依凭妄念，虚恍意见也。亦有醉心陈编，驰骛文事，研究纠瞆，增长闻见，剽窃空谈，支离著述，身心漂泊，至老无闻。而言语之微，矜持影响，及淹浸既久，家具颇成矣，遂自诿曰志者，其蔽在不信自心，而枉肆妄念，纷纭玩物也。又有颇知向学，而厌静喜动，厌动喜静者，在静无主，则杂念轮转，而苦眩不宁，在动逐物，则境移心变，而烦恼复作，或滞静而沉昏是宅，或徇动而神守离躯，或照管驰求，以为近取，检点科列，以为自治，惟此枝条最为繁多，而终归于废学矣。其蔽在不自信其心，而妄生支离也。又有志非真切，托意矜名，依傍仁义之途，而自以为是，日作心劳之伪,而不觉其非,止于补塞脱漏,惟知修饰观听,故多欲之根日深,而智慧之种将尽矣。然而性无灭息,本知独良。或因考古而发愤;或听人言而忸怩;或因顺境而真见忽开,缅思有为;或因欲极而天心复见,即求解脱;或惜岁月之不可留;或叹古人之不易及;或光风霁月之下,而畅然自由;或迅雨烈风之前,而惕然追悔。皆其本心忽明之端,不可昧也。但旧念既熟,而新知尚生,熟者有欲可依,而举目见前,生者无本可据,而掉臂遗失,是以卒归于不学无志而已矣。其蔽在不信自心,而立基无地也。启超案:此言良知发见之机,最为亲切。无论何人,虽极研丧昏浊,然未尝无此境界,但所以涵养此新知者,则只可责志耳。夫五蔽者,言其略矣。五者交错,互相生养,而蔽无穷矣。今欲直得本心,而确然自信,惟当廓摧诸蔽,洞然无疑,则本心自明,不假修习,本性自足,不俟旁求,天地万物,惟一无二,在在具足,浩浩充周矣。虽然,无有师友渊源之论,砥砺切磨之功,奋起尘俗,超然物表者,谁与领此?

夫学未至于圣人之地,而假名言以修心,其势不容于不异也。昔闽、洛之儒,异唐、汉矣,唐、汉之儒,异邹鲁矣。三千七十之流,各持其异,入孔门而欲争之,皆丧其名言,而如愚以归。故曰:"虽欲从之,末由也已。"然后异者合而道术一矣。此曷故耶?以得圣人为之依归也。是故圣人者,群言之家,而道之岸也。夫众车丽驰于康庄而前却之异者,策使之也;众舟沿溯于广津而洄突之异者,栅使之也;众言淆乱于名言而暗眊于是非之异者,见使之也。至若行者抵家,则并车释之矣,何有于策?渡者抵岸,则并舟释之矣,何有于栅?学者而至于圣人之门,则并其名言丧矣,何有于见?

答友云:华翰书旨,皆戒仆之留意禅宗者。夫仆之为禅,自弱冠以来矣,敢欺人哉!公试观仆之行事立身,于名教有悖谬者乎?则禅之不足以害人明矣。仆盖以身证之,非世儒徒以口说诤论比也。启超案:宋明诸儒孰非有得于佛学,直讳之耳,如大洲者,方真是心术光明也。吾性中有十八阴界,戕乱我灵明,贼伐我元命,仆盖欲以明智定力,破此一身伐性阴贼,虽不能彻底一澄照,睿圣聪明如古至人,而庄、孟以下,欲庶几也。(中略)夫公之名仆,意甚厚,谓仆之才似可备世任使者,苦向空寂发途,则灰其有为之志,窳隋散弃,不可鞭策,而损于圣教,故可惜也。顷京师有友人,亦以此意相责。仆欲发挥此道,其说甚长,顷刻未易倾倒。今畚与公约,倘圣王异时任用公以廓清斯世,仆虽老,犹能为公执殳,随所用之。功成便当角巾东道,视去荣利若脱屣耳。有一不如兹言,公然后食之阶下,亦无怼焉。启超案:学佛者非必厌世,大洲可作证。

乾为吾健,坤为吾顺,风行水流,日丽泽润,动处为雷,止处为山,无声无臭,充满两间,此名为心。别名为仁,无内无外,无损无增,自孝自弟,自聪自明,喜怒哀乐,未有一物,感而遂通,天下之故。无情有情,合为一体,未著躯壳,只有此耳。圣人以此,洗而退藏,惟有圆圈,可以形容。藏中何有,圈中何名? 至精至一,为天地心。原此真心,不分愚智,鱼跃鸢飞,各职其职。蒙蒙我生,营营自戕,自斫自丧,自迷自狂,自筑自墙,自固其防,自放于忧悲怆逸、鄙吝贪妒之场,而不悟其非真常也。呜呼! 此独何心? 往而不复,夜半一声,天心呈露,梦后周公,庙中西伯,玄酒太羹,泯然无迹。辟彼渊泉,今见涓涓,辟彼大茎,今见萌根。无象之象,无形之形,根滋茎大,水到渠成,一时翕聚,万古常灵。呜呼! 易悟者心,难净者习,呼为习呼,吸为习吸,习心作主,须臾不离。辟彼室家,见夺于贼,退处奴隶,仆仆受役。反正之苦,禹平水土,涵养之力,稷艺稼穑。于是一念不起,境不触也,一见不倚,微不忽也,不离绳缚,自解脱也,不绝思虑,自澄澈也。以我视天地万物,未有我也;以天地万物视我,未有天地万物也。翼乎如鸿毛之遇顺风,浩乎若巨鱼之纵大壑也,然而不能无过也。夫不能无过者,习难净;自能改过者,性自定也。然后求其真求,放而不放,真悟真修,前后澈朗。愚非为下,智非为上。回也从事,参乎免夫,先立其大,白首著书。太山岩岩,示我广居,学问无他,了此而已。实际其地,庶为知耻,铭于东西,敢告同志。《求放心斋铭》

天地万物,本吾一体也,而吾何以知天地万物之然哉?天地非仁将恐折,万物非仁将恐歇,吾心非仁吾身将恐蹶。吾何以知吾身之然哉?吾视非仁,盲从目生;吾听非仁,聋从耳腾;吾言非仁,吾过蕾蕾;吾动非仁,身过殷殷。呜呼!微翳眯睛,则八方易位;一念颠倒,而人已成敌。执迷为真,贼以代子,四窍尘投,一妙觉死。乐出于虚,蒸则成菌,既死之心,不可复振。蜗窟蚓穴,去仁几何,鸢飞鱼跃,于仁何若。古之有道,去彼取此,三才归根,一日克己。吾何以知有道之然哉?以其无己也,故能成其己。呜呼!吾有大己,俯万物而观天地者也。大己不浃,小己揭揭,小己既克,大己泼泼。古之善克者,视于无形,听于无声,动无轨辙,言非述称,四用反一,一真流行,无体无方,礼嘉而亨。少有意必固我作累,妙用齐滞,具为痿痹,此为不仁,而株橛小己。是故无己为克,真己为大,至大为仁。体无对待,不见大小,焉知内外?性此曰圣,复此曰贤,小子至愚,择焉执焉。昔者吾友,从事于此,敢告非狂,为仁由己。《克己箴》。启超案:大己、小己之义是得诸佛学者。如此言克己,真是得个头脑。

参政罗近溪先生汝芳

罗汝芳,字惟德,号近溪,江西南城人。嘉靖三十二年进士。知太湖县,擢刑部主事。出守宁国府,以讲会乡约为治。丁忧起复,江陵问山中功课,先生曰:"读《论语》、《大学》视昔差有味耳。"江陵默然。补守东昌。迁云南副使,悉修境内水利。莽人掠迤西,迤西告急,先生下教六宣慰使灭莽,分其地。莽人恐,乞降。转参政。万历五年,进表,讲学于广慧寺,朝士多从之者,江陵恶焉。给事中周良寅劾其事毕不行,潜住京师。遂勒令致仕。归与门下走安成,下剑江,趋两浙、金陵,往来闽、广,益张皇此学。所至,弟子满座,而未尝以师席自居。十六年，从姑山崩，大风拔木，刻期以九月朔观化。诸生请留一日，明日午刻乃卒，年七十四。

少时读薛文清语，谓："万起万灭之私，乱吾心久矣，今当一切决去，以全吾澄然湛然之体。"决志行之，闭关临田寺，置水镜几上，对之默坐，使心与水镜无二。久之而病心火。偶过僧寺，见有榜急救心火者，以为名医，访之，则聚而讲学者也。先生从众中听良久，喜曰："此真能救我心火。"问之，为颜山农。山农者，名钧，吉安人也，得泰州心斋之传。先生自述其不动心于生死得失之故，山农曰："是制欲，非体仁也。"先生曰："克去己私，复还天理，非制欲，安能体仁？"山农曰："子不观孟子之论四端乎？知皆扩而充之，若火之始然，泉之始达，如此体仁，何等直截！故子患当下日用而不知，勿妄疑天性生生之或息也。"先生时如大梦得醒。明日五鼓，即往纳拜称弟子，尽受其学。山农谓先生曰："此后子病当自愈，举业当自工，科第当自致。不然者，非吾弟子也。"已而先生病果愈。其后山农以事系留京狱，先生尽鬻田产脱之，侍养于狱六年，不赴廷试。先生归田后，身已老，山农至，先生不离左右，一茗一果，必亲进之。诸孙以为劳，先生曰："吾师非汝辈所能事也。"楚人胡宗正，故先生举业弟子，已闻其有得于《易》，反北面之。宗正曰："伏羲平地著此一画，何也？"先生累呈注脚，宗正不契，三月而后得其传。尝苦格物之论不一，错综者久之，一日而释然，谓："《大学》之道，必在先知，能先知之，则尽《大学》一书，无非是此物事。尽《大学》一书物事，无非是此本末始终。尽《大学》一书之本末终始，无非是古圣六经之嘉言善行。格之为义，是即所谓法程，而吾侪学为大人之妙术也。"夜趋其父锦卧榻陈之，父曰："然则经传不分乎？"曰："《大学》在《礼记》中，本是一篇文字，初则概而举之，继则详而实之，总是慎选至善之格言，明定至大之学术耳。"父深然之。又尝过临清，剧病，恍惚见老人语之曰："君自有生以来，触而气每不动，倦而目辄不瞑，扰攘而意自不分，梦寐而境悉不忘，此皆心之痼疾也。"先生愕然曰："是则予之心得，岂病乎？"老人曰："人之心体，出自天常，随物感通，原无定执。君以夙生操持强力太甚，一念耿光，遂成结习。不悟天体渐失，岂惟心病，而身亦随之矣。"先生惊起叩首，流汗如雨，从此执念渐消，血脉循轨。先生十有五而定志于张泃水，二十六而正学于山农，三十四而悟《易》于胡生，四十六而证道于泰山丈人，七十而问心于武夷先生。

先生之学，以赤子良心、不学不虑为的，以天地万物同体、彻形骸、忘物我为大。此理生生不息，不须把持，不须接续，当下浑沦顺适。工夫难得凑泊，即以不屑凑泊为工夫；胸次茫无畔岸，便以不依畔岸为胸次。解缆放船，顺风张棹，无之非是。学人不省，妄以澄然湛然为心之本体，沉滞胸膈，留恋景光，是为鬼窟活计，非天明也。论者谓龙溪笔胜舌，近溪舌胜笔。顾盼呿欠，微谈剧论，所触若春行雷动，虽素不识学之人，俄顷之间，能令其心地开明，道在现前。一洗理学肤浅套括之气，当下便有受用，顾未有如先生者也。然所谓浑沦顺适者，正是佛法一切现成，所谓鬼窟活计者，亦是寂子速道，莫入阴界之呵，不落义理，不落想像，先生真得祖师禅之精者。盖生生之机，洋溢天地间，是其流行之体也。自流行而至画一，有川流，便有敦化，故儒者于流行见其画一，方谓之知性。若徒见气机之鼓荡，而玩弄不已，犹在阴阳边事，先生未免有一间之未达也。夫儒释之辨，真在毫厘。今言其偏于内，而不可以治天下国家，又言其只自私自利，又言只消在迹上断，终是判断不下。以羲论之，此流行之体，儒者悟得，释氏亦悟得，然悟此之后，复大有事，始究竟得流行。今观流行之中，何以不散漫无纪？何以万殊而一本？主宰历然。释氏更不深造，则其流行者亦归之野马尘埃之聚散而已，故吾谓释氏是学焉而未至者也。其所见固未尝有差，盖离流行亦无所为主宰耳。若以先生近禅，并弃其说，则是俗儒之见，去圣亦远矣。许敬庵言先生"大而无统，博而未纯"，真深中其病也。王塘南言先生"早岁于释典玄宗，无不探讨，缁流羽客，延纳弗拒，人所共知。而不知其取长弃短，迄有定裁。《会语》出晚年者，一本诸《大学》孝弟慈

之旨,绝口不及二氏。其孙怀智尝阅《中峰广录》,先生辄命屏去,曰:
'禅家之说,最令人躲闪,一入其中,如落陷阱,更能转头出来,复归圣
学者,百无一二。'"可谓知先生之长矣。杨止庵《上士习疏》云:"罗汝
芳师事颜钧,谈理学;师事胡清虚,即宗正谈烧炼,采取飞升;师僧玄
觉,谈因果,单传直指。其守宁国,集诸生,会文讲学,令讼者跏趺公
庭,敛目观心,用库藏充馈遗,归者如市。其在东昌、云南,置印公堂,
胥吏杂用,归来请托烦数,取厌有司。每见士大夫,辄言三十三天,凭
指箕仙,称吕纯阳自终南寄书。其子从丹师,死于广,乃言日在左右。
其诞妄如此。"此则宾客杂沓,流传错误,毁誉失真,不足以掩先生之好
学也。

语　　录

问:"今时谈学,皆有个宗旨,而先生独无。自我细细看来,则似无
而有,似有而无也。"罗子曰:"如何似无而有?"曰:"先生随言对答,多
归之赤子之心。"曰:"如何似有而无。"曰:"才说赤子之心,便说不虑不
学,却不是似有而无,茫然莫可措手耶?"曰:"吾子亦善于形容矣。其
实不然,我今问子初生亦是赤子否?"曰:"然。"曰:"初生既是赤子,难
说今日此身不是赤子长成。此时我问子答,是知能之良否?"曰:"然。"
曰:"即此问答,用学虑否?"曰:"不用。"曰:"如此则宗旨确有矣。"曰:
"若只是我问你答,随口应声,个个皆然,时时如是,虽至白首,终同凡
夫,安望有道可得耶?"曰:"其端只在能自信从,其机则始于善自觉悟。
虞廷言道,原说其心惟微,而所示工夫,却要惟精惟一。有精妙的工
夫,方入得微妙的心体。"曰:"赤子之心,如何用工?"曰:"心为身主,身
为神舍,身心二端,原乐于会合,苦于支离。故赤子孩提,欣欣长是欢
笑,盖其时身心犹相凝聚。及少少长成,心思杂乱,便愁苦难当。世人
于此,随俗习非,往往驰求外物,以图安乐,不思外求愈多,中怀愈苦,
老死不肯回头。惟是有根器的人,自然会寻转路。晓夜皇皇,或听好

人半句言语，或见古先一段训词，憬然有个悟处，方信大道只在此身，此身浑是赤子，赤子浑解知能，知能本非学虑，至是精神自是体贴，方寸顿觉虚明，天心道脉，信为洁净精微也已。"曰："此后却又如何用工？"曰："吾子只患不到此处，莫患此后工夫。请看慈母之字婴儿，调停斟酌，不知其然而然矣。"

问："扫浮云而见天日，与吾儒宗旨同否？"曰："后儒亦有错认以为治心工夫者，然与孔、孟宗旨，则迥然冰炭也。《论》、《孟》之书具在，如曰'苟志于仁矣，无恶也'，曰'我欲仁，斯仁至矣'，曰'凡有四端于我者'云云，看他受用，浑是青天白日，何等简易方便也。"曰："习染闻见，难说不是天日的浮云，故学者工夫要如磨镜，尘垢决去，光明方显。"曰："吾心觉悟的光明，与镜面光明，却有不同。镜面光明与尘垢原是两个，吾心先迷后觉，却是一个。当其觉时，即迷心为觉，则当其迷时，亦即觉心为迷也。夫除觉之外，更无所谓迷，而除迷之外，亦更无所谓觉也。故浮云天日，尘埃镜光，俱不足为喻。若必欲寻个譬喻，莫如冰之与水，犹为相近。吾人闲居放肆，一切利欲愁苦，即是心迷，譬则水之遇寒冻，而凝结成冰，固滞蒙昧，势所必至。有时师友讲论，胸次潇洒，是心开朗，譬则冰之得暖气，消融解释成水，清莹活动，亦势所必至也。冰虽凝而水体无殊，觉虽迷而心体具在，方见良知宗旨，贯古今，彻圣愚，通天地万物，而无二无息者也。"

问："今时士子，只徇闻见，读书逐枝叶而忘根本，何道可反兹习？"曰："枝叶与根本，岂是两段？观之草木，彻头彻尾，原是一气贯通。若头尾分断，则便是死的。虽云根本，堪作何用？只要看用功志意何如。若是切切要求根本，则凡所见所闻皆归之根本，若是寻枝觅叶的肚肠，则虽今日尽有玄谈，亦将作举业套子矣。"

问："向蒙指示，谓不必汲汲便做圣人，且要详审去向，的确地位。承教之后，翻觉工夫最难凑泊，心胸茫无畔岸。"曰："此中有个机括，只怕汝不能自承当耳。"曰："何以承当？"曰："若果然有大襟期，有大气力,有大识见,就此安心乐意而居天下之广居,明目张胆而行天下之大道。工夫难到凑泊,即以不屑凑泊为工夫;胸次茫无畔岸,便以不依畔岸为胸次。解缆放船,顺风张棹,则巨浸汪洋,纵横任我,岂不一大快事也哉?”

问:“善念多为杂念所胜,又见人不如意,暴发不平,事已辄生悔恨,不知何以对治?”曰:“譬之天下路径,不免石块高低;天下河道,不免滩濑纵横。善推车者,轮辕迅飞,则块磊不能为碍;善操舟者,篙桨方便,则滩濑不能为阻。所云杂念忿怒,皆是说前日后日事也。工夫紧要,只论目前。今且说此时相对,中心念头,果是何如?”曰:“若论此时,则恭敬安和,只在专志听教,一毫杂念也不生。”曰:“吾子既已见得此时心体有如是好处,却果信得透彻否?”大众忻然起曰:“据此时心体,的确可以为圣为贤,而无难事也。”曰:“诸君目前各各奋跃,此正是车轮转处,亦是桨势快处,更愁有甚么崎岖可以阻得你? 有甚滩濑可以滞得你? 况‘民之秉彝,好是懿德’,则此个轮,极是易转,此个桨,极为易摇,而王道荡荡平平,终身由之,绝无崎岖滩濑也。故自黄中通理,便到畅四肢,发事业,自可欲之善,便到大而化,圣而神。今古一路学脉,真是简易直截,真是快活方便。奈何天下推车者,日数千百人,未闻以岖崎而回辙,行舟者,日数千百人,未闻以滩濑而停棹,而吾学圣贤者,则车未尝推,而预愁岖崎之阻,舟未曾发,而先惧滩濑之横,此岂路之扼于吾人哉? 亦果吾人之自扼也?”

问:“平日在慎独用功,颇为专笃,然杂念纷扰,终难止息,如何乃可?”罗子曰:“学问之功,须先辨别源头分晓,方有次第。且言如何为独?”曰:“独者,吾心独知之地也。”“又如何为慎独?”曰:“吾心中念虑纷杂,或有时而明,或有时而昏,或有时而定,或有时而乱,须详察而严治之,则慎也。”曰:“即子之言,则慎杂,非慎独也。盖独以自知者,心之体也,一而弗二者也。杂其所知者,心之照也,二而弗一者也。君子于此,因其悟得心体在我,至隐至微,莫见莫显,精神归一,无须臾之散离，故谓之慎独也。"曰："所谓慎者，盖如治其昏，而后独可得而明也；治其乱，而后独可得而定也。若非慎其杂，又安能慎其独也耶？"曰："明之可昏，定之可乱，皆二而非一也。二而非一，则皆杂念，而非所谓独知也。独知也者，吾心之良知，天之明命，能於穆不已者也。明固知明，昏亦知昏，昏明二，而其知则一也。定固知定，乱亦知乱，定乱二，而其知则一也。古今圣贤，惓惓切切，只为这些子费却精神，珍之重之，存之养之，为天地立心，为生民立命，总在此一处致慎也。"曰："然则杂念诅置之不问耶？"曰："隶胥之在于官府，兵卒之在于营伍，杂念之类也。宪使升堂，而吏胥自肃，大将登坛，而兵将自严，则慎独之与杂念之类也。今不思自作宪使主将，而惟隶胥兵卒之求焉，不亦悖且难也哉！"

夜坐，诵《牛山》一章，众觉肃然。罗子浩然叹曰："圣贤警人每切，而未思耳。即桎亡二字，今看只作寻常。某提狱刑曹，亲见桎梏之苦，上至于项，下至于足，更无寸肤可以活动，辄为涕下。"中有悟者曰："然则从躯壳上起念，皆桎亡之类也。"曰："得之矣。盖良心寓形体，形体既私，良心安得活动？直至中夜，非惟手足休歇，耳目废置，虽心思亦皆敛藏，然后身中神气，乃稍得以出宁。逮及天晓，端倪自然萌动，而良心乃复见矣。回思日间形役之苦，又何异以良心为罪人，而桎梏无所从告也哉？"曰："夜气如何可存？"曰："言夜气存良心则可，言良心存夜气则不可。盖有气可存，则昼而非夜矣。"

侍郎杨复所先生起元

杨起元，字贞复，号复所，广东归善人。万历丁丑进士。授翰林院编修，历国子监祭酒、礼部侍郎。最后召为吏部侍郎兼侍读学士，未上而卒，年五十三。先生之父传芬，名湛氏之学。故幼而薰染，读书白门。遇建昌黎允儒，与之谈学，霍然有省。因问："子之学岂有所授受乎？"允儒曰："吾师近溪罗子也。"无何，先生在京，而近溪至，先生大喜，遂称弟子。时江陵不说学，以为此陷阱，不顾也。近溪既归，先生叹曰："吾师且老，今若不尽其传，终身之恨也。"因访从姑山房而卒业焉。常谓邹南皋曰："师未语，予亦未尝置问，但觉会堂长幼毕集，融融鱼鱼，不啻如春风中也。"先生所至，以学淑人，其大指谓："明德本体，人人所同，其气禀拘他不得，物欲蔽他不得，无工夫可做，只要自识之而已。故与愚夫愚妇同其知能，便是圣人之道。愚夫愚妇之终于愚夫愚妇者，只是不安其知能耳。"虽然，以夫妇知能言道，不得不以耳目口鼻四肢之欲言性，是即释氏作用为性之说也。先生之事近溪，出入必以其像供养，有事必告而后行。顾泾阳曰："罗近溪以颜山农为圣人，杨复所以罗近溪为圣人。"其感应之妙，锱铢不爽如此。

恭简耿天台先生定向

耿定向，字在伦，号天台，楚之黄安人。嘉靖丙辰进士。擢监察御史，以大理寺丞谪州判。累迁至太仆寺少卿、右佥都御史。丁忧。起巡抚福建。又丁忧。起协理佥都御史，晋左副都，转刑部侍郎，升南京右都御史。以户部尚书总督仓场事。告归，家居七年卒，年七十三。赠太子少保，谥恭简。先生所历首辅，分宜、华亭、新郑、江陵、吴县，皆不甚龃龉。而江陵夺情，先生致书，比之伊尹之觉世，处以天下自任者，不得不冒天下非议，其谏夺情者，此学不明故耳。虽意在少衰其祸，然亦近于诵六艺以文奸言矣。及掌留院，以御史王藩臣参三中丞不送揭帖为蔑视堂官，上疏纠之。清议以为胁持言官，逢时相之欲。顾泾阳作《客问》质之，先生无以难也。

先生之学，不尚玄远，谓："道之不可与愚夫愚妇知能，不可以对造化、通民物者,不可以为道,故费之即隐也,常之即妙也,粗浅之即精微也。"其说未尝不是,而不见本体,不免打入世情队中。"共行只是人间路,得失谁知天壤分?"此古人所以贵刀锯鼎镬学问也。是故以中行为学,稍一不彻骨髓,其下场不及狂狷多矣。先生因李卓吾敬倡狂禅,学者靡然从之,故每每以实地为主,苦口匡救。然又拖泥带水,于佛学半信半不信,终无以压服卓吾。乃卓吾之所以恨先生者,何心隐之狱,惟先生与江陵厚善,且主杀心隐之李义河,又先生之讲学友也,斯时救之固不难,先生不敢沾手,恐以此犯江陵不说学之忌。先生以不容已为宗,斯其可已者耶? 先生谓学有三关:一即心即道,一即事即心,一慎术。慎术者,以良知现现成成,无人不具,但用之于此则此,用之于彼则彼,故用在欲明明德于天下,则不必别为制心之功,未有不仁者矣。夫良知即未发之中,有善而无恶,如水之必下,针之必南,欲明明德于天下,而后谓之良知,无待于用。故凡可以之彼之此者,皆情识之知,不可为良。先生之认良知,尚未清楚。虽然,亦缘《传习后录》记阳明之言者失真。如云:"仪秦亦是窥见得良知妙用处,但用之于不善耳。"先生为其所误也。

处士耿楚倥先生定理

耿定理,字子庸,号楚倥,天台之仲弟也。少时读书不成,父督过之,时时独行空谷中,忧愤不知所出。问之,则曰:"吾奈何不明白? 若有眼瞎子。"不知其所谓不明白者何也? 自是或静坐一室,终岁不出;或求友访道,累月忘归。其始事方湛一,最后于邓豁渠得一切平实之旨,能收视返听,于何心隐得黑漆无入无门之旨,充然自足。有问之者曰:"闻子欲作神仙耶?"曰:"吾作天仙,不作地仙。"曰:"天仙云何?"曰:"直从太极入,不落阴阳五行。"天台闻而呵之曰:"学不向事亲从兄实地理会乎?"曰:"学有原本,尧舜相传,只是一中。子思为之注曰:'喜怒哀乐未发之谓中。'今人孰能未发前觑一目哉?"曰:"《中庸》亦只言庸言庸行、达道九经而已。"曰:"独不观其结语为无声无臭耶?"先生论学,不烦言说,当机指点,使人豁然于罔指之下。卓吾好谈说,先生不发一言,临别谓之曰:"如何是自以为是不可入尧、舜之道?"卓吾默然。天台携之见刘初泉,先生云:"且勿言我二人是兄弟。"时初泉卧病,天台言:"吾与一医者同来。"先生榻前数语,初泉惊起,已知为天台之弟。谓天台曰:"慧能和尚乃是舂米汉哉!大开眼人,恐不可以弟畜之。"李士龙来访,先生未与一语及学,士龙恚曰:"吾冒险千里来此,逾月不闻一言见教,何外我甚?"先生笑而不答。濒行,送之河浒,问曰:"孔子云:'不曰如之何,如之何。'此作何解?"士龙举朱注云云。先生曰:"毕竟是'不曰如之何,如之何'者。"士龙因有省。京师大会,举中义相质,在会各呈所见,先生默不语。忽从座中崛起拱立曰:"请诸君观中。"因叹曰:"舍当下言中,沾沾于书本上觅中,终生罔矣。"在会因有省者。先生机锋迅利如此。

天 台 论 学 语

余惟反之本心不容已者,虽欲坚忍无为,若有所使而不能;反之本心不自安者,虽欲任放敢为,若有所制而不敢。是则肤浅之纲领,惟求其不失本心而已矣。《与李卓吾》

昔大洲云:"只要眼明,不贵践履。"余则曰:"眼孔易开,骨根难换。公所取人者眼孔,余所取人者全在骨根。"

此学只是自己大发愿心,真真切切肯求,便日进而不自知矣。盖只此肯求,便是道了,求得自己渐渐有些滋味,自家放歇不下,便是得了。《与周少鲁》

反身内观,一无所有,惟此些子炯然在此,始信人之所为人者,惟此明哲体耳。此体透澈,此身乃为我有。不然,身且不得而有,保此躯壳何用？

人而名之曰人，以仁也。人而去仁，则耳目口鼻俨然人也，而实非人矣。恶乎成名，谓其无以成人名也。

独夫夜行空谷中，未免惴惴心动，五尺童子随其后，则帖然。厝一星于寒灰则灭，群火在盆中，可以竟夜。观此，则"以友辅仁"可识矣。

人为习气所移，多好放逸，时一自警策，便是礼。人为情欲所梏，多致抑郁，时一自舒畅，便是乐。

吾人于一日十二时中，精神志意皆有安顿处，方有进步处。

吾人真真切切为己，虽仆厮隶胥，皆有可取处，皆有长益我处。若放下自己，只求别人，贤人君子，皆不免指摘。

文端焦澹园先生竑

焦竑，字弱侯，号澹园，南京旗手卫人。万历己丑进士第一人。京兆欲为树棹楔，谢以赈饥。原籍山东，亦欲表于宅，改置义田。授翰林修撰。癸巳，开史局，南充意在先生。先生条四议以进，史事中止，私成《献征录》百二十卷。甲午，简为东宫讲议官，尝于讲时，有鸟飞鸣而过，皇太子目之，先生即辍讲，皇太子改容复听，然后开讲。取故事可为法戒者，绘图上之，名《养正图解》。丁酉，主顺天试，先生以陪推点用，素为新建所不喜，原推者复构之，给事中项应祥、曹大咸纠其所取险怪，先生言："分经校阅，其所摘，非臣所取。"谪福宁州同知，移太仆寺丞。后升南京司业，而年已七十矣。先生积书数万卷，览之略遍。金陵人士辐辏之地，先生主持坛坫，如水赴壑，其以理学倡率，王弇州所不如也。泰昌元年卒，年八十一。赠谕德。崇祯末，补谥文端。

先生师事耿天台、罗近溪，而又笃信卓吾之学，以为未必是圣人，可肩一狂字，坐圣门第二席，故以佛学即为圣学，而明道辟佛之语，皆一一绌之。明道辟佛之言，虽有所未尽，大概不出其范围。如言："佛氏直欲和这些秉彝都消煞得尽。"先生曰："如此是二乘断灭之见，佛之所诃。"夫佛氏所云不断灭者，以天地万物皆我心之所造，故真空即妙有，向若为天地万物分疏，便是我心之障，何尝不欲消煞得尽？即如《定性书》"情顺万事而无情"一语，亦须看得好。孔子之哭颜渊，尧、舜之忧，文王之怒，所为情顺万事也。若是无情，则内外两截，此正佛氏之消煞也。明道言："尽其心者，知其性也，佛所谓识心见性是也。若存心养性，则无矣。"先生曰："真能知性知天，更说甚存养？一翳在眼，空花乱坠。"夫存心养性，正所以尽心之功，《识仁篇》所言"存久自明"是也。若未经存养，其所谓知者，想像焉而已，石火电光而已，终非我有。存养其无翳之本体，无翳乃可谓之存养，安得以存养为翳乎？明道言："《传灯录》千七百人，无一人达者，临死不能寻一尺布帛裹头。"先生谓是异国土风，是也。然此千七百人者，生于中国而习异国土风，胡谓乎？无乃服桀之服也。先生又谓："明道叹释氏三代威仪，非不知其美，而故为分异。"夫明道之叹儒者不能执礼，而释氏犹存其一二，亦如言夷狄之有，不知诸夏之无也，岂以三代之礼乐归之哉！朱国祯曰："弱侯自是真人，独其偏见不可开。"耿天台在南中谓其子曰："世上有三个人说不听，难相处。"问："为谁?"曰："孙月峰、李九我与汝父也。"

尚宝潘雪松先生士藻

　　潘士藻，字去华，号雪松，徽之婺源人。万历癸未进士。司理温州。入为监察御史。巡视北城，有二奄阑出宫门，调女妇，执之，群奄夺去。先生移文司礼监，司礼以闻，上怒曰："东厂职何事？而发自外廷耶?"命杖二奄，一奄死。奄人由是恨之。因火灾陈言，共摘疏中语为归过卖直。谪广东照磨。晋南京吏部主事,改尚宝司丞,升少卿。卒年六十四。先生学于天台、卓吾。初至京师,入讲学之会,如外国人骤听中华语,错愕不知所谓。得友祝延之世禄,时时为述所闻,随方开释,稍觉拘泥,辄少宽之,既觉心懈,辄鞭策之。久之,闭塞愤闷日甚。延之曰:"经此一番苦楚,是一生得力,顾却无可得说。"一日自西长安街马上,忽省曰:"原来只是如是,何须更索?"驰质之延之,延之曰:"近是。"曰:"戒慎恐惧,如何用功?"曰:"识此,渠自会戒慎,自会恐惧。"相与抚掌。已相戒曰:"此念最易堕落,须时时提醒,酝酿日深,庶有进步。"出京别天台,天台曰:"至淮谒王敬所。入安丰访王东厓,此老颇奇,即戏语亦须记。过金陵,再叩焦弱侯。只此便是博学之。"先生一一如教,始觉宇宙之无穷,从前真陷井之蛙也。

闇然堂日录

困而不学,民斯为下。《记》云:"学然后知困。"今人尚未知困在。

不患无位,患所以立。立者,四无倚附,屹然是非毁誉之中,所谓"八风吹不动"也。非一点灵明自作主张,鲜有不仆者矣。

须是酬酢纷纭中,常常提醒收拾,久之自有不存之存。

人身常要竖立得起,少有放松,昏怠之气随之矣。惟能常常挺然竖立,不令放倒,此凝神驭气之要诀。

学者不知一念之差,已为跖之徒也。故视得志之人,负于国家,往往窃叹之。岂知己之汲汲营利,是其植根,而得志之时,不过成就结果之耳。

明经方本庵先生学渐

方学渐,字达卿,号本庵,桐城人也。少而嗜学,长而益敦,老而不懈。一言一动，一切归而证诸心。为诸生祭酒二十馀年，领岁荐，弃去，从事于讲学。见世之谈心，往往以无善无恶为宗，有忧焉。进而证之于古，溯自唐、虞，及于近世，摘其言之有关于心者，各拈数语，以见不睹不闻之中，有莫见莫显者，以为万象之主，非空然无一物者也。然先生之言，煞是有病。夫心体本空，而其中有主宰乎是者，乃天之降衷，有无虚实，通为一物者也。渣滓尽化，复其空体，其为主宰者，即此空体也。若以为虚中有实，歧虚实而二之，岂心体之本然哉？故先生以不学不虑，理所固然，欲亦有之，但当求之于理，不当求之于不学不虑。不知良能良知之不学不虑，此继善之根也。人欲之卒然而发者，是习熟之心为之，岂不学不虑乎？先生欲辨无善无恶心之体，而自堕于有善有恶心之体矣，是皆求实于虚之过也。先生受学于张甑山、耿楚倥，在泰州一派，别出一机轴矣。

郎中何克斋先生祥

何祥，号克斋，四川内江人。官至正郎。初事南野于太学，大洲谓之曰："如南野，汝当执贽专拜为师可也。"先生如其言，南野笑曰："予官太学即师也，何更以贽为？"先生谓："太学生徒众矣，非此不足以见亲切也。"南野乃受之。凡南野、大洲一言一动，先生必籍记之，以为学的。京师讲会，有拈《识仁》、《定性》者，先生作为讲义，皆以良知之旨通之。大洲有诗赠之云："君辞佳丽地，来补昔巢居。予亦同方侣，高悬合轶车。已指用里诀，新注紫阳书。灼艾消残病，纫衣返太初。忘形非避俗，觌体即真如。荷药种已大，杞苗耘正疏。烟波用无尽，棹笠俣有馀。愿附玄真子，扁舟纵所如。"先生之学，虽出于大洲，而不失儒者矩矱。耿定力曰："大洲法语危言，砭人沉痼；先生温辞粹论，辅人参苓。其使人反求而自得本心，一也。"

讲 义

　　为学在求放心，如思虑过去未来事，都是放心。但只存得此心常见在，便是善学了。人只是一个心，心只是一个志，此心推行得去，便是盛德大业。故自古上士，不患不到圣贤，患此心不存；不患做不出功业，患此心不见道耳。

　　人于良心上用，则聪明日增；于机心上用，则聪明日减。

给事祝无功先生世禄

　　祝世禄，字延之，号无功，鄱阳人。由进士万历乙未考选为南科给事中。当绪山、龙溪讲学江右，先生与其群从祝以直惟敬、祝介卿眉寿为文麓之会。及天台倡道东南，海内云附景从，其最知名者，则新安潘去华、芜阴王德孺与先生也。去华初入京师，虽亲讲会，不知为学之方，先生随方开释，稍觉拘迫，辄少宽之，既觉心懈，辄鞭策之，终不为之道破，使其自得。先生谓："吾人从有生来，习染缠绊，毛发骨髓，无不受病，纵朋友善攻人过，亦难枚举。惟是彼此互相虚下，开一条受善之路此真洗涤肠胃良剂。"故终身不离讲席。天台以不容已为宗，先生从此得力。"身在心中"一语，实发先儒所未发。至谓"主在道义，即蹈策士之机权，亦为妙用"，此非儒者气象，乃释氏作用见性之说也。古今功业，如天空鸟影，以机权而干当功业，所谓以道殉人，遍地皆粪土矣。

祝 子 小 言

　　学者不论造诣，先定品格，须有凰凤翔于千仞气象，方可商求此一大事。不然，浑身落世情窠臼中。而因人起名，因名起义，辄号于人曰学，何异濯缨泥滓之涡，振衣风尘之路，冀还纯白，无有是处。

患莫患于不自振，《洪范》六极，弱居一焉，一念精刚，如弛忽张，风飞雷动，奋迅激昂，群疑以亡，诸欲以降，百行以昌，更有何事？

世之溺人久矣，吾之志所以度吾之身，不与风波灭没者也。操舟者，柂不使去手，故士莫要于持志。

学在知所以用力，不见自心，力将何用？试观不识一字凡夫，临不测之渊，履欲堕之崖，此时此心，惺惺翼翼，不着纤毫，入圣微机，政复如是。不则逐名义而捉意会，为力弥劳，去道弥远。

见人不是，诸恶之根；见己不是，万善之门。

儒者论是非，不论利害，此言非也。是非利害自有真，真是而真利应，真非而真害应，以此提衡古今，如鼓答桴，未有爽者。

问"所存者神"。曰："情识不生，如空如水。"问"所过者化"。曰："雁度长空，影落寒水，雁无留迹，水无留影。"

人必身与心相得，而后身与世亦相得。不然，身与心为雠，将举身与世亦相雠。得则俱得，雠则俱雠。雠，苦之趣也；得，乐之符也。学不二境，乃见学力。肃之乎宾友之见，忽之乎众庶之临，得之乎山水之间，失之乎衽席之上，吾所甚耻也。

中庸非有二也，识此理而保在之，为戒慎恐惧之中庸，识此理而玩弄之，为无忌惮之中庸。

王新建在事业有佐命之功，在学问有革命之功。盖支离之说，浸灌入人心髓久矣，非有开天辟地大神力大光明，必不能为吾道转此法轮。

云白山青，川行石立，花迎鸟笑，谷答樵讴，万境自闲，人心自闹。

古人言句，还之古人；今之言句，还之今人。自家如何道？道得出，是名真信。信者无不信，一信忽断百疑。道不出，方发真疑。疑者无不疑，百疑当得一信。

尚宝周海门先生汝登

周汝登,字继元,别号海门,嵊县人。万历丁丑进士。授南京工部主事。历兵、吏二部郎官,至南京尚宝司卿。先生有从兄周梦秀,闻道于龙溪,先生因之,遂知向学。已见近溪,七日无所启请,偶问"如何是择善固执",近溪曰:"择了这善而固执之者也。"从此便有悟入。近溪尝以《法苑珠林》示先生,先生览一二页,欲有所言,近溪止之,令且看去。先生竦然若鞭背。故先生供近溪像,节日必祭,事之终身。南都讲会,先生拈《天泉证道》一篇相发明。许敬庵言"无善无恶不可为宗",作《九谛》以难之。先生作《九解》以伸其说,以为:"善且无,恶更从何容? 无病不须疑病。恶既无,善不必再立,头上难以安头。本体著不得纤毫,有著便凝滞而不化。"大旨如是。阳明言"无善无恶心之体",原与性无善无不善之意不同。性以理言,理无不善,安得云无善? 心以气言,气之动有善有不善,而当其藏体于寂之时,独知湛然而已,亦安得谓之有善有恶乎? 且阳明之必为是言者,因后世格物穷理之学,有先乎善者而立也。乃先生建立宗旨,竟以性为无善无恶,失却阳明之意。而曰"无善无恶,斯为至善",多费分疏,增此转辙。善一也,有有善之善,有无善之善,求直截而反支离矣。先生《九解》,只解得人为一边。善源于性,是有根者也,故虽戕贼之久,而忽然发露。恶生于染,是无根者也,故虽动胜之时,而忽然销陨。若果无善,是尧不必存,桀亦可亡矣。儒释之判,端在于此。先生之无善无恶,即释氏之所谓空也。后来顾泾阳、冯少墟,皆以无善无恶一言,排摘阳明,岂知与阳明绝无干与! 故学阳明者与议阳明者,均失阳明立言之旨,可谓之茧丝牛毛乎! 先生教人贵于直下承当,尝忽然谓门人刘塙曰:"信得当下否?"塙曰:"信得。"先生曰:"然则汝是圣人否?"塙曰:"也是圣人。"先生喝之曰："圣人便是圣人，又多一也字！"其指点如此甚多，皆宗门作略也。

证　学　录

今人乍见孺子入井，必然惊呼一声，足便疾行，行到必然挽住，此岂待为乎？此岂知有善而行之者乎？故有目击时事，危论昌言者，就是只一呼；拯民之溺，八年于外者，就是只疾行；哀此茕独者，就是只一挽。此非不足，彼非有馀，此不安排，彼不意必，一而已矣。

今人看得目前小、事业大，忽却目前，著意去做事业，做得成时，亦只是霸功小道。

此心一刻自得，便是一刻圣贤；一日自得，便是一日圣贤；常常如是，便是终身圣贤。

文简陶石篑先生望龄

陶望龄，字周望，号石篑，会稽人也。万历己丑进士第三人。授翰林编修，转太子中允右谕德兼侍讲。妖书之役，四明欲以之陷归德、江夏，先生自南中主试至境，造四明之第，责以大义，声色俱厉。又谓朱山阴曰："鱼肉正人，负万世恶名，我宁、绍将不得比于人数矣。苟委之不救，陶生愿弃手板拜疏，与之同死。"皆俛首无以应。故沈、郭之得免，巽语者李九我、唐抑所，法语者则先生也。已告归。逾年，起国子祭酒。以母病不出。未几卒。谥文简。

先生之学，多得之海门，而泛滥于方外。以为明道、阳明之于佛氏，阳抑而阴扶，盖得其弥近理者，而不究夫毫厘之辨也。其时湛然、澄密、云悟皆先生引而进之，张皇其教，遂使宗风盛于东浙。其流之弊，则重富贵而轻名节，未必非先生之过也。然先生于妖书之事，犯手持正,全不似佛氏举动,可见禅学亦是清谈,无关邪正。固视其为学始基,原从儒术,后来虽谈玄说妙,及至行事,仍旧用着本等心思。如苏子瞻、张无垢皆然,其于禅学,皆浅也。若是张天觉,纯以机锋运用,便无所不至矣。

太学刘冲倩先生墙

刘墙,字静主,号冲倩,会稽人。赋性任侠,慨然有四方之志,所至寻师问友,以意气相激发,人争归附之。时周海门、许敬庵、杨复所讲学于南都,先生与焉。周、杨学术同出近溪,敬庵则有异同。无善无恶之说,许作《九谛》,周作《九解》,先生合两家而刻之,以求归一。而海门契先生特甚,曰:"吾得冲倩而不孤矣。"受教两年,未称弟子。一日指点投机,先生曰:"尚觉少此一拜。"海门即起立曰:"足下意真,比时辈不同。"先生下拜,海门曰:"吾期足下者远,不可答拜。"及先生归,海门授以六字曰:"万金一诺,珍重!"先生报以诗曰:"一笑相逢日,何言可复论。千金唯一诺,珍重自师门。"先生虽瓣香海门,而一时以理学名家者,邹南皋、李储山、曹真予、焦弱侯、赵侪鹤、孟连洙、丁敬与,无不参请,识解亦日进。海门主盟越中,先生助之,接引后进。学海门之学者甚众,而以入室推先生。然流俗疾之如雠,亦以信心自得,不加防检,其学有以致之也。先生由诸生入太学,七试场屋,不售而卒。叶水心曰:"使同甫晚不登进士第,则世终以为狼疾人矣。"不能不致叹于先生也。

证　　记

与人露声色,即声色矣,声色可以化导人乎? 临事动熹气,即意气矣,意气可处分天下事乎?

人当逆境时，如犯弱症，才一举手，便风寒乘虚而入，保护之功，最重大，却最轻微。平平看来，世间何人处不得，何地去不得，只因我自风波，便惹动世间风波，莫错埋怨世间。

甘 泉 学 案

王、湛两家，各立宗旨，湛氏门人，虽不及王氏之盛，然当时学于湛者，或卒业于王，学于王者，或卒业于湛，亦犹朱、陆之门下，递相出入也。其后源远流长，王氏之外，名湛氏学者，至今不绝，即未必仍其宗旨，而渊源不可没也。

文简湛甘泉先生若水

湛若水，字元明，号甘泉，广东增城人。从学于白沙，不赴计偕，后以母命入南雍。祭酒章枫山试"睟面盎背"论，奇之。登弘治乙丑进士第。初杨文忠、张东白在闱中，得先生卷，曰："此非白沙之徒不能为也。"拆名果然。选庶吉士，擢编修。时阳明在吏部讲学，先生与吕仲木和之。久之，使安南，册封国王。正德丁亥，奉母丧归，庐墓三年。卜西樵为讲舍，士子来学者，先令习礼，然后听讲，兴起者甚众。嘉靖初，入朝，升侍读，寻升南京祭酒、礼部侍郎，历南京礼、吏、兵三部尚书，致仕。平生足迹所至，必建书院以祀白沙。从游者殆遍天下。年登九十，犹为南岳之游。将过江右，邹东廓戒其同志曰："甘泉先生来，吾辈当献老而不乞言,毋有所轻论辩也。"庚申四月丁巳卒,年九十五。

先生与阳明分主教事,阳明宗旨致良知,先生宗旨随处体认天理。学者遂以良知之学,各立门户。其间为之调人者,谓"天理即良知也,体认即致也,何异? 何同?"然先生论格物,条阳明之说四不可;阳明亦言随处体认天理为求之于外。是终不可强之使合也。先生大意,谓阳明训格为正,训物为念头,格物是正念头也,苟不加学问思辨行之功,则念头之正否,未可据。夫阳明之正念头,致其知也,非学问思辨行,何以为致? 此不足为阳明格物之说病。先生以为心体万物而不遗,阳明但指腔子里以为心,故有是内而非外之诮。然天地万物之理,不外于腔子里,故见心之广大。若以天地万物之理,即吾心之理,求之天地万物,以为广大,则先生仍为旧说所拘也。天理无处而心其处,心无处而寂然未发者其处,寂然不动,感即在寂之中,则体认者亦唯体认之于寂而已。今曰随处体认,无乃体认于感? 其言终觉有病也。

论 学 书

心存则有主,有主则物不入,不入则血气矜忿窒碍之病,皆不为之害矣。大抵至紧要处,在"执事敬"一句,若能于此得力,如树根着土,则风雨雷霆,莫非发生。此心有主,则书册山水酬应,皆吾致力涵养之地,而血气矜忿窒碍,久将自消融矣。

涵养须用敬,进学在致知,如车两轮。夫车两轮同一车也,行则俱行,岂容有二? 而谓有二者,非知程学者也。鄙见以为如人行路,足目一时俱到,涵养进学,岂容有二? 自一念之微,以至于事为讲习之际,涵养致知,一时俱到,乃为善学也。故程子曰:"学在知所有,养所有。"

明道所言:"存久自明,何待穷索?"须知所存者何事,乃有实地。首言"识得此意,以诚敬存之",知而存之。又言"存久自明",存而知也。知行交进,所知所存,皆是一物。其终又云:"体之而乐,亦不患不能守。"大段要见得这头脑亲切,存之自不费力耳。《答四方樞》

夫学以立志为先,以知本为要。不知本而能立志者,未之有也;立志而不知本者有之矣,非真志也。志立而知本焉,其于圣学思过半矣。夫学问思辨,所以知本也。知本则志立,志立则心不放,心不放则性可复,性复则分定,分定则于忧怒之来,无所累于心性,无累斯无事矣。苟无其本,乃憧憧乎放心之求,是放者一心,求之者又一心也,则情炽而益凿其性,性凿则忧怒之累无穷矣。《答郑启范》

语　　录

盘问"日用切要工夫"。道通曰:"先生之教,惟立志、煎销习心、体认天理之三言者,最为切要,然亦只是一事。每令盘体验而熟察之,久而未得其所以合一之义,敢请明示。"先生曰:"此只是一事。天理是一大头脑,千圣千贤,共此头脑,终日终身,只是此一大事,更无别事。立志者,立乎此而已;体认是工夫,以求得乎此者;煎销习心,以去其害此者。心只是一个好心,本来天理完完全全,不待外求,顾人立志与否耳!孔子十五志于学,即志乎此也。此志一立,三十、四十、五十、六十、七十,直至不逾矩,皆是此志。变化贯通,只是一志。志如草木之根,具生意也;体认天理如培灌此根;煎销习心,如去草以护此根。贯通只是一事。"

冲尝与仲木、伯载言学,因指鸡母为喻,云:"鸡母抱卵时,全体精神都只在这几卵上,到得精神用足后,自化出许多鸡雏来。吾人于天地间万事万化,都只根源此心精神之运用何如耳!"吕、陆以为然。一友云:"说鸡母精神都在卵上,恐犹为两事也。"此又能辅冲言所不逮者。先生曰:"鸡卵之譬,一切用功,正要如此接续。许大文王,只是缉熙敬止。鸡抱卵,少间断,则这卵便殰了。然必这卵元有种子方可。若无种的卵,将来抱之虽勤,亦殰了。学者须识种子,方不枉了工夫。

何谓种子？即吾此心中这一点生理，便是灵骨子也。今人动不动只说涵养，若不知此生理，徒涵养个甚物？释氏为不识此种子，故以理为障，要空要灭，又焉得变化？人若不信圣可为，请看无种子鸡卵，如何抱得成雏子皮毛骨血形体全具出壳来？都是一团仁意，可以人而不如鸟乎？精神在卵内，不在抱之者，或人之言，亦不可废也。明道先生言：'学者须先识仁。'"

太仆吕巾石先生怀

吕怀，字汝德，号巾石，广信永丰人。嘉靖壬辰进士。自庶吉士出为给事中，复入春坊，以南京司业掌翰林院事，迁南太仆寺少卿，致仕。先生受学于甘泉，以为："天理良知本同宗旨，学者功夫无有着落，枉自说同说异。"就中指点出一通融枢要，只在变化气质，故作《心统图说》，以河图之理明之："一六同宗，二七同道，三八为朋，四九为友，各居一方。五十在中，如轮之有心，屋之有脊，兼统四方。人之心是五十也，阴阳合德，兼统四端，命同人极。至于气质，由身而有，不能无偏，犹水火木金，各以偏气相胜，偏气胜则心不能统之矣，皆因心同形异，是生等差，故学者求端于天，不为气质所局矣。"先生之论，极为切实，可以尽横渠之蕴。然尚有说。夫气之流行，不能无过不及，故人之所禀，不能无偏。气质虽偏，而中正者未尝不在也。犹天之寒暑，虽过不及，而盈虚消息，卒归于太和。以此证气质之善，无待于变化。理不能离气以为理，心不能离身以为心，若气质必待变化，是心亦须变化也。今曰"心之本来无病，由身之气质而病"，则身与心判然为二物矣。孟子言陷溺其心者为岁，未闻气质之陷其心也。盖横渠之失，浑气质于性；先生之失，离性于气质，总由看习不清楚耳。先生所著有《律吕古义》、《历考》、《庙议》诸书。

侍郎何吉阳先生迁

何迁,字益之,号吉阳,江西德安人。嘉靖辛丑进士。除户部主事,历官至南刑部侍郎。万历甲戌卒,年七十四。先生从学于甘泉。京师灵济之会久虚,先生入,倡同志复之。先生之学,以知止为要。止者,此心感应之几,其明不假思,而其则不可乱。非止,则退藏不密,藏不密,则真几不生,天则不见。此与江右主静归寂之旨,大略相同。湛门多讲研几,而先生以此为几,更无走作也。其疏通阳明之学,谓:"舍言行而别求一心,外功力而专任本体,皆非王门种子。"亦中流之一壶也。张卤疏先生抚江右不满人望,惜哉!

郡守洪觉山先生垣

洪垣,字峻之,号觉山,徽之婺源人。嘉靖壬辰进士。以永康知县入为御史,转温州知府。闲住归,凡四十六年而后卒,年近九十。先生为弟子时,族叔熻从学文成,归而述所得,先生颇致疑与精一博约之说不似。其后执贽甘泉,甘泉曰:"是可传吾钓台风月者。"丁未秋,偕同邑方瓘卒业东广,甘泉建二妙楼居之。庚申,甘泉约游武夷,先生至南安,闻甘泉讣,走其家哭之,越两月而归。先生谓体认天理,是不离根之体认,盖以救师门随处之失,故其工夫全在几上用。几有可见,未几则无见也,以几为有,无接续之交,此即不睹不闻为未动念时,独为初动念时之旧说也。不知周子之所为几者,动而未形,有无之间,以其湛然无物,故谓之无,以其炯然不昧,故谓之有。是以有无合言,不以有无分言也。若自无而至有,则仍是离根之体认矣。先生调停王、湛二家之学,以随处体认,恐求理于善恶是非之端,未免倚之于显,是矣。以致良知似倚于微,知以知此理,以无心之知为真知,不原先天,不顺帝则,致此空知何用? 夫知主无心,所谓不学不虑,天载也,帝则也。以此知为不足恃,将必求之学虑,失却道心之微,则倚之于显者,可谓得矣。得无自相矛盾乎?

方瓘,字时素,号明谷。初从甘泉于南都,甘泉即令其为诸生向导。甘泉北上及归家,皆从之而往。以学为急,遂不复仕。

理 学 闻 言

戒惧不睹不闻,猛然一炉真火,自然点雪不容。

禁止矜持,虽非善学,然亦有可用之时,与截疟相似,一截则元气自复。

"变化气质,不如致良知之直截,何如?"曰:"是当下顿悟之说也。人之生质,各有偏重,如造形之器,亦有志至而气未从者,譬之六月之冰,安得一照而遽融之? 五十以学《易》,可以无大过。夫子亦且不敢如此说,故其变化,直至七十方不逾矩。"

东郭尝云:"古人惜阴,一刻千金。"一年之间,有许多金子,既不卖人,又不受用,不知放在何处,只是花费无存,可惜。

学者无天下之志,即是无为己之志。

明道猎心,原不成念,故谓之过。吾人有过,便连心拔动,故谓之恶。

主政唐一庵先生枢

唐枢,字惟中,号一庵,浙之归安人。嘉靖丙戌进士。除刑部主事。疏论李福达,罢归。讲学著书,垂四十年。先生初举于乡,入南雍,师事甘泉。其后慕阳明之学,而不及见也。故于甘泉之随处体认天理,阳明之致良知,两存而精究之。卒标"讨真心"三字为的。夫曰真心者,即虞廷之所谓道心也。曰讨者,学问思辨行之功,即虞廷之所谓精一也。随处体认天理,其旨该矣,而学者或昧于反身寻讨。致良知,其几约矣,而学者或失于直任灵明。此讨真心之言,不得已而立,苟明得真心在我,不二不杂,王、湛两家之学,俱无弊矣。然真心即良知也,讨即致也,于王学尤近。第良知为自然之体,从其自然者而致之,则工夫在本体之后,犹程子之以诚敬存之也。真心蔽于物欲见闻之中,从而讨之,则工夫在本体之先,犹程子之识仁也。阳明常教人于静中搜寻病根,盖为学者胸中有所藏躲,而为此言以药之,欲令彻底扫净,然后可以致此良知云尔。则讨真心,阳明已言之矣,在先生不为创也。

礼 玄 剩 语

自生身以来,通髓彻骨,都是习心运用。俗人有俗人之习,学者有学者之习,古今有世习,四方有土习,真与习化,机成天作,每向自己方便中窝顿。凡日用睹记讨论,只培溉得此习。中间有新得奇悟,阔趋峻立,总不脱此习上发基。方且自认从学术起家,误矣。

侍郎蔡白石先生汝楠

蔡汝南,字子木,号白石,浙之德清人。八岁侍父听讲于甘泉座下,辄有解悟。年十八,举进士,授行人,转南京刑部员外郎。出守归德、衡州,历江西参政、山东按察使、江西布政使。升右副都御史,巡抚河南。召为戎政兵部侍郎,改南京工部,卒官。先生初泛滥于词章,所至,与朋友登临唱和为乐。衡州始与诸生穷经于石鼓书院。赵大洲来游,又为之开拓其识见。江西以后,亲证之东廓、念庵。于是平生所授于甘泉,随处体认天理之学,始有着落。盖先生师则甘泉,而友则皆阳明之门下也。

端 居 寱 言

举天下讲理讲学,俱不甚谬。圣人并无以异人,只到实体之际,便生出支节。有可讲者,即如敬为圣学之要,内史过亦知敬是德之舆。若道如何是敬,便有细密工夫。一日之中,是敬不是敬,感应之际,有将迎无将迎,都不知觉。因原只是认得光景,未曾知得真切。圣贤终身学问,只是知之真体之密耳。

今人于事变顺逆,亦每每委之天命,只是朦胧不明,知不分晓,强将此言,聊自支撑,其中实自摇惑。圣人知命,直是洞彻源头,贤人却知有义,便于命上自能分晓,都不是影响说命也。

象山先生每令学者戒胜心,最切病痛。鹅湖之辨,胜心又不知不觉发见出来,后来每叹鹅湖之失。因思天下学者,种种病痛,各各自明,只从知见得及工夫未恳到处、罅缝中,不知不觉而发。平居既自知,发后又能悔,何故正当其时,忽然发露?若用功恳到,虽未浑化,念头动处,自如红炉点雪。象山胜心之戒,及发而复悔,学者俱宜细看,庶有得力工夫。盖象山当时,想亦如此用功也。

侍郎许敬庵先生孚远

许孚远,字孟仲,号敬庵,浙之德清人。嘉靖壬戌进士。授南工部主事,转吏部,寻调北。大计,与冢宰杨襄毅溥不合,移病归。起考工主事,高文襄不说,出为广东佥事。降海盗李茂、许俊美,移闽臬。考功王篆修怨,复中计典,谪盐运司判官。万历二年,擢南太仆寺丞,迁南文选郎中,请告,补车驾郎中。谒江陵,问及马政,先生仓卒置对,甚详明,江陵深契之,欲加大用,而王篆自以为功,使亲己,先生不应,出知建昌府。给事中邹南皋荐之,迁陕西提学副使,擢应天府丞。以申救李见罗镌级归。起广东佥事,转广西副使,入为右通政。以右佥都御史巡抚福建。日本封贡事起,先生疏言发兵击之为上策,御之为中策,封贡非策也。其后朝廷卒用其中策。召为南大理寺卿,晋南兵部右侍郎而罢。三十二年七月卒,赠南工部尚书。

先生自少为诸生时,窃慕古圣贤之为人,羞与乡党之士相争逐。年二十四,荐于乡,退而学于唐一庵之门。年二十八,释褐为进士,与四方知学者游,始以反身寻究为功。居家三载,困穷艰厄,恍惚略有所悟。南粤用兵,拼舍身命,毕尽心力,怠惰躁妄之气,煎销庶几。及过兰溪,徐鲁源谓其言动尚有繁处,这里少凝重,便与道不相应。先生顶门受针,指水自誓。故先生之学,以克己为要。其订正格物,谓:"人有血气心知,便有声色,种种交害,虽未至目前,而病根尚在。是物也,故必常在根上看到方寸地洒洒不挂一尘,方是格物。夫子江汉以濯,秋阳以暴,此乃格物榜样。"先生信良知,而恶夫援良知以入佛者,尝规近溪:"公为后生标准,令二三轻浮之徒,恣为荒唐无忌惮之说,以惑乱人听闻,使守正好修之士,摇首闭目,拒此学而不知信,可不思其故耶?"南都讲学,先生与杨复所、周海门为主盟。周、杨皆近溪之门人,持论不同。海门以无善无恶为宗,先生作《九谛》以难之,言:"文成宗旨,元与圣门不异,故云性无不善,故知无不良,良知即是未发之中,此其立论至为明析。'无善无恶心之体'一语,盖指其未发廓然寂然者而言之,则形容得一静字,合下三言始为无病。今以心意知物俱无善恶可言者,非文成之正传也。"时在万历二十年前后,名公毕集,讲会甚盛,两家门下,互有口语,先生亦以是解官矣。先生与见罗最善,见罗下狱,拯之无所不至。及见罗戍闽,道上仍用督抚威仪。先生时为闽抚,出城迓之,相见劳苦涕泣。已而正色曰:"公蒙恩得出,犹是罪人,当贬损思过，而鼓吹喧耀，此岂待罪之体?"见罗艴然曰:"迂哉!"先生颜色愈和，其交友真至如此。

论 学 书

《中庸》所谓戒慎不睹、恐惧不闻，只在性体上觉照存养而已。但人心道心，元不相离，善与不善，礼与非礼，其间不能以发。故闲邪一着，乃是圣学吃紧所在。学者苟知得善处亲切，方知得不善处分明。譬诸人有至宝于此，爱而藏之，所以防其损害者，是将无所不至。又譬诸种植嘉禾，无所容其助长之力，惟有时加籽耘，不为荑稗所伤而已。《答孟我疆》

吾侪学问见处，俱不相远，只是实有诸己为难。能于日用工夫，更不疏放，一真一切，实实平平，不容己见盘桓，则此理渐有诸己矣。此学无内外相、人己相，打得过处，方是德性流行，打不过时，终属私己，犹为气质用事。吾辈进修得失，涵养浅深，亦只验诸此而已。《与万思默》

恭定冯少墟先生从吾

冯从吾，字仲好，号少墟，陕之长安人。万历己丑进士。选庶吉士，改御史。疏请朝讲，上怒，欲杖之，以长秋节得免，请告归。寻起原官，又削籍归，家居讲学者十馀年。天启初，起大理寺少卿，与定熊王之狱，擢副都御史。时掌院为邹南皋先生，风期相许，立首善书院于京师，倡明正学。南皋主解悟，先生重工夫，相为盐梅可否。而给事朱童蒙、郭允厚不说学，上疏论之。先生言:"宋之不竞，以禁讲学之故，非以讲学之故也。我二祖表章六经，天子经筵讲学，皇太子出阁讲学，讲学为令甲。周家以农事开国，国朝以理学开国也。臣子望其君以讲学，而自己不讲，是欺也。倘皇上问讲官曰：'诸臣望朕以讲学，不知诸臣亦讲学否？'讲官亦何以置对乎？先臣王守仁当兵戈倥偬之际，不废讲学，卒能成功。此臣等所以不恤毁誉，不恤得失，而为此也。"遂屡疏乞休。又二年，即家拜工部尚书。寻遭削夺。逆党王绍徽修怨于先生，及为冢宰，使乔应甲抚秦以杀之。先生不胜挫辱而卒。崇祯改元，追复原官，谥恭定。

先生受学于许敬庵，故其为学，全要在本原处透彻，未发处得力，而于日用常行，却要事事点检，以求合其本体。此与静而存养、动而省察之说，无有二也。其儒佛之辨，以为佛氏所见之性，在知觉运动之灵明处，是气质之性；吾儒之所谓性，在知觉运动灵明中之恰好处，方是义理之性。其论似是而有病。夫耳目口体，质也；视听言动，气也。视听言动流行，而不失其则者，性也。流行而不能无过不及，则气质之偏也，非但不可言性，并不可言气质也。盖气质之偏，大略从习来，非气质之本然矣。先生之意，以喜怒哀乐视听言动为虚位，以道心行之，则义理之性在其中，以人心行之，则气质之性在其中。若真有两性对峙者，反将孟子性善之论，堕于人为一边。先生救世苦心，太将气质说坏耳。盖气质即是情才，孟子云："乃若其情，则可以为善矣。若夫为不善，非才之罪也。"由情才之善，而见性善，不可言因性善而后情才善也。若气质不善，便是情才不善，情才不善，则荀子性恶，不可谓非矣。

疑 思 录

自慊二字，甚有味。见君子而厌然，正自小人自家不慊意处，安得心广体胖？故曰："行有不慊于心，则馁矣。"君子慎独，只是讨得自家心上慊意。自慊便是意诚，则便是浩然之气，塞于天地之间。

外省不疚，不过无恶于人；内省不疚，才能无恶于志。无恶于人，到底只做成个乡愿；无恶于志，才是个真君子。

从心所欲，便不逾矩；从耳目口体所欲，便逾矩矣。

己溺己饥,若过于自任,不知此一念,就是乍见孺子入井怵惕恻隐之一念,人人都是有的。如不敢承当己溺己饥之心,难道亦不敢承当恻隐之心?

语　　录

日用间,富贵贫贱,时时是有的,如食求饱,居求安,便是欲富贵心;恶恶衣恶食,便是恶贫贱心。故今人凡念头起处,都是富贵贫贱所在。念及于此,此心真是一时放下不得。

学问之道,全要在本原处透彻,未发处得力,则发皆中节,取之左右,自逢其原,诸凡事为,自是停当。不然,纵事事检点,终有不凑泊处。此吾儒提纲挈领之学,自合如此,非谓日用常行一切,俱是末节,可以任意,不必检点也。

文选唐曙台先生伯元

唐伯元,字仁卿,号曙台,广之澄海人。万历甲戌进士。知万年县,改泰和,升南京户部主事,署郎中事。进石经《大学》,谓得之安福举人邹德溥。阳明从祀孔庙,疏言:“不宜从祀。六经无心学之说,孔门无心学之教。凡言心学者,皆后儒之误。守仁言良知新学,惑世诬民,立于不禅不霸之间,习为多疑多似之行,招朋聚党,好为人师,后人效之,不为狗成,则从鬼化矣。”言官劾其诋毁先儒,降海州判官,移保定推官。历礼部主事、尚宝司丞、吏部员外、文选郎中。致仕,卒,年五十八。

先生学于吕巾石,其言:“性一天也,无不善;心则有善不善。至于身,则去禽兽无几矣。性可顺,心不可顺,以其附乎身也。身可反,心不可反,以其通乎性也。故反身修德,斯为学之要。”而其言性之善也,又在不容说之际，至于有生而后，便是才说性之性，不能无恶矣。夫不容说之性，语言道断，思维路绝，何从而知其善也？谓其善者，亦不过稍欲别于荀子耳。孟子之所谓性善，皆在有生以后，恻隐、羞恶、辞让、是非之心，何一不可说乎？以可说者谓不能无恶，明已主张夫性恶矣。以性为恶，无怪乎其恶言心学也。胡庐山作书辩之。耿天台谓："唐君太和治行，为天下第一，即其发于政，便可信其生于心者矣，又何必欲识其心以出政耶？慈湖之剖扇讼，象山一语而悟本心，然慈湖未悟之前，其剖扇讼故未尝别用一心也。唐君以笃修为学，不必强之使悟。"孟我疆问于顾泾阳曰："唐仁卿何如人也？"曰："君子也。"我疆曰："君子而毁阳明乎？"曰："朱子以象山为告子，文成以朱子为杨、墨，皆甚辞也，何但仁卿？"泾阳过先生述之，先生曰："足下不见世之谈良知者乎？如鬼如蜮，还得为文成讳否？"泾阳曰："《大学》言致知，文成恐人认识为知，便走入支离去，故就中间点出一良字。孟子言良知，文成恐人将这个知作光景玩弄，便走入玄虚去，故就上面点出一致字，其意最为精密。至于如鬼如蜮，正良知之贼也，奈何归罪于良知？"先生曰："善。假令早闻足下之言，向者论从祀一疏，尚合有商量也。"

端洁杨止庵先生时乔

杨时乔，字宜迁，号止庵，广信上饶人。生时，父梦至一夹室，有像设，揖之，像设举手答曰："当以某月日降于公家。"如期而先生生。他日过学宫，见夹室一像，甚类梦中，则易主所迁之故像也。登嘉靖乙丑进士第。历礼部主事员外、尚宝司丞、南尚宝司卿、应天府丞、右通政、太仆寺卿、南太常寺卿、通政使。万历癸卯，升吏部右侍郎，寻转左，署部事。乙巳，大计京朝官，先生清执，不循时相。给事钱梦皋、御史张似渠皆四明注意之私人，察疏上，四明以两人之故，并同察者特旨俱留用,且切责部院。先生累疏求去。己酉二月卒官,赠尚书,谥端洁。

　　先生学于吕巾石,其大旨以天理为天下所公共,虚灵知觉是一己所独得,故必推极其虚灵觉识之知,以贯彻无间于天下公共之物,斯为儒者之学;若单守其虚灵知觉,而不穷夫天下公共之理,则入于佛氏窠臼矣。其与罗整庵之言心性,无以异也。夫天之生人,除虚灵知觉之外,更无别物,虚灵知觉之自然恰好处,便是天理。以其己所自有,无待假借,谓之独得可也;以其人所同具,更无差别,谓之公共可也。乃一以为公共,一以为独得,析之为二,以待其粘合,恐终不能粘合也。自其心之主宰,则为理一,大德敦化也;自其主宰流行于事物之间,则为分殊,小德川流也。今以理在天地万物者,谓之理一,将自心之主宰,以其不离形气,谓之分殊,无乃反言之乎? 佛氏唯视理在天地万物,故一切置之度外。早知吾心即理,则自不至为无星之秤,无界之尺矣。先生欲辨儒、释,而视理与佛氏同,徒以见闻训诂与之争胜,岂可得乎? 阳明于虚灵知觉中,辨出天理,此正儒、释界限,而以禅宗归之,不几为佛氏所笑乎? 阳明固未尝不穷理,第其穷在源头,不向支流摸索耳。至于敛目反观,血气凝聚,此是先生以意测之,于阳明无与也。

诸 儒 学 案 上

　　诸儒学案者,或无所师承,得之于遗经者;或朋友夹持之力,不令放倒,而又不可系之朋友之上者;或当时有所兴起,而后之学者无传者,俱列于此。上卷则国初为多,宋人规范犹在。中卷则皆骤闻阳明之学而骇之,有此辨难,愈足以发明阳明之学,所谓他山之石,可以攻玉也。下卷多同时之人,半归忠义,所以证明此学也,否则为伪而已。

文正方正学先生孝孺

　　方孝孺,字希直,台之宁海人。自幼精敏绝伦。八岁而读书,十五而学文,辄为父友所称。二十游京师,从学于太史宋濂。濂以为游吾门者多矣,未有若方生者也。濂返金华,先生复从之,先后凡六岁,尽传其学。两应召命,授汉中教授。蜀献王聘为世子师。献王甚贤之,名其读书之堂曰正学。建文帝召为翰林博士,进侍读学士。帝有疑问,不时宣召,君臣之间,同于师友。金川失守,先生斩衰,哭不绝声。文皇召之不至,使其门人廖镛往,先生曰:"汝读几年书,还不识个是字。"于是系狱。时当世文章,共推先生为第一,故姚广孝尝嘱文皇曰:"孝孺必不降,不可杀之,杀之天下读书种子绝矣。"文皇既惭德此举,欲令先生草诏,以塞天下之人心。先生以周公之说穷之。文皇亦降志乞草,先生怒骂不已,磔之聚宝门外,年四十六。坐死者,凡八百四十七人。崇祯末,谥文正。

先生直以圣贤自任,一切世俗之事,皆不关怀。朋友以文辞相问者,必告之以道,谓文不足为也。入道之路,莫切于公私义利之辨,念虑之兴,当静以察之。舍此以治,是犹纵盗于家,其馀无可为力矣。其言周子之主静,主于仁义中正,则未有不静,非强制其本心如木石然,而不能应物也。故圣人未尝不动。谓圣功始于小学,作《幼仪》二十首。谓化民必自正家始,作《宗仪》九篇。谓王治尚德而缓刑,作《深虑论》十篇。谓道体事而无不在,列《杂诫》以自警。持守之严,刚大之气,与紫阳真相伯仲,固为有明之学祖也。

先生之学,虽出自景濂氏,然得之家庭者居多。其父克勤尝寻讨乡先达授受原委,寝食为之几废者也。故景濂氏出入于二氏,先生以叛道者,莫过于二氏,而释氏尤甚,不惮放言驱斥,一时僧徒俱恨之。庸人之论先生者有二:以先生得君而无救于其亡。夫分封太过,七国之反,汉高祖酿之,成祖之天下,高皇帝授之,一成一败。成祖之智勇,十倍吴王濞,此不可以成败而誉咎王室也。况先生未尝当国,惠宗徒以经史见契耳。又以先生激烈已甚,致十族之酷。夫成祖天性刻薄,先生为天下属望,不得其草,则怨毒倒行,何所不至,不关先生之甚不甚也。不观先生而外,其受祸如先生者,宁皆已甚之所至乎? 此但可委之无妄之运数耳。蔡虚斋曰:"如逊志者,盖千载一人也。天地幸生斯人,而乃不终祐之,使斯人得竟为人世用,天地果有知乎哉? 痛言及此,使人直有追憾天地之心也。"乃知先正固自有定论也。

琼山赵考古先生谦

赵谦，字㧑谦，初名古则，馀姚人也。秦王延美之后，降为农家。就外傅于崇山寺，达旦忘寐。年十七八，东游。受业天台郑四表之门。四表学于张以忠，以忠学于王伯武。伯武，胡云峰之高第弟子也。洪武十二年，征修《正韵》，已别用为中都国子典簿。然以其说授之门人宋燧者，多采入于《正韵》。在中都，又以同官不合而罢。归筑考古台，读书其上。谓六经子史，历代阐发有人，惟音韵之学，世久不明，乃著《声音文字通》一百卷、《六书本义》十二卷。二十二年，召为琼山教谕。琼海之人，皆知向化，称为海南夫子。二十八年十一月一日，卒于广城，年四十五。

先生清苦自立，虽盛暑祁寒，蹑跻走百馀里，往来问学。尝雪夜与门人柴广敬剧谈，既乏酒饮，又无火炙，映雪危坐，以为清供。其著述甚多，而为学之要，则在《造化经纶》一图。谓其门人王仲迪曰："寡欲以养其心，观止以明其理，调息以养其气，读书以验其诚，圣贤之域不难到。"又读武王《戒书》而惕然有感，以往古之圣，犹儆戒若是之至，后世眇末小子，其敢事事不求之心哉。既以古篆随物而书，又铭其所用器物之未有铭者，以见道之无乎不在也。其时方希直氏亦补注《戒书》，以为其言之善者，与《诗》、《书》要义无以异焉。盖从来学圣之的，以主敬为第一义，先生固与希直善，其讲之必有素矣。庐陵解缙尝铭先生之墓，谓其力学生敬，信不诬也。今《大绅文集》，既失此文，而先生著述亦多散逸。万历间，焦弱侯所表章者，仅先生字学之书，某幸得此于其后人，故载之于右。

学正曹月川先生端

　　曹端,字正夫,号月川,河南之渑池人。自幼不妄言动。年十七,读五经皆遍。师事宜阳马子才、太原彭宗古,远有端绪。永乐戊子,举于乡。明年,登乙榜第一。授山西霍州学正。历九年,丁忧庐墓。壬寅,起补蒲州。洪熙乙巳考绩,两学诸生皆上章请复任,霍州先上,遂许之。又历十年,宣德甲寅六月朔之明日,卒于霍州,年五十九。

　　初,先生得元人谢应芳《辨惑编》,心悦而好之,故于轮回、祸福、巫觋、风水、时日世俗通行之说,毅然不为所动。父敬祖为善于乡,而勤行佛、老之善以为善。先生朝夕以圣贤崇正辟邪之论讽于左右,父亦感悟乐闻。先生条其人伦日用之事可见之施行者,为《夜行烛》一书,言人处流俗中,如夜行,视此则烛引之于前矣。里中有斋醮,力不能止,则上书乡先生,请勿赴。又上书邑令,请毁淫祠,令以属之先生,毁者百馀,惟存夏禹、雷公二庙。四时祈报,则设社谷坛。邢端修五岳庙,先生言其非礼;同僚肃拜梓潼神,先生以为谄。僚曰:"斯文宗主也。"先生曰:"梓潼主斯文,孔子更主何事?"门人有赴汉寿亭社会者,先生愍痛以折之。诸生有丧,则命知礼者相之,有欲用浮屠者,先生曰:"浮屠之教,拯其父母出于地狱,是不以亲为君子,而为积恶有罪之小人也。其待亲不亦刻薄乎?"其人曰:"举世皆然,否则诽笑随之。"先生曰:"一乡溺于流俗,是不读书的人,子读儒书,明儒礼,不以违礼为非,而以违俗为非,仍然是不读书人也。"每有修造,不择时日,或以太岁土旺为言,先生明其谬妄,时人从而化之。霍州樵者拾金钗,以还其主,人以为异,樵曰:"第不欲愧曹郡博耳。"高文质往观剧,中途而返,曰:"此行岂可使曹先生知也。"先生以力行为主,守之甚确,一事不容假借,然非徒事于外者,盖立基于敬,体验于无欲,其言"事事都于心上

397

做工夫,是入孔门底大路",诚哉! 所谓有本之学也。其辨太极:"朱子谓理之乘气,犹人之乘马,马之一出一入,而人亦与之一出一入。若然,则人为死人,而不足以为万物之灵,理为死理,而不足以为万物之原。今使活人骑马,则其出入行止疾徐,亦由乎人驭之如何耳,活理亦然。"先生之辨,虽为明晰,然详以理驭气,仍为二之。气必待驭于理,则气为死物。抑知理气之名,由人而造。自其浮沉升降者而言,则谓之气;自其浮沉升降不失其则者而言,则谓之理。盖一物而两名,非两物而一体也。薛文清有日光飞鸟之喻,一时之言理气者,大略相同尔。

语　录

事事都于心上做工夫,是入孔门底大路。

事心之学,须在萌上着力。

做人须向志士、勇士不忘上参取,若识得此意,便得此心,则自无入不自得。

人要为圣贤,须是猛起,如服瞑眩之药,以黜深痼之疾,真是不可悠悠。

学者须要置身在法度之中,一毫不可放肆,故曰:"礼乐不可斯须去身。"

吾辈做事,件件不离一敬字,自无大差失。

一诚足以消万伪,一敬足以敌千邪,所谓先立乎其大者,莫切于此。

圣人之所以为圣人,只是这忧勤惕励之心,须臾毫忽不敢自逸。理无定在,惟勤则常存;心本活物,惟勤则不死。常人不能忧勤惕励,故人欲肆而天理亡,身虽存而心已死,岂不大可哀哉!

人之为学,须是务实,乃能有进。若这里工夫欠了分毫,定是要透过那里不得。

人只为有欲,此心便千头万绪,做事便有始无终,小事尚不能成,况可学圣人耶？

为仁之功，用力特在勿与不勿之间而已。自是而反，则为天理；自是而流，则为人欲；自是克念，则为圣；自是罔念，则为狂。特毫忽之间，学者不可不谨。

六经四书，圣人之糟粕也，始当靠之以寻道，终当弃之以寻真。

督学黄南山先生润玉

黄润玉，字孟清，号南山，浙之鄞县人。幼而端方，不拾遗金。郡守行乡饮酒礼，先生观之，归而书之于册，习礼者不能过也。诏徙江南富民实北京，其父当行。先生年十三，请代父往，有司少之，对曰："父去日益老，儿去日益长。"有司不能夺而从之。至则筑室城外，卖菜以为生。作劳之馀，读书不辍。有富翁招之同寓，先生谢不往。或问之，曰："渠有一女，当避嫌也。"寻举京闱乡试，授江西训导。用荐召，为交趾道御史。出按湖广，劾藩臬郡县之不职者，至百有二十人，风采凛然。景泰初，改广西提学佥事。时寇起军兴，先生核军中所掠子女，归者万馀口。副使李立故入死罪且数百人，亦辨而出之。南丹卫在万山中，岁苦瘴厉，先生奏徙平原，戍卒因之更生。丁忧起复，移湖广，与巡抚李实不合，左迁含山知县。致仕。成化丁酉五月卒，年八十九。先生之学，以知行为两轮。尝曰："学圣人一分，便是一分好人。"又曰："明理务在读书，制行要当谨独。"盖守先儒之矩矱而不失者也。其所友为李文毅、时勉薛文清，瑄故操行亦相似。

文毅罗一峰先生伦

罗伦，字彝正，学者称一峰先生，吉之永丰人。举成化丙戌进士，对策大廷，引程正公语"人主一日之间，接贤士大夫之时多，亲宦官宫妾之时少"。执政欲节其下句，先生不从。奏名第一，授翰林修撰。会李文达夺情，先生诣其私第，告以不可。待之数日，始上疏历陈起复之非，为君者当以先王之礼教其臣，为臣者当据先王之礼事其君。疏奏，遂落职，提举泉州市舶司。明年召还，复修撰，改南京，寻以疾辞。归隐于金牛山，注意经学。《周易》多传注，间补已意。《礼记》汇集儒先之见，而分章记礼，则先生独裁。《春秋》则不取褒贬凡例之说，以为《春秋》缘人以立法，因时以措宜，犹化工焉，因物而赋物也，以凡例求《春秋》者，犹以画笔摹化工，其能肖乎？戊戌九月二十四日卒，年四十八。正德十六年，赠左谕德，谥文毅。

先生刚介绝俗，生平不作和同之语，不为软巽之行。其论太刚则折，则引苏氏之言曰："士患不能刚尔，折不折天也。太刚乎何尤？为是言者，鄙夫患失者也。"家贫，日中不能举火，而对客谈学不倦。高守赠以绨袍，遇道殣，辄解以瘗之。尝欲仿古置义田以赡族人，邑令助之堂食之钱，先生曰："食以堂名，退食于公之需也，执事且不可取，何所用与？"谢而弗受。冻馁几于死亡，而一无足以动于中。若先生庶几可谓之无欲矣。先生与白沙称石交，白沙超悟神知，先生守宋人之途辙，学非白沙之学也，而皭然尘垢之外，所见专而所守固耳。章枫山称："先生方可谓之正君善俗，如我辈只修政立事而已。"其推重如此。

文懿章枫山先生懋

章懋，字德懋，金华兰溪人。成化丙戌会试第一。选庶吉士，授编修。与同官黄仲昭、庄昶谏上元烟火，杖阙下，谪知临武。历南大理评事、福建按察司佥事。考绩赴吏部，乞休。冢宰尹旻曰："不罢软，不贪酷，不老疾，何名而退？"先生曰："古人正色立朝，某罢软多矣。古人一介不取,视民如伤,某贪酷多矣。年虽未艾,须鬓早白,亦可谓老疾矣。"遂致仕。林居二十年,弟子日进,讲学枫木庵中,学者因曰枫山先生。弘治中,起为南京祭酒,会父丧,力辞。廷议必欲其出,添设司业,虚位以待之。终制就官,六馆之士人人自以为得师。正德初,致仕。转南京太常、礼部侍郎,皆不起。嘉靖初,以南京礼部尚书致仕。是岁辛巳除夕卒,年八十六。赠太子太保,谥文懿。其学墨守宋儒,本之自得,非有传授。故表里洞澈,望之庞朴,即之和厚,听其言,开心见诚,初若不甚深切,久之烛照数计,无不验也。以方之冻水,虽功业不及,其诚实则无间然矣。金华自何、王、金、许以后,先生承风而接之,其门人如黄傅、张大轮、陆震、唐龙、应璋、董遵、凌瀚、程文德、章拯,皆不失其传云。

郎中庄定山先生昶

庄昶,字孔旸,号定山,江浦人也。成化丙戌进士。选庶吉士,授翰林检讨。与同官章枫山、黄味轩谏鳌山,杖阙下,谪判桂阳。改南京行人司副,遭丧。服阕不起,垂二十年。弘治甲寅,特旨起用。先是琼山丘濬嫉先生不仕,尝曰:"率天下士夫背朝廷者,昶也。彼不读祖训乎? 盖祖训有不仕之刑也。"至是濬为大学士,先生不得已入京,长揖冢宰,遂补原官。明年,升南京吏部郎中。寻病,迁延不愈。又明年,告归。丁巳考察,尚书倪岳以老疾中之,士林为之骇然。己未九月二十九日卒,年六十三。

先生以无言自得为宗,受用于浴沂之趣、山峙川流之妙。鸢飞鱼跃之机,略见源头,打成一片,而于所谓文理密察者,竟不加功。盖功未入细,而受用太早。慈湖之后,流传多是此种学问。其时虽与白沙相合,而白沙一本万殊之间,煞是仔细。故白沙言:"定山人品甚高,恨不曾与我问学，遂不深讲。不知其后，问林缉熙，何以告之?"其不甚契可知矣。即如出处一节，业已二十年不出，乃为琼台利害所怵，不能自遂其志。先生殊不喜孤峰峭壁之人，自处于宽厚迟钝，不知此处，却用得孤峰峭壁着也。白沙云："定山事可怪，恐是久病昏了，出处平生大分，顾令儿女辈得专制其可否耶?"霍渭厓谓："先生起时，琼台已薨，是诬琼台也。"按先生以甲寅七月出门，九月入京朝见，琼台在乙卯二月卒官，安得谓起时已卒哉? 况是时徐宜兴言"定山亦是出色人"，琼台语人"我不识所谓定山也"，则其疾之至矣，安得谓诬哉? 先生形容道理，多见之诗，白沙所谓"百炼不如庄定山"是也。唐之白乐天喜谈禅，其见之诗者，以禅言禅，无不可厌。先生之谈道，多在风云月露、傍花随柳之间，而意象跃如，加于乐天一等。钱牧斋反谓其多用道语入诗，是不知定山，其自谓知白沙，亦未必也。

侍郎张东白先生元祯

张元祯，字廷祥，别号东白，南昌人。少为神童，以闽多书，父携之入闽，使纵观焉。登天顺庚辰进士第，入翰林，为庶吉士。故事教习唐诗、晋字、韩欧文，而先生不好也，日取濂、洛、关、闽之书读之。授编修。成化初，疏请行三年丧。又言治道本原在讲学、听治、用人、厚俗，与当国不合。移病归，家居二十年。益潜心理学。弘治初，召修《宪宗实录》，进左赞善，上疏劝行王道。升南京侍讲学士，终养。九年，召修《大明会典》。进翰林学士，侍经筵，上注甚，特迁卑座以听其讲。丁忧，丧毕，改太常卿，掌詹事府。以为治化根源，莫切于《太极图说》、《西铭》、《定性书》《敬斋箴》，宜将此书进讲。上因索观之，曰："天生斯人，以开朕也。"武宗即位，进吏部右侍郎，未及上而卒，正德元年十一月晦也。先生既得君，尝以前言往行，非时封进，不知者以为私言也。孝宗晏驾，为人指谪，先生亦不辩。先生卓然以斯道自任，一禀前人成法。其言"是心也，即天理也"，已先发阳明"心即理也"之蕴。又言"寂必有感而遂通者在，不随寂而泯；感必有寂然不动者存，不随感而纷"，已先发阳明"未发时惊天动地，已发时寂天寞地"之蕴。则于此时言学，心理为二，动静交致者，别出一头地矣。

布政陈克庵先生选

陈选，字士贤，台之临海人。天顺庚辰试礼部，丘文庄得其文曰："古君子也。"置第一。及相见而貌不扬，文庄曰："吾闻荀卿云，圣贤无相，将无是乎？"授监察御史。罗一峰论夺情被谪，先生抗疏直之。出按江西，藩臬以素服入见，先生曰："非也。人臣觐君，服视其品秩，于御史何居？"不事风裁，而贪墨望风解绶。已督学南畿，一以德行为主。试卷列诸生姓名，不为弥封，曰："吾且不自信，何以信于人邪？"每按部就止学官，诸生分房诵读，入夜灯火萤然，先生以两烛前导，周行学舍，课其勤惰，士风为之一变。成化初，改中州提学。幸奄汪直巡视郡国，都御史以下，咸匍匐趋拜，先生独长揖。直怒曰："尔何官，敢尔？"先生曰："提学。"愈怒曰："提学宁大于都御史耶？"先生曰："提学宗主斯文，为士子表率，不可与都御史比。"直既慑其气岸，又诸生集门外，知不可犯，改容谢曰："先生无公务相关，自后不必来。"先生徐步而出。转按察使。归奔母丧，丧毕，除广东布政使。肇庆大水，先生上灾伤状，不待报，辄发粟赈之。市舶奄韦眷横甚，番禺知县高瑶发其赃巨万，都御史宋旻不敢诘。先生移文奖瑶，眷深憾之。番人贸货，诡称贡使，发其伪，逐之。外使将市狻猊入贡，又上疏止之。皆眷之所不利者也。眷乃诬先生党比属官，上怒，遣刑部员外郎李行会巡按御史徐同爱共鞠。两人欲文致之，谓吏张裴者，先生所黜，必恨先生，使之为诬。裴曰：

"死即死耳,不敢以私恨陷正人也。"爱书入,诏锦衣官逮问,士民数万人夹舟而哭。至南昌疾作,卒于石亭寺,年五十八。友人张元祯殓以疏绤,或咎其薄,元祯曰:"公平生清苦,殓以时服,公志也。"张褧乃上言:"臣本小吏,以违误触法,为选罢黜,实臣自取。眷妄意臣必憾选,以厚贿啗臣,令扶同陷选。臣虽胥徒,安敢欺昧心术,颠倒是非?眷知臣不可利诱,嗾行等逮臣于理,弥日拷掠,身无完肤。臣甘罪吁天,终无异口。行等乃依傍眷语,以欺天听。选刚不受辱,旬日而殂。君门万里,孰谅其冤?臣以罪人,摈斥田野,百无所图,敢冒死鼎镬者,诚痛忠廉之士,衔屈抑之冤,长谗佞之奸,为圣明之累也。"奏入不报,第以他事罢眷镇守。正德中,追赠光禄寺卿,谥恭愍。

先生尝以《易》教授生徒,晚而居官,论《易》专主《传》、《义》,一无异同。以克己求仁为进修之要,故自号克庵。读书不资为文辞,手录格言为力行之助。每上疏必屏居斋沐,引使者于庭,再拜而遣。子刘子曰:"由张东白之事观之,非平日安贫守道之意,彻乎表里,安能使朋友信之如是?由张褧之事观之,非在官赏罚黜陟,出乎至公,安能使黜吏化之如是?吾有以见先生存诚之学矣。"

布衣陈剩夫先生真晟

陈真晟,字剩夫,初字晦夫,其后以布衣自号,福之镇海卫人。年十七八,即能自拔于俗。入长泰山中,从进士唐泰治举子业。业成,荐于有司。至福州,闻防察过严,无待士礼,乃辞归。自是不复以科举为事,务为圣贤践履之学。初读《中庸》,做存养省察工夫,学无头绪。继读《大学》,始知为学次第。以朱子所谓敬者,乃《大学》之基本也,乃求其所以为敬。见程子以"主一"释"敬",以"无适"释"一",始于敬字见得深切,乃实下工夫,推寻此心之动静,而务主于一。静而主于一,则静有所养,而妄念不复作矣;动而主于一,则动有所持,而外诱不能夺矣。尝语人曰:"《大学》诚意章为铁门关,难过,主一二字,乃其玉钥匙也。盖意有善恶,若发于善而一以守之,则其所谓恶,退而听命矣。"又尝语人曰:"人于此学,若真知之,则行在其中矣。盖知之真,则处善安,循理乐,其行甚顺。然而气质有偏胜,嗜欲有偏重,二者用事,其顺而易者,反逆而难矣。此圣门论学以博学、审问、慎思、明辨之后,又加以笃行也。"天顺三年,用伊川故事,诣阙上《程朱正学纂要》,其书首采程氏学制,次采朱氏论说,补正学工夫,次作二图,一著圣人心与天同运,次著学者心法天之运,次乃言立明师、补正学、辅皇储、隆教本数事,以终上文。图说书未上,先生疏乞召见而陈其说。不报。及书上,奉旨礼部看了来说,署部事侍郎邹干寝其事。继而家居。读提学颁行敕谕教条,有合于程朱教法,喜曰:"此学校正教也,然科举不定正考,虽有正教不行也。"因采敕谕中要语,参以程氏《学制》、吕氏《乡约》、朱氏《贡举私议》,作《正教正考会通》,定考德为六等,考文为三等,以告当路。当路亦不省。凡先生学有所得者,至是皆无所遇。闻临川吴聘君名,欲往质之。乃货其家具得五金,兄子从行,谓之曰:"死则瘗我于道,题曰闽布衣陈某墓足矣。"行至南昌,张东白止之宿,扣其所学,大加称许,曰:"祯敢僭谓:自程、朱以来,惟先生得其真,吴、许二子,不足多也。如聘君者,不可见,亦不必见耳。"遂还镇海。先生生于镇海,迁于龙岩,晚定居于漳之玉渊。成化十年卒,年六十有四。

先生学无师承,独得于遗经之中,自以僻处海滨,出而访求当世学者,百尺竿头,岂无进步?奈何东白以"得真"一言,遂为金椹,康斋、白沙,终成欠事。然先生之学,于康斋似近,于白沙差远。而白沙言:"闻其学术专一,教人静坐,此寻向上人也。"子刘子曰:"一者诚也,主一敬也,主一即慎独之说,诚由敬入也。剩夫恐人不识慎独义,故以主一二字代之。此老学有本领,故立言谛当如此。"是故东白得真之言,亦定论也。

布政张古城先生吉

张吉,字克修,别号古城,江西馀干人。成化辛丑进士。授工部主事。以劾左道李孜省、妖僧继晓,谪判广东。以《诗》《书》变其俗,土官陶氏,遣子从学,即能以礼自处。历肇庆同知、梧州知府,转广西按察副使。备兵府江,搜贼剿平之。正德初,进正使,转布政使,历山东、广西,忤逆瑾,降两浙盐运使。瑾诛,更河南、广西参政,至贵州左布政使。以疾归,十三年九月卒,年六十八。初从乡先生学,见诸生简择经传以资捷径,谓士当兼治《五经》,今业一经而所遗如此,岂圣人之言亦当有去取耶?遂屏绝人事,穷诸经及宋儒之书,久之见其大意,叹曰:"道在是矣。"语学者曰:"不读《五经》,遇事便觉窒碍。"先生在岭外访白沙问学,白沙以诗示之:"沧溟几万里,山泉未盈尺。到海观会同,乾坤谁眼碧?"先生不契也。终以象山为禅,作《陆学订疑》,盖《居业录》之馀论也。

方伯周翠渠先生瑛

周瑛,字梁石,别号翠渠,福之莆田人。成化己丑进士。授广德知州,历南京礼部郎中,知抚州镇远,至四川右布政使。先生以民惑鬼神,著《祠山杂辩》,又以缓葬溺女,著《教民杂录》,又著《经世管钥》、《律吕管钥》、《字书管钥》,固以博为事也。蚤年即有求道之志,与白沙、医闾为友。与医闾诗云:"黄门仙客归辽左,少室山人忆岭南。我亦尘埃难久住,木兰溪上浣青衫。"然先生以居敬穷理为鹄,白沙之学有所不契,寓书李大厓以辩之,曰:"圣人静有以立天下之大本,动有以行天下之达道,求诸万殊而后一本可得。盖始学之要,以收放心为先务，收放心，居敬是也。居敬则心存，聪明睿智，皆由此出，然后可以穷理。所谓穷理者，非谓静守此心而理自见也，盖亦推之以及其至焉耳。积累既多，自然融会贯通，而于一本者自得之矣。一本如谷种，虽自块然，而根苗花实，皆聚于此。又如鸡卵，虽自浑然，而羽毛嘴距皆具于此。及其发见于行事，在圣人体用一贯，在学者未免差误。盖在己者有所拘蔽，故所发不无偏重之殊；在外者有所摇夺，故所施不无迁就之意。然而既复本原，则于处善亦安，循理亦乐，至于患难事变，虽以死易生，亦甘心为之。此圣学之大略也。今乃块然静坐，求毕体用之学，是释氏之虚空也。"

司成蔡虚斋先生清

蔡清，字介夫，号虚斋，福之晋江人。孱脆骨立，而警悟绝人，总发尽屈其师。裹粮数百里，从三山林玭学《易》，得其肯綮。成化丁酉，乡书第一。又三年，登进士第。授礼部主事。王端毅为冢宰，改吏部。丁母忧。服除，还吏部，转南京文选司郎中，以终养归。起为江西提学副使，为宁庶人所不喜，终不肯轻屈，疏乞致仕。逆瑾乱政，仿蔡京召龟山故事，起南京祭酒，而先生已卒，正德三年十二月也，年五十六。

先生平生精力，尽用之《易》、《四书蒙引》，茧丝牛毛，不足喻其细也。盖从训诂而窥见大体，其言曰："反复体验，止是虚而已。盖居常一念及静字，犹觉有待于扫去烦嚣之意。唯念个虚字，则自觉安，便目前纵有许多劳扰，而里面条路元自分明，无用多费力，而亦自不至懈惰也。"观于此言，知不为训诂支离所域矣。其《易说》不与《本义》同者，如卜筮不专在龟筮，取卜相筮占决疑为征。又辩七占古法，皆佳论也。罗整庵曰："蔡介夫《中庸蒙引》，论鬼神数段极精，其一生做穷理工夫，且能力行所学，盖儒林中之杰出者。"先生极重白沙，而以新学小生自处,读其《终养疏》,谓"钞读之馀,揭蓬一视,惟北有斗,其光烂然,可仰而不可近也。"其敬信可谓至矣。而论象山,则犹谓"未免偏安之业"。恐亦未能真知白沙也。传其学者,有同邑陈琛、同安林希元,其释经书,至今人奉之如金科玉律,此犹无与于学问之事者也。

省 身 法

风光月霁其心胸,海阔天高其器宇。凤毛麟趾其威仪,玉振金声其辞语。

劝君莫著半点私,终无人不知;劝君莫用半点术,终无人不识。

必使小人不忍以其所为而疑我之为之也,乃为信于人。

有道德者必不多言,有信义者必不多言,有才谋者必不多言,惟见夫细人、狂人、佞人,乃多言耳。夫未有多言而不妄者也。

澄其心于渊莹之天,奉其身于光明之地,言则无一字之遗,而亦无一字之赘,动则如万钧之弩,一发便中其机。会此,盖古之人也。

太常潘南山先生府

潘府,号南山,浙之上虞人。弘治辛丑进士。累官至提学副使,终养不出。后以荐升太仆寺少卿,改太常寺,致仕。嘉靖五年六月癸酉卒。先生性至孝,尝疏请行三年之丧。又上《圣学渊源》、《中兴治要》诸疏。故事四品有祭无葬,上以其孝行特给之。子刘子议以先生配享尹和靖。按先生正当文成讲学之时,当有往来问难,而今不可考见矣。

参政罗东川先生侨

罗侨,字惟升,号东川,豫之吉水人。从学于张东白。登弘治己未进士第。授新会知县，表白沙言行，令邑人诵法之。陟大理评事，时逆瑾擅政，刘大夏论戍，先生上言非劝大臣之道，免官归。瑾诛，复官，又以病归。文成起兵讨宸濠，请先生居守吉安。事平，擢知台州府。礼布衣张尺，问民疾苦，治行第一。升广东左参政。上疏乞骸骨。嘉靖甲午九月卒。先生所做，亦是静存动察按板工夫，未必有自得处，但砥砺颇密，不失儒先轨范。在东白之门，可谓克家矣。

诸 儒 学 案 中

文庄罗整庵先生钦顺

罗钦顺，字允升，号整庵，吉之泰和人。弘治壬子乡试第一，明年进士及第。授翰林编修，擢南京国子司业。时章枫山先生为祭酒，皆正己率物，太学一时之盛。奉亲归家，因疏乞终养，逆瑾怒，夺职为民。瑾诛，复职，由南京太常少卿，升南京礼部右侍郎，改吏部右侍郎。嘉靖初，转左侍郎，拜南京吏部尚书，改入礼部。丁父忧。服阕，起原官，未至，改吏部，具疏固辞，于是得旨致仕。丁未四月二十四日卒，年八十有三。诏赐祭葬，赠太子太保，谥文庄。

先生家居，每平旦，正衣冠升学古楼，群从入，叙揖毕，危坐观书，虽独处无惰容。食恒二簋，居无台榭，燕集无声乐。林希元曰："先生自发身词林，以至八座，其行己居官，如精金美玉，无得致疵。"先生自叙为学云："昔官京师，逢一老僧，漫问何由成佛，渠亦漫举禅语为答：'佛在庭前柏树子。'意其必有所谓，为之精思达旦，揽衣将起，则恍然而悟，不觉流汗通体，既而得《证道歌》读之，若合符节。自以为至奇至妙，天下之理莫或加焉。后官南雍，圣贤之书未尝一日去手，潜玩久之,渐觉就实,始知前所见者,乃此心虚灵之妙,而非性之理也。自此研磨体认,积数十年,用心甚苦,年垂六十,始了然有见乎心性之真,而确乎有以自信。"盖先生之论理气,最为精确,谓通天地,亘古今,无非一气而已。气本一也,而一动一静,一往一来,一阖一辟,一升一降,循环无已。积微而著,由著复微,为四时之温凉寒暑,为万物之生长收藏,为斯民之日用彝伦,为人事之成败得失,千条万绪,纷纭缪辀,而卒不克乱,莫知其所以然而然,是即所谓理也。初非别有一物,依于气而立,附于气以行也,或者因《易》有太极一言,乃疑阴阳之变易,类有一物主宰乎其间者,是不然矣。斯言也,即朱子所谓"理与气是二物、理弱气强"诸论,可以不辩而自明矣。第先生之论心性,颇与其论理气自相矛盾。夫在天为气者,在人为心;在天为理者,在人为性。理气如是,则心性亦如是,决无异同。人受天之气以生,只有一心而已,而一动一静,喜怒哀乐,循环无已。当恻隐处自恻隐,当羞恶处自羞恶,当恭敬处自恭敬,当是非处自是非,千头万绪,感应纷纭,历然不能昧者,是即所谓性也。初非别有一物,立于心之先,附于心之中也。先生以为天性正于受生之初,明觉发于既生之后,明觉是心而非性。信如斯言,则性体也,心用也;性是人生以上,静也,心是感物而动,动也;性是天地万物之理,公也;心是一己所有,私也。明明先立一性以为此心之主,与理能生气之说无异,于先生理气之论,无乃大悖乎?岂理气是理气,心性是心性,二者分,天人遂不可相通乎?虽然,心性之难明,不自先生始也。夫心只有动静而已,寂然不动,感而遂通,动静之谓也。情贯于动静,性亦贯于动静,故喜怒哀乐,不论已发未发,皆情也,其中和则性也。今以喜怒哀乐未发之中为性,已发之知为情,势不得不先性而后心矣。性先心后,不得不有罅隙可寻矣。恻隐、羞恶、辞让、是非,心也,仁义礼智,指此心之即性也。非先有仁义礼智之性,而后发之为恻隐、羞恶、辞让、是非之心也。观此,知李见罗《道性编》亦一偏之论。凡人见孺子入井而怵惕,嘑蹴而不屑,此性之见于动者也,即当其静,而性之为怵惕不屑者，未尝不在也。凡动静者，皆心之所为也。是故性者心之性，舍明觉自然、自有条理之心，而别求所谓性，亦犹舍屈伸往来之气，而别求所谓理矣。朱子虽言心统性情，毕竟以未发属之性，已发属之心，即以言心性者言理气，故理气不能合一。先生之言理气，不同于朱子，而言心性，则于朱子同，故不能自一其说耳。先生以释氏有见于明觉自然，谓之知心，不识所谓天地万物之理，谓之不知性。羲以为释氏亲亲仁民爱物，无有差等，是无恻隐之心也；取与不辨，而行乞布施，是无羞恶之心也；天上天下，唯我独尊，是无辞让之心也；无善无恶，是无是非之心也。其不知性者，由于不知心尔。然则其所知者，亦心之光影，而非实也。高景逸先生曰："先生于禅学尤极探讨，发其所以不同之故，自唐以来，排斥佛氏，未有若是之明且悉者。"呜呼！先生之功伟矣！

文庄汪石潭先生俊

汪俊，字升之，号石潭，弋阳人也。弘治癸丑进士。选庶吉士，授翰林编修。正德初，忤逆瑾，调南工部员外郎。瑾诛，复还翰林，历侍读学士。嘉靖初，晋吏、礼二部侍郎，礼部尚书兼国史副总裁。大礼议起，先生力主宋儒之议，上为迁延者二年，先生终不变，于是上怒甚，罢其官。久之卒。隆庆改元，赠太子少保，谥文庄。

先生之学，以程朱为的，然以阳动阴静、流行而不息者为心，而其不易之常体则性也。性虽空无一物，而万化皆从此出。故性体也，心用也，浑然不可分析。以造化言之，天高地下，万物散殊，无处非气之充塞也，天不得不高，地不得不下，物之本乎天者亲上，本乎地者亲下，亘万古而不易，即是理也，亦浑然不可分析也。乃朱子谓性是心所具之理，若是乎心为车也，性为车所载之物也。歧心性而二之，犹之歧理气而二之也，非程子之旨也。先生之不苟同如此。先生既知圣人之学，不失其本心，便是复性，则阳明之以心即理，若合符契矣，而谓阳明学不从穷事物之理，守吾此心，未有能中于理者，无乃自背其说乎？杨止庵言先生发明道体，可谓独见，以阳明言性不分理气，著说非之，阳明过弋阳，寄四绝以示绝交。按阳明所寄二绝，非四绝也。序云："仆兹行无所乐，乐与二公一会耳。得见闲斋，固已如见石潭矣，留不尽之兴于后期，岂谓乐不可极耶？""见说新居止隔山，肩舆晓出暮堪还。知公久已藩篱散，何事深林尚闭关？""乘兴相寻涉万山，扁舟亦复及门还。莫将身病为心病，可是无关却有关。"此正朋友相爱之情，见之于辞，以是为绝交，则又何说？

文敏崔后渠先生铣

崔铣，字子钟，一字仲凫，号后渠，河南安阳人。弱冠举乡试，入太学，与四方名士马理、吕柟、寇天叙辈相期许。登弘治乙丑进士第，改庶吉士，授编修。逆瑾窃政，朝士见者多屈膝，先生与何瑭长揖而已。瑾怒其轻薄，张彩曰："此人有虚名，未可骤加之罪。"终出为南京稽勋主事。瑾诛，召还翰林，时西涯以文艺笼络天下，先生以为非宰相所急，上书规之。侍讲经筵，每以亲君子远小人磨切武宗，指钱宁、廖鹏而言也，小人皆欲甘心之。晋侍读，遂告归。嘉靖改元，起原官，寻擢南京祭酒。大礼议起，上疏"勤圣学，辨忠邪，以回天变"。上以为刺己也，勒令致仕。家居十六年，以皇太子立，选宫僚，起少詹事兼侍读学士。转南礼部右侍郎，入贺圣节，过家疾作而卒，辛丑岁也，年六十四。赠礼部尚书，谥文敏。

先生之学，以程、朱为的，然于程子之言心学者，则又删之，以为涉于高虚，是门人之附会，无乃固欤！至其言理气无缝合处，先生自有真得,不随朱子脚下转是也。其诋阳明不遗馀力,称之为霸儒。孙钟元曰:"文敏议象山、阳明为禅学,为异说。夫二人者,且不必论其学术,荆门之政,有体有用;宁藩之事,拼九死以安社稷。吾未见异端既出世而又肯任事者也。"此以其外而言也。先生以知能心之用也,爱敬性之实也,本诸天,故曰良。今取以证其异说,删良能而不挈,非霸儒与?此是以心为知觉,以性为理,不可以知觉即是理之成说,颇与先生气即理之论自相反。且先生既言"本诸天,故曰良",孟子谓知能为良,则知能本诸天者,即是以爱敬之理,决不仅以此知觉本诸天也。阳明单提良知而不及爱敬,其非悬空之知觉明矣。孟子上节知能并举,下言"无不知爱其亲也,无不知敬其兄也";能字皆归并知内。盖知是性也,能是才也,言性则才自在其中矣。

论 学 语

觉心之放,即求也;知我之病,即药也;矜己之是,即非也;妒人之长,即短也。

学者改过,追索其动念之故而除之,斯不萌于再。

文定何柏斋先生瑭

何瑭,字粹夫,号柏斋,怀庆武涉人。生而端重,不事嬉戏,人以为呆。七岁时,入郡城,见弥勒像,抗言请去之,人皆大骇。及为诸生,慨然慕许文正、薛文清之为人,索其遗书读之。登弘治壬戌进士第,改庶吉士,历编修修撰。逆瑾召诸翰林,各赠川扇。翰林入见而跪,先生独长揖,瑾怒,扇不及之。翰林谢扇复跪,先生从旁曰:"嘻!何跪而又跪也!"瑾大怒,诘其姓名,先生前对曰:"修撰何瑭。"知不为瑾所容,累疏谢病,致仕归。瑾诛,复职。无何,以经筵触忌讳,谪同知开州,量移同知东昌府,又归。嘉靖初,起山西提学副使。丁忧。改浙江,进南京太常少卿、本寺正卿。历工户礼三部侍郎,谢病。升右都御史,掌留台,不就。家居十馀年,癸卯九月卒,年七十。赠礼部尚书,谥文定。

先生以"儒者之学,当务之为急,细而言语威仪,大而礼乐刑政,此物之当格而不可后者也。学问思辨,一旦卓有定见,则物格而知至矣。由是而发之以诚,主之以正,然而身不修,家不齐,未之有也。至竟其本原为性命,形于著述为文章,固非二道,特其缓急先后,各有次第,不可紊耳。今曰:'理出于心,心存则万理备,吾道一贯,圣人之极致也,奚事外求?'吾恐其修齐治平之道,反有所略,则所学非所用,所用非所学,于古人之道,不免差矣。"先生此论,为阳明而发也。盖力主在心为知觉,在物为理之说,固无足怪,独是以本原性命,非当务之急,若无与乎修齐之事者,则与清谈何异? 修齐之事,无乃专靠言语威仪、礼乐刑政与? 真可谓本末倒置矣。先生与王浚川、许函谷辨论阴阳数千言,为浚川所破者不一,其大指之差,在"以神为无,以形为有",有无岂能相合? 则神形已离为二,神形既二,又岂待人死而后无知哉?

肃敏王浚川先生廷相

王廷相,字子衡,号浚川,河南仪封人。弘治壬戌进士,改庶吉士,授兵科给事中。正德戊辰,谪为州判。稍迁知县,复召为御史。出按陕西,镇守奄人廖鹏虐民,先生绳之以法,鹏大恨。已而视学北畿,有两奄干请,先生焚其书,两奄亦恨,未有以发也。鹏因上书构之,两奄从中主其奏,逮入诏狱。又谪为县丞,稍迁知县、同知,擢四川佥事、山东副使,皆视学政。嘉靖初,历湖广按察使,山东左、右布政使,以右副都御史巡抚四川,入为兵部左、右侍郎,转南京兵部尚书,召为左都御史,进兵部尚书兼掌院事,加太子太保。辛丑罢,又三年而卒,年七十一。隆庆初,赠少保,谥肃敏。

先生主张横渠之论理气,以为"气外无性",此定论也。但因此而遂言"性有善有不善",并不信孟子之性善,则先生仍未知性也。盖天地之气,有过有不及,而有愆阳伏阴,岂可遂疑天地之气有不善乎?夫其一时虽有过不及,而万古之中,气自如也。此即理之不易者。人之气禀虽有清浊强弱之不齐,而满腔恻隐之心触之发露者,则人人所同也。此所谓性即在清浊强弱之中,岂可谓不善乎?若执清浊强弱,遂谓性有善有不善,是但见一时之愆阳伏阴,不识万古常存之中气也。先生受病之原,在理字不甚分明,但知无气外之理,以为气一则理一,气万则理万,气聚则理聚,气散则理散,毕竟视理若一物,与气相附为有无,不知天地之间,只有气,更无理。所谓理者,以气自有条理,故立此名耳。亦以人之气本善,故加以性之名耳。如人有恻隐之心,亦只是气,因其善也,而谓之性,人死则其气散,更何性之可言?然天下之人,各有恻隐,气虽不同而理则一也。故气有万气,理只一理,以理本无物也。宋儒言理能生气,亦只误认理为一物,先生非之,乃仍蹈其失乎?

文裕黄泰泉先生佐

黄佐,字才伯,号泰泉,广之香山人。正德庚辰进士,改庶吉士,授编修,出为江西提学佥事。弃官归养,久之,起右春坊右谕德,擢侍读学士,掌南京翰林院事。卒,赠礼部右侍郎,谥文裕。先生以博约为宗旨,博学于文,知其根而溉之者也。约之以礼,归其根,则千枝万叶受泽而结实者也。博而反约于心,则视听言动之中礼,喜怒哀乐之中节,

416

彝伦经权之中道，一以贯之而无遗矣。盖先生得力于读书，典礼乐律词章，无不该通，故即以此为教。是时阳明塞源拔本论，方欲尽洗闻见之陋，归并源头一路，宜乎其不能相合也。然阳明亦何尝教人不读书？第先立乎其大，则一切闻见之知，皆德性之知也。先生尚拘牵于旧论耳。某幼时喜博览，每举《杨用修集》，韩孟郁上桂谓某曰："吾乡黄才伯，博物君子也，子何不读其集乎？"今为《泰泉学案》，念亡友之言，为之潸然。

文定张甬川先生邦奇

　　张邦奇，字常甫，号甬川，浙之鄞人也。弘治中，举进士高第，改庶吉士，授翰林简讨。逆瑾窃政，先生著《张骞乘槎赋》，以瑾喻西域，骞喻附瑾者。乞便地以养亲，出为湖广提学副使。寻乞致仕。嘉靖初，起提学，历四川、福建，召还为春坊庶子、国子祭酒、南吏部右侍郎。丁外艰。终丧，起吏部右侍郎，转左。时太宰汪铉与霍兀厓相讦，先生以和衷解之，不得，因不欲居要地，乃徙翰林学士，掌院事。又加太子宾客，掌詹事府事，升礼部尚书。以母老上书乞骸骨，弗允，改南京吏部以便养。又改南兵部而卒，甲辰岁也，年六十一。赠太子太保，谥文定。

　　阳明赠先生序云："古之君子，有所不知而后能知；后之君子，惟无所不知，是以容有不知也。"则先生当日固泛滥于词章之学者也。后来知为己之功，以涵养为事，其受阳明之益多矣。谓载道之文，始于六画，大备于周、程、朱子之书，莫非是道之生生而不已也。由博文之学，将溯流而求源，舍周、程、朱子之书，焉适哉？今之为异论者，直欲糟粕六经，屏程、朱诸子之说，置而不用，犹欲其通而塞之窍也。所谓异论者，指阳明而言也。夫穷经者，穷其理也，世人之穷经，守一先生之言，未尝会通之以理，则所穷者，一先生之言耳。因阳明于一先生之言，有所出入，便谓其糟粕六经，不亦冤乎？此先生为时论所陷也。

襄惠张净峰先生岳

张岳，字维乔，号净峰，福之惠安人。正德丁丑进士。授行人。邸寓僧舍，与陈琛、林希元闭户读书，出则徒步走市中，时称"泉州三狂"。武宗寝疾豹房，上书请内阁九卿轮直尝药，不报。已谏南巡，罚跪五日，杖阙下，谪官。世宗即位，复行人，历南武选员外、祠祭主客郎中。出为广西提学佥事，调江西，寻谪广东提举。先生为郎时，上议禘祭，推求所自出之帝。中允廖道南议禘颛顼，永嘉议禘德祖。贵溪谓德祖在大祐已为始祖，不宜又为始祖之所自出，当设虚位南向，而以太祖配享。第未知虚位之书法，宗伯李时以问先生。先生请书皇初祖位，议上而上从之。永嘉因忌而出之外。又坐以选贡非其人，谪之转守廉州。时方有征交之议，廉相隔一水，先生言其六不可。上遣毛伯温视师，先生以抚处之策语伯温。伯温既用其言，交人莫登庸亦信向先生。事未毕，而升浙江提学副使、参政。登庸将降，问廉州太守安在？于是以原官分守钦、廉，始受其降。擢右佥都御史，抚治郧阳，转江西巡抚，以副都御史督抚两广。讨封川贼，平之。加兵部右侍郎，再征柳州，破其巢。又平连山、贺县诸贼，召为兵部左侍郎，升右都御史，掌院事。先生在边，不通相府一币，故不为分宜所喜。湖广苗乱，初设总督，以先生当之，至则斩捕略尽。宣慰冉玄阴为苗主，苗平，惧诛，乃嗾龙许保、吴黑苗掠恩州，行金严世蕃，使罢先生。华亭执不可，止降兵部侍郎。已而生擒龙许保，而黑苗尚匿玄所。先生劾玄，发其通贿事。世蕃益怒，然而无以难也。未几黑苗就擒，三省底定，先生亦卒。复右都御史，赠太子少保，谥襄惠。

先生曾谒阳明于绍兴,与语多不契。阳明谓:"公只为旧说缠绕,非全放下,终难凑泊。"先生终执先入之言,往往攻击良知。其言:"学者只是一味笃实向里用功,此心之外,更无他事。"是矣。而又曰:"若只守个虚灵之识,而理不明,义不精,必有误气质做性,人欲做天理矣。"不知理义只在虚灵之内,以虚灵为未足,而别寻理义,分明是义外也。学问思辨行,正是虚灵用处,舍学问思辨行,亦无以为虚灵矣。

杂　言

心才定,便觉清明,须是静时多,动时少,虽动也,而心未尝不静焉,方是长进。

黄后峰书室对:"诚自不妄语始,学从求放心来。"

圣贤千言万语,无他,只教人求其放心而已。心才收敛,便觉定静清明,然后读书,讲明义理,方有顿放处。若此心已先驰骛飞扬,不能自制,而血气乘之以动,乍盈乍怯,乍作乍止,凡百所为,卒皆无成,其患有不可究言者已。

见处贵透彻,行处贵著实。

庄裕徐养斋先生问

徐问,字用中,号养斋,常之武进人。弘治壬戌进士。除广平推官,召为刑部主事,历车驾郎中,出知登州。调临、江二州,多盗,擒获略尽。筑江堤七十二处,以才略见称。积官至广东布政司。以右副都御史巡抚贵州,平蒙钺之乱。召为兵部侍郎,谢病归。起南京礼部,进户部尚书。卒,赠太子少保,谥庄裕。先生为旧论缠绕,故于存养省察,居敬穷理,直内方外,知行,无不析之为二,所谓支离之学,又从而为之辞者也。其《读书札记》第二册，单辟阳明，广中黄才伯促而成之。呜呼！其何损于阳明哉！

诸生李大经先生经纶

李经纶，字大经，建昌南丰人。生而有文在手，坟起如方印，读书好深湛之思，以理学自负。为诸生，值乡举，上书当道，言当待士以礼，无制士以苛法。藉令峻制苛法，尽革怀挟之弊，而使志行之士，如吴康斋、陈布衣者，睥睨其间，避匿而不肯出，无宁疏于防检，使志行士或由以进也。当道得其言而韪之。久之，弃举子业，精心著述，以《诗》三百篇，非夫子之旧，汉儒杂取逸诗以足其数，故无益于天德王治之粹者，削之，作《诗教考》。以《礼》有三：曰仪，曰曲，曰官。见诸动止食息日用伦常者，谓之曲；行之吉凶军宾嘉者，谓之仪；朝廷之制度，谓之官。《三礼考注》昧于经曲制度之节，混三为一，今为之分别，作《礼经类编》。王、湛二家之学盛行，先生弗以为是，作《卫道录》，作《大学稽中传》。念时无知者，闻罗整庵著《困知记》，辨心性之异，以辟王、湛大喜，上书以[1]质所学。整庵方自贵重，惩两家之聚生徒，各立门户，故少所容接。而先生之辞又过佻，遂沮抑之。先生乃大失望，走南都，谒祭酒黄泰泉。泰泉深契之，而与之讲乐律，然亦未遑张其学术也。其后东南中倭，天下颇汹汹，先生以为是司兵者不知兵也，修事务七事，诣抚按藩臬献之，竟不遇。中喝，卒于越道。

先生与王、湛异者，大旨只在穷理二字。然先生之所谓理者，制度文为，礼乐刑政，皆是枝叶边事，而王、湛之所谓理，则是根本。根本不出一心，由一心以措天地万物，则无所不贯，由天地万物以补凑此心，

---

[1] 原书有缺页。此处以下至此节末"仍是《困知》之馀论也"，据《明儒学案》及节本体例补。

乃是眼中之金屑也。先生之诚意,原以意非心之发也,是主宰乎知觉之中者也,颇与子刘子之言意相合。第子刘子之所谓主宰者,知觉之中自有主宰,先生谓主宰乎知觉之中者,则又立意以为之,仍是《困知》之馀论也。

诸 儒 学 案 下

中丞李谷平先生中

李中，字子庸，吉水人。谷平，其所居里名也。正德甲戌进士。授刑部主事。上疏谏武宗西僧出入禁内，宦官用事，谪通衢驿丞。文成起兵诛濠，使参军事，擢广东佥事，转广西左参议，寻以副使提督其省学校。丁内艰。再任，升浙江右参政、广东按察使。外艰。起复，转右布政使，不肯逢迎抚按，降四川右参政，移浙江按察使。以右佥都御史巡抚山东，先谒阙里。曲阜三氏学生，旧无廪，至先生始给之，曰："使东土人知天子敬学，庶其兴乎！"晋右副都御史，总督南京粮储。嘉靖壬寅十一月卒官，年六十五。

先生受学于杨玉斋之门。玉斋名珠，其学自传注以溯濂、洛，能躬理道，不苟荣势，贫老而无子，横经授徒，未尝见戚容。弟子出其门者，以解释考据为名家，然自谓所学不在是也。晚得先生与语，喜曰："吾学其有传人乎？吾本之明道，明道其醇者也，而吾未尝轻语人，验其资皆不足多也。圣人与人何异？亦为之而已矣。子勉之。"先生资质清苦，入仕十馀年，俸入不足以供朝夕。尝留门人饭，贷米乏薪，至爨家具,日暮矣,竟不及饭而别。故其所言,皆是得力处。以为"学只有存养,省察是存养内一件。儒者之学,理一而分殊,分不患其不殊,所难者理一耳"。若非工夫亲切,不敢如此道也。夫理不患其不一,所难者分殊耳。此李延平之言也。盖延平以救侗之失,而先生反之者,欲其事事从源头而出,以救零星装合之非。两家各有攸当,非与先儒为翻案耳。

谷 平 日 录

古之学者,只是诚实;今之学者,只是迁就。

听言可以观人,小人当未遇之时,见君子所为,亦有尊重兴起之意,是尚无利禄之深迷,而本心之明有不可掩者。及稍得利禄之谋,便志得意满,虽明知君子所为之是,恐其不便于己,必作为一种说话,以寓沮抑之意,宁欺己欺人不顾,此之谓失其本心。

人胸中除去一切闲思量,则天理自在,多少快活。

学之得与不得亦易见,此心洒然,而势利出脱,了无所系,此实得也。虽曰讲学,而势利缠绕,瞻前顾后,此无所得,只是说话。

孔子曰:"朝闻道,夕死可矣。"会得此意,则必终日乾乾,学惟为己而已,何处著得丝发为人之意哉?

恶念易去,妄念难去,人心无一念之妄,纯乎道矣。

学者至约工夫,只是常常提醒此心。

圣人用功,与学者一般,但有生熟之异,谓圣人不用功者,非也。盖人之心,犹舟之有柁,心一不存,则恶生,柁一不持,则舟覆。圣人即老于行船者,进退推移自然,而柁亦未尝离也。学者即学行船者,未免有把持著力之功,非自然而然也。一生熟之异,即尽圣人、学者用功之说。

今人乍见孺子将入于井,皆有怵惕恻隐之心,此便是善端发见处,人人皆有,但有间断,则若存若亡,不为己有。学者有此心,须充之到渊深塞实，方是有诸己。譬如栽一小树，恐牛羊牧之，大风摇之，须从四围作墙垣，以防牛羊，又时培土灌水，以备风日，则此树渐大，根渐深且实，虽无垣墙，牛羊风日，且如之何？如人善端发见，欲使之常存，必要去闲邪，邪闲则天理自存，存之之久，便到渊深塞实处。到此地位，则本体已复，实有诸己，彼富贵、贫贱、生死、祸福、得丧、夷狄、患难，若无与于己，岂能有以介吾意乎？学者须如此用力方可，闲邪非如何去闲，只是心正则邪自闲了，邪闲则诚存矣。闲邪存诚，是一件非有二也。右门人王龟年记。

佛氏曰定，明道亦曰定，佛氏曰惺惺，上蔡亦曰惺惺，何也？忘己耳。若灼然有以实见得吾心之体，有在于此，设以佛氏所尝语，反规规然而避之，是反涉于较计偏倚之私，而累其广大光明之量，其于斯道无我无物之体，不无有害。已上《答湛甘泉》。

今之以学自命者，人皆议其行事之谬，谓平日讲道学，而行事如此其伪也。愚以为不然，平日讲学，只成一个自私，而自以为天理，故其行事之谬者，非伪也，学术之差也。

文敏霍渭厓先生韬

霍韬，字渭先，始号兀厓，后更渭厓，广之南海人。目有重瞳。始就小学，即揭"居处恭"三字于壁，力行之。日诵数千言，一二岁间，诸经皆遍。登正德甲戌进士第。告归，读书西樵山中，无仕进意。嘉靖初，起为兵部职方主事，仍谢病归山。丙戌，升少詹事兼侍读学士。丁亥，进詹事。戊子，升礼部右侍郎、礼部尚书，皆辞免。庚寅，丁母忧。服阕，起吏部侍郎。丙申，出为南京礼部尚书。己亥，改礼部尚书，加太子少保掌詹事府事。庚子十月，卒于位，年五十四。赠太子太保，谥文敏。

先生以议大礼,与张、桂俱为上所宠眷。然张、桂赋性倾险,既躐取大位,仇视不同议之人。而先生举动光明,于不同议之人,如丰熙、杨慎、徐文华、唐枢、陆粲,皆极力荐举。其所论列,动关安危大计,在吏部则铨政为之一清,在礼部则南中体统肃然,风俗为之一变。为举主不认门生,居乡不喜治生,直行其道,不顾是非恩怨。魏庄渠曰:“兀厓之亡,于世道有大关系。”非虚语也。今以先生与张、桂同类并称,是先生为张、桂所掩也。独是与邃庵、桂洲相讦,皆以意气用事,乏中和之义,所谓豪杰而不圣贤者也。

先生荐文成,谓“臣不如也”,而于文成之学不能契。大意以知有圣人之知,有下愚之知,圣人之知则可致,下愚之知则无所不至矣。夫文成之所谓良知,即人人所同赋之性也,性之灵处即是知,知之不息处即是性,非因下愚而独无也,致者致此也。先生之所谓知,乃习染闻见之知也,恶得良? 故圣人与下愚,相去倍蓰无算,如何致之哉? 此真千里之谬矣。

文 敏 粹 言

初学刻励工夫,安得便自在快活,亦须勉强持守,习熟自别。

初学勿忧助长,只忧忘了,到有助长之病,又自有药。

学知为己真味,则知接人处事,有一毫不尽其心者,皆切己实病。

世有苟贱无耻之流,多借忍耐之说,以自蒙臭恶,可怜也,乃且曰道学如是。

考功薛西原先生蕙

薛蕙,字君采,号西原,亳州人。正德甲戌进士。授刑部主事。武庙南巡,抗疏谏。已,调吏部。大礼之议起,先生撰《为人后解》、《为人后辨》,奏入,下狱。寻复官,历考功司郎中而罢。嘉靖辛丑正月卒,年五十三。

先生初好养生家言,自是绝去文字,收敛耳目,澄虑默照。如是者若干年,而卒未之有得也。久之,乃悟曰:"此生死障耳,不足学。"然因是读《老子》及佛书,得其虚静慧寂之说,不逆于心。已而证之六经及濂、洛诸说,至于《中庸》"喜怒哀乐未发之谓中",曰:"是矣!是矣!"故其学以复性为要。未发之中,即性善也,情则始有善不善。圣人尽性,则寂多于感,众人私感不息,几于无寂。此言似是而非。夫性不可以动静言,濂溪之主静,无欲故静。又曰:"一者,无欲。"其非动静之静可知矣。孟子言性,多以情言,盖舍情无以见性,与诸子专向人生而静以上说性者不同。若止靠静中觉性,以为情发之张本,则一当事变纷纭,此体微薄,便霍然而散矣。一真一切真,无昼夜,无古今,无寂感,方可言性也。

文节舒梓溪先生芬

舒芬,字国裳,号梓溪,江西进贤人。正德丁丑进士第一人,授翰林修撰。孝贞太皇太后崩,上假视山陵之名,将微行宣府。先生上疏,谓谅闇之内,当深居九重,无复外出。孝贞主入,先生又言当从午门,不当从长安门。以《春秋》公薨书地不书地之法求之,则孝贞有不得正终之疑矣。己卯,上欲南巡,先生率同院诸公连名入谏。上怒,令跪门五日,杖三十,谪福建市舶副提举。嘉靖初,复原官。大礼议起,先生执为人后者为之子,不得顾私亲,三疏争之不得,乃偕同谏者哭于武庙。上震怒,杖如前。明年,母丧归。丁亥三月卒,年四十四。万历中,赠左谕德,谥文节。

先生以濂溪得斯道之正脉,故于《太极图说》为之绎义。然视太极若为一物,歧阴阳而二之,所以有天之太极,人之太极,物之太极,盖不胜其支离矣。于是将夫子之所谓"习相远"者,俱误认作性,以为韩子三品之论,言性庶为近之,是未窥濂溪之室者也。先生曾请文成书"拱把桐梓"一章,文成书至"至于身而不知所以养之者",顾先生而笑曰:"国裳读书,中过状元来,岂诚不知身之所以当养,还须读此乎?"

徵君来瞿塘先生知德

　　来知德,字矣鲜,号瞿塘,川之梁山人。十岁通举子业,举嘉靖壬子乡试,以终养不上公车。亲殁,庐墓六年,遂无宦情,至万县山中,潜心三十年,以求《易》象,著《错综图》,一左一右曰错,六爻相反,如乾、坤是也,一上一下曰综,反对如屯、蒙是也。以观阴阳之变化。著《黑白图》以验理欲之消长。万历壬寅,司马王象乾、中丞郭子章交荐,除授翰林院待诏,疏辞,令以原衔致仕。年八十卒。

　　先生之学,与程子、阳明有异同者二端:谓格物之物,乃物欲之物。物格而后知至,克己复礼为仁,养心莫善于寡欲:此三句话,乃一句话也。何也? 物也,己也,欲也,皆有我之私也。格也,克也,寡也,皆除去有我之私也。紫阳是说前一步工夫,阳明是说后一步工夫。谓明德即五达道也,自其共由于人谓之道,自其实得于己谓之德,自其通于天下曰达,自其昭于天下曰明,非有二物也,即敬止仁敬孝慈信之德也。言齐家,孝弟慈之德也;言治国,宜家人、宜兄弟父子足法之德也;言平天下,老老长长恤孤之德也。一部《大学》,绾结于此二字,不言道而言德者,有诸己而后求诸人也。此正五帝三皇以德服人之王道耳,若以人之所得乎天而虚灵不昧为明德,则尚未见之施为,以何事明明德于天下哉? 愚按以物为欲,《或问》中孔周翰已有是说,但孔以为外物之诱,先生以为有我之私,虽稍不同,然有我之私,未有不从外诱者也。夫格物为初下手工夫,学者未识本体,而先事于防欲,犹无主人而逐贼也。克己之主脑在复礼,寡欲之主脑在养心,格物即识仁也,即是主脑,不可与克己寡欲相例耳。明德为虚灵不昧,无一象之可言,而万象森然,此体不失,而行之君臣父子兄弟夫妇朋友之间,自无隔阂,故谓之达。故谓五达道在明德中则可,谓明德即五达道,则体用倒置矣。其论心学晦明,天实囿之,若是一阴一阳之道,继之者未必善矣。呜呼!人自囿之,而归咎于天,可乎?

卢冠岩先生宁忠

卢宁忠,字献甫,号冠岩,岭南人也。曾守东平,不详其所至官。先生受学于黄泰泉。泰泉议王、湛之学,而先生以不得及阳明之门为憾,于甘泉则书札往来,求教不一也。先生谓:"天地间有是气,则有是性,性为气之官,而纲维乎气者。"是矣。然不知此纲维者,即气之自为纲维,因而名之曰性也。若别有一物以为纲维,则理气二矣。又以诚意之意,是生理之初萌,纯粹至精,即周子诚神几之几也。其视意为有善有恶者,加功密矣,颇与子刘子之言意同。然子刘子以意蕴于心,知藏于心意中最初之机,则知善知恶之知,是意为存主,知为初萌。先生之所谓意,乃子刘子之所谓知也。虽同在未发之中,而其先后之序,有不容紊乱者。

侍郎吕心吾先生坤

吕坤,字叔简,号心吾,河南宁陵人。隆庆辛未进士。授襄垣知县,调大同,有人命坐抵,王山阴家屏欲缓其狱,不听。山阴入为吏部,语人曰："天下第一不受请托者，无如大同令也。"特疏荐之。升吏部主事，转至郎中，出为山东参政，历山西按察使、陕西布政使，以右副都御史巡抚山西，入协理院事，升刑院右侍郎，转左。每遇国家大议，先生持正，不为首鼠，以是小人不悦。先生尝为《闺范图说》，行之坊间，神宗颇喜小说院本及出像诸书，内侍陈矩因以《闺范》进览。神宗随赐皇贵妃郑氏。贵妃侈上之赐，制序重刊，颁之中外。时国本未定，举朝方集矢于郑氏，而不悦先生者，谓可藉手中以奇祸。给事中戴士衡劾先生假托《闺范图说》，包藏祸心。好事者又为《忧危竑议》，言先生以此书私通贵妃，贵妃答以宝镪五十、采币四端，易储之谋，不幸有其迹矣。戚臣郑承恩上疏辩冤，戍士衡。先生亦致仕不起，家居四十年。年八十三卒，赠刑部尚书。

先生资质鲁钝，少时读书，不能成诵，乃一切弃之，澄心体认，久之了悟，入目即不忘。年十五，读《性理书》，欣然有会，作《夜气钞》、《扩良心诗》。一生孜孜讲学，多所自得，大抵在思上做工夫，心头有一分检点，便有一分得处。盖从忧患中历过，故不敢任情如此。

呻　吟　语

"无所为而为"五字，是圣贤根源，学者入门念头，就要在这上做。今人说话，第二三句便落在有所为上，只为毁誉利害心脱不去，开口便是如此。

人才不甚相远，只看好学不好学，用心不用心耳。

以粗疏心看古人亲切之语，以烦燥心看古人静深之语，以浮泛心看古人玄细之语，以浅狭心看古人博洽之语，字意未解，句读未真，便加评骘，真孟浪人也。

一门人向予数四穷问：无极太极，及理气同异，性命精粗，性善是否。予曰："此等语亦能剿先儒之说，及一己之谬见，以相发明，然非汝今日急务。假若了悟性命，洞达天人，也只于性理书上添了某氏曰一段言语,讲学门中多了一宗卷案,后世穷理之人,信彼驳此,服此辟彼,百世后,汗牛充栋,都是这桩话说,不知于国家之存亡,万姓之生死,身心之邪正,见在得济否? 我只有个粗法子,汝只把存心、制行、处事、接物、齐家、治国、平天下,大本、小节,都事事心下信得过了,再讲这话不迟。

人各有抵死不能变之偏质,惯发不自由之熟病,要在有痛恨之志,密时检之功,总来不如沉潜涵养,病根久自消磨。然涵养中须防一件,久久收敛,衰歇之意多,发强之意少,视天下无一可为之事,无一可恶之恶,德量日以宽洪,志节日以摧折,没有这个,便是圣贤涵养,著了这个,便是释道涵养。以下《涵养》

涵养不定的,自初生至盖棺时,凡几变,即知识已到,尚保不定毕竟作何种人。所以学者要德性坚定,到坚定时,随常变穷达生死,只一般,即有难料理处,亦能把持。若平日不遇事时,尽算好人,一遇个小小题目,便考出本态,假遇着难者、大者,知成个甚么人? 所以古人不可轻易笑,恐我当此,未便在渠上也。

涵养要九分,省察只消一分,若没涵养,就省察得,也没力量降伏那私欲。

平居时有心切言,还容易,只是当喜怒爱憎时,发当其可,无一厌人语,才见涵养。

天地万物之理,皆始于从容,而卒于急促。急促者,尽气也;从容者,初气也。事从容,则有馀味;人从容,则有馀年。

心要有个着落,不着落到好处,便向不好处。以下《存心》

一善念发,未说到扩充,且先执持住,此万善之囤也。若随来随去,更不操存,此心如驿传然,终身无主人住矣。

只是心不放肆,便无过差;只是心不怠忽,便无遗忘。

只一事不留心,便有一事不得其理;一物不留心,便有一物不得其所。

一事不从心中出，便是乱举动；一刻心不在腔子里，便是空躯壳。

慎言动于妻子仆隶之间，检身心于食息起居之际，这工夫便密了。《修身》

懒散二字，立身之贼也，千德万业，日怠废而无成，千罪万恶，日横怒而无制，皆此二字为之。《居敬》

学者万病，只一个静字治得，定静中境界，与六合一般大，里面空空寂寂，无一个事物，才问他索时，般般足，样样有。以下《主静》

千纷百扰中，此心不乱，千挠百逆中，此气不动，此之谓至静。

喜来时一点检，怒来时一点检，怠惰时一点检，放肆时一点检，此是省察大条款。人到此多想不起，顾不得，一错了，便悔不及。若养得定了，得发而中节，无用此矣。《省察》

圣狂之分，只在苟不苟二字。

天下难降伏难管摄的，古今人都做得来，不为难事。惟有降伏管摄自家难，圣贤做工夫，只在这里。《克治》

世人喜言无好人，此孟浪语也。今且不须择人，只于市井稠人中，聚百人而各取其所长，人必有一善，集百人之善，可以为贤人。人必有一见，集百人之见，可以决大计。恐我于百人中，未必人人高出之也，而安可忽匹夫匹妇哉？以下《慎言》

清议酷于律令，清议之人酷于治狱之吏。律令所冤，赖清议以明之；清议所冤，万古无反案矣。是以君子不轻议人，惧冤之也。故此事得罪于天甚重。

对左右言，四顾无愧色，对朋友言，临别无戒语，可谓光明矣，胸中何累之有？

天下事，最不可先必而预道之，已定矣，临时还有变更，况未定者乎？故宁有不知之名，无贻失言之悔。

近世料度人意，常向不好边说去，固是衰世人心，无忠厚之意。然士君子不可不自责，若是素行孚人，便是别念头，人亦向好边料度。何

者？所以自立者足信也。《反己》

常看得自家未必是，他人未必非，便有长进。再看得他人皆有可取，吾身只是过多，便有长进。

凡人之为不善，其初皆不忍也，其后忍不忍半，其后忍之，其后安之，其后乐之，至于乐为不善，而后良心死矣。

别　　录

每日点检，要见这愿头自德性上发出，自气质上发出，自习识上发出，自物欲上发出，如此省察，久久自识得本来面目。

忠节鹿乾岳先生善继

鹿善继，字伯顺，号乾岳，北直定兴人。万历癸丑进士。授户部主事。辽左缺饷请帑，疏皆不行。会广东解金花银至，先生与司农议札，纳太仓，转发辽左而后上闻。上怒，降级调外任。先生因移疾去。金花银者，国初以备各边之缓急，俱解太仓，其后改解内府，宫中视为私钱矣。光庙御极，复官，改兵部主事。司马王象乾行边，请用废弁之以赃败者，耿职方不覆，司马又请旨，命司官不得违阻。先生寓书福清争之，无以夺也。高阳以阁臣督师，先生转员外郎中，皆在幕府。高阳解兵柄，先生亦罢归。家居四年。崇祯初，起为尚宝司卿，升太常寺少卿，未三载，复请告。九年七月，先生坚守定兴，城破死之。赠大理寺卿，谥忠节。

先生读《传习录》，而觉此心之无隔碍也。故人问其何所授受，曰："即谓得之于阳明可也。"先生与孙奇逢为友，定交杨忠愍祠下，皆慨然有杀身不悔之志。尝寄周忠介诗云："寰中第二非吾事，好向椒山句里寻。"首善书院之会，先生将入，闻其相戒不言朝政，不谈职掌，曰："离职掌言学,则学为无用之物,圣贤为无用之人矣。"遂不往。先生之学,颇近东林诸子,一无搀和夹杂,其斯谓之狂狷与?

总宪曹贞予先生于汴

曹于汴,字自梁,号贞予,平阳安邑人。登进士第。授淮安府推官,擢给事中。万历辛亥,京察,先生以吏科都给事中,与太宰孙丕扬主其事。是时昆宣传四明之衣钵,收召党与,皆以不谨坐罢,其党金明时、秦聚奎起而讦之,先生与太宰皆去,而朝中之朋党遂兴。光宗立,起太常少卿,屡迁佥都御史、吏部左侍郎。其推少宰也,先生陪冯恭定以上,而点用先生。盖小人知君子难进易退,一颠倒而两贤俱不安其位矣。崇祯初,召为左都御史。庚午致仕。卒于家,年七十七。

先生与冯应京为友,以圣贤之学相砥砺,请求兵农钱赋、边防水利之要。其耳目大概见之《实用编》。所言仁体,则是《西铭》之注疏也。木则不仁,不木则仁,即上蔡之以觉言仁也。以觉言仁,本是不差,朱子却以为非,谓知觉不可以求仁,仁然后有知觉。夫知觉犹喜怒哀乐也,人心可指,只是喜怒哀乐,喜怒哀乐之不随物而迁者,便是仁体。仁是后起之名,如何有仁方有知觉耶? 且上蔡之言知觉,觉其天地万物同体之原也。见得亲切,故又以痛痒言之。朱子强坐以血气之性。血气之性,则自私自利矣,恐非上蔡之所指也。

忠节吕豫石先生维祺

吕维祺,字介孺,号豫石,河南新安人。万历癸丑进士。除兖州推官,入为吏部主事。光、熹之际,上疏请慎起居,择近侍,防微杜渐,与杨左相唱和也。累转郎中。告归。崇祯初，起尚宝卿，再转太常卿。庚午，升南京户部右侍郎，兼右佥都御史，总督粮储。时边饷既借支，而纳户逋欠又多，积弊难清，上特敕，侵欺者五品以下就便提问。先生悉心筹画，解支有序。乃曰："昔人有言，人至察则无徒，第思国家多故，君父焦劳，为臣子者岂能自已？"升南京兵部尚书。贼犯凤陵，南京大震。先生寻以台省拾遗，落职为民。辛巳正月，雒阳陷，先生为贼所执。道遇福王，昂首谓王曰："死生命也，名义至重，无自辱。"已而贼害王，酌其血，杂鹿醢饮之，曰："此福禄酒也。"先生大骂死之。赠太子少保，谥忠节。逆奄之时，拆天下书院，以学为讳，先生与张抱初方讲于芝泉书院，几中危祸。在南都，立丰芑大社。归又立伊雒社，修复孟云浦讲会，中州学者多从之。尝言："一生精神，结聚在《孝经》，二十年潜玩躬行，未尝少怠。曾子示门人曰：'吾知免夫！'非谓免于毁伤，盖战兢之心，死而后已也。"若先生者，其见道未可知，庶几讲学而不伪者欤！

论 学 书

天下万世所以常存而不毁者，只为此道常存。此道之存，人心之所以不死也。使人心而死，则天地之毁也久矣。人心不死，而人人未能操存之，便厌厌无生意。所以持世之人，力为担任，将一副精神尽用之于此道。而卑者只役役于富贵功名，意见蹊径。其高者又耽入于悬虚，以为道更有在也。不知此道至平至易，见前即是，转疑即非，即人世之中，亦自有出世之法，非必尽谢绝人世而后为学也。世不难于出而难于入，出而不入，出而乃欲入，此幻与伪之为也。入而能出，此吾儒学问之所以异于二氏也。年兄云："即今亦自可学。"诚哉！即今亦自可学也。弟有联云："人只此人，不入圣，便作狂，中间难站脚；学须就学，昨既过，今又待，何日始回头？"故曰："才说姑待明日，便不可也。"自古圣学，何人不由学问涵养？而必曰生知云云，则自弃甚矣。只要认定一路，一直硬肩做去，日新不已，即吾侪自有圣谛，彼程、邵诸先觉，非人也乎哉？彼何以与天地不朽？而我辈空没没也。思念及此，有不愧汗浃趾者，岂人哉？然老兄之所以迟疑于其间者，得无谓今天下讲学者多伪也？不则，谓讲学与不讲者多分一畛域，恐吾涉于一边。噫！岂其然哉！讲学之伪，诚有之，然真者必于此出，以其伪而废真，何异于因噎废食。且天下之贪官綦多也，未闻以废仕进也。至于讲学之家，多分畛域，亦自有说，吾只见得吾身，非此无以为人，安身立命的的在此。世自有世之讲学，吾自有吾之讲学，所谓天渊悬隔者也。今天下禁讲学，而学会日盛，学会虽盛，而真实在此间做者甚少，弟之修复孟先生会，原自修复，不沾带世间一尘。近日敝邑及邻邑远近之士，觉彬彬兴起。今世风之坏也久，而人心日不古矣。以老兄之识力，辨此最易，如有意于此，固无事迟疑。孟子云："奚有于是，亦为之而已矣。"《与苏抑堂》

天下第一等事，是何人做？天下第一等人，是从何事做起？可惜终身憧憧扰扰，虚度光阴，到雨过庭空、风过花飞时，究竟携得甚物去？以此思之，何重何轻，何真何幻，何去何从，自有辨之者。然而眼界不开，由骨力不坚，骨力不坚，所以眼界愈不开。以此思之，学问下手处，可味也。而世往往目学问为伪、为迂，某谓世之学者，岂无伪哉？而真者固自真也。以伪为非，去其伪而可矣，至于学问不足经世，又何学之为？以此思之，学力事业非两事也。《与友人》

弟维祜问："讲学为人所非笑，何以处之？"曰："讲学不为世俗非笑，是为乡愿；讲学不到使非笑我者终心服我，是为乡人；讲学必别立崖岸，欲自异于世俗，是为隐怪；讲学不大昌其道于天下后世，以承先启后自任，以为法可传自励，是为半途之废。"《答问》一则

给事中郝楚望先生敬

郝敬，字仲舆，号楚望，楚之京山人。万历己丑进士。知缙云县，

调永嘉。入为礼科给事中,改户科。上开矿税,奄人陈增陷益都知县吴宗尧,逮问。先生劾增,申救宗尧,税奄鲁保、李道请节制地方有司,先生言:"地方有司,皇上所设以牧民者也,中使,皇上所遣以取民者也。今既不能使牧民者禁御其取民者,已为厉矣,而更使取民者箝制其牧民者,岂非纵虎狼入牢而恣其搏噬哉?"又劾辅臣赵志皋力主封贡;事败而不坐,鼠首观望,谋国不忠。于是内外皆怨。己亥大计,京朝官以浮躁降宜兴县丞,量移江阴知县。不为要人所喜,考下下,再降。遂挂冠而归,筑园著书,不通宾客。五经之外,《仪礼》、《周礼》、《论》、《孟》,各著为解,疏通证明,一洗训诂之气。

明代穷经之士,先生实为巨擘。先生以淳于髡先名实者为人,是墨氏兼爱之言,后名实者自为,是杨氏为我之言。战国仪、秦、鬼谷,凡言功利者,皆不出此二途。杨、墨是其发源处,故孟子言:"天下之言,不归杨,则归墨。"所以遂成战国之乱,不得不拒之。若二子徒有空言,无关世道,孟子亦不如此之深切也。此论实发先儒所未发。然以某论之,杨、墨之道,至今未熄。程子曰:"杨、墨之害,甚于申、韩,佛、老之害,甚于杨、墨。佛、老其言近理,又非杨、墨之比。"夫无所为而为之之为仁义,佛氏从死生起念,只是一个自为,其发愿度众生,亦只是一个为人,凭他说玄说妙,究竟不出此二途。其所谓如来禅者,单守一点精魂,岂不是自为? 其所谓祖师禅者,纯任作用,岂不是为人? 故佛氏者,杨、墨而深焉者也,何曾离得杨、墨窠臼? 岂惟佛氏? 自科举之学兴,儒门那一件不是自为为人? 仁义之道所以灭尽,某以为自古至今,只有杨、墨之害,更无他害。扬子云谓:"古者杨墨塞路,孟子辞而辟之,廓如也。"岂非梦语? 今人不识佛氏底蕴,将杨、墨置之不道,故其辟佛氏亦无关治乱之数,但从门面起见耳。彼单守精魂者,不过深山之木石,大泽之龙蛇,无容辟之;其纯任作用,一切流为机械变诈者,方今弥天漫地,杨、墨之道,方张而未艾也。呜呼! 先生之学,以下学上达为的,行之而后著,习矣而后察，真能行习，未有不著察者也。下学者行也，上达者知也，故于宋儒穷理主静之学，皆以为悬空著想，与佛氏之虚无，其间不能以寸。然按先生之下学，即先生所言之格物也，则先生于格物之前，又有一段知止工夫，亦只在念头上，未著于事为，此处如何下学？不得不谓之支离矣。

知　言

习气用事，从有生来已惯。拂意则怒，顺意则喜；志得则扬，志阻则馁。七情交逼，此心何时安宁？须猛力斡转习气，勿任自便。机括只在念头上挽回。假如怒时，觉心为怒动，即返观自性，觅取未怒时景象，须臾性现，怒气自平。喜时觉心为喜动，即返观自性，觅取未喜时景象，须臾性现，喜气自平。七情之发，皆以此制之，虽不如慎之未萌省力，然既到急流中，只得如此挽回。

但得闲时，则正襟默坐，体取未发气象，事至物来，从容顺应，尘劳旁午，心气愈加和平，不必临事另觅真宰。但能平心定虑，从容顺应，即此顺应者，即是主宰，多一层计较，多一番劳扰。

谏议吴朗公先生执御

吴执御，字朗公，台州人也。崇祯间，由进士擢刑科给事中。初入考选，宜兴令其私人李元功邀致之，先生不往。御史袁弘勋、金吾张道濬，搏击善类，太宰王永光主之，先生劾其诲贪崇墨，宜避贤路，永光寻罢。上忧兵饷缺额，先生言：“今日言饷，不在创法，而在择人。诚令北直、山西、陕西，凡近边州县，罢去遏茸之辈，敕吏部精择进士，尽行改选，畀以本地钱粮，便宜行事，各随所长，抚吾民，练士兵，饷不取偿于司农，兵不借援于戍卒，计无便于此。”不听。又劾宜兴“塘报、奏章，一字涉盗贼,一字涉边防,辄借军机密封下部,明畏廷臣摘其短长,他日败可以捷闻,功可以罪按也。词臣黄道周清严不阿,欲借试录处之,未遂其私,则迁怒仪部黄景昉楚录,箴砭异同,必欲斥之。李元功、蒋福昌等,夙夜入幕,私人如市,此岂大臣壁立千仞,不逐群小之所为哉?"奏上,上切责之。先生再劾三劾,俱留中。凡先生所言皆时局小人之深忌。已而先生奏荐刘忠端、曹于汴,并及御史迟大成所举之姜曰广、文震孟,中允倪元璐所举之黄道周。上责其徇滥。御史吴彦芳言:"正人蠖伏尚多,邪类鹓班半据。"荐曹于汴、李邦华、李瑾,劾吕纯如、章光岳。上以朋比,下先生与彦芳于刑部,坐奏事上书,诈不以实律,杖徒三年。兵部员外郎华允诚劾温体仁与闵洪学,同邑相依,驱除异己,而吴执御之处分,遂不可解矣。未几,先生亦卒。有《江庐独讲》一编。其学大都以立诚为本,而以《坤》二爻为入门,因合之《乾》三爻,深佩宋儒居敬穷理之说,至海门言求己处,亦笃信不疑。故于克己闲邪,谓不当作去私说,虽未洞见道体,独契往圣,而一种担当近理之识,卓然躬行君子也。

忠烈黄石斋先生道周

黄道周,字幼玄,号石斋,福之镇海卫人。家贫,时时挟策远游,读书罗浮山,山水暴涨,堕涧中,溯流而入,得遇异人,授以读书之法,过目不忘。登天启壬戌进士第,选庶吉士,散馆补编修,即以终养归。寻丁内艰,负土筑墓,终丧丙舍。

崇祯庚午,起原官。小人恨钱龙锡之定逆案,借袁崇焕边事以陷之,下狱论死。先生抗疏颂冤,诏镌三级。陛辞,因言《易》数,皇上御极之元,当《师卦》上九,"开国承家,小人勿用",以讽首辅温体仁,削籍为民。丙子起右中允,上言慎喜怒,省刑罚,即如郑鄤杖母之狱,事属暧昧，法不宜坐。奉旨切责。丁丑，进左春坊左谕德，大学士张至发选东宫官属，不及先生。杨廷麟等之直讲读者以让先生。至发曰："道周意见不无少偏，近日疏三罪、四耻、七不如，有不如郑鄤之语，蔑伦杖母，明旨煌煌，鄤何如人？而自谓不如，是可为元良辅导乎？"给事中冯元飚言："道周忠足以动圣鉴，而不能得执政之心，恐天下后世，有以议阁臣之得失也。"

戊寅，进少詹事，兼翰林院侍讲学士。上御经筵，问："保举考选，孰为得人？"先生对："树人如树木，须养之数十年，始堪任用。近来人才远不及古，况摧残之后，必须深加培养。"上又问，对曰："立朝之才，存乎心术；治边之才，存乎形势。先年督抚未讲形势要害，浪言剿抚，随寇团走，事既不效，辄谓兵饷不足。其实新旧饷约千二百万，可养四十万之师，今宁、锦三协，兵仅十六万，似不烦别求，以供剿寇之用也。"未几，杨嗣昌夺情入阁，陈新甲夺情起宣、大总督，方一藻以辽抚议和。先生具三疏，一劾嗣昌，一劾新甲，一劾一藻。七月己巳，上召先生至平台，问曰："朕自经筵，略知学问。无所为而为之，谓天理；有所为而为之，谓人欲。尔疏适当枚卜之后，果无所为乎？"对曰："臣无所私。"上曰："前月二十八日，推陈新甲，何不拜疏？"对曰："御史林兰友、给事何楷，皆有劾疏，以同乡恐涉嫌疑耳。"上曰："今遂无嫌乎？"曰："天下纲常，边疆大计，失今不言，后将无及矣。臣所惜者，纲常名义，非私也。"上曰："知尔素有清名，清虽美德，不可傲物遂非。唯伯夷为圣之清，若小廉曲谨，不受馈遗，此可为廉，未可为清也。"对曰："伯夷全忠孝之节，孔子遂许其仁。"上以为强说。嗣昌出辩曰："臣不生于空桑，岂遂不知父母？臣尝再辞，而明旨敦迫甚至，臣父而在，且不敢自有其身，况敢有其子乎？道周学行人宗，臣实仰企。今乃谓不如郑鄤，臣始太息绝望。鄤之杖母，行同枭獍，道周又不如鄤，何言纲常耶？"先生曰："臣言文章不如郑鄤。"上责其朋比，对曰："众恶必察，岂得为比？"先生又曰："古人对仗读弹文，嗣昌身为大臣，理宜待罪，岂得出而角口?"于是嗣昌引退。上曰:"尔不宜诽谤大臣。"对曰:"臣与嗣昌比肩事主,何嫌何忌而不尽言?"上曰:"孔子诛少正卯,当时亦称闻人,惟以心逆而险,行僻而坚,言伪而辩,顺非而泽,记丑而博,不免孔子之诛。今之人率多类此。"对曰:"少正卯心在欺世盗名,臣之心在明伦笃行。"上以褊激恣口,叱之去。先生曰:"臣今不尽言,则臣负陛下;陛下今日杀臣,则陛下负臣。"上曰:"尔读书有年,只成佞口。"先生又为上辩忠佞者久之,上怒甚,然亦夺于公议,止谪江西布政司知事。盖上素知先生清苦无私。第三疏在枚卜之后,小人中之者,谓当枚卜之时,隐忍不言,睥睨宣麻,宣麻不得,由是发愤耳。上入此间,亦遂疑先生平生言行之出于伪也。先是五月间,先生草劾一藻、新甲二疏,俾长班投会极门,长班恐疏上必败枚卜,乃驾言会极门中官索钱,先生无以应。至会推旨下,长班绝望,始并投三疏,故小人有此揣摩。彼小人之识见,亦犹夫长班之识见也。

　　庚辰,江西巡抚解学龙疏荐地方人才,谓先生堪任辅导。上怒其朋比,逮先生及解抚,廷杖之,下刑部狱。户部主事叶廷秀、太学生涂仲吉,上书讼先生,皆廷杖。先生在狱中,同狱者多来问学,侦事者上闻,词连黄文焕、陈天定、文震亨、孙嘉绩、杨廷麟、刘履丁、董养河、田诏。上使镇抚司杂治之,连及者既不承,至有戟手而詈者,诸人皆返刑部,而先生改下北寺。当是时,告讦公行,小人创为福党之说,以激上怒,必欲杀先生而后已。司寇刘泽深拟烟瘴遣戍,再奏不允。宜兴出山,天下皇皇,以出先生望之。辛巳十二月,戍辰州卫。一日上御经筵,叹讲官不学,宜兴进曰:"惟黄道周,识虽偏而学则长。"次辅蒋八公因言道周贫且病,乞移近戍。宜兴曰:"皇上无我之心,有同天地,既道周有学,便可径用,何言移戍?"上笑而不言。既退,即御书原官起用。未上而京师陷。南渡,起礼部尚书,掌詹事府事。寻以祭告禹陵出,栖迟浙水。

　　国亡之后,奉思文入福,遂首政府。是时政由郑氏,祭则寡人。赐宴大臣，郑氏欲居第一，先生谓祖制武职无班文官右者，相与争执。郑氏辞屈，嫌隙遂成。先生视郑氏殊无经略之志，自请出关，然不能发其一甲，转其斗粟，徒以忠义激发，旬月之间，揭竿云集。先生亲书告身奖语，给为公赏，得之者，荣于诰敕。从广信抵衢州，为其门人所绐，至婺源明堂里见执，系尚膳监，绝粒十四日不死。引磬又不殊。丙戌三月七日兵解，年六十二。

先生深辨宋儒气质之性之非，气有清浊，质有敏钝，自是气质，何关性上事？性则通天彻地，只此一物，于动极处见不动，于不睹不闻处见睹闻，著不得纤毫气质。宋儒虽言气质之性，君子有弗性焉。毕竟从夹杂中辨别精微，早已拖泥带水去也。故知先生之说为长，然离心之知觉，无所为性，离气质亦无所为知觉，如此以求尽性，未免易落悬想。有先生之学，则可；无先生之学，尚须商量也。

忠节金伯玉先生铉

金铉，字伯玉，其先武进人，后籍顺天。崇祯戊辰进士。就扬州教职，转国子博士，升工部主事。奄人张彝宪总理户、工二部，欲以属礼待同官。先生累疏争之，遂引疾归。彝宪奏弹落职。读书十二年。甲申二月，起补兵部主事，巡视皇城。贼陷大同，先生请撤宣府监视中官，恐于中掣肘，不无偾事之虞，专任抚臣，贼骑未便窥宣也。不报。已而宣之迎贼者，果中官杜勋也。京城失守，先生朝服拜母而哭曰："职在皇城，他非死所。"至御河投水而死，年三十五。母夫人章氏亦投井死。初先生巡视，每过御河，辄流连不能去，尝归以语弟，至是而验。先生卒后，家人简其书籍，壬午七月晦日，读《邵子》，记其后曰："甲申之春，定我进退，进虽遇时，外而弗内，退若苦衷，远而弗滞。外止三时，远不卒岁，优哉游哉，庶没吾世。"先生未必前知,然真识所至,自能冥契后来,不足异也。先生曾问学于蕺山先师,某过其家,门巷萧然,残杯冷炙,都中缙绅之士,清修如先生者,盖仅见耳。

语　　录

事来我应,皆分所当为,此不可生厌弃心。至于本无一事,我心强要生出事来,此便是憧憧往来。

境遇艰苦时,事物劳攘时,正宜提出主宰,令本体不为他物所胜。此处功夫,较之平常百倍矣。不然,平常工夫,亦未到妥贴处。

一事不可放过,一念不可放过,一时不可放过,勇猛精进,处处见有善可迁,有过可改,方是主一工夫。

中丞金正希先生声

金声,字正希,徽之休宁人。崇祯戊辰进士。改庶吉士。己巳十一月,京师戒严,上焦劳失措。先生新被知遇,不忍坐视,因言:"通州、昌平为京师左右翼,宜以重兵犄角。天津漕粮凑集,防御尤急。未敢谓见将足任也。草泽义士,曰申甫,朝士多知之,屡荐未用,愿仗陛下威灵,用申甫练敢战之士,以为披亢捣虚之举。"疏入,立召申甫,授都指挥佥书副总兵,以先生兼山东道御史,监其军。申甫本游僧,尝夜观乾象,语朝士云:"木星入太微垣帝座前,患在逾旬。"未几而兵动,故先生信之。申甫造战车,既仓卒取办,而所给军士,又多募自街儿丐户。十二月丁卯,以七千人战于芦沟桥,大师绕出车后,车不得转,全军覆没。先生亦遂谢归。流贼震惊,先生团练义勇以保乡邦。癸未春,凤督马士英调黔兵剿寇,肆掠新安。先生率乡勇尽歼之。士英劾奏,有旨逮问。先生于道上疏,言士英不能节制兵卒。上直先生,召复原官。

会母卒，未上而国变。南渡，升右佥都御史，先生不出。士英深忌之。凡马、阮所仇之君子，多避地焉。国亡后，先生城守如故，及新安破，执至白下刃之，赋诗云："九死靡他悲烈庙，一师无济负南阳。"读者悲之。南阳乃思文初封地也。

　　先生精于佛学，以无心为至，其除欲力行，无非欲至于无心也。充无心之所至，则当先生所遇之境，随顺万事而无情，皆可以无心了之。而先生起炉作灶，受事慷慨，无乃所行非所学欤？先生有言："不问动静，期于循理。"此是儒家本领，先生杂之佛学中，穿透而出，便不可为先生事业纯是佛家种草耳。然先生毕竟有葱岭习气者，其言逆境之来，非我自招，亦是天心仁爱之至，未尝不顺之，而顺乃不过为"无可奈何而安之若命"作一注疏。圣门之学，但见一义字，义当生自生，义当死自死，初不见有生死顺逆也。

辅臣朱震青先生天麟

　　朱天麟，字震青，吴之昆山人。崇祯戊辰进士。其乡试出先忠端之门。授饶州府推官。选为翰林院编修，从亡，司票拟，罢官而卒。先生专志读书，好深湛之思，以僻书怪事、子虚乌有诠《易》，读之汗漫恍惚，而实以寓其胸中所得，有蒙庄之风焉。与人言，蝉联不自休，未尝一及世事。明末，士大夫之学道者，类入宗门，如黄端伯、蔡懋德、马世奇、金声、钱启忠皆是也。先生则出入儒、释之间。诸公皆以忠义垂名天壤。夫宗门无善无不善，事理双遣，有无不著，故万事瓦裂。恶名埋没之夫，一入其中，逍遥而便无愧作。诸公之忠义，总是血心未能融化，宗风未许谓之知性。后人见学佛之徒，忠义出焉，遂以此为佛学中所有，儒者亦遂谓佛学无碍于忠孝，不知此血性不可埋没之处，诚之不可掩。吾儒真种子，切勿因诸公而误认也。

徵君孙钟元先生奇逢

孙奇逢，字启泰，号钟元，北直容城人。举乡书。初尚节侠，左忠毅、魏忠节、周忠介之狱，先后为之顿舍其子弟，与鹿忠节之父，举幡击鼓，敛义士之钱以救之。不足，则使其弟启美匹马走塞外，求援于高阳。逆奄之焰，如火之燎原，先生焦头烂额，赴之不顾也。燕赵悲歌慷慨之风久湮，人谓自先生而再见。家有北海亭，名称其实焉。其后一变而为理学，卜居百原山，康节之遗址也。其乡人皆从而化之。先生家贫，遇有宴会，先时萧然一榻耳，至期则椅桌瓶罍，不戒而集。北方之学者，大概出于其门。先生之所至，虽不知其浅深，使丧乱之馀，犹知有讲学一脉者，要不可泯也。所著大者有《理学宗传》，特表周元公、程纯公、程正公、张明公、邵康节、朱文公、陆文安、薛文清、王文成、罗文恭、顾端文十一子为宗，以嗣孟子之后，诸儒别为考以次之，可谓别出手眼者矣。岁癸丑，作诗寄羲，勉以蕺山薪传，读而愧之。时年九十矣，又二年卒。

岁　寒　集

问做人，曰："饥饿穷愁困不倒，声色货利侵不倒，死生患难考不倒，而人之事毕矣。"或曰："士不可小自待，不惟不宜让今人，并不宜让古人。"予谓："士不宜过自恃，不惟宜让古人，并宜让今人。无一人不在其上，则无一人不出其下矣；无一人不在其下，则无一人不出其上矣。十年不能去一矜字，此病不小。"

成缺在事不在心，荣辱在心不在事。

念庵云："戒慎不睹，恐惧不闻，此孔门用工口诀也。"白沙云："戒慎恐惧，所以防存之，而非以为害也。"白沙是对积学之人说，念庵是对初学之人说。徒饰于共见共闻之际，而隐微未慊，只自欺之小人；致谨于十目十手之严，而局蹐太甚，终非成德之君子。二公各有对症之药。

人生在世，逐日扰攘，漫无自得，寻其根源，除怨天尤人，别无甚事。

东 林 学 案

　　今天下之言东林者，以其党祸与国运终始，小人既资为口实，以为亡国由于东林，称之为两党。即有知之者，亦言东林非不为君子，然不无过激，且依附者之不纯为君子也，终是东汉党锢中人物。嗟乎！此睞语也。东林讲学者不过数人耳，其为讲院，亦不过一郡之内耳。昔绪山、二溪，鼓动流俗，江、浙、南畿所在设教，可谓之标榜矣。东林无是也。京师首善之会，主之为南皋、少墟，于东林无与。乃言国本者谓之东林，争科场者谓之东林，攻逆奄者谓之东林，以至言夺情奸相讨贼，凡一议之正，一人之不随流俗者，无不谓之东林，若似乎东林标榜，遍于域中，延于数世，东林何不幸而有是也？东林何幸而有是也？然则东林岂真有名目哉？亦小人者加之名目而已矣。论者以东林为清议所宗，祸之招也。子言之"君子之道，辟则坊与"，清议者天下之坊也。夫子议臧氏之窃位，议季氏之旅泰山，独非清议乎？清议熄而后有美新之上言，媚奄之红本，故小人之恶清议，犹黄河之碍砥柱也。熹宗之时，龟鼎将移，其以血肉撑拒，没虞渊而取坠日者，东林也。毅宗之变，攀龙髯而蓐蝼蚁者，属之东林乎？属之攻东林者乎？数十年来，勇者燔妻子，弱者埋土室，忠义之盛，度越前人，犹是东林之流风馀韵也。一堂师友，冷风热血，洗涤乾坤，无智之徒，窃窃然从而议之，可悲也夫！

端文顾泾阳先生宪成

顾宪成，字叔时，别号泾阳，常之无锡人。父学，四子，先生次三，其季允成也。先生年十岁，读韩文《讳辩》，遂宛转以避父名，遇不可避者，辄郁然不乐。父谓之曰："昔韩咸安王命子勿讳忠，吾名学，汝讳学，是忘学也。"年十五六，从张原洛读书。原洛授书，不拘传注，直据其所自得者为说，先生听之，辄有会。讲《论语》至"问禘"章，先生曰："惜或人欠却一问，夫子不知禘之说，何以知知其说之于天下乎？"讲《孟子》至"养心莫善于寡欲"，先生曰："寡欲莫善于养心。"原洛曰："举子业不足以竟子之学，盍问道于方山薛先生乎？"方山见之，大喜，授以考亭《渊源录》，曰："洙泗以下，姚江以上，萃于是矣。"万历丙子举乡试第一，庚辰登进士第。授户部主事。时江陵当国，先生与南乐魏允中、漳浦刘廷兰风期相许，时称为三解元。上书吴县，言时政得失，无所隐避。江陵谓吴县曰："闻有三元会，皆贵门生，公知之乎？"吴县以不知对。江陵病，百官为之斋醮，同官署先生名，先生闻之，驰往削去。壬午，转吏部，寻告归。丙戌，除验封司主事。明年，大计京朝官，左都御史辛自修刚方，为娄江所忌。工部尚书何起鸣在拾遗中，或恚之曰："公何不讦辛，与之同罢，相君且德公矣。"起鸣如其恚，给事并论辛、何，辛、何果同罢。先生上疏，分别君子、小人，刺及执政，谪桂阳州判官。柳子厚、苏子瞻、庄定山曾谪桂阳，先生以前贤过化之地，扁所居曰愧轩。戊子移理处州，明年丁忧。辛卯补泉州，寻擢考功司主事。三王并封，诏下，先生率四司争之，疏九不可，得止。癸巳内计，太宰孙清简、考功郎赵忠毅，尽斥小人，朝署为之一清。政府大恚。忠毅降调外任。先生言："臣与南星同事，南星被罪，臣独何辞以免？"不报。转稽勋司。适邹忠介请去，娄江言文书房传旨放去。先生曰："不然。若放去果是，相国宜成皇上之是，该部宜成相国之是；若放去为非，相国不宜成皇上之罪，该部不宜成相国之非。"娄江语塞。自严嵩以来，内阁合六部之权而揽之，吏部至王国光、杨巍，指使若奴婢，陆五台始正统均之体，孙清简守而不变。娄江于是欲用罗万化为冢宰，先生不可，卒用陈恭介。娄江谓先生曰："近有怪事，知之乎？"先生曰："何也？"曰："内阁所是，外论必以为非；内阁所非，外论必以为是。"先生曰："外间亦有怪事。"娄江曰："何也？"曰："外论所是，内阁必以为非；外论所非，内阁必以为是。"相与笑而罢。升文选司郎中。当是时，推用君子，多不得志，娄江一切归过于上。先生乘娄江假沐之间，悉推君子之久诎者，奏辄得可。娄江无以难也。会推阁员，娄江复欲用罗万化，先生又不可。与太宰各疏所知七人，无不合者，太宰大喜，上之。七人者，多不为时论所喜，而召旧辅王山阴，尤娄江之所不便也。遂削先生籍。

戊戌，始会吴中同志于二泉。甲辰，东林书院成，大会四方之士，一依《白鹿洞规》。其他闻风而起者，毗陵有经正堂，金沙有志矩堂，荆溪有明道书院，虞山有文学书院，皆捧珠盘，请先生莅焉。先生论学，与世为体，尝言："官辇毂，念头不在君父上；官封疆，念头不在百姓上；至于水间林下，三三两两，相与讲求性命，切磨德义，念头不在世道上：即有他美，君子不齿也。"故会中亦多裁量人物，訾议国政，亦冀执政者闻而药之也。天下君子以清议归于东林，庙堂亦有畏忌。四明乱政，附四明者多为君子所弹射，四明度不能留，遂计挈归德同去，以政授之朱山阴。山阴懦且老，不为众所惮。于是小人谋召娄江，以中旨下之。而于东阿、李晋江、叶福清亦同日拜焉。晋江独在京师，得先入。娄江方引故事，疏辞。先生为文二篇，号《梦语》、《寐语》，讥切之。江西参政姜士昌，以庆贺入，遂疏"锡爵再居相位，偏愎忌刻，摧抑人才，不宜复用。"语连廷机，大抵推先生旨也。东阿以拜官之日卒，不与政。福清素无根柢于旧相，特为东林所期许，得入。戊申，诏起先生南京光禄少卿,乞致仕。时考选命下,新资台谏,附和东林者十八九,益相与咀嚼娄江。山阴、晋江不得在位,其党斥逐殆尽,而福清遂独秉政。海内皇皇,以起废一事望之,福清度不能请,请亦不力也。未几而淮抚之争起。淮抚者,李三才,以豪杰自许,一时君子所属望为冢宰总宪者也。小人畏之特甚,遂出奇计攻之。先生故友淮抚,会富平复起为太宰。富平前与沈嘉禾争丁右武计事,分为两党。先生移书劝之,欲令洒濯嘉禾,引与同心,则依附者自解,且宜拥卫淮抚,勿堕壬人计。富平不省。而好事者遂录其书传天下,东林由是渐为怨府。辛亥,内计,富平斥昆、宣党魁七人,小人喑喑而起。仪部丁长孺抗言七人宜斥,救者非是。仪部又先生之门人也。壬子五月,先生卒,年六十三。先生卒后,福清亦罢相。德清用事,台谏右东林者并出,他傍附者皆以为法,谪向之罪申、王、沈、朱者,不复口及,而东林独为天下大忌讳矣。天启初,诸正人稍稍复位。邹忠介请录遗贤,赠太常寺卿。逆奄之乱,小人作《东林点将录》、《天鉴录》、《同志录》以导之,凡海内君子,不论有无干涉,一切指为东林党人。以御史石三畏言,削夺先生。崇祯二年,赠吏部右侍郎,谥曰端文。

先生深虑近世学者乐趋便易,冒认自然,故于不思不勉,当下即是,皆令究其源头,果是性命上透得来否?勘其关头,果是境界上打得过否?而于阳明无善无恶一语,辨难不遗馀力,以为坏天下教法,自斯言始。按阳明先生教言:"无善无恶心之体,有善有恶意之动,知善知恶是良知,为善去恶是格物。"其所谓无善无恶者,无善念恶念耳,非谓性无善无恶也。有善有恶之意,以念为意也;知善知恶非意,动于善恶,从而分别之,为知。好善恶恶,天命自然,炯然不昧者,知也,即性也。阳明于此加一良字,正言性善也。为善去恶,所谓有不善未尝不知,知之未尝复行也。良知是本体,天之道也;格物是工夫,人之道也。盖上二句浅言之,下二句深言之,心意知物只是一事。今错会阳明之立论,将谓心之无善无恶是性,由是而发之为有善恶之意,由是而有分别其善恶之知,由是而有为善去恶之格物,层层自内而之外,使善恶相为对待,无善无恶一语,不能自别于告子矣。阳明每言:"至善是心之本体。"又曰:"至善只是尽乎天理之极,而无一毫人欲之私。"又曰:"良知即天理。"其言天理二字,不一而足,乃复以性无善无不善,自堕其说乎? 且既以无善无恶为性体,则知善知恶之知,流为粗几,阳明何以又言良知是未发之中乎? 是故心无善念、无恶念,而不昧善恶之知,未尝不在此至善也。钱启新曰:"无善无恶之说,近时为顾叔时、顾季时、冯仲好明白排决不已,不至蔓延为害。"当时之议阳明者,以此为大节目,岂知与阳明绝无干涉。呜呼!《天泉证道》,龙溪之累阳明多矣。

小心斋札记

程子每见人静坐,便叹其善学。罗豫章教李延平于静中看喜怒哀乐气象。至朱子又曰:"只理会得道理明透,自然是静,不可去讨静坐。"三言皆有至理,须参合之始得。

《识仁》说曰"仁者浑然与物同体",只此一语已尽,何以又云"义礼智信皆仁也?"及观世之号为识仁者,往往务为圆融活泼,以外媚流俗,而内济其私,甚而蔑弃廉耻,决裂绳墨,闪烁回互,诳己诳人,曾不省义礼智信为何物,犹偃然自命曰仁,然后知程子之意远矣。

丙戌,余晤孟我疆,我疆问曰:"唐仁卿伯元何如人也?"余曰:"君子也。"我疆曰:"何以排王文成之甚?"余曰:"朱子以象山为告子,文成以朱子为杨、墨,皆甚辞也,何但仁卿?"已而过仁卿,述之。仁卿曰:"固也,足下不见世之谈良知者乎? 如鬼如蜮,还得为文成讳否?"余曰:"《大学》言致知,文成恐人认识为知,便走入支离去,故就中间点出一良字。孟子言良知,文成恐人将这个知作光景玩弄,便走入玄虚去,故就上面点出一致字。其意最为精密。至于如鬼如蜮,正良知之贼也,奈何归罪于良知? 独其揭无善无恶四字为性宗,愚不能释然耳。"仁卿曰:"善。早闻足下之言,向者从祀一疏,尚合有商量也。"

人须是一个真,是非之心,人皆有之,只以不真之故,便有夹带。是非太明,怕有通不去合不来的时节,所以须要含糊。少间,又于是中求非,非中求是,久之且以是为非,以非为是,无所不至矣。

迩来讲《识仁说》者,多失其意。"仁者浑然与物同体,义礼智信皆仁也",此全提也。今也于"浑然与物同体",则悉意举扬;于"义礼智信皆仁也",则草草放过。"识得仁体,以诚敬存之而已,不须防检,不须穷索",此全提也。今也于"不须防检,不须穷索",则悉意举扬,于"诚敬存之",则草草放过。若是者,非半提而何?既于义礼智信放过,即所谓浑然与物同体者,亦只窥见优统意思而已。既于诚敬存之放过,即所谓不须防检、穷索者,亦只窥见脱洒意思而已。是并其半而失之也。

康斋《日录》有曰:"君子常常吃亏,方做得。"览之惕然有省,于是思之曰:"夫子之道,忠恕而已矣,忠恕之道,吃亏而已矣;颜子之道,不校而已矣,不校之道,吃亏而已矣;孟子之道,自反而已矣,自反之道,吃亏而已矣。"

史际明曰:"宋之道学,在节义之中;今之道学,在节义之外。"予曰:"宋之道学,在功名富贵之外;今之道学,在功名富贵之中。在节义之外,则其据弥巧;在功名富贵之中,则其就弥下。无惑乎学之为世诟也。"

罗近溪以颜山农为圣人,杨复所以罗近溪为圣人,李卓吾以何心隐为圣人。

管东溟曰:"凡说之不正而久流于世者,必其投小人之私心,而又可以附于君子之大道者也。"启超案:举今道德说之理,颇似此否? 愚窃谓无善无恶四字当之。何者? 见以为心之本体,原是无善无恶也,合下便成一个空。见以为无善无恶,只是心之不著于有也,究竟且成一个混。空则一切解脱,无复挂碍,高明者入而悦之,于是将有如所云"以仁义为桎梏,以礼法为土苴,以日用为缘尘,以操持为把捉,以随事省察为逐境,以讼悔迁改为轮回,以下学上达为落阶级,以砥节砺行、独立不惧为意气用事"者矣。混则一切含糊，无复拣择，圆融者便而趋之，于是将有如所云"以任情为率性，以随俗袭非为中庸，以阉然媚世为万物一体，以枉寻直尺为舍其身济天下；以委曲迁就为无可无不可，以猖狂无忌为不好名，以临难苟安为圣人无死地，以顽钝无耻为不动心"者矣。由前之说，何善非恶？由后之说，何恶非善？是故欲就而诘之，彼其所占之地步甚高，上之可以附君子之大道。欲置而不问，彼其所握之机缄甚活，下之可以投小人之私心，即孔、孟复作，亦奈之何哉！

语本体只是性善二字，语工夫只是小心二字。

商　　语

丁长孺曰："圣贤无讨便宜的学问。学者就跳不出安饱二字，犹妄意插脚道中，此讨便宜的学问也。"

当　下　绎

平居无事，不见可喜，不见可嗔，不见可疑，不见可骇，行则行，住则住，坐则坐，卧则卧，即众人与圣人何异？至遇富贵，鲜不为之充诎矣；遇贫贱，鲜不为之陨获矣；遇造次，鲜不为之扰乱矣；遇颠沛，鲜不为之屈挠矣。然则富贵一关也，贫贱一关也，造次一关也，颠沛一关也。到此直令人肝腑具呈，手足尽露，有非声音笑貌所能勉强支吾者。故就源头上看，必其无终食之间违仁，然后能于富贵、贫贱、造次、颠沛，处之如一；就关头上看，必其能于富贵、贫贱、造次、颠沛，处之如一，然后算得无终食之间违仁耳。

忠宪高景逸先生攀龙

高攀龙，字存之，别号景逸，常州之无锡人。万历已丑进士。寻丁嗣父忧。服阕，授行人。时四川佥事张世则上疏，谓程、朱之学不能诚意，坏宋一代之风俗。进所著《大学古本初义》，欲施行天下，一改章句之旧。先生上疏驳之，寝其进书。娄江再入辅政，驱除异己六十馀人。以赵用贤望重，示意郑材、杨应宿，讦其绝婚，去之。先生劾锡爵声音笑貌之间，虽示开诚布公之意，而精神心术之微，不胜作好作恶之私。谪揭阳，添注典史，半载而归。遂与顾泾阳复东林书院，讲学其中。每月三日，远近集者数百人，以为纪纲世界，全要是非明白。小人闻而恶之，庙堂之上，行一正事，发一正论，俱目之为东林党人。天启改元，先生在林下已二十八年，起为光禄寺丞，升少卿，署寺事。孙宗伯明《春秋》之义，劾旧辅方从哲。先生会议，持之益力。转太常、大理，晋太仆卿。乞差还里。甲子，即家起刑部侍郎。逆奄魏忠贤乱政，先生谓同志曰："今日之事，未能用倒仓之法，唯有上下和衷，少杀其毒耳。"其论与先忠端公相合。总宪缺，先忠端公上《速推宪臣慎简名贤疏》，意在先生也。升左都御史，纠大贪御史崔呈秀，依律遣戍。亡何，逆奄与魏广微合谋，借会推晋抚一事，尽空朝署。先生遂归。明年，《三朝要典》成。坐移宫一案，削籍为民，毁其东林书院。丙寅，又以东林邪党逮先生及忠端公七人。缇帅将至，先生夜半书遗疏，自沉止水，三月十七日也，年六十有五。疏云："臣虽削夺，旧系大臣，大臣受辱，则辱国。故北向叩头，从屈平之遗则。君恩未报，结愿来生。"崇祯初，逆奄呈秀伏诛。赠太子少保、兵部尚书，赐祭葬，荫子，谥忠宪。

其自序为学之次第云："吾年二十有五，闻令公李元冲名复阳与顾泾阳先生讲学，始志于学。以为圣人所以为圣人者，必有做处，未知其方。看《大学或问》，见朱子说'入道之要，莫如敬'，故专用力于肃恭收敛，持心方寸间，但觉气郁身拘，大不自在。及放下，又散漫如故，无可奈何。久之，忽思程子谓'心要在腔子里'，不知腔子何所指？果在方寸间否耶？觅注释不得，忽于《小学》中见其解曰：'腔子犹言身子耳。'大喜。以为心不专在方寸，浑身是心也，顿自轻松快活。适江右罗止庵名懋忠来讲李见罗修身为本之学,正合于余所持循者,益大喜不疑。是时,只作知本工夫,使身心相得,言动无谬。己丑第后,益觉此意津津。忧中读《礼》、读《易》。壬辰,谒选。平生耻心最重,筮仕自盟曰:'吾于道未有所见,但依吾独知而行,是非好恶,无所为而发者,天启之矣。'验之,颇近于此。略见本心,妄自担负,期于见义必为。冬至朝天宫习仪,僧房静坐,自见本体。忽思'闲邪存诚'句,觉得当下无邪,浑然是诚,更不须觅诚,一时快然如脱缠缚。癸巳,以言事谪官,颇不为念。归尝世态,便多动心。甲午秋,赴揭阳,自省胸中理欲交战,殊不宁帖。在武林与陆古樵、名粹明吴子往名志远谈论数日,一日古樵忽问曰:'本体何如?'余言下茫然,虽答曰:'无声无臭。'实出口耳,非由真见。将过江头,是夜明月如洗,坐六和塔畔,江山明媚,知己劝酹,为最适意时。然余忽忽不乐,如有所束,勉自鼓兴,而神不偕来。夜阑别去,余便登舟。猛省曰:'今日风景如彼,而余之情景如此。何也?'穷自根究,乃知于道全未有见,身心总无受用。遂大发愤曰:'此行不彻此事,此生真负此心矣。'明日,于舟中厚设蓐席,严立规程,以半日静坐,半日读书。静坐中不帖处,只将程、朱所示法门参求,于凡'诚敬主静','观喜怒哀乐未发','默坐澄心','体认天理'等,一一行之。立坐食息,念念不舍,夜不解衣,倦极而睡,睡觉复坐,于前诸法,反复更互,心气清澄时,便有塞乎天地气象,第不能常。在路二月,幸无人事,而山水清美,主仆相依,寂寂静静。晚间,命酒数行,停舟青山,徘徊碧涧,时坐磐石,溪声鸟韵,茂树修篁,种种悦心,而心不著境。过汀州,陆行至一旅舍,舍有小楼,前对山,后临涧,登楼甚乐。偶见明道先生曰:'百官万物,兵革百万之众,饮水曲肱,乐在其中。万变俱在人,其实无一事。'猛省曰:'原来如此,实无一事也。'一念缠绵,斩然遂绝,忽如百斤担子,顿尔落地。又如电光一闪,透体通明,遂与大化融合无际,更无天人内外之隔。至此见六合皆心,腔子是其区宇,方寸亦其本位,神而明之,总无方所可言也。平日深鄙学者张皇说悟,此时只看作平常，自知从此方好下工夫耳。乙未春，自揭阳归，取释、老二家参之，释典与圣人所争毫发。其精微处，吾儒具有之，总不出无极二字；弊病处，先儒具言之，总不出无理二字。观二氏而益知圣道之高，若无圣人之道，便无生民之类，即二氏亦饮食衣被其中而不觉也。戊戌，作水居，为静坐读书计。然自丙申后数年，丧本生父母，徙居婚嫁，岁无宁息，只于动中炼习，但觉气质难变。甲辰，顾泾阳先生始作东林精舍，大得朋友讲习之功，徐而验之，终不可无端居静定之力。盖各人病痛不同，大圣贤必有大精神，其主静只在寻常日用中。学者神短气浮，便须数十年静力，方得厚聚深培。而最受病处，在向无小学之教，浸染世俗，故俗根难拔。必埋头读书，使义理浃洽，变易其俗肠俗骨，澄神默坐，使尘妄消散，坚凝其正心正气，乃可耳。余以最劣之质，即有豁然之见，而缺此一大段工夫，其何济焉！所幸呈露面目以来，才一提策，便是原物。丙午，方实信孟子性善之旨。此性无古无今，无圣无凡，天地人只是一个。惟最上根，洁清无蔽，便能信入。其次全在学力，稍隔一尘，顿遥万里。孟子所以示瞑眩之药也。丁未，方实信程子鸢飞鱼跃，与必有事焉之旨。谓之性者，色色天然，非由人力。鸢飞鱼跃，谁则使之？勿忘勿助，犹为学者戒勉。若真机流行，弥漫布濩，亘古亘今，间不容息，于何而忘？于何而助？所以必有事者，如植谷然，根苗花实，虽其自然变化，而栽培灌溉，全非勉强学问。苟漫说自然，都无一事，即不成变化，亦无自然矣。辛亥，方实信《大学》知本之旨。壬子，方实信《中庸》之旨。此道绝非名言可形。程子名之曰天理，阳明名之曰良知，总不若中庸二字为尽。中者停停当当，庸者平平常常，有一毫走作，便不停当，有一毫造作，便非平常，本体如是，工夫如是。天地圣人，不能究竟，况于吾人，岂有涯际？勤物敦伦，谨言敏行，兢兢业业，毙而后已云尔。"

此先生甲寅以前之功如此，其后涵养愈粹，工夫愈密，到头学力，自云"心如太虚，本无生死"。子刘子谓："先生心与道一，尽其道而生，尽其道而死,是谓无生无死。非佛氏所谓无生死也。"先生之学,一本程、朱,故以格物为要。但程、朱之格物,以心主乎一身,理散在万物,存心穷理,相须并进。先生谓"才知反求诸身,是真能格物者也";颇与杨中立所说"反身而诚,则天下之物无不在我"为相近,是与程、朱之旨异矣。先生又曰:"人心明,即是天理穷。至无妄处,方是理。"深有助乎阳明"致良知"之说。而谓:"谈良知者,致知不在格物,故虚灵之用,多为情识,而非天则之自然,去至善远矣。吾辈格物,格至善也,以善为宗,不以知为宗也。"夫善岂有形象? 亦非有一善从而知之,知之推极处,即至善也。致良知正是止至善,安得谓其相远? 总之,致知格物,无先后之可言。格物者,申明致之一字,格物即在致之中,未有能致而不谓之格物者。先生谓有不格物之致知,则其所致者何事? 故必以外穷事物之理为格物,则可言阳明之致知不在于格物。若如先生言,人心明即是天理,则阳明之致知即是格物,明矣。先生之格物,本无可议,特欲自别于阳明,反觉多所扞格耳。

语　　录

人心放他自由不得。

须知动心最可耻。心至贵也,物至贱也,奈何贵为贱役?

人想到死去,一物无有,万念自然撇脱。然不知悟到性上一物无有,万念自无系累也。

有问钱绪山曰:"阳明先生择才,始终得其用,何术而能然?"绪山曰:"吾师用人,不专取其才,而先信其心。其心可托,其才自为我用。世人喜用人之才,而不察其心,其才止足以自利其身已矣,故无成功。"愚谓此言是用才之诀也。然人之心地不明,如何察得人心术? 人不患无才,识进则才进,不患无量,见大则量大,皆得之于学也。

札　　记

有愤便有乐,不知手之舞之,足之蹈之,平日无愤无乐,足是悠悠。

天然一念现前，为万变主宰，此先立乎其大者。

说

静坐之法，唤醒此心，卓然常明，志无所适而已。志无所适，精神自然凝复，不待安排，勿著方所，勿思效验。初入静者，不知摄持之法，惟体帖圣贤切要之言，自有入处。静至三日，必臻妙境。以下《静坐说》

静坐之法，不用一毫安排，只平平常常，默然静去。此平常二字，不可容易看过，即性体也。以其清净，不容一物，故谓之平常。画前之《易》如此，人生而静以上如此，喜怒哀乐未发如此，乃天理之自然，须在人各各自体帖出，方是自得。静中妄念，强除不得，真体既显，妄念自息。昏气亦强除不得，妄念既净，昏气自清。只体认本性原来本色，还他湛然而已。大抵著一毫意不得，著一毫见不得，才添一念，便失本色。由静而动，亦只平平常常，湛然动去，静时与动时一色，动时与静时一色，所以一色者，只是一个平常也。故曰"无动无静"，学者不过借静坐中，认此无动无静之体云尔。静中得力，方是动中真得力；动中得力，方是静中真得力。所谓敬者此也，所谓仁者此也，所谓诚者此也，是复性之道也。

前静坐说，观之犹未备也。夫静坐之法，入门者藉以涵养，初学者藉以入门。彼夫初入之心，妄念胶结，何从而见平常之体乎？平常则散漫去矣。故必收敛身心，以主于一。一即平常之体也，主则有意存焉。此意亦非著意，盖心中无事之谓，一著意则非一也。不著意而谓之意者，但从衣冠瞻视间，整齐严肃，则心自一，渐久渐熟平常矣。故主一之学，成始成终者也。《书静坐说后》

古人何故最重名节？只为自家本色，原来冰清玉洁，著不得些子污秽。才些子污秽，自家便不安，此不安之心，正是原来本色，所谓道也。《示学者》

为善必须明善，善者性也，性者人生而静是也。人生而静时，胸中何曾有一物来？其营营扰扰者，皆有知识以后，日添出来，非其本然也。即是添来，今宜减去，减之又减，以至于减无可减，方始是性，方始是善。何者？人心湛然无一物时，乃是仁义礼智也。为善者，乃是仁义礼智之事也。《为善说》

论　学　书

学必须悟，悟后方知痛痒耳。知痛痒后，直事事放过不得。《与罗匡湖》

戒惧慎独，不过一灵炯然不昧，知是必行，知非必去而已。所以然者何也？此件物事，不著一毛，惟是知是必行，知非必去，斩斩截截，洁洁净净，积习久之，至于动念必正，方是此件。不然，只是见得他光景，不为我有。试体行不慊心之时，还是此件否耶？《答耿庭怀》

知危者，便是道心。

圣学全不靠静，但各人禀赋不同，若精神短弱，决要静中培拥丰硕，收拾来便是良知，散漫去都成妄想。以下《答吴安节》

人生处顺境好过，却险；处逆境难过，却稳。世味一些靠不著，方见道味亲切；道味有些靠不著，只是世味插和。两者推敲，尽有进步。若顺境中，一切混过矣。

接教言，连日精神不畅，此不可放过。凡天理自然通畅和乐，不通畅处，皆私欲所蒙。刻刻唤醒，不令放倒。《与吴子微》

为己之根未深，怒于毁者必喜于誉，却似平日所为好事，不过欲人道得一个好，于自己的性分，都无干涉。《答史玉池》

躬行君子，圣人所谓未得者，要形色纯是天性，声为律，身为度，做到圣人，亦无尽处，所以为未得。故不悟之修，止是妆饰；不修之悟，止是见解。二者皆圣人所谓文而已，岂躬行之谓哉！《答萧康侯》

人生只有一个念头最可畏，全凭依他不得。精察天理，令这念头只在兢业中行，久之纯熟，此个念头即是天理。孔圣七十方到此地位，

吾辈何敢说大话也!《与丁子行》

学问只要一丝不挂,其体方真。体既真,用自裕,到真用工夫时,即工夫一切放下,方是工夫。《与周季纯》

杂　著

姚江之弊,始也扫闻见以明心耳,究而任心而废学,于是乎《诗》、《书》、礼、乐轻,而士鲜实悟;始也扫善恶以空念耳,究且任空而废行,于是乎名、节、忠、义轻,而士鲜实修。《崇文会语序》

凡人而可至于圣人者,只有慎独。独者,本然之天明也,人所不知而己所独知也,是即知其为是,非即知其为非,非由思而得,非由虑而知。即此是天,即此是地,即此是鬼神,无我无人,无今无古,总是这个。知得这个可畏,即便是敬。不欺瞒这个,即便是诚。一一依这本色,即便是明。《书扇》

陆古樵曰:"只要立大本,一日有一日之力,一月有一月之力,务要静有定力,令我制事,毋使事制我。"陆粹明号古樵,广东新会人。从潮阳萧自麓学,以主静为宗。余深喜其言。闻其谓子徵曰:"静后觉真气从丹田隐隐而生。"予又惧其误认主静之旨也。以下《三时记》

李见罗书云:"果明宗,果知本,真有心意知物,各止其所,而格致诚正,总付之无所事事的光景矣。"又曰:"格致诚正,不过就其中缺漏处,照管提撕,使之常止。常止则身常修,心常正,意常诚,知常致,而物自格矣。"余则以《大学》格致,即《中庸》明善,所以使学者辨志定业,绝利一源,分剖为己为人之界,精研义利是非之极,透顶彻底,穷穴捣巢。要使此心光明洞达,直截痛快,无毫发含糊疑似于隐微之地,以为自欺之主。夫然后为善,而更无不为之意拒之于前;不为恶,而更无欲为之意引之于后。意诚、心正、身修,善之所以纯粹而精,止之所以敦厚而固也。不然,非不欲止欲修,而气禀物欲拘蔽万端,恐有不能实用其力者矣。且修身为本,圣训昭然千古,谁不知之?只缘知诱物化,不能反躬，非欲能累人，知之不至也。何以旦昼必无穿窬之念？夜必无穿窬之梦？知之切至也。故学者辨义利是非之极，必皆如无穿窬之心，斯为知至。此工夫吃紧沉着，岂可平铺放在？说得都无气力。且条目次第，虽非今日致，明日诚，然著个先后字，亦有意义，不宜如此侗侗。此不过先儒旧说，见罗则自谓孔、曾的传，恐决不入也。

讲　义

自有知识以来，起心动念，俱是人欲。圣人之学，全用逆法，只从矩，不从心所欲也。立者立于此，不惑者不惑于此。步步顺矩，故步步逆欲，到五十而知天命，方是顺境，故六十而耳顺矣，七十而心顺矣。"不逾矩"章

人生有身，必有所处，不处约，便处乐。不仁之人，约也处不得，乐也处不得，此身无一处可著落也。约者，收敛之义；乐者，发舒之义。不仁者愈约愈局，更无过活处；愈乐愈放，更无收煞处。"约乐"章

所谓一，不是只说一个心，是说这个心到至一处。譬之于金，当其在矿时，只可谓之矿，不可谓之金。故未一之心，只可谓之心，惟精之心，方可谓之一。"一贯"章

会　语

凡事行不去时节，自然有疑。有疑，要思其所以行不去者，即是格物。

人要于身心不自在处，究竟一个著落，所谓困心衡虑也。若于此蹉过，便是困而不学。

圣学正脉，只以穷理为先，不穷理便有破绽。譬如一张桌子，须要四面皆见，不然，一隅有污秽，不知也。又如一间屋，一角不照，即躲藏一贼，不知也。

问："近觉坐行语默，皆瞒不得自家。"曰："此是得力处，心灵到身

上来了,但时时默识而存之。"

薛文清、吕泾野语录中,无甚透悟语,后人或浅视之,岂知其大正在此。他自幼未尝一毫有染,只平平常常,脚踏实地做去,彻始彻终,无一差错。既不迷,何必言悟?所谓悟者,乃为迷者而言也。

气节而不学问者有之,未有学问而不气节者,若学问不气节,这一种人,为世教之害不浅。

问:"康斋与白沙透悟处孰愈?"曰:"不如白沙透彻。""胡敬斋如何?"曰:"敬斋以敬成性者也。""阳明、白沙学问如何?"曰:"不同。阳明、象山是孟子一脉,阳明才大于象山,象山心粗于孟子。自古以来,圣贤成就,俱有一个脉络,濂溪、明道与颜子一脉,阳明、象山与孟子一脉,横渠、伊川、朱子与曾子一脉,白沙、康节与曾点一脉,敬斋、康斋、尹和靖与子夏一脉。"又问:"子贡何如?"曰:"阳明稍相似。"

御史钱启新先生一本

钱一本,字国端,别号启新,常州武进人。万历癸未进士。授庐陵知县。入为福建道御史,劾江西巡按祝大舟,逮之,贪风始衰。又劾时相假明旨以塞言路。请崇祀罗文毅、罗文恭、陈布衣、曹学正。已而巡按广西。皇太子册立改期,上言:"自古人君,未有以天下之本为戏,如纶如綍,乃展转靡定如此者。一人言及,即曰此激扰也,改迟一年。届期而又有一人言及,又曰此激扰也,复迟二三年。必使天下无一人敢言,庶得委曲迁延,以全其昵爱之私,曾不顾国本动摇,周幽、晋献之祸,可以立睹。"疏留中。逾四月,给事中孟养浩亦以国本为言,内批廷杖,并削先生籍。归筑经正堂以讲学。东林书院成,与顾端文分主讲席。党祸起,小人以东林为正鹄,端文谣诼无虚日,而先生不为弋者所篡。先生之将殁也,豫营窀穸,掘地得钱,兆在庚戌,赋诗曰:"庚戌年遥月易逢，今年九月便相冲。"又曰："月朔初逢庚戌令，夬行应不再次且。"如期而逝。盖丁巳年九月，月建为庚戌也。天启二年壬戌，赠太仆寺少卿，予祭一坛。

先生之学，得之王塘南者居多。惩一时学者喜谈本体，故以"工夫为主，一粒谷种，人人所有，不能凝聚到发育地位，终是死粒。人无有不才，才无有不善，但尽其才，始能见得本体。不可以石火电光，便作家当也。"此言深中学者之病。至谓"性固天生，亦由人成，故曰成之者性"。夫性为自然之生理，人力丝毫不得而与，故但有知性而无为性。圣不能成，愚不能亏，以成亏论性，失之矣。先生深于易学，所著有《像象管见》、《象钞》、《续钞》。演九畴为四千六百八爻，有辞有象，占验吉凶，名《范衍》。类儒学正脉，名《源编》、《汇编》。录时政名《邸钞》。语录名《黾记》。

黾　记

圣门教人求仁，无甚高远，只是要人不坏却心术，狂狷是不坏心术者，乡愿是全坏心术者。

棱角多，全无浑涵气象，何以学为？

毋信俗耳庸目，以是非时事，臧否人物。

人分上是非好丑，一切涵容，不轻发露，即高明广大气象。朱子曰："人之情伪，固有不得不察，然此意偏胜，便觉自家心术，亦染得不好了也。"

惟圣人然后可以践形，学不在践履处求，悉空谈也。

四端只是果芽，若不充长，立地成杇。

常人耳目汨于睹闻，性体汨于情识，如病疟汉，只为未发是病，故发时皆病。

十二时中，看自家一念从何处起，即检点不放过，便见功力。

朱以功曰："事事肯放过他人，则德日弘；时时不肯放过自己，则学日密。"

后世小人,动以党字倾君子,倾人国,不过小人成群,而欲君子孤立耳。或有名为君子,好孤行其意而以无党自命者,其中小人之毒亦深。

面孔上常要有血。

愚不肖可与知能行,见在都有下手处,及其至而圣人不知不能,到底都无歇手处。生知之生字,人人本体,学知之学字,人人工夫。谓生自足而无待于学,古来无如此圣人。

只是这个身子顿放得下,是谓克己;提掇得起,又谓由己。

文介孙淇澳先生慎行

孙慎行,字闻斯,号淇澳,常之武进人。万历乙未进士第三人。授翰林院编修。四明挟妖书起大狱,先生以国体争之。累迁至礼部侍郎。癸丑,署部事,时福王已下明春之国之旨,然神宗故难有司,庄田给四万顷。先生谓祖宗朝未有过千顷者,且潞王为皇上之弟,岂可使子加于其弟?皇贵妃又求皇太后止福王行,谓明年七十寿诞,留此恭祝。于是上传改期。路人皆知福王必不肯行,但多为题目,以塞言者之口。先生谓福清曰:"此事不了,某与公皆当拼一死。"福清曰:"何至是?"先生曰:"非死何足以塞责?"乃集九卿,具公疏,待命阙下者二旬。先生声泪俱进,达于大内。福清亦封还内降。神宗为之心动。十二月二十二日,从皇贵妃索所藏文书,不肯出。明日又索,至酉刻,皇贵妃不得已出之。文书者,神宗许立贵妃之子,割臂而盟者也。至是焚于神前,二十八日,遂降旨之国。代藩废长立少,条奏改定;庚戌科场之弊,题覆汤宾尹、南师仲罚处;宋儒罗豫章、李延平从祀孔庙;释楚宗高墙二十三人,闲宅二十二人,皆先生署事所行也。甲寅八月回籍,小人中以京察。天启初，召为礼部尚书。先生入朝，首论红丸事，劾奸相方从哲，下九卿科道议。议上，夺从哲官，而戍李可灼。未几，告归。逆奄起大狱，以三案为刑书。梃击以王侍郎为首，移宫以杨忠烈、左忠毅为首，红丸则以先生为首。两案皆逮死，先生方戍宁夏，烈皇立，得不行。崇祯改元，用原官，协理詹事府，未上。后八年，有旨择在籍堪任阁员者，先生与刘山阴、林鹤胎同召。至京而卒，年七十一。赐谥文介。

先生之学，从宗门入手，与天宁僧静峰参究公案，无不了然。每从忧苦烦难之境，心体忽现。然先生不以是为得，谓："儒者之道，不从悟入。君子终日学问思辨行，便是终日戒惧慎独，何得更有虚闲，求一漠然无心光景？故舍学问思辨行，而另求一段静存动察工夫以养中和者，未有不流于禅学者也。"其发先儒所未发者，凡有数端：世说天命者，除理义外，别有一种气运之命，杂糅不齐，因是则有理义之性、气质之性，又因是则有理义之心、形气之心，三者异名而同病。先生谓："孟子曰：'天之高也，星辰之远也，苟求其故，千岁之日至，可坐而致也。'是天之气运之行，无不齐也。而独命人于气运之际，顾有不齐乎哉？"盖一气之流行往来，必有过有不及，故寒暑不能不错杂，治乱不能不循环。以人世畔援歆羡之心，当死生得丧之际，无可奈何而归之运命，宁有可齐之理？然天惟福善祸淫，其所以福善祸淫，全是一段至善，一息如是，终古如是，不然，则生理灭息矣。此万有不齐中一点真主宰。先生之所谓齐也。先生谓性善气质亦善，以荳麦喻之，生意是性，生意默然流行便是气；生意显然成象便是质。如何将一粒分作两项，曰性好，气质不好？盖气禀实有不齐，生而愚知清浊，较然分途，如何说得气质皆善？然极愚极浊之人，未尝不知爱亲敬长，此继善之体，不以愚浊而不存，则气质之非不善可知。先生之所以为善也。先生谓："人心道心，非有两项心也。人之为人者心，心之为心者道，人心之中，只有这一些理义之道心，非道心之外，别有一种形气之人心也。"盖后人既有气质之性,遂以发于气质者为形气之心,以为心之所具者,些些知觉,以理义实之,而后谓之道心。须穷天地万物之理,不可纯是己之心也。若然,则人生本来只有知觉,更无理义,只有人心,更无道心,即不然,亦是两心夹杂而生也。此先生之说长也。三者之说,天下浸淫久矣,得先生而云雾为之一开,真有功于孟子者也。阳明门下,自双江、念庵以外,总以未发之中,认作已发之和,谓工夫只在致和上,却以语言道断,心行路绝上一层,唤作未发之中。此处大段著力不得,只教人致和著力后,自然黑窣撞著也。先生乃谓从喜怒哀乐看,方有未发。夫人日用间,岂必皆喜怒,皆哀乐? 即发之时少,未发之时多,心体截得清楚,工夫始有着落。自来皆以仁义礼智为性,恻隐、羞恶、辞让、是非为情,李见罗《道性编》欲从已发推原未发,不可执恻隐、羞恶、辞让、是非之心而昧性,自谓提得头脑。不知有恻隐而始有仁之名,有羞恶而始有义之名,有辞让而始有礼之名,有是非而始有智之名,离却恻隐、羞恶、辞让、是非,则心行路绝,亦无从觅性矣。先生乃谓孟子欲人识心,故将恻隐之心指为仁之端,非仁在中而恻隐之心反为端也。如此则见罗之说,不辨而知其非矣。蕺山先师曰:"近看孙淇澳书,觉更严密,谓自幼至老,无一事不合于义,方养得浩然之气,苟有不慊,则馁矣。"是故东林之学,泾阳导其源,景逸始入细,至先生而集其成矣。

困 思 抄

独非独处也,对面同堂,人见吾言,而不见吾所以言,人见吾行,而不见吾所以行,此真独也。且慎独亦不以念初发论,做尽万般事业,毫无务外为人夹杂,便是独的境界。敛尽一世心思,不致东驰西骛走作,便是慎独的精神。《自慊》

举世非之而不顾,擎掌撑脚,独往来于天地之间,到得夫焉有所倚地位,方是慎独。

主事顾泾凡先生允成

顾允成，字季时，别号泾凡，兄则泾阳先生也。与泾阳同游薛方山之门。万历癸未，举礼部。丙戌廷对，指切时事，以宠郑贵妃、任奄寺为言。读卷官大理何源曰："此生作何语？真堪锁榜矣。"御史房寰劾海忠介，先生与诸寿贤、彭遵古合疏，数寰七罪，奉旨削籍。久之，起南康府教授。丁忧。服阕，再起保定府教授。历国子监博士、礼部主事。诏皇太子与两皇子并封为王，先生又与岳元声、张纳陛上疏极谏，责备娄东。已而赵忠毅掌计，尽黜政府之私人。娄东欲去忠毅，授意给事中刘道隆，谓拾遗司属不宜留用，因而忠毅削籍，太宰求去。先生又与于孔兼、贾岩、薛敷教、张纳陛抗疏，犯政府，皆谪外任。先生判光州。是时政府大意在遏抑建言诸臣，尤遏抑非台省而建言者。先生上书座师许国，反复"当世但阿谀、熟软、奔竞、交结之为务，不知名节行检之可贵，圣怒可撄，宰执难犯。言路之人袭杜钦、谷永附外戚而专攻上身之故智，以是而禁人之言，犹为言路不塞哉！"布衣瞿从先为李见罗颂冤，进唐曙台《礼经》，先生皆代为疏草，惟恐其不成人之美也。光州告假归，十有四年，所积俸近千金，巡抚檄致之，先生不受。丁未五月卒，年五十四。

平生所深恶者，乡愿道学，谓："此一种人占尽世间便宜，直将弑父与君种子，暗布人心。学问须从狂狷起脚，然后能从中行歇脚。近日之好为中行，而每每堕入乡愿窠臼者，只因起脚时，便要做歇脚事也。"邹忠介晚年论学，喜通融而轻节义，先生规之曰："夫假节义乃血气也，真节义即义理也。血气之怒不可有，义理之怒不可无。义理之节气，不可亢之而使骄，亦不可抑之而使馁。以义理而误认为血气，则浩然之气，且无事养矣。近世乡愿道学，往往借此等议论，以销铄吾人之真元,而遂其同流合污之志。其言最高,其害最远。"一日,喟然而叹,泾阳曰:"何叹也?"曰:"吾叹夫今之讲学者,恁是天崩地陷,他也不管,只管讲学耳。"泾阳曰:"然则所讲何事?"曰:"在缙绅只明哲保身一句,在布衣只传食诸侯一句。"泾阳为之慨然。泾阳尝问先生工夫,先生曰:"上不从玄妙门讨入路,下不从方便门讨出路。"泾阳曰:"须要认得自家。"先生曰:"妄意欲作天下第一等人,性颇近狂,然自反尚是硁硁袅臼,性又近狷。窃恐两头不著。"泾阳曰:"如此不为中行,不可得矣。"先生曰:"检点病痛,只是一个粗字,所以去中行弥远。"泾阳曰:"此是好消息,粗是真色,狂狷原是粗中行,中行只是细狂狷。练粗入细,细亦真矣。"先生曰:"粗之为害,亦正不小,犹幸自觉得,今但密密磨洗,更无他说。"泾阳曰:"尚有说在,性近狷,还是习性,情近狂,还是习情。若论真性情,两者何有? 于此参取明白,方认得自家。既认得自家,一切病痛,都是村魔野祟,不敢现形于白日之下矣。"先生迟疑者久之,而后曰:"豁然矣。譬如欲适京师,水则具舟楫,陆则备舆马,径向前去,无不到者。其间倘有阻滞,则须耐心料理,若因此便生懊恼,且以为舟楫舆马之罪,欲思还转,别寻方便,岂不大误?"泾阳曰:"如是! 如是!"先生尝曰:"吾辈一发念,一出言,一举事,须要太极上著脚,若只跟阴阳五行走,便不济事。"有疑其拘者,语之曰:"大本大原,见得透,把得住,自然四通八达,谁能拘之? 若于此糊涂,便要通融和会,几何不堕坑落堑,丧失性命。"故先生见义必为,皆从性命中流出。沈继山称为"义理中之镇恶,文章中之辟邪",洵不虚也。

小辨斋札记

学者须在暗地里牢守界限,不可向的然处铺张局面。

逆诈亿不信五字,入人膏肓,所谓杀机也。亿逆得中,自家的心肠,亦与那人一般;亿逆得不中,那人的心肠,胜自家多矣。

三代而下,只是乡愿一班人,名利兼收,便宜受用,虽不犯手弑君弑父,而自为忒重,实埋下弑父弑君种子。

炎祚之促,小人促之也;善类之殃,小人殃之也;绍圣之纷更,小人纷更之也。今不归罪于小人,而又归罪于君子,是君子既不得志于当时之私人,而仍不得志于后世之公论。为小人者,不惟愚弄其一时,仍并后世而愚之也。审如其言,则将曰"比干激而亡商,龙逢激而亡夏,孔子一矫而春秋遂流为战国,孟子与苏秦、张仪分为三党,而战国遂吞于吕秦",其亦何辞矣! 以下《论学书》

南皋最不喜人以气节相目,仆问其故,似以节义为血气也。夫假节义乃血气也,真节气即理义也。血气之怒不可有,理义之怒不可无。礼义之节气,不可亢之而使骄,亦不可抑之而使馁。以义理而误认为血气,则浩然之气,且无事养矣。近世乡愿道学,往往借此等议论,以销铄吾人之真元,而遂其同流合污之志,其言最高,其害最远。

阳明提良知,是虚而实;见罗提修身,是实而虚。两者如水中月,镜中花,妙处可悟,而不可言。所谓会得时,活泼泼地;会不得,只是弄精魂。

昔之为小人者,口尧、舜而身盗跖;今之为小人者,身盗跖而骂尧、舜。

名根二字,真学者痼疾。然吾辈见得是处,得做且做,若每事将此个题目光光抹煞,何处开得口、转得身也?

平生左见,怕言中字,以为我辈学问,须从狂狷起脚,然后能从中行歇脚。凡近世之好为中行,而每每随入乡愿窠臼者,只因起脚时,便要做歇脚事也。

太常史玉池先生孟麟

史孟麟,字际明,号玉池,常州宜兴人。万历癸未进士。官至太常寺少卿,三王并封旨下,先生作问答上奏。乙卯,张差之变,请立皇太孙,诏降五级,调外任。先生师事泾阳,因一时之弊,故好谈工夫。夫求识本体,即是工夫,无工夫而言本体,只是想像卜度而已,非真本体也。即谓先生之言,是谈本体可也。阳明言无善无恶心之体,先生作《性善说》辟之。夫无善无恶心之体,原与性无善无不善之意不同,性以理言,理无不善,安得云无? 心以气言,气之动有善有不善,而当其藏体于寂之时,独知湛然而已,安得谓之有善有恶乎? 其时杨晋庵颇得其解,移书先生,谓错会阳明之意是也。独怪阳明门下解之者,曰"无善无恶,斯为至善",亦竟以无善无恶属之于性,真索解人而不得矣。

职方刘静之先生永澄

　　刘永澄,字静之,扬州宝应人。八岁,读《正气歌》、《衣带赞》,即立文公位,朝夕拜之。年十九,举于乡,饮酒有妓,不往。登万历辛丑进士第。授顺天学教授,北方称为淮南夫子。迁国子学正。雷震郊坛,先生上疏:"灾异求直言,自汉、唐、宋及祖宗,未有改也。往万安、刘吉恶人言灾异,邹汝愚一疏,炳烈千古。今者一切报罢,塞谔谔之门,务容容之福,传之史册,尚谓朝廷有人乎?"满考将迁,先生喟然叹曰:"阳城为国子师,斥诸生三年不省亲者,况身为国子师乎?"遂归,杜门读书。壬子,起职方主事,未上而卒。年三十七。先生与东林诸君子为性命之交,高忠宪曰:"静之官不过七品,其志以为天下事莫非吾事。若何而圣贤吾君,若何而圣贤吾相,若何而圣贤吾百司庶职。年不及强而仕,其志以为千古事莫非吾事。生前吾者,若何扬揭之;生当吾者,若何左右之;生后吾者,若何矜式之。"先师刘忠端曰:"静之尚论千古得失,尝曰:'古人往矣,岂知千载而下,被静之检点破绽出来？安知千载后,又无检点静之者?'其刻厉自任如此。"大概先生天性过于学问,其疾恶之严,真如以利刃齿腐朽也。

绪　言

有一等自是的人,动曰"吾求信心",不知所信者,果本心乎？抑习心乎？

假善之人,事事可饰圣贤之迹,只逢着忤时抗俗的事,便不肯做。不是畏祸,便怕损名,其心总是一团私意故耳。

谦谦自牧,由由与偕,在丑不争,临财无苟,此居乡之利也。耳习琐尾之谈,目习征逐之行,以不分黑白为浑融,以不悖时情为忠厚,此居乡之害也。夫恶人不可为矣,庸人又岂可为乎？小人不当交矣,庸人又岂足交乎？

寻常之人,惯苛责君子,而宽贷小人,非君子仇而小人昵也。君子所图者大,则所遗者细,世人只检点细处,故多疵耳。小人所逆者理,则所便者情,世人只知较量情分,故多恕耳。

与君子交者,君子也;与小人交者,小人也;君子可交,小人亦可交者,乡人也。乡人之好君子也不甚,其恶小人也亦不甚,其用情在好恶之间,故其立身也,亦在君子、小人之间。天下君子少,小人亦少,而乡人最多,小人害在一身,乡人害在风俗。

李卓吾曰:"有利于己,而欲时时嘱托公事,则称引万物一体之说;有害于己,而欲远怨避嫌,则称引明哲保身之说。"使君相烛其奸不许嘱托,不许远嫌避害,又不许称引,则道学之情穷矣。

说心、说性,说玄、说妙,总是口头禅。只把孟子集义二字较勘身心,一日之内,一事之间,有多少不合义处,有多少不慊于心处,事事检点,不义之端,渐渐难入,而天理之本体渐渐归复,浩然之气不充于天地之间者鲜矣。

学正薛玄台先生敷教

薛敷教，字以身，号玄台，常之武进人，方山薛应旂之孙也。年十五，为诸生，海忠介以忠义许之。登万历己丑进士第。南道御史王藩臣劾巡抚周继，不白掌宪，耿廷向、吴时来相继论列。先生言："是欲为执政籍天下也。言官风闻言事，从古皆然。若必关白长官，设使弹劾长官，更须关白乎？二三辅臣，故峻诸司，共绳庶采，宪臣辄为逢迎，自丧生平，窃所不取。"疏奏，当路大恚。主考许国以贡举非人自劾。奉旨回籍省过。壬辰，起凤翔教授，寻迁国子助教。有诏并封三王，上疏力争，又寓书责备娄江，事遂得寝。未几，赵忠毅佐孙清简，京察，尽黜当路之私人。内阁张洪阳、王元驭愤甚。给事中刘道隆承风旨，以争拾遗，镌忠毅三秩。先生复与于孔兼、陈泰来、贾岩、顾允成、张纳陛合疏，言考功无罪。内阁益愤，尽夺六君子官。而先生得光州学正。丁母忧，遂不复出。甲辰，顾泾阳修复东林书院，聚徒讲学，先生实左右之。作《真正铭》以勉同志，曰："学尚乎真，真则可久；学尚乎正，正则可守。真而不正，所见皆苟；正而不真，终非己有。君亲忠孝，兄弟恭友，揭身以廉，处众以厚。良朋切劘，要于白首，乡里谤怨，莫之出口。毋谓冥冥，内省滋疚，毋谓琐琐，细行匪偶。读书学道，系所禀受，精神有馀，穷玄极趣。智识寡昧，秉哲省咎，殊途同归，劳逸难狃。世我用兮，不薄五斗，世不我用，徜徉五柳。无贵无贱，无荣无朽，殒节逢时，今生谅否？必真必正，夙所自剖，寄语同心，各慎厥后。"年五十九而卒。

先生持身孤峻，筮仕以来，未尝受人一馈。垢衣粝食，处之泰然，舍车而徒，随行一苍头而已。执丧不饮酒食肉，服阕，遂不食肉。故其言曰："脚跟站定，眼界放开，静躁浓淡间，正人鬼分胎处。"又曰："道德功名,文章气节,自介然无欲始。"又曰:"学苟不窥性灵,任是皎皎不污,终归一节。但世风衰微,不忧著节太奇,而忧混同一色,托天道无名以济其私,则中庸之说诬之也。"尝有诗曰:"百年吾取与,留作后人箴。"其自待不薄如此。赋性慈祥,蠕动不忍伤害,俗客伧父,亦无厌色,然疾恶甚严,有毁其知交叶园适者,先生从稠人中奋臂而起,自后其人所在,先生必避去,终身不与一见也。

侍郎叶园适先生茂才

叶茂才,字参之,号园适,无锡人也。万历己丑进士。授刑部主事,以便养改南京工部。榷税芜关,除双港之禁,商人德之。历吏、礼二部郎,尚宝司丞少卿,南大理寺丞。卧病居半。壬子,升南太仆寺少卿。党论方兴,抗疏以劾四明、昆、宣,小人遂集矢于先生。先生言:"臣戆直无党,何分彼此? 孤立寡援,何心求胜? 内省不疚,何虑夹攻? 鸡肋一官,何难勇退?"遂归。天启初,起用,迁太常寺卿。甲子,擢南京工部右侍郎,履任三月,先几引去,故免遭削夺。崇祯辛未卒,年七十二。

先生在东林会中,于喁无间,而晰理论事,不厌相持,终不肯作一违心语。忠宪殁,先生状之。其学之深微,使读者恍然有入头处。又喜为诗,以寓时事。云:"还宣侍讲王昭素,执易螭头取象拈。"伤经筵之不举也。云:"三党存亡宗社计,片言曲直咎休占。"刺门户也。云:"乾坤不毁只吾心。"哀毁书院也。老屋布衣,偭若寒畯,于忠宪何愧焉?

孝廉许静馀先生世卿

许世卿,字伯勋,号静馀,常州人。万历乙酉举于乡,放榜日,与同志清谈竟夕,未尝见其有喜色也。揭安贫五戒曰:"诡收田粮,干谒官府,借女结婚,多纳僮仆,向人乞觅。"省事五戒曰:"无故拜客,轻赴酒席,妄荐馆宾,替人称贷,滥与义会。"有强之者辄指其壁曰:"此吾之息壤也。"一日亲串急赎金,求援于先生,先生鬻婢应之,终不破干谒戒也。守令罕见其面。欧阳东凤请修郡志,先生曰:"欧公,端人也。"为之一出。东林之会,高忠宪以前辈事之,饮酒吟诗,终日不倦,门屏落然,不容一俗客。尝曰:"和风未学油油惠,清节宁希望望夷。"敕其子曰:"人何可不学? 但口不说欺心话,身不做欺心事,出无惭朋友,入无惭妻子,方可名学人耳。"疾革,谓某逋未偿,某施未报,某券未还,言毕而逝。

耿庭怀先生橘

　　耿橘,字庭怀,北直河间人。不详其所至官。知常熟时,值东林讲席方盛。复虞山书院,请泾阳主教,太守李右谏、御史左宗郢先后聚讲于书院。太守言:"大德小德,俱在主宰处看。天地间只有一个主宰,元神浑沦,大德也;五官百骸,无一不在浑沦之内,无一不有条理之殊,小德也。小德即浑沦之条理,大德即条理之浑沦,不可分析。"御史言:"从来为学无一定的方子,但要各人自用得着的,便是学问。只在人自肯寻求,求来求去,必有入处,须是自求得的,方谓之自得。自得的,方受用得。"当时皆以为名言。泾阳既去,先生身自主之。先生之学,颇近近溪,与东林微有不同。其《送方鸣秋谒周海门》诗云:"孔宗曾派亦难穷,未悟如何凑得同? 慎独其严四个字,长途万里视君踪。""人传有道在东扬,我意云何喜欲狂? 一叶扁舟二千里,几声嘤鸟在垂杨。"亦一证也。

光禄刘本孺先生元珍

刘元珍,字伯先,别号本孺,武进人。万历乙未进士。历官礼部、兵部郎。乙巳大计,四明庇其私人,尽复台省之黜者,察疏留中,人心愤甚,不敢发。先生抗疏刺其奸,削籍归。而四明亦罢。庚申,起光禄寺少卿。时辽、沈初破,赞画刘国缙,拥众欲从登莱南济。先生谓国缙为宁远义儿,扶同卖国,今又窜处内地,意欲何为? 国缙遂以不振。未几,卒官,年五十一。

先生家居讲学,钱启新为同善会,表章节义,优恤鳏寡,以先生为主。有言非林下所宜者,先生曰:"痌瘝一体,如救头目,恶问其宜不宜也?"先生每以子路自任,不使恶言入于东林。讲论稍涉附会,辄正色斥之曰:"毋乱我宗旨。"闻谤讲学者,曰:"彼訾吾党好名以为口实,其实彼之不好名,乃专为决裂名教地也。"疾小人不欲见,苟其在侧,喉间辄如物梗,必吐之而后已。当东林为天下弹射,先生谓高忠宪曰:"此吾辈入火时也,无令其成色有减,斯可矣。"

忠端黄白安先生尊素

黄讳尊素,字真长,号白安,越之馀姚人。万历丙辰进士。授宁国府推官。强宗敛手,避其风裁。时昆、宣之焰,足以奔走天下,先生未尝稍假借也。入为山东道御史。神宗以来,朝中分为两党,君子、小人递为胜负,无已时。天启初政,小人之势稍绌,会奄人魏忠贤、保姆客氏,相结以制冲主,尽收宫中之权,思得外庭以助己,小人亦欲乘此以一网天下之君子,势相求而未合也。先生惕然谓同志曰:"兄弟阋于墙,外御其侮,吾侪其无阋墙以召外侮乎?"无何,阮大铖长吏垣,与桐城、嘉善不睦,借一去以发难。先生挽大铖,使毋去,大铖意亦稍转,而无奈桐城之疏彼也。赵太宰不由咨访,改邹新昌于铨部,同乡台省起争事权,先生为之调人。江右遂谓新昌之见知于太宰由先生,二憾交作。而给事中傅櫆故与逆奄养子傅应星称兄弟,私惧为清议所不容。挺险者乃道之以首功,借中书汪文言,以劾桐城、嘉善,逆奄主之,以兴大狱。先生授谋于镇抚刘侨,狱得解。于是而有杨副院二十四大罪之疏。疏之将上,副院谓同志曰:"魏忠贤者,小人之城社也,塞穴薰鼠,固不如堕城变社耳。"先生曰:"不然。除君侧者,必有内援,公有之乎?一击不中,凶复参会矣。"疏入,副院既受诘责,而且杖万郎中,杖林御史,震恐廷臣。先生谓副院曰:"公一日在朝,则忠贤一日不安,国事愈决裂矣。不如去以少衰其祸。"副院以为然,而迁延不能决也。南乐由逆奄入相,然惟恐人知,使燕、赵士大夫以魏氏为愧。嘉善因其大享不至,将纠之,先生曰:"不可。今大势已去,君子、小人之名,无徒过为分别,则小人尚有牵顾,犹有一二分之救也。"嘉善锐意欲以击外魏,与杨副院击内魏为对股文字,不深惟先生之言。南乐喟然叹曰:"诸公薄人于险,吾能操刀而不割哉?"遂甲乙其姓名于宦籍之上,惎其宗人魏忠贤曰:"此东林党人,皆与公为难者也。"逆奄奉为圣书,终熹宗之世,其窜杀不出于此。晋人争巡抚,先生语太宰曰:"秦、晋、豫章,同舟之人也,用考功而豫章之人心变,参恤典而关中之人心变,再使晋人心变,是一哄而散之局也。"陈御史果劾嘉善,以会推徇其座主,中旨一出,在朝无留贤矣。凡先生忧深虑远,弥缝于机失谋乖之际,皆先事之左券也。先生三疏劾奄:第一疏在副院之先,第二疏继副院而上,第三疏万郎中杖后。清言劲论,奄人发指,则曰:"此谏官职分事,不以为名高也。"乙丑,出都门,曹钦程论之,削籍。其冬,讹言繁兴,谓三吴诸君子谋翻局,先生用李实为张永,授以秘计。逆奄闻之,大惧,刺事至江南四辈,漫无影响。沈司寇欲自以为功,奏记逆奄曰:"事有迹矣!"逆奄使人日谯诃李实,取其本去,而七君子被逮。盖汪文言初番之狱,群邪定计,即欲牵连左、魏二公,相随入狱,不意先生能使出之,故于诸君子中,意忌惟先生,以为必为吾侪患。讹言之兴,亦以是也。丙寅闰六月朔,赋诗而卒,年四十三。

先生未尝临讲席,首善之会,谓南皋曰:"贤奸杂沓,未必有益于治道。"其风期相许者,则蕺山、忠宪、忠节。万里投狱,蕺山恸哭而送之,先生犹以不能济时为恨。先生以开物成务为学,视天下之安危为安危。苟其人志不在弘济艰难,沾沾自顾,拣择题目以卖声名,则直鄙为砼砼之小人耳。其时朝士空疏,以通记为粉本,不复留心于经学。章奏中有引绕朝之策者,一名公指以为问,先生曰:"此晋归随会事也。"凡五经中随举一言,先生即口诵传疏,澜倒水决,类如此。

怀谢轩讲义

不是欺人方是伪,凡所行而胸中不能妥贴,人不见其破绽处,岂不是伪?

宗伯吴霞舟先生钟峦

吴钟峦,字峦稚,号霞舟,武进人也。崇祯甲戌进士。先生弱冠为诸生,出入文社、讲会者四十馀年,海内推为名宿。以贡教谕光州学。从河南乡举登第,时年已五十八矣。授长兴知县。阉人崔璘榷嵯,以属礼待郡县,先生不往。降绍兴照磨,量移桂林推官。南渡,升礼部主事,未上而国亡。闽中以原官召之,上书言国事,时宰不悦。先生曰:"今日何等时? 如某者更说一句不得耶?"出为广东副使,未行而国又亡。遁迹海滨,会时自浙至中左建国,以一旅奉之。二三人望,皆观望不出。先生曰:"吾等之出,未必有济;然因吾等之不出,而人心解体,何以见鲁卫之士？亦惟以死继之而已。"起为通政使。及返浙海，先生以礼部尚书扈跸，所至录其士之秀者为弟子员，率之见于行朝。仆仆拜起，人笑其迂，先生曰："此与陆君实舟中讲《大学》'正心'章一例耳。"后退处补陀，闻瀹洲事亟，先生曰："昔者吾友李仲达死奄祸，吾尚为诸生，不得请死；吾友马君常死国难，吾为远臣，不得从死；闽事之坏，吾已辞行，不得骤死。吾老矣，不及此时此土，死得明白干净，即一旦疾病死，何以谢吾友，见先帝于地下哉？"复渡海入瀹洲。辛卯八月末，于圣庙右庑设高座，积薪其下，城破，捧夫子神位，登座危坐，举火而卒，年七十五。

先生受业于泾阳，而于景逸、玄台、季思皆为深交，所奉以为守身法者，则淇澳《困思抄》也。在长兴五载，以为差足自喜者三事：一为子刘子吊丁长儒至邑，得侍杖履；一为九日登乌胆山；一为分房得钱希声。所谓道德、文章、山水，兼而有之矣。先生尝选《时文名士品》，择一时之有品行者，不满二十八，而某与焉。其后同处围城，执手恸哭，某别先生行三十里，先生复棹三板追送，其语绝痛。薛谐孟传先生所谓"呜咽而赴四明山中之招"者，此也。呜呼！先生之知某如此，今抄先生学案，去之三十年，严毅之气，尚浮动目中也。

霞 舟 随 笔

人只除了利根，便为圣贤，故喻利喻义，分别君子、小人。小人所以喻利，只为遂耳目口鼻之欲，孟子所以说"养其小体为小人"。试想"此天之所以与我者"八字，直将此身立在千仞冈上，下视养口体物交物一班人，渺乎小哉！真蠛蠓一世矣。

有伊尹之志则可仕，不则贪位慕禄之鄙夫而已矣，不可与事君也。有颜子之乐则可处，不则饱食闲居之小人而已矣，未足与议道也。

问："朝闻道，所闻何道？"答："只看下句。"

见危授命，不要害怕；见利思义，却要害羞。

君子一生汲汲皇皇，只这一件事，故曰好学。

郎中华凤超先生允诚

华允诚，字汝立，别号凤超，无锡人。天启壬戌进士。授工部主事，告归。崇祯己巳，补任，转员外郎，调兵部。上疏言："国家罢设丞相，用人之职，吏部掌之，阁臣不得侵焉。今次辅温体仁、冢臣闵洪学，同邑朋比，驱除异己，阁臣操吏部之权，吏部阿阁臣之意，庇同乡则保举逆案，排正类则逼逐讲官。"奉旨回话，因极言其罪状。又言："王化贞宜正法，余大成在可矜。"上多用其言。体仁、洪学虽疏辨，无以难也。寻以终养归。南渡，起补吏部，署选司事，随谢去，在朝不满一月。改革后，杜门读《易》。越四年，有告其不薙发者，执至金陵，不屈而死。

先生师事高忠宪，忠宪殉节，示先生以末后语云："心如太虚，本无生死。"故其师弟子之死，止见一义，不见有生死，所以云"本无生死"。若佛氏离义而言无生死，则生也为罔生，死也为徒死，纵能坐脱立亡，亦是弄精魂而已。先生居恒未尝作诗，蒙难之春，为二律云："缅思古则企贤豪，海外孤臣咽雪毛。眼底兵戈方载路，静中消息不容毫。默无一事阴逾惜，愁有千端枕自高。生色千秋青史在，自馀谁数却劳劳。""振衣千仞碧云端，寿夭由来不二看。日月光华宵又旦，春秋迁革岁方寒。每争毫发留诗礼，肯逐波流倒履冠。应尽只今祈便尽，不堪回首问长安。"是亦知死之一证也。

中书陈几亭先生龙正

陈龙正，字惕龙，号几亭，浙之嘉善人。崇祯甲戌进士。授中书舍人。戊寅，荧惑守心，先生一言民间死罪，细求疑情，一言辅臣不专票拟，居恒则位置六卿，有事则谋定大将。己卯十月，彗星见，先生进言曰："事天以实不以文，臣更进之曰：事天以恒不以暂。何为实？今日求言恤刑之实是也。何言恒？自今以后，弗忘此求言恤刑之心也。"壬午，上言："剿寇不在兵多，期于简练，歼渠非专恃勇，藉于善谋。所云招抚之道，则更有说，曰解散，曰安插。解散之法，仍属良将；安插之法，专委有司。贼初淫杀，小民苦贼而望兵，兵既无律，民反畏兵而从贼，至于民之望贼，而中原不可收拾矣。"及垦荒之议起，先生曰："金非财，惟五谷为财。兴屯不足以生谷，惟垦荒可以生谷。起科不可以垦荒，惟不起科可以垦荒。五谷生则加派可罢，加派罢然后民生可安。"上以先生疏付金之俊议之。甲申正月，左迁南京国子监丞。国变后，杜门著书。未几卒。先生师事吴子往、志远高忠宪，留心当世之务，故以万物一体为宗，其后始湛心于性命，然师门之旨，又一转矣。

蕺山学案

今日知学者,大概以高、刘二先生并称为大儒,可以无疑矣。然当《高子遗书》初出之时,羲侍先师于舟中,自禾水至省下,尽日翻阅。先师时摘其阑入释氏者以示羲。后读先师《论学书》,有答韩位云:"古之有朱子,今之有忠宪先生,皆半杂禅门。"又读忠宪《三时记》,谓:"释典与圣人所争毫发,其精微处,吾儒具有之,总不出无极二字;弊病处,先儒具言之,总不出无理二字。其意似主于无,此释氏之所以为释氏也。"即如忠宪正命之语,本无生死,亦是佛语。故先师救正之,曰:"先生心与道一,尽其道而生,尽其道而死,是谓无生死,非佛氏所谓无生死也。"忠宪固非佛学,然不能不出入其间,所谓大醇而小疵者。若吾先师,则醇乎其醇矣。后世必有能辩之者。戊申岁,羲与恽日初同在越半年。日初,先师高第弟子,其时为《刘子节要》,临别拜于河浒,日初执手谓羲曰:"知先师之学者,今无人矣,吾二人宗旨不可不同。但于先师言意所在,当稍浑融耳。"羲盖未之答也。及《节要》刻成,缄书寄羲,曰:"子知先师之学者,不可不序。"嗟乎!羲岂能知先师之学者?然观日初《高刘两先生正学说》云:"忠宪得之悟,其毕生黾勉,只重修持,是以乾知统摄坤能;先师得之修,其末后归趣,亟称解悟,是以坤能证入乾知。"夫天气之谓乾,地质之谓坤,气不得不凝为质,质不得不散

480

为气，两者同一物也。乾知而无坤能，则为狂慧；坤能而无乾知，则为盲修。岂有先后？彼徒见忠宪旅店之悟，以为得之悟，此是禅门路径，与圣学无当也。先师之慎独，非性体分明，慎是慎个何物？以此观之，日初亦便未知先师之学也。使其知之，则于先师言意所在，迎刃而解矣。此義不序《节要》之意也。惜当时不及细论，负此良友。今所录，一依原书次第，先师著述虽多，其大概具是。学者可以无未见之恨矣。

忠端刘念台先生宗周

刘讳宗周，字起东，号念台，越之山阴人。万历辛丑进士。授行人。上疏言国本，言东林多君子，不宜弹射。请告归。起礼部主事，劾奄人魏忠贤、保姆客氏，转光禄寺丞。寻升尚宝少卿、太仆少卿，疏辞，不允。告病回籍。起右通政，又固辞。内批为矫情厌世，革职为民。崇祯己巳，起顺天府尹。上方综核名实，群臣救过不遑，先生以为此刑名之术也，不可以治天下，而以仁义之说进，上迂阔之。京师戒严，上疑廷臣谋国不忠，稍稍亲向奄人。先生谓："今日第一宜开示诚心，为济难之本，皇上以亲内臣之心亲外臣，以重武臣之心重文臣，则太平之业，一举而定也。"当是时，小人乘时，欲翻逆案，遂以失事者牵连入之东林。先生曰："自东林之以忠义著，是非定矣。奈何复起波澜？用贤之路，从此而穷。"解严后，上祈天永命疏："上天重民命，则刑罚宜省，请除诏狱；上天厚民生，则赋敛宜缓，请除新饷。相臣勿兴大狱，勿赞富强，与有祈天永命之责焉。"上诘以军需所出，先生对曰："有原设之兵，原设之饷在。"上终以为迂阔也。请告归。上复思之，因推阁员降诏，召先生入对文华殿。上问人才、粮饷、流寇三事，对曰："天下原未尝乏才，止因皇上求治太急，进退天下士太轻，所以有人而无人之用。加派重而参罚严，吏治日坏，民生不得其所，胥化为盗贼，饷无从出矣。

流寇本朝廷赤子,抚之有道,寇还为吾民也。"上又问兵事,对曰:"臣闻御外亦以治内为本,此干羽所以格有苗也。皇上亦法尧、舜而已矣。"上顾温体仁曰:"迂哉!刘某之言也。"用为工部左侍郎。乃以近日弊政,反复言之,谓:"皇上但下一尺之诏,痛言前日所以致贼之由,与今日不忍轻弃斯民之意,遣廷臣赍内帑巡行郡国,为招抚使,以招其无罪而流亡者,陈师险隘,听其穷而自解归来,诛渠之外,犹可不杀一人,而毕此役也。"上见之,大怒。久之而意解,谕以"大臣论事,须体国度时,不当效小臣图占地步,尽咎朝廷耳"。先生复言:"皇上已具尧、舜之心,惟是人心、道心,不能无倚伏之机,出于人心,而有过不及者,授之政事之地,即求治而过,不免害治者有之,惟皇上深致意焉。"三疏请告,上允之。行至德州,上疏曰:"今日之祸,己巳以来酿成之也;后日之祸,今日又酿之矣。己巳之变,受事者为执政之异己,不难为法受恶,概置之重典;丙子之变,受事者为执政之私人,不难上下蒙蔽,使处分之顿异。自古小人与中官气谊一类,故天下有比中官之小人,必无合于君子之小人,有用小人之君子,终无党比中官之君子。八年之间,谁秉国成?臣不能为首辅温体仁解矣。"有旨革职为民。然上终不忘先生,临朝而叹,谓:"大臣如刘某,清执敢言,廷臣莫及也。"壬午,起吏部左侍郎。先生以为天下治乱,决不能舍道而别有手援之法,一涉功利,皆为苟且。途中上书,以明圣学。未至,升左都御史。召对,上问职掌安在。对曰:"都察院之职,在于正己以正百僚,必其存诸中者,上可以对君父,下可质天下士大夫,而后百僚则而象之。至于责成巡方,其守务也,巡方得之,则吏治清,吏治清,则民生安矣。"已又戒严,先生言:"皇上以一心为天地神人之主,镇静以立本,安详以应变,此第一义也。其施行次第,旌卢象升,戮杨嗣昌。"上曰:"责重朕心,是也。请恤追戮,何与兵机事?"召对中左门。御史杨若侨言火器,先生劾之曰:"御史之言非也,迩来边臣于安攘御侮之策,战守屯戍之法,概置不讲,以火器为司命,不恃人而恃器,国威所以愈顿也。"上议督抚去留,先生对:"请自督师范志完始,志完身任三协,平时无备,任其出入,今又借援南下,为脱卸计,从此关门无阻,决裂至此。"上曰:"入援乃奉旨而行,何云脱卸?"先生对:"十五年来,皇上处分未当,致有今日败局,乃不追原祸始,更弦易辙,欲以一切苟且之政,牵补罅漏,非长治之道也。"上变色曰:"从前已不可追,今日事后之图安在?"先生对:"今日第一义,在皇上开诚布公,先豁疑关,公天下以为好恶,则思过半矣。"上曰:"国家败坏已极,如何整顿?"先生对:"近来持论者,但论才望,不论操守。不知天下真才望,出于天下真操守。自古未有操守不谨,而遇事敢前者;亦未有操守不谨,而军士畏威者。"上曰:"济变之日,先才而后守。"先生对:"以济变言,愈宜先守,即如范志完操守不谨,用贿补官,所以三军解体,莫肯用命。由此观之,岂不信以操守为主乎?"上始色解。先生更端曰:"皇上方下诏求言,而给事中姜埰、行人司副熊开元,以言得罪,下之诏狱。皇上度量卓越,如臣某累多狂妄,幸宽斧锧。又如词臣黄道周,亦以戆直获宥。二臣何独不蒙一体之仁乎?"上曰:"道周有学有守,岂二臣可比?"先生对曰:"二臣诚不及道周,然朝廷待言官有体,即有应得之罪,亦当敕下法司定之,遽置诏狱,终于国体有伤。"上怒曰:"朕处一二言官,如何遂伤国体? 假有贪赃坏法,欺君罔上,俱可不问乎?"先生对:"即皇上欲问贪赃坏法、欺君罔上者,亦不可不付之法司也。"上大怒曰:"如此偏党,岂堪宪职? 候旨处分。"先生谢罪。文武班行各申救,遂革职归。

南渡,起原官。先生上言:"今日宗社大计,舍讨贼复雠,无以表陛下渡江之心。非陛下决策亲征,亦何以作天下忠臣义士之气? 江左非偏安之业,请进图江北。凤阳号称中都,东扼徐、淮,北控豫州,西顾荆、襄,而南去金陵不远,亲征之师,驻跸于此,规模先立,而后可言政事。"一时乱政,先生无不危言。阁臣则劾马士英,勋臣则劾刘孔昭,四镇则劾刘泽清、高杰。先生本无意于出,谓:"中朝之党论方兴,何暇图河、洛之贼? 立国之本计已疏,何以言匡扶之略?"当是时,奸人虽不利先生，然耻不能致先生，反急先生之一出。马士英言先生："负海内重名，自称草莽孤臣，不书新命，明示以不臣也。"朱统鐩言先生："请移跸凤阳，凤阳高墙之所，盖欲以罪宗处皇上。"四镇皆言先生"欲行定策之诛，意在废立"。先生在丹阳僧舍，高杰、刘泽清遣刺客数辈迹之，先生危坐终日，无惮容，客亦心折而去。诏书敦迫再三，先生始受命。寻以阮大铖为兵部侍郎，先生曰："大铖之进退，江左之兴衰系焉。"内批："是否确论？"先生再疏请告，予驰驿归。先生出国门，黄童白叟聚观叹息，知南都之不能久立也。浙省降，先生恸哭曰："此余正命之时也。"门人以文山、叠山、袁阆故事言，先生曰："北都之变，可以死，可以无死，以身在削籍也。南都之变，主上自弃其社稷，仆在悬车，尚曰可以死，可以无死。今吾越又降，区区老臣，尚何之乎？若曰身不在位，不当与城为存亡，独不当与土为存亡乎？故相江万里所以死也，世无逃死之宰相，亦岂有逃死之御史大夫乎？君臣之义，本以情决，舍情而言义，非义也。父子之亲，固不可解于心，君臣之义，亦不可解于心。今谓可以不死而死，可以有待而死，死为近名，则随地出脱，终成一贪生畏死之徒而已矣。"绝食二十日而卒，闰六月八日戊子也，年六十八。

先生起自孤童，始从外祖章颖学，长师许敬庵，而砥砺性命之友，则刘静之、丁长孺、周宁宇、魏忠节、先忠端公、高忠宪。始虽与陶石梁同讲席，为证人之会，而学不同。石梁之门人，皆学佛，后且流于因果。分会于白马山，羲尝听讲。石梁言一名臣转身为马，引其族姑证之。羲甚不然其言，退而与王业洵、王毓蓍推择一辈时名之士，四十馀人，执贽先生门下。此四十馀人者，皆喜辟佛，然而无有根柢，于学问之事，亦浮慕而已，反资学佛者之口实。先生有忧之，两者交讧，故传先生之学者，未易一二也。先生之学，以慎独为宗，儒者人人言慎独，唯先生始得其真。盈天地间皆气也，其在人心，一气之流行，诚通诚复，自然分为喜怒哀乐，仁义礼智之名，因此而起者也。不待安排品节，自能不过其则，即中和也。此生而有之，人人如是，所以谓之性善，即不无过不及之差,而性体原自周流,不害其为中和之德。学者但证得性体分明,而以时保之,即是慎矣。慎之工夫,只在主宰上,觉有主,是曰意,离意根一步,便是妄,便非独矣。故愈收敛,是愈推致,然主宰亦非有一处停顿,即在此流行之中,故曰:"逝者如斯夫,不舍昼夜。"盖离气无所为理,离心无所为性。佛者之言曰:"有物先天地,无形本寂寥,能为万象主,不逐四时凋。"此是其真赃实犯。奈何儒者亦曰"理生气",所谓毫厘之辨,竟亦安在? 而徒以自私自利,不可以治天下国家,弃而君臣父子,强生分别,其不为佛者之所笑乎? 先生大指如是。此指出,真是南辕北辙,界限清楚,有宋以来所未有也。识者谓五星聚奎,濂、洛、关、闽出焉;五星聚室,阳明子之说昌;五星聚张,子刘子之道通。岂非天哉! 岂非天哉!

语　　录

湛然寂静中,当见诸缘就摄,诸事就理,虽簿书鞅掌,金革倥偬,一齐俱了,此静中真消息。若一事不理,可知一心忙乱在。启超案:此语最能勘出学道之应用处。用一心,错一心,理一事,坏一事,即竖得许多功能,亦是沙水不成团。如吃饭穿衣,有甚奇事? 才忙乱,已从脊梁过。学无本领,漫言主静,总无益也。庚申前录

凡人一言过,则终日言皆婉转而文此一言之过;一行过,则终日行皆婉转而文此一行之过。盖人情文过之态如此,几何而不堕禽兽也! 以下癸亥。启超案:一针见血,道破人情。岂止终日,有一言一行之过,而终身文之者矣。葬身奴隶之域,可不哀哉!

日用之间,漫无事事,或出入闺房,或应接宾客,或散步回廊,或静窥书册,或谈说无根,或思想过去未来,或料理药饵,或拣择衣饮,或诘童仆,或量米盐,恁他摆排,莫可适莫。自谓颇无大过,杜门守拙,祸亦无生。及夫时移境改,一朝患作,追寻来历,多坐前日无事甲里。如前日妄起一念,此一念便下种子,前日误读一册,此一册便成附会。推此

以往，不可胜数，故君子不以闲居而肆恶，不以造次而违仁。

此心放逸已久，才向内，则苦而不甘，忽复去之。总之，未得天理之所安耳。心无内外，其浑然不见内外处，即天理也。先正云："心有所向便是欲。"向内向外，皆欲也。以下乙丑、丙寅。启超案：此与近溪所谓以不屑凑泊为工夫，正相印证。

此心绝无凑泊处，从前是过去，向后是未来，逐外是人分，搜里是鬼窟，四路把绝，就其中间不容发处，恰是此心真凑泊处。此处理会得分明，则大本达道，皆从此出。

延平教人"看喜怒哀乐未发时作何气象"，此学问第一义工夫。未发时有何气象可观？只是查检自己病痛到极微密处，方知时虽未发，而倚著之私，隐隐已伏；才有倚著，便易横决。若于此处查考分明，如贯虱车轮，更无躲闪，则中体恍然在此，而已发之后，不待言矣。此之谓善观气象者。以下戊辰。启超案：如此讲已发未发，方是鞭辟近里。

游思妄想，不必苦事禁遏，大抵人心不能无所用，但用之于学者既专，则一起一倒，都在这里，何暇及一切游思妄想？即这里处不无间断，忽然走作，吾立刻与之追究去，亦不至大为扰扰矣。此主客之势也。甲戌。启超案：不二法门。

无事时得一偷字，有事时得一乱字。以下丙子京邸。启超案：猛醒！

才认己无不是处，愈流愈下，终成凡夫。才认己有不是处，愈达愈上，便是圣人。

体认亲切法：

　　身在天地万物之中，非有我之得私；

　　心在天地万物之外，非一膜之能囿。

　　通天地万物为一心，更无中外可言；

　　体天地万物为一本，更无本心可觅。启超案：纯是明道《识仁》、横渠《西铭》的理想。

小人只是无忌惮，便结果一生。至《大学》止言闲居为不善耳，闲居时有何不善可为？只是一种懒散精神，漫无着落处，便是万恶渊薮，正是小人无忌惮处，可畏哉！以下丙子《独证编》。启超案：懒散精神，暮气也。暮气者，鬼气也。日三复此语，精神不期抖擞而自抖擞。

离独一步，便是人伪。

主静之说，大要主于循理。然昔贤云道德言动，皆翕聚为主，发散是不得已事。天地万物皆然，则亦意有专属，正黄叶止儿啼，是方便法也。

古人恐惧二字，尝用在平康无事时，及至利害当前，无可回避，只得赤体承当。世人只是倒做了。

心之官则思，一息不思，则官失其职。故人心无思，而无乎不思，绝无所谓思虑未起之时。惟物感相乘，而心为之动，则思为物化，一点精明之气，不能自主，遂为憧憧往来之思矣。又如官犯赃，乃溺职也。以下丁丑

知无不良，只是独知一点。

心无存亡，但离独位便是亡。

人心如谷种，满腔都是生意，欲锢之而滞矣。然而生意未尝不在也，疏之而已耳。又如明镜，全体浑是光明，习染薰之而暗矣。然而明体未尝不存也，拂拭而已耳。惟有内起之贼，从意根受者不易除，更加气与之拘，物与之蔽，则表里夹攻，更无生意可留、明体可觌矣，是为丧心之人。君子倦倦于谨独，以此。以下庚辰

省察二字，正存养中吃紧工夫。如一念于欲，便就此念体察，体得委是欲，立与消融而后已。启超案：省察者，消极的工夫也。

心是鉴察官，谓之良知，最有权，触着便碎。人但随俗习非，因而行有不慊，此时鉴察，仍是井井，却已做主不得。鉴察无主，则血气用事，何所不至！一事不做主，事事不做主，隐隐一窍，托在恍惚间，拥虚器而已。以下壬午淮上。启超案：此之谓真不自由，此之谓真奴隶。

语次多诡随，亦见主心之不一。

本心湛然，无思无为，为天下主，过此一步，便为安排。心有安排，因以有倚著；有倚著，因以有方所；有方所，因以有去住；有去住，因以有转换。则机械变诈，无所不至矣。

心放自多言始，多言自言人短长始。以下壬午京邸

后之学者，每于道理三分之：推一分于在天，以为天命之性；推一分于万物，以为在物之理；又推一分于古今典籍，以为耳目之用神。反而求之吾心，如赤贫之子，一无所有，乃日夕乞哀于三者。而几几乎其来舍焉，客子之过逆旅，止堪一宿，所谓疏者续之不坚也。当是时，主人贫甚，尚有一点灵明，可恃为续命之膏，又被佛氏先得之。则益望望然恐，曰："我儒也，何以佛为？"并其灵明而弃之。于是天地万物、古今典籍，皆阒亡而返，求其一宿而不可得，终望门持钵以死。宁为牛后，无为鸡口，悲夫！启超案：佛家言曰："抛却自家无尽藏，沿门托钵效贫儿。"盖谓此也。

朱子曰："人心之灵，莫不有知。"即所谓良知也。但朱子则欲自此而一一致之于外，阳明则欲自此而一一致之于中。不是知处异，乃是致处异。以下癸未，名《存疑杂著》。启超案：吾亦以先生言证之曰："此主客之势也。"

意根最微，诚体本天，本天者至善者也。以其至善，还之至微，乃见其真。止、定、静、安、虑，次第俱到，以归之得，得无所得，乃为真得。禅家所谓向一毛孔立脚是也。此处圆满，无处不圆满，此处亏欠，无处不亏欠，故君子起戒于微，以克完其天心焉。欺之为言欠也，所自者欠也，自处一动，便有夹杂。因无夹杂，故无亏欠。而端倪在好恶之地，性光呈露，善必好，恶必恶，彼此两关，乃呈至善。故谓之如好好色，如恶恶臭。此时浑然天体用事，不着人力丝毫，于此寻个下手工夫，惟有慎之一法，乃得还他本位，曰独。仍不许动乱手脚一毫，所谓诚之者也。此是尧、舜以来相传心法，学者勿得草草放过。

起一善念，吾从而知之，知之之后，如何顿放此念？若顿放不妥，

吾虑其剜肉成疮。起一恶念，吾从而知之，知之之后，如何消化此念，若消化不去，吾恐其养虎遗患。总为多此一起，才有起处，虽善亦恶，转为多此一念，才属念缘，无灭非起。今人言致良知者如是。

就性情上理会，则曰涵养；就念虑上提撕，则曰省察；就气质上消镕，则曰克治。省克得轻安，即是涵养；涵养得分明，即是省克。其实一也，皆不是落后着事。

会　　语

为学莫先于辨诚伪，苟不于诚上立脚，千修万修，只做得禽兽路上人。

祁世培问："人于生死关头不破，恐于义利尚有未净处？"曰："若从生死破生死，如何破得？只从义利辨得清，认得真，有何生死可言？义当生自生，义当死自死，眼前止见一义，不见有生死在。"

问："三教同源否？"曰："莫悬虚勘三教异同，且当下辨人禽两路。"

古人成说如琴谱，要合拍须自家弹。

静坐是养气工夫，可以变化气质。

世人无日不在禽兽中生活，彼不自觉，不堪当道眼观，并不堪当冷眼观。今以市井人观市井，彼此不觉耳。启超案：欲觉晨钟，发人深省。

问："先生教某静坐，坐时愈觉妄念纷扰，奈何？"曰："待他供状自招也好，不然且无从见矣。此有根株在，如何一一去得？不静坐，他何尝无，只是不觉耳。"

吾辈心不能静，只为有根在。假如科举的人，只着在科举上，仕途的人，只着在仕途上，即不专为此，总是此傍枝生来。所以濂溪教人，只把无欲两字作丹头。

先生叹曰："人谓为人不如为己，故不忠。看来忠于己谋者亦少，如机变，如蠹息，如欺世盗名，日日戕贼此身，误认是占便宜事。"有友问："三代之下，惟恐不好名，名字恐未可抹坏。"王金如云："这是先儒有激之言,若论一名字,贻祸不是小小。"友谓:"即如今日之会,来听者亦为有好名之心耳,即此一念,便亦足取。"先生曰:"此语尤有病,这会若为名而起,是率天下而为乱臣贼子,皆吾辈倡之也。诸友裹足而不可入斯门矣。"启超案:今日会却甚多,试一勘果为名而起否? 友又谓:"大抵圣贤学问,从自己起见,豪杰建立事业,则从勋名起见。无名心,恐事业亦不成。"先生曰:"不要错看了豪杰,古人一言一动,凡可信之当时,传之后世者,莫不有一段真至精神在内。此一段精神,所谓诚也。惟诚,故能建立,故足不朽。稍涉名心,便是虚假,便是不诚。不诚则无物,何从生出事业来?"启超案:此言学道之应用处,最为深切。今世学者不肯学圣贤,而欲以豪杰自居,岂知成圣贤、成豪杰,皆同此一条路上来耶? 今之无豪杰宜尔。

敬则心中无一事。

先生儆诸生曰:"吾辈习俗既深,平日所为皆恶也,非过也。学者只有去恶可言,改过工夫且用不着。"又曰:"为不善,却自恕为无害,不知宇宙尽宽,万物可容,容我一人不得。"

吾辈偶呈一过,人以为无伤。不知从此过而勘之,先尚有几十层,从此过而究之,后尚有几十层。故过而不已,必恶。谓其出有源,其流无穷也。启超案:一棒一条痕,一掴一掌血。

苟志于仁矣,无恶也,然后有改过工夫可言。

宁学圣人而未至,无以一善成名者,士君子立志之说也。宁以一善成名,无学圣人而未至者,士君子返躬之义也。如为子死孝,为臣死忠,古今之常理,乃舍见在之当为,而曰吾不欲以一善成名,是又与于不仁之甚者也!

学者或云,于静中见得道理如此,而动时又复忙乱;或云,于动时颇近于道,而静中又复纷扰。症虽二见,其实一病也。动静二字,不能打合,如何言学? 阳明在军中,一面讲学,一面应酬军务,纤毫不乱,此时动静,是一是二?

《大学》所谓格物,《孟子》所谓集义,一事也不放过,一时也不放松,无事时惺惺不寐,有事时一真自如,不动些子。

无事时只居处恭便了。

省察是存养之精明处。

心中无一事,浩然与天地同流。

学不外日用动静之间,但辨真与妄耳。或问:"如何为真?"先生曰:"对妻子如此说,对外人却不如此说;对同辈如此说,对仆隶却不如此说:即所谓不诚无物,不可以言学。"

问:"所存自谓不差,而发之不能无过,何也?"曰:"仍是静存之中差耳。此中先有罅隙,而后发之日用之间,始有过不及之事。事岂离心而造者?故学者不必求之行事之著,而止求之念虑之微。一言以蔽之,曰诚而已矣。"

问"万物皆备"之义。曰:"才见得有个万物,便不亲切,须知盈天地间,无所谓万物者。万物皆因我而名,如父便是我之父,君便是我之君,类之五伦以往,莫不皆然。然必实有孝父之心,而后成其为我之父;实有忠君之心,而后成其为我之君。此所谓反身而诚。至此才见得万物非万物,我非我,浑成一体,此身在天地间,无少欠缺,何乐如之?"启超案:所谓主观说也。必实有爱国之心,然后成其为我之国。

心须乐而行惟苦,学问中人,无不从苦处打出。

祝渊苦游思杂念,先生曰:"学者养心之法,必先养气;养气之功,莫如集义。自今以往,只事事求慊于心,凡闲勾当,闲话说,概与截断,归并一路,游思杂念,何处可容?"

今人读书,只为句句明白,所以无法可处。若有不明白处,好商量也,然徐而叩之,其实字字不明白。

世言上等资质人,宜从陆子之学;下等资质人,宜从朱子之学。吾谓不然,惟上等资质,然后可学朱子,以其胸中已有个本领,去做零碎工夫,条分缕析,亦自无碍。若下等资质,必须识得道在吾心,不假外求,有了本领,方去为学。不然,只是向外驰求,误却一生矣。启超案:

此论最确。故吾辈只当学陆子，非徒不敢自居上等资质，抑亦社会日趋复杂，势迫我不能不向外驰求，无此以自药，乃误一生也。

先生语叶敦艮曰："学者立身，不可自放一毫出路。"

问："改过先改心过否？"曰："心安得有过？心有过，便是恶也。"

吾人只率初念去，便是孟子所以言本心也。初念如此，当转念时，复转一念，仍与初念合，是非之心仍在也。若转转不已，必至遂其私而后已，便不可救药。

来 学 问 答

王嗣奭问："下学而上达自在，圣人不言，是待人自悟否？"先生曰："形而上者谓之道，形而下者谓之器，上下原不相离，故学即是学其所达，达即是达其所学。若不学其所达，几一朝之达，其道无由。譬之适京师者，起脚便是长安道，不必到长安，方是长安。不然，南辕而北辙矣。悟此之谓自悟，言此之谓不言之言。"

所列广利济一格，此意甚害道，百善五十善，书之无消煞处。纪过则无善可称，无过即是善，若双行便有不通处。启超案：此论当时俗人所立功过格也。愚意但欲以改过为善，而坐之焚香静坐下，颇为有见。今善恶并出，但准多少以为销折，则过终无改时，而善之所列，亦与过同归而已。有过非过也，过而不改，是谓过矣；有善非善也，有意为善，亦过也。此处头路不清，未有不入于邪者。至于过之分数，亦属穿凿，理无大小多寡故也，今但除入刑者不载，则过端皆可涓除。但有过而不改，转入于文，直须纪千万过耳。诸君平日所讲，专要无善，至此又设为善册以劝人，落在功利一路。若为下下人说法，尤不宜如此。仆以为，论本体，决其有善无恶；论工夫，则先事后得，无善有恶可也。《答秦弘祐》

证 学 杂 解

天命流行，物与无妄，此所谓"人生而静以上不容说"也。此处并难著诚字，或妄焉亦不容说。妄者，真之似者也，古人恶似而非。似者，非之微者也。道心惟微，妄即依焉，依真而立，即托真而行，官骸性命之地，犹是人也，而生意有弗贯焉者。是人非人之间，不可方物，强名之曰妄。有妄心，斯有妄形。因有妄解识、妄名理、妄言说、妄事功，以此造成妄世界，一切妄也，则亦谓之妄人已矣。妄者，亡也，故曰："罔之生也幸而免。"一生一死，真妄乃见，是故君子欲辨之早也。一念未起之先，生死关头，最为吃紧。于此合下清楚，则一真既立，群妄皆消。启超案：此篇为蕺山勘道最精微处，亦示学者用力最吃紧处。我辈宜日三复也。既妄求真，尤妄非真。以心还心，以聪明还耳目，以恭重还四体，以道德性命还其固然，以上天下地、往古来今还宇宙，而吾乃俨然人还其人，自此一了百当，日用间更有何事？通身仍得个静气而已。人心自妄根受病以来，自微而著，益增泄漏，遂受之以欺。欺与慊对，言亏欠也。《大学》首严自欺，自欺犹云亏心。心体本是圆满，忽有物以撄之，便觉有亏欠处。自欺之病，如寸隙当堤，江河可决。故君子慎独之功，只向本心呈露时，随处体认去，便得全体荧然，真天地合德，何慊如此！慊则诚，闲居之小人，掩不善而著善，亦尽见苦心。虽败缺尽彰，自供已确，诚则从此便诚，伪则从此滋伪。凛乎！凛乎！复云不远，何祗于悔。

　　自欺受病，已是出人入兽关头，更不加慎独之功，转入人伪。自此即见君子，亦不复有厌然情状，一味挟智任术，色取仁而仁违。心体至此百碎，进之则为乡原，似忠信，似廉洁，欺天罔人，无所不至，犹宴然自以为是，全不识人间有廉耻事。充其类为王莽之谦恭，冯道之廉谨，弑父与君，皆由此出。故欺与伪虽相去不远，而罪状有浅深，不可一律论。近世士大夫受病，皆坐一伪字，后人呼之曰假道学。求其止犯欺者，已是好根器，不可多得。刘器之学立诚，自不妄语始，至七年乃成。然则从前语亦妄，不语亦妄，即七年以后，犹有不可问者。不观程伯子喜猎之说乎？自非妄根一路，火尽烟消，安能并却喉子，默默地不动一尘？至于不得已而有言，如洪钟有叩，大鸣小鸣，适还本分，此中仍是不出来也。如同是一语，多溢一字，轻一字，都是妄，故云戏言出于思。七年之功，谈何容易？不妄语，方不妄动，凡口中道不出者，足下自移不去。故君子之学，置力全是躬行，而操心则在谨言上，戒欺求慊之功，于斯为要。《易》曰："君子居其室，出其言善，则千里之外应之，况其迩者乎？居其室，出其言不善，则千里之外违之，况其迩者乎？"呜呼，善不善之辨微矣哉！

说

朱夫子答梁文叔书曰："近看孟子道性善，称尧舜，此是第一义。若于此看得透，信得及，直下便是圣贤，更无一毫人欲之私，做得病痛。若信不及，孟子又说过第二节工夫，又只引成覸、颜渊、公明仪三段说话，教人如此发愤，勇猛向前，日用之间，不得存留一毫人欲之私在这里，此外更无别法。"此朱子晚年见道语也。学者须占守第一义做工夫，方是有本领学问，此后自然歇手不得，如人行路，起脚便是长安道，不患不到京师。然性善、尧舜，人人具有，学者何故一向看不透，信不及？正为一点灵光，都放在人欲之私上，直是十分看透，遂将本来面目，尽成埋没。骤而语之以尧舜，不觉惊天动地，却从何处下手来？学者只是克去人欲之私。欲克去人欲之私，且就灵光初放处讨分晓，果认得是人欲之私，便即时克了。阳明先生致良知三字，正要此处用也。启超案：最能发明阳明法门。曾文正曰："不为圣贤，便为禽兽。"孟子他日又说个道二，仁与不仁，不为尧、舜，则为桀、纣，中间更无一发可容混处。学者上之不敢为尧、舜，下之不屑为桀、纣，却于两下中，择个中庸自便之途，以为至当，岂知此身早已落桀、纣一途矣！故曰："纣之不善，不如是之甚也。"学者惟有中立病难医。凡一切悠悠忽忽，不激不昂，漫无长进者皆是。看来全是一团人欲之私，自封自固，牢不可破。今既捉住病根在，便合信手下药。学者从成覸、颜渊、公明仪说话，激发不起，且急推向桀、纣一路上，果能自供自认否？若供认时，便是瞑眩时，若药不瞑眩，厥疾不瘳，正为此等人说法。倘下之苟不为桀、纣，上之又安得不为尧、舜？《第一义说》。

程子曰："心要在腔子里。"此本孟子求放心而言，然则人心果时放外耶？即放外，果在何处？因读《孟子》上文云："仁，人心也。"乃知心有不仁时，便是放，所谓"旷安宅而弗居也"。故阳明先生曰："程子所谓腔子，亦即是天理。"至哉言乎！程子又曰："吾学虽有所授，然天理二字，却是自家体认出来。"夫既从自家体认而出，则非由名象凑泊可知。凡仁与义，皆天理之名象，而不可即以名象为天理，谓其不属自家故也。试问学者，何处是自家一路？须切己反观，推究到至隐至微处，方有着落。此中无一切名象，亦并无声臭可窥，只是个维玄维默而已。虽维玄维默，而实无一物不体备其中，所谓天也。故理曰天理，才着人分，便落他家。一属他家，便无归宿。仔细检点，或以思维放，或以卜度放，或以安排放，或以智故放，或以虚空放，只此心动一下便是放。所放甚微，而人欲从此而横流，其究甚大。盖此心既离自家，便有无所不至者。心斋云："凡有所向，有所见，皆是妄。"既无所向，又无所见，便是无极而太极。无极而太极，即自家真底蕴处。学者只向自家寻底蕴，常做个体认工夫，放亦只放在这里，求亦只求在这里，岂不至易？岂不至简？故求放心三字，是学人单提口诀，下士得之为入道之门，上根得之即达天之路。《求放心说》

人生终日扰扰也，一着归根复命处，乃在向晦时，即天地万物，不外此理。于此可悟学问宗旨，只是主静也。此处工夫最难下手，姑为学者设方便法，且教之静坐。日用之间，除应事接物外，苟有馀刻，且静坐，坐间本无一切事，即以无事付之，即无一切事，亦无一切心，无心之心，正是本心。瞥起则放下，沾滞则扫除，只与之常惺惺可也。此时伎俩，不合眼，不掩耳，不跌跏，不数息，不参话头，只在寻常日用中。有时倦则起，有时感则应，行住坐卧，都在静观，食息起居，都作静会。

昔人所谓勿忘勿助间,未尝致纤毫之力,此其真消息也。故程子每见人静坐,便叹其善学。善学云者,只此是求放心亲切工夫。从此入门,即从此究竟,非徒小小方便而已。会得时立地圣域,不会得时终身只是狂驰了,更无别法可入。不会静坐,且学坐而已。学坐不成,更论恁学? 坐如尸,坐时习,学者且从整齐严肃入,渐进于自然。《诗》云:"相在尔室,尚不愧于屋漏。"又曰:"神之格思,不可度思,矧可射思。"《静坐说》

学者静中既得力,又有一段读书之功,自然遇事能应。若静中不得力,所读之书,又只是章句而已,则且教之就事上磨炼去。自寻常衣食以外,感应酬酢,莫非事也。其间千万变化,不可端倪,而一一取裁于心,如权度之待物然。权度虽在我,而轻重长短之形,仍听之于物,我无与焉,所以情顺万事而无情也。故事无大小,皆有理存,劈头判个是与非。见得是处,断然如此,虽鬼神不避;见得非处,断然不如此,虽千驷万钟不回。又于其中条分缕析,铢铢两两,辨个是中之非,非中之是,似是之非,似非之是,从此下手,沛然不疑,所行动有成绩。又凡事有先着,当图难于易,为大于细。有要着,一着胜人千万着,失此不着,满盘败局。又有先后着,如低棋以后着为先着,多是见小欲速之病。又有了着,恐事至八九分便放手,终成决裂也。盖见得是非后,又当计成败,如此方是有用学问。世有学人,居恒谈道理井井,才与言世务便疏。试之以事,或一筹莫展。这疏与拙,正是此心受病处,非关才具。谚云:"经一跌,长一识。"且须熟察此心受病之原,果在何处,因痛与之克治去,从此再不犯跌,庶有长进。学者遇事不能应,只有练心法,更无练事法。练心之法,大要只是胸中无一事而已。无一事,乃能事事,便是主静工夫得力处。又曰:"多事不如少事,省事不如无事。"《应事说》。启超案:世有以讲学为无用之业者,宜日三复此篇。学之不讲,国之无人才也宜矣。

应事接物,相为表里,学者于天下不能遗一事,便于天下不能遗一人。自落地一声，此身已属之父母；及其稍长，便有兄弟与之比肩；长而有室，又有妻子与之室家。至于食毛践土，君臣之义，无所不在。惟朋友联合，于稠人广众之中，似属疏阔，而人生实赖以有觉。合之称五伦。人道之经纶，管于此也。然父子其本也，人能孝于亲，未有不忠于事君与友于兄弟、信于朋友、宜于家室者。夫妻一伦，尤属化原。古来大圣大贤，又多从此处发轫来，故曰："刑于寡妻，至于兄弟，以御于家邦。"盖居室之间，其事最微渺而易忽，其恶为淫僻。学者从此关打破，便是真道德，真性命，真学问文章。不然，只是伪也。自有五伦，而举天下之人，皆经纬联络其中。一尽一切尽，一亏一切亏。第一要时时体认出天地万物一体气象，即遇恶人之见，横逆之来，果能作如是观否？彼固一体中人耳，才有丝毫隔绝，便是断灭性种。至于知之之明，与处之之当，皆一体中自作用，非关权术。人第欲以术胜之，未有不堕其彀中者，然此际煞合理会。陆象山先生曰："除了人情事变，无可做工夫。"要知做工夫处，果是何事？若不知此事，只理会个人情事变，仍不是工夫，学者知之。《处人说》

今为学者下一顶门针，即向外驰求四字，便做成一生病痛。吾侪试以之自反，无不悚然汗浃者。凡人自有生以后，耳濡目染，动与一切外物作缘，以是营营逐逐，将全副精神，都用在外，其来旧矣。学者既有志于道，且将从来一切向外精神，尽与之反复身来，此后方有下手工夫可说。须知道不是外物，反求即是，故曰"我欲仁斯仁至矣"。无奈积习既久，如浪子亡家，失其归路，即一面回头，一面仍住旧时缘，终不知在我为何物。又自以为我矣，曰吾求之身矣，不知其为躯壳也；又自以为我矣，曰吾求之心矣，不知其为口耳也；又自以为我矣，曰吾求之性与命矣，不知其为名物象数也。求之于躯壳，外矣；求之于耳目，愈外矣；求之于名物象数，外之外矣。所为一路向外驰求也。所向是外，无往非外，一起居焉外，一饮食焉外，一动静语默焉外，时而存养焉外，时而省察焉外，时而迁善改过焉外，此又与于不学之甚者也。是故读书则以事科举,仕宦则以肥身家,勋业则以望公卿,气节则以邀声誉,文章则以腴听闻,何莫而非向外之病乎?学者须发真实为我心,每日孜孜汲汲,只干办在我家当。身是我身,非关躯壳;心是我心,非关口耳;性命是我性命,非关名物象数。正目而视之,不可得而见,倾耳听之,不可得而闻,非惟人不可得而见闻,虽吾亦不可得而见闻也。于此体认亲切,自起居食息以往,无非求在我者。及其求之而得,天地万物,无非我有,绝不是功名富贵气节文章,所谓自得也。总之,道体本无内外,而学者自以所向分内外。所向在内,愈寻求愈归宿,亦愈发皇,故曰:"君子之道,暗然而日章。"所向在外,愈寻求愈决裂,亦愈消亡,故曰:"小人之道,的然而日亡。"学者幸早辨诸!《向外驰求说》

天命流行,物与无妄,人得之以为心,是谓本心。人心无一妄而已。忽焉有妄,希乎微乎,其不得而端倪乎?是谓微过,独知主之;有微过,是以有隐过,七情主之;有隐过,是以有显过,九容主之;有显过,是以有大过,五伦主之;有大过,是以有丛过,百行主之。总之妄也。启超案:先生尝谓人将此数语衍为图表,最便学者体认,当参观。譬之木自本而根而干而标,水自源而后及于流,盈科而至于放海,故曰:"涓涓不息,将成江河;绵绵不绝,将寻斧柯。"是以君子贵防之早也。其惟慎独乎?慎独则时时知改。俄而授之隐过矣,当念过,便从当念改;又授之显过矣,当身过,便从当身改;又授之大过矣,当境过,当境改;又授之丛过矣,随事过,随事改。改之则复于无过,可喜也;不改成过,且得无改乎?总之皆祛妄还真之学,而工夫次第如此。譬之擒贼者,擒之于室甚善,不于室而于堂,不于堂而于外门,于衢、于境上,必成擒而后已。启超案:此譬最亲切。子绝四:毋意,毋必,毋固,毋我。真能慎独者也。其次则"克伐怨欲不行焉尔"。宋人之言曰:"独行不愧影,独寝不愧衾。"独而显矣。司马温公则云:"某平生无甚过人处,但无一事不可对人言者。"庶几免于大过乎?若邢恕之一日三检点,则丛过对治法也。真能慎独者,无之非独,即邢恕学问,孔子亦用得着,故曰:"不为酒困。"不然，自原宪而下，总是个闲居小人，为不善而已。善学者，须学孔子之学，只于意根上止截一下，便千了百当。若到"必固我"，已渐成决裂，幸于我处止截得，犹不失为颜子克己，过此无可商量矣。落一格，粗一格，工夫转愈难一格，故曰："可为难矣。"学者须是学孔子之学。以下《改过说》

　　人之言曰"有心为恶，无心为过"，则过容有不及知者，因有不及改，是大不然。夫心不爱过者也，才有一点过，便属碍膺之物，必一决之而后快。故人未有有过而不自知者，只不肯自认为知尔。然则过又安从生？曰只不肯自认为知处，其受蔽处良多，以此造过遂多，仍做过不知而已。孟子言："君子之过，如日月之食。"可见人心只是一团灵明，而不能不受暗于过。明处是心，暗处是过。明中有暗，暗中有明，明中之暗即是过，暗中之明即是改，手势如此亲切。但常人之心，忽明忽暗，展转出没，终不能还得明明之体，不归薄蚀何疑？君子则以暗中之明，用个致曲工夫，渐次与它恢扩去，在《论语》则曰"讼过"，如两造当庭，抵死仇对，不至十分明白不已。才明白，便无事，如一事有过，直勘到事前之心，果是如何？一念有过，直勘到念后之事，更当如何？如此反复推勘，更无躲闪，虽一尘亦驻足不得，此所谓致曲工夫也。《大易》则言"补过"，谓此心一经缺陷，便立刻与之圆满那灵明尔。若只是小小补缀，头痛救头，脚痛救脚，败缺难掩，而弥缝日甚，谓之文过而已。虽然，人犹有有过而不自知者，子路，人告之以有过则喜。子曰："丘也幸，苟有过，人必知之。"然则学者虚心逊志时，务察言观色，以辅所不逮，有不容缓者。

圣学吃紧三关

　　学莫先于问途，则人己辨焉，此处不差，后来方有进步可观。不然，只是终身扰扰而已。

　　为己为人，只闻达之辨，说得大概已尽。后儒又就闻中指出许多病痛，往往不离功名富贵四字，而蔽之以义利两言。除却利便是义，除却功名富贵便是道，此中是一是二，辨之最微。学者合下未开眼孔，只为己不足，故求助于人，岂知愈求助于人，愈不足于己乎?《人己关》

学以为己，己以内又有己焉。只此方寸之中，作得主者是，此所谓真己也。必也敬乎!《敬肆关》

由主敬而入，方能亲体承当，其要归于觉地，故终言迷悟。

工夫却从存养中来，非悬空揣控，索之象罔者也。故宋儒往往不喜顿悟之说。或曰:"格物致知，《大学》之始事，今以悟为终事，何也?"曰:"格致工夫，自判断人己一关时，已用得著矣。然必知止知至以后，体之当身，一一无碍，方谓之了悟。悟岂易言乎? 若仅取当下一点灵明，瞥然有见时，便谓之悟，恐少间已不可复恃。"《迷悟关》

附　案

副使颜冲宇先生鲸

颜鲸，字应雷，号冲宇，宁之慈溪人。嘉靖丙辰进士。授行人。选为御史，巡按河南。华亭以伊庶人事嘱之，先生不动声色，卒定其乱。海忠介下狱，特疏救之。沈青霞冤死，拔其子襄于太学。出提学政，先风化而后文艺。在楚则忤江陵，在中州则忤新郑，其守正如此。邹南皋曰："予读先生所论孔、孟、颜、曾及'原人''原性'诸语，其学以求仁为宗，以默坐澄心为入门，以践履操修为见性，而妙于慎独，极于默识。既殚厥心矣，而总于悟格物之旨尽之。世儒以一事一物为物，而先生以通天下国家为物、为格。其力久，故其悟深；其悟深，故其用周。真从困衡中入，而非以意识承当之者。"先师蕺山曰："先生于学问头脑，已窥见其大意，故所至树立磊落。"先生与许敬庵皆谈格物之学，敬庵有见于一物不容之体，先生有见于万物皆备之体。盖相反而相成者，总之不落训诂窠臼者也。

501

尚宝司丞应天彝先生典

应典,字天彝,号石门,永康人。正德甲戌进士。由职方司主事,仕至尚宝司丞。初谒章懋于兰江,奋然有担负斯道之志。后介黄崇明见王守仁于稽山,授以致良知之学。归而讲学五峰书院。典之论学曰:"圣贤之学,在反求诸己,而无自欺。人心本体,至虚至明,纤毫私意容受不得,如鼻之于臭,才触便觉,才觉便速除去,更无一毫容忍。古之圣贤,当生而死,当富贵而宁贫贱,以至处内外、远近、常变、得失、毁誉之间,不肯稍有所徇者,以能自见其心之本体,而勿以自欺而已。人心无声无臭,浑然天理,不能不为物欲所蔽,而本体之明,终不可泯。一念觉,若鬼神之尸其兆,上帝之宰其衷,此即是不可欺之本心,充而达之,即是尽心。孟子曰:'人能充无欲害人之心,而仁不可胜用也;人能充无穿窬之心,而义不可胜用也。'充其不欺之心,至于纤悉隐微,无所不尽,事之巨细大小,俱以一心处之,而本然之体,原是不动。此圣贤学问紧关切要处,学者知此,工夫方有着落。若徒务外近名,窃取口耳闻见之似,以夸于人,又或知有身心之学,模拟想像,不实践下手,自欺之罪,终恐不免。"此其论学之大概也。典为人诚悫和粹,孝友兼笃,谨言慎行,廉隅修整。黄崇明称其"笃实谦虚,刻苦好学,浙中罕俪"云。

周德纯先生莹

周莹,字德纯,号宝峰,永康人。尝学于应元忠,往见阳明子。阳明子曰:"子从应子之所来乎?"曰:"然。"曰:"应子云何?"曰:"应子曰:

'希圣希贤，毋溺流俗。'且曰：'吾闻诸阳明子云。'莹是以不远千里而来谒。"曰："子之来，犹有未信乎？"曰："信。"曰："信而又来，何也？"曰："未得其方。"阳明子曰："子既得其方矣。"对曰："莹惟不得其方，是以来见，愿卒赐之教。"阳明子曰："子既得之矣。"周子悚然起，茫然有间。阳明子曰："子之自永康来也，几何程？"曰："数百里而遥"，曰："远矣。"曰："从舟乎？"曰："舟而又登陆也。"曰："劳矣。当兹六月暑乎？"曰："途之暑特甚。"曰："难矣。具资粮，从童仆乎？"曰："携一仆，中途而病，舍贷而行。"曰："兹益难矣"，曰："子之来既远且劳，其难若此也，何不遂返乎？将毋有强子者乎？"曰："莹至夫子之门，劳苦艰难，诚乐也，宁以是而遂返，又奚俟人之强也？"曰："如是，则子固已得其方矣。子之志，欲至于吾门，则至于吾门，无假于人。子而志于圣贤之学，则亦即至于圣贤，而又假于人乎？子之舍舟从陆，捐仆贷粮，冒毒暑而来也，又安受其方也？"周子跃然而拜曰："兹乃命之方也矣。微先生言，莹何以得之？"阳明子曰："子不见夫爇石以求灰乎？火力足也，乃得水而化。子归就应子，而足其火力焉。吾将储担石之水以俟子之再见。"莹学于姚江，既有所得，乃请其学于五峰。

卢德卿先生可久

卢可久，字德卿，永康人。从阳明子于越，三月，既得良知之学，辞归。处一松山房，端默静坐，恍觉浮翳尽扫，皎月中天之象。再见阳明，商证益密，同门王畿、钱德洪，皆相许可。阳明子殁，归而聚徒讲学于五峰。曰："本体工夫，不落阶级，不涉有无。悟者超于凡俗，不悟即落迷途。"又曰："原无所存，更有何亡？原无所得，更有何失？默而识之，神而明之。"又曰："省愆改过，是真实下工夫处，见得已过日密，则用工益精。"或问学之实功，曰："非礼勿视听言动，充之而手舞足蹈，充之而动容周旋中礼。"其论学如此。可久负荷斯道,笃实精进,汲引提撕,至老不倦。孝事二亲,居丧尽礼。室人早丧,鳏居四十年,守严一介,芥视千乘,襟怀洒落,略无撄滞。享年七十有七,卒。所著有《光馀或问》、《望洋日录》、《草窗巷语》、《文录》等。

杜子光先生惟熙

杜惟熙,字子光,号见山,东阳人。年十七,即北面一松之门。凡四岁,恍若有得,一松曰:"为学须经事变,方可自信所得。"复十年,家难递作。乃怅忆一松言,作《悔言录》以自励。复至五峰,尽其道。尝言:"学者一息不寐,则万古皆通;一刻自宽,即终身欠缺。"盖得程子识仁之旨。又诗曰:"古今方寸里,天地范围中。有事还无事,如空不落空。"所造深矣。其学以复性为宗,克欲为实际。审查克治,无间昼夜;持己接物,真率简易,不修边幅。其教人,迎机片语,即可证悟。自奉粗粝淡泊,脱粟杯羹,与来学者共之。分守张凤梧建崇正书院,聘与徐用检递主教席。海门周汝登见《悔言集》,以为非大悟后不能道,由姚江而直溯洙泗。年八十馀,小疾,语诸友曰:"明晨当来作别。"及期,焚香端坐,曰:"诸君看我如是而来,如是而去,可用得意见安排否?"门人请益,曰:"极深研几。"遂瞑。

新會　梁啟超鈔

附胡左嘉言

曾文正公嘉言鈔

曾文正公嘉言钞序

　　曾文正者,岂惟近代,盖有史以来不一二睹之大人也已;岂惟我国,抑全世界不一二睹之大人也已。然而文正固非有超群绝伦之天才,在并时诸贤杰中称最钝拙,其所遭值事会,亦终身在拂逆之中,然乃立德、立功、立言三并不朽,所成就震古铄今而莫与京者,其一生得力在立志自拔于流俗。而困而知,而勉而行,历百千艰阻而不挫屈,不求近效,铢积寸累。受之以虚,将之以勤,植之以刚,贞之以恒,帅之以诚,勇猛精进,坚苦卓绝。如斯而已,如斯而已!

　　孟子曰:"人皆可以为尧舜。"尧舜信否尽人皆可学焉而至,吾不敢言。若曾文正之尽人皆可学焉而至,吾所敢言也。何也? 文正所受于天者,良无以异于人也。且人亦孰不欲向上? 然生当学绝道丧、人欲横流之会,窳败之习俗以雷霆万钧之力相罩相压,非甚强毅者固不足以抗围之。荀卿亦有言:"庸众驽散,则劫之以师友。"而严师畏友又非可亟得之于末世,则夫滔滔者之日趋于下,更奚足怪! 其一二有志之士,其亦惟乞灵典册,得片言单义而持守之,以自鞭策,自夹辅,自营养,犹或可以防杜堕落而渐进于高明。古人所以得一善则拳拳服膺,而日三复,而终身诵焉也。抑先圣之所以扶世教、正人心者,《四书》、《六经》赤盖备矣。然义丰词约,往往非末学所骤能领会,且亦童而习

507

焉，或以为陈言而忽不加省也。近古诸贤阐扬辅导之言益汗牛充栋，然其义大率偏于收敛，而贫于发扬。夫人生数十寒暑，受其群之荫以获自存，则于其群岂能不思所报？报之则必有事焉，非曰逃虚守静而即可以告无罪也明矣。于是乎不能不日与外境相接构，且既思以己之所信易天下，则行且终其身以转战于此浊世，若何而后能磨炼其身心，以自立于不败？若何而后能遇事物泛应曲当，无所挠枉？天下最大之学问，殆无以过此。非有所程式而养之于素，其孰能致者？

曾文正之殁，去今不过数十年，国中之习尚事势皆不甚相远。而文正以朴拙之姿，起家寒素，饱经患难，丁人心陷溺之极运，终其生于挫折讥妒之林，惟恃一己之心力，不吐不茹，不靡不回，卒乃变举世之风气而挽一时之浩劫。彼其所言，字字皆得之阅历而切于实际。故其亲切有味，资吾侪当前之受用者，非唐宋以后儒先之言所能逮也。孟子曰："闻伯夷之风者，懦夫有立志。"又曰："奋乎百世之上，百世之下，闻者莫不兴起。"况相去仅一世，遗泽未斩，模楷在望者耶！则兹编也，其真全国人之布帛菽粟，而斯须不可去身者也。

丙辰二月朔新会梁启超

钞　　例

一、是编从金陵刻本《曾文正全集》中书札、家书、家训、日记、文集五种摘钞，其馀嘉言散见他种遗著者，姑付阙如。

一、是编原取自便省览，故务求简要，往往一段之中仅节数语，不嫌割裂，但求受用耳。亦有同此一义，而屡见屡钞者，以存文正强聒不舍之真，亦使读者得时习而悦之益。

一、文正居大乱之世，半生治军，是编所钞，言战事者亦什之一二，其为军人宝鉴固无待言，即非军人，亦当涵咏其理而善推之于用。盖人生天地间，本以奋斗为生涯，何时何事，非在战争中者？是编所钞，关于军事之诸条，吾确信，凡任事者，苟能体其意而服膺之，必终身受用不尽也。

一、是编所钞关于观人、用人之诸条，读者或以为文正秉权势，居高位，故能尔尔，吾侪则无需此，其实不然，人无论居何地位，执何职业，皆须与人共事，求友求助，苟善读此，无往而不自得师也。

一、文正于学术、文艺，独得处甚多，垂训亦至精，今所钞从略。

一、胡文忠、左文襄嘉言附钞，以见当时贤哲责善忧世，相观而善，有自来也。

丙辰正月启超记

曾文正公嘉言钞目次

书　札

今日而言治术，则莫若综核名实；今日而言学术，则莫若取笃实践履之士。物穷则变，救浮华者莫如质。积翫之后，振之以猛，意在斯乎！_{复贺耦庚}

吾辈今日苟有所见，而欲为行远之计，又可不早具坚车乎哉？_{致刘孟容}

耐冷耐苦，耐劳耐闲。_{答黄麓溪}

人材高下，视其志趣。卑者安流俗庸陋之规，而日趋污下；高者慕往哲盛隆之轨，而日即高明。_{答欧阳功甫}

无兵不足深忧，无饷不足痛哭，独举目斯世，求一攘利不先、赴义恐后、忠愤耿耿者，不可亟得。此其可为浩叹也。_{复彭丽生}

今日百废莫举，千疮并溃，无可收拾。独赖此精忠耿耿之寸衷，与斯民相对于骨岳血渊之中，冀其塞绝横流之人欲，以挽回厌乱之天心，庶几万有一补。不然，但就局势论之，则滔滔者吾不知其所底也。_{与江岷樵、左季高}

集思广益，本非易事。要当内持定见，而六辔在手；外广延纳，而万流赴壑，乃为尽善。_{复欧阳晓岑}

方今民穷财困，吾辈势不能别有噢咻生息之术，计惟力去害民之

513

人，以听吾民之自孳自活而已。_{与朱石翘}

带勇之人，第一要才堪治民，第二要不怕死，第三要不急急名利，第四要耐受辛苦。大抵有忠义血性，则四者相从以俱至。_{与彭筱房、曾香海}

古来名将得士卒之心，盖有在于钱财之外者。后世将弁专恃粮重饷优为牢笼兵心之具，其本为已浅矣。是以金多则奋勇蚁附，利尽则冷落兽散。_{与王璞山}

国藩入世已深，厌阅一种宽厚论说、模棱气象，养成不黑不白、不痛不痒之世界，误人家国，已非一日。偶有所触，则轮囷肝胆，又与掀振一番。_{与刘孟容}

练勇之道，必须营官昼夜从事，乃可渐几于熟，如鸡伏卵，如炉炼丹，未宜须臾稍离。_{复刘霞仙〇启超按：教育家之于学生及吾人之自行修养，皆当如是。}

二三十年来，士大夫习于优容苟安，揄修袂而养姁步，倡为一种不白不黑、不痛不痒之风，见有慷慨感激以鸣不平者，则相与议其后，以为是不更事，轻浅而好自见。国藩昔厕六曹，目击此等风味，盖已痛恨次骨。_{复龙翰臣}

国藩从宦有年，饱阅京洛风尘，达官贵人优容养望，与在下者软熟和同之象，盖已稔知之而惯尝之，积不能平，乃变而为慷慨激烈、轩爽骯髒之一途。思欲稍易三四十年来不白不黑、不痛不痒、牢不可破之习，而矫枉过正，或不免流于意气之偏，以是屡蹈愆尤，丛讥取戾。而仁人君子，固不当责以中庸之道，且当怜其有所激而矫之之苦衷也。_{复黄子春}

苍苍者究竟未知何若，吾辈竭力为之，成败不复计耳。_{复朱石樵}

愚民无知，于素所未见未闻之事，辄疑其难于上天。一人告退，百人附和，其实并无真知灼见；假令一人称好，即千人同声称好矣。_{复诸一帆}

虹贯荆卿之心，而见者以为淫氛而薄之；碧化苌宏之血，而览者以为顽石而弃之。古今同慨，我岂伊殊？屈累之所以一沉，而万世不复返顾者，良有以也。与刘霞仙

时事愈艰，则挽回之道，自须先之以戒惧惕厉。傲兀郁积之气，足以肩任艰巨，然视事太易，亦是一弊。与罗罗山、刘霞仙

凡善弈者，每于棋危劫急之时，一面自救，一面破敌，往往因病成妍，转败为功。善用兵者亦然。致罗罗山

急于求效，杂以浮情客气，则或泰山当前而不克见。以瓦注者巧，以钩注者惮，以黄金注者昏。外重而内轻，其为蔽也久矣。与李次青

锐气暗损，最为兵家所忌。用兵无他谬巧，常存有馀不尽之气而已。与李次青

日中则昃，月盈则亏。故古诗"花未全开月未圆"之句，君子以为知道。自仆行军以来，每介疑胜疑败之际，战兢恐惧，上下怵惕者，其后恒得大胜；或当志得意满之候，狃于屡胜，将卒矜慢，其后常有意外之失。与罗伯宜○启超按：处一切境遇皆如此，岂惟用兵？

欲学为文，当扫荡一副旧习，赤地新立，将前此所业荡然若丧其所有，乃始别有一番文境。与刘霞仙○启超按：此又不惟学文为然也。

吾乡数人，均有薄名，尚在中年，正可圣可狂之际。惟当兢兢业业，互相箴规，不特不宜自是，并不宜过于奖许，长朋友自是之心。彼此恒以过相砭，以善相养，千里同心，庶不终为小人之归。复李希庵

敬以持躬，恕以待人。敬则小心翼翼，事无巨细，皆不敢忽。恕则常留馀地以处人，功不独居，过不推诿。与鲍春霆

吾辈互相砥砺，要当以声闻过情为切戒。与李希庵

自古大乱之世，必先变乱是非，然后政治颠倒，灾害从之。赏罚之任，视乎权位，有得行，有不得行。至于维持是非之公，则吾辈皆有不可辞之任，顾亭林所称"匹夫与有责焉"者也。与沈幼丹

莅事以明字为第一要义。明有二：曰高明，曰精明。同一境，而

登山者独见其远，乘城者独觉其旷。此高明之说也。同一物，而臆度者不如权衡之审，目巧者不如尺度之确。此精明之说也。凡高明者，欲降心抑志，以遽趋于平实，颇不易易。若能事事求精，轻重长短，一丝不差，则渐实矣。能实则渐平矣。_{与吴翔冈}

军事不可无悍鸷之气，而骄气即与之相连；不可无安详之气，而惰气即与之相连。有二气之利而无其害，有道君子尚难养得，况弁勇乎？_{复胡宫保}

敬字、恒字二端，是彻始彻终工夫。鄙人生平欠此二字，至今老而无成，深自悔憾。_{复葛睪山}

心常用则活，不用则窒，如泉在地，不凿汲则不得甘醴，如玉在璞，不切磋则不成令器。_{复邓寅皆}

敬字惟无众寡、无小大、无敢慢三语，最为切当。_{复葛睪山}

趋时者博无识之喜，损有道之真。_{与许仙屏}

惟忘机可以消众机，惟懵懂可以被不祥。_{复胡宫保}

军中阅历有年，益知天下事当于大处着眼，小处下手。陆氏但称"先立乎其大者"，若不辅以朱子"铢积寸累"工夫，则下梢全无把握。_{致吴竹如}

前曾语阁下以"取人为善，与人为善"。大抵取诸人者，当在小处、实处；与人者，当在大处、空处。_{复李申夫}

治心治身，理不必太多，知不可太杂，切身日日用得着的，不过一两句，所谓守约也。_{复李申夫}

骄惰未有不败者。勤字所以医惰，慎字所以医骄。此二字之先，须有一诚字以立之本。_{与李申夫}

大局日坏，吾辈不可不竭力支持，做一分算一分，在一日撑一日。_{致沈幼丹}

收之欲其广，用之欲其慎。大抵有操守而无官气，多条理而少大言，本此四者以衡人，思过半矣。_{致李黼堂}

516

观人之道，以朴实廉介为质。有其质，而更傅以他长，斯为可贵；无其质，则长处亦不足恃。复方子白

求才之道，须如白圭之治生，如鹰隼之击物，不得不休。又如蚨之有母，雉之有媒，以类相求，以气相引，庶几得一而可及其馀。复李黼堂

凡沉疴在身，而人力可以自为主持者，约有二端：一曰以志帅气，一曰以静制动。人之疲惫不振，由于气弱，而志之强者，气亦为之稍变。如贪早睡，则强起以兴之；无聊赖，则端坐以凝之。此以志帅气之说也。久病虚怯，则时时有一畏死之见，憧扰于胸中，即魂梦亦不甚安恬。须将生前之名、身后之事与一切妄念划除净尽，自然有一种恬淡意味，而寂定之馀，真阳自生。此以静制动之法也。复李雨亭○启超按：此问疾书也。摄生要诀，尽人皆当服膺。

吾辈读书人，大约失之笨拙，即当自安于拙，而以勤补之，以慎出之，不可弄巧卖智，而所误更甚。复宋子久

平日非至稳之兵，必不可轻用险着；平日非至正之道，必不可轻用奇谋。复胡宫保

治军以勤字为先，实阅历而知其不可易。未有平日不早起，而临敌忽能早起者；未有平日不习劳，而临敌忽能习劳者；未有平日不忍饥耐寒，而临敌忽能忍饥耐寒者。吾辈当共习勤劳，先之以愧厉，继之以痛惩。复宋滋久

阅历世变，但觉除得人以外，无一事可恃。复方子白

大抵世之所以弥乱者，第一在黑白混淆，第二在君子愈让，小人愈妄。复胡宫保

主气常静，客气常动。客气先盛而后衰，主气先微而后壮。故善用兵者，最喜为主，不喜为客。复刘馨室

专从危难之际，默察朴拙之人，则几矣。复姚秋浦

信，只不说假话耳，然却极难，吾辈当从此一字下手。今日说定之话，明日勿因小利害而变。复李少荃

爱民乃行军第一义,须日日三令五申,视为性命根本之事,毋视为要结粉饰之文。_{复李少荃}

词气宜和婉,意思宜肫诚,不可误认简傲为风骨。风骨者,内足自立、外无所求之谓,非傲慢之谓也。_{复李少荃}

养身之道,以"君逸臣劳"四字为要。省思虑,除烦恼,二者皆所以清心,君逸之谓也。行步常勤,筋骨常动,臣劳之谓也。_{复李希庵}

用兵之道,最重自立,不贵求人。驭将之道,最贵推诚,不贵权术。_{复李少荃}

吾辈位高望重,他人不敢指摘,惟当奉方寸如严师,畏天理如刑罚,庶几刻刻敬惮。_{复李希庵}

凡办一事,必有许多艰难波折,吾辈总以诚心求之,虚心处之。心诚则志专而气足,千磨百折,而不改其常度,终有顺理成章之一日。心虚则不动客气,不挟私见,终可为人共亮。_{与程尚斋}

大抵任事之人,断不能有誉而无毁,有恩而无怨。自修者,但求大闲不逾,不可因讥议而馁沉毅之气。衡人者,但求一长可取,不可因微瑕而弃有用之材。苟于峣峣者过事苛责,则庸庸者反得幸全。_{致恽次山}

事会相薄,变化乘除,吾尝举功业之成败、名誉之优劣、文章之工拙,概以付之运气一囊之中,久而弥自信其说之不可易也。然吾辈自尽之道,则当与彼赌乾坤于俄顷,校殿最于锱铢,终不令囊独胜而吾独败。_{复郭筠仙}

大非易辨,似是之非难辨。窃谓居高位者,以知人、晓事二者为职。知人诚不易学,晓事则可以阅历黾勉得之。晓事,则无论同己异己,均可徐徐开悟,以冀和衷。不晓事,则挟私固谬,秉公亦谬;小人固谬,君子亦谬;乡原固谬,狂狷亦谬。重以不知人,则终古相背而驰。故恒言以分别君子、小人为要,而鄙论则谓天下无一成不变之君子,无一成不变之小人。今日能知人、能晓事,则为君子;明日不知人、不晓事,即为小人。寅刻公正光明,则为君子;卯刻偏私晻暧,即为小人。

故群誉群毁之所在，下走常穆然深念，不敢附和。复郭筠仙

国藩昔在湖南、江西，几于通国不能相容。六七年间，浩然不欲复闻世事。然造端过大，本以不顾死生自命，宁当更问毁誉？以拙进而以巧退，以忠义劝人而以苟且自全，即魂魄犹有馀羞，是以戊午复出，誓不返顾。复郭筠仙

以勤以本，以诚辅之。勤则虽柔必强，虽愚必明；诚则金石可穿，鬼神可格。复陈舫仙

逆亿命数是一薄德，读书人犯此弊者最多，聪明而运蹇者，厥弊尤深。凡病在根本者，贵于内外交养。养内之道，第一将此心放在太平地，久久自有功效。与李眉生

坚其志，苦其心，勤其力，事无大小，必有所成。与李幼泉

养生与力学，皆从有恒做出，故古人以有恒为作圣之基。复陈松生

若遇棘手之际，请从耐烦二字痛下工夫。致李宫保

用兵之道，最忌势穷力竭。力，则指将士之精力言之；势，则指大计大局，及粮饷之接续、人才之可继言之。致李宫保

阁下此时所处，极人世艰苦之境，宜以宽字自养。能勉宅其心于宽泰之域，俾身体不就孱弱，志气不致摧颓，而后从容以求出险之方。致陈舫仙

事功之成否，人力居其三，天命居其七。复刘霞仙

外境之迕，未可滞虑，置而遣之，终履夷涂。致陈碧帆

君子有高世独立之志，而不予人以易窥；有藐万乘、却三军之气，而未尝轻于一发。致王少鹤

凡道理不可说得太高，太高则近于矫，近于伪。吾与僚友相勉，但求其不晏起、不撒谎二事。虽最浅近，而已大有益于身心矣。复杨芋庵

君子欲有所树立，必自不妄求人知始。与张蠡瓶

危险之际，爱而从之者，或有一二；畏而从之，则无其事也。与李次青

我辈办事，成败听之于天，毁誉听之于人，惟在己之规模气象，则我有可以自主者，亦曰不随众人之喜惧为喜惧耳。_{与李次青}

平日千言万语，千算万计，而得失仍只争临阵须臾之顷。_{复胡宫保}

立法不难，行法为难。以后总求实实行之，且常常行之。应事接物时，须从人情物理中之极粗极浅处着眼，莫从深处细处看。_{与李申夫}

先哲称"利不什，不变法"，吾谓：人不什，不易旧。_{复陈作梅}

君子不恃千万人之谀颂，而畏一二有识之窃笑。_{复郭意城}

古人患难忧虞之际，正是德业长进之时。其功在于胸怀坦夷，其效在于身体康健。圣贤之所以为圣，佛家之所以成佛，所争皆在大难磨折之日，将此心放得宽，养得灵，有活泼泼之胸襟，有坦荡荡之意境，则身体虽有外感，必不至于内伤。_{复陈舫仙}

祸机之发，莫烈于猜忌，此古今之通病。坏国丧家亡人，皆猜忌之所致。《诗》称"不忮不求，何用不臧"，仆自省生平愆咎，不出忮、求二字。今已衰耄，旦夕入地，犹自憾拔除不尽。因环观当世之士大夫，及高位耆长，果能铲除此二字者，亦殊不多得也。忮、求二字，盖妾妇、穿窬兼而有之。自反既不能免此，亦遂怃然愧惧，不复敢道人之短。_{复郭中丞}

人才非困厄则不能激，非危心深虑则不能达。_{复袁小午}

家　书

朱子言为学譬如熬肉，先须用猛火煮，然后用慢火温。予生平功夫，全未用猛火煮过。虽略有见识，乃是从悟境得来，偶用功，亦不过优游玩索已耳。如未沸之汤，遽用慢火，将愈煮愈不熟矣。

用功譬若掘井，与其多掘数井而皆不及泉，何若老守一井，力求及泉，而用之不竭乎！

凡专一业之人，必有心得，亦必有疑义。

士人第一要有志，第二要有识，第三要有恒。有志则不甘为下流，有识则知学问无尽，不敢以一得自足，有恒则断无不成之事，三者缺一不可。诸弟此时，惟有识不可骤几，有志、有恒，则诸弟勉之而已。

凡事皆贵专。心有所专宗，而博观他途，以扩其识，亦无不可；无所专宗，而见异思迁，此眩彼夺，则大不可。

君子之处顺境，兢兢焉常觉天之过厚于我，我当以所馀补人之不足。君子之处啬境，亦兢兢焉常觉天之厚于我。非果厚也，以为较之尤啬者，而我固已厚矣。古人谓境地须看不如我者，此之谓也。

凡仁心之发，必一鼓作气，尽吾力之所能为，稍有转念，则疑心生，私心亦生。

荷道以躬，舆之以言。

谁人可慢？何事可弛？弛事者无成，慢人者反尔。

德业之不常，曰为物牵。尔之再食，曾未闻或愆？

心欲其定，气欲其定，神欲其定，体欲其定。

牢骚太甚者，其后必多抑塞。盖无故而怨天，则天必不许；无故而尤人，则人必不服：感应之理然也。

功名之地，自古难居。人之好名，谁不如我？我有美名，则人必有受不美之名者。相形之际，盖难为情。

未习劳苦者，由渐而习，则日变月化，而迁善不知。若改之太骤，恐难期有恒。

古之成大事者，规模远大与综理密微，二者缺一不可。

接人总宜以真心相向，不可常怀智术以相迎距。人以伪来，我以诚往，久之则伪者亦共趋于诚矣。

来书谓"兴会索然"，此却大不可。凡人作一事，便须全副精神注在此事，首尾不懈，不可见异思迁，做这样想那样，坐这山望那山。人而无恒，终身一无所成。

身体虽弱，却不宜过于爱惜。精神愈用则愈出，阳气愈提则愈盛。每日作事愈多，则夜间临睡愈快活。若存一爱惜精神的意思，将前将却，奄奄无气，决难成事。

不慌不忙，盈科后进，向后必有一番回甘滋味出来。

吾自信亦笃实人，只为阅历世途，饱更事变，略参些机权作用，把自家学坏了。实则作用万不如人，徒惹人笑，教人怀憾，何益之有？近日忧居猛省，一味向平实处用心，将自家笃实的本质复我固有。贤弟此刻在外，亦急须将笃实复还，万不可走入机巧一路，日趋日下也。

强毅之气决不可无，然强毅与刚愎有别。古语云"自胜之谓强"，曰"强制"，曰"强恕"，曰"强为善"，皆自胜之义也。如不惯早起，而强之未明即起；不惯庄敬，而强之坐尸立斋；不惯劳苦，而强之与士卒同甘苦。强之勤劳不倦：是即强也。不惯有恒，而强之贞恒，即毅也。

舍此而求以客气胜人,是刚愎而已矣。二者相似,而其流相去霄壤,不可不察,不可不谨。

打仗不慌不忙,先求稳当,次求变化;办事无声无臭,既要精到,又要简捷。

弟此时以营务为重,则不宜常看书。凡人为一事,以专而精,以纷而散。荀子称"耳不两听而聪,目不两视而明",庄子称"用志不纷,乃凝于神",皆至言也。

总须脚踏实地,克勤小物,乃可日起而有功。

凶德致败,莫甚长傲。傲之凌物,不必定以言语加人,有以神气凌之者矣,有以面色凌之者矣。中心不可有所恃,心有所恃,则达于面貌。以门地言,我之物望大减,方且恐为子弟之累;以才识言,近今军中炼出人才颇多,弟等亦无过人之处:皆不可恃。只宜抑然自下,一味言忠信,行笃敬,庶可以遮护旧失,整顿新气;否则,人皆厌薄之矣。

胸多抑郁,怨天尤人,不特不可以涉世,亦非所以养德;不特无以养德,亦非所以保身。

声闻之美,可恃而不可恃。善始者不必善终,行百里者半九十。

精神愈用而愈出,不可因身体素弱,过于保惜;智慧愈苦而愈阴,不可因境遇偶拂,遽尔摧沮。

求人自辅,时时不可忘此意。

不轻进,不轻退。

一经焦躁,则心绪少佳,办事必不能妥善。

人生适意之时不可多得。弟现在颇称适意,不可错过时会,当尽心竭力,做成一个局面。

吾因本性倔强,渐近于愎,不知不觉做出许多不恕之事,说出许多不恕之话,至今愧耻无已。

日慎一日,以求事之济,一怀焦愤之念,则恐无成。千万忍耐,忍耐千万。"久而敬之"四字,不特处朋友为然,即凡事亦莫不然。

余死生早已置之度外，但求临死之际，寸心无可悔憾，斯为大幸。

习劳为办事之本。引用一班能耐劳苦之正人，日久自有大效。

不轻进人，即异日不轻退人之本；不妄亲人，即异日不妄疏人之本。

天下古今之庸人，皆以一惰字致败；天下古今之才人，皆以一傲字致败。

欲去骄字，总以不轻非笑人为第一义；欲去惰字，总以不晏起为第一义。

凡办大事，半由人力，半由天事。吾辈但当尽人力之所能为，而天事则听之彼苍而无所容心。

凡说话不中事理、不担斤两者，其下必不服。

凡事后而悔己之隙，与事后而议人之隙，皆阅历浅耳。

凡军事做一节说一节，若预说几层，到后来往往不符。

办大事者以多选替手为第一义。满意之选不可得，姑节取其次，以待徐徐教育可也。

沅弟谓雪声色俱厉。凡目能见千里，而不能自见其睫。声音笑貌之拒人，每苦于不自见，苦于不自知。雪之厉，雪不自知；沅之声色恐亦未始不厉，特不自知耳。

每日临睡之时，默数本日劳心者几件，劳力者几件，则知宣勤国事之处无多，更宜竭诚以图之。

从古帝王将相，无人不由自立做出。即为圣贤者，亦各有自立自强之道，故能独立不惧，确乎不拔。余往年在京，好与诸有大名大位者为仇，亦未始无挺然特立、不畏强御之意。近来见得天地之道，刚柔互用，不可偏废。太柔则靡，太刚则折。刚非暴戾之谓也，强矫而已；柔非卑弱之谓也，谦退而已。趋事赴公，则当强矫；争名逐利，则当谦退。

众口悠悠，初不知其所自起，亦不知其所由止。有才者忿疑谤之无因，而悍然不顾，则谤且口腾。有德者畏疑谤之无因，而抑然自修，则谤亦日熄。吾愿弟等之抑然，不愿弟等之悍然也。

古来成大功大名者，除千载一郭汾阳外，恒有多少风波，多少灾难，谈何容易！愿与吾弟兢兢业业，各怀临深履薄之惧，以冀免于大戾。

盛时常作衰时想，上场当念下场时。富贵人家宜牢记此二语。

军事呼吸之际，父子兄弟不能相顾，全靠一己耳。

凡危急之时，只有在己者靠得住，其在人者皆不可靠。恃之以守，恐其临危而先乱；恃之以战，恐其猛进而骤退。

吾兄弟既誓拼命报国，无论如何劳苦，如何有功，约定终始不提一字，不夸一句。知不知，一听之人；顺不顺，一听之天而已。

凡行兵须蓄不竭之气，留有馀之力。

吾兄弟报国之道，总求实浮于名，劳浮于赏，才浮于事。从此三句切实做去，或者免于大戾。

强自禁制，降伏此心，释氏谓之降龙伏虎，龙即相火也，虎即肝气也。多少英雄豪杰打此两关不破，亦不仅余与弟为然，要在稍稍遏抑，不令过炽。古圣所谓窒欲，即降龙也；所谓惩忿，即伏虎也。释儒之道不同，而其节制血气未尝不同。总不使吾之嗜欲戕害吾之躯命而已。至于倔强二字，却不可少。功业文章，皆须有此二字贯注其中。否则，柔靡不能成一事。孟子所谓至刚，孔子所谓贞固，皆从倔强二字做出。吾兄弟好处正在倔强。若能去忿欲以养体，存倔强以励志，则日进无疆矣。

自古圣贤豪杰、文人才士，其志事不同，而其豁达光明之胸大略相同。吾辈既办军务，系处功利场中，宜刻刻勤劳，如农之力穑，如贾之趋利，如篙工之上滩，早作夜思，以求有济。而治事之外，此中却须有一段豁达冲融气象。二者并进，则勤劳而以恬淡出之，最有意味。

舍命报国，侧身修行。

吾辈所最宜畏惧敬慎者，第一则以方寸为严师，其次则左右近习之人，又其次乃畏清议。

担当大事，全在明、强二字。《中庸》学、问、思、辨、行五者，其要归于愚必明，柔必强。

无形之功，不必腾诸口说，此是谦字之真工夫。所谓君子之不可及，在人之所不见也。

强字原是美德，余前寄信，亦谓明、强二字，断不可少。第强字须从明字做出，然后始终不可屈挠。若全不明白，一味横蛮，待他人折之以至理，证之以后效，又复俯首输服，则前强而后弱，京师所谓瞎闹者也。

君子大过人处，只是虚心。

大凡办一事，其中常有曲折交互之处，一处不通，则处处皆窒矣。

古来大战争、大事业，人谋仅占十分之三，天意恒居十分之七。往往积劳之人，非即成名之人；成名之人，非即享福之人。吾兄弟但从积劳二字上着力，成名二字则不必问及，享福二字更不必问及矣。

俭以养廉，直而能忍。

用人极难，听言亦殊不易，全赖见多识广，熟思审处，方寸中有一定之权衡。

富贵功名，皆人世浮荣，惟胸次浩大是真正受用。

吾屡教家人崇俭习劳，盖艰苦则筋骨渐强，娇养则精力愈弱也。

既奢之后，而返之于俭，若登天然。

小心安命，埋头任事。

不如意之事机，不入耳之言语，纷至迭乘，余尚愠郁成疾，况弟之劳苦过甚，百倍于阿兄，心血久亏，数倍于阿兄者乎！弟病非药饵所能为力，必须将万事看空，毋恼毋怒，乃可渐渐减轻。蝮蛇螫手，壮士断腕，所以全生也。吾兄弟欲全其生，亦当视恼怒如蝮蛇，去之不可不勇。

弟信于毁誉祸福置之度外，此是根本第一层功夫。此处有定力，到处皆坦途矣。

天下之事理、人才，为吾辈所不深知、不及料者多矣，切勿存一自是之见。

吾辈在自修处求强则可，在胜人处求强则不可。若专在胜人处求强，其能强到底与否尚未可知，即使终身强横安稳，亦君子所不屑道也。

困心横虑，正是磨炼英雄，玉汝于成。李申夫尝谓余怄气从不说出，一味忍耐，徐图自强，因引谚曰"好汉打脱牙和血吞"。此二语是余生平咬牙立志之诀。余庚戌、辛亥间为京师权贵所唾骂，癸丑、甲寅为长沙所唾骂，乙卯、丙辰为江西所唾骂，以及岳州之败、靖江之败、湖口之败，盖打脱牙之时多矣，无一次不和血吞之。弟来信每怪运气不好，便不似好汉声口，惟有一字不说，咬定牙根，徐图自强而已。

兄自问近年得力，惟有一悔字诀。兄昔年自负本领甚大，可屈可伸，可行可藏，又每见得人家不是。自从丁巳、戊午大悔大悟之后，乃知自己全无本领，凡事都见得人家有几分是处。故自戊午至今九载，与四十岁以前迥不相同。大约以能立能达为体，以不怨不尤为用。立者，发奋自强站得住也；达者，办事圆融行得通也。

袁了凡所谓："从前种种，譬如昨日死；从后种种，譬如今日生。"另起炉灶，重开世界，安知此两番之大败，非天之磨炼英雄，使弟大有长进乎？谚云："吃一堑，长一智。"吾生平长进，全在受挫受辱之时。务须咬牙励志，蓄其气而长其智，切不可茶然自馁也。

弟当此百端拂逆之时，亦只有逆来顺受之法，仍不外悔字诀、硬字诀而已。

家　　训

处多难之世，若能风霜磨炼，苦心劳神，自足坚筋骨而长识见。沅甫叔向最羸弱，近日从军，反得壮健，亦其证也。

居家之道，惟崇俭可以长久。处乱世，尤以戒奢侈为要义。

人生惟有常是第一美德。余早年于作字一道，亦尝苦思力索，终无所成。近日朝朝摹写，久不间断，遂觉月异而岁不同。可见年无分老少，事无分难易，但行之有恒，自如种树养畜，日见其大而不觉耳。

人之气质由于天生，本难改变，欲求变之之法，总须先立坚卓之志。即以余生平言之，三十岁前最好吃烟，片刻不离，至道光壬寅十一月二十一日立志戒烟，至今不再吃。四十六岁以前作事无恒，近五年深以为戒，现在大小事均尚有恒。即此二端，可见无事不可变也。古称金丹换骨，余谓立志即丹也。

不料袁婿遽尔学坏至此！然尔等待之，却不宜过露痕迹。人之所以稍顾体面者，冀人之敬重也。若人之傲惰鄙弃业已露出，则索性荡然无耻，拚弃不顾，甘与正人为仇，而以后不可救药矣。

凡诗文欲求雄奇矫变，总须用意有超群离俗之想，乃能脱去恒蹊。

凡文有气则有势，有识则有度，有情则有韵，有趣则有味。

颜黄门之推《颜氏家训》作于乱离之世，张文端英《聪训斋语》作于承平之世，所以教家者至精，尔兄弟宜各觅一册，常常阅习。

凡言兼众长者，必其一无所长者也。

凡事皆用困知勉行工夫，不可求名太骤，求效太捷也。尔以后每日宜习柳字百个，单日以生纸临之，双日以油纸摹之。临帖宜徐，摹帖宜疾。数月之后，手愈拙，字愈丑，意兴愈低，所谓困也。困时切莫间断，熬过此关，便可少进。再进再困，再熬再奋，自有亨通精进之日。不特习字，凡事皆有极困极难之时，打得通的，便是好汉。

尔惮于作文，正可借此逼出几篇。天下事无所为而成者极少，有所贪、有所利而成者居其半，有所激、有所逼而成者居其半。

余生平略涉儒先之书，见圣贤教人修身，千言万语，而要以不忮不求为重。忮者，嫉贤害能，妒功争宠，所谓怠者不能修，忌者畏人修之类是也。求者，贪利贪名，怀土怀惠，所谓未得患得，既得患失之类是也。将欲造福，先去忮心，所谓人能充无欲害人之心，而仁不可胜用也；将欲立品，先去求心，所谓人能充无穿窬之心，而义不可胜用也。忮不去，满怀皆是荆棘；求不去，满腔日即卑污。余于此二者常加克治，恨尚未能扫除净尽。尔等欲心地干净，宜于此二者痛下工夫。附作忮求诗二首录左：

不　　忮

善莫大于恕，德莫凶于妒。妒者妾妇行，琐琐奚比数。己拙忌人能，己塞忌人遇。己若无事功，忌人得成务。己若无党援，忌人得多助。势位苟相敌，畏逼又相恶。己无好闻望，忌人文名著。己无贤子孙，忌人后嗣裕。争名日夜奔，争利东西骛。但期一身荣，不惜他人污。闻灾或欣幸，闻祸或悦豫。问渠何以然，不自知其故。尔室神来格，高明鬼所顾。天道常好还，嫉人还自误。幽明丛诟忌，乖气相回互。重者灾汝躬，轻亦减汝祚。我今告后生，悚然大觉悟。终身让人道，曾不失寸步。终身祝人善，曾不损尺布。消除嫉妒心，普天零甘露。家家获吉祥，我亦无恐怖。

不　求

知足天地宽，贪得宇宙隘。岂无过人姿，多欲为患害。在约每思丰，居困常求泰。富求千乘车，贵求万钉带。未得求速偿，既得求勿坏。芬馨比椒兰，磐固方泰岱。求荣不知餍，志亢神愈忕。岁燠有时寒，月明有时晦。时来多善缘，运去生灾怪。诸福不可期，百殃纷来会。片言动招尤，举足便有碍。戚戚抱殷忧，精爽日凋瘵。矫首望八荒，乾坤一何大！安荣无遽欣，患难无遽憝。君看十人中，八九无倚赖。人穷多过我，我穷犹可耐。而况处夷途，奚事生嗟忾？于世少取求，俯仰有馀快。俟命堪终古，曾不愿乎外。

日课四条　<small>同治十年金陵节署中日记</small>

一曰慎独则心安

自修之道，莫难于养心。心既知有善，知有恶，而不能实用其力，以为善去恶，则谓之自欺。方寸之自欺与否，盖他人所不及知，而己独知之。故《大学》之"诚意"章两言慎独。(中略)能慎独，则内省不疚，可以对天地，质鬼神，断无行有不慊于心则馁之时。人无一内愧之事，则天君泰然，此心常快足宽平，是人生第一自强之道，第一寻乐之方。

二曰主敬则身强

敬之一字，孔门持以教人，至程朱则千言万语不离此旨。(中略)吾谓敬字切近之效，尤在能固人肌肤之会、筋骸之束。庄敬日强，安肆日偷，皆自然之征应。虽有衰年病躯，一遇坛庙祭献之时，战阵危急之际，亦不觉神为之悚，气为之振，斯足知敬能使人身强矣。若人无众寡，事无大小，一一恭敬，不敢懈慢，则身体之强健，又何疑乎？

三曰求仁则人悦

我与民物，其大本乃同出于一源。若但知私己，而不知仁民爱物，是于大本一源之道，已悖而失之矣。至于尊官厚禄，高居人上，则有拯民溺、救民饥之责。读书学古，粗知大义，即有觉后知、觉后觉之责。若但知自了而不知教养庶汇，是于天之所以厚我者辜负甚矣。（下略）

四曰习劳则神钦

凡人之情，莫不好逸而恶劳，无论贵贱智愚老少，皆贪于逸而惮于劳，古今之所同也。人一日所着之衣、所进之食，与一日所行之事、所用之力相称，则旁人韪之，鬼神许之，以为彼自食其力也。（中略）古之圣君贤相，若汤之昧旦丕显，文王日昃不遑，周公夜以继日，坐以待旦，盖无时不以勤劳自厉。《无逸》一篇，推之于勤则寿考，逸则夭亡，历历不爽。为一身计，则必操习技艺，磨炼筋骨，困知勉行，操心危虑，而后可以增智慧而长才识。为天下计，则必己饥己溺，一夫不获，引为余辜。大禹之周乘四载，过门不入，墨子之摩顶放踵，以利天下，皆极俭以奉身，而极勤以救民。故荀子好称大禹、墨翟之行，以其勤劳也。军兴以来，每见人有一材一技、能耐艰苦者，无不见用于人，见称于时。其绝无材技、不惯作劳苦者，皆唾弃于时，饥冻就毙。（中略）是以君子欲为人神所凭依，莫大于习劳也。

日　记

精神要常令有馀于事，则气充而心不散漫。

凡事之须逐日检点者，一旦姑待，后来补救难矣。

《记》云："君子庄敬日强。"我日日安肆，日日衰荼，欲其强，得乎？

知己之过失，即自为承认之地，改去毫无吝惜之心，此最难事。豪杰之所以为豪杰，圣贤之所以为圣贤，全是此等处磊落过人。

不为圣贤，便为禽兽；莫问收获，但问耕耘。

盗虚名者有不测之祸，负隐慝者有不测之祸，怀忮心者有不测之祸。

天道恶巧，天道恶盈，天道恶贰。贰者，多猜疑也，不忠诚也，无恒心也。

天下无易境，天下无难境；终身有乐处，终身有忧处。

取人为善，与人为善；乐以终身，忧以终身。

天下断无易处之境遇，人生那有空闲的光阴？

天下事一一责报，则必有大失望之时。

天下事未有不从艰苦中得来而可久可大者也。

用兵最戒骄气惰气，作人之道，亦惟骄、惰二字误事最盛。

《易》曰："劳谦君子有终吉。"劳、谦二字，受用无穷。劳所以戒惰也，谦所以戒傲也。有此二者，何恶不去，何善不臻？

与人为善、取人为善之道，如大河水盛，足以浸灌小河，小河水盛，亦足以浸灌大河。无论为上为下，为师为弟，为长为幼，彼此以善相浸灌，则日见其益而不自知矣。

天下凡物加倍磨治，皆能变换本质，别生精彩，况人之于学乎！

知天下之长而吾所历者短，则遇忧患横逆之来，当少忍以待其定。知地之大而吾所居者小，则遇荣利争夺之境，当退让以守其雌。知学问之多而吾所见者寡，则不敢以一得自喜，而当思择善而约守之。知事变之多而吾所办者少，则不敢以功名自矜，而当思举贤而共图之。夫如是，则自私自满之见，可渐渐蠲除矣。

就吾之所见，多教数人，取人之所长，还攻吾短。

百种弊病，皆从懒生。懒则弛缓，弛缓则治人不严，而趣功不敏。一处迟，则百处懈矣。

勤劳而后憩息，一乐也。至淡以消忮心，二乐也。读书声出金石，三乐也。

凡喜誉恶毁之心，即鄙夫患得患失之心也。于此关打不破，则一切学问才智，适足以欺世盗名。

言物行恒，诚身之道也，万化基于此矣。余病根在无恒，故家内琐事，今日立条例，明日仍散漫，下人无常规可循。将来莅众必不能信，作事必不能成。戒之！

孙高阳、史道邻皆极耐得苦，故能艰难驰驱，为一代之伟人。今已养成膏粱安逸之身，他日何以肩得大事？

自戒潮烟以来，心神彷徨，几若无主。遏欲之难，类如此矣。不挟破釜沉舟之势，讵有济哉！

古人办事，掣肘之处，拂逆之端，世世有之，人人不免。恶其拂逆而必欲顺从，设法以诛锄异己者，权奸之行径也。听其拂逆而动心忍性，委曲求全，且以无敌国外患而亡为虑者，圣贤之用心也。借人之拂逆，以磨厉我之德性，其庶几乎！

扶危救难之英雄，以心力劳苦为第一义。

为政之道，得人、治事二者并重。得人不外四事：曰广收、慎用、勤教、严绳。治事不外四端：曰经分、纶合、详思、约守。

每日须以精心果力独造幽奥，直凑单微，以求进境。一日无进境，则日日渐退矣。

于清早单开本日应了之事，本日必了之。

与胡中丞商江南军事，胡言凡事皆须精神贯注，心有二用，则必不能有成，余亦言军事不日进则日退。二人互许为知言。

文　集

　　独也者，君子与小人共焉者也。小人以其为独而生一念之妄，积妄生肆，而欺人之事成。君子懔其为独而生一念之诚，积诚为慎，而自慊之功密。　　彼小人者，一善当前，幸人之莫我察也，则趋焉而不决。一不善当前，幸人之莫或伺也，则去之而不力。幽独之中，情伪斯出，所谓欺也。惟夫君子者，惧一善之不力，则冥冥者堕行，一不善之不去，则涓涓者无已时。屋漏而懔如帝天，方寸而坚如金石，独知之地，慎之又慎。《慎独论》

　　风俗之厚薄奚自乎？自乎一二人心之所向而已。民之生，庸弱者戢戢皆是也。有一二贤且智者，则众人君之而受命焉；尤智者，所君尤众焉。此一二人者之心向义，则众人与之赴义；一二人者之心向利，则众人与之赴利。众人所趋，势之所归，虽有大力莫之敢逆。故曰："挠万物者，莫疾乎风。"风俗之于人之心，始乎微，而终乎不可御者也。

　　先王之治天下，使贤者皆当路在势，其风民也皆以义，故道一而俗同。世教既衰，所谓一二人者不尽在位，彼其心之所向，不能不腾为口说而播为声气。而众人者，势不能不听命而蒸为习尚。按："势不能不"四字极见得到，此深于社会学者之言也。于是乎徒党蔚起，而一时之人才出焉。有以仁义倡者，其徒党亦死仁义而不顾；有以功利倡者，其徒党亦死功

535

利而不返。水流湿，火就燥，无感不雠，所从来久矣。

今之君子之在势者，辄曰天下无才。彼自尸于高明之地，不克以己之所向转移习俗而陶铸一世之人，而翻谢曰无才，谓之不诬，可乎？十室之邑，有好义之士，其智足以移十人者，必能拔十人中之尤者而材之；其智足以移百人者，必能拔百人中之尤者而材之。然则转移习俗而陶铸一世之人，非特处高明之地者然也，凡一命以上，皆与有责焉者也。有国家者得吾说而存之，则将慎择与共天位之人；士大夫得吾说而存之，则将惴惴乎谨其心之所向，恐一不当而坏风俗，而贼人才。循是为之，数十年之后，万一有收其效者乎？非所逆睹已。《原才》〇按：此篇公之少作也。深明社会变迁之原理，我国数千年来不多见之名文也。公于穷时、达时皆能以心力转移风气，亦可谓不负其言矣。

先王之道不明，士大夫相与为一切苟且之行，往往陷于大戾，而僚友无出片言相质确者，而其人自视恬然，可幸无过。且以仲尼之贤，犹待学《易》以寡过，而今曰无过，欺人乎？自欺乎？自知有过，而因护一时之失，展转盖藏，至蹈滔天之奸而不悔。斯则小人之不可近者已。为人友而隐忍和同，长人之恶，是又谐臣媚子之亚也。《召海》

学贵初有决定不移之志，中有勇猛精进之心，末有坚贞永固之力。《国朝先正事略序》

凡物之骤为之而遽成焉者，其器小也；物之一览而易尽者，其中无有也。《送郭筠仙南归序》

君子赴势甚钝，取道甚迂，德不苟成，业不苟名，艰难错迕，迟久而后进，铢而积，寸而累，及其成熟，则圣人之徒也。同上

贤达之起，其初类有非常之撼顿，颠蹶战兢，仅而得全。疢疾生其德术，荼蘗坚其筋骨，是故安而思危，乐而不荒。《陈岱云母寿宴集诗序》

古君子多途，未有不自不干人始者也。小人亦多途，未有不自干人始者也。《田昆圃寿序》

能俭约者不求人。同上

天可补，海可填，南山可移，日月既往，不可复追。其过如驷，其去如矢，虽有大智神勇，莫可谁何。光阴之迁流如此，其可畏也，人固可自暇逸哉？《朱玉声寿序》

人固视乎所习。朝有婀阿之老，则群下相习于诡随；家有骨鲠之长，则子弟相习于矩矱。倡而为风，效而成俗，匪一身之为利害也。《陈仲鸾父母寿序》

天之生斯人也，上智者不常，下愚者亦不常，扰扰万众，大率皆中材耳。中材者，导之东而东，导之西而西，习于善而善，习于恶而恶。其始瞳焉无所知识，未几而骋耆欲，逐众好，渐长渐惯而成自然；由一二人以达于通都，渐流渐广而成风俗。风之为物，控之若无有，鳍之若易靡，及其既成，发大木，拔大屋，一动而万里应，穷天人之力，而莫之能御。《箴言书院记》

安乐之时，不复好闻危苦之言，人情大抵然欤！君子之存心也，不敢造次忘艰苦之境，尤不敢狃于所习，自谓无虞。《金陵楚军水师昭忠祠记》

君子之道，莫大乎以忠诚为天下倡。世之乱也，上下纵于亡等之欲，奸伪相吞，变诈相角，自图其安而予人以至危，畏难避害，曾不肯捐丝粟之力以拯天下。得忠诚者起而矫之，克己而爱人，去伪而崇拙，躬履诸艰，而不责人以同患，浩然捐生，如远游之还乡，而无所顾悸。由是众人效其所为，亦皆以苟活为羞，以避事为耻。呜呼！吾乡数君子所以鼓舞群伦，历九载而戡大乱，非拙且诚者之效欤？《湘乡昭忠祠记》

世多疑明代诛锄搢绅，而怪后来气节之盛，以为养士实厚使然。余谓气节者，亦一二贤者倡之，渐乃成为风会，不尽关国家养士之厚薄也。《书周忠介公书札后》

凡菜茹手植而手撷者，其味弥甘；凡物亲历艰苦而得者，食之弥安也。《大界墓表》

道微俗薄，举世方尚中庸之说，闻激烈之行，则訾其过中，或以罔济尼之。其果不济，则大快奸者之口。夫忠臣孝子，岂必一一求有济哉？势穷计迫，义不返顾，效死而已矣。其济，天也；不济，于吾心无憾焉耳。《陈岱云之妻易安人墓志铭》

附：胡文忠公嘉言钞

咨之以谋而观其识，告之以祸而观其勇，临之以利而观其廉，期之以事而观其信。知人任人，不外是矣。

惟诚信之至，可以救欺诈之穷。欺一事，不能欺之事事；欺一时，不能欺之后时。不可不防其欺，不可因欺而灰心于所办之事。所谓贞固足以干事也。

人心思乱，不自今日始，亦不自今日止。除日日练兵，人人讲武，别无补救之方。练一日得一日之力，练一人得一人之力。

心志不苦，患难未尝，则智慧钝而胆力怯。

尘埃之中，何地无才？何才不可策用？

用绅士总在平日接见时专心致志，详为谈论，讲究一切，察其为人如何，用其所长，弃其所短。

军旅之际，非以身先之劳之，事必无补。古今名将，不仅才略异众，亦且精力过人。

吾辈均是好汉，未必能担当艰巨。而当此艰巨，即欲辞避，亦有所不能。

得一正士，可抵十万金。天下事所以败坏，则正气不伸而伪士得志也。

有不可战之将，无不可战之兵；有可胜不可败之将，无必胜必不胜之兵。

智虑生于精神，精神生于安静。

夫战，勇气也，当以节宣、蓄养、提振为要；又阴事也，当以固塞、坚忍、蛰伏为事。启超按：此三河败后惩创之言也。

乱天下者，不在盗贼，而在无人才。人才不出，以居人上者不知求耳。

人才随取才者之分量而生，亦视用才者之轻重而至。

求贤如相马，今使万马为群，中有千里马而人不识。即识之矣，狃于驽骀之便安，则千里马亦且自悲。

圣贤不可必得，必以志气、节操为主。孔孟之训，注意狂狷。狂是气，狷是节，有气节则本根已植，长短高下，均无不宜也。

德必不孤，德亦必不可孤。

欲救全人，须使之先有忌惮之心。

吾儒任事，只尽吾义分之所能为，以求衷诸理之至是，不必故拂乎人情。而任劳任怨，究无所容其瞻顾之思。

人才因磨炼而成，总须志气胜人，乃有长进。成败原难逆料，不足以定人才。

兵可挫，气不可挫；气可偶挫，而志终不可挫。

大抵兵事，另有一种人物。文而近史，武而近侠，皆非能兵者。

军事之要，必有所忌乃能有所济；必有所舍乃能有所全。

将以气为主，以志为帅。专尚驯谨之人，则久而必惰；专求悍骜之士，则久而必骄。兵事毕竟归于豪杰一流。气不盛者，遇事而气先慑，而目先逃，而心先摇。平时一一秉承奉令唯谨，临大难而中无主，其识力既钝，其胆力必减，固可忧之大矣。

夫人才因求才者之志识而生，亦由用才者之分量而出。用人如用马，得千里马而不识，识矣而不能胜其力，则且乐驽骀之便安，而斥骐骥之伟俊矣。朱子云："是真虎，必有风。"然则虎不啸，非风之不从也。所愧在此，所惧在此。

爱人之道，以严为主，宽则心弛而气浮。

举人不能不破格。破格则须循名核实，否则人即无言，而我心先愧矣。

避嫌怨者未必得，不避嫌怨者未必失。

凡奇谋至计，总在平实处。如布帛菽粟之类，愈近浅易，愈广大而精微也。

天下强兵在将。上将之道，严明果断，以浩气举事，一片纯诚。其次者，刚而无虚，朴而不欺，好勇而能知大义。要未可误于矜骄虚浮之辈，使得以巧饰取容，真意不存，则成败利钝之间，顾忌太多，而趋避愈熟，必至败乃公事。

兵士如学生功课，不进则退，不战则并不能守。

久逸则筋脉皆弛，心胆亦怯。

军旅之事，能脚踏实地，便是奇谋。

财用如人身之精血，古人以四海困穷为戒，良有深旨。盖财用竭，则如精血之枯，身亦不得自活也。

天下无生而知兵之人，在思其情理与机势耳。

吾辈不必世故太深，天下惟世故深误国事耳。阴阳怕懵懂，不必计及一切。

放胆放手大踏步，乃可救人。

作官得民心，作将必得兵心。平时刻厉，人军亦必坚苦。

用所长以救所短，不必舍所长而用所短。

不包揽，不把握，任人作主，则兵不能择，饷不能节，却又必乏财矣。启超按：此致曾文正者。时文正初任江督，凡百扢谦。

时艰事急，当各尽其心力所能，不必才之果异于人，事之果期于成也。遇事每谋每断。不谋不断，亦终必亡；与其必亡，不如谋之。

凡人保身之法，只护心肾紧要之处，尺寸之肤必顾，将有不能兼爱，而先失其大者。是战守之机，处处为备，必致处处无备。

人皆熙熙如登春台，我辈惟职思其忧耳。

不苦撑，不咬牙，终无安枕之日。

是非不明，节义不讲，此天下所以乱也。

天下惟左右近习不可不慎。左右近习无正人，即良友直言亦不能进也。危乎，微乎？宫中、府中之事，大抵以此为消长否泰之关。

近事非从吏治、人心痛下工夫，涤肠荡胃，必难挽回。述曾文正语

办大事以集才、集气、集势为要，庄子所谓"而后乃今培风"也。

天下大乱，人怀苟且之心，事出范围之外，当谨守准绳，互相劝规，不可互相奖饰包荒。述曾文正语

守兵不动，久亦并不能守；战兵不战，久亦并不能战。其心散，其志弛，其力懈也。譬之写字读书，进德修业，非猛进即乍退。游息只须半时半日，则精力即足。若一日二日不做工夫，或经月经年不求精进，未有不懈不荒者。彼文字尚然，况用力之事乎？

凡人总要忧勤，千般苦楚，均要人肯吃。

兵事必无万全之策。谋万全者，必无一全。

古今战阵之事，其成事皆天也，其败事皆人也。

兵事怕不得许多，算到五六分，便须放胆放手。

以做百姓之心做官，以治私事之心治官事。

大抵吾儒任事，与正人同死，死亦得附于正气之列，是为正命；附非其人而得不死，亦为千古之玷，况又不能不死耶？处世无远虑，必陷危机。

一朝失足，则将以薰莸为同臭，而无解于正士之讥评。致李次青

吾是破甑之人，避怨之事，向不屑为，即舞阳侯所谓"卮酒安足辞"也。

须知时事艰难。吾辈所做之事，皆是与气数相争。然成败之数，盈虚之数，有天命焉，非忧思即能稍减也。

挟智术以用世，殊不知世间并无愚人。与左季高

附：左文襄公嘉言钞

读书时，须细看古人处一事、接一物是如何思量，如何气象。及自己处事接物时，又细心将古人比拟：设若古人当此，其措置之法当是如何；我自己任性为之，又当如何。然后自己过错始见，古人道理始出。断不可以古人之书与自己处事接物为两事。与周汝充

能克己者，必能克敌。功名之著，抑其末也。答王璞山

誉人而令人不敢承，亦非慎言之道，愿毋然也。同上

天下纷纷，吾曹适丁其厄。武乡不云乎，成败利钝，非所逆睹，则亦惟殚其心力，尽其职守，静以待之而已。与李希庵

中才全在策厉。当人才极乏之时，再不宽以录之，则凡需激厉而后成、磨炼而后出者，举遭屈抑矣。只要其人天良未尽汩没，便可有用。吾察人颇严，用人颇缓，信人颇笃，此中自谓稍有分寸也。同上

厨丁作食，殽果都是此种，而味之旨否分焉，解此便可知用人之道。凡用人，用其朝气，用其所长，常令其喜悦，忠告善道，使知意向所在，勿穷其所短，迫以所不能，则得才之用矣。同上

见今风气，外愈谦而内愈伪，弟所深恨。此等圭角，何可不露？答夏憩亭

人各有才，才各有用。尝试譬之：草皆药也，能尝之、试之，而确

543

知其性所宜,炮之、炙之,而各得其性之正,则专用、杂用,均无不可。否则必之山而求榛,必之隰而求苓,乌乎可,且乌乎能也?曾涤生尝叹人才难得,吾曰:君水陆万馀人矣,而谓无人,然则此万馀人者,皆无可用乎?集十人于此,则必有一人稍长者,吾令其为九人之魁,则此九人者必无异词矣。推之百人、千人,莫不皆然也。与胡润之

非知人不能善其任,非善任不能谓之知人。非开诚心,布公道,不能得人之心;非奖其长,护其短,不能尽人之力。非用人之朝气,不能尽人之才;非令其优劣得所,不能尽人之用。与胡润之

养气未深,终是打小仗手段。连声之雷不震,食鼠之猫不威。答胡润之

学业才识,不日进则日退,须随时随事留心着力为要。事无大小,均有一当然之理,即事穷理,何处非学?昔人云:"此心如水,不流即腐。"昔人事业到手,即能处措裕如,均由平常留心体验,能明其理、习于其事所致。未有当前遇事放过,而日后有成者也。与陶少云

凡事过于求好,转多不妥之处。与杨石泉

凡将将领,须先得其心,不必以权势相压。当统帅不患无权势,患在不能下人,而必欲强人以就我。昔人云:"位居千万人之上,必须居千万人之下。"此有道之言也。与刘克庵

天下事当以天下心出之,不宜以私慧小智示人不广。答杨石泉

附：曾文正公国史本传

曾国藩，湖南湘乡人。道光十八年进士，改庶吉士，授检讨。二十三年，大考二等，升侍讲，充四川正考官，文渊阁校理。二十四年，充教习庶吉士，转侍读。二十五年，历迁右庶子、左庶子、翰林院侍讲学士，充会试同考官、日讲起居注官。二十六年，充文渊阁直阁事。二十七年，大考二等，擢内阁学士，兼礼部侍郎衔。二十八年，稽察中书科。二十九年，擢礼部右侍郎，署兵部左侍郎。

三十年，文宗登极。国藩奏言：

> 今日所当讲求者，惟在用人。人才不乏，欲作育而激扬之，则赖皇上之妙用。有转移之道，有培养之方，有考察之法，三者不可废一。

> 臣观今日京官办事，通病有二：曰退缩，曰琐屑。外官办事，通病有二：曰敷衍，曰颟顸。习俗相沿，但求苟安无过，不肯振作有为。将来一遇艰巨，国家必有乏才之患。今遽求振作之才，又恐躁竞者因而幸进。臣愚以为，欲令有用之才不出范围之中，莫若使从事于学术，又必皇上以身作则，乃能操转移风化之本。臣考圣祖登极后，勤勤学问，儒臣逐日进讲，寒暑不辍。召见廷臣，

辄与往复讨论。当时人才济济,好学者多。康熙末年,博学伟才,大半皆圣祖教谕成就之。皇上春秋鼎盛,正符圣祖讲学之年。臣请俟二十七月后,举逐日进讲例,四海传播,人人向风。召见臣工,从容论难。见无才者,则勖之以学,以痛惩模棱罢软之习。见有才者,则愈勖之以学,以化其刚愎刻薄之偏。十年以后,人才必大有起色。此转移之道也。

内阁、六部、翰林为人才荟萃之地,内而卿相,外而督抚,率出于此,皇上不能一一周知也。培养之权,不得不责成堂官。所谓培养有数端:曰教诲,曰甄别,曰保举,曰超擢。堂官于司员,一言嘉奖,则感而图功;片语责惩,则畏而改过。此教诲不可缓也。榛棘不除,则兰蕙减色;害马不去,则骐骥短气。此甄别不可缓也。嘉庆四年、十八年两次令部院各保司员,此保举成案也。雍正间,甘汝来以主事而赏人参,放知府,嘉庆间,黄钺以主事而充翰林,入南斋,此超擢成案也。盖尝论之,人才譬若禾稼,堂官之教诲犹种植耘籽也。甄别去稂莠,保举犹灌溉也。皇上超擢,譬之甘雨时降,苗勃然兴也。堂官时常到署,犹农夫日在田间,乃熟稔事。今各衙门堂官,多内廷行走之员,或累月不到署,自掌印、主稿外,司员半不识面。譬之嘉禾、稂莠,听其同生同落于畎亩之中,而农夫不问。教诲之法无闻,甄别之例亦废。近奉明诏保举,又但及外官,不及京秩。培养之道,不尚有未尽者哉!顷岁以来,六部人数日多,或二十年不得补缺,终身不得主稿。内阁、翰林院人数亦三倍于前,往往十年不得一差,不迁一秩。而堂官多直内廷,本难分身入署,又或兼摄两部,管理数处,纵有才德俱优者,曾不能邀堂官之顾,又乌能达天子之知?以数千人才近在眼前,不能加意培养,甚可惜也!臣愚,欲请皇上稍为酌量,每部须有三四堂官不入内廷者,令日日到署,与司员相砥砺。翰林掌院,亦须有不直内廷者,与编检相濡染,务使属官之性情心术,长官一一周知。皇上不时询问，某也才，某也直，某也小知，某也大受，不特属官优劣粲呈，即长官浅深亦可互见。旁考参稽，而八衙门之人才同往来圣主之胸中。彼属官者，但令姓名达于九重，不必升官迁秩，而已感激无地。然后保举之法，甄别之例，次第举行旧章。皇上偶有超擢，则楩楠一升，而草木之精神皆振。此培养之方也。

　　古者询事、考言，二者兼重。近来各衙门办事，小者循例，大者请旨，本无才猷可见，莫若于言考之。而召对陈言，天威咫尺，不宜喋喋便佞，则莫若于奏折考之。国家定例，内而九卿科道，外而督抚藩臬，皆有言事之责。各省道员，亦许专折言事。乃十徐年间，九卿无一人陈时政得失，司道无一折言地方利病，科道奏疏无一言及主德隆替，无一折弹大臣过失。一时风气，不解其所以然。本朝以来，匡言主德者如孙嘉淦，以自是规高宗，袁铣以寡欲规大行皇帝，皆优旨嘉纳。纠弹大臣者，如李之芳劾魏裔介，彭鹏劾李光地，后四人皆为名臣，至今传为美谈。直言不讳，未有盛于我朝者也。皇上御极之初，特诏求言，而褒答倭仁之谕，臣读之至于忭舞感泣，然犹有过虑者。诚见皇上求言甚切，诸臣纷纷入奏，或条陈庶政，颇多雷同；或弹劾大臣，惧长攻讦。臣愚愿皇上坚持圣意，借奏折为考核人才之具，永不生厌斁之心。涉于雷同者，不必交议而已；过于攻讦者，不必发抄而已。此外则但见有益，不见有损。今考九卿贤否，凭召见应对；考科道贤否，凭三年京察；考司道贤否，凭督抚考语。若人人建言，参互质证，岂不更为核实乎？此考察之法也。

奏入，谕称其剀切明辨，切中事情，着于百日后举行日讲。国藩条陈日讲事宜：一、考定日讲设官之制，二、讲官员数，三、每日进讲员数，四、讲官应用何项人，五、定保举讲官之法，六、进讲之地，七、进讲之仪，八、进讲之时，九、所讲之书，十、陈讲之道，十一、复讲之法，

十二、纂成讲书，十三、进官体制，十四、进讲年数。下部议格不行。

六月，署工部左侍郎。(咸丰)元年，署刑部右侍郎，充武闱正考官。二年，署吏部左侍郎，充江西正考官。丁母忧回籍。

粤逆起，犯湖南，围长沙不克，窜武昌，陷之。连陷沿江郡县，江南大震。十一月二十九日，上以国藩会同湖南巡抚办理本省团练，搜剿土匪。时塔齐布已以都司署抚标参将，国藩奏称其奋勇耐劳，深得民心，并云塔齐布将来如打仗不力，臣甘同罪。请旨奖叙，专令督队剿贼。会贼破金陵，逆流西上，皖鄂郡县相继沦陷。上以国藩所练乡勇得力，剿匪著有成效，谕令驰赴湖北剿贼。国藩以为贼所以恣意往来者，由长江无官军扼御故也。乃驻衡州造战舰，练水军，劝捐助饷。四年正月，督师东下，与贼接战岳州，又战靖港，皆不利。得旨革职，仍准专折奏事。时国藩已遣杨岳斌、彭玉麟与塔齐布合击贼湘潭，大破之，复其城，贼退踞岳州。七月，国藩攻克之，毁其舟。贼浮舟上犯，再破之。遂与塔齐布水陆追击，自城陵矶二百馀里，剿洗净尽。赏三品顶戴。九月，复武昌、汉阳，尽焚襄河贼舟。赏二品顶戴，署湖北巡抚，赏戴花翎。旋以国藩力辞，赏兵部侍郎衔，办理军务，毋容署理巡抚。

国藩建三路进兵策，奏言：江汉肃清，贼之回巢抗拒者，多集兴国、蕲州、广济诸属。自巴河至九江，节节皆有贼船。拟塔齐布由南路进攻兴国、大冶。湖北督臣派兵由北路进攻蕲州、广济，自由江路直下，与陆军相辅为进止。上命如所请行。国藩扬帆而下，连战胜贼。蕲州贼来犯，再破之。会塔齐布复兴国、大冶。时贼以田家镇为巢穴，蕲州为声援，自州至镇四十馀里，沿岸筑土城，设炮位对江轰击，横铁锁江上，以阻舟师。南岸半壁山、富池口均大股悍贼驻守，舟楫往来如织。国藩计欲破田镇，当先夺南岸。十月，罗泽南大破贼半壁山，克之。国藩部署诸将分战船四队，一队扼贼上犯，二队备炉剪、椎斧，前断铁锁。贼炮船护救，三队围击之，沉二艘，贼不敢近。须臾，熔液锁断，贼惊顾失色，率舟遁。四队驶而下追，及于邬穴，东南风大作，贼舟不能行，官军围而焚之，百里内外火光烛天，浮尸蔽江。陆军自半壁山呼而下，悉平田家镇、富池口营垒，蕲州贼遁。是役也，毙贼数万，毁其舟五千，遂与塔齐布复广济、黄梅、孔垅口、小池驿，上游江面肃清，进围九江。十二月，上以国藩调度有方，赏穿黄马褂，赏狐腿黄马褂、白玉搬指、白玉巴图鲁翎管、玉靶小刀、火镰各一。国藩遣水军攻湖口、梅家洲，以通江西饷道。大小十馀战，锐卒二千人陷入鄱湖，为湖口贼所捍，水军分为两。

五年，贼窜武昌，分股乘夜由小池口袭焚国藩战舰，战失利。越数日，大风复坏舟数十。国藩乃以其馀遣李孟群、彭玉麟及胡林翼所带陆师回援武汉，亲赴江西造船募勇，增立新军，连破贼姑塘、都昌，进攻湖口，大败之。七月，塔齐布卒，国藩驰往九江兼统其军。八月，水军复湖口。九月，补兵部右侍郎。九江不下，国藩以师久无功，自请严议。上谕曾国藩督带水师，屡著战功，自到九江后，虽未能迅即克复，而鄱湖贼匪已就肃清，所有自请严议之处，着加恩宽免。

六年，贼酋石达开窜江西，郡县多陷。国藩驰赴省城，遣彭玉麟统内湖水师退驻吴城，以固湖防。李元度回剿抚州，以保广信。诸将分扼要地，先后复进贤、建昌、东乡、丰城、饶州，连破抚州、樟树镇、罗溪、瓦山、吴城之贼。会同湖北援师刘腾鸿、曾国华等，大破贼瑞州，复靖安、安义、上高，自江西达两湖之路，赖以无梗。七年正月，复安福、新淦、武宁、瑞昌、德安、奉新，军声大振。不一岁，石逆败遁，江西获安，曾国藩力也。

二月十八日，丁父忧。上谕：

> 曾国藩见在江西，军务正当吃紧。古人墨绖从戎，原可夺情，不令回籍。惟念该侍郎素性拘谨，前因母丧未终，授以官职，具折力辞。今丁父忧，若不令其回籍奔丧，非所以遂其孝思。着赏假三个月，回籍治丧。俟假满后，再赴江西督办军务。

寻固请终制。上谕：

> 曾国藩本以母忧守制在籍，奉谕帮办团练。当贼氛肆扰鄂
> 皖，即能统带湖南船勇，墨绖从戎。数载以来，战功懋著，忠诚耿
> 耿，朝野皆知。伊父曾麟书因闻水师偶挫，又令伊子曾国华带勇
> 远来援应，尤属一门忠义，朕心实深嘉尚。今该侍郎假期将满，陈
> 请终制，并援上年贾桢奏请终制蒙允之例。览其情词恳切，原属
> 人子不得已之苦心。惟现在江西军务未竣，该侍郎所带楚军，素
> 听指挥，当兹剿贼吃紧，亟应假满回营，力图报效。曾国藩身膺督
> 兵重任，更非贾桢可比。着仍遵前旨，假满后即赴江西督办军务，
> 并署理兵部侍郎，以资统率。俟九江克复，江面肃清，朕必赏假，
> 令其回籍营葬，俾得忠孝两全，毫无馀憾。该侍郎殚心事主，即以
> 善承伊父教忠报国之诚，当为天下后世所共谅也。

国藩复奏称，江西各营安谧如常，毋庸亲往抚驭，并沥陈才难宏济，心抱不安。奉旨先开兵部侍郎缺，暂行在籍守制，江西如有缓急，即行前赴军营，以资督率。

八年五月，奉命办理浙江军务，移师援闽。闽匪分股窜扰江西，遣李元度破之广丰、玉山。张运兰复安仁，时国藩驻军建昌，东、南、北三路皆贼。国藩计东路连城贼势已衰，闽事不足深虑，北路景德镇乃大局所关，又较南路信丰为重，乃遣运兰攻景德镇，萧启江追剿信丰之贼。九年，启江破贼南康，克新城墟池江贼巢，遂复南安，解信丰围。贼窜湖南，将由粤、黔入蜀。国藩随檄启江驰赴吉安，援应湖南。运兰复景德镇、浮梁县，江西肃清，馀贼窜皖南。国藩奉命防蜀，行至阳逻，奉谕以皖省贼势日张，饬筹议由楚分路剿办。国藩回驻巴河，简校军实。因奏言：自洪杨内乱，镇江克复，金陵逆首，凶焰久衰。徒以陈玉成往来江北，勾结捻匪。庐州、浦口、三河等处，迭挫我师。遂令皖北

之糜烂日广,江南之贼粮不绝。欲廓清诸路,必先破金陵。欲破金陵,必先驻重兵滁、和,而后可去江宁之外屏,断芜湖之粮路。欲驻兵滁、和,必先围安庆,以破陈逆之老巢,兼捣庐州,以攻陈逆所必救。进兵须分四路:南则循江而下,一由宿松、石牌规安庆,一由太湖、潜山规桐城。北则循山而进,一由英山、霍山攻舒城,一由商城、六安规庐州。南军驻石牌,则与杨岳斌黄石矶之师联为一气;北军至六安,则与寿州之师联为一气。国藩请自规安庆,多隆阿、鲍超取桐城,胡林翼取舒城,李续宜规庐州。奏入,上是之。

十年二月,贼酋陈玉成犯太湖,国藩分兵破之。四月,赏兵部尚书衔,署两江总督,六月,补两江总督,以钦差大臣督办江南军务。七月,命皖南军务统归国藩督办。十一年,国藩进驻祁门,督饬杨岳斌、彭玉麟、曾国荃、鲍超等水陆夹击,为逐层扫荡之计。先后复黟县、都昌、彭泽、东流、建德、休宁、徽州、义宁。悍贼数万据安庆,久不下。曾国荃、多隆阿等围之。陈玉成来援,诸军击走之,拔其城,贼无脱者。进复池州、铅山、无为、铜陵及泥汊、神塘河、运漕、东关各隘。赏太子少保衔,命统辖江苏、安徽、江西、浙江四省军务,巡抚、提、镇以下悉归节制。国藩力辞,上不许。谕曰:

前命曾国藩以钦差大臣节制江浙等省巡抚、提、镇,以一事权。曾国藩自陈任江督后,于皖则无功可叙,于苏则负疚良多。并陈用兵之要,贵得人和,而勿尚权势,贵求实际,而勿争虚名,恳请收回成命。朕心深为嘉许,仍谕令节制四省以收实效。曾国藩复陈下情,言见在诸路出师,将帅联翩,威柄太重,恐开斯世争权竞势之风,兼防他日外重内轻之渐。足见谦卑逊顺,虑远思深,得古大臣之体。在曾国藩远避权势,自应如此存心。而国家优待重臣,假以事权,从前本有成例。曾国藩晓畅戎机,公忠体国,中外咸知。当此江浙军务吃紧,生民涂炭,我两宫皇太后孜孜求治,南望增忧,若非曾国藩之恫忱真挚,岂能轻假事权。所有四省巡抚、提、镇以下各官,仍归节制。该大臣务以军事为重,力图攻剿,以拯斯民于水火之中。毋再固辞。

先是贼围杭州,国藩迭奉援浙之命,咨令太常寺卿左宗棠统军入浙,檄派张运兰、孙昌国等水陆各营均归调度,以厚兵力,并拨给钱漕厘金以清所部积欠。因奏称左宗棠前在湖南抚臣骆秉章幕中赞助军谋,兼顾数省,其才实可独当一面。恳请明降谕旨,令左宗棠督办浙江全省军务。上以浙江巡抚王有龄及江苏巡抚薛焕不能胜任,着曾国藩察看具奏,并迅速保举人员,候旨简放。国藩奏言:

> 苏浙两省群贼纵横,安危利钝系于巡抚一人。王有龄久受客兵挟制,难期振作,欲择接任之人,自以左宗棠最为相宜。惟此时杭州被困,必须王有龄坚守于内,左宗棠救援于外。俟事势稍定,乃可更动。至江苏巡抚一缺,目前实无手握重兵之人可胜此任,查有臣营统带淮扬水师之福建延建邵遗缺道员李鸿章,劲气内敛,才大心细,若蒙圣恩将该员擢署江苏巡抚,臣再拨给陆军,便可驰赴下游,保卫一方。

至是杭州失守,国藩复奏陈补救之策:一、拟令各军坚守衢州,与江西之广信、皖南之徽州为犄角之势,先据形胜,扼贼上窜。左宗棠暂于徽、衢、信三府择要驻扎,相机调度。总须先固江西、皖南边防,保全完善之地,再筹进剿。二、请于浙江藩桌两司内,将广西按察使蒋益澧调补一缺,饬带所部五六千人赴浙,随左宗棠筹办防剿,可收指臂之助。三、浙省兵勇,恃宁、绍为饷源,今全省糜烂,无可筹画,恳恩饬下广东粤海关、福建闽海关按月协拨银两,交左宗棠以资军饷。奏入,上皆如所请行。

同治元年正月,命以两江总督、协办大学士。国藩奏言:

　　自去秋以来,叠荷鸿恩,臣弟国荃又拜浙江按察使之命,一门之内,数月之间,异数殊恩,有加无已。感激之馀,继以悚惧。恳求皇上念军事之靡定,鉴微臣之苦衷,金陵未克以前,不再加恩于臣家。又前此叠奉谕旨,饬保荐江苏、安徽巡抚,复蒙垂询闽省督抚,饬臣保举大臣,开列请简。封疆将帅,乃朝廷举措之大权,如臣愚陋,岂敢干预。嗣后如有所知,堪膺疆寄者,随时恭疏入告,仰副圣主旁求之意。但泛论人才,以备采择则可;指明某缺,径请迁除则不可。盖四方多故,疆臣既有征伐之权,不当更分黜陟之柄。风气一开,流弊甚长,辨之不可不早。

　　寻遣将击走徽州、荻港之贼,复青阳、太平、泾县、石埭。国荃会同水师,复巢县、含山、和州,并铜陵闸、雍家镇、裕溪口、西梁山四隘。弟贞干复繁昌、南陵,破贼三山、鲁港。上以国藩前奏情词恳挚,出于至诚,不再加恩而进国荃、贞干等职。

　　国藩驻安庆督师,奏请仍建安徽省会于安庆,设长江水师提督以下各官,指授诸将机宜,以次规取皖南北府县各城。国荃率师进围金陵。苏浙贼酋李秀成等分道来援,大小数十战,力却之。二年五月,复江浦、浦口,克九洑洲,长江肃清。因淮南运道畅通,筹复盐务,改由民运。奏陈疏销、轻本、保价、杜私之法。三年正月,官军克钟山,合围金陵。六月,金陵平。上谕:

　　曾国藩自咸丰四年在湖南首倡团练,创立舟师,与塔齐布、罗泽南等屡立战功,保全湖南郡县,克复武汉等城,肃清江西全境。东征以来,由宿松克潜山、太湖,进驻祁门,迭复徽州郡县,遂拔安庆省城,以为根本,分檄水陆将士,规复下游州郡。兹大功告藏,逆首诛锄，由该大臣筹策无遗，谋勇兼备，知人善任，调度得宜。曾国藩着加恩赏，加太子太保衔，锡封一等侯爵，世袭罔替，并赏戴双眼花翎。浙江巡抚曾国荃，赏加太子少保衔，锡封一等伯爵，并赏戴双眼花翎。将士进秩有差。

时捻匪倡乱日久，僧格林沁战殁于曹州，贼势日炽。四年四月，命国藩赴山东一带督兵剿办捻匪。山东、河南、直隶三省旗、绿各营及地方文武员弁，均归节制调遣。国藩将赴徐州督师，乃招集新军，添练马队。檄调刘松山、刘铭传、周盛波、潘鼎新诸军会剿。五月，贼窜雉河集，国藩驻临淮关，遣兵击走之。先后奏言：

> 此贼已成流寇，飘忽靡常，宜各练有定之兵，乃足以制无定之贼。臣由临淮进兵，将来安徽即以临淮为老营，及江苏之徐州、山东之济宁、河南之周家口，四路各驻大兵为重镇。一省有急，三省往援。其援军之粮药，即取给于受援之地。庶几往来神速，呼吸相通。

时捻酋张总愚、任柱、牛落红及发逆赖汶光拥众十数万，倏分倏合。八月，国藩遣铭传败之颍州，贼东走曹州。国藩檄鼎新力扼运河，派军驰赴山东助剿。贼不能渡运，遂南走徐州，踞丰、沛、铜山境内。九月，国藩遣李昭庆、鼎新败之。徐州丰县贼复窜山东。十月，盛波、铭传败之。宁陵、扶沟贼窜陷湖北黄陂。五年正月，国藩遣铭传破之，复其城。任逆回窜沈邱，将踞蒙、亳老巢。遣铭传、盛波击之。张逆分股入郓城。三月，铭传、张树珊败之颍州、周口。群贼合踞濮、范、郓、巨间，诸军击破之。张逆趋单县，任逆走灵璧。国藩驻徐州，修浚运河，以固东路。五月，遣诸将败张逆于洋河、王家林，败任逆于永城、徐州。时贼自二月北窜，坚图渡运，徘徊曹、徐、淮、泗者，两月有馀，迄不得逞。

于是张逆入豫，任逆入皖。国藩遣盛波大破牛逆于陈州，败任、赖二逆于乌江河。树珊败张逆于周口。牛、张二逆渡沙河而南，任、赖二逆亦窜渡贾鲁河。国藩以前防守运河，粗有成效，必仿照于沙河设防，俾贼骑稍有遮拦，庶军事渐有归宿。定议自周家口下至槐店扼守沙河，上至朱仙镇扼守贾鲁河。因奏言：

> 河身七百馀里，地段太长，不敢谓防务既成，百无一失。然臣必始终坚持此议，不以艰难而自画，不以浮言而中更，以求有裨时局。自古办流寇本无善策，惟有防之，使不得流，犹是得寸则寸之道。俟河防办成，则令防河者与游击者彼防此战，更番互换，庶足以保常新之气。

六月，遣松山、张诗日大破贼于上蔡、西华。贼由河南巡抚所派防军汛地逸出东窜，河防无成。七月，遣松山、宋庆大破之南阳、新野。九月，铭传、鼎新破之郓城，运防赖以无恙。

国藩自陈病状。七月，上命国藩仍回两江总督本任，以李鸿章代办剿捻事宜。国藩请以散员留营自效，奏言：

> 朝廷体恤下情，不责臣以治军，但责臣以筹饷；不令留营勉图后效，但令回署调理病躯。臣屡陈病状，求开各缺。若为将帅则辞之，为封疆则就之，则是去危而就安，避难而趋易。臣内度病体，外度大义，减轻事权则可，竟回本任则不可。故前两次奏称，但求开缺，不求离营。盖自抱病以来，反复筹思，必出于此，然后心安理得。请开江督各缺，目下仍在周口军营照料一切，维湘淮之军心，联将帅之情谊。凡臣材力所可勉，精神所能到，必殚竭愚忱，力图补救，断不因兵符已解，稍涉疏懈，致乖古人尽瘁之义。

上谕：

　　曾国藩请以散员仍在军营自效之处，具征奋勉图功、不避艰难之意。惟两江总督责任綦重，湘淮各军尤须曾国藩筹办接济，与前敌督军同为朝廷所倚赖。该督忠勤素著，且系朝廷特简，正不必以避劳就逸为嫌，致多过虑。着遵奉前旨，仍回本任，以便李鸿章酌量移营前进，并免后顾之忧。

国藩复奏陈：江督之繁，非病躯所能胜任。与其勉强回任，辜恩溺职，不如量而后入，避位让贤。吁请仍开各缺。上谕：

　　前因曾国藩患病未痊，军营事繁，特令回两江总督本任，以资调摄。并因请以散员自效，复叠次谕令迅速回任，俾李鸿章得以相机进剿。曾国藩为国家心膂之臣，诚信相孚已久。当此捻逆未平，后路粮饷军火无人筹办，岂能无误事机。曾国藩当仰体朝廷之意，为国家分忧，岂可稍涉疑虑，固执己见。着即懔遵前旨，克期回任，俾李鸿章得以专意剿贼，迅奏肤功。该督回任以后，遇有湘淮军事，李鸿章仍当虚心咨商，以期联络。毋许再有固请，用慰廑念。

　　国藩回任后，六年，奏称：制造轮船为救时要策，请将江海关洋税酌留二成，一成为专造轮船之用，一成酌济淮军及添兵等事。从之。七月，补授体仁阁大学士，仍留两江总督任。十二月，捻匪平，赏云骑尉世职。七年四月，补武英殿大学士。七月，调直隶总督。十二月，到京，赏紫禁城骑马。

　　八年二月，查明积涝大洼地亩应征粮赋，请分别豁减。从之。三月，奏直隶刑案积多，与臬司张树声力筹清厘，甫有端绪，张树声见调任山西,请暂留畿辅一年,以清积案。上谕:"曾国藩到任后,办事认真,于吏治民风实心整顿,力挽敝习。着如所请,俾收指臂之助。"又先后二次查明属员优劣,开单具奏。得旨分别嘉勉降革,以肃吏治。

时直隶营务废弛,廷议选练六军。上谕国藩将前定练军章程妥筹经理。五月,国藩奏言:

臣见内外臣工章奏,于直隶不宜屯留客勇一节,言之详矣。惟养勇虽非长策,而东南募勇多年,其中亦有良法美意,为此练军所当参用者:一曰文法宜简。勇丁朴诚耐苦,不事虚文,营规只有数条,别无文告,管辖只论差事,不计官阶。挖濠筑垒,刻日而告成。运米搬柴,崇朝而集事。兵则编籍入伍,伺应差使,讲求仪节。及其出征,则行路须用官车,扎营须用民夫。油滑偷惰,积习使然。而前此所定练军规制,至一百五十馀条之多,虽士大夫不能骤通而全记,文法太繁,官气太重。此当参用勇营之意者也。

一曰事权宜专。一营之权全付营官,统领不为遥制;一军之权,全付统领,大帅不为遥制。近来江楚良将为统领时,即能大展其才,纵横如意,皆由事权归一之故。今直隶六军统领迭次更换,所部营哨文武各官,皆由总督派拨。下有翼长分其任,上有总督揽其全,统领并无进退人才、总督饷项之权。一旦驱之赴敌,群下岂肯用命?加以总理衙门、户部、兵部层层检制,虽良将亦瞻前顾后,莫敢放胆任事,又焉能尽其所长?此亦当参用勇营之意者也。

一曰情意宜洽。勇营之制,营官由统领挑选,哨弁由营官挑选,什长由哨弁挑选,勇丁由什长挑选。譬之木焉,统领如根,由根而生干生枝生叶,皆一气所贯通。是以口粮虽出自公款,而勇丁感营官挑选之恩,皆若受其私惠。平日既有恩谊相孚,临阵自能患难相顾。今练军之兵,离其本营本汛,调入新哨新队,其挑取多由本营主政。新练之营官不能操去取之权,而又别无优待亲兵、奖拔健卒之柄,上下隔阂,情意全不相联,缓急岂可深恃?此虽欲参用勇营之意,而势有不能者也。又闻各营练军皆有冒名顶替之弊,防不胜防。盖兵丁因口分不足自给,每兼小贸手艺营生,此各省所同也。直隶六军以此处之兵调至他处训练,其练饷二两四钱,在练营支领;底饷一两五钱,仍在本营支领。兵丁不愿离乡,往往仍留本处,于练营左近雇人顶替,应点应操。一遇有事远征,受雇者又不肯行,则转雇乞丐穷民代往。兵止一名,人已三变;练兵十人,替者过半,尚安望其得力?今当讲求变通之方,自须先杜顶替之弊。拟嗣后一兵挑入练军,即裁本营额缺。练军增一兵,底营即减一兵,无论底饷、练饷均归一处支放。或因事斥革,即由练营募补,底营不得干预,冀可少变积习。此外尚须有酌改。如马队不应杂于步队各哨之内,应另立马队营,使临敌不至混乱,一队不应增至二十五人,仍为什人一队,使士卒易知易从。若此之类,臣本拟定一简明章程重整练军,练足万人,以副朝廷殷勤训饬之意。其未挑入练者,各底营存馀之兵,亦须善为料理,未可听其困穷臝坏。拟略仿浙江减兵增饷之法,不必大减兵额,但将老弱者汰而不补,病故者阙而不补,即以所节饷项,量发历年底营欠款,俾各营微有公费,添制器械旗帜之属,庶足壮观瞻,而作士气。数年后,或将当日之五折、七折、八折者,全数赏发。兵丁之入练军者,所得固优;即留底营者,亦足自赡。营务或渐有起色,而畿辅练军之议,亦不至屡作屡辍,事同儿戏。请敕原议各衙门核议施行。

寻饬国藩筹定简明章程,奏报定议。国藩奏言:

臣维用兵之道,随地形、贼势而变焉者也。初无一定之规、可泥之法。或古人著绩之事,后人效之而无功;或今日制胜之方，异日狃之而反败。惟知陈迹之不可狃，独见之不可恃。随处择善而从，庶可常行无弊。即就扎营一事言之，湘勇初出，屡为粤匪所破。既而高垒深濠，先图自固，旋即用以制敌。淮勇继起，亦以深沟高垒为自立之本，善扎营者即称劲旅。后移师剿捻，每日计行路远近，分各营优劣，曾无筑垒挖壕之暇，而营垒之坚否与胜败全不相涉。陕甘剿回，贵州平苗，亦不以此为先务，足知兵势之无常矣。然斯乃古来之常法，终未可弃而不讲。臣愚以为直隶练军，宜添学扎营之法。每月拔营一次，行二三百里为率。令兵丁修垒浚濠，躬亲畚筑，以习劳勤；不坐差车，以惯行走；增募长夫，以任樵汲负重之事。至部臣所议，兵丁宜讲衣冠礼节。臣意老营操演，可整冠束带，以习仪文；拔营行走，仍帕首短衣，以归简便。凡此皆一张一弛，择善而从者也。臣前折所请重统领之权者，盖因平日事权不一，则临阵指麾不灵。臣在南中，尝见有巡抚大帅所部多营，平日无一定之统领，临时酌拨数营，派一将统之赴敌，终不能得士卒死力。而江楚数省幸获成功者，大抵皆有得力统领，其权素重。临阵往来指挥、号令进退之人，即平日拨饷挑缺、主持赏罚之人。士卒之耳目有专属，心志无疑贰，是以所向有功。臣所谓事权宜专，本意如此。然亦幸遇塔齐布、罗泽南、李续宾、杨岳斌、多隆阿、鲍超、刘铭传、刘松山诸人，或隶臣部，或隶他部，皆假重权而树伟绩。苟非其人，权亦未可概施。部臣所议，得良将则日起有功，遇不肖则流弊不可胜言。洵为允当之论。良将者，可幸遇而不可强求者也。嗣后直隶练军统领，臣当悉心察看。遇上选则破格优待，尽其所长；遇中材则随处防维，无使越分：庶几两全之道。部臣复议及兵将相习，可收一气贯通之效。又言转弱为强，不必借才于异地等语。臣窃意就兵言之，断无令外省客勇充补之理，客勇亦无愿补远省额兵之志。就官言之，则武职

559

自一命以上至提镇皆可服官外省,况畿辅万方辐辏,尤志士愿效驰驱之地。是各路将弁有出色者,皆可酌调来直,不得以借才论。直隶练军,询诸众论,不外二法:一曰就本管之镇将,练本管之弁兵;一曰调南人之战将,练北人之新兵。访闻前此六军,用本管镇将为统领者,其情易通,而苦阖营无振作之气;用南人战将为统领者,其气稍盛,而苦上下无联络之情。将欲救二者之弊:气之不振,本管官或不胜统率之任,当察其懈弛,择人而换之;情之不联,南将或不知士卒之艰,当令其久处,积诚以感之。臣今拟于前留四千人外先添三千人,稍复旧观。一于古北口暂添千人,该提督傅振邦老于戎行,安详勤慎。一于正定镇暂练千人,该总兵谭胜达勇敢素著,志气方新,皆以本管官统之者也。一于保定暂添千人,令前琼州镇彭楚汉以南将统之。以中军冷庆所辖千人,姑分两起,俟查验实在得力,而后合并一军。此因论兵将相孚而拟目前添练之拙计也。至练军规模,臣仍拟以四军为断,二军驻京北,二军驻京南。每军三千人,统将功效尤著者,或添至四五千人。请旨交各衙门复议,先行试办,俟试行果有头绪,然后奏定简明章程,俾各军一律遵守。

奏入,允之。其后以直隶练军有效,他省仿而行之,营务为之一振,自国藩始。

九年五月,通商大臣崇厚奏:天津民人因迷拐幼孩匪徒有牵涉教堂情事,殴毙法国领事官,焚毁教堂。上命国藩赴天津查办。国藩奏言:

各省打毁教堂之案层见迭出,而殴毙领事洋官则为从来未有之事。臣但立意不欲与之开衅,准情酌理,持平结案。使在彼有可转圜之地，庶在我不失柔远之方。

寻奏诛为首滋事之人，将办理不善之天津府、县革职治罪。因陈：

    时事虽极艰难，谋画必须断决。伏见道光庚子以后，办理夷务，失在朝战夕和，无一定之至计，遂至外患渐深，不可收拾。皇上登极以来，守定和议，绝无改更，用能中外相安，十年无事。津郡此案，因愚民一旦愤激，致成大变，初非臣僚有意挑衅。朝廷昭示大信，不开兵端，此实天下生民之福。以后仍当坚持一心，曲全邻好，以为保民之道。时时设备，以为立国之本，二者不可偏废。

八月，调两江总督。国藩沥陈病状，请另简贤能，开缺调理。上谕：

    两江事务殷繁，职任綦重，曾国藩老成宿望，前在江南多年，情形熟悉，措置咸宜。见虽目疾未痊，但得该督坐镇其间，诸事自可就理。该督所请另简贤能之处，着无庸议。

十一月，命充办理通商事务大臣。

十年，以楚岸淮南引地为川盐侵占，与湖广总督定议，与川盐分岸行销。奏请武昌、汉阳、黄州、德安四府，专销淮盐；安陆、襄阳、郧阳、荆州、宜昌、荆门五府一州，暂行借销川盐。湖南巡抚请于永、宝二府试行官运粤盐，国藩复力陈二府引地不必改运，部议皆如所请。

十一年二月卒，遗疏入。谕曰：

    大学士、两江总督曾国藩，学问纯粹，器识宏深，秉性忠诚，持躬清正。由翰林院蒙宣宗成皇帝特达之知，洊升卿贰。咸丰间，

创立楚军,剿办粤匪,转战数省,叠著勋劳。文宗显皇帝优加擢
用,补授两江总督,命为钦差大臣,督办军务。朕御极后,简任纶
扉,深资倚任。东南底定,厥功最多。江宁之捷,特加恩赏给一等
毅勇侯,世袭罔替,并赏戴双眼花翎。历任兼圻,于地方利病尽心
筹画,实为股肱心膂之臣。方冀克享遐龄,长承恩眷,兹闻溘逝,
震悼良深。曾国藩着追赠太傅,照大学士例赐恤,赏银三千两治
丧,由江宁藩库给发。赐祭一坛,派穆腾阿前往致祭。加恩予谥
文正,入祀京师昭忠祠、贤良祠。于湖南原籍、江宁省城建立专
祠。其生平政绩事实宣付史馆。任内一切处分,悉予开复。应得
恤典,该衙门查例具奏。灵柩回籍时,着沿途地方官妥为照料。
其一等侯爵即着伊子曾纪泽承袭,毋庸带领引见。其馀子孙几
人,着何璟查明具奏,候旨施恩。

寻湖广总督李瀚章、安徽巡抚英翰、署两江总督何璟奏陈国藩历
年勋绩。李瀚章奏略云:

国藩初入翰林,即与故大学士倭仁、太常寺卿唐鉴、徽宁道何
桂珍讲明程朱之学,克己省身,得力有自。遭值时艰,毅然以天下
自任,死生祸福置之度外。其过人识力,在能坚持定见,不为浮议
所摇。用兵江皖,陈四路进攻之策。剿办捻匪,建四面蹙贼之议。
其后成功,不外乎此。

英翰奏略云:

自安庆克复后,国藩督军驻扎。整吏治,抚疮痍,培元气,训
属寮若子弟,视百姓如家人。生聚教养,百废具举。至今皖民安
堵,皆国藩所留贻。一闻出缺,士民奔走,妇孺号泣。以遗爱而

言，自昔疆臣汤斌、于成龙而后，未有若此感人之深者。

何璟奏略云：

咸丰十年，国藩驻祁门，皖南北十室九空。自金陵至徽州八百馀里，无处无贼，无日无战。徽州初陷，休、祁大震，或劝移营他所。国藩曰："吾初次进兵，遇险即退，后事何可言？吾去此一步，无死所也。"贼至环攻，国藩手书遗嘱，帐悬佩刀，从容布置，不改常度，死守兼旬，檄鲍超一战，驱之岭外。以十馀载稽诛之狂寇，国藩受钺四年，次第荡平，皆因祁门初基不怵，有以寒贼胆而作士气。臣闻其昔官京师，即已留心人物，出事戎轩，尤勤访察，虽一材一艺，罔不甄录，又多方造就以成其才。安庆克复，则推功于胡林翼之筹谋、多隆阿之苦战。金陵克复，又推功诸将，无一语及其弟国荃。谈及僧亲王及李鸿章、左宗棠诸人，皆自谓十不及一。清俭如寒素，廉俸尽充官中用，未尝置屋一廛、田一区。食不过四簋，男女婚嫁不过二百金，垂为家训，有唐杨绾、宋李沆之遗风。其守之甚严，而持之有恒者，曰不诳语，不晏起。前在两江任内，讨究文书，条理精密，无不手订之章程，点窜之批牍。前年回任，感激圣恩高厚，仍令坐镇东南。自谓稍有怠安，负疚滋重。公馀无客不见，见必博访周谘，殷勤训励。于僚属之贤否，事理之源委，无不默识于心。其患病不起，实由平日事无巨细，必躬必亲，殚精竭虑所致也。

上谕：

据何璟、英翰、李瀚章先后胪陈曾国藩历年勋绩，英翰、李瀚章并请于安徽、湖北省城建立专祠。又据何璟遵查该故督子孙，详晰复奏。披览之馀,弥增悼惜。曾国藩器识过人,尽瘁报国。当湘、鄂、江、皖军务棘手之际,倡练水师,矢志灭贼。虽屡经困厄,坚忍卓绝,曾不少移,卒能万众一心,削平逋寇。功成之后,寅畏小心,始终罔懈。其荐拔贤才如恐不及,尤得以臣事君之义。忠诚克效,功德在民。允宜迭沛恩施,以彰忠荩。曾国藩着于安徽、湖北省城建立专祠。此外立功省份,并着准其一体建立专祠。伊次子附贡生曾纪鸿,伊孙曾广钧,均着赏给举人,准其一体会试。曾广镕着赏给员外郎,曾广铨着赏给主事,俟及岁时,分部学习行走。何璟、李瀚章、英翰折三件,均着宣付史馆,用示眷念勋臣,有加无已至意。钦此。